Gustav Wilhelm Wuttig

Bibliotheca juridica

Handbuch der gesammten neueren juristischen und staatswissenschaftlichen Literatur

Gustav Wilhelm Wuttig

Bibliotheca juridica
Handbuch der gesammten neueren juristischen und staatswissenschaftlichen Literatur

ISBN/EAN: 9783743476349

Hergestellt in Europa, USA, Kanada, Australien, Japan

Cover: Foto ©Suzi / pixelio.de

Weitere Bücher finden Sie auf **www.hansebooks.com**

Vorwort.

Die beiden letzten Decennien haben wie im staatlichen Leben überhaupt so auch bezüglich Gesetzgebung und Verwaltung zahlreiche und tiefeingreifende Veränderungen und Reformen hervorgerufen, über welche das Forum der Wissenschaft in einer überaus reichhaltigen Literatur sein Gutachten abgegeben; eine allgemeine, vollständige Uebersicht der letzteren zu besitzen, muss für Theorie und Praxis gleich wünschenswerth und nützlich sein, um so mehr gerade gegenwärtig, wo bei anzubahnender Neugestaltung und Unificirung des Rechts- und Staatswesens im gesammten Deutschland die Ergebnisse der wissenschaftlichen Forschungen der Neuzeit auf diesen Gebieten nicht ohne Berücksichtigung, nicht ohne Einfluss an entscheidender Stelle bleiben können.

Das vorliegende bibliographische Hand- und Hülfsbuch, alle von 1849 bis jetzt in Deutschland erschienene Schriften, über rechts- und staatswissenschaftliche Gegenstände (mit Ausnahme ganz unbedeutender, ein nachhaltiges Interesse nicht bietender Flugschriften) verzeichnend und so ein vollständiges Bild der literarischen Thätigkeit dieses Zeitraums gewährend, schliesst sich unmittelbar an die bekannte und geschätzte gleichnamige Engelmann'sche Arbeit an, welche, nur bis zum Jahre 1848 reichend, bisher eine weitere Fortsetzung vergeblich erwarten liess.

Wie diese so sind auch wir bemüht gewesen, die Brauchbarkeit unserer Zusammenstellung durch ein umfassendes Materienregister zu erhöhen, bei dessen sorgfältigster, die allerspecielleste Rubricirung jeder einzelnen Schrift erstrebenden Bearbeitung uns die freundliche und schätzbare Unterstützung eines bewährten Fachmannes zu Theil wurde.

Abweichend von Engelmann, haben wir die sämmtlichen Zeitschriften in einer gesonderten, eine bessere Uebersicht gewährenden Zusammenstellung, bei einigen der reichhaltigsten auch Nachweisung über den Inhalt der einzelnen Bände gegeben und diesen ebenfalls in das Sachregister an betreffender Stelle eingereiht; bei anderen und solchen periodischen Schriften, über welche gedruckte Repertorien einen erleichternden Nachweis des Inhaltes schon ermöglichen, sahen wir von nochmaliger Wiedergabe ab, um nicht den Umfang unseres Handbuches allzusehr auszudehnen.

Auf früher erschienene Bände und Auflagen, letztere in ( ), ist, wo solches erforderlich, überall hingewiesen worden.

Leipzig, im October 1867.

Der Herausgeber.

Berichtigungen.

Die Zeitschriften finden sich am Schlusse alphabetisch zusammengestellt.

Die beigefügten Preise sind die in Thalern à 30 Ngr (Sgr.); die mit n. vor denselben bezeichneten dürften in entlegenen Ländern etwas erhöht werden.

Aarons, Bernh., Beiträge zur Lehre von der negotiorum gestio. 1. Abth.: Dogmengeschichtliche Erörterungen. gr. 8. Darmstadt 864. Lange. — 22⅕.

Abdruck, wortgetreuer, der deutschen Bundes-Acte vom 8. Juni 1815, der Austrägal-Ordnung vom 16. Juni 1817 und der Wiener Schlußacte vom 15. Mai 1820. gr 8. Hameln 866. Schmidt u. Suckert. — 4.

Abegg, Jul. Frdr. Heinr., die Berechtigung der deutschen Strafrechtswissenschaft der Gegenwart. gr. 8. Braunschweig 859. Schwetschke u. Sohn. — 24.

— über das religiöse Element in der peinlichen Gerichts-Ordnung u. d. Einfluß der religiösen Verhältnisse des Zeitalters auf die Abfassung derselben. 8. Ebend. 852. n. — 12.

— Beiträge zur Begutachtung des Entwurfs des Gesetzbuches über Verbrechen und Vergehen f. d. Königr. Bayern vom J. 1854. gr. 8. Erlangen 854. Enke. n. — 28.

— der Entwurf d. Strafgesetzbuches f. d. preuß. Staaten vom 10. Decbr. 1850 kritisch betrachtet in Vergleichung mit den Entwürfen von d. J. 1843 u. 1847. 8. Braunschweig 851. Schwetschke u. Sohn. n. — 15.

— Beiträge zur Begutachtung des Entwurfes eines Strafgesetzbuches für das Königr. Sachsen im J. 1853. gr. 8. Leipzig 853. Arnold. n. — 20.

— die preußische Strafgesetzgebung u. die Rechtsliteratur in ihrer gegenseit. Beziehung. gr. 8. Berlin 854. v. Decker. 1. —

— der Entwurf e. Strafprozeß-Ordnung f. d. preußischen Staaten mit besonderer Berücksicht. d. Gesetzgebungen anderer deutscher Staaten kritisch beleuchtet. gr. 8. Halle (Braunschweig) 852. Schwetschke u. Sohn. n. — 25.

— der Entwurf e. Strafproceß-Ordnung f. d. preuß. Staat vom J. 1865. Mit Berücksicht. d. neuesten deutschen Strafproceß-Ordnungen u. Entwürfe kritisch betrachtet. gr. 8. Leipzig 865. Günther. — 24.

— über den organ. Zusammenhang einer auf den neueren Grundsätzen beruhenden Einrichtung des Strafverfahrens und der Gerichtsverfassung mit dem materiellen Strafrechte oder der Strafgesetzgebung. Eine Erörterung angeknüpft an die in Bremen gemachte Vorlage e. provisor. Strafproceß-Ordnung mit einstweiliger Beibehaltung d. gemeinen Strafrechts. gr. 8. Bremen 863. Schünemann. — 7½.

— die Frage üb. d. Zeitpunkt d. Vereidigung der Zeugen im strafrechtlichen Verfahren vom geschichtlichen, dogmatischen und legislativen Standpunkte aus erörtert. gr. 8. Leipzig 864. Günther. — 10.

— Betrachtungen über die Verordnung betr. die Einführung des mündlichen und öffentlichen Verfahrens mit Geschworenen in Untersuchungssachen im Königr. Preußen. 8. Halle (Braunschweig) 849. Schwetschke u. Sohn. n. — 15.

— über die Verjährung rechtskräftig erkannter Strafen nach den neueren Gesetzgebungen u. mit Rücksicht auf eine gemeinsame Strafgesetzgebung d. deutschen Lande. gr. 8. Breslau 862. Maruschke u. Berendt. n. — 20.

Abele, Just., wohlgelaunter Doctor juris, d. i.: Juristische Kurzweil in mancherlei Schwänken und Ränken, lustigen Rathshändeln und seltsamen Historien. Für übelgelaunte Raths- u. Staatsherren, Advokaten, rechts- und unrechtskundige Bürgermeister, Sekretarii und sämmtliche Staatshämorrhoidarii. 16. Augsburg 859. Rieger. — 21.

Ablösungsgesetz, das, für d. bayerische Landvolk erläutert u. erklärt von M. R. 12. Würzburg 818. Stabel. — 9.
— das k. bayerische, vom 4. Juni 1848 in seiner prakt. Durchführung. Ein Hülfsbuch für Alle, welche sich über die Bestimmungen d. Ablösungsgesetzes und über d. wesentlichsten bei dessen Vollzuge zu berücksicht. Rechtsfragen unterrichten wollen. Mit beigefügtem vollständ. Abdr. des Gesetzes u. d. bisher erlassenen Vollzugs-Instructionen. gr. 8. München 818. Franz. n. — 12.

Abriss des katholischen Kirchenrechts für Geistliche und Studirende von e. Schüler d verstorb. Herrn v. Möhler. 16. Stuttgart 853. Scheitlin. 1. —

Achenbach, Heinr., die Rechtsgültigkeit der Districts-Verleihungen in Preußen. Eine Abhandlung. gr. 8. Köln 859. Eisen. n. — 10.
— Bemerkungen über die Entwürfe eines Hypotheken-Gesetzes und einer Hypotheken-Ordnung für Preußen. gr. 8. Bonn 865. Marcus. — 6.

Ackermann, C. A., Repertorium der in d. Gebiet d. Fremdenpolizei einschlag., im Großherzogth. Mecklenburg-Schwerin geltenden gesetzl. Vorschriften über Paßwesen, Verfahren gegen Landstreicher u. Bettler, Staats- u. Ortsangehörigkeit, Auslieferung von Verbrechern ꝛc. Für d. Handgebrauch d. Ortsobrigkeiten u. Polizeibeamten bearb. gr. 8. Schwerin 857. Bärensprung. n. 3. —

Ackermann, Gust. Ad., der Instanzenzug und die Rechtsmittel, nach königl. sächs. Prozeßrechte, mit Berücksicht. d. bundesgesetzl. Bestimmungen u. Einrichtungen, übersichtlich zusammengestellt. (843.) — Neue (Titel-)Ausg. gr. 8. Grimma (Wurzen) 852. Verlags-Comptoir. — 15.
— Rechtssätze ꝛc., s. Rechtssätze (unter den Zeitschriften).
— Repertorium für sächsische Juristen. gr. 8. Wurzen 852. Verlags-Comptoir. n. 2. —
— Beleuchtung d. „Erörterung d. Frage über Statthaftigkeit des geheimen Untersuchungsverfahrens in Beziehung auf d. Dresdner Aufstand v. e. sächs. Rechtsgelehrten." 8. Grimma (Wurzen) 850. Verlags-Comptoir. u. — 4.

Actenstücke zur Lauenburgischen Erbfolgefrage aus d. J. 1846, 1847 u. 1849. gr. 8. Hamburg 864. Maute. — 3.
— Wiener, zur Schlesw.-Holstein. Successionsfrage, als Nachtrag zu den urkundlichen Beilagen d. Begründung d. Successionsansprüche S. K. Hoh. d. Großherzogs Nicolaus Friedrich Peter von Oldenburg auf die Herzogth. Schleswig-Holstein. 4. Oldenburg 865. Schulze. n. — 20.
— betr. die Trennung der Justiz und Verwaltung in Hamburg. gr. 8. Hamburg 857. Hoffmann u. Campe. — 7½.

Actiengesellschaftsgesetze, die englischen, von 1856 u. 1857. Vollständig in deutscher Uebersetzung. Mit erläut. Bemerkgn. begleitet von C. Güterbock. gr. 8. Berlin 858 J. Springer. — 24.

Adelmann, G. F. B., die Zellengefängnisse in Belgien, nach eigenen Beobachtungen u Studien. gr. 8. Dorpat 861. (Leipzig, Kobler.) n. — 15.

Adler, A., Rechtsgrundsätze d. kgl. Ober-Tribunals über Grundgerechtigkeiten, s. Vorbereiter, der, zum jurist. Examen.

Advocat, der neue, oder verständlicher Rathgeber für Jedermann, seine gerichtlichen Angelegenheiten bei den Amtsgerichten ohne einen Anwalt selbst besorgen zu können. Nach der neuen Prozeß-Ordnung vom J. 1864 u. den übrigen neuen Gesetzen. (860.) — 2. Aufl. 8. Freiburg i. Br. 866. Schmidt. n. — 20.

Advocatenordnung und Notariatsordnung f. d. Königr. Sachsen vom 3. Juni 1859 nebst Ausführungsverordnungen u. Taxordnung zu denselben. gr. 8. Dresden 859. Meinhold. — 7½

Aegidi, Ludw. K., der Fürstenrath nach d. Lüneviller Frieden. Eine reichsrechtliche Abhandlung. gr. 8. Berlin 853. G. Reimer. n. 1. 20.

Aegidi, Ludw. K., und **Alfr. Klauhold**, frei Schiff unter Feindes Flagge. Urkundliche Darstellung der Bestrebungen zur Fortbildung des Seerechts seit 1856. gr. 8. Hamburg 866. O. Meissner. n. 1. 15.
Aegidius de Fuscarariis, Garsii Hyspani quaestiones de jure canonico, ed. C. F. Reatz, s. Collectio scriptorum de processu canonico etc.
Agrar-Gesetze, die, d. preuß. Staats. s. Koch, J.
— — s. Wulsten, H.
Ahrens, C. Chr. Chr., über Abwehrung einer Verjährung durch bloße Klageanstellung allein, und wenn, ohne ihre Schuld, vor Verjährungsende kein decret. noch in-inuat. erreichbar: was Rechtens? 8. Gießen 855. Gerber. (Roth.) — 4.
Ahrens, H., juristische Encyclopädie, oder organ. Darstellung d. Rechts- u. Staatswissenschaft, auf Grundlage einer ethischen Rechtsphilosophie. gr. 8. Wien 857. Gerold. n. 4. —
— die Philosophie des Rechts u. d. Staates. 2 Thle. gr. 8. Wien, Gerold.
  1. Theil: Die Rechtsphilosophie, oder das Naturrecht, auf philosoph.-anthropolog. Grundlage. 4. Aufl. 852. n. 3. 10.
  2. Theil: Die organ. Staatslehre auf philosoph.-anthropolog. Grundlage. 1. Bd.: Die philosoph. Grundlage u. d. allgemeine Staatslehre. 850. n 1. 24.
Ahrens, Heinr. Rudolf, das Amt der Schlüssel. gr. 8. Hannover 864. Rümpler. n. — 20.
Aichner, Sim., compendium juris ecclesiastici cum singulari attentione ad leges particulares VI. conventionis 18. Aug. 1855 cum Sede Apostolica initae in Imp. Austriaco vigentes. gr. 8. Brixen 863. Weger. n 3. —
Aktenstücke, betr. das Bündniß vom 26. Mai und die deutsche Verfassungs-Angelegenheit. 3 Bde. 8. Berlin 850, 51. v. Decker. 2. 7½.
Alberti, Jul., Repertorium der zur Zeit in Geltung bestehenden Gesetze und Verordnungen des Fürstenth. Reuß j. L. Zum Gebrauch für Staats-, Cameralu. Gemeindebehörden ic. in alphabet. Ordnung bearb. Nebst e. Anh., e. Uebersicht d. Behörden d. Fürstenth. Reuß j. L. enth. (860.) — 2. verb. u. durch die neueste Gesetzgebung verm. Aufl. gr. 8. Schleiz 863. Hübscher. n. — 24.
d'Alinge, Eug., Besserung auf dem Wege der Individualisirung. Erfahrungen e. Praktikers über d. Strafvollzug in d. Gegenwart. 8. Leipzig 865. J. A. Barth. — 15.
Alsberg, L., Vorschläge zur Verbesserung der Stellung des Anwaltstandes. Eine Denkschrift vieler Anwälte zu Kassel. Dem Kurfürstl. Heff. Ministerium d. Justiz überreicht. gr. 8. Kassel 848. Hotop. — 7½.
Altmann, Albr., Praxis d. preuß. Gerichte in Kirchen-, Schul- und Ehesachen. gr. 8. Leipzig 862. B. Tauchnitz. n. 3. 10.
Amecke, C. J., das preußische Strafrecht. Eine Zusammenstellung der das Strafprozeß-Verfahren u. d. materielle Strafrecht bildenden Gesetze, Verordnungen und Rescripte, nebst e. Kommentar u. d. wichtigsten Entscheidungen d. höchsten Gerichtshöfe. gr. 8. Glogau 853. Flemming. 1. 15
Amelung, C. M., die Spezial-Gesetze für d. Provinz Brandenburg. 8. Berlin 856. Sacco. — 7½.
— — f. d. Provinz Sachsen. 8. Ebend. 856. — 10.
— — f. d. Provinz Schlesien. 8. Ebend. 857. — 10.
— der Volks-Anwalt. Universal-Rathgeber in allen Verhältnissen des bürgerl., gerichtl. u. geschäftl. Lebens. 3 Bde. 8. Ebend. 854—58. 3. 15.
Ammann, R., Gerichtsverfassung u. Strafprozeßordnung f. d. Großherzogth. Baden mit Erläuter. f. d. prakt. Gebrauch. gr. 8. Karlsruhe 865. Müller. n. 2. 6.
Amt, das, des Gerichtschreibers in d. gegenwärt. Anklageprozesse bei d. kgl. preuß. Gerichtsbehörden. Für Referendarien, Auskultatoren ic. und Aspiranten d. höheren Justiz-Subalterndienstes. Mit b. bis auf d. neueste Zeit ergang. gesetzl. Bestimmungen, b. das Strafgesetz abändernden Gesetzen vom 14. April 1856, Rescripten ic. und erläut. Kommentar. 8. Berlin 856, Sacco. — 20.

Anacker, H., Veterinär-Polizei u. gerichtliche Thierheilkunde in Preußen ꝛc. gr. 8. Prüm 857. (Aachen, Benrath u. V.) n. — 22½.

Andeutungen über die Braunschweig. Successionsfrage. Von e. Braunschweig. Juristen. gr. 8. Braunschweig 861. Wagner. — 5.

André, W., gemeinrechtliche Grundzüge 1. der Schiedsgerichte, 2. des Wasserrechts im Anschluß an das Hannoversche Gesetz v. 22. Aug. 1847. gr. 8. Jena 860. Frommann. n. — 15.

— zur Gesetzgebung über Hypothekenwesen. gr. 8. Osnabrück 864. Meinders. — 5.

Andreae, C. F., die Rechtsprechung d. großherzogl. sächs. u. Gesammt-Oberappellationsgerichts zu Jena in Strafsachen. Zum Handgebrauch für Praktiker bearbeitet. 1. u. 2. Heft. gr. 8. Weimar 864. 65. Böhlau. n. 1. 20.
1.: n. 20 Ngr.; 2.: n. 1 Thlr.

Andrian, V. v., Denkschrift über die Verfassungs- u. Verwaltungsfrage in Oesterreich. Im J. 1851 verf. u. seinem Nachlasse entnommen. gr. 8. Leipzig 859. Haessel. — 10.

Andrich, Ernst Ferd., die Verbrechen gegen die Sicherheit des Staats und gegen die öffentliche Ruhe nach d. Bestimmungen d. sächs. Criminalgesetzbuchs. 8. Burzen 849. Verlags-Comptoir. — 4.

Angelegenheiten und Zwistigkeiten, die braunschweigisch-hannoverschen, vor dem Forum d. deutschen Großmächte u. d. Bundes-Versammlung. Mit Benutzung d. diplomat. Correspondenz d. Großmächte u. Mittelstaaten, sowie der Bundes-Protokolle von 1827—1831. gr. 8. Berlin 863. J. Springer. 2. 27½.

Angerhusen, Th., was ist ein Berufs-Vertrag? Rechtliche Untersuchungen der durch Berufs-Vertrag gesicherten Competenz des Primär-Schullehrers dargelegt durch mehrere konforme richterliche Entscheidungen in d. verschied. gesetzlichen Instanzen. 8. Elberfeld 850. Schmachtenberg. — 5.

Anklag-Akte, errichtet durch d. kgl. General-Staatsprocuratur der Pfalz, nebst Urtheil d. Anklagekammer d. kgl. Appell.-Gerichts d. Pfalz in Zweibrücken v. 29. Juni 1850 in d. Untersuchung gegen Martin Reichard, entlaß. Notar in Speyer u. 832 Consorten, wegen bewaffneter Rebellion gegen d. bewaffnete Macht, Hoch- u. Staatsverraths ꝛc. 4. Zweibrücken 850. Ritter. n. 2. 12.

Anleitung zur Ablösung und Abschätzung der Weiderechte auf fremdem Grund u. Boden. 8. Würzburg 855. Stahel. — 9.

— zum Vollzuge d. Gesetze u. Verordnungen über Aufschlags-Defraudationen in Bayern. Für Richter, Anwälte ꝛc. gr. 8. München 849. J. A. Finsterlin n. — 15.

— zur Aufnahme von Inventuren und Taxen. Zum Gebrauch f. Gerichtsbeamte, Taxatoren, Schulzen, Dorf- u. Landgeschworene ꝛc. 8. Arnsberg 858. Grote. n. — 10.

— praktische, zur Bemessung der Konkurrenzpflicht zu Gemeinde-Anlagen und Gemeinde-Frohnen, sowie zur formellen Behandlung d. Umlagen- u. Frohnverhältnisse, zur Bemessung d. Bau- u. Frohnpflicht bei Kirchen-, Pfarr- u. Schulbaubauten u. d. Verpflichtung zur Aufbringung d. Umzugs- u. Aufzugskosten d. Pfarrer u. Schullehrer. 8. Bamberg 856. Buchner. — 9.

— für d. Verfahren bei Einleitung gerichtlicher Sequestrationen von H. 8. Berlin 850. C. Heymann. — 3.

— praktische, zu dem Untersuchungs- u. Strafverfahren in jenen Uebertretungsfällen, welche den k. k. Bezirks- und Stuhlrichterämtern dann den l. f. Polizeibehörden durch d. kgl. Verordnung vom 30. Juni 1858 zugewiesen sind. gr. 8. Wien 858. Manz. n. 1. 4.

Ansässigmachungs- und Verehelichungswesen, das, im Königr. Bayern. 1. Lieferung. 8. München 862. Franz. — 3¾.

Anschütz, Aug., über d. Erbfolge in die neu-vorpommerschen u. rügenschen Lehngüter. Ein Beitrag zur Lehre von d. Wirkungen d. Allodification. 2. verm. Aufl. 8. Halle 864. Buchh. d. Waisenhauses. — 15.

— Lombarda-Commentare des Ariprand u. Albertus. Ein Beitrag zur Geschichte d. germanischen Rechts im 12. Jahrh. Nach d. Handschriften zum erstenmal herausg. gr. 8. Heidelberg 855. J. C. B. Mohr. n. 1. 5.

Ansichten über Aufhebung d. Leibeigenschaft u. die Ertheilung d. Grundeigenthums an Bauern. Nebst Bemerkgn. in landwirthschaftl. Beziehung, ausgearb. von E. G. R. gr. 8. Eisleben 858. Reichardt. — 15.

Anton, F. L., Wörterbuch d. Gauner- und Diebessprache. Mit besond. Hervorhebung d. verschied. Classen von Räubern, Dieben u. Diebeshehlern u. Bemerkgn. über ihre Verbrechen u. Machinationen. (843.) — 3. verb. Aufl. 8. Berlin 859. Krampe. (Braunschweig, Neuhoff u. Co.) — 10.

Anton, Otto. Preußens Justiz-Verwaltung. Ein Handbuch f. preuß. Justizbeamte u. Gerichtsbehörden. gr. 8. Berlin 855. v. Decker. 2. 15.

Anträge des Anwalt-Vereins in München: der Gesetz-Entwurf über das Verfahren vor den Schwurgerichten betr. 8. München 848. Franz. — 3.

Anwaltstaxordnung f. d. Großherzogth. Baden. Enth. e. systemat. Zusammenstellung d. gegenwärtig gültigen Bestimmungen über Anwaltsgebühren, e. chronolog. Sammlung d. einschlag. Verordnungen u. e. tabellar. Uebersicht d. Gebührensätze nach d. Stand von 1858. gr. 8. Karlsruhe 858. Gutsch. n. — 18.

Anwalts- und Tax-Ordnung, die neue, für das Großherzogth. Baden. Nach den jetzt geltenden Bestimmungen. systemat. bearb. nebst e. tabellar. Uebersicht d. Anwaltsgebühren in bürgerl. Rechtsstreitigkeiten u. der neuen Gerichts-Eintheilung mit Bezeichnung d. sämmtl. Gemeinden u. Angabe d. Notariatssitze. gr. 8. Mannheim 865. Schneider. n. — 21.

Anweisung, kurze, zur prakt. Behandlung gerichtlicher Nachlaßregulirungen in denjen. preuß. Landestheilen, in welchen b. Allgem. Landrecht gilt. Zum Gebrauch für angehende Juristen. 8. Berlin 851. C. Heymann. n. — 8.

Aphorismen über d. neuesten Entwurf einer Prozeßordnung in bürgerlichen Rechtsstreitigkeiten für d. Königr. Bayern. gr. 8. München 862. Franz. — 20.

Arnd, Karl, die Befreiung der Bodenrente u. die Emancipation d. Bauernstandes. Volkswirthschaftlich u. geschichtlich erläutert. gr. 8. Frankfurt a. M. 1865. Winter. — 20.

— die Staatsverfassung nach d. Bedürfniß d. Gegenwart. gr. 8. Frankf. a. M. 857. Brönner. (Winter.) n. 1. —

— die Volkswirthschaft begründet auf unwandelbare Naturgesetze. Ein Handbuch f. d. Mitglieder d. volkswirthschaftl. Vereine u. d. Fortschrittspartei. 8. Ebend. 863. — 20.

— die naturgemässe Volkswirthschaft mit besond. Rücksicht auf d. Besteuerung u. d. Handelspolitik. (843.) — 2. verm. Ausg. gr. 8. Ebend. 851. n. 1. 15.

Arndts, Denkschrift, die Familien-Fideicommisse betr. Nebst Aufforderung des Justiz-Ministers Simons zur Aeußerung darüber. 4. Berlin 850. C. Heymann. — 15.

— u. Leonhardt, das preußische Vormundschaftsrecht mit Einschluß d. bezüglichen Vorschriften aus dem Familienrechte. gr. 8. Berlin 862. Guttentag. n. — 25.

Arndts, Karl. Wilh., über d. Vergebung der kathol. Pfarrämter im Herzogth. Westphalen. Eine kirchenrechtliche Abhandlung. 8. Trier 855. Linz. — 6.

Arndts, Ludw., juristische Encyklopädie und Methodologie (843. — 2. Aufl. 851. — 3. Aufl. 860.) — 4. Aufl. gr. 8. München 866. Literar.-artist. Anstalt. n. — 10.

— Lehrbuch der Pandekten. (851. — 2. Aufl. 855. — 3. Aufl. 859. — 4. Aufl. 862.) 5. Aufl. gr. 8. Ebend. 864. n. 4. —

Arnim-Boitzenburg, Graf, das Recht des Herrenhauses bei Festsetzung d. Staatshaushalts. gr. 8. Berlin 863. Stilke u. v. Muyden. n. — 12½.

Arnold, Adf., der Criminal-Prozeß des Schäfers Joh. Georg Frasch von Heiningen. Aus d. Akten mitgetheilt. gr. 8. Ludwigsburg 848. (Balmer u. Riehm). — 12.

Arnold, Aug., Einleitung in die Staatslehre durch tabellar. u. vergleich. Darstellung von sieben neueren Verfassungen: der englischen vor 1787; nordamerikan. von 1787; französ. von 1791; spanischen von 1812; französ. von 1814; norweg. von 1814; belgischen von 1831 u. Untersuchungen über d. wichtigsten Fragen, die in den neueren Verfassungsentwürfen zur Sprache kommen. 8. Berlin 849. Mittler u. S. — 24.

Arnold, Frdr. Chr. v., über Umfang u. Anwendung d. Begnadigungsrechts. gr. 8. Erlangen 860. Palm u. Enke. — 5½.

Arnold, Frdr. Chrn. v., über Beschränkung d. Deflorations- und Alimentations-
bann der Injurienklage. gr. 8. Erlangen 851. Palm u. Enke. n. — 8.
— die christliche Eidesformel. 8. Ebend. 851. — 4.
— die Einklagung der Hypothekkapitalzinsen in Bayern u. der Ewiggeldrenten
des Hypotheken-Instituts in München. Nebst e. Erörterung über d. Ausdehnung d. Ewiggeld-Instituts auf
d. Kgr. Bayern u. über Wiederbelebung d. deutschen Rentenkaufes. gr. 8. Ebend. 855.
n. — 16.
— praktische Erörterungen aus dem Rechtsgebiete. 3 Hefte. gr. 8. Ebend.
844—53. 2. 15.
— der Gerichtsstand der Standesherren im Königr. Bayern in Strafsachen.
gr. 8. Ebend. 860. — 5½.
— das Hypothekensystem in seinen Erfordernissen u. in seinem Verhältnisse zum Notariat betrachtet. gr 8. Ebend. 863. — 5½.
— die Umgestaltung des Civilprozesses in Deutschland. In den Grundsätzen erörtert. gr. 8. Nürnberg 863. Korn. n. — 1.
— das gerichtliche Verfahren gegen Geisteskranke und Verschwender. gr. 8.
Erlangen 861. Palm u. Enke. n. — 12.
— das Zinsenversprechen in eigenen Wechseln, nach d. allgem. deutschen Wechselordnung u. nach legislativen Grundsätzen erörtert. gr. 8. Ebend. 854. n. — 8.
Arnold, Wilh., Cultur u. Rechtsleben. gr. 8. Berlin 865. Dümmler. n. 2. 15.
— zur Geschichte des Eigenthums in d. deutschen Städten. Mit Urkunden. gr. 8.
Basel 862. Georg. n. — 12.
— Recht und Wirtschaft nach geschichtl. Ansicht. Drei Vorlesungen. gr. 8. Ebend.
863. n. — 16.
— commentatio ad leg. 7. §. 1. sol. matr. 24, 3; gr. 8. Berlin 830. Schneider u. Co.
— Verfassungsgeschichte der deutschen Freistädte im Anschluß an die Verfassungsgeschichte d. Stadt Worms. 2 Bde. gr. 8. Gotha 854. F. A. Perthes. n. 5. 10.
— über Wechselverkehr und Wechselfähigkeit, mit besond. Rücksicht auf d. Hand-
werkerstand. Eine Vorlesung. gr. 8. Basel 863. Georg. n. — 6.
Arrondirungswesen, das, im Königr. Bayern. 1. Heft: Das Gesetz vom 10. Nov.
1861 die Zusammenlegung d. Grundstücke betr. [Mit Anmerkgn.] 8. München 862.
Franz. — 2.
Artikel 34 u. 35, die, des preuß. Verfassungs-Entwurfs über die Aufhebung der
Lehen und Familien-Fideicommisse u. d. Motive zu beiden Artikeln, beleuchtet von d. permanenten Ausschusse d. Vereins zum Schutze d. Eigenthums u. zur För-
derung d. Wohlstandes aller Volksklassen. gr. 8. Leipzig 848. Veit u. Co. — 5.
Artikel 84 der preuß. Verfassungs-Urkunde vom 30. Jan. 1850 u. der Plenarbe-
schluß des königl. Ober-Tribunals vom 29. Jan. 1866. Ein Wort zur Auf-
klärung von e. preuß. Rechtsanwalte. gr. 8. Berlin 866. Matthies. — 7½.
Asher, C. W., Freiheit der Schifffahrt. Ein Commentar zu d. Unterbrechungen
der Schifffahrt auf d. Elbe durch kgl. dänische Kriegsfahrzeuge. gr. 8. Hamburg 852.
Naute. — 4.
— Beiträge zu einigen Fragen über d. Verhältnisse d. neutralen Schiff-
fahrt in Kriegszeiten. Nebst e. Sammlung d. amtl. Verordnungen u.
Erklärungen über d. Verhalten d. neutralen Schifffahrt u. Handels während
d. gegenwärt. Krieges. gr. 8. Ebend. 854. n. — 20.
— essai concernant les principes à poser pour le droit maritime international de l'avenir. gr. 8. Hamburg 856. Nolte. n. — 9.
Asher, Geo. M., rechtsgeschichtliche Studien. 1. Bd. gr. 8. Berlin 862.
Calvary u. Co. n. 1. 7½.
Assen, C. J. van, adnotatio ad Gaji institut. commentarium primum. Edit. III.
emendat. 8. Leyden 849. Brill. u. — 4.
— adnotatio ad Gaji institut. commentarium secundum. [Usque ad locum de
legatis.] Fasc. I. II. 8. Ebend. 855. à Heft n. — 25.

Assen, C. J. van, lineamenta extrema juris privati Justinianei secundum textum institutionum. [Personae.] 8. Leyden 855. Brill. n. — 10.

Aktl, Heinr., alphabet. Sammlung aller politischen u. b. einschläg. Polizei-, Justiz-, Militair- ꝛc. Gesetze d. Kaiserth. Oesterreichs, für alle Kronländer, mit Ausnahme d. ungar. u. italien. Provinzen. (858. n. 9 Thlr. 20 Ngr.) — 2. verm. Aufl. 1—12. Liefg. gr. 8. Prag 864—66. Bellmann. à Liefg. n. — 24.

— alphabet. Sachregister zum Reichs-Gesetz-Blatt f. d. Kaiserth. Oesterreich, umfassend alle in diesem Blatte aufgenommenen Gesetze u. Verordnungen f. d. Zeitraum d. J. 1858—63 ꝛc. 4. Ebend. 865. n. 1. 18.

Auerbach, W., das Gesellschaftswesen in juristischer u. volkswirthschaftl. Hinsicht unter besond. Berücksicht. d. allgem. deutschen Handelsgesetzbuchs. gr. 8. Frankfurt a. M. 861. Sauerländer. n. 2. —

— das neue Handelsgesetz systematisch dargestellt. 2 Abthlgn. gr. 8. Ebend. 863, 65. 3. 18.

Aufhebung, die, der Patrimonialgerichte. Einige Worte für Freunde des Fortschrittes. 8. Eisenberg 848. Schöne. — 5.

Aufsätze, juristische, von K. S. I. Ueber die Zulässigkeit einer actio in rem non expressa „causa petendi remota." gr. 8. Goslar 862. (Osnabrück, Rackhorst.) — 5.

Augusta, Jos., tabellarische vergleichende Uebersichten sämmtlicher auf die laut des am 27. Mai 1852 allerh. sanctionirten Strafgesetzes bestimmten Verbrechen, Vergehen u. Uebertretungen gesetzten Strafen nach Ausmaß ihrer Strenge u. Dauer.. Fol. Brünn 852. Rusch. — 18.

Aull, F. A., der bayerische Hausadvokat. Eine durchaus prakt. Anleitung zur Beschäftigung aller gerichtl. u. außergerichtl. Rechtsangelegenheiten, unter Zugrundelegung u. Auslegung d. in Anwendung kommenden Provinzial- u. subsidiären Rechte, Gesetze u. Verordnungen u. d. Doktrinen berühmter Rechtsgelehrten. Zum Gebrauch f. Jedermann in Bayern diesseits d. Rheins. gr. 8. Würzburg 857. Kellner. 1. —

Ausführungs-Verordnung zu d. Gesetze vom 22. Mai 1851, den Regalbergbau betr., vom 16. Decbr. 1851. 4. Dresden 852. Meinhold. — 10.

Auswahl handelsrechtlicher Streitfälle, verhandelt vor d. Handelsgerichte d. freien Hansestadt Bremen, nebst d. von d. Handelsgericht u. d. höhern Gerichten abgegebenen Erkenntnissen u. Entscheidungsgründen. 1. Heft. 8. Bremen 831. Heyse. — 20.

— neue, medicin.-gerichtlicher Gutachten. gr. 8. Berlin, Hirschwald.
1. Liefg.: Zur gerichtl. Geburtshülfe. Eine Auswahl von Entscheidungen d. kgl. wissenschaftl. Deput. f. d. Medicinalwesen, herausg. von Jos. Herm. Schmidt. 1. Abth.: Ueber Kunstfehler d. Geburtshelfer u. Hebammen. 851. 1. 12.
2. Liefg.: Zur gerichtl. Psychologie. Eine Answahl von Entscheidungen d. kgl. wissenschaftl. Deput. f. d. Medicinalwesen etc., herausg. von K. W. Ideler. 854. 1. 12.

Authenticum. Novellarum constitutionum Justiniani versio vulgata ed. G. E. Heimbach. Sect. II et III. Fol. 25—74. gr. 8. Leipzig 848. J. A. Barth. à Sect. 2. 15.

Sect. I. Ebend. 846.

Ayrer, G. H., das Rechtsmittel der Berufung auf Grund d. Bestimmungen d. hannov. allgem. bürgerl. Proceßordnung vom 8. Nov. 1850 dargestellt. gr. 8. Harburg 854. Danckwerts. n. 1. —

Baath, P. A., Anleitung zur zweckmäß. Regulirung von Verlassenschaften, bei denen zu bevormundende Personen betheiligt sind. gr. 8. Breslau 854. Aderholz. — 8.

Bachofen, J. J., ausgewählte Lehren des römischen Civilrechts. Das vellejanische Senatusconsult. Die Veräußerungsverbote u. Beschränkungen. Die testamentarische Adoption. Das Manctipationstestament. Die Erbschaftssteuer. gr. 8. Bonn 849. Marcus. 2. —

Bachofen, J. J., das Mutterrecht. Eine Untersuchung über die Gynaikokratie d. alten Welt nach ihrer religiösen u. rechtlichen Natur. Mit 9 Steintaf. 4. Stuttgart 861. Krais u. Hoffmann. 4. 15.

Bahn, Wilh., die preuß. Gesetzgebung über Diebstahl in e. Darstellung zum Studium für angehende, zum Handgebrauch f. pract. Juristen. gr. 8. Berlin 850. Herz. 1. 6.

Bähr, Otto, die Anerkennung als Verpflichtungsgrund. Civilist. Abhandlung. gr. 8. Cassel 855. Bertram. (Halle, Barthel.) n. 2. 10.

— das kurhessische provisor. Gesetz vom 22. Juli 1851 in seinen civilprocessualischen Bestimmungen betrachtet. gr. 8. Cassel 852. Fischer. n. — 20.

— der Rechtsstaat. Eine publicist. Skizze. gr 8. Göttingen 864. Wigand. n. 1. —

Bailer, J., Sammlung der in d. Hohenzollernschen Landen geltenden Gesetze :c., f. Sammlung.

Ballhorn-Rosen, zur Vorgeschichte des röm. Rechts. Etymolog. Versuche. l. gr. 8. Lemgo 853. Meyer. n. — 15.

Balve, Thdr., das Concordat nach d. Grundsätzen des Kirchenrechts, Staatsrechts u. Völkerrechts. gr. 8. München 863. J. A. Finsterlin. n. 1. 18.

Bamme, C., die Grund- und Gebäudesteuer. Nach den vorhandenen Gesetzen u. Verordnungen. Nebst den allgem. Grundsätzen bei Abschätzung d. Reinertrages d. Liegenschaften. Ein Rathgeber für Jedermann, insbes. für resp. Steuer-Reclamanten. 8. Quedlinburg 866. Basse. — 10.

— die Klassen- und klassificirte Einkommensteuer. Eine Sammlung d. sämmtlichen darüber erschienenen Gesetze u. Verordnungen. Zur Belehrung der Steuerzahlenden, resp. Steuer-Reclamanten. 8. Ebend. 866. — 15.

Bar, Ludw. v., das Beweisurtheil des germanischen Processes. Ein Beitrag zur Geschichte u. Kritik d. deutschen Processes u. d. deutschen Rechts. gr. 8. Hannover 866. Hahn. n. 1. 20.

— das internationale Privat- und Strafrecht. gr. 8. Ebend. 862. n. 3. 20.

— Recht und Beweis im Geschwornengericht. Ein Beitrag zur Kritik d. Praxis u. Gesetzgebung auf d. Gebiete des Strafverfahrens. gr. 8. Ebend. 865. n. 2. 4.

— zur Lehre von Versuch und Theilnahme am Verbrechen. gr. 8. Ebend. 859. — 12.

de Barante's constitutionelle Fragen. Von d. Souveränität. Vom allgem. Stimmrecht. Von d. Regierung u. d. Gesetzgebung. Von d. öffentl. Aemtern. Vom Eigenthum. Von d. Arbeit. Von d. Revision. Deutsch von Auerbach. 1. u. 2. Aufl. gr. 8. Frankf. a O. 849. Trowitzsch. — 15.

—— —— übers. von Jul. Cornet. gr. 8. Leipzig 849. Dyk. — 10.

Barbo, Em., die Theorie d. Servituten d. französ. Rechts (art. 637—710 des Code civil) mit d. wichtigsten Streitfragen, unter stetem Hinblick auf röm. Recht bearb. gr. 8. Mannheim 855. Bensheimer. n. 1. 10.

Baron, J., Abhandlungen aus dem preußischen Recht. gr. 8. Berlin 860. C. Heymann. — 24.

— die Gesammtrechtsverhältnisse im römischen Recht. gr. 8. Marburg 864. Elwert. 2. 15.

Barth, Carl, das Polizeistrafgesetzbuch f. d. Königr. Bayern vom 10. Nov. 1861. Mit Auslegungsbehelfen, aus d. Motiven d. Gesetzentwurfes, den Vorträgen der Referenten u. den Sitzungsprotokollen b. Gesetzgebungsausschüsse bei den Kammern. 1—3. Aufl. gr. 8. Landshut 862. Krüll. — 21; Schreibpap. n. — 28.

— Bemerkungen über d. neue bayerische Strafgesetz selbst. Eingeschaltet in seine Kritik d. Entwurfes. Pendant zu Mittermaier, Sundelin, Berner u. Barth. gr. 8. Augsburg 862. v. Jenisch u. Stage. — 10.

— das Strafgesetzbuch für d. Königr. Bayern. Mit vollständ. Sachregister u. den Text erläuternden Anmerkungen. 16. Ebend. 862. n. — 12.

— das Strafgesetzbuch für d. Königr. Bayern, vom 10. Novbr. 1861. Mit Auslegungsbehelfen, aus d. Motiven d. Gesetzentwürfe, den Vorträgen der Referenten u. d.

Sitzungsprotokollen d. Gesetzgebungsausschüsse beider Kammern. gr. 8. Landshut 861. Krüll. — 27; Schreibpap. n. 1. 6.

Barth, Carl, die Gesetze: I. vom 10. Nov. 1861, die Einführung d. Strafgesetzbuches u. d. Polizeistrafgesetzbuches f. d. Königr. Bayern betr.; II. vom 10. Juli 1861, die Aufhebung d. Strafjolge betr., nebst d. Vollzugsverordnung vom 4. Sept. 1861; III. vom 10. Nov. 1861, den Vollzug d. Freiheitsstrafen durch Einzelhaft betr. Mit Auslegungsbehelfen, aus d. Motiven d. Gesetzentwürfe u. d. Verhandlungen beider Kammern. gr. 8. Ebend. 862. — 21; Schreibpap. n. 1. —

— der Grundbegriff d. rechtlichen Theilung. gr. 8. Regensb. 850. Manz. — 6¼.

— die Vertheidigungs-Momente. Aus dem Plaidoyer d. Schwurgerichts- und öffentl. Sitzungen d. kgl. Kreis- u. Stadtgerichtes Augsburg. 1. Heft. 12. Augsburg 851. Schmid. — 10.

Bartholdi, G., christliches Bedenken gegen die Todesstrafe. 8. Ludwigslust 852. Hinstorff. — 5.

Bastiat, Fred., ausgewählte volkswirthschaftliche und politische Schriften. Aus d. Französ. übers. von C. Jul. Bergius. 2 Thle. 8. Hamburg 829. Hoffmann u. Campe. 2. 15.

Bauer, Ant., Lehrbuch d. Strafprocesses. 2. Ausg., glossirt, ergänzt u. stylisirt von K. E. Morstadt. gr. 8. Göttingen 848. Vandenhoeck u. R. 2. —

Bauer, G. R., über d. Eigenthumsrecht an den unterirdischen Mineralschätzen u. die Reformen, welche die Gesetzgebung in Ansehung desselben zu bewirken hat. gr. 8. Freiberg 849. Engelhardt. (Leipzig, Felix.) n. — 8.

Baumeister, H., Blicke auf einzelne Gegenstände d. Hamburgischen Rechts. gr. 8. Hamburg 852. Maute. n. 2. —

— das Privatrecht der freien und Hansestadt Hamburg. 2 Bde. gr. 8. Hamburg 856. Hoffmann u. Campe. n. 6. —

Baumer, Gfr. v., eine Betrachtung über die Frage: wem die Errungenschaft auf Ableben eines der Ehegatten nach Bayreuther Recht gehöre. gr. 8. Nördlingen 863. Beck. — 5.

Baumgarten-Crusius, Arth., das Forststrafgesetz f. d. Königr. Sachsen nebst d. damit in Verbindung stehenden Gesetzen u. Verordnungen aus d. Landtagsverhandlungen erläutert u. mit Anmlgn. versehen. gr. 8. Leipzig 848. V. Tauchnitz. n. 1. 10.

Baumgärtner, Geo., Vorschläge zur Abwendung der Nachtheile, welche das Gesetz vom 4. Juni 1848 über d. Aufhebung, Fixirung u. Ablösung der Grundlasten mit sich führt, mit 5 Plänen u. Berechnungen f. Gemeinde- u. Stiftungs-Beamte u. Verwaltungen etc. entworfen. gr. 8. Bayreuth 850. Grau. — 6.

— Zusammenstellung d. wissenswürdigsten Stellen aus d. Gesetzen a) vom 15. Aug. 1828, die allgem. Grundsteuer betr., b) vom 15. Aug. 1828 u. 25. Juli 1850, die allgem. Häusersteuer betr., unter Beifügung mehrerer Erläuterungen hierzu etc. für Finanzbeamte, Praktikanten, Privatgrundherren etc. gr. 8. Ebend. 850. — 6.

Bau-Polizei-Ordnung für die Stadt Berlin. gr. 8. Berlin 866. v. Decker. — 5.

Bausch, Max, die Pressgesetzgebung im Königr. Sachsen. Eine Zusammenstellung der Gesetze, Verordnungen u. Staatsverträge, welche die Angelegenheiten der Presse, den Nachdruck u. die Leihbibliotheken betreffen. Mit Erläuterungen. 8. Leipzig 866. Roßberg. — 15.

Bayer, Hier. v., Vorträge über d. gemeinen ordentlichen Civilproceß. Zunächst f. seine Zuhörer herausg. (1—7. Aufl. 830—48.) — 8. völlig umgearb. Aufl. gr. 8. München 856. Literar.-artist. Anstalt. n. 4. —

— Theorie der summarischen Processe, nach d. Grundsätzen d. gemeinen deutschen Rechts, mit Ausschluß d. Concursprocesses, zunächst f. seine Zuhörer bestimmt. (1— 6. Aufl. 830—46.) — 7. verb. Aufl. Ebend. 859. n. 1. 7½.

Bayerlein, Ed., gesetzliche Erbfolge zwischen Eltern und Kindern nach Bayreuther Recht. gr. 8. Bayreuth 856. Gießel. n. — 20.

Bayern u. die neue Aera. Zwölf Kapitel über d. heutige Rechtshandhabung u. d. socialen Krieg. gr. 8. München 865. Leutner. — 12.

Bayern's Gesetze u. Gesetzbücher privatrechtlichen u. strafrechtlichen Inhaltes. 8 Bde. 8. Bamberg 862. Buchner. n. 8. —
— — 1. Ergänzungs-Bd. 8. Ebend. 864. n. 2. 10.
Anhang dazu n. — 8.
Bazing, Hugo, die Gesetze u. Verordnungen über d. Gantwesen u. d. Executionsverfahren im Königr. Württemberg, zusammengestellt. gr. 8. Stuttgart 856. Liesching u. Co. n. — 28.
Benaria, Cacs., über Verbrechen u. Strafen. Uebers. von Jul. Glaser. gr. 8. Wien 851. Tendler. (Gerold.) n. — 20.
Becher, Egfr., die Organisation des Gewerbewesens. gr. 8. Wien 851. Sollinger. (Typogr.-lit.-artist. Anstalt.) 1. 15.
— die Volkswirthschaft. gr. 8. Wien 1853. Wallishausser. 2. 20.
Bechmann, C. Geo. Aug., das römische Dotalrecht. gr. 8. Erlangen 867. Deichert. n. 3. 26.
— über den Inhalt u. Umfang der Personalservitut des usus nach röm. Rechte. Eine civilist. Abhdlg. gr. 8. Nürnberg 861. (Erlangen, Deichert.) n. — 16.
Beck, Ernst, Betrachtungen zu d. Entwurf e. sächsischen Civilprocessordnung in seiner Bezieh. zu d. Handelsgerichtsverfahren. gr. 8. Kamenz 866. Krausche. — 7½.
Becker, H. H., Gesetz für das Großherzogth. Oldenburg, den bürgerlichen Proceß betr. Unter Mittheilung der zum Verständniß u. zur Auslegung dienlichen Regierungs- u. Landtags-Motive, sowie der sich anschließenden Bestimmungen d. übrigen die neue Organisation d. Justiz betr. Gesetze u. mit Anmerkgn. zum prakt. Gebrauche versehen. gr. 8. Oldenburg 859. Schulze. n. 1. 10.
Beckhaus, J. B. K., über die bedingte Erbeseinsetzung des suus heres nach röm. Rechte. gr. 8. Köln 858. Du Mont-Schauberg. — 3.
— Grundzüge d. gemeinen Erbrechts. Ein Leitfaden für Studirende. gr. 8. Jena, Mauke.
  1. Abth.: Die Einleitung in das Erbrecht u. die Lehre von der Delation d. direkten Erbfolge enth. 860. n. — 20.
— die gemeinrechtlichen Quellen zum bürgerlichen Gesetzbuche für das Königr. Sachsen. (Im Anhang zu den Handausgaben des bürgerlichen Gesetzbuchs. 8. Leipzig 866. J. A. Barth. n. — 12.
— über die Ratihabition der Rechtsgeschäfte. Civilist. Abhdlg. gr. 8. Bonn 859. Cohen u. Sohn. n. — 10.
— Repetitorium d. römischen Rechtsgeschichte. gr. 8. Berlin 864. Akadem. Buchh. n. — 10.
Bedenken, rechtliche, zu d. Entwurfe eines bürgerlichen Gesetzbuches f. d. Kgr. Sachsen. gr. 8. Leipzig 853. T. O. Weigel. — 15.
— gegen die Principien d. Entwurfs der Proceß-Ordnung in d. bürgerl. Streitigkeiten f. d. preuß. Staat von e. Mitgliede d. kgl. Ober-Tribunals. gr. 8. Berlin 864. Gärtner. — 10.
Beer, H. Hier., Einleitung in d. Studium u. d. Praxis d. gerichtlichen Medizin. gr. 8. Wien 851. Braumüller. n. — 20.
Befugniß, die, der Verwaltungsbehörden zur Reservation gewisser Distrikte für den fiskal. Bergbau u. die Rechtsgültigkeit der in Schlesien bereits erfolgten Reservationen. Entgegnung auf die den bezeichneten Gegenstand betr. Frey'sche Schrift. gr. 8. Breslau 863. Trewendt. — 7½.
Bege, Carl, Repertorium d. Gesetz- und Verordnungs-Sammlung f. d. herzogl. Braunschweigischen Lande vom 1. Jan. 1853 bis dahin 1860, mit erläut. u. ergänz. Rescripten, Instructionen, Bekanntmachungen ꝛc. Fortges. von Wilh. Goetz. 8. Thl. 4. Wolfenbüttel 861. Holle. n. 5. —
1—7. Thl. Ebend. 830—55. a. 17 Thlr. 15 Kgr.
Begründung der gegen die Aufhebung der Familien-Fideicommisse gerichteten Proteste. (Von J. v. Daum.) 8. Breslau 849. Max u. Co. — 27½.
— der Successionsansprüche Sr. K. H. des Großherzogs Nicolaus Friedrich Peter von Oldenburg auf die Herzogth. Schleswig-Holstein. Offizielle Ausg. gr. 8. Oldenburg 864. Schulze. n. — 28.

Behaghel, W., das badische bürgerliche Recht u. der Code Napoléon dargestellt mit besond. Rücksicht auf die Bedürfnisse der Praxis. gr. 8. Freiburg i. Br. 866. Schmidt. n. 2. 12.

Behr, Wilh. Jos., allgem. Polizei-Wissenschaftslehre oder pragmat. Theorie der Polizei-Gesetzgebung u. Verwaltung zur Ehrenrettung rechtsgemäßer Polizei, mittelst scharfer Zeichnung ihrer wahren Sphäre u. Grenzen. 2 Bde. gr. 8. Nürnberg 848. Korn. n. 2. 22½.

Behrends, E. A. F., die Ausbildung d. Gerichts-Auskultatoren in Preußen, mit Ausschluß d. Rheinprovinz, nach d. neuesten gesetzl. Vorschriften. gr. 8. Breslau 856. Aderholz. — 6.

Behrnauer, E. Fr. Aug., aphorist. Gedanken über die Reform des sächsischen Advokatenstandes. 8. Bauzen 848. Helfer. — 7½.

Beidtel, Carl, Handbuch d. österreich. Gerichtsverfahrens. 1. Bd.: Das ordentliche Verfahren in Streitsachen. gr. 8. Wien 863. Braumüller. n. 2.

Beidtel, Ign., das canonische Recht betrachtet aus d. Standpunkte d. Staatsrechts, d. Politik, d. allgem. Gesellschaftsrechts u. der seit d. J. 1848 entstand. Staatsverhältnisse. gr. 8. Regensburg 849. Manz. 2. 15.

Beiträge zur Beurtheilung d. Entwurfs einer bürgerlichen Processordnung f. d. Kgr. Sachsen. Von M. K. gr. 8. Chemnitz 865. Jocke. — 4.

— zum preußischen u. deutschen Kirchenrechte, mit besond. Rücksicht auf die Verhältnisse d. kathol. Kirchen- u. Schulwesens. 3 Hefte. gr. 8. Paderborn 851—56. Schöningh. à Heft — 7½.

Bekanntmachung die Instruction zum Vollzuge d. Notariatsgesetzes v. 10. Nov. 1861 betr. gr. 8. Nördlingen 862. Beck. n. — 5.

— zu d. provisor. Gesetzen vom 24. Decbr. 1849 über d. öffentlich-mündliche Verfahren mit Geschworenen u. über die Bildung d. Schwurgerichte vom 31. Jan. 1850. gr. 8. Hannover 850. Helwing. — 2½.

Beck, J. B., Anmerkungen zu d. großherzgl. badischen Gesetze über Einführung des Strafgesetzbuchs, d. neuen Strafverfahrens u. d. Schwurgerichte. gr. 8. Karlsruhe 851. Maisch u. Vogel. n. — 16.

— das großh. badische Preßgesetz vom 15. Febr. 1851, mit Erläuterungen. gr. 8. Karlsruhe 851. Bielefeld. n. — 20.

— mündliche Vorträge über die großh. badischen Strafgerichte, einschließlich d. Schwurgerichte, u. das Verfahren derselben. gr. 8. Ebend. 851. n. 1.

Bekker, Ernst Imm., die processualische Consumption im classischen röm. Recht. gr. 8. Berlin 853. Hertz. n. 2.

— de emptione venditione quae Plauti fabulis fuisse probetur dissert. gr. 8. Ebend. 853. n. — 10.

— loci Plautini de rebus creditis. 4. Greifswald 861. (Koch.) n. — 10.

— die Reform des Hypothekenwesens als Aufgabe d. norddeutschen Bundes. gr. 8. Berlin 867. G. Reimer. n. — 12.

— Theorie d. heutigen deutschen Strafrechts. 1. Bd. gr. 8. Leipzig 859. Hirzel. n. 3. 20.

Beleuchtung der rechtsmäßigen Verhältnisse des fürstl. u. gräfl. Hauses Schönburg u. seiner Herrschaften mit Beziehung auf die Gerichtsorganisation d. Kgr. Sachsen. gr. 8. Glauchau 861. Moritz. n. — 10.

— der Vollzugs-Instruktion v. 21. April 1861 zum Gewerbegesetze v. 11. Sept. 1825. 8. München 862. Gummi. n. — 8.

Bemerkungen zu der Schrift des Herrn L. K. über den Gesetzentwurf zur Aufhebung der Grundsteuerbefreiungen. gr. 8. Leipzig 849. Hinrichs. n. — 5.

— zu der unter d. 12. Febr. d. J. von d. kgl. preuß. Justiz-Ministerium bekannt gemachten Denkschrift, die Aufhebung der Lehne und Fideicommisse betr. 8. Leipzig 850. Dörffling u. Franke. — 5.

— zu dem Entwurfe e. Gesetzes betr. die Bearbeitung der Handelssachen durch besondere Abtheilungen d. Stadt- u. Kreisgerichte. 8. Berlin 862. J. Schulze. — 5.

Bemerkungen, auch einige, zum Entwurfe d. Gerichtsverfassung f. d. Herzogth. Oldenburg. 8. Oldenburg 855. Schulze. — 5.

— einige, zur Gesetzgebungs- und Gerichtsverfassungsfrage in Bayern mit besond. Beziehung auf die Wirkungen d. Gesetzes v. 1. Juli 1856. gr. 8. Nördlingen 860. Beck. — 6.

— über Justiz-Verfassung von e. Rechtsfreunde. 8. Hamburg 849. Niemeyer. — 6.

— staatsrechtliche, über die Pensions-Rechte der Staatsdiener nach deutscher u. preuß. Verfassung. gr. 8. Berlin 848. Logier. n. — 15.

— rechtshistorische, über d. österreichischen Toleranzgesetze u. deren Wirksamkeit in Tirol. 8. Innsbruck 862. Wagner. — 10.

— zu der Frage: ob in Sachsen auch in der untern Instanz die Justiz von der Verwaltung zu trennen sei? Von e. Staatsbeamten. gr. 8. Leipzig 852. Hirschfeld. — 6.

Bender, Joh. Heinr., Handbuch d. Frankfurter Civilprozesses. gr. 8. Frankfurt a. M. 854. J. Baer. n. 2. 8.

— Handbuch d. Frankfurter Privatrechts. gr. 8. Ebend. 848. n. 3. 20.

Bender, Jul., ausgewählte Rechtsfälle zur prakt. Ausführung für Studirende u. Prüfungs-Candidaten. 8. Göttingen 863. Wigand. n. — 20.

— Repetitorium d. gemeinen deutschen Civilprozesses für Studirende u. Prüfungs-Candidaten. 8. Ebend. 859. n. — 15.

— Repetitorium d. gesammten gemeinen Rechts im Auszuge enth.: Geschichte d. röm. Privatrechts, Pandekten, deutsches Privatrecht x. für Studirende u. Prüfungs-Candidaten. (860.) — 2. Aufl. 8. Ebend. 864. n. 2. —

Benecke, Wilh., System d. See-Assekuranz- u. Bodmerei-Wesens. Vollständig u. zeitgemäß umgearb. von Vinc. Nolte. 3 Bde. gr. 8. Hamburg 851. 52. Nauck. n. 12. —

Bening, die Bauerhöfe u. das Verfügungsrecht darüber. Zur Gesetzgebung über die Erhaltung der Höfe zunächst im Kgr. Hannover. gr. 8. Hannover 862. Helwing. n. — 20.

— das deutsche Handelsgesetzbuch u. die Einführung desselben in Hannover sowie in dessen Nachbarstaaten. gr. 8. Hannover 863. Rümpler. — 10.

Benz, Rud., Entwurf e. Strafgesetzbuches für den Kanton Zürich mit begründenden u. erläuternden Bemerkungen. gr. 8. Zürich 866. Orell, Füßli u. Co. n. — 12.

Berchtold, Jos. die Entwickelung der Landeshoheit in Deutschland in d. Periode von Friedrich II. bis einschl. zum Tode Rudolf's von Habsburg, staatsrechtlich erörtert. 1. Thl. gr. 8. München 863. Rieger.

— die Landeshoheit Oesterreichs nach den echten u. unechten Freiheitsbriefen. gr. 8. München 863. Literar.-artist. Anstalt. n. 1. 6.

Berger, volkswirthschaftliche Zustände des Emmenthales u. ihr Zusammenhang mit dem Vorrecht des jüngsten Sohnes. 8. Langnau 866. (Bern, Jent u. Reinert.) — 3.

Berger, J., Gesetz- u. Formular-Buch für Polizei-Verwalter u. Polizei-Beamte, oder Anleitung zum schnellen u. gründlichen Studium d. Polizei-Strafrechts u. zum Terminiren in Criminal- u. Polizei-Untersuchungs-Sachen (mit Berücksicht. d. Ministerial-Erlasse u. d. Entscheidungen d. Kgl. Ober-Tribunals). gr. 8. Berlin 863. E. Heymann. — 15.

— Rechtshandbuch f. Kauf- u. Geschäftsleute, Handelsmäkler, Kommissionäre, Spediteure xc., enth. d. allgemeine deutsche Handelsgesetzbuch, mit allein. Ausnahme d. Gesetze über d. Seehandel, sowie ferner die f. d. geschäftl. Verkehr wichtigsten Vorschriften aus d. Ausführungsgesetze zum Handelsgesetzbuche u. d. Ministerial-Instruction hierzu; d. allgem. deutschen Wechselordnung; d. Konkursordnung, d. Stempelgesetz u. Stempeltarif u. e. Formularbuch nebst erläuternden Anmerkgn. gr. 8. Breslau 863. Trewendt. — 15.

Berger, J. N., kritische Beiträge zur Theorie d. österreich. allgemeinen Privatrechtes. gr. 8. Wien 856. Manz. 1. 6.

— über die Todesstrafe. gr. 8. Ebend. 864. — 10.

Berger, J. R., die österreichische Wechselordnung vom 25. Jan. 1850, in ihrem Unterschiede von d. früheren österreich. Wechselrechte erläutert. 8. Wien 850. Manz. — 21.

Berggesetz, allgemeines, für den preußischen Staat vom 24. Juni 1856. gr. 8. Berlin 865. v. Decker. — 6.

— — 16. Breslau 865. Kern. — 5.

— — gr. 8. Elberfeld 865. Friderichs. — 10.

— das allgemeine, für die preuß. Staaten vom 24. Juni 1865, in seiner Gültigkeit für d. vor dem 1. Oct. 1865 verliehenen Bergwerke. 8. Berlin 866. C. Heymann. — 7½.

— das allgemeine am 1. Oktbr. 1865 in Kraft tretende, für die preuß. Staaten, erläutert aus d. Motiven, Kommissionsberichten ec., nebst e. correcten Abdruck d. vorzüglichsten, den Bergbau betr. Gesetze, welche neben d. allgem. Berggesetze Geltung haben ec. 8. Mülheim 865. Bagel. — 15.

— das, des Großherzogth. Sachsen nebst d. Publikationspatente vom 22. Juni 1857. Weimar 857. Böhlau. — 7½.

Berghauer, Heinr., Auszug aus d. kgl. preuß. Vormundschafts-Ordnung [Landrecht Th. 2. Tit. 18] für Vormünder u. Kuratoren. (8. Aufl. 856.) — 9. Aufl. gr. 8. Berlin 864. C. Heymann. — 5.

Bergius, Carl Jul., Grundsätze d. Finanzwissenschaft mit besond. Beziehung auf d. preuss. Staat. gr. 8. Berlin 865. Guttentag. n. 2. 20.

— die preussischen Gewerbegesetze. gr. 8. Leipzig 857. Hübner. n. — 18.

Bergmayr, Ign. Fr. Seraph., Handbuch zu dem peinlichen Verfahren bei der k. k. österreich. Armee u. in d. Militär-Gränzen. 2. unveränd. Aufl. vom J. 1812. gr. 8. Wien 849. Braumüller. 2. 20.

Bergordnung f. d. Herzogth. Nassau vom 18. Febr. 1857. 2., mit d. Gesetz über d. Grubenbesteuerung verm. Aufl. 8. Dillenburg 858. Jacobi. (Seel.) — 9.

— revidirte, vor das souveraine Herzogth. Schlesien u. d. Grafschaft Glatz vom 5. Juni 1769. Nebst d. neuestern preuß. Gesetzen u. Instruktionen über d. Bergwerkswesen u. den auf d. Bergordnung bezügl. Entscheidungen d. königl. Ober-Tribunals. gr. 8. Breslau 857. Schletter'sche Buchh. — 15.

Bergrecht, das neue, u. die Actien-Gesetzgebung in Preußen. (1.—5. Aufl. 851—56.) — 6. verm. Aufl. 8. Essen 858. Bädeker. — 12.

Bergwerks-Gesetze, die belgischen. Deutsch von Mor. Block. Mit e. Vorwort von Fr. Harkort. gr. 8. Berlin 869. Schroeder. n. — 20.

— die preußischen, vom 12. Mai 1851 u. Instruktion d. Ministers f. Handel ec. zur Ausführung d. Gesetzes vom 12. Mai 1851 über d. Verhältnisse d. Miteigenthümer e. Bergwerks f. d. ganzen Umfang d. Monarchie, mit Ausnahme d. auf d. linken Rheinufer belegenen Landestheile. gr. 8. Breslau 852. Graß, Barth u. Co. — 5.

Bericht, ausführlicher, über d. Verhandlungen d. Assisen d. Provinz Starkenburg zu Darmstadt in Anklagesachen gegen Johannes Stauff wegen Ermordung d. Gräfin von Görlitz, Raubs, Brandstiftung, Diebstahls u. Versuchs d. Vergiftung d. Gräfin v. Görlitz, sowie gegen Heinr. u. Jak. Stauff wegen Begünstigung d. genannten vier ersten Verbrechen. Nebst d. Anklageakt, d. Actenstücken über d. object. Thatbestand ec. Nach stenograph. Aufzeichnungen ec. gr. 8. Darmstadt 850. Leske. 1. 22.

Nachtrag dazu, mit den Erkenntnissen ec. — 1.

Berlin, Paul. über die Verpfändung von Forderungen. Civilistische Abhandlung. 8. Jena 856. (Doebereiner.) — 5.

Berndt, Alb., die Buchergesetze u. ihre Aufhebung. 8. Berlin 857. F. Schneider. n. — 15.

Berner, Alb. Frdr. Wirkungskreis d. Strafgesetzes, nach Zeit, Raum u. Personen, besonders von d. Bestrafung der im Auslande begangenen Verbrechen, vom Asylrecht u. von d. Auslieferung d. Verbrecher, von d. Rückwirkung d. Strafgesetze u. vom Rechtsirrthum. 8. Berlin 853. v. Decker. 1. 6.

— Grundsätze d. preuß. Strafrechts. gr. 8. Leipzig 861. B. Tauchnitz. — 22½.

— Lehrbuch d. deutschen Strafrechtes. (857. — 2. Aufl. 863.) — 3. verb. Aufl. gr. 8. Ebend. 866. 2, 22½.

Berner, Alb. Frdr., Abschaffung der Todesstrafe. gr. 8. Dresden 861. v. Bottticher. — 7½.

Berner, J., das Verfahren in bürgerlichen Streitsachen vor d. Württemberg. Gerichten, dargestellt in Zusätzen zu v. Bayer's Vorträgen über d. gemeinen ordentl. Civilprozeß. Nach dessen Tode ergänzt u. herausg. von v. Schäfer. gr. 8. Stuttgart 858. Besser. n. 2. 10.

— — s. Verzeichniß der Gebühren ꝛc.

Berninger, A. B., das Institut d. Staatsanwaltschaft im Verfahren über bürgerl. Rechtsstreitigkeiten, mit Rücksicht auf eine gemeinsame deutsche Civilprozeßordnung. gr. 8. Erlangen 861. Enke. — 8.

Bernoulli, Risl., über den Civilgesetzentwurf, dessen schädliche Eingriffe in das Beste an unserm dermaligen Rechte, u. den verderblichen Einfluß, den er auf Wohl u. Frieden d. Familie haben würde. 8. Basel 866. Balmer u. Riehm. n. — 6.

Bernstein, Carl, de delegationis natura. gr. 8. Berlin 865. Hertz. n. — 15.

Bertrab, J. v., Grundriß des schwurgerichtlichen Strafprozesses in Preußen nach d. Verordnung vom 3. Jan. 1849 u. d. Zusatz-Gesetze vom 3. Mai 1852 entworfen unter Beifügung d. Materialien f. d. prakt. Gebrauch. gr. 8. Breslau 862. Trewendt. 1. —

Berwin, Mor., de vi ac potestate obligationis alternativae. Dissert. inaug. 8. Berlin 866. Calvary u. Co. n. — 16.

Beschoren, L., Kritik d. vorläufigen Entwurfs e. allgem. Borggesetzes f. d. Königr. Sachsen. gr. 8. Zwickau 863. Richter. — 10.

Beschorner, Jul. Herm., über die Billigkeit u. deren Einfluss auf Gesetzgebung, Staatsverwaltung u. Rechtspflege. Eine jurist.-philosoph. Abhandlung. gr. 8. Dresden 858. (Dietze.) n. — 8.

— die Beurtheilung d. Verfassungsmäßigkeit von Gesetzen gehört nicht zum Bereich d. richterlichen Entscheidung. Ein Votum gegen die Schrift des Dr. Schaffrath. (Abdr. a. d. Zeitschr. f. Rechtspflege u. Verwaltung) gr. 8. Leipz. 863. B. Tauchnitz. — 5.

Beseler, Geo., die englisch-französ. Garantie v. J. 1720. Mit Anlagen. gr. 8. Berlin 864. Weidmann. — 15.

— System d. gemeinen deutschen Privatrechts (855.) — 2. Aufl. gr. 8. Ebend. 866. n. 5. —

— zur Geschichte d. deutschen Ständerechts. 4. Berlin 860. (Hertz.) — 5.

— Kommentar über d. Strafgesetzbuch f. d. preuß. Staaten u. d. Einführungsgesetz vom 14. April 1851. Nach amtl. Quellen. gr. 8. Berlin 851. Weidmann. n. 2. 20.

— der Londoner Vertrag vom 8. Mai 1852 in seiner rechtlichen Bedeutung geprüft. Mit Anlagen. 1. u. 2. Aufl. gr. 8. Ebend. 863. — 7½.

Beseler, Max., de natura actionis art. 83 ordinis communis cambialis germaniei in id, quod ad trassantem sive acceptantem pervenit, propositae. Dissert. inaug. 8. Berlin 866. (Calvary u. Co.) n. — 10.

Beseler, Wilh., der Proceß Gervinus. Verhandlungen vor dem großherzogl. Badischen Oberamt Heidelberg u. d. großherzogl. Unterrhein-Kreises zu Mannheim nebst d. Rechtsgutachten d. Juristen-Facultät d. Univers. Göttingen u. d. hofgerichtl. Urtheil vom 8. März. gr. 8. Braunschweig 853. Schwetschke u. S. 1. 6.

— — 2. Thl. Verhandlungen vor d. großherzogl. Badischen Oberhofgericht zu Mannheim. gr. 8. Ebend. 853. — 2.

— zur Schleswig-Holsteinischen Sache im August 1856. 8. Ebend. 856. — 24.

— — im Novbr. 1858. 8. Ebend. 858. — 7½.

— zur Skandinavischen Frage u. zur Schleswig-Holsteinischen Sache im Juli 1857. 8. Ebend. 857. — 21.

— die Verfassungsfrage in d. Holsteinischen Ständeversammlung. Zur Schlesw.-Holstein. Sache im März 1859. 8. Ebend. 859. — 7½.

— das deutsche Verfassungswerk nach dem Kriege. 1. u. 2. Abdr. 8. Leipzig 859. Hirzel. — 10.

Besetzung, die, des obersten Gerichtshofes. Zur Kritik d. landständ. Verhandlungen vom 12. Juni d. J. Von e. kurheff. Juristen. 8. Cassel 863. Trömner u. D. — 10.

Beskiba, Jos., Lehrbuch f. d juristische, polit. u. kameralist. Arithmetik. Neue Ausg. gr. 8. Wien 862. Braumüller. n. 2. —

Bessel, Aug., das Mieth-Recht in d. preuss. Rheinprovinz u. denjen. Ländern, in welchen das französ. Gesetzbuch Geltung hat. Nebst e. Zusammenstellung sämmtlicher in d. Rheinprovinz bei Miethverhältnissen geltenden Ortsgebräuche. 3. verm. u. verb. Aufl. gr. 8 Cöln 866. Frühbuss. n. — 20.

— das Mietrecht in d. Rheinprovinzen Preußens, s. Weyer, das Baurecht ꝛc.

— das Ordreverfahren des Rheinischen (Französ.) Rechts. 2 Thle. gr. 8. Köln 853. (Frühbuß.) n. 2. —

— die Subhastation nach rheinischem Rechte. 2 Thle. gr. 8. Ebend 852. n. 1. 10.
  Inhalt: I. Grundsätze u. Bedingungen der Subhastation [expropriation forcée]. - II. Die Subhastations-Ordnung vom 1. Aug 1822. paragraphenweise erläutert unter vollständ. Berücksicht. d. bisher Jurisprudenz.

— u. E. Kühlwetter, das preussische Eisenbahngesetz. 2 Thle. gr. 8. Ebend. 855. 57. n 2. 15.

Best, W. M., Grundzüge d. englischen Beweisrechts, bearb. u. mit Anmkgn. u. Beilagen über d. englischen Prozess herausg. von H. Marquardsen. Mit e. Einleitung über d. Bedeutung d. englischen Beweislehre von Mittermaier. gr. 8. Heidelberg 851. J. C. B. Mohr. 2. 10.

Bestimmungen, die neuesten Instruktionen, mit Formularien über die Geschäftsanzeigen der Untergerichte d. Kgr Bayern in b. Landestheilen diesseits d. Rheins in Bezug auf die streitige Civilrecht-Pflege, sowie über d. Anfertigung d. Verlassenschafts- u. Pflegschafts-Tabellen von Seite derselben ꝛc. 4. Regensburg 859. Manz. n. — 12.

— die, über Erfüllung d. Militairpflicht im Königr. Sachsen, nach d. Gesetze u. d. Ausführungsverordnung v. 24. Decbr. 1860. 8. Meißen 867. Mosche. — 5.

Bethmann-Hollweg, M. A. v., der Civilproceß d. gemeinen Rechts in geschichtlicher Entwicklung. 1—3. Bd. gr. 8. Bonn 864—67. Marcus. n. 7. 15.
  1. Bd.: Der römische Civilproceß. 1. Bd. Legis Actiones. 864. n. 1. 5.
  2. Bd.: Der römische Civilproceß. 2. Bd. Formulare. n. 4. 10.
  3. Bd.: Cognitiones. 867. n. 2. —

— Erinnerungen an Friedr. Carl v. Savigny als Rechtsgelehrter, Staatsmann u. Christ. gr. 8. Weimar 867. Böhlau. n. — 10.

Bethusy-Huc, Graf Ed., die ständischen Rechte mit Bezug auf Polizei u. Kreis. gr. 8. Berlin 860. Wagner.

Betrachtungen über die Mecklenburg-Schwerinsche Gemeinde-Ordnung f. Domanial-Ortschaften vom 31. Jul. 1865. gr. 8. Rostock 866. Stiller. n. — 15.

— über die Gerichtsverfassung in Deutschland u. insbes. in Bayern. 8. Stuttgart 855. Scheitlin. — 27.

— über das Rechtsverhältniß der Feuerversicherungsanstalten zu ihren Versicherten. 8. Danzig 864. Kasemann. — 7½.

— kritische, über den von d. großherzogl. Staatsregierung den Ständen d. Großherzogth. Hessen vorgelegten Entwurf e. Gesetzes, die rechtliche Stellung der Kirchen und kirchl. Vereine im Staate betr. 8. Darmstadt 863. Zernin. — 7½.

Betz, J., der Bezirksrath, seine Stellung u Zuständigkeit mit d. Verfahren vor demselben. Für den Gebrauch der Bezirksräthe. 16. Heidelberg 865. Emmerling. — 4.

v. Beughem, das allgemeine Berggesetz für die preuß. Staaten vom 24. Juni 1865, mit dem wesentlichen Inhalte der Materialien zusammengestellt u. erläutert. gr. 8. Neuwied 866. Strüder. 1. 10.

— Bemerkungen zu d. Entwurfe e. allgem. Bergwerksgesetzes nebst e. Abdrucke desselben. 8. Ebend. 863. — 15.

— das ostrheinische Contracten- und Hypothekenwesen. Eine Erläuter. d. Gesetzes vom 2. Febr. 1864 über d. Verbesserung d. Contracten- u. Hypothekenwesens im Bezirke d. Justiz-Senats zu Ehrenbreitstein, u. d. Gesetzes vom 3. Febr. 1864 über d.

Einführ. d. Concurs-Ordnung vom 8. Mai 1855, nebst e. Abdr. d. Gesetzes v. 1. Febr. 1864 u. d. Gesetzes vom 28. Mai 1859 ꝛc. 8. Neuwied 864. Strüder. n. — 20.

Beurtheilung u. Beurtheilung der preußischen Verfassung u. aller Verfassungen überhaupt von e. freien u. treuen Anhänger der Monarchie. 8. Hannover 860. Meyer. — 10.

Beust, J. C. v., Bemerkungen zu d. „Beurtheilung d. Entwurfs zu e. Berggesetze f. d. Kgr. Sachsen ꝛc." gr. 8. Freiberg 849. Engelhardt. (Leipzig, Felix.) — 4.

Beweggründe zum Entwurfe d. Gesetzes wegen Entschädigung f. aufgehobene Zwangs- und Bann-Rechte der Mühlen ꝛc. 8. Oldenburg 850. Schulze. — 3¾.

Beyer, A. H., u. E. Frank, Lehrbuch zur Vorbereitung auf das Examen als Actuar erster Klasse. Ein Commentar f. diejen. Justiz-Subaltern-Beamten, welche sich zum Examen als Actuar erster Klasse, Rendant u. Calculator vorbereiten wollen. gr. 8. Eilenburg 850. Schreiber. — 27.

Beyer, Rob. Alex., die sächsischen Forststraf- und Jagdgesetze u. die damit in Verbind. stehenden neuern Gesetze, sowie die dazu gehör. Staatsverträge mit Erläuterungen als Handbuch f. Juristen, Friedensrichter, Forstbeamte ꝛc. gr. 8. Leipzig 664. Löwe. — 15.

Bibliotheca juridica oder Verzeichniß der in älterer u. neuerer Zeit, besonders aber vom J. 1750 bis zur Mitte d. J. 1848 in Deutschland erschienen Werke über alle Theile d. Rechtswissenschaft u. deren Hülfswissenschaften. Herzg. von Wilh. Engelmann. Supplement-Heft, enth. d. Literatur vom d. Mitte d. J. 1839 bis zur Mitte d. J. 1848. Nebst e. ausführl. Materienregister. gr. 8. Leipzig 849. Engelmann. n. 1. —
   Das Hauptwerk Ebend. 840. n. 1 Thlr. 25 Ngr.

—— Verzeichniss d. vorzüglichsten Werke aus allen Zweigen d. Staats- u. Rechtswissenschaften. 3. Ausg. gr. 8. Wien 861. Manz. — 15.

Bickell, Joh. Wilh., Geschichte d. Kirchenrechts. 1. Bd. 2. Liefg. Nach d. Tode d. Verf. hrsg. von Frdr. Wilh. Röstell. gr. 8. Frankf. a. M. 849. Heyer. 1. 10.
   1. Liefg. Ebend. 843. 1 Thlr. 10 Ngr.

Biedermann, Detl. v., über die Pflichten und Rechte der Rittergutsbesitzer mit besond. Rücksicht auf d. Kgr. Sachsen. (860.) — 2. mit Nachträgen verseh. Ausg. gr. 8. Dresden 866. am Ende. n. — 16.

Biedermann, E., das Vormundschaftsrecht in seiner pract. Anwendung im Kgr. Hannover, insbes. als Leitfaden f. Vormünder, Curatoren u. andere Güterverwalter. gr. 8. Hannover 863. Meyer. — 10.

Biedermann, Carl, die Repräsentativ-Verfassungen mit Volkswahlen, s. Princip, das constitutionelle.

— les systèmes représentatifs avec élections populaires historiquement exposés et développés en rapport avec les conditions politiques et sociales des peuples. Trad. de l'Allemand par St. Leportier. 8. Leipzig 864. Brockhaus. n. 1. 15.

— die Wiedereinberufung der alten Stände in Sachsen aus d. Gesichtspunkte d. Rechts u. d. Politik beleuchtet. Zugleich e. Rechtfertigung der Kammern 1840—50. gr. 8. Leipzig 850. O. Wigand. — 15.

Bieger, Mich., erster Nachtrag zum Repertorium über die in d. Kreis-Amtsblättern für Oberfranken vom J. 1847 bis 1860 incl. erschienenen kgl. Allerh. Verordnungen, Ministerial-Rescripte, Regier.- u. Appell.-Gerichts-Entschließungen ꝛc. in alphabet.-chronolog. Ordnung u. im Auszuge ihres wesentl. Inhalts dargestellt. 4. Bamberg 861. Buchner. n. 2. 16; Schreibpap. n. 3. 10.
   Vergl.: Stangl, M., Repertorium ꝛc.

Biener, Frdr. Aug., Abhandlungen aus d. Gebiete d. Rechtsgeschichte. 2. Heft: Begründung des Criminal-Rechts u. Processes nach histor. Methode. gr. 8. Leipzig 848. B. Tauchnitz. — 22½.
   1. Heft. Ebend. 846. 22½ Ngr.

— das englische Geschwornengericht. 3 Bde. gr. 8. Ebend. 852—55. 4. 22½.

— wechselrechtliche Abhandlungen. gr. 8. Ebend. 859. 2. 15.

Bierer, Herm., das allgemeine deutsche Handelsgesetzbuch, das württembergische

Einführungsgesetz, das Gesetz, die Einrichtung von Handelsgerichten u. d. Verfahren vor denselben betr. [Handelsgerichts-Ordnung], mit gemeinfaßl. Erläuterungen u. ausführl. Sachregister. gr. 8. Tübingen 865. Oslander. 1. —.

Bierer, Handbuch d. gesammten in Württemberg geltenden Privatrechts. 3 Bde. gr. 8. Stuttgart 862, 63. Metzler. n. 5. 16.
  1. Bd.: Der sogenannte allgemeine Theil u. die dinglichen Rechte. n. 2 Thlr. 8 Ngr.
  2. Bd.: Die persönlichen oder Forderungsrechte [Obligationenrecht] u. das Pfandrecht. n. 2 Thlr. 8 Ngr.
  3. Bd.: Das sogen. Familienrecht u. das Erbrecht. Nebst ausführl. Sachregister. n. 1 Thlr.

Bierling, Ernst, über die Competenz der landständ. Kammern d. Kgr. Sachsen in Angelegenheiten d. evangel.-luther. Landeskirche. Mit besond. Rücksicht auf d. neuesten Entwurf e. Kirchenvorstands- u. Synodalordnung. gr. 8. Leipzig 866. Roßberg. — 7½.

Bierſack, Heinr. Ludw., über Besteuerung, ihre Grundsätze u. ihre Ausführung. Anhang: 1. Ueber die Steuerfreiheiten u. die Nothwendigkeit ihrer Aufhebung. 2. Die heutigen Geldfragen. gr. 8. Frankf. a. M. 850. Brönner. (Winter.) n. 1. 15.

Biester, J. H. F., Gesetze, Verordnungen u. Bekanntmachungen über die perſönlichen direkten Steuern. Mit Anmerkgn. begleitet. Mit 4 Tab. gr. 8. Hannover 866. Klindworth. n. — 24.

Billich, Carl, das württembergische Gewerbe-Recht. gr. 8. Stuttgart 852. Belser. n. 1. 22.

Binding, Carl, de natura inquisitionis processus criminalis Romanorum praesertim ex eo tempore quo ordo Judiciorum publicorum in usu esse desiit. 8. Heidelberg 864. (K. Groos.) — 4.

Bino, J., die Anzeige-Pflicht der Aerzte nach Lage d. neuen Gesetzbücher. 8. München 864. Lentner. — 4.

Bischof, Herm., allgemeine Staatslehre gestützt auf geschichtliche Grundlage u. ethische Principien zur Lösung d. socialen Probleme d. 19. Jahrh. f. d. Träger d. allgem. deutschen Bildung u. als Leitfaden f. akademische Vorlesungen. 1. Liefg. gr. 8. Giessen 860. Ferber. (Roth.) n. — 25.

— Ministerverantwortlichkeit.   } ſ. Archiv f. d. öffentl. Recht des deutschen Bundes
— das Nothrecht d. Staatsgewalt.   } (ſ. Zeitschriften.)

Bischoff, Adph., quatenus competat interdictum uti possidetis in servitutibus praediorum jure romano? Dissert. inaug. 8. Berlin (Calvary u. Co.) n. — 12.

Bischoff, Ferd., Beiträge zur Geschichte des Magdeburgerrechtes. (Aus d. Sitzungsber. d. K. Akad. d. W. in Wien.) gr. 8. Wien 865. (Gerold.) n. — 5.
— **österreichische Stadtrechte und Privilegien mit Literaturangaben u.** Anmkgn. gr. 8. Wien 857. Braumüller. n. 1. —

Bitter, Rud., de obligationibus per vicarium contractis. Dissert. inaug. 8. Berlin 866. (Calvary u. Co.) n. — 15.

Bitzer, Fr., Vorschläge über ein deutsches Patentgesetz, beantragt durch die von der hohen deutschen Bundesversammlung vom 24. Juli 1862 einberufene Commission von Fachmännern, mit Erläuterungen u. e. Ausführung über d. principielle Rechtfertigung d. Patentschutzes. 8. Stuttgart 864. Schaber. — 27.
— die Genesis der Volks-Wirthschaft. gr. 8. Ebendas. 866. 1. —

Blankensee, O. F. A. v., Schwur-Gerichte. Eine histor.-politische Abhandlung über d. Ursprung derselben aus d. ältesten Vorzeit. Mit Vor- u. Nachwort von O. M. Kleike. gr. 8. Berlin 848. Hempel. n. — 10.

Blanqui, A., Grundzüge d. politischen Oekonomie. Aus d. Franzöſ. 8. Luzern 858. Stocker. (Bertschinger.) — 20.

Blaschke, Joh., die österreich. Jurisdictionsnorm in bürgerlichen Rechtssachen vom 18. Juni 1850, mit Berücksicht. d. neuesten darauf Bezug habenden Gesetze. gr. 8. Gratz 850. Hesse. 1. —
— Einführung d. allgem. deutschen Wechselordnung in Oesterreich, Verschiedenheiten d. allgem. deutschen u. österreich. Wechselordnung u. der österreich. Wechselproceß. gr. 8. Leipzig 862. B. Tauchnitz. n. — 10.

Blaschke, Joh., der österreich. Wechselproceß mit theilweiser Berücksicht. d. in Deutschland bestehenden Wechselproceßvorschriften. gr. 8. Wien 858. Manz. — 24.
— das österreich. Wechselrecht in vergleich. Darstellung mit d. ausländ. u. b. früheren österreich. Wechselgesetzen. Zum Gebrauche bei Vorlesungen an Universitäten u. Handelsschulen, sowie auch f. Richter, Rechtsfreunde u. Geschäftsleute. (1850. — 2. Aufl. 856. — 3. Aufl. 858. — 4. Aufl. 861.) 5. verm. u. verb. Aufl. gr. 8. Ebend. 867. n. 2. 4.
— kurzgefaßte Darstellung d. österreich. Wechselrechts mit 37 Wechselformularien nebst e. Abdr. d. Wechselordnung vom 25. Jänner 1850 für Unterrealschulen, f. d. Gewerbestand u. zum Selbstunterrichte. gr. 8. Ebend. 859. — 14.

Blaese, Rob., das Näherrecht nach curländischem u. pilten'schem Landrechte, vom Anfange unserer Rechtsgeschichte bis auf d. neueste Zeit. gr. 8. Dorpat 861. (Mitau, Reyher.) 1. 7½.

Bleibtreu, L. C., politische Arithmetik. Anleitung zur Kenntniß u. Uebung aller im Staatswesen vorkommenden Berechnungen. Ein Handbuch f. Staatsbeamte u. Geschäftsmänner. (845.) — 2. verb. Aufl. gr. 8. Leipzig 853. C. F. Winter. n. 1. 20.
— die Lehre von den Wechseln mit Hinweisung auf bestehende Gesetze. gr. 8. Erlangen 860. Enke. n. — 22.

Bleich, C. W., die preuß. allgem. Deposital-Ordnung vom 15. Septbr. 1783 nebst d. Verordnung vom 18. Juli 1849 mit Motiven u. dazu ergang., erläut., ergänz., u. abändernd. Bestimmungen. gr. 8. Berlin 854. Hempel. n. — 25.
— Gesetzgebung für Müller u. Mühlenbesitzer. Eine Sammlung d. auf die Anlage u. d. Betrieb aller Arten von Mühlen bezügl., in Preußen geltenden Gesetze u. Bestimmungen bis auf d. neueste Zeit. 8. Ebend. 855. — 20.

Blodig, Herm., die vier ersten Bücher d. allgem. deutschen Handelsgesetzbuches. Revid. auf Grund d. österreich. Einführungsgesetzes vom 17. Dec. 1863. Mit e. Anh., enth. d. Ministerial-Verordnung vom 9. März 1863 über d. Anlegung u. Führung d. Handelsregister u. einem Sachregister. gr. 8. Wien 865. Braumüller. n. — 28.
— die österreich. Zoll- und Staatsmonopolsordnung. Nach d. gegenwärt. Stande d. Gesetzgebung bearb. Mit e. geschichtl. Einleitung. (855.) — 2. vollständ. umgearb. u. verm. Aufl. gr. 8. Wien 863. Prandel u. Ewald. n 2. —

Bluhme, Frdr., Encyclopädie d. in Deutschland geltenden Rechte. gr. 8. Bonn. Marcus.
   1. Abth.: Uebersicht d. in Deutschland geltenden Rechtsquellen. Mit e. encyclopäd. Einleitung. (850. — 2. Aufl. 854.) — 3. verm. u. verb. Ausg. 863. 1. 7½.
   2. Abth.: System d. in Deutschland geltenden Privatrechts mit Einschluss d. Civilprocesses. (852.) — 2. verm. u. verb. Aufl. 855. 3. —
   3. Abth. 1. Liefg.: System d. in Deutschland geltenden Strafrechts mit Einschluss d. Strafprocesses. (854.) — 2 verb. Aufl. 865. 1. —
— das rheinpreuß. Gesetz vom 14. März 1845 in besond. Anwendung auf Pfarrwohnungen. Seine Meinung u. seine Ergänzung im Geiste confessioneller Parität. gr. 8. Ebend. 859. — 10.
— Quellen u. Literatur d. in Deutschland geltenden Strafrechts. Zugabe zu akadem. Vorträgen. gr. 8. Ebend. 851. — 5.

Blumer, J. J., Handbuch d. schweizerischen Bundesstaatenrechts. 2 Bde. gr. 8. Schaffhausen 863, 64. Hurter. n. 4. 4.
— Staats- und Rechtsgeschichte d. schweizerischen Demokratien oder d. Kantone Uri, Schwyz, Unterwalden, Glarus, Zug u. Appenzell. 1. u. 2. Thl. gr. 8. St. Gallen 850—59. Scheitlin u. Zollikofer. 6. 15.
   Inhalt: 1. Thl.: Das Mittelalter. 3 Thlr. — 2. Thl.: Die neuere Zeit [1531—1798]. 2 Bde. 3 Thlr. 15 Ngr.

Bluntschli, J. C., Geschichte des schweizerischen Bundesrechtes von d. ersten ewigen Bunden bis auf die Gegenwart. 1 Bd. Geschichtliche Darstellung. 4. Liefg. gr. 8. Zürich 849. Meyer u. Zeller. 1. 5.
   1.—3. Liefg. Ebend. 846—49. 2 Thlr. 26 Ngr.
— 2. Bd.: Urkundenbuch d. schweizer. Bundesrechts. 1. u. 2. Liefg. Ebend. 851. 2. —
— das moderne Kriegsrecht d. civilisirten Staaten als Rechtsbuch dargestellt. gr. 8. Nördlingen 866. Beck. n. — 14.

Bluntschli, J. C., deutsches Privatrecht. (854. — 2. Aufl. 860.) — 3. durch Aufnahme d. Handels- u. Wechselrechts erweit. Aufl., besorgt von Fel. Dahn. gr. 8. München 864. Liter.-artist. Anstalt. n. 3. 24.
— die neueren Rechtsschulen d. deutschen Juristen. — 2, mit Reformvorschlägen erweit. Aufl. gr. 8. Zürich 862. (Bern, Heuberger.) n. — 18.
— allgemeines Staatsrecht. 2 Bde. (851. — 2. Aufl. 857.) — 3. umgearb. Aufl. gr. 8. München 863. Liter.-artist. Anstalt. n. 4. 8.
— Geschichte d. allgem. Staatsrechts u. d. Politik seit d. 16. Jahrh. bis zur Gegenwart. gr. 8. Ebend. 864. n. 2. 24.
— Staats- und Rechtsgeschichte d. Stadt u. Landschaft Zürich. 2 Thle. (838, 39.) — 2. Aufl. gr. 8. Zürich 856. Orell, F. u. C. 6. 20.
— die Bedeutung u. die Fortschritte des modernen Völkerrechts. 8. Berlin 866. Lüderitz. n. — 10.
— s. Gesetzbuch f. d. Kanton Zürich.

Boas, Isl., zur Lehre vom Miteigenthum. gr. 8. Berlin 864. Guttentag. n. — 18.

Boche, K. G., der preußische legale evangel. Pfarrer. Eine Darstellung u. Nachweisung gültiger Gesetze, Verordnungen u. Vorschriften f. d. Amtspflichten, Rechte u. Verbindlichkeiten d. preuß. evangel. Geistlichen an Civil- u. Militair-Gemeinden. (830. — 2. Aufl. 844.) — 3. verb. Aufl. 8. Braunschweig 852. Schwetschke u. S. 1. 24.

Boed, A., die Städteordnung vom 30. Mai 1853 in vergleich. Zusammenstellung mit d. desfalls. Bestimmungen d. Allgem. Landrechts, d. Städteordnungen vom 19. Nov. 1808 u. 17. März 1831, sowie d. Gemeindeordnung vom 11. März 1850. gr. 8. Berlin 854. C. Heymann. 1. 15.

Böcker, F. W., Memoranda d. gerichtlichen Medicin mit besond. Berücksichtigung d. neuern deutschen, preuss. u. rhein. Gesetzgebung als Leitfaden zu seinen Vorlesungen u. zum Gebrauche für Aerzte u. Juristen bearb. 8. Iserlohn 853. Baedeker. n. 1. 15.
— die Vergiftungen in forensischer u. klinischer Beziehnng dargestellt. gr. 8. Ebend. 857. n. 1. —

Böcking, Ed., Grundriß zu Vorlesungen über d. gemeinen deutschen Civilproceß, mit Berücksicht. d. sächsischen u. preußischen. Nebst Quellen- u. Literatur-Angaben. Statt handschriftl. Mittheilung. gr. 8. Bonn 852. Marcus. n. — 10.
— Abriß d. Institutionen d. römischen Privatrechts. 8. Bonn 860. Cohen u. S. n. 1. 10.
— Pandekten. Grundriß e. Lehrbuches d. gemeinen auf d. römische Recht gegründeten Civilrechts. Mit Quellen- u. Literatur-Angaben nebst Chrestomathie. (4. Ausg. 852.) — 5. umgearb. Aufl. gr. 8. Ebend. 861. n. 2. —
— Pandekten d. röm. Privatrechts aus d. Standpunkte unseres heutigen Rechtssystems oder Institutionen d. gemeinen deutschen Civilrechts. 1. Bd. Einleitung in d. Pandekten d. gemeinen Civilrechts. (843.) — 2. verm. Aufl. gr. 8. Bonn 853. Marcus. n. 3. —
—— 2. Bd. 1. Liefg. §§. 133—171. Die Lehre vom Eigenthum u. d. größten Theil der von den Servituten enth. gr. 8. Leipzig 855. Hirzel. 1. 15.
— römisches Privatrecht. Institutionen d. römischen Civilrechtes. 2. verb. Ausg. gr. 8. Bonn 862. Cohen u. S. n. 1. 20.

Böcklin von Böcklinsau, Frbr., rechtsbegründende Denkschrift zur gerichtl. Reclamation d. lehenbaren, mit Stammgutseigenschaft verseh. Zugehörden d. dem Erstgeborenen seiner Familie zustehenden, in seinem Besitz befindl. allodialen Stammschlosses u. Stammguts d. Grundherrschaft zu Rust, Amts Ettenheim, im Großherzogth. Baden. Mit ausführl. in die Rechte gehör. Rechtsmaterien einschlag. allgem. staats- u. privatrechtl. Erörterungen ꝛc., mit besond. Rücksicht d. ehemal. Reichsadel u. adelige Lehen u. Stammgüter überhaupt. gr. 8. Carlsruhe 856. Malsch u. Vogel. n. 2. —

Bodemeyer, Hildebr., das hannoversche Jagdrecht u. dessen wünschenswerthe Reformen. 8. Göttingen 864. Dieterich. n. — 10.
— die Juden. Ein Beitrag zur hannoverschen Rechtsgeschichte. gr. 8. Ebend. 865. n. — 16.

2*

Bodemeyer, Hildebr., hannoversche Rechtsalterthümer. 1. Beitr.: Die Lurad- u. Sitten-Gesetze. gr. 8. Göttingen 857. Dieterich. n. — 24.

— die hannoverschen Verfassungskämpfe seit 1848. 1. Abschn.: Vom März d. J. 1848 bis zur Berufung d. Ministeriums. v. Scheele am 23. Novbr. 1851. gr. 8. Hannover 861. Meyer. n. 1. 10.

— die Zahlen d. römischen Rechts. gr. 8. Göttingen 855. Dieterich. n. — 20.

Boden, Wilh. Aug., die vor d. ehemal. Deutschen Bundesversammlung u. d. ehemal. provisor. Centralgewalt f. Deutschland in dem Gräfl. Bentinck'schen Erbfolgestreite beschlossene auszuführen versuchte Kabinetsjustiz, aus d. Bundestagsprotocollen ꝛc. dargelegt. gr. 8. Frankfurt a. M. 849. Lizius. — 12½.

Bödiker, L., Sammlung d. Gesetze, Verordnungen, Rescripte ꝛc. d. vormal. Bisthums Münster u. d. jetzigen Herzogth. Arenberg-Meppen, bis 1810 einschließlich. 4. Hannover 855. (Meyer.) n. 2. 15.

Boehlau, Hugo, die Entwickelung d. Begriffes der Freiheit im deutschen Rechte. Ein Vortrag. gr. 8. Rostock 865. Stiller. — 8.

— die Einzelnhaft in Preußen. Eine Kritik. gr. 8. Weimar 861. Böhlau. — 7½.

— der Kriminalprozeß Rose und Rosal. gr. 8. Ebend. 859. — 8.

— novae constitutiones Dom. Alberti i. e. Der Landfriede vom J. 1235 mit d. Glosse des Nic. Warm. In Beilage VI: Ueber d. Entwicklung d. Strafrechtsidee bis zum Landfrieden von 1235. 4. Ebend. 858. n. 1. 15.

— Quellen u. Literatur d. gemeinen u. preuss. Strafrechts. 8. Ebend. 859. — 5.

Bohlmann, Otto, Denkschrift über d. prioritätischen Ansprüche Preußens an d. Herzogth. Braunschweig-Wolfenbüttel. Nach d. Quellen bearb. Nebst e. Anh., enth. 4 Stammtafeln u. die wichtigsten, in Bezug genomm. Urkunden in correctem Abdruck. gr. 8. Berlin 861. Mittler u. S. — 22½.

Bohnstedt, Ed., Rechtspflege in Preußen unter Ludw. Simons. Als Rechtswahrnehmung der Oeffentlichkeit übergeben. 8. Hamburg 857. (Altona, Verlagsbureau.) — 7½.

— Strafverfahren und Disciplinarverfahren. Auszug als Denkschrift. 8. Frankfurt a. M. 853. (Stuttgart, Göpel.) — 10.

Bojunga, J. C. A., die Notariatsordnung f. d. Kgr. Hannover. Unter Berücksicht. d. Regierungsmotive u. d. ständischen Erwiderung zum prakt. Gebrauch mit e. Inhaltsverzeichnisse herausg. gr. 8. Hannover 853. Jänecke. — 10.

— Anhang zur allgem. bürgerl. Prozeßordnung f. d. Kgr. Hannover, die für Ostfriesland, Lingen u. das Eichsfeld noch geltende preuß. Gesetzgebung, soweit solche hierher gehört, enth. gr. 8. Ebend. 853. n. 1.

Boele, Fr. Thdr., zur Orientirung in d. deutschen Frage unter Zugrundlegung d. betr. Thatsachen u. Dokumente. Nebst e. Zugabe: über d. reichsgrundsetzliche Gewährleistung d. Rechte d. kathol. Kirche in Deutschland. gr. 8. Münster 850. Coppenrath. — 20.

Bolgiano, Carl, vergleich. Darstellung d. gemeinen deutschen u. bayerischen Civilprozesses, nach d. Ordnung d. gewöhnl. Prozeßverlaufes bei d. Untergerichten, als Leitfaden f. Studirende u. angehende Praktiker. gr. 8. Erlangen 854. Palm u. Enke. n. 1. 18.

Bolter, Joh. Bapt., Ehegesetze f. d. Bisthum Rottenburg, aus älteren u. neueren Verordnungen, Rescripten, Resolutionen u. Dekreten zusammengetragen. 8. Wiesensteig 853. Schmid. — 15.

Bolza, Frdr., die Gesetzgebung über d. Notariat in d. bayerischen Pfalz, ein Handbuch f. Notare. 2 Bde. gr. 8. Neustadt a. d. H. 861. Gottschick. n. 3. 20.

Bomhard, Ed., die Civilrechtspflege in d. bayerischen Pfalz, verglichen mit Herrn v. Zink's Schrift „über die Ermittlung des Sachverhalts". Ein Beitrag zur Reform d. deutschen Civilprozesses. gr. 8. München 861. Liter.-artist. Anstalt. n. — 28.

— kleiner Leitfaden für Notare. gr. 8. Amberg 862. Pohl. n. — 17½.

Boenninghausen, Fr. E., tractatus jurid. canonicus de irregularitatibus. Fasc. I—III. gr. 8. Münster 863, 66. Theissing. à Heft n. — 20.

Boer — Boulz.

Boer, Jan van, die Mißhandlung d. polit. Verbrecher unserer Zeit. Mit besond. Rücksicht auf d. Zellengefängniß zu Bruchsal in Baden. 8. Leipzig 850. Hartknoch. — 7½.

Boor, Cl. de, über d. Hamburgische Hypothekenwesen. gr. 8. Hamburg 860. Mauke. — 6.

Boots, zur preußischen Advokatenfrage. 8. Berlin 849. C. Heymann. — 5.

Bopp, Beiträge zur Beurkundung d. oberstrichterlichen Rechtsübung im Kreise d. Civil-Rechts u. Processes mit besond. Rücksicht auf d. gemeine Recht. gr. 8. Stuttgart 862. Kröner. 1. 6.

— Beiträge zur Beurkundung d. deutschen Strafrechtspflege in d. drei letzten Jahrh. 1. Heft. gr. 8. Ebend. 861. n. — 20.

Bopp, P., Handbuch d. Criminalgesetzgebung f. d. Großherzogth. Hessen. Ein prakt. Commentar. gr. 8. Darmstadt 851. Leske. n. 1. 12.

— Beiträge zum Verständnisse d. vier mittelrheinischen Landrechte, des Solmsischen, Pfälzischen, Mainzischen Landrechts u. b. Landrechts d. Obergrafschaft Katzenelnbogen. 2 Thle. gr. 8. Ebend. 854, 57. n. 1. 18.

Borchardt, C., die allgem. deutsche Wechselordnung u. die die Ergänzung u. Erläuterung derselben betr. Novelle mit den von den deutschen Gerichtshöfen ausgesprochenen Grundsätzen d. Wechselrechts nebst Bemerkgn. (860—64.) — 4. verb. u. bis auf d. neueste Zeit fortgeführte Aufl. gr. 8. Berlin 865. v. Decker. 1. 15.

— die allgem. deutsche Wechsel-Ordnung mit b. Einführungs-Ordnungen zu derselben u. d. Abweichungen d. österreich. Wechselordnung nebst Bemerkgn. u. Vergleichgn. mit d. fremden Gesetzgebungen (849.) — 2. verm. Aufl. 8. Berlin 851. Leipzig, Duncker u. H. n. — 22½.

Boretius, Alfr., die Capitularien im Longobardenreich. Eine rechtsgeschichtl. Abhandlung. gr. 8. Halle 864. Buchh. d. Waisenhauses. — 25.

Bornemann, W., Bedenken gegen d. Entwurf d. Gesetzes, die Grundsteuerbefreiungen betr. 8. Berlin 848. C. Heymann. — 5.

— die Einkommensteuer-Frage. 8. Berlin 850. Morin. (Bergemann.) n. — 10.

— Erörterungen im Gebiete d. preußischen Rechts. 1. Heft. gr. 8. Berlin 855. G. Reimer. 1. —

— die Rechtsentwickelung in Deutschland u. deren Zukunft, mit besond. Hinsicht auf Preußen. gr. 8. Ebend. 856. — 10.

(v. **Bornstedt**), nichtamtlicher Entwurf e. neuen Hypotheken-Ordnung f. d. preuß. Staat. 8. Berlin 849. C. Heymann. — 7½.

Bose, Herm. v., Handbuch f. d. kgl. sächs. Dorfgerichts-Personen u. Landgemeindevorstände. Zur Instruction bei Verwaltung ihres Amtes systematisch bearb. (864.) — 2. bis auf die neueste Zeit vervollständ. Aufl. gr. 8. Glauchau 865. Moritz. n. — 15.

— Handbuch d. Jagd- u. Forstgesetzkunde d. Kgr. Sachsen, namentlich f. d. pract. Waid- u. Forstmann systemat. bearb. 8. Waldheim 857. (Leipzig, Hinrichs.) n. 1. 10.

— Handbuch des im Kgr. Sachsen geltenden Unterthanen- u. Heimathsrechts mit besond. Berücksicht. d. sämmtl. deshalb neuerdings erlass. Gesetze. (852.) — 2. Aufl. 8. Colditz 854. (Leipzig, Matthes.) — 15.

Bose, Hugo v., gewerbspolizeiliche Bestimmungen hinsichtlich d. Braunahrung, Branntweinbrennerei, Gast- u. Schenknahrung, sowie die des Vereins- u. Versammlungsrecht betr. Verordnungen. 8. Oschatz 851. Oldecop. n. — 12.

— Sammlung d. wichtigsten Landescultur- oder Ackerbau-Gesetze d. Königr. Sachsen nebst den von Behörden u. Vereinen erlass. Bekanntmachungen. gr. 8. Dresden 850. Meinhold. n. — 24.

v. **Bothmer**, Fragmente zur bürgerlichen Proceß-Ordnung f. d. Kgr. Hannover. gr. 8 Hannover 854. Rümpler. n. — 20.

— die Verhältnisse der durch Ablösung frei gewordenen Bauernhöfe in Hinsicht auf deren Zusammenhaltung u. auf die Erbfolge. gr. 8. Ebend. 855. n. — 10.

Boulz, D., tractatus de principiis juris canonici. 8. Münster 853. Cazin. 1. —

Bouix, D., kanonisches Recht der Regularen. In e. deutschen Auszug gebracht u. mit Zusätzen versehen von Rup. Mittermüller. Eine Beigabe zum ascet. Handbuch f. Ordensleute. 8. Landshut 861. Thomann. — 16.

Brach, Bernh., chirurgia forensis generalis oder d. Lehre von d. Verletzungen im Allgemeinen. gr. 8. Köln 854. Eisen. (Frühbuss.) 1. 15.
— Lehrbuch d. gerichtlichen Medicin. (846.) — 2. Ausg. gr. 8. Ebendas. 850. n. 4. 10.

Brackenhoeft, T., Reform von Grundeigenthum u. Erbrecht. gr. 8. Heidelberg 848. Rieger. — 6.
— die Grundlagen d. gemeinen deutschen Rechts. 1. Lfg., enth. d. allgem. Grundlagen d. ältern Zeit. gr. 8. Würzburg 851. Stahel. n. — 22.

Brand, Thdr., Handbuch d. preußischen Gesetzsammlung von 1806 bis einschließlich 1845. Ein Hülfsbuch f. Juristen u. alle Verwaltungs- u. Communal-Beamte. 2 Bde. gr. 8. Breslau 846—48. Aderholz. 4. 15.

Brandis, Ferd. Heinr. Thdr., die Strafgesetze d. Kgr. Hannover auf Grundlage d. Criminalgesetzbuchs vom 8. Aug. 1840, zusammengestellt. gr. 8. Hannover 854. Rümpler. n. — 27½.

Brassert, Herm., Berg-Ordnungen d. preuss. Lande. Sammlung d. in Preussen gültigen Berg-Ordnungen, nebst Ergänzungen, Erläuterungen u. Ober-Tribunals-Entscheidungen. Als Anh.: Tit. 16. Thl. 11 d. Allgem. preuss. Landrechts. gr. 8. Köln 858. Eisen. (Frühbuss.) n. 6. 20.
— das Bergrecht d. allgem. preußischen Landrechts in seinen Materialien nach amtl. Quellen bearb. gr. 8. Bonn 861. Marcus. n. 1. 25.

Brater, Karl, die Reform des Erbrechtes zu Gunsten der Nothleidenden. gr. 8. München 848. Kaiser. — 5.
— Forstgesetz vom 28. März 1852, erläutert. gr. 8. Erlangen 855. Palm u. E. n. 1. 18.
— Bemerkungen über d. Entwurf e. neuen Gemeindeordnung f. d. Kgr. Bayern. gr. 8. Nördlingen 850. Beck. — 8.
— die neuen bayerischen Jagdgesetze vom 30. März, 15. Juni u. 25. Juli 1850. Mit Erläuterungen. gr. 8. Erlangen 853. Palm u. E. n. — 12.
— Studien zur Lehre von d. Gränzen d. civilrichterlichen u. d. administrativen Zuständigkeit, mit besond. Rücksicht auf bayerisches Recht. 8. Nördlingen 855. Beck. n. — 10.

Brauchitsch, Heinr. v., Geschichte des spanischen Rechts. gr. 8. Berlin 852. Allgem. Deutsche Verlagsanstalt. n. 1. —

Brauer, Ed., die deutschen Schwurgerichtsgesetze in ihren Hauptbestimmungen übersichtlich zusammengestellt, mit kurzem Hinweis auf fremdes, insbes. französ. u. englisches, auch schottisches u. amerikan. Recht. gr. 8. Erlangen 856. Enke. n. 1. 15.
— das mündliche Verfahren vor dem Unterrichter in bürgerlichen Streitsachen, nach d. neuen bad. Gesetzgebung vom J. 1851, dargestellt u. erläutert, zugleich mit Rücksicht auf nichtsachkundige Personen. gr. 8. Karlsruhe 852. Braun. n. — 18.
— das Verfahren vor d. Amtsrichter in bürgerl. Rechtssachen, nach d. neuen badischen Gesetzgebung dargestellt u. erläutert. 2. umgearb. Aufl. der Schrift „das mündliche Verfahren vor d. Unterrichter ꝛc." mit Berücksicht. d. Aenderungen im Processverfahren überhaupt, u. mit e. Ueberschau d. neuen Gerichtsverfassung, sowie auch mit Formularien f. nicht rechtsgelehrte Personen. gr. 8. Ebend. 864. n. — 25.

Brauer, Wilh., das badische Militairstrafrecht u. Militairstrafverfahren. gr. 8. Karlsruhe 851. Braun. n. — 22½.
— die allgem. deutsche Wechsel-Ordnung mit d. Abweichungen d. österreich. Wechsel-Ordnung erläutert. (849.) — 2. verm. Aufl., mit d. in d. einzelnen Staaten erschienenen Einführungs-Gesetzen u. mit e. alphabet. Register versehen. gr. 8. Erlangen 851. Enke. n. 1. 6.

Braun, Joh. Bapt., das kirchliche Vermögen von d. ältesten Zeit bis auf Justinian I. mit besond. Rücksicht auf d. Verwaltung desselben gegenüber dem Staate. gr. 8. Giessen 860. (Roth.) n. — 15.

Braun, Karl, u. Max **Wirth**, die Zins-Wucher-Gesetze, vom Standpunkte d. Volkswirthschaft, d. Rechtswissenschaft u. d. legislativen Politik beleuchtet. 8. Mainz 856. v. Zabern. — 1.

Braune, Alb., Commentar zur deutschen Wechselordnung für Kaufleute, Gewerbtreibende u. Geschäftsleute aller Art ꝛc. 8. Leipzig 865. Gumprecht. — 20.

Bräuner, R., der militairische Richter bei Ausübung seines Amtes. Als Rathgeber f. d. Mitglieder d. Kriegs- u. Standgerichte auf Grundlage d. gesetzl. Vorschriften zusammengestellt. 12. Berlin 863. Mittler u. S. — 12.

Bräunig, Karl Fb., das Recht d. Ehescheidung auf Grund d. Schrift u. Geschichte. Eine Stimme aus d. Kirche. 8. Zwickau 861. Buchh. d. Volksschriftenvereins. n. — 12.

Brausewetter, die neuen preuß. Gemeinde-Ordnungen, nach d. beiden darüber vorliegenden Entwürfen. Eine Vergleichung der bestehenden mit d. zukünftigen Zuständen. gr. 8. Potsdam 848. Riegel. — 5.

Bremer, F. P., de Domitii Ulpiani institutionibus scripsit atque earundem institutionum reliquias adjecit. gr. 8. Bonn 863. Marcus. n. — 20.

Bremer, F. P., das rheinische Vormundschaftswesen u. seine rechtliche Grundlage. gr. 8. Bonn 865. Marcus. — 15.

Brendel, Sebald, Handbuch d. kathol. u. protestant. Kirchenrechts. Mit geschichtl. Erörterungen u. steter Hinsicht auf b. kirchlichen Verhältnisse, b. deutschen Bundesstaaten, namentlich b. Kgr. Bayern. — 3. durchaus neu bearb. u. verm. Aufl. gr. 8. Nürnberg 851. Loßbeck. S. 10.

Brenske, Joh. Glieb., die Ehefrage, besonders zum Nutz u. Frommen d. hohen Landtages d. preuß. Monarchie vom liberalen Standpunkte aus beleuchtet. gr. 8. Frankfurt a. O. 859. (Berlin, Academ. Buchh.) — 7½.

Brentano, die allgemeine deutsche Wechselordnung nach d. Standpunkte d. gegenwärt. Gesetzgebung u. die neueren Gesetze über kaufmänn. Anweisungen. Mit Anmerkgn. u. Präjudizien. (1—5. Aufl. 851—63.) — 6. verb. Aufl. 8. Nürnberg 866. J. L. Schmid. n. — 12.

Bretschneider, Dec., die Statthaftigkeit d. beim Deutschen Bunde erhobenen Beschwerde d. Grafencurie u. vier Bevollmächtigter vor der Ritterschaft d. Herzogth. Gotha wegen unrechtmäß. Beseitigung d. landschaftlichen Verfassung d. Herzogth. Gotha geprüft u. beurtheilt. gr. 8. Gotha 852. Müller. — 7½.

Brie, Sgfr., de legibus juribusque Imperii Germanici interitu commutatis. 8. Berlin 862. (Calvary u. Co.) — 5.

Briefe, kritische, über den Demme-Trümpy-Proceß in Bern. gr. 8. Schwyz 865. (Zürich, Orell, Füßli u. Co.) n. — 10.

Briegleb, Hans Karl, Einleitung in d. Theorie der summarischen Processe. gr. 8. Leipzig 859. B. Tauchnitz. 2. 7½.

Briegleb, Mor., Zusammenstellung von Material zur Beurtheilung d. Streites um das Hausallodium im Herzogth. Gotha u. die dafür bedungene Allodialrente. gr. 8. Gotha 853. Thienemann. n. — 10.

Brinckmann, C. H. L., Lehrbuch d. Handelsrechts mit Ausschluß d. Lehren d. Wechsel-See- u. Assekuranzrechts. (1. u. 2. Abthlg.) gr. 8. Heidelberg 853, 57. Bangel u. S. n. 2. 6.

—— —— Fortges. von W. Endemann. 3. Abthlg. gr. 8. Ebend. 860. n. 1.

Brinkmann, Alfr., Verhältniß der actio communi dividundo u. d. actio negotiorum gestorum zu einander, insbes. über die Zulässigkeit d. einen oder d. andern Klage von Seiten d. Theilnehmer e. Communion gegen einander. gr. 8. Kiel 855. Schröder u. Co. n. 1. —

—— Darstellung d. rechtlichen Grundsätze über die Litigiosität. gr. 8. Kiel 849. Schwers. n. — 24.

—— über die Prüfung d. Kandidaten d. Rechtswissenschaft. gr. 8. Kiel 855. Schröder u. Co. n. — 10.

Brinkmann, Rud., über das Justizwesen in den Elbherzogthümern in Vergleich mit dem preußischen. gr. 8. Kiel 867. Schwers. — 7½.

Brinkmann, Rud., aus d. deutschen Rechtsleben. Schilderungen d. Rechtsganges u. d. Kulturzustandes d. letzten drei Jahrhunderte auf Grund von Schlesw.-Holstein-Lauenburg. Akten d. kaiserl. Kammergerichts. gr. 8. Kiel 862. Homann. n. 2. —

Brinz, Aloid, die Lehre von der Compensation. Eine civilist. Abhandlung. gr. 8. Kiel 849. Schwers. 1. —

— Lehrbuch d. Pandekten. 1. Abth. u. 2. Abth. 1. Hälfte. gr. 8. Erlangen 857, 60. Deichert. n. 4. 18.

Brix, Akr., das allgem. Handelsgesetzbuch vom Standpunkt d. österreich. Gesetzgebung erläutert. gr. 8. Wien 864. Gerold. n. 2. 12.

— der Proceß Arnheim. Ein Fall außerordentl. Revision in Strafsachen. gr. 8. Wien 860. Manz. — 8.

Brozowsky, W. J., die Lehre von d. Wechseln u. d. Wechselgeschäfte, theoretisch u. praktisch nach d. neuen österreich. Wechselordnung bearb. (852.) — 2. Aufl. gr. 8. Wien 857. Seidel. n. — 16.

Bruch, der, des Rechts in Kurhessen. Ein Beitrag zur Information d. Hohen Deutschen Bundesversammlung. gr. 8. Berlin 859. G. Reimer. n. — 10.

Brucken, H. v., genannt Fock, über die Bildung d. 1. preuß. Kammer nach d. gegenwärtig geltenden Bestimmungen u. d. von d. Regierung gemachten Abänderungsvorschlägen. 8. Berlin 853. Th. Enslin.

Brückner, M., die Landesgesetze d. Herzogth. S.-Gotha in d. Folgeordnung eines Wörterbuches zusammengestellt. 4. Gotha 862. Thienemann. n. 5. —

Brüel, zur Dinglichkeit d. Kirchen- u. Schullasten im Kgr. Hannover. gr. 8. Hannover 861. Hahn. — 7½.

— die Gerichtsbarkeit in Ehesachen. Ein Beitrag zur Würdigung d. Vorlagen d. kgl. Regierung u. ihrer Beurtheilung durch O. A. K. v. Werlhof in Celle. Hannover 853. Rümpler. n. — 10.

— zur Lehre von d. Kirchen- u. Schullasten im Kgr. Hannover. gr. 8. Hannover 855. Rümpler. n. — 10.

Brügel, F., Bayerns Gerichts-, Advocaten- u. Stempel-Taxordnungen u. d. Diäten-Regulativ. gr. 8. Erlangen 848. Palm u. E. — 5½.

Brugghen, van der, études sur le système pénitentiaire Irlandais. Revu après la mort de l'auteur et accomp. d'une préface et d'un appendice par Fr. de Holtzendorff. gr. 8. Berlin 864. Lüderitz. n. 2. —

Brumhard, Ph., Entwurf e. Gemeinde-Ordnung f. d. Fürstenth. Waldek u. Pyrmont. 8. Arolsen 849. Speyer. — 4.

Brunner, Gug., Handbuch des Notariates in Bayern diesseits des Rheins. gr. 8. Regensburg 866. Coppentrath. n. — 25.

Brunner, Heinr., das gerichtliche Exemtionsrecht der Babenberger. (Aus d. Sitzungsber. d. k. Akad. d. Wissensch.) gr. 8. Wien 864. Gerold. — 10.

— Zeugen- und Inquisitionsbeweis d. karolingischen Zeit. (Aus d. Sitzungsber. d. k. Akad. d. Wissensch. in Wien.) gr. 8. Ebend. 866. n. — 26.

Bruns, Karl Geo., fontes juris romani antiqui in usum praelectionum. gr. 8. Tübingen 860. Laupp. n. — 24.

— das Recht des Besitzes im Mittelalter u. in d. Gegenwart. gr. 8. Ebend. 848. 2. 20.

Brzezina, Frdr., die Abhandlungs-Pflege d. Verlassenschaften, prakt. bearb. auf Grund d. allgem. bürgerl. Gesetzbuches u. d. provisor. Instruction über d. gerichtl. Verfahren in Rechtsgeschäften außer Streitsachen. (Ungarisch u. Deutsch.) gr. 8. Preßburg 853. (Wigand.) n. 1. 10.

— Handbuch d. Stämpel- u. Gebührengesetze vom 9. Febr., 2. Aug. u. 6. Septbr. 1850, für alle Kronländer d. österreich. Monarchie, mit Berücksicht. d. nachträgl. Verordnungen. gr. 8. Ebend. 851. n. 1. —

Büchel, Conr., disquisitio de uno casu, quo, secundum §. 2. j. de actbs. [4. 6.], in controversiis rerum corporalium is qui possidet nihilominus actoris partes obtinet. 4. Marburg 848. Elwert. (Frankf. a. M., Völcker.) — 8.

Bucher — Bund.

Bucher, L., der Parlamentarismus wie er ist. 8. Berlin 855. F. Duncker. 1. 15.
Buchholtz, Alex. Aug. v., die Lehre von den Prälegaten. gr. 8. Jena 850. Maule. 3. 15.
Buchka, Herm., die Lehre von d. Stellvertretung bei Eingehung von Verträgen. Historisch u. dogmatisch dargestellt. gr. 8. Rostock 852. Stiller. 1. —
Buchner, Adf., die französ. Revolutionstribunale u. das Geschwornengericht. gr. 8. Erlangen 854. Enke. n. — 18.
Buddee, Karl, die Grundsätze d. heutigen preuß. Civilprocesses u. ihre Anwendung. gr. 8. Berlin 857. Guttentag. n. — 15.
Budzinski, Jul., Abhandlung über einige Rechtsfragen a. d. Gebiete d. Fideicommiss-Lehre. gr. 8. Wien 862. Manz. n. — 21.
Büff, G. Ludw., die Armenpflege in ihrem Zusammenhang mit d. Rechtssystem. 8. Cassel 854. Fischer. — 6.
— kurhessisches Kirchenrecht. Bearb. mit Rücksicht auf C. W. Ledderhose u. Chr. H. Pfeiffer. gr. 8. Cassel 861. Krieger. n. 4. 20.
— das Schäfereirecht auf Grundlage d. gemeinen Rechts u. seiner Ausbildung in Kurhessen. gr. 8. Cassel 863. Freyschmidt. n. — 7½.
Buff, Wilh., der Executivprozeß nach b. Praxis b. großherzogl. Hessischen Obergerichte. Mit Benutz. der von Bopp u. A. mitgetheilten Rechtsfälle u. mit Hinweisung auf d. Praxis anderer deutscher Gerichte dargestellt. (Abdr. aus d. Archiv f. pract. Rechtswissensch.) gr. 8. Marburg 860. Elwert. (Frankf. a. M., Bölcker.) — 16.
Bülau, Fdr., Encyklopädie d. Staatswissenschaften. (832.) — 2. umgearb. Aufl. gr. 8. Leipzig 856. Koßmann. 2. —
— die Rittergüter u. ihre Stellung zu Staat u. Gemeinde. Mit besond. Rücksicht auf d. Verhältnisse d. Großherzogth. S.-Weimar-Eisenach. gr. 8. Leipzig 857. T. D. Weigel. n. 1. —
— Wahlrecht u. Wahlverfahren. Ein prakt. Leitfaden f. Alle, welche Wahlgesetze u. Statuten f. Staat, Gemeinden, Corporationen zu entwerfen oder zu berathen haben. gr. 8. Leipzig 849. Hinrichs. 1. —
Bulgari ad Digest. tit. de diversis regulis juris antiqui commentarius et Placentini ad eum additiones sive exceptiones. Edid. Fr. Wilh. Conr. Beckhaus. gr. 8. Bonn 856. Cohen u. S. 1. 15.
Bullinger, Ludw., neue Gewerbeordnung f. d. Kgr. Württemberg vom 12. Febr. 1862 mit d. Vollziehungserlassen, dem Gesetze. betr. den Schutz d. Waarenbezeichnungen ꝛc. Handausgabe mit Erläutergn. u. alphabet. Sachregister. gr. 8. Stuttgart 862. Metzler. n. — 15.
Bulmerincq, Aug., das Asylrecht in seiner geschichtl. Entwickelung beurtheilt vom Standpunkte d. Rechts u. dessen völkerrechtliche Bedeutung f. d. Auslieferung flüchtiger Verbrecher. Eine Abhandlung aus d. Gebiete d. universellen Rechtsgeschichte u. d. posit. Völkerrechts. gr. 8. Dorpat 858. (Glaeser.) n. — 24.
— de natura principiorum juris inter gentes positivi. gr. 8. Ebend. 856. n. — 15.
— von d. Wahl u. d. Verfahren d. freiwilligen Schiedsgerichts. Eine Abhandlung aus d. Gebiete d. prakt. Rechts. gr. 8. Ebend. 849. n. — 12.
— die Systematik des Völkerrechts. 1. Thl.: Kritik d. Ausführungen u. Forschungen zu Gunsten d. Systematisirung d. positiven Völkerrechts. A. u. d. T.: Die Systematik d. Völkerrechts von Hugo Grotius bis auf die Gegenwart. gr. 8. Ebend. 858. n. 2. —
Bülow, Osc., de praejudicialibus exceptionibus. 8. Heidelberg 863. Bangel u. Schmitt. — 12.
— de praejudicialibus formulis. 8. Breslau 859. Gosohorsky. — 10.
Bund, der deutsche, und die Bundeskriegsverfassung. Eine populäre u. verständliche Darstellung des gegenwärtigen deutschen Bundes u. den auf dessen Reform gerichteten Bestrebungen, nebst wörtlichem Abdruck d. deutschen Bundes- u. der Wiener Schlußakte ꝛc. gr. 8. Leipzig 866. R. Schäfer. n. — 10.

Bundesacte, die deutsche, [vom 8. Juni 1815) u. die General-Acte d. Wiener Congresses. [Vom 9. Juni 1815.] gr. 8. Leipzig 848. Thomas. — 6.
— — nebst den dieselbe ergänzenden Verträgen, u. die Verfassung d. deutschen Reichs vom 28. März 1849, wortgetreu aus authent. Quellen abgedr. 8. Potsdam 859. Riegel. — 10.

Bundesverfassung, schweizerische, sammt d. Bundesgesetzen über d. schweizerische Civil- u. Strafrechtspflege. 16. Luzern 853. Kaiser. n. — 8.
— d. schweizerischen Eidgenossenschaft, nebst sämmtl. in Kraft stehenden Kantonsverfassungen, nach offiz. Text. 8. Freiburg 856. (Basel, Georg.) n. 1. 20.
— — nebst sämmtl. in Kraft stehenden Kantonsverfassungen, mit 2 Anb., enth.: die revid. Verfassungen d. Kantone Solothurn, Freiburg, Basel-Stadt, Appenzell A. Rh. u. Neuenburg. Nach offiz. Text. 8. Freiburg 859. (Bern, Blom.) n. 1. 16.

Bunge, Frdr. Geo. v., Entwurf e. Grund- u. Hypothekenordnung für Liv-, Esth- u. Kurland. Beilage zum Entw. e. Ordnung d. gerichtl. Verfahrens in Civilrechtssachen. gr. 8. Reval 863. Kluge. n. — 12.
— das curländische Privatrecht, wissenschaftlich dargestellt. gr. 8. Ebend. 851. n. 4.
— das liv- u. esthländische Privatrecht wissenschaftlich dargestellt. 2. Thl.: Das Familien- u. Erbrecht. 2. sehr verm. Aufl. gr. 8. Ebend. 848. n. 2. 22½.
    1. Thl. Ebend. 847. n. 2 Thlr. 22½ Ngr.
— Einleitung in die liv-, esth- u. curländische Rechtsgeschichte u. Geschichte d. Rechtsquellen. gr. 8. Reval 849. Koppelson. (Wassermann.) 2. 15.
— Entwurf e. Ordnung d. gerichtl. Verfahrens in Civilrechtssachen für Liv-, Esth- u. Kurland. gr. 8. Reval 864. Kluge. n. 2. 4.

Burchardi, Geo. Chn., Lehrbuch d. römischen Rechts. (811—43). — 2. Ausg. gr. 8. Stuttgart 854. Liesching u. Co.
  1. Thl.: Staats- u. Rechtsgeschichte der Römer nebst Einleit. in d. Studium d. röm. Rechts u. Uebersicht d. Geschichte d. röm. Rechts im Mittelalter u. in d. neuern Zeit. — 27.
  2. Thl.: Das System u. die innere Geschichte d. röm. Privatrechts. 4 Abtblgn. 3. 9.
    Inhalt: 1. Abth.: Der allgem. Theil u. d. Familienrecht. 27 Ngr. — 2. Abth.: Das Sachenrecht. 19 Ngr. — 3. Abth.: Das Obligationenrecht. 27 Ngr. — 4. Abth.: Das Erbrecht. 27 Ngr.

Burchardi, K. J., Zusammenstellung d. im Gesetz- u. Ministerialblatt f. d. Herzogth. Holstein u Lauenburg in d. J. 1851 bis Ostern 1863 enth., jetzt noch geltenden Gesetze, Verfügungen etc. Mit dreifachem Register. gr. 8. Kiel 864. Schröder u. Co. n. 4. 24.
— Sammlung der Verordnungen u. Verfügungen aus d. J. 1847—1865, welche den bürgerlichen Prozeß d. Herzogth. Schleswig betreffen. gr. 8. Ebend. 866. n. — 24.
— über die Verantwortlichkeit des Schuldners für seine Gehülfen bei d. Erfüllung von Obligationen. Eine civilist. Abhandlung. gr. 8. Ebend. 861. n. 1, —

Burckhard, Hugo, die civilistischen Präsumtionen. gr. 8. Weimar 866. Geograph. Institut. n. 2. 10.

Burckhardt, Adph., Grundzüge d. Volks- u. Staatswirthschaft, gemeinfaßlich dargestellt f. gebildete Leser aller Stände, besonders f. denkende Staatsbürger a. d. Handels- u. Gewerbestande. gr. 8. Stuttgart 854. Müller. (Leipzig, C. F. Winter.) — 24.

Burckhardt, Gust. Wilh., aus d. Praxis deutscher Geschworenengerichte. Erörterungen in zwanglosen Heften heraus. 1. Heft. gr. 8. Weimar 819. Hoffmann. — 15.

Burckhardt, L. A., die Hofrödel von Dinghösen Baselischer Gotteshäuser u. andrer am Ober-Rhein. gr. 8. Basel 860. (Bahnmaier.) n. 2. —

Bürger, der preußische, im Verkehr mit den Communal- u. Staatsbehörden. Ein Gesetz- u. Formularbuch mit d. nöthigen Erklärungen u. Erläuterungen für alle Stände, woraus ein Jeder über seine Rechte u. Pflichten als preuß. Bürger dem Staate wie der Commune gegenüber in den meisten Fällen sich Raths erholen wird etc. 8. Mülheim a. R. 866. Bagel. — 22½.

Burger, Joh., die eidgenössischen und kantonalen Konkordate, Gesetze u. Verordnungen betr. die Berehelichungen in d. Schweiz zwischen Angehörigen d. verschied. Kantone u. d. Auslandes. gr. 8. Solothurn 862. Jent u. G. 1. 6.

Burger, P., Sammlung der f. d. Stadt Köln erlassenen Polizei-Verordnungen. Nebst e. Auswahl der in d. Gebiet d. Polizei einschlag. allgem. gesetzlichen Bestimmungen. gr. 8. Köln 856. W. Greven. n. 1. 10.

Bürgerbuch, neues Badisches. Eine Sammlung d. wichtigsten Gesetze u. Verordnungen a. d. Verfassungs- u. Verwaltungsrecht d. Großherzogth. Baden. 16. Heidelberg 865. Emmerling. n. 1. —

— Nassauisches. Sammlung d. Landesgesetze. Die Gesetze a. d. J. 1848 u. 1849 enth. 1. u. 2. Aufl. 16. Wiesbaden 850. Kreidel. n. 1. 14.

— neues Nassauisches. Eine Sammlung d. wichtigeren Landesgesetze. 1—5. Bdchn. 8. Wiesbaden 854—56. Friedrich. (Limbarth.); 1—4.: à 14 Ngr.; 5.: n. — 28.
Inhalt: 1. Bdchn.: 1. Die das Staatsthums betr. Gesetze. 2. Die Civilproceßgesetze. 3. Das Wechselrecht ꝛc. — 2. Bdchn.: 4. Privatrecht. 5. Lehnrecht. 6. Handels- u. Gewerbegesetzgebung. — 3. Bdchn.: 7. Strafrecht. 8. Strafproceß. — 4. Bdchn. 9. Die Staatsverwaltung. 1) Centralverwaltung. 2) Amts- u. Localverwaltung. — 5. Bdchn.: Sammlung d. wichtigeren Landesgesetze die Staatsverwaltung betr.

— — 6. Bd.: Allgem. deutsches Handelsgesetzbuch f. d. Herzogth. Nassau Einführungsgesetz, Ministerial-Verordnung u. Instruction f. d. Gerichte. 1. u. 2. verb. Aufl. 12. Wiesbaden 862. Limbarth. n. — 15.

Bürger-Handbuch. Die wichtigsten Gesetze u. Verordnungen, welche bei den Ruggegerichten verkündigt werden, nach d. neuesten Stande d. Gesetzgebung zur Austheilung an junge Bürger bei der Huldigung, sowie für ältere Bürger zur Erinnerung u. zum Nachschlagen. Mit alphabet. Register. 10. Aufl. 16. Stuttgart 866. Mezler. — 6.

Baergers, Bruno, quae sint jura emtoris rei immobilis dominio propter deficientem emtionis in libris publicis inscriptionum nondum acquisitio. 8. Berlin 865. Calvary u. Co. n. — 15.

Buri, M. v., zur Lehre von d. Theilnahme an dem Verbrechen u. d. Begünstigung. gr. 8. Gießen 860. Ferber. (Roth.) n. — 15.

Burkhardt-Fürstenberger, Entwurf e. schweizerischen Wechselordnung mit Motiven. gr. 8. Zürich 857. Schulthess. — 21.

Busch, J. B., Doctrin u. Praxis über die Gültigkeit von Verträgen zu Gunsten Dritter. Nebst Belegen a. d. Praxis d. höchsten Gerichtshöfe d. einzelnen Staaten Deutschlands. 8. Heidelberg 860. J. C. B. Mohr. n. — 15.

— die Stimme der Praxis bei d. höchsten deutschen Landestribunalen u. anderen Spruchcollegien über verschied. Streitfragen aus d. Gebiete d. bürgerl. Rechts u. Processes. gr. 8. Erlangen 862. Enke. n. 1. 18.

Busch, Herm. Jos., Sammlung der Gesetze u. Verordnungen, welche die fünf französ. Gesetzbücher modificiren, oder neben denselben in d. kgl. preuß. Rheinprovinz Geltung haben. Enth. I. diejen. Gesetze u. Verordnungen von 1815—1840, welche in d. Cramer'schen Sammlung fehlen; II. die Gesetze u. Verordnungen, welche seit d. 21. Juli 1841 bis zum J. 1847 erschienen sind; als Fortsetz. d. Cramer'schen Sammlung. 16. Crefeld 848. Gehrich u. Co. n. 1. 10.

Busch, Mor., Beiträge zum Reiterrecht, mit besond. Rücksicht d. Provinzialgesetze u. d. gerichtlichen Praxis im Fürstenth. Hildesheim. gr. 8. Hildesheim 855. Gerstenberg. n. 1. —

Büttner, rechtliche Erörterungen. 2 Hefte. gr. 8. Insterburg 854. Reinert. (Leipzig, Keil.) n. — 17.

Campe, F. A. v., die Lehre von den Landständen nach allgemeinem deutschen Staatsrechte. 2. völlig umgearb. Aufl. gr. 8. Lemgo 864. Meyer. n. 2 —

Carathéodory, Ét., du droit international concernant les grands cours d'eau. Étude théorique et pratique sur la liberté de la navigation fluviale. gr. 8. Leipzig 861. Brockhaus. n. 1. 10.

Carey, H. C., Briefe über schriftstellerisches Eigenthum. Nach d. amerikan. Orig. übers. gr. 8. Berlin 866. Eichhoff. n. — 15.
— Socialökonomie. Nach b. amerikan. Orig. überf. Mit biograph.-literar. Skizze u. Portr. d. Verf. gr. 8. Ebend. 866. 2. —
— die Grundlagen d. Socialwissenschaft deutsch herausg. von Carl Adler. Mit e. Vorw. von M. Wirth. 3 Bde. gr. 8. München 863, 64. Fleischmann. n. 3. 10.
— Lehrbuch d. Volkswirthschaft u. Socialwissenschaft. Uebers. von C. Adler. gr. 8. München 866. Fleischmann. n. 2. 20.

Cäsar, Ferd., der preußische Civil-Prozeß oder prakt. Anleitung zu Verhandlungen im Bagatell-, summar. u. Mandats-Prozesse sowie zur Anstellung von Klagen, zu Anträgen im Laufe des Prozesses u. nach Beendigung desselben, durch Beispiele erläutert. (845. — 2. Aufl. 850.) — 3. verb. u. verm. Aufl. gr. 8. Halle 854. Schmidt. n. — 28.
— Handlexicon d. preuß. Civilrechtes u. Civilprocesses f. alle Stände, insbes. f. Juristen, Kaufleute, Gewerbetreibende ꝛc. Erfurt 858. Körner. 1. 15.

Casper, Joh. Ludw., pract. Handbuch d. gerichtlichen Medicin nach eigenen Erfahrungen bearb. 2 Bde. (857. — 2. Aufl. 858. — 3. Aufl. 860.) — 4. umgearb. u. verm. Aufl. gr. 8. Berlin 864. Hirschwald. n. 8. 10;
Atlas dazu n. 2. 20.
— klinische Novellen zur gerichtlichen Medicin. Nach eigenen Erfahrungen. gr. 8. Ebend. 863. n. 3. 20.

Catalogus codicum mss. Bibliothecae Regiae et Universitatis Regimontanae. 4. Königsberg, Schubert u. S.
   Fasc. I: Codices ad jurisprudentiam pertinentes digessit et descripsit Jul. Hugo Steffenhagen. Accedit descriptio codicum juris qui Regimonti in archivo regio et in bibliotheca urbica atque Wallenrodtiana asservantur. 861. n. 1. 10.

Chabert, Aug., Bruchstücke e. Staats- und Rechtsgeschichte d. deutschösterreich. Länder. 4. Wien 852. (Gerold.) n. 3. 10.

Chambon, Ed., Beiträge zum Obligationenrecht. 1. Bd. gr. 8. Jena 851. Mauke. n. 1. 10.

Cherrier, Nic. Joh., enchiridion juris ecclesiastici cum singulari ad alienas confessiones attentione. 2 voll. Editio latina IV. gr. 8. Pest 855. (Pfeifer.) 2. 15.

Chevalier, Mich., Studien über d. nordamerikanische Verfassung. Nach d. Französ. bearb. von M. Engel. gr. 8. Wien 849. Beck. — 24.

Chiari, Joh., das österreichische Notariat. gr. 8. Wien 851. Braumüller. n. 1. 6.
— die österreich. Notariats-Ordnung vom 21. Mai 1855 u. die kais. Verordnung über d. Verfahren zur Einbringung derjenigen Forderungen, welche durch Notariatsact erwiesen sind, mit Rücksicht auf d. prakt. Bedürfniß erläutert, mit e. Anh. von Formularien. gr. 8. Ebend. 856. n. 1. 12.

Chop, Alb., über die Grenze zwischen Vorbereitung u. Versuch eines Verbrechens nach gemeinem und particulärem deutschem Strafrecht. gr. 8. Leipzig 861. Günther. n. — 16.

Christ, A., die Verwirklichung d. deutschen Nationalgesetzgebung. gr. 8. Stuttgart 850. Cotta. — 9.

Christiansen, C., rechtliche Würdigung der Einzelhaft. gr. 8. Kiel 859. Schröder u. Co. n. — 15.
— über erworbene Rechte. gr. 8. Ebend. 856. n. — 22½.
— über Qualität u. Quantität der Strafe. Mit besond. Beziehung auf die Todesstrafe. gr. 8. Ebend. 865. n. — 15.

Christoph, D., die allgem. deutsche Wechselordnung. aus d. Motiven zum Entwurfe e. Wechselordnung f. d. preuß. Staaten u. aus d. Protocollen der zur Berathung e. allgem. deutschen Wechselordnung in Leipzig abgehaltenen Conferenz erläutert ꝛc. Nebst alphabet. Inhaltsverzeichnisse ꝛc. (849.) — 2. Aufl. gr. 8. Leipzig 851. Thenau. 1. —

Civilgesetzgebung, die neue, d. Großherzogth. Baden. Vollständ. Sammlung d. wichtigsten Gesetze u. Verordnungen über Civilrecht, Handelsrecht, Organisation u. Prozeßrecht. (5 Liefgn.) 8. Mannheim 865. Bensheimer. à Liefg. — 10.

Civil-Jurisdictions-Norm, die, vom 20. Nov. 1852, für Oesterreich unter u. ob d. Enns, Salzburg, Steiermark, Kärnthen u. Krain, Görz u. Gradiska, Istrien 2c. Erläut. von e. prakt. Juristen. Nebst e. Anh. über d. lombard.-venetianische u. dalmatinische Jurisdictions-Norm. 16. Bleu 853. Tendler. (Gerold.) n. — 10.

Civilprozeß-Gesetze, die bayerischen, vom 22. Juli 1819 u. 17. Novbr. 1837 in ihrer Anwendg. bei d. Einzelnrichter-Amte nach d. Gerichts-Verfassungs-Gesetze vom 1. Juli 1856. (1860.) — 2., mit d. Gerichtsverfassungs-Gesetze vom 10. Novbr. 1861 verm. Aufl., mit vielen Erläutergn. a. d. Praxis u. e. alphabet. Sachregister. gr. 8. München 862. Franz. — 18.

Civil-Prozeß-Ordnung, provisorische, f. Ungarn, Croatien, Slavonien, die Serbische Wojwodschaft, das Temeser Banat u. für Siebenbürgen. Mit Anmkgn. u. Formularien versehen von Joh. Qualb. Bll. 2. Aufl. gr. 8. Teschen 853. Prochaska. 2. 7½.

Civilprozeß-Verfahren, das preußische, nach d. Verordnung vom 1. Juni 1833 u. d. späteren Gesetzen. Sammlung aller d. Civilprozeß einschließl. d. Exekutions- u. Subhastations-Verfahrens betr. Gesetze u. Verordnungen vom J 1833—35 mit Beifüg. d. Ergänzungen u. Erläuterungen. gr. 8. Berlin 856. v. Decker. 1. 6.

Civil- und Strafrecht, das ungarische, nach d. Beschlüssen d. Judex - Curial-Conferenz. Von A. D. gr. 8. Wien 831. Manz. 1. 14:

Cnyrim, Abf., die Verantwortlichkeitsfrage. Staatsrechtlich u. politisch beleuchtet. gr. 8. Frankf. a. M. 848. Hermann'sche Buchh. n. — 4.

Code, general civil, for all the German hereditary Provinces of the Austrian Monarchy. Translated by Jos. M. de Winiwarter. gr. 8. Wien 866. Lechner. n. 2.

Codex des Nassauischen Bergrechts, zusammengestellt a. d. Gesetzsammlungen des Herzogthums. 16. Wiesbaden 858. Echellenberg. — 12.

— der neuen Gesetze, d. vorzüglichsten diplomat. Actenstücke u. gesetzl. Verordnungen, welche während u. nach d. Bewältigung des Umsturzes zur Reorganisirung d. bürgerlichen u. staatlichen Verhältnisse f. d. Kronland Ungarn bis jetzt erlassen worden sind. Mit e. Wort- u. Sachregister. 6 Bde. 8. Pest 850—53. Heckenast. à Bd. n. — 16.

— Saronicus. Neue Folge, die Jahre 1841—1845 umfassend. Eine Zusammenstellung d. k. sächs. Gesetze u. Verordnungen d. neuesten Zeit in chronolog. Ordnung, berg. u. mit e. alphabet.-systemat. Repertorium versehen von Heinr. Herm. Klemm. Des ganzen Werkes 3. Bd. 2. Abth.: Die Gesetze u. Verordnungen d. J. 1845 enth. 4. Wurzen 848. Verlags-Comptoir. n. — 20.

1—3. Bd. 1. Abth. Ebend. 842—47. a. 8 Thlr. 20 Ngr.

Collmann, C. Ch., die judicielle Rechtswissenschaft im Grundriß, nebst e. Kritik des v. Savigny'schen Systems. 8. Berlin 851. E. Heymann. n. — 24.

Combe, Ger., Gedanken über die Todesstrafe. Aus d. Engl. 8. Oppeln 865. (Breslau, Clar.) — 5.

Commissionsberichte, die, und weiteren Verhandlungen über die Einführung des allgem. deutschen Handelsgesetzbuches in Hamburg mit d. Einführungsgesetze. Für d. prakt. Gebrauch zusammengestellt. gr. 8. Hamburg 866. Meißner. n. — 18.

Commissions-Entwurf eines Gesetzes, betr. d. bürgerlichen Prozeß f. d. Herzogth. Oldenburg. gr. 8. Oldenburg 856. Stalling. — 15.

— der Strafprozeß-Ordnung f. d. Herzogth. Oldenburg. gr. 8. Ebend. 856. n. — 10.

— eines Verkoppelungs-Gesetzes f. d. Herzogth. Oldenburg. gr. 8. Ebend. — 7½.

Conrad, Chr. Frd., die preußische Preß- u. Nachdrucks-Gesetzgebung. In systemat. Ordnung f. Buchhändler, Antiquar-, Kunst-, Musikalien- u. Landkartenhändler, Buchdrucker 2c. (862. 1 Thlr.) — 2. Ausg. Mit e. Supplem. gr. 8. Berlin 865. H. Müller. 1. 15:

das Supplement (zur 1. Aufl.) allein — 15.

Conradi, Th. u. A. Kreutzlin, Examinatorium behufs Vorbereitung zum Examen als Aktuarius 1. Classe. 2 Thle. (1852.) — 2. verm. Aufl. gr. 8. Schönebeck 855. Berger. 1. 15.

Consbruch, W., über die Befugniß d. Konkurs-Gläubiger zur Anfechtung der vor d. Konkurs-Eröffnung vorgefallenen Rechtshandlungen d. Gemeinschuldners. Eine vergleich. Darstellung d. Bestimmungen d. älteren u. neueren preuß. Rechts. gr. 8. Berlin 857. v. Decker. — 7½.

Conscriptionsgesetz, das, vom 14. Mai 1825 nebst den seither erschienenen einschläg. Gesetzen, Verordnungen u. Erläuterungen u. den dazu gehörigen Instructionen. gr. 8. Karlsruhe 860. Müller. — 16.

Conscriptionswesen, das, im Kgr. Bayern nach d. bestehenden Gesetzen, Vollzugs-Vorschriften u. Erläuterungs-Verordnungen mit Anmkgn., Citaten u. Registern. 8. München 857. Franz. — 20.

Considérations sur la nature, les conditions et les effets du principe constitutionel. Quatre traités de Jos. Held, R. Gneist, G. Waitz, W. Kosegarten, publiés par Aug. de Haxthausen. Traduits de l'Allemand. gr. 8. Leipzig 865. Brockhaus. n. 2. —

Contzen, Heinr., Grundbau der Nationalökonomie. gr. 8. Leipzig 866. Brandstetter. — 10.

— Tausch u. Kauf nach Entdeckung des maßgebenden Zahlmittels. Eine jurist.-national-ökonom. Studie. Zugleich eine Krisisfrage für Kaufleute u. Geschäftsmänner. gr. 8. Leipzig 866. J. C. Foenicke. — 7½.

Corpus juris Confoederationis Germanicae oder Staatsacten für Geschäfts u. öffentliches Recht des Deutschen Bundes. Nach offic. Quellen herausg. von Ph. Ant Guido v. Meyer. Ergänzt u. bis auf die neueste Zeit fortgeführt von Heinr. Zöpfl. 3. Aufl. 1—3. Bd. 4. Frankf. a. M. 858—65. Brönner. (Winter.) n. 12. 15.

— — Register zum 1. u 2. Bde. Ebend. 861. n. — 15.

— juris germanici tam publici quam privati. Bearb. von Gust. Emminghaus. 2 Thle. gr. 8. Jena 847—856. Frommann. n. 5. 20.

Costa, Domin., Entwicklungsgeschichte d. deutschen Familien-Fideicommisse. Gekrönte Preisschrift. gr. 8. München 864. Büttner. n. — 15.

Costa, Ethb. Heinr., Bibliographie d. deutschen Rechtsgeschichte. gr. 8. Braunschweig 858. Schwetschke. n. 18.

Cox, H., die Staatseinrichtungen Englands. Eine gedrängte Darstellung des englischen Verfassungs- u. Verwaltungsrechts. Aus d. Engl. übers. von H. A. Kühne. gr. 8. Berlin 867. J. Springer. n. 3. —

Cramer, Joh., die fünf französ. Gesetzbücher. Mit gegenüberstehend. französ. Texte. Neue Stereot.-Ausg. 8. Köln 854. Bädeker. 1. 5.

— Sammlung von Gesetzen u. Verordnungen, welche die fünf französ. Gesetzbücher modifiziren, oder außer denselben in d. kgl. preuß. Rheinprovinzen gelten. Nebst e. ausführl. Sachregister. (842.) 2. Aufl. 12. Düsseldorf 850. Schulz. n. 1. 5.

Cretzenach, J., das Wesen u. Wirken d. Handelsgerichte u. ihre Competenz. Nach d. Ergebnissen d. französ. u. rheinischen Praxis. gr. 8. Erlangen 861. Enke. n. — 22.

Criminal-Gesetzbuch, allgemeines, f. d. Kgr. Hannover. Mit Genehm. d. kgl. Justiz-Ministerii veranstalt. Druck. 1—3. Aufl. gr. 8. Hannover 851. Helwing. n. — 15.

— vom 8. Aug. 1840. Mit d. Abändergn. einzelner Bestimmungen desselben durch das Gesetz vom 20. April 1857. gr. 8. Hannover 864. Meyer. — 20.

— f. d. Kgr. Sachsen ꝛc., f. Weiß. Thrn.

Criminal-Ordnung f. d. preußischen Staaten nebst d. Verordnung vom 3. Jan. 1849 über d. Einführung d. mündlichen u. öffentl. Verfahrens mit Geschworenen in Untersuchungssachen u. den dieselbe ergänz. Gesetzen. Amtliche Ausg. mit Registern. (852.) — 2. verm. Aufl. gr. 8. Berlin 853. Rauch u. Co. n. 1. —

Criminal-Procedur gegen Dr. C. Grün u. 22 Genossen, wegen Hochverraths resp. Plünderung d. Zeughauses zu Prüm. Verhandelt vor den Assisen zu Trier im Jan. 1850. gr. 8. Trier 850. Linz. n. — 24.

Curtius, üb. d. endliche völlige Beseitigung d. gutsherrlichen Lasten in Deutschland u. besonders im Kgr. Sachsen. gr 8. Altenburg 851. Jacob. n. — 6.
Curtius, C. Frdr., Handbuch des im Kgr. Sachsen geltenden Civilrechts. 4 Thl. 1. u 2. Abth. 3. verm. u. noch d. neuesten gesetzl. Bestimmungen ergänzte Ausg. gr. 8. Leipzig 858. Schwickert. (Gebhardt u. R.) n. 3. 22.
  1. u. 2 Thl. 4. Aufl. — 3. Thl. 3. Aufl. Ebend. 846—51. a. 11 Thlr.
Curtze, Corl. die kirchliche Gesetzgebung d. Fürstenth. Woldeck. gr. 8. Arolsen 851. Speyer. n. 2. 15.
— die Volksschulgesetzgebung d. Fürstenth. Waldeck. gr. 8. Ebend. 857. n. 1. 20.
Cushing, L. S., Handbuch d. parlomentarischen Praxis oder Regeln über d. Verfahrungsweise u. Debatte in beratbenden Versammlungen, welche in d. Verein. Staaten von Nordamerika u. England Kraft u. Geltung haben. A. d. Engl. von P. Roeller. gr. 8. Hamburg 852. Kittler. — 12.
Cussy, Ferd. de, phases et causes célèbres du droit maritime des nations. 2 Vols. gr. 8. Leipzig 856. Brockhaus. n. 5. —
— réglements consulaires des principaux états maritimes de l'Europe et de l'Amérique; fonctions et attributions des Consuls; prérogatives, immunités et caractère public des Consuls envoyés. Recueil de documents officiels et observations conc. l'institution consulaire, — les devoirs, les obligations, les droits et le rang diplomat. des Consuls. Ebend. 851. n. 2. 8.
Cyfar, Wenz. Thdr., Handbuch d. österreich. Gebührengesetzes vom 9. Febr. u. 2. Aug. 1850. gr. 8. Lemberg 856. (Wild.) n. 2. 20.
Cziráky, Ant. Moys, conspectus juris publici regni Hungariae ad a. 1848. Histor. animadverss. illustr. 2 Tomi. gr. 8. Wien 851. (Leipzig, G. E. Schulze.) n. 2. 4.
Czörnig, C. v., Darstellung d Einrichtungen über Budget, Staatsrechnung n. Controle in Oesterreich, Preussen, Sachsen, Baiern, Württemberg, Baden, Frankreich u. Belgien. gr. 8. Wien 866. Braumüller. n. 1. 10.

Dabis, C. C. B., Handbuch zur Kenntniß des in Neu-Vorpommern u. Rügen geltenden Strafrechts. gr. 8. Greifswald 851. Akadem. Buchh. n. — 16.
— Ergänzung d. Strafgesetzbuches rc., s. Ergänzung.
— Polizeigesetze in Neuvorpommern rc., s. Polizeigesetze.
Dahn, Jel., Studien zur Geschichte d. germanischen Gottes-Urtheile. gr. 8. München 857. Kaiser. n. — 12.
— über die Wirkung d. Klagverjährung bei Obligationen. 8. Ebend. 855. n. — 8.
Dalcke, A., das preußische Jagdrecht. Aus d. allgem. Landes- u. Provinzial-Gesetzen nebst den dieselben erläut. Ministerialverfügungen u. Entscheidungen d. obersten Gerichtshöfe entwickelt u. zum Gebrauch f. Juristen rc. systemat. vorgestellt. gr. 8. Breslau 864. Kern. — 27.
— der Entwurf e. Strafproceßordnung für Preußen unter Vergleich. mit den neueren deutschen Strafproceßordnungen u. mit besond. Berücksicht. d. Lehre von der Fragestellung im schwurgerichtlichen Verfahren begutachtet. gr. 8. Leipzig 865. Fr. Fleischer. n. — 15.
Daller, Balth., der Irrthum als trennendes Ehehinderniss nach kathol. Eherechte dargestellt. Gekrönte Preisschrift. Landshut 861. Krull. — 12.
Dambach, Otto, Beiträge zu d. Lehre von der Criminal-Verjährung. gr. 8. Berlin 860. Guttentag. 22½.
— die Strafbarkeit des Vorsatzes u. d. Fahrlässigkeit beim Vergehen d. Nachdrucks im preuß. Rechte. 8. Ebend. 864. — 5.
Damianitsch, Mart., das Disziplinar-Strafverfahren in d. k. k. Armee u. in d. Militärgrenze nach d. neuen Dienstreglement u. sonstigen Vorschriften, dann das strafgerichtliche Verfahren nach erstrem. gr. 8. Wien 861. Braumüller. n. — 15.
— allgem. u. specielle Jurisdictionsnorm d. k. k. Armee. gr. 8. Ebend. 852. n. — 20.

Damianitsch, Mart., die Literatur d. allgem. bürgerlichen Gesetzbuches im Auszuge. gr. 8. Wien 850. Lechner. n. 1. 10.
— — Anhang dazu. gr. 8. Ebend. 852. 7½.
— — das Militär-Strafgesetzbuch über Verbrechen u. Vergehen vom 15. Jänner 1855 f. d. Kaiserth. Oesterreich erläutert. (1855.) — 2., mit d. gesetzl. Bestimmgn. bis zum J. 1860 verm. Ausg. gr. 8. Wien 861. Braumüller. n. 4. 10.
— — Nachträge dazu als Ergänzung zum Kommentare. gr. 8. Ebend. 860. n. — 10.
— Nachtrags-Verordnungen zum österreich. Militär-Strafgesetzbuche vom 15. Jänner 1855, im Auszuge zusammengestellt u. als Anhang zu d. Kriegsartikeln herausg. 8. Wien 859. Lechner. — 4.
— Studien über das Militär-Strafrecht in seinem materiellen u. formellen Theile mit Hinblick auf die neueren Militär-Strafgesetze u. vorzugsw. Berücksicht. d. österreich. Militär-Strafgesetzbuches v. J. 1855. gr. 8. Wien 862. Braumüller. n. 1.
— Handbuch d. adelichen Richteramts f. Militär-Richter. Enth.: die Verlassenschaftsabhandlungen, die Vormundschaften, Curatelen, Todeserklärungen, Amortisation d. Urkunden, die Vorschriften über Militär-Heirathen, dann das Depositen-, Tax- u. Stempelwesen. (845.) 2. verm. Aufl. gr. 8. Ebend. 849. 2. 15.
— Handbuch d. Strafgesetze f. d. k. k. österreich. Armee, nach Verbrechen u. Vergehen geordnet. gr. 8. Ebend. 849. 1. 10.
— Handbuch d. Strafverfahrens bei den k. k. Militärgerichten. Nach d. Bestimmgn. der Theresiana, des Dienstreglements u. sonstigen Normen geordnet. 2. mit d. gesetzl. Bestimmgn. bis zum J. 1859 verm. Ausg. gr. 8. Ebend. 860. n. 1. 4.
— Handbuch des Verfahrens ausser Streitsachen, enth. die Verlassenschafts-Abhandlung, die Führung d. Vormundschaft u. Kuratelen, Adoptionen, Legitimationen x. gr. 8. Ebend. 861. n. 2. 10.
— Leitfaden zum Verfahren bei Verlassenschaftsabhandlungen, in Vormundschafts- u. Kuratelsangelegenheiten u. bei Todeserklärungen. gr. 8. Ebend. 852. n. 1. 25.

Daniel, C. Geo. Frdr., der Legisactionen- u. d. Formularprozess d. alten Römer aus eigenen Quellenforschungen f. Archäologen, Historiker u. Juristen, sowie sonstige Freunde d. antiken Literatur dargestellt. gr. 8. Schwerin 858. Stiller. n. 1. 10.

Daniels, A. v., System u Geschichte d. französ. u. rheinischen Civilprocessrechts. 1. Bd. 1. Abth. gr. 8. Berlin 849. Mylius. (Schweigger.) 1. 20.
— System d. preussischen Civilrechts. 2 Bde. gr. 8. Berlin 865. Academ. Buchh. n. 5. —
— die Civilstandsgesetzgebung für England u. Wales. Im Auftrage e. hohen Justiz-Ministeriums deutsch bearb. gr. 8. Berlin 851. Mylius. (Schweigger.) — 15.
— Ursprung u. Werth d. Geschwornenanstalt. Ausführung eines d. 11. Febr. in d. Juristenvereine zu Berlin gehaltenen Vortrages. gr. 8. Ebend. 848. — 20.
— Lehrbuch d. gemeinen preussischen Privatrechts. 4 Bde. gr. 8. Berlin 851. 52. Grobe. 7. —
— allgem. preussisches Privatrecht. 2. Bearb. gr. 8. Berlin 862. (Posen, Jagielski.) n. 3. —
— Reformacte d. deutschen Bundes. Mit Anmerkgn. 8. Berlin 863. Heinicke. — 12.
— Handbuch d. deutschen Reichs- u. Staatenrechtsgeschichte. gr. 8. Tübingen, Laupp.
   1. Thl.: Germanische Zeit. 859. 3. —
   2. Thl.: Deutsche Zeit. 3 Bde. 860—63. 9. 24.
— Alter u. Ursprung d. Sachsenspiegels. Darstellung seines Entstehens aus d. s. g. Schwabenspiegel gegen d. Einwürfe des Prof. Dr. Homeyer etc. gr. 8. Berlin 853. (Bath.) n. — 20.
— de saxonici speculi origine ex juris communis libro suevico speculo perperam nominari solito. gr. 8. Berlin 852. Th. Enslin. n. 2. —

Daniels, A. v., Spiegel d. deutschen Leute. Handschriftfund b. Prof. Dr. Ficker zu Innsbruck. gr. 8. Berlin 858. Mylius. (Schweigger.) n. — 25.
— Grundsätze d. rheinischen u. französ. Strafverfahrens mit vergleich. Berücksicht. der auf Mündlichkeit, Oeffentlichkeit u. Schwurgerichte gegründ. neuesten Gesetze u. Gesetzesentwürfe. gr. 8. Ebend. 849. 1. 15.
— Land - u. Lehnrechtsbuch,
— u. v. Gruben, sächs. Weichbildrecht, } s. Rechtsdenkmäler etc.

Dankwardt, H., das mecklenburg-schwerinsche Gesinde-Recht. Versuch e. jurist. Abhandlung. gr. 8. Rostock 852. Leopold. — 12½.
— mecklenburg. Lehen-Recht von Prof. Paul Roth beleuchtet. 8. Ebend. 859. — 18¾.
— Nationalökonomie u. Jurisprudenz. 4 Hefte. 8. Ebend. 857—59. 1. 20.
   1. Heft: I. Begriff, Production, Umlauf d. Güter. Eigenthum d. Producenten am Product ꝛc. 10 Rgr.
   2. Heft: II. Umlauf d. Güter. (Fortsetz.) Die Miethe. — III. Umlauf d. Güter. (Fortsetz.) Die Schenkung. 10 Rgr.
   3. Heft: IV. Umlauf d. Güter. (Fortsetz.) Spiel u. Wette. — V. Vom Handel. — VI. Der Credit. 15 Rgr.
   4. Heft: VII. Der Credit. (Fortsetz.) Consequenzen u. Modificationen. 15 Rgr.
— nationalökonomisch-civilistische Studien. Mit e. Vorwort von W. Roscher. gr. 8. Leipzig 862. C. F. Winter. n. 1. 4.
— die negotiorum gestio. gr. 8. Rostock 855. Schmidtchen. — 8.
— Psychologie u. Criminalrecht. gr. 8. Leipzig 863. C. F. Winter. n. — 24.

Danziger, Karl Geo., der Rathgeber in Wechsel-Stempelsachen. Eine Anleitung zur richtigen Beurtheilung u. Feststellung, auch zur Vermeidung von Wechselstempel-Kontraventionen, zum Gebrauche f. Gerichts-, Steuer- u. Polizeibeamte, sowie f. Geschäftsleute u. Gewerbtreibende herausg. (860.) — 2. mit e. Anh. verm. Aufl. 8. Königsberg 863. Richter. — 10.

Danz, H. A. A., die Wirkung der Codificationsformen auf d. materielle Recht. Erläutert durch Beispiele a. d. Entwurfe d. bürgerl. Gesetzbuchs f. d. Kgr. Sachsen. 8. Leipzig 861. Breitkopf u. H. — 15.
— die Vertheidigung d. revid. Entwurfs e. bürgerlichen Gesetzbuchs f. d. Kgr. Sachsen durch Herrn OAR. Dr. Pöschmann besprochen. 8. Ebend. 861. — 6.
— der sacrale Schutz im römischen Rechtsverkehr. Beiträge z. Geschichte d. Entwickelung d. Rechts bei d. Römern. gr. 8. Jena 857. Mauke. n. 1. 10.

Darlegung des Ungrunds d. Beschwerde d. Fürsten von Hohenlohe u. einiger Rittergutsbesitzer in Betreff d. landständ. Verfassung d. Herzogth. Gotha. (Als Mscr. gedr.) Fol. Gotha 855. (Müller.) — 6.

Darstellung, skizzirte, der Gründe zur Reorganisation d. deutsch-gemeinrechtlichen Justizprocesses in unsern Ostsee-Provinzen u. namentlich in Livland. 8. Dorpat 863. Glaeser. — 6.
— gemeinfaßliche, d. europäischen Seerechtes, insonderheit d. Havarie, Assekuranz u. Bodmerei. 8. Hamburg 853. (Mauke.) n. — 22½.

Dauscher, Ant., das ungarische Civil- u. Strafrecht nach d. Beschlüssen d. Judex-Curial-Conferenz. (8...) — 2. verm. u. verb. Aufl. gr. 8. Wien 862. Manz. n. 2. —

Deák, Frz. v., ein Beitrag zum ungarischen Staatsrecht. Bemerkng. über Wenzel Lustkandls' „ungar.-österreich. Staatsrecht." Vom Standpunkte d. Geschichte d. ungar. Staatsrechts. Uebers. a. d. ungar. Orig. gr. 8. Pest 865. (Leipzig, Kittler.) n. 1. 10.

Dedekind, Adph., de exceptione divisionis disquisitiones. gr. 8. Göttingen 853. (Dieterich.) n. — 24.

Degen, Gust., Repertorium über d. Magazin f. Rechts- u. Staatswissenschaften hersg. von Haimerl. f. Magazin (unter Zeitschriften).

Degenkolb, Heinr., die Lex Hieronica u. das Pfändungsrecht d. Steuerpächter. Beitrag zur Erklärung der Verrinen. gr. 8. Berlin 861. Lüderitz. n. — 24.

Deiſtung, O., Sammlung großherzogl. S.-Weimar-Eiſen. Geſetze. ſ. Sammlung.
Delters, Herm., de mancipationis indole et ambitu. gr. 8. Bonn 854. Matz.
n. — 10.
Delbrück, Berth., die dingliche Lage d. deutſchen Rechts. Geſchichtlich u. f. d. heutigen Gebrauch dargeſtellt. gr. 8. Leipzig 857. Breitkopf u. H. 1. 20.
— die Reform d. Civilproceſſes durch Oeffentlichkeit, Anwaltszwang u. Schwurgericht. gr. 8. Berlin 849. Dümmler's Verl. — d.
Delbrück, Herm., die Uebernahme fremder Schulden nach gemeinem u. preußiſchem Recht. gr. 8. Berlin 853. Dümmler's Buchh. n. — 22½.
Delius, M., das Amt des Notars nach preuß. Recht. Ein Handbuch für Notare in denjen. Provinzen, in welchen die allgem. Gerichtsordnung Gesetzeskraft hat. gr. 8. Liſſa (Breslau), 864. Günthers Verl. — 20.
— Ueberſicht d. preußiſchen Kirchenrechts in e. ſyſtemat. Darſtellung nach d. allgem. Landrecht u. d. ſpäteren Geſetzen. Ein Handbuch f. Geiſtliche u Kirchenbeamte. gr. 8. Breslau 856. Aderholz. — 12.
— das Verfahren in Prozeſſen über Rechtsſtreitigkeiten nach preuß. Recht dargeſtellt für die Parteien. 8. Berlin 864. Heinicke. n. 1. 15.
— das Verfahren in Subhaſtationsſachen. Eine Zuſammenſtellung ſämmtl. nach Th. I. Tit. 52 d. allgem. Gerichtsordnung. d. Verordnung vom 4. März 1834 u. d. ſpäteren Geſetzen gebildeten Vorſchriften. gr. 8. Berlin 856. G. Reimer. — 7½.
— Ueberſicht d. preuß. Vormundſchafts-Rechts in e. ſyſtemat. Darſtellung nach d. allgem. Landrecht u. d. ſpäteren Geſetzen. Ein Handbuch f. Vormünder. gr. 8. Breslau 856. Aderholz. — 12.
Demelius, Gust., legum quae ad jus civile spectant fragmenta in usum praelectionum collegit, disposuit, annotatione instruxit. gr. 8. Weimar 1857. Böhlau. n. — 10.
— Unterſuchungen aus d. römiſchen Civilrechte. 1. Bd. gr. 8. Ebend. 856. n. 1. 5.
— die Rechtsfiction in ihrer geſchichtl. u. dogmat. Bedeutung. Eine juriſt. Unterſuchung. gr. 8. Ebend. 858. n. — 16.
Dempflin, C. B., Einrichtung, Gang u. Form d. öffentl. mündlichen Strafverfahrens mit Anklageſchaft u. Geſchwornengericht zur Belehrung d. größeren Publikums dargeſtellt. gr. 8. Ulm 849. Stettin. — 12.
Demus, Joh. Albr., der Württemberg. Gesetzes-Index. Ein alphabet. nach dem Demus-Holzinger'ſchen Syſtem geordnetes Sachregister. gr. 8. Stuttgart 867. Koch. n. 1. 6.
— alphabet.-ſyſtemat. geordnetes Sachregiſter über die Geſetze, Verordnungen, Verfügungen u. ſ. w. im Württemberg. Regierungsblatt von 1806 bis 1863, in deſſen Ergänzungsbb., von 1838 u. 1852, ſowie im Staats-Anzeiger bis 1863 ꝛc. (863.) — 2. unveränd. Aufl. Ebend. 864. 1. —
Denkſchrift über das dem Durchlaucht. Sachſen-Erneſtiniſchen Hauſe zuſtehende Recht auf Succeſſion im Herzogth. Lauenburg. gr. 8. Weimar 865. (Böhlau.) n. 1.
Dennſtedt, Herm., Herrſchaft u. Geſinde in ihren rechtlichen Beziehungen zu einander, zu Polizei- u. Gerichtsbehörden nach d. allgem. Geſindeordnung d. preuß. Monarchie u. mit Berückſicht. d. Haus-Offizianten u. Schiffsleute bearb. 8. Berlin 856. Remal. n. — 8.
— u. Willib. v. **Wolffsburg**, preußiſches Polizei-Lexikon. Eine alphabet. geordnete Zuſammenſtellung aller in d. Gebiet d. polizeil. Thätigkeit einſchlag. Geſetze, Verordnungen, Inſtructionen ꝛc. Ein prakt. Hülfsbuch f. Polizeibeamte u. zur allgem. Belehrung f. Jedermann. Nach amtl. Quellen bearb. 6 Bde. gr. 8. Berlin 855, 56. Moeſer. 12. —
—— 7. Bd. (1. Supplem.-Bd.) gr. 8. Ebend. 858. n. 2. —
Denzin, C. L. D. B., die preußiſchen Bau-Polizeigeſetze f. d. platte Land. Mit beſond. Berückſicht. der f. d. Provinz Schleſien erlaſſenen baupolizeilichen Verordnungen. 8. Breslau 665. Korn. 1. 7½.

Denzin, C. L. O. B., neuestes Handbuch über d. gegenseit. Rechte u. Pflichten des Miethers u. Vermiethers, sowie des Pächters u. Verpächters. Nebst Erläuterungen, dem Prozeß-Verfahren in Miethssachen u. Formularen zu Mieths- u. Pachtverträgen. 8. Breslau 861. Kern. — 7½.

Dernburg, H., Abhandlungen aus d. Gebiete d. gemeinen u. französ. Civil- u. Proceßrechts in vergleich. Darstellung. gr. 8. Frankfurt a. M. 849. Literar. Anstalt. 1. 15.

— die Compensation nach röm. Rechte mit Rücksicht auf d. neueren Gesetzgebungen dargestellt. gr. 8. Heidelberg 854. Bangel u. Schmitt. n. 3. —

— über die emtio bonorum. Ein rechtshistor. Versuch. gr. 8. Heidelberg 850. J. C. B. Mohr. n. — 25.

— über d. Verhältniß der hereditatis petitio zu den erbschaftlichen Singularklagen. gr. 8. Ebend. 852. n. — 20.

— das Pfandrecht nach d. Grundsätzen d. heutigen römischen Rechts dargestellt. 2 Bde. gr. 8. Leipzig 860, 64. Hirzel. n. 7, 10.

— Rechtsgutachten über den zwischen d. Kantonen Basel-Landschaft u. Basel-Stadt obwaltenden Streit bezügl. d. Festungswerke bei der Stadt Basel mit Rücksicht auf die Lehre von d. öffentlichen Sachen. gr. 8. Halle 862. Pfeffer. — 8.

— über d. Werth u. d. Bedeutung d. Schwurgerichte u. die Mittel, dieselben criminalrechtlich zu vervollkommnen. 8. Frankfurt a. M. 848. Literar. Anstalt. — 15.

Dessáry, Alois, Grundzüge d. österreich. Finanz-Gesetzkunde. gr. 8. Wien 855. Gerold. n. 2. —

— systemat. Handbuch d. Gesetze u. Vorschriften über die Verzehrungssteuer in d. sämmtl. österreich. Staaten. Nach amtl. Quellen bearb. (1839. — 2. Aufl. 847.) — 3. umgearb. Aufl. 2 Bde. gr. 8. Ebend. 856. 4. 15.

Deurer, E. F. F. Wilh., Grundriss für äussere Geschichte u. Institutionen d. röm. Rechts. gr. 8. Heidelberg 849. K. Winter. n. 2. 12.

Diebstahl, der, dessen Untersuchung u. Bestrafung in Bayern diesseits des Rheins nach d. neuesten Gesetze vom 10. Jänner 1856 u. d. älteren noch geltenden Bestimmungen, mit Erläuterungen u. Citaten. 8. München 856. Franz. — 5.

Diem, Th., Nachtrag zum alphabet. Repertorium aller Gesetze, Verordnungen u. Normativrescripte, welche von 1853 bis zum Schlusse d. J. 1864 in d. Kreisamtsblättern von Unterfranken u. Aschaffenburg erschienen sind ec. 4. Würzburg 865. Goldstein. n. 1. 12.

Dienst-Instruction, allgemeine, f. d. kgl. preußischen Consular-Beamten. gr. 8. Berlin 862. G. Reimer. n. 1. —

— für die gerichtlichen Unterbeamten. 4. Berlin 850. C. Heymann. — 6.

Diestel, H., das Problem d. Todesstrafe. Mit Berücksicht. d. Verhandlungen d. ständischen Ausschüsse wissenschaftlich zu lösen versucht. gr. 8. Königsberg 848. (Bon's Buch.) n. — 20.

Diesterweg, Gust., de jure coloniarum graecarum. 8. Berlin 865. (Calvary u. Co.) n. — 10.

Dienstreglement für die Gerichtsvoigte. Mit Genehmig. d. kgl. Justizministeriums veranstalt. Ausg. gr. 8. Hannover 852. Helwing. — 10.

Dietsch, Th., sächsischer Rechtsfreund. Handbuch d. vaterländ. Gesetzkunde f. d. sächsische Volk. gr. 8. Meißen (Schneeberg) 848. Göbsche. — 25.

Dietzel, Carl, die Volkswirthschaft u. ihr Verhältniß zu Gesellschaft u. Staat. gr. 8. Frankfurt a. M. 864. Sauerländer. n. 2. —

Dietzel, Gust., das Senatus Consultum Macedonicum. Eine civilist. Monographie. 8. Leipzig 856. Hirzel. — 24.

Dirksen, H. E., die römisch-rechtlichen Quellen des Magister Dositheus. 4. Berlin 857. Dümmler's Verl. n. — 10.

— die Quellen d. römisch-rechtlichen Theorie von d. Auslösung der in fremde Gefangenschaft gerathenen Personen. 4. Ebend. 858. n. — 10.

— über die Verdienstlichkeit method. Sprachforschung, in Beziehung auf die Textes-Kritik u. Auslegung röm. Rechts-Quellen. 4. Ebend. 855. n. — 8.

Diſtrikts- und Landraths-Geſetz vom 28. Mai 1852. Handausgabe. 8. Nördlingen 852. Beck. — 4.

Dittmar, C., die Proteſtationen im Hypothekenbuche nach preuß. Recht. Mit e. Anh.: Ueber die Wirkungen d. Arreſtes unter mehreren Gläubigern. 8. Berlin 850. C. Heymann. n. — 12.

Dittmar, W., Handbuch über das Strafrecht u. das Strafverfahren, die Zoll-, Steuer- u. Kommunikationsabgabe-Vergehen betr. gr. 8. Poſen 866. (Rehfeld.) n. 1. 5.

— Handbuch über die Zollgeſetzgebung, ſo wie die Zoll- u. Handels-Verträge d. deutſchen Zoll- u. Handelsvereins. gr. 8. Poſen 858. (Berlin, Mittler u. S.) n. 1. 20.

Ditſcheiner, Joſ. Aloïs, das allgem. deutſche u. neue öſterreich. Wechſelrecht, nebſt d. commerziellen Wechſelgeſchäfte, d. Wechſelprozeſſe u. Wechſelſtämpel; ausführlich erklärt u. durch viele Beiſpiele u. Formulare erläutert. Nebſt e. vollſtänd. Sammlung aller über d. Wechſelſach neuerſchienenen Geſetze u. Verordnungen. gr. 8. Wien 851. Gerold. 2. —

Dittmar, W., die Geſetze vom 31. Dezbr. 1842 u. 6. Jan. 1843 über die Erwerbung u. den Verluſt d. Eigenſchaft als preußiſcher Unterthan, über die Aufnahme neuanziehender Perſonen, über d. Verpflichtung zur Armenpflege ꝛc. nebſt d. dieſelben ergänz. u. erläut. Geſetzen, Verordnungen, Miniſterialreſcripten ꝛc. gr. 8. Magdeburg 862. Baenſch. n. 2. 10.

Dittmer, G. W., das Hufen-Areal u. die Hufen-Häuſer in den theils zum Lübeckiſchen Staatsgebiete gehörigen, theils in Holſtein belegenen Dörfern d. St. Johannis-Kloſters zu Lübeck, während d. 16. u. 17. Jahrh.; ein Beitrag zur deutſchen Rechtsgeſchichte. gr. 8. Lübeck 856. Dittmer. n. — 10.

— Sammlung vermiſchter Abhandlungen a. d. Gebiete d. Rechts u. d. Geſchichte, zur Erläut. vaterländ. Zuſtände. gr. 8. Lübeck 851. v. Rohden. n. 1. 6.

— Urſprung, Verlauf u. Ausgang e. 90jähr. Rechtsſtreits zwiſchen d. St. Johanniskloſter zu Lübeck u. d. Stadt Heiligenhafen, nach d. Acten dargeſtellt. 4. Lübeck 851. (Dittmer.) — 9.

— die Reichsvögte d. freien Stadt Lübeck, während d. 13. u. 14. Jahrh., und der ihnen verliehene Reichszins. gr. 8. Ebend. 858. — 6.

— die Lübeckiſchen Waſſermühlen im 13. Jahrh. u. die bei ihnen verordnete Malte; ein Beitrag zur deutſchen Rechtsgeſchichte. gr. 8. Ebend. 857. — 6.

Dobbert, Eb., über das Weſen u. d. Geſchäftskreis der Missi dominici. gr. 8. Heidelberg 861. Rieger. — 18.

Dockhorn, Aug., Syſtem d. preußiſchen Handelsrechts. (2 Liefgn.) gr. 8. Kempen 863. (Breslau, Goſohorsky.) n. 1. 5.

Doehl, C., die Armenpflege des preußiſchen Staates. Bearb. u. nach authent. Interpretationen erläutert. gr. 8. Berlin 860. Wiegandt u. Hempel. n. 1. 20.

— Repertorium des Bau-Rechts u. der Bau-Polizei f. d. preußiſchen Staat. Sowohl im Allgemeinen als im Beſonderen für die Haupt- u. Reſidenzſtadt Berlin. Nach amtlichen Quellen u. den gegenwärtig bei dem kgl. Polizei-Präſidium zu Berlin maßgebenden Anſichten u. Grundſätzen bearb. u. dargeſtellt. 1—8. Liefg. gr. 8. Berlin 866. 67. Thiele. à Liefg. — 7½.

— das Conceſſionsweſen d. preuß. Staates in ſeiner durch d. Geſetzgebung d. J. 1861 herbeigeführten Geſtaltung, oder die Gewerbe, welche einer beſondern polizeilichen Genehmigung bedürfen, ſyſtematiſch bearb. u. dargeſtellt. gr. 8. Berlin 862. Gerſchel. n. 1. 5.

— Hauswirth u. Miether in ihrem Verhältniß zu einander u. dem öffentlichen Intereſſe gegenüber. Mit beſond. Berückſicht. der f. d. Stadt Berlin gültigen Partikular-Beſtimmungen. Syſtemat. bearb. gr. 8. Berlin 864. Wegener. — 15.

— die Heimathsverhältniſſe d. preuß. Staates ſowie deſſen polizeiliche Beziehung zum Auslande. Nach amtl. Quellen u. authent. Interpretationen bearb. u. erläutert. gr. 8. Berlin 862. Gerſchel. n. 1. 20.

— die Verhältniſſe d. preuß. Civil-Staatsdiener mit Bezug auf eintretende Inactivität. Nach amtl. Quellen bearb. u. nach authent. Interpretationen erläutert. gr. 8. Berlin 863. Allgem. Deutſche Verlags-Anſtalt. n. — 20.

Doehl, C., die Niederlassung innerhalb d. preußischen Staates oder: das Gesetz vom 31. Decbr. 1842 über die Aufnahme neu anziehender Personen nebst seinen Ergänzungen u. Erläuterungen u. d. wichtigsten Bestimmungen über Fremden- u. Melde-Wesen, unter besonb. Berücksicht. der für Berlin gültigen Spezial-Bestimmungen. Nach amtl. Quellen bearb. gr. 8. Berlin 865. Gerschel. n. 1. 10.

— die ländliche Polizei-Verwaltung d. preußischen Staates. Nach amtl. Quellen u. authent. Interpretationen sowie den Entscheidungen d. höchsten Gerichtshöfe bearb. u. in materieller sowohl als in formeller Beziehung dargestellt. gr. 8. Berlin 866. Nicolai. 1. 20.

— Repertorium der die Polizei-Verwaltung d. preuß. Staates betr. Gesetze, Verordnungen u. Ministerial-Bestimmungen nebst d. wichtigsten im Regier.-Bez. Potsdam gültigen Local-Polizei-Verordnungen. Nach amtl. Quellen bearb. u. zusammengestellt. gr. 8. Berlin 860. A. Jonas. n. 1. 5.

— das Versicherungs-Wesen d. preußischen Staates. Nach amtl. Quellen systematisch bearb. u. dargestellt. gr. 8. Berlin 865. Liebrecht. n. 1. 20.

Dolliner, Thom., u. Ign. Grasl, Handbuch b. österreich. Eherechtes. Ausführliche Erläuterung d. 2. Hauptstückes d. bürgerlichen Gesetzbuches von §. 44—77. 5 Bde. (838.) — Neue Ausg. Wien 848. Braumüller. 5 Thlr.; einzelne Bde. à 1. 20.
Inhalt: 1. u. 2. Bd.: Das österreich. Eherecht von Th. Dolliner. 2 Bde. — 3. u. 4. Bd.: Der österreich. Eheprozeß von Th. Dolliner. 2 Bde. — 5. Bd.: Das österreich. Eherecht der Juden von Ign. Grasl.

Döllinger, Geo., 7. Fortsetzung d. Registers über die in d. Regierungsblättern von d. J. 1844—46 enth. Verordnungen, mit e. besond. Wort- u. Sachregister. gr. 8. Augsburg 846. Jaquet. 1. —
Fortsetzung f. Dandebeur.

Dollmann, C. F. v., System d. bayerischen Strafprozeßrechtes. gr. 8. Erlangen, Palm u. E.
1. Abth.: Die Strafgerichtsverfassung u. die allgem. Grundsätze d. Strafverfahrens. 864. n. — 24.

— das Strafgesetzbuch f. d. Kgr. Bayern, s. Gesetzgebung d. Kgr. Bayern.

Domänenfrage, die, im Herzogth. S.-Altenburg, mit besond. Rücksicht auf den zwischen d. jüngst verstorbenen Herzoge Georg u. d. Landschaft d. Herzogthums abgeschloss. Vertrag vom 29. März 1849 behandelt. gr. 8. Frankfurt a. M. 853. Schmerber. (Keller.) n. — 7½.

Donkersloot, R. B., die Todesstrafe u. die Psychologie. Vom Verf. autoris. deutsche Ausg. gr. 8. Münster 865. Brunn. — 12.

Dönniges, W., die neueste preußische Gesetzgebung über d. Befreiung d. Grundbesitzes von Abgaben, Lasten u. Einschränkungen, als Fortsetzg. d. Land-Kultur-Gesetzgebung Preußens. 2 Abtheilgn. 4. Frankfurt a.D. 849, 50. Trowitzsch. n. 1. 20.

— die Landkultur-Gesetzgebung Preußens. Eine Zusammenstellung von Erläuterungen der seit d. 9. Octbr. 1807 ergangenen Gesetze über d. Grundbesitz rc. 3 Bde. u. Sachregister. 4. Berlin 843—48. Schroeder. n. 6. 20.

Dorn, C., der Prozeß gegen die 42 steuerverweigernden Abgeordneten d. preuß. National-Versammlung. Authentische Berichte über die Verhandlungen dieses Prozesses. Mit e. einleit. Geschichte d. Untersuchung. gr. 8. Berlin 850. Gerhard. (Bergemann.) n. — 20.

— Vertheidigungsrede f. d. Geh. Ober-Trib.-Rath Walbeck. In d. Schwurgerichts-Sitzung vom 3. Decbr. 1849 gehalten. gr. 8. Ebend. 849. — 3.

Dörrien, Vertheidigung b. Advocaten Friedr. Weinhagen zu Hildesheim. gr. 8. Hildesheim 849. Gerstenberg. — 25.

Dreyer, der Code Napoleon u. das badische Landrecht nach dem Systeme von Puchta's Pandekten u. in Vergleichung mit d. römischen Rechte. gr. 8. Mannheim 860. Rotter. n. 2. —

Dubs, Jb., Entwurf e. Strafgesetzbuches f. d. Kanton Zürich mit e. erläuternden Einleitung. 8. Zürich 855. Orell. — 20.

Dühring, E., kritische Grundlegung der Volkswirthschaftslehre. gr. 8. Berlin 866. Eichhoff. n. 2. 24.

Dulheuer, Const., kurze Darstellung d. preußischen Rechts der Gegenwart. Unter Beibehaltung d. Legalordnung u. Annotirung d. Parallelstellen d. röm. Rechts. Ein ergänz. Seitenstück zu Heydemann's System d. preuß. Civilrechts u. e. Repetitorium zur Vorbereitung f. d. jurist. Prüfungen. gr. 8. Berlin 856. v. Decker. 2. 20.

— die Elemente d. preußischen Rechts. Ein Beitrag zur Entwickelung d. deutschen Rechts. gr. 8. Berlin 862. C. Heymann. n. 1. 10.

Dürrschmidt, Heinr., zur Lehre von den Verbandhypotheken d. deutschen Rechte. Mit besond. Berücksicht. d. bayerischen Gesetzgebung. 8. Augsburg 856. Rieger. — 15.

Duschak, M., das mosaisch-talmudische Eherecht mit besond. Rücksicht auf die bürgerlichen Gesetze. gr. 8. Wien 864. Braumüller. n. — 24.

Dworzak, Jos. Frz., System d. römischen Privatrechts im Grundrisse. gr. 8. Wien 856. Braumüller. n. 2. 10.

Ebeling, C., aus meiner Praxis. 1. Heft. I. Die Gabe'sche Curatel. II. Zwei Entscheidungen in Competenzstreitigkeiten. gr. 8. Hamburg 851. Nestler u. Melle. n. — 12.

Eberl, Jos. Wolfg., Ehescheidung u. Ehescheidungsprozeß. Nach d. gemeinen Quellen d. canonischen u. weltlichen Rechts unter Hinweisung auf d. wichtigsten partikularrechtlichen Normen d. deutschen Staaten, insbesondere Bayerns. gr. 8. Freising 854. (Augsburg, Schmid.) n. — 20.

— Grundzüge d. gemeingültigen kathol. Kirchenrechts. Zum Behuf d. Vorlesungen u. zum Selbststudium herausg. gr. 8. Landshut 853. Krüll. — 18.

Ebers, Joh. Jac. Heinr., die Zurechnung. Für Aerzte u. Juristen, erläutert durch Mittheilung einer Reihe wichtiger Fälle u. Begutachtungen d. kgl. Med.-Collegii von Schlesien u. einiger eigenen. gr. 8. Glogau 860. Flemming. 1. 15.

Eberty, Fel., Versuche auf d. Gebiete des Naturrechts. gr. 8. Leipzig 852. Engelmann. 1. —

Ebhardt, Chrn. Herm., das Dienstreglement für die Gerichtsvoigte. Mit Hinzufügung d. darnach für die Gerichtsvoigte zur Anwendung kommenden gesetzl. Vorschriften u. angehängten Beispielen herausg. gr. 8. Hannover 852. Jänecke. — 10.

— die Notariats-Ordnung f. d. Kgr. Hannover vom 18. Septbr. 1853. Mit angehängtem Gebühren- u. Stempel-Tarife. Von Neuem bearb. u. herausg. gr. 8. Hannover 859. Rümpler. n. — 15.

— das öffentliche u. mündliche Verfahren in Strafsachen u. die Schwurgerichte, dargestellt f. d. nicht gelehrten Bürger. gr. 8. Hannover 848. Helwing. — 5.

— die Polizeistrafen d. Kgr. Hannover nach d. Alphabet geordnet u. herausg. (860. — 2. Aufl. 853.) — 3. verb. u. verm. Aufl. gr. 8. Hannover 861. Jänecke. n. — 25.

— Polizei-Strafprocessordnung nach Grundlage d. Strafprocessordnung vom 8. Novbr. 850, unter Berücksicht. d. zur Ausführung der letzteren erlass. Bestimmungen. gr. 8. Ebend. 853. — 5.

— die Staats-Verfassung d. Kgr. Hannover. Eine Zusammenstellung der die Staats-Verfassung betr. Gesetze, Verordnungen u. Ausschreiben. Hannover 860. Rümpler. n. 3. 10.

— Gesetze, Verordnungen ꝛc. f. d. Kgr. Hannover, f. Gesetze ꝛc.

Ebmeyer, D., die preußische Elementarschule u. ihre Lehrer. Eine systemat. Bearbeitung d. in Preußen, bezügl. d. äußern Rechtsverhältnisse d. Elementarschulen u. Lehrer gültigen Bestimmungen. (861.) — 2. Aufl. gr. 8. Frankfurt a. D. 862. Trowitzsch. n. — 20.

— Zusammenstellung d. Provinzial-Kirchen- u. Schul-Rechts der Kur- u. Neumark Brandenburg. gr. 8. Ebend. 853. — 12½.

Eckenberg, J. G., die Aufhebung oder Veränderung einer „in anerkannter Wirksamkeit" bestehenden Staatsverfassung — auf welche Weise sie, dem Rechte nach, nicht zu geschehen hat. Eine historisch-publicist. Reflexion. 8. Cöthen 860. (Leipzig, Hunger.) — 15.

Edenberg, J. G., Hermäen aus d. Alterthume in Bezug auf Politik u. Gesetzgebung. 1. Thl. Politik. gr. 8. Nordhausen 856. Forstemann's Verl. — 18.

— στρωματα. Oder: Verschiedene Aufsätze histor., staats- u. privatfürstenrechtlichen Inhalts. gr. 8. Quedlinburg 853. Basse. n. 1. 10.

Eckert, Alex., Pandecten-Practicum oder Chrestomathie aller in besonderen Beispielen u. Rechtsfällen des Corpus juris civ. rom. aufgestellten u. entschiedenen Rechtsfragen, nach d. Folge d. Legalordnung u. mit Bezeichnung d. Parallelstellen herausg. gr. 8. Heidelberg 853. J. C. B. Mohr. n. 1. 15.

Edel, C., das kgl. bayerische Gesetz vom 1. Juli 1856, einige Bestimmungen über d. Gerichtsverfassung u. d. gerichtliche Verfahren in d. Landestheilen diesseits d. Rheines betr., erläutert ꝛc. (857.) — 2. verm. Aufl. mit e. Anh., enth. d. kgl. Vollzugsverordnung vom 12. Aug. 1857 u. d. Instruktion f. d. landgerichtl. Dienst vom 23. Septbr. 1857. gr. 8. Nördlingen 857. Beck. n. — 28.

— das kgl. bayerische Gesetz vom 10. Novbr. 1861 die Gerichtsverfassung betr., erläutert. (862. n. 25 Ngr.) — 2. verm. Aufl. gr. 8. Ebend. 863. n. 1. 10; Supplem. 1. u. 2. zur 1. Aufl. n. — 10. Supplem. zur 2. Aufl. n. — 10.

— das Polizeistrafgesetzbuch f. d. Kgr. Bayern, s. Gesetzgebung, die, für d. Kgr. Bayern.

Eggert, Ludw., Gesetz betr. einige Abänderungen d. Vorschriften über d. Civil-Prozessverfahren u. d. Exekution in Civilsachen vom 20. März 1854. Mit Erläuterungen nach d. legislativen Materialien. 8. Berlin 854. Hempel. n. — 10.

— Preußens Gesetzgebung seit 1806. Register zur Gesetzsammlung im System der Materien. 4. Berlin 860. Th. Grieben. n. 1. 25.

— die Gesinde-Ordnungen nebst d. übrigen Gesetzen u. Verordnungen über das Gesindewesen im preuß. Staate. Dargestellt u. erläutert unter Benutz. d. Ministerial-Erlasse u. Präjudizien d. Ober-Tribunals sowie d. legislativen Materialien. (851. — 2. Aufl. 854.) — 3. Aufl. gr. 8. Berlin 863. J. Abelsdorff. — 10.

— das heutige Gewerbewesen in d. kgl. preuß. Staaten. Eine übersichtl. Darstellung d. die polizeilichen Verhältnisse d. Gewerbe u. die Gewerbesteuer betr. Gesetze, Ministerial-Erlasse ꝛc. für Polizei- u. Kommunalbehörden u. Beamte, Gewerberäthe, Innungen u. Gewerbetreibende aller Art. (852.) — 2. durch Nachträge verm. Ausg. gr. 8. Ebend. 860. n. — 20.

Egidy, Chph. Arndt v., das Verbrechen d. Diebstahls, insbes. nach d. Thüringer Strafgesetzbuche. gr. 8. Leipzig 859. Günther. n. 1. —

Ehe, die, nach Lehre, Gesetz u. Gebrauch d. kathol. Kirche. Ueber Ehescheidungen bei Katholiken u. Nichtkatholiken, Mischehen u. verwandte Gegenstände. 8. Hamburg 853. Hoffmann u. C.

Eherecht, das, der Katholiken im Kaiserth. Oesterreich nach d. Bestimmungen d. kgl. Patentes vom 8. Octbr. 1856 u. den beiden Anhängen zu denselben übersichtlich dargestellt. Wien 857. Manz. — 24.

— das preußische, u. die katholische Kirche. Vom Verf. d. Schrift: Das österreich. Concordat u. die preuß. Gesetzgebung. gr. 8. Regensburg 862. Pustet. — 12.

Ehescheidungsfrage, die, vor den preuß. Kammern. 1. Abth. Enth.: die Regierungs-Vorlage nebst Motiven, den Bericht d. Justiz-Kommission d. 1. Kammer u. d. Plenarverhandlungen d. 1. Kammer. 8. Berlin 855. Hempel. n. — 22½.

Ehrenfeld, Leop. Alex., Lexikon über österreich. Handels- u. Gewerberecht als Hilfsbuch im Gebiete d. gesammten österreich. Gesetzgebung für Handel u. Gewerbe zur schnellen Auffindung einzelner Bestimmungen derselben mit Inbegriff d. neuen, mit 1. Juli 1863 wirksamen Handelsgesetzbuches, d. Gewerbeordnung ꝛc., nebst e. Anh., welcher die Bauordnung, die Dienstbotenordnung, die Eisenbahnbetriebsordnung ꝛc. enthält. gr. 8. Prag 863. Mercy. n. 2. —

— gerichtliche Entscheidungen im Processe d. Freih. Mich. Dobrzensky gegen Freih. W. F. Riese-Stallburg. 4 Hefte. gr. 8. Ebend. 863, 64. à Heft n. — 16.

Ehrenfeld, L. A., Handbuch d. Stempel- u. Gebühren-Gesetzes umfassend 1. die finanziellen Grundsätze d. Gesetze vom 9. Febr. u. 2. Aug. 1850, dann d. Abänderungs-Gesetzes vom 13. Decbr. 1862. — 2. ben nach diesen Gesetzen verfaßten rectificirten Stempel- u. Gebühren-Tarif. gr. 8. Prag 863. Mercy. n. 1. 10.

— Abänderungs-Gesetz vom 29. Febr. 1864 zum Stempel- u. Gebühren-Gesetze gültig f. d. ganze Reich u. Supplem. zum Stempel- u. Gebühren-Tarife. gr. 8. Ebend. 864. — 7½.

Ehrhardt, Joh. Frdr., der evangelische Geistliche im preuß. Staate, mit besond. Hinsicht auf die Provinz Sachsen. Zur 2. Bearb. u. Fortsetzung gelieferte Nachträge d. Gesetze ꝛc. von 1855 bis zum Anfang d. J. 1860. gr. 8. Halle 860. Fricke. — 8.

Einert, über d. Wesen u. d. Form d. Literalcontracts wie dieser zur Zeit d. Justinianeischen Gesetzgebung ausgebildet gewesen u. Vergleichung desselben mit dem Wechsel. gr. 8. Leipzig 852. B. Tauchnitz. n. — 20.

Einführungsgesetz zum allgem. deutschen Handelsgesetzbuch f. d. Kgr. Bayern vom 10. Nov. 1861. 8. Nürnberg 862. Korn. — 2.

— preußisches, zum allgem. deutschen Handels-Gesetzbuch. 8. Elberfeld 861. Friderichs. — 3.

— vom 1. Juni 852 zum Staatsgrundgesetz f. d. Herzogth. Coburg u. Gotha, vom 3. Mai 1852, zum Gesetz über d. Civilstaatsdienst, vom 3. Mai 1852; ingl. zum Gesetz, b. Organisation d. Staatsministeriums betr., vom 3. Mai 1852. 4. Coburg 852. (J. G. Riemann.) n. — 24.

— zum Straf- u. Polizeistrafgesetzbuch nebst Gesetz u. kgl. Verordnung über Aufhebung d. Strafolgen u. kgl. Verordnung über Entschädigung d. Geschworenen, Sachverständigen u. Zeugen in Strafsachen. Mit Anmlgn. 8. Würzburg 862. Stahel. — 5.

— das kgl. bayerische, zur allgem. deutschen Wechselordnung, mit erläut. Anmlgn. Zu seinen Privatgebrauch in d. anwaltschaftlichen Praxis ursprünglich bearb. von e. bayer. Rechtsanwalte. gr. 8. Erlangen 851. Enke. — 4.

Eisele, Fridol., de conditione quae suspendit negotium impleta non retrahenda. Dissert. inaug. 8. Berlin 866. (Calvary u. Co.) n. — 12.

Eisenhart, Hugo, über d. Beruf des Adels im Staate u. die Natur der Pairieverfassung. Ein Beitrag zur Revision d. Rechtsbegriffe in Deutschland. gr. 8. Stuttgart 852. Cotta. n. — 24.

Eisenlohr, Ch. F. M., das literarisch-artist. Eigenthum u. Verlagsrecht mit Rücksicht auf d. Gesetzgebungen. gr. 8. Schwerin 855. (Stiller.) n. — 25.

— die procovatio ad populum. Ein Beitrag zur Geschichte d. röm. Strafrechts u. Strafverfahrens. 2. Thl.: Die provocatio ad populum zur Zeit d. Republik. 8. Schwerin 858. Bärensprung. n. 1. —
   1. Thl. ist noch nicht erschienen.

— Sammlung d. Gesetze u. internationalen Verträge zum Schutze d. literar.-artist. Eigenthums in Deutschland, Frankreich u. England. gr. 8. Heidelberg 856. Bangel u. Schmitt. n. 1. 20.

——— Nachtrag. gr. 8. Ebend. 857. n. — 20.

Elben, Otto, zur Einführung d. Schwurgerichte in Deutschland. Beobachtungen aus d. Gerichtssälen Frankreichs, Englands, Italiens u. s. w. gr. 8. Stuttgart 848. Metzler. — 7½.

Elbzölle, die. Aktenstücke u. Nachweise 1814—1859. Nebst e. Einleitung über d. Flussschifffahrts-Bestimmungen d. Wiener Kongressacte u. die Elbzollfrage. gr. 8. Leipzig 860. Brockhaus. n. 2. 10.

Eller, C., Bemerkungen zu d. Entwurf e. Gerichtsverfassung f. d. Großherzogth. Baden. 8. Mannheim 862. Schneider. — 3.

Ellinger, Jos., Handbuch d. österreich. allgem. Civilrechts. Enth. den Text d. allgem. bürgerl. Gesetzbuches vom J. 1811, mit kurzen Erläuterungen desselben unter Anführung d. gesammten Literatur u. sämmtl. einschlag. Justiz-, politischen u. Finanz-Gesetze nach ihrem wesentl. Inhalte ꝛc. (1—5. Aufl. 843—53.) — 6., neu bearb. Aufl. gr. 8. Wien 858. Braumüller. n. 4. —
   Vgl.: Bischer = Ellinger.

Ellinger, S., Gesetze u. Verordnungen über das im Kgr. Württemberg bei d. Eides-leistungen b. Israeliten zu beobachtende Verfahren. Zusammengestellt u. unter Berücksicht. d. mosaisch-talmud. Rechts beleuchtet. gr. 8. Mergentheim 860. El-linger. — 8.

Elsner, A. J., die Lehre von d. Befriedigung der Gläubiger durch d. Zwangs-verfahren nach preuß. Rechte. gr. 8. Berlin 863. Th. Grieben. n. — 20.

Elvers, Rud., die Rothstände d. preuß. Elbes-Rechtes. gr. 8. Berlin 858. Schla-witz. n. — 10.

— die römische Servitutenlehre. gr. 8. Marburg 856. Elwert. (Franks. a. M., Bölder.) 3. 20.

Emmert, Carl, der Criminal-Process Demme-Trümpy vom gerichtsärztlichen Standpunkte aus dargestellt. gr. 8. Wien 866. Braumüller. n. 1. 20.

Emminghaus, Gust., Pandekten d. gemeinen sächsischen Rechts. gr. 8. Jena 849. Frommann. n. 2. —

Endemann, Wilh., die Beweislehre des Civilprozesses. gr. 8. Heidelberg 860. Bangel u. Schmitt. n. 3. 10.

— die nationalökonom. Grundsätze der canonistischen Lehre. (Abdr. aus Hildebrand's Jahrb.) gr. 8. Jena 863. Mauke. n. 1. 10.

— über Geschlossenheit u. Zwangsverkoppelung d. ländlichen Güter. gr. 8. Cassel 860. (Göttingen, Wigand.) — 7½.

— der Entwurf e. deutschen Handelsgesetzbuchs in seinen drei ersten Büchern. Mit-theilungen u. Bemerkungen. gr. 8. Erlangen 858. Enke. n. — 24.

— das deutsche Handelsrecht. Systematisch dargestellt. gr. 8. Heidelberg 865. Ban-gel u. Schmitt. 4. —

— das Prinzip der Rechtskraft. Eine zivilist. Abhandlung. gr. 8. Ebend. 860. n. — 28.

— das ländliche Wasserrecht. gr. 8. Cassel 862. Freyschmidt. n. — 22½.

— die Bedeutung der Bücherlehre. Ein Vortrag, gehalten im wissenschaftl. Verein zu Berlin. gr. 8. Berlin 866. Steinthal. n. — 10.

Engelberg, J., Leitfaden für Geschworene im Kgr. Preußen. Enth. e. kurze Ueber-sicht d. Reformen d. Kriminalgesetzgebung u. e. systemat. Zusammenstellung aller in Bezug auf die Schwurgerichte ergangenen Gesetze rc. 16. Raumburg 860. Tauer-schmidt. n. — 12½.

Engelmann, das schlesische Landschafts-Reglement von 1770 nebst seinen Decla-rationen, Zusätzen u. Abänderungen zusammengestellt u. mit erläut. Anmerkgn. ver-sehen. gr. 8. Breslau 866. Korn. n. 2. —

Engelmann, J., die Verjährung nach russischem Privatrecht. gr. 8. Dor-pat 867. Glaeser. n. 1. 10.

Entmooser, Frz. X., das Polizei-Strafgesetzbuch f. d. Kgr. Bayern nebst d. ein-schläg. noch in Geltung verbleibenden Gesetzen u. Verordnungen. 1—3. Aufl. gr. 8. Nördlingen 862. Beck. n. — 24.

Entscheidungen, gesetzliche, über streitige Rechtsfragen im Kgr. Hannover. Nach d. System des Repertorii juris Hannov. geordnet. Ein Beilageheft zu diesem Reper-torio. gr. 8. Stade 854. Pockwitz. n. — 10.

— d. Herzogl. Nassauischen Oberappell.-Gerichts zu Wiesbaden über wichtigere Streit-fragen des Civilrechts. Herdg. von Chph. Flach. 3 Thle. gr. 8. Gießen 842—53. Ferber. (Roth.) n. 2. 15.

— des f. Prov. Rheinhessen errichteten Cassationshofes zu Darmstadt in bürger-lichen Rechtsstreitigkeiten seit d. J. 1818 bis zum J. 1852, ausgezogen u. zu-sammengestellt nach d. Ordnung u. Reihenfolge d. in Rheinhessen geltenden französ. Gesetzbücher u. d. einschläg. Verfügungen d. intermediären u. späteren Gesetzgebung, nebst alphabet. Sachregister von J. G. Greby. 8. Mainz 853. v. Zabern. n. 1. 10.

Entscheidungen u. Gutachten, rechtliche, d. Württemberg. Handels-Schieds-gerichte u. Privathandelskammern. 1. Liesg. 1843—50. gr. 8. Stuttgart 851. Metzler. n. — 16.

Entwurf eines Baugesetzes f. d. Kgr. Württemberg. Ausgearb. durch d. Verein f. Baukunde in Stuttgart. gr. 8. Stuttgart 863. Metzler. n. — 8.
— eines neuen Berggesetzes f. d. Kaiserth. Oesterreich. 4. Wien 849. (Gerold.) n. — 20.
— eines allgemeinen Berggesetzes f. d. preuß. Staaten nebst den Motiven. gr. 8. Bonn 1865. Marcus. n. — 25.
— vorläufiger, e. allgem. Berggesetzes f. d. preuß. Staaten. Nebst Motiven. Redig. im Minist. f. Handel ꝛc. gr. 8. Berlin 862. v. Decker. n. — 15.
— zu einem Berggesetze f. d. Kgr. Sachsen. 4. Dresden 849. Meinhold. n. 1. —
— eines allgemeinen Berggesetzes für das Königr. Sachsen. 4. Dresden 860. Meinhold. n. — 20.
— d. neuen Bergwerks-Gesetzes nebst Bemerkgn. über die Entstehung u. die Prinzipien desselben. gr. 8. Berlin 850. v. Decker. — 3.
— e. bürgerlichen Gesetzbuches f. d. Kgr. Bayern. 1. Thl. Von den Rechtsgeschäften. — 2. Thl. Recht d. Schuldverhältnisse. (Mit Motiven.) gr. 8. München 861. Kaiser. n. 1. 22.
—— —— Fortsetzung. gr. 8. Ebend. 864. n. — 28.
— eines bürgerlichen Gesetzbuchs f. d. Großherzogth. Hessen nebst Motiven. 4 Abthlgn. gr. 8. Darmstadt 1845—53. (Jonghaus.) n. 3. —
—— —— f. d. Kgr. Sachsen. Nebst allgem. Motiven u. Inhaltsverzeichniß. gr. 8. Dresden 860. Meinhold. n. 1. 10.
— einer allgem. deutschen Civilprozeßordnung. (Nach den bei d. ersten Lesung gefaßten Beschlüssen, vorbehaltlich d. Schlußredaction.) (Abdr. aus d. Württemberg. Archiv f. Recht u. Rechtsverwaltung.) (3 Hefte.) gr. 8. Stuttgart. 864. Lindemann. n. — 26.
—— —— gr. 8. Wien 864. Manz. n. — 16.
—— —— herõg. von G. K. Petersen u. J. Struckmann. gr. 8. Hannover 864. Helwing. — 21.
— einer allgemeinen Civilprocessordnung für die deutschen Bundesstaaten. Nach den von d. deutschen Civilprocesscommission zu Hannover bei der 2. u. letzten Lesung gefaßten Beschlüssen herausg. von J. Struckmann. gr. 8. Hannover 866. Helwing. — 24.
— e. Civil-Prozeß-Ordnung f. d. preuß. Staat, mit d. Motiven, nebst e. Anh., welcher e. Vorschlag über d. Einrichtung d. Gerichtskostenwesens u. e. Gesetzentwurf über d. Gerichtsgebühren enthält. (Von C. F. Koch). gr. 8. Berlin 849. Trautwein. (Guttentag.) n. 2. 10.
— e. Einführung-Gesetzes zum Entwurf d. Strafgesetz- u. Polizeistrafgesetzbuches f. d. Kgr. Bayern. 4. München 860. Kaiser. — 3.
— einer Gemeinde-Ordnung. gr. 8. Frankf. a. O. 848. Roschy. — 2.
—— —— gr. 8. Quedlinburg 848. Huch. — 1½.
— e. Gemeinde-Ordnung f. d. Kgr. Württemberg. Bearb. von d. Organisations-Commission. 8. Stuttgart 848. Metzler. — 7½.
— eines Gesetzbuches über d. Strafverfahren. 4. München 851. (Kaiser.) n. — 12.
— d. Gesetzbuches über Verbrechen u. Vergehen f. d. Kgr. Bayern. 4. München 851. Kaiser. — 6.
—— —— Nebst Motiven. Für d. Kgr. Bayern. 4. Ebend. 854. n. — 16.
—— —— eines Gesetzes betr. die Ablösung der auf Grund u. Boden haftenden Lasten. Amtlicher Abdr. gr. 8. Oldenburg 849. Stalling. — 3¾.
— d. Gesetzes, betr. d. Ablösung d. Reallasten u. d. Regulirung d. gutsherrlichen u. bäuerlichen Verhältnisse f. d. ganzen Umfang d. Monarchie mit Ausnahme d. auf d. linken Rheinufer belegenen Landestheile. 4. Berlin 849. Schneider u. Co. — 5.
— eines Gesetzes wegen Aufhebung d. Fideicommisse, d. Lehnsverbandes u. d. Stammgüter. Amtl. Abdr. 8. Oldenburg 852. Schulze. — 4.
— des Gesetzes die Aufhebung d. Grundsteuer-Befreiungen betr. Von d.

hohen Staats-Ministerio am 22. Juni 1850 den Kammern vorgelegt. gr. 8. Berlin 850. v. Decker. — 1½.

Entwurf eines Gesetzes betr. d. Austritt d. Zivil-Staatsbeamten aus d. Staatsdienst mit oder ohne Ruhegehalt sowie die Versetzung richterlicher Beamten. gr. 8. Oldenburg 850. Schulze. — 2½.

— eines Gesetzes betr. d. Niedersetzung eines Dienstgerichts. Amtlicher Abdr. gr. 8. Ebend. 849. — 3¾.

— eines Gesetzes, die künftige Einrichtung d. Behörden 1. Instanz für Rechtspflege u. Verwaltung betr. 4. Dresden 854. Meinhold. — 7½.

— des Gesetzes über e. allgem. Einkommensteuer d. Herzogth. Oldenburg. gr. 8. Oldenburg 850. Schulze. — 2½.

— d. Gesetzes wegen Entschädigung f. aufgehobene Zwangs- u. Bannrechte der Mühlen ꝛc. gr. 8. Ebend. 850. — 3¾.

— e. Gesetzes die Gerichtsverfassung u. die Einführung d. Staatsanwaltschaft im Strafverfahren betr. Nach den von d. k. Staatsministerium d. Justiz dem ständigen Gesetzgebungs-Ausschusse d. Kammern d. Reichsräthe gemachten Vorlagen. gr. 8. München 848. Franz. — 2.

— e. Gesetzes betr. die Gerichtsverfassung d. Herzogth. Schleswig-Holstein. 4. Kiel 849. Schröder u. Co. n. — 10.

— e. Gesetzes über die Gerichtsverfassung. gr. 8. Stuttgart 862. Metzler. — 2.

— revidirter, e. Gesetzes über die Gerichtsverfassung f. d. Kgr. Württemberg. gr. 8. Ebend. 863. — 4.

— e. Gesetzes über d. Hypothekenwesen u. e. Hypotheken-Ordnung f. Preußen. Nebst Motiven. Redig. im Justiz-Ministerium. gr. 8. Berlin 864. v. Decker. n. — 20.

— eines Gesetzes einige Reformen im Hypothekenwesen d. Kgr. Hannover betr. Nebst kurzer Begründung. gr. 8. Hannover 851. Helwing. — 7½.

— revidirter, d. Gesetzes über d. Pfandrecht, d. Verfahren d. Hypothekenbehörden u. d. Rangordnung d. Gläubiger in d. Provinzen Starkenburg u. Oberhessen, nebst d. Entwurfe d. Einführungsgesetzes. gr. 8. Darmstadt 854. (Jonghaus.) n. — 10.

— eines Gesetzes betr. d. Verfahren in bürgerlichen Rechtsstreitigkeiten. 4. Kiel 849. Schröder u. Co. n. — 20.

— e. Gesetzes betr. d. Rechtsverhältnisse der von e. guts- u. schutzherrlichen, Hörigkeits- oder Unterthänigkeits-Verbande befreiten Stellen u. d. Entschädigung wegen d. aufgehobenen gutsherrlichen u. sonstigen Lasten. Amtlicher Abdr. gr. 8. Oldenburg 849. Stalling. — 7½.

— eines für die deutschen Bundesstaaten gemeinsamen Gesetzes über Schuld-Verhältnisse. 2 Thle. Nach den in 1. Lesung erfolgten Beschlüssen. gr. 8. Stuttgart 864, 66. Lindemann. n. 1. 2.

— eines Gesetzes über das Schwurgericht nebst Beweggründen. gr. 8. Oldenburg 850. Schulze. n. — 10.

— e. Gesetzes über d. Einführung d. Schwurgerichte. Nach den von d. k. Staatsministerium d. Justiz dem ständigen Gesetzgebungs-Ausschusse d. Kammer d. Abgeordneten gemachten Vorlagen. gr. 8. München 848. Franz. — 2.

— eines Gesetzes betr. die Umgestaltung d. Staats- u. Gemeinde-Behörden in Großherzogth. Oldenburg. gr. 8. Oldenburg 851. Schulze. n. — 10.

— e. Gesetzes über d. Verfahren in Untersuchungssachen mit Geschwornen-Gerichten. Nebst den Motiven. Der preuß. National-Versammlung eingereicht durch die Abgeordneten: v. Kirchmann, Kämpf, Schulze u. 68 andern. gr. 8. Berlin 848. J. Springer. — 4.

— e. Gesetzes über die Verfassung der Gemeinden, Kreise u. Bezirke d. preuß. Staates. Eingereicht durch die Abgeordneten Anwandter, Arnold, Berends, Bensch, Rees v. Esenbeck, Jacoby ꝛc. gr. 8. Berlin 848. (Schneider u. Co.) — 5.

— e. Gesetzes die Voruntersuchung betr. Nach den von d. k. Staatsministerium d. Justiz dem ständigen Ausschusse der Kammer d. Abgeordneten gemachten Vorlagen. gr. 8. München 848. Franz. — 2.

Entwurf e. Gesetzes über Zwangsabtretungen für öffentliche Zwecke. Amtlicher Abdr. gr. 8. Oldenburg 849. (Schmidt.) — 7½.
— eines Gewerbegesetzes f. d. Kgr. Sachsen. 1. u. 2. Aufl. gr. 8. Dresden 860. Meinhold. n. — 10.
— zu einem Gewerbegesetz f. d. thüringischen Staaten. 16. Coburg 861. Streit. — ¾.
— — — u. zunächst f. d. Herzogth. Gotha. von H. M. gr. 8. Gotha 860. Gläser. n. — 7½.
— einer Gewerbeordnung f. d. Kgr. Sachsen nebst dazu gehör. Entschädigungsgesetz, Einleitung, Motiven u. Beilagen. gr. 8. Dresden 857. Meinhold. n. — 16.
— e. neuen Gewerbeordnung f. d. Kgr. Württemberg, nebst Motiven, e. Vortrag d. Minister. d. Innern zu demselben u. e. Uebersicht über denselben. 4. Stuttgart 861. (Metzler.) n. — 12.
— eines allgem. Handelsgesetzbuches. Nach d. Beschlüssen d. zweiten Lesung. gr. 8. Würzburg 858. Stahel. n. — 18.
— — f. Deutschland. Von d. durch d. Reichsministerium d. Justiz niedergesetzten Commission. 1. Abth. gr. 8. Frankfurt a. M. 849. Sauerländer. n. — 15.
— e. Handelsgesetzbuchs f. d. preuß. Staaten. Nebst Motiven. 2 Thle. 4. Berlin 859. v. Decker. n. 4. —
— — 2 Thle. gr. 8. Ebend. 857. 2. 23.
— eines Hochbaugesetzes f. d. Kgr. Württemberg u. einer Vollzugs-Verfügung zu demselben. Mit e. Sachregister. 8. Stuttgart 853. Metzler. — 12.
— zweiter, eines Hochbaugesetzes f. d. Kgr. Württemberg. 8. Ebend. 856. n. — 15.
— amtlicher, e. neuen Hypotheken-Ordnung f. d. preuß. Staat, mit erläut. Anmerkungen. gr. 8. Berlin 848. (Guttentag.) n. — 7½.
— einer Konkurs-Ordnung u. einer Gerichts-Ordnung über das Verfahren in nichtstreitigen Rechtssachen für das Königr. Sachsen. 4. Dresden 866. Meinhold. n. 1. —
— eines Landes-Kultur-Gesetzes f. Württemberg, nebst Entwürfen zu e. Weide-Ablösungs- u. e. Feldstraf-Gesetze, revid. nach d. Anträgen d. im Decbr. 1852 einberuf. berathenden Versammlung von d. kgl. Centralstelle f. d. Landwirthschaft. gr. 8. Stuttgart 853. Metzler. — 10.
— — — mit Erläuterungen, nebst Erörterungen über verschied. Fragen d. Landwirthschafts-Rechts, e. Abriß d. alten Agrar-Verfassung u. e. Darstell. d. gegenwärt. Feldbausysteme u. Weidebetriebsarten Württembergs u. d. in demselben anzubring. Verbesserungen. Verf. von d. kgl. Centralstelle f. d. Landwirthschaft. 2. unveränd. Ausg. gr. 8. Ebend. 855. n. 1. 6;
die Erläuterungen allein n. — 20.
— d. Landes-Verfassungs-Gesetzes f. d. Herzogth. Anhalt-Bernburg. gr. 8. Bernburg 848. Gröning. — 3¾.
— einer Landgemeinde-Ordnung f. d. sechs östlichen Provinzen d. preuß. Monarchie u. eines die ländliche Polizeiverwaltung in diesen Provinzen betr. Gesetzes, nach d. Vorschlägen e. Anzahl Mitglieder d. 2. Kammer. gr. 8. Berlin 854. G. Reimer. — 15.
— eines Militärstrafgesetzbuchs f. d. Kgr. Sachsen. Nebst Motiven. 4. Dresden 854. Meinhold. — 18.
— d. Polizei-Straf-Gesetzbuches f. d. Kgr. Bayern. 4. München 851. Kaiser. — 7½.
— — 4. Ebend. 860. n. — 9.
— — gr. 8. Ebend. 856. n. — 12.
— e. Prozeßordnung in bürgerl. Rechtsstreitigkeiten f. d. Kgr. Bayern. gr. 8. Ebend. 861. n. 1. 6.
— — f. d. Großherzogth. Hessen nebst Motiven. (856.) — Neue Aufl. gr. 8. Darmstadt 856. (Jonghaus.) n. 1. 6.
— — f. d. preuß. Staat. (Mit den Motiven.) gr. 8. Berlin 864. v. Decker. n. 1. 20.
— — für das Königr. Sachsen 4. Dresden 865. Meinhold. n. 2. —

Entwurf — Erbfolgestreit.

Entwurf d. Staatsgrundgesetzes f. d. Großherzogth. Oldenburg. gr. 8. Oldenburg 848. Stalling. — 10.
— e. Straf-Gesetzbuches f. d. Kgr. Bayern. 4. München 860. Kaiser. n. — 9.
—— d. freien Hansestadt Bremen. 1. Thl: Verbrechen u. Vergehen. Nebst Motiven u. e. Anh., den Vollzug d. Freiheitsstrafen betr. 2 Bde. gr. 8. Bremen 861. Schünemann. n. 2. —
—— f. d. Kgr. Sachsen. Nebst Motiven. 4. Dresden 853. Meinhold. n. 1. 14.
—— f. d. Herzogth. Schleswig-Holstein. 4. Kiel 849. Schröder n. Co. n. 1. 15.
—— f. d. Thüringischen Staaten. gr. 8. Jena 849. Frommann. n. — 8.
— der Strafproceß-Ordnung nebst Motiven. gr. 8. Darmstadt 860. (Jonghaus.) n. — 12.
—— f. d. preuß. Staat. Nebst motivirenden Anmlgn. gr. 8. Berlin 865. Rauck u. Co. n. — 17½.
—— f. d. preuß. Staaten nebst d. Entwurf e. Gesetzes über d. Bildung d. Schwurgerichte f. d. ganze Monarchie. 8. Berlin 851. C. Heymann. — 7½.
—— nebst d. Entwurf e. Gesetzes über die Bildung d. Schwurgerichte f. d. ganze Monarchie. 4. Ebend. 851. n. — 7½.
—— f. d. Kgr. Sachsen. Nebst Motiven u. Inhaltsverzeichniß. 4. Dresden 853. Meinhold. n. 1. 10.
—— f.d. Herzogth.Schleswig-Holstein. 4. Kiel 859. Schröber u. Co. n. — 15.
—— f. d. Thüringischen Staaten. gr. 8. Jena 849. Frommann. n. — 9.
—— f. d. Kgr. Württemberg. gr. 8. Stuttgart 863. Metzler. n. — 20.
— e. Verfassungs-Gesetzes f. d. Fürstenth. Waldeck. gr. 8. Arolsen 848. Speyer. — 6.
— d. Verfassungsurkunde f. d. Herzogth. Anhalt-Dessau, sowie d. Wahlgesetzes u. d. Geschäftsordnung f. d. Stände-Versammlung. gr. 8. Dessau 848. Fritsche. — 5.
— zu einem Wegegesetze. 8. Dresden 865. Meinhold. — 3.
Entwürfe, die, einer Advocaten- u. Notariats-Ordnung nebst den dazu gehör. Motiven. gr. 8. Ebend. 857. n. — 15.
—, zwei, einer Gemeinde-Ordnung f. d. preuß. Staat. 1. Entw., vorgelegt der National-Versammlung durch die Regierung. 2. Entw., vorgelegt x. durch 54 Abgeordnete derselben. 8. Glogau 848. Flemming. n. — 2½.
— e. bürgerlichen Prozeßordnung, e. Konkurs- u. e. Gerichtsordnung in nichtstreitigen Rechtssachen f. d. Kgr. Sachsen. Nebst den dazu gehör. Motiven. gr. 8. Ebend. 864. 1. 10.
— d. Strafgesetzbuchs f. d. preuß. Staaten u. d. Gesetzes über d. Einführung desselben. gr. 8. Berlin 861. v. Decker. — 5.
Erachten, betr. d. Einführung eines Criminalgesetzbuches in Mecklenburg. Abdr. aus d. Acten d. Justizministeriums. (2 Liefgn.) gr. 8. Schwerin 850. Stiller. n. 1. 10.
— rechtliches, der Juristen-Facultät zu Heidelberg über die verfassungsmäßige Gültigkeit d. großherzogl. Hessischen Verordnungen vom 2. Octbr. 1850 u. 17. Sept. 1852, sowie über b. Verpflichtung u. Berechtigung des Richters, die Gültigkeit landesherr. Verordnungen zu prüfen. Erbeten von den wegen Beitritts zum Deutschen National-Verein durch das Ministerium v. Dalwigk in peinliche Untersuchung gezogenen 109 Offenbachern. 8. Frankfurt a. M. 861. Auffarth. — 4.
Erbansprüche, die, des brandenburg. Hauses an die Herzogth. Schleswig-Holstein. 8. Berlin 864. Bath. — 5.
Erbfolgerecht, das agnatische, des Durchl. Herzogl. Hauses Anhalt auf d. Herzogth. S.-Lauenburg u. d. Land Hadeln. gr. 8. Cöthen 864. Schettler. — 12.
— das, Herzog Friedrichs VIII. auf die Herzogthümer Schleswig-Holstein. 4. Kiel 865. Schwers. n. 1. 6.
—— gr. 8. Ebend. 865. n. — 12.
Erbfolgestreit, der holsteinische, u. d. deutsche Bundesrecht. Von C. Prz. z. J.

(Prinz zu Isenburg.) 1. u. 2. Aufl. 8. Frankfurt a. M. 864. Verlag für Kunst u. Wissensch. — 4.

Erbse, Jos. Cölest., das bayerische Notariatsgesetz s. b. Landestheile diesseits des Rheins, vom 10. Nov. 1861, mit Rücksicht auf die Motive zum Entwurfe, die Vorträge d. Referenten bei beiden Kammern u. d. Ausschußverhandlungen ꝛc. Nebst einem Anh. die Notariatsgebührenordnung u. den Notariatssitz betr. 8. München 862. Liter.-artist. Anstalt. n. — 22½.

Erdmannsdörffer, Ihbr., Erläuterungen zum bayerischen Strafgesetze von 1861. gr. 8. München 862. Palm. (Grubert.) — 22½.

Erdt, D. C. A., die Stebprocesse, ihre Ueberhandnahme, Ursachen u. schädlichen Wirkungen als Folge d. Verfahrens in denselben. Zur Erkenntniß dessen, was in ihnen zum Rechtsschutz dient. gr. 8. Sorau 865. Klinkmüller. — 10.

Ergänzung des Strafgesetzbuches oder Sammlung u. Nachweisung der neben d. Strafgesetzbuche vom 14. April 1861 geltenden u. in Beziehung zu demselben stehenden strafrechtlichen Gesetze u. Verordnungen. Mit chronolog. u. alphabet. Register. Ein Anhang zu allen Ausgaben d. Strafgesetzbuches insbes. zu d. Materialien ꝛc. von Goltdammer. gr. 8. Berlin 852. C. Heymann. n. 1. —

— b. Strafgesetzbuches s. d. preuß. Staaten. 3 Thle. gr. 8. Berlin, Weidmann. n. 7. 10.

1. Thl.: Die im ganzen Staate u. in den Landestheilen, in denen d. Allgem. Landrecht eingeführt ist, neben d. Strafgesetzbuche noch geltenden Strafgesetze. Von A. Wenzel. 851. n. 2 Thlr. 20 Ngr.

2. Thl.: 1. Die in Neu-Vorpommern u. Rügen neben d. Strafgesetzbuche noch geltenden provinzialrechtlichen Strafvorschriften. Von C. C. P. Davis. — 2. Ueber die im Bezirke d. Justizsenats zu Ehrenbreitstein neben dem Strafgesetzbuche noch geltenden Strafgesetze. 853. n. 30 Ngr.

3. Thl.: Die in dem Bezirke d. Appell.-Gerichtshofes zu Cöln neben d. Strafgesetzbuche noch geltenden Strafgesetze u. Verordnungen. Von A. Calm u. J. C. Schmitz. n. 4 Thlr.

Ergänzungen zur Allgem. Criminal-Ordnung,
— zur Allgem. Depositäl-Ordnung,
— zur Allgem. Gerichts-Ordnung, } s. Schmidt, L. F.
— zur Allgem. Hypotheken-Ordnung,
— zum Allgem. Landrecht,

Ergänzungen u. Erläuterungen d. preuß. Rechtsbücher durch Gesetzgebung u. Wissenschaft. Unter Theiln. d. Justizministerial-Alten u. d. Gesetz-Revisions-Arbeiten herausg. von H. Gräff, C. F. Koch, L. v. Rönne, H. Simon, A. Wenzel. 3. verb. Aufl. 5 Bde. u. Register. gr. 8. Breslau 847—49. Aderholz. 30. —
— — 5. Ausg. bearb. von Ludw. Rönne. 1—2. Liefg. gr. 4. Berlin 865—67. v. Decker. à Liefg. n. 1. —
— zum Allgem. Landrecht, s. Hiersemenzel.

Erkenntniß, das, des großherzogl. Badischen Hofgerichts zu Mannheim in Anlagesachen wider d. Prof. G. G. Gervinus in Heidelberg, wegen Aufforderung zum Hochverrath u. Gefährdung d. öffentl. Ruhe u. Ordnung, dem Rechtsgutachten d. Juristen-Facultät zu Göttingen gegenüber. 8. Braunschweig 853. Schwetschke. — 3.

Erkenntnisse, die bayerischen, in d. Untersuchung gegen A. H. Payne zu Leipzig, wegen widerrechtlicher Nachbildung artist. Erzeugnisse d. Kunstanstalt von Piloty u. Löhle zu München. 8. München 862. Piloty u. L. — 6.

Erläuterungen d. Allerhöchsten Patentes vom 29. Novbr. 1851 über die Aviticitäts-Verhältnisse. Von c. prakt. Juristen. 8. Wien 853. Braumüller. n. — 15.

Erörterung, skizzirte, über Ausdehnung d. gegenwärt. Güter-Eigenthums-Besitz-Rechts auf d. Gelehrten-, Cremten- u. Bürger-Stand, sowie über bezügl. Verhältnisse u. Zeitbedürfnisse d. Ostsee-Provinzen namentlich in Livland. 8. Dorpat 863. Glaeser. — 5.

Erörterungen über d. Gerichtsverfassungs-Entwurf d. königl. Württemberg. Justizministeriums. gr. 8. Stuttgart 862. Lindemann. n. — 12.
— zur hannoverschen Gewerbe-Ordnung vom 1. Aug. 1847 nebst Abdruck d. Gesetzes, d. Vollzugs-Bekanntmachung, d. Regierungs-Entwurfs, d. Begründung desselben u. anderer Bestimmungen, zunächst in Berücksicht. d. Verhältnisse im Landdrostei-Bezirke Hannover. gr. 8. Hannover 848. Hahn. — 25.

Erxleben, Albr., die condictiones sine causa. 1. Abth.: die condictio indebiti. gr. 8. Leipzig 850. J. A. Barth. 1. —

—— 2. Abth.: Die condictio causa non secuta. A. u. d. T.: Die Rückforderung erfolgloser Leistungen oder die obligatio ob rem dati re non secuta. Eine civilist. Abhandlung. gr. 8. Göttingen 853. Dieterich. n. 2. 10.

— Lehrbuch d. römischen Rechts. 1. Bd.: Einleitung in d. römische Privatrecht. gr. 8. Ebend. 854. n. 2. 10.

Es thut Noth! Ein Blick auf die livländischen Rechtszustände. gr. 8. Berlin 863. J. Schneider. — 5.

Es, A. H. G. P. van den, de jure familiarum apud Athenienses libri III. 8. Leiden 864. Brill. n. 1. 5.

Eschenberg, Geo., de delicto manifesto jure saxonico. Dissert. inaug. gr. 8. Berlin 866. (Bonn, Cohen u. Sohn.) n. — 10.

Escher, Eug., Beiträge zur Kenntniß d. bürgerlichen Rechtspflege in Frankreich. 8. Zürich 854. Orell, J. u. Co. n. 1. —

Escher, Hans Heinr., das Privatrecht. (851.) — 2. umgearb. Aufl. 8. Zürich 852. Meyer u. Zeller. — 5.

— 2. Thle. 8. Ebend. 853. — 5.

— das Recht u. der Werth der Sachen. gr. 8. Ebend. 850 — 5.

Escher, Heinr., Handbuch d. praktischen Politik. 2 Bde. gr. 8. Leipzig 863, 64. Engelmann. 7. 7½.

— die neue Phönixperiode d. Staatswissenschaft. (2 Liefgn.) gr. 8. Zürich 848. Schultheß. — 25.

Esmarch, Karl, die Legitimität in Schleswig-Holstein. Gedrängte Darlegung d. histor. Ereignisse, auf welchen das Staatsrecht u. die Staatserbfolge d. Herzogthümer beruhen. 8. Prag 863. Dominicus. — 3.

— Grundsätze d. Pandekten-Rechtes zum akadem. Gebrauche. gr. 8. Wien 860. Braumüller. n. 2. —

— römische Rechtsgeschichte. gr. 8. Göttingen 856. Wigand. n. 2. —

Essellen, M. J., allgemeine Deposital-Ordnung f. d. Gerichte d. sämmtl. kgl. preuß. Lande. Vervollständigt durch die Verordnungen vom 18. Juli 1849. - Mit Zusätzen u. Erläuterungen, auch Formularen zu Deposital-Mandaten :c., für die nicht gewöhnlich vorkommenden Fälle. 3. Aufl. gr. 8. Arnsberg 851. Ritter. n. 1. 12½.

— Zusätze u. Erläuterungen zu d. Gesetzen vom 12. u. 11. Mai u. d. Instruktionen vom 12. u. 11. Sept. 1851, betr. d. Ansatz u. d. Erhebung d. Gebühren d. Rechtsanwalte u. Notare. Mit e. Anh., enth. d. Notariatsordnung vom 11. Juli 1845 mit Zusätzen :c., nebst e. Auszug aus d. Stempelgesetz u. Tarif. Fol. Arnsberg 852. Ritter. — 12½.

— Gebühren-Taxe in Untersuchungs-Sachen f. d. Gerichtsbehörden, Staats- u. Polizei-Anwälte u. Vertheidiger. gr. 8. Hamm 850. Grote. — 12½.

— Zusätze u. Erläuterungen zu d. amtl. Ausgabe des Gesetzes, betr. d. Ansatz u. d. Erhebung d. Gerichtskosten vom 10. Mai, so wie d. Gesetzes, betr. d. für Besorgung gerichtl. Geschäfte außerhalb d. Gerichtsortes zu bewilligenden Kommissions-Gebühren vom 9. Mai 1851 u. d. Instruktionen dazu vom 10. u. 9. Sept. 1851. Mit e. Anh., enth. d. gesetzl. Bestimmungen über Berechnung d. Diäten u. Reisekosten in kgl. Dienstangelegenheiten :c., auch e. Auszug a. d. Stempelgesetz u. Tarif. Fol. Arnsberg 852. Ritter. 1. 7½.

— das Verfahren in Untersuchungssachen nach d. Verordnungen vom 2. u. 3. Jan. 1849 u. d. dieselben ergänz. u. erläut. Verordnungen, Rescripten, Entscheidungen :c. Mit einigen Bemerkgn. über d. Verfahren in benachbarten Staaten. Zum Gebrauch f. d. Gerichtsbehörden, Staats- u. Polizeianwalte, Vertheidiger, Geschworene :c. gr. 8. Hamm 850. Grote. — 27.

Esser II jun., Rob., das Gewerkschaftsrecht des allgem. Berggesetzes f. d. preuß. Staaten vom 24. Juni 1865 u. seine Bedeutung f. d. bestehenden Gewerkschaften u. Bergwerks-Vereine. 8. Cöln 865. Frühbuss. — 12.

Eßhaver, Jd., Grundlehre der Geseze des Staates. Methodisch neu begründet. 1. Bd. gr. 8. Tübingen 865. Laupp. n. 1. 8.

Euler, Karl, Handbuch d. Notariats in Preußen, nebst d. freiwill. Gerichtsbarkeit d. Gerichte u. mit Rücksicht auf das übrige Deutschland, Frankreich u. andere Länder. 1. Buch. [I.] Allgemeiner Theil. gr. 8. Düsseldorf 858. Schaub. n. 2. —

Evelt, Jos., das preußische Civilrecht f. d. Studium u. die Praxis systemat. dargestellt. (854.) — 2. verb. Aufl. gr. 8. Paderborn 860. Schöningh. n. 2. —

— die Gerichtsverfassung u. der Civil-Prozeß in Preußen nach ihren Entwickelungs-Perioden bis auf d. jüngste Zeit. Nachtrag enth.: Die Prozeß-Novellen seit 1852 u. insbes. die Concurs-Ordnung vom 8. Mai 1855. gr. 8. Arnsberg 855. Ritter. — 12½.

— das eheliche Güter-Recht in d. Provinz Westfalen u. d. Kreisen Rees, Essen u. Duisburg, nach d. Geseze v. 16. April 1860. gr. 8. Paderborn 861. Schöningh. n. — 20.

— systemat. Darstellung d. Bormundschafts- u. Hypotheken-Rechts sowie d. gerichtl. Depositäl- u. Salarien-Kassen-Verwaltung u. d. Erbschaftsstempel-Wesens in Preußen. Arnsberg 859. Ritter. 2. 5.

Examinatorium über römische u. außerrömische Rechtsdisciplinen zur Vorbereitung f. d. jurist. Examina. gr. 8. Leipzig 860. J. A. Barth. — 22½.

Excurse zu d. Entwurfe d. künftigen Berggesetzes f. d. Kgr. Sachsen, von d. Standpunkte der Kritik. gr. 8. Dresden 849. Korn. (Zeh.) n. — 10.

Expropriations-Gesez f. d. Herzogth. Schleswig-Holstein 8. Neustadt 864. (Kiel, Akadem. Buchh.). n. — 6.

Faber, Adf., Darstellung d. gerichtl. Organisation u. Kompetenz in Rhein-Preußen nebst d. Grundzügen d. öffentlichen u. mündlichen Strafverfahrens baselbst. gr. 8. Wien 848. Gerold. n. — 15.

Faber, Ed., u. A. Schloßberger, die Vorarbeiten zum Württemberg. Land-Rechte vom 1. Juni 1610 im Auftr. d. kgl. Württ. Justiz-Ministeriums aus Archival-Urkunden herausg. gr. 8. Stuttgart 859. J. Weise. n. 3. —

Fachtmann, Th., Gebundenheit oder freie Veräußerlichkeit d. bäuerlichen Grundeigenthums im Kgr. Hannover. gr. 8. Stade 864. Pockwiz. n. — 15.

— kirchenrechtliche Mittheilungen über d. Fürstenth. Osnabrück mit besond. Rücksicht. d. Parochiallasten. Anhang: Osnabrück. Kirchenordnung von 1670. gr. 8. Osnabrück 852. Meinders. — 12½.

— das außergerichtliche Sühneverfahren in Norddeutschland durch Friedensrichter, Schieds- u. Vertrauensmänner. gr. 8. Osnabrück 849. Rackhorst. — 7½.

Falck, N., juristische Encyklopädie, auch zum Gebrauche bei akadem. Vorlesungen. Nach d. Verf. Tode herausg. von N. Ihering. (1—4. Aufl. 825—39.) — 5. verb. Ausg. gr. 8. Leipzig 851. Verlags-Magazin. 1. 20.

— Gutachten über die Staatserbfolge im Herzogth. Schleswig. gr. 8. Kiel 864. Schwers. — 18.

Falke, J. E. L., Compendium d. Veterinär-Jurisprudenz. Als Leitfaden bei Vorlesungen u. zum Handgebrauche f. Regierungs- u. richterliche Beamte, Advocaten u. Gerichtsthierärzte. gr. 8. Braunschweig 850. Vieweg. n. — 25.

Fallenstein, Fr., zur Vertheidigung d. Prof. G. G. Gervinus wider die gegen ihn erhobene Anklage. Frankfurt a. M. 853. Brönner. (Winter.) n. — 8.

Faltin, A., über den Anzeigebeweis in Livland nach d. Theorie u. Praxis. gr. 8. Riga 857. (Dresden,) v. Böttcher. — 15.

Faselius, A., Straf-Gesez-Buch für d. Großherzogth. S.-Weimar-Eisenach, die Herzogth. S.-Meiningen, S.-Coburg-Gotha rc. Vergleichende Ausgabe mit Sachregister. gr. 8. Erfurt 867. Bartholomäus. n. — 25.

Faselius, W. H. A., Berechnungen d. Ablösungs-Kapitalien für ständige grundherrliche Geld- u. Natural-Gefälle, ingl. f. hohe u. niedere Lehnwaare. Zum Gebrauch als unentbehrl. Hülfsmittel bei vorkomm. Ablösungs-Verhandlungen rc. im Großherzogth. S.-Weimar-Eisenach. 4. Weimar 848. (Böhlau.) n. 1. 10.

Fassel, Hirsch B., das mosaisch-rabbinische Civilrecht, bearb. nach Anordnung u. Eintheilung d. neueren Gesetzbücher, u. erläutert mit Angabe der Quellen. 2 Bde. Mit e. Anh., enth. das Sklavengesetz. gr. 8. Gr. Kanischa 852—54. (Wien, Gerold.) n. 4. 20.

— das mosaisch-rabbinische Gerichts-Verfahren in civilrechtlichen Sachen, bearb. nach Anordnung u. Eintheilung d. Gerichtsordnungen d Neuzeit, u. erläutert mit Angabe der Quellen. gr. 8. Ebend. 859. n. 2. 10.

Fecht, H. A., das Concurs-Verfahren in Württemberg. Bearb. in Zusätzen zu v. Bayer's Theorie d. Concursprocesses nach gemeinem Rechte. gr. 8. Stuttgart 860. Riχschte. n. — 28.

— die ehegerichtlichen Geschäfte d. gemeinschaftl. Oberamtsgerichte u. Unterämter in Württemberg, mit umfass. Sachregister. gr. 8. Ebend. 859. — 10.

— das Executions-Verfahren in Württemberg. Eine umfass. Anleitung zur Behandlung d. Schuldklagewesens u. zu Vollziehung rechtskräft. Erkenntnisse nach d. bestehenden Gesetzen ec., mit e. Anh., enth. das Executions-Gesetz vom 15. April 1825, d. Gesetz vom 13. Nov. 1855 u. d. Justiz-Ministerial-Verfügung vom 22. Decbr. 1855. Mit ausführl. alphabet. Sachregister. gr. 8. Stuttgart 856. Metzler. n. — 20.

— die Gesetze vom 26. Dezbr. 1861 betr. I. die Gewährleistung bei einigen Arten von Hausthieren; II. das abgekürzte Verfahren bei Streitigkeiten über Gewährleistung für die Mängel gewisser Arten von Hausthieren. gr. 8. Stuttgart 862. Riχschte. — 10.

— das allgem. deutsche Handelsgesetzbuch [mit Ausschluß des b. Buchs vom Seehandel] u. die Gesetze betr. 1. die Einführung des Handelsgesetzbuchs in Württemberg, 2. die Errichtung von Handelsgerichten u. das Verfahren vor denselben in Württemberg ec. Mit e. Anh. enth. die Einführungsgesetze von Preußen, Bayern, Sachsen ec. u. e. umfass. alphabet. Sachregister. gr. 8. Ebend. 865. n. 1. 21.

— Gesetz vom 23. Juni 1853 betr. die Beseitigung d. bei Liegenschafts-Beräußerungen u. insbef. bei b. Zerstückung von Bauerngütern vorkomm. Mißbräuche, mit umfass. Erläuterungen u. Formularien, sowie e. Anweisung zum Verfahren b. Gemeinderäthe bei Ertheilung d. gerichtl. Erkenntnisses über Kauf- u. Tauschverträge von Liegenschaften. Mit alphabet. Sachregister. 3. verb. Aufl. 8. Stuttgart 858. Metzler. n. — 9.

Feber, Heinr. v., Einzelrichter oder Collegialgerichte erster Instanz? Erfahrungen über d. prakt. Werth d. neueren badischen Prozeßgebung u. Rechtsorganisation. gr. 8. Lahr 861. Geiger. n. — 15.

— Grundzüge e. volksthümlich deutschen Gerichtsverfassung. Ein Beitrag zur Kritik d. neueren Gerichtsverfassungs-Gesetze u. Entwürfe. gr. 8. Offenburg 862. Braun. — 21.

— das Staatsverbrechen des Hochverrathes nach Rechtsbegriffen d. Vorzeit u. d. Gegenwart. Ein Handbuch f. d. deutschen Bürger u. Rechtsgelehrten, insbes. auch für Geschworene. 16. Stuttgart 850. Scheible. — 16.

— die politische Reform in Baden. gr. 8. Mannheim 865. Schneider. n. — 14.

Feil, Jgn., die Bestimmungen d. Jurisdictionsnorm kundgemacht mit kaif. Patente vom 18. Juni 1850; alphabetisch zusammengestellt. Mit tabellar. Uebersichten von C. W. 8. Olmütz 850. Hölzel. — 12.

Fein, Ed., Beiträge zu d. Lehre von der Novation u. Delegation. Ein Rechtsgutachten. gr. 8. Jena 850. Schreiber. — 10.

— das Recht der Codicille, s. Glück's Erläuter. d. Pandecten.

Feldpolizei-Ordnung vom 1. Novbr. 1847, mit b. Abänderungen vom 13. April 1856, der Ministerial-Instruction vom 1. Juli 1856 u. b. landrechtlichen Bestimmungen über Pfändungen, Jagd-Polizeigesetz vom 7. März 1850. 16. Brandenburg 861. Müller. — 5.

— die, f. alle kgl. preuß. Landestheile, in denen b. allgem. Landrecht Gesetzeskraft hat, mit Ausschluß d. Kreise Rees u. Duisburg vom 1. Novbr. 1847 nebst b. dieselbe erläut. u. ergänz. Bestimmungen ec., bearb. f. Polizeibeamte, Einzelrichter u. Landwirthe von e. prakt. Polizeibeamten. 8. Herzberg 851. Mohr. (Wittenberg, Herrosé.) — 5.

Fendler, S. A., Commentar zu d. Verordnung vom 26. Septbr. 1842 betr. die Behandlung d. Erbschaftsstempelwesens, enth. die gedachte Verordnung sowie die in derselben in Vollzug genomm. u. später ergang. Gesetze u. Ministerial-Rescripte nebst Tabellen über d. Berechnung d. Erbschaftsstempels. 8. Berlin 857. C. Heymann. n. — 10.

Ferrus, M. G., über Gefangene, Gefangenschaft u. Gefängnisse. Ins Deutsche übertr. von C. Klein. Ratibor 853. (Breslau, Jacobsohn.) n. 2. —

Fertig, Sammlung von Ministerialentschließungen, f. Sammlung.

Fertsch, J. Fr., Handbuch d. besonderen Kirchenrechts d. evangel. Kirche im Großherzogth. Hessen. Nach d. Tode d. Verf. herausg. von dessen Sohne J. Fr. Fertsch. gr. 8. Friedberg 853. Scriba. n. 1. 15.

Feßler, Jos., der kanonische Proceß nach seinen positiven Grundlagen u. seiner ältsten histor. Entwickelung in d. vorjustinianischen Periode dargestellt. gr. 8. Wien 860. Gerold. n. 1, 6.

Feuerbach, Ans. v., aktenmäß. Darstellung merkwürd. Verbrechen. 3. Aufl. Mit e. Einleit. von C. J. A. Mittermaier. gr. 8. Frankfurt a. M. 849. Heyer. n. 2. —

Feuerbach's, Frdr., allgem. deutscher Haus-Advokat. Ein vollständ. Secretär u. Formularbuch f. Private u. Beamte, um Rechts- u. andere Geschäfte in allen deutschen Ländern selbst u. rechtsgültig zu besorgen, sei es mit Privatpersonen oder im Verkehr mit Staats-, Amts-, Gerichts- ec. Behörden, mit e. großen Anzahl von Muster-Aufsätzen nach d. gesetzl. Vorschriften u. Gerichtsverhältnissen d. verschied. Länder ec. 4. Aufl. 12. Ulm 859. Ebner. 1. —

Fey, Carl, die antike u. moderne Civil-Justiz. Eine histor.-dogmat.-legislative Abhandlung mit besond. Beziehung auf die Gesetzgebungen Oesterreichs, Preußens u. Frankreichs. [Civilrecht u. Proceß.] gr. 8. Würzburg 859. Stahel. n. — 24.

Ficker, Jul., zur Genealogie d. Handschriften des Schwabenspiegels. gr. 8. Wien 862. (Gerold.) — 5.

— vom Heerschild. Ein Beitrag zur deutschen Staats- u. Rechtsgeschichte. gr. 8. Innsbruck 862. Wagner. n. 1. 15.

— über die Entstehungszeit des Sachsenspiegels u. die Ableitung d. Schwabenspiegels aus d. Deutschenspiegel. Ein Beitrag zur Geschichte d. deutschen Rechtsquellen. gr. 8. Ebend. 859. n. — 24.

— über einen Spiegel deutscher Leute u. dessen Stellung zum Sachsen- u. Schwabenspiegel. Ein Beitrag zur Geschichte d. deutschen Rechtsquellen. gr. 8. Wien 857. (Gerold.) n. 1. 2.

— der Spiegel deutscher Leute. Textabdruck d. Innsbrucker Handschrift. gr. 8. Innsbruck 859. Wagner. n. 1. 15.

Filangieri, Gaet., über d. Anklageprozeß u. d. Geschwornengericht. gr. 8. Berlin 849. C. Heymann. — 2½

— Ansichten über Familien-Fideikommisse u. Lehen. 8. Insterburg 852. Wilhelmi. (Hopf.) — 5.

Finger, Jos., die Beurtheilung d. Körperverletzungen bei d. öffentlichen u. mündlichen Strafverfahren. Zum Gebrauch f. Aerzte u. Richter. gr. 8. Wien 852. Braumüller. n. 1. 20.

Fischer, Ferd., Hilfsbuch für bäuerliche Besitzer, Gutsherren, Schiedsrichter u. Beamte d. Auseinandersetzungs-Behörden oder das Ablösungs-Gesetz vom 2. März 1850, ergänzt aus d. Motiven d. Regierung, den Berichten d. Commissionen beider Kammern ec. gr. 8. Berlin 850. C. Heymann. — 15.

— Hilfsbuch für Bürgermeister, Gemeindevorstände, Gemeinderäthe ec., oder die Gemeindeordnung vom 11. März 1850, ergänzt aus d. Motiven d. Regierung, den Berichten d. Kommissionen beider Kammern, den Verhandlungen derselben, der Instruktion d. Ministeriums u. d. frühern Gesetzen. gr. 8. Breslau 850. Korn. n. — 12.

— Preußens kaufmännisches Recht. Lehrbuch u. Commentar, zugleich nach gemeinem, hamburger, österreich., ungar., französ., holländ., portugies., neapolitan., span. u. russ. Handelsrechte, f. Kaufleute u. Juristen. gr. 8. Ebend. 856. n. 2. 20.

Fischer, Frz., Naturrecht u. natürliche Staatslehre. gr. 8. Giessen 848. Jerber. (Roth.)   n. 1. 15.

Fischer, Gust., über die Errichtung staatswissenschaftlicher Seminarien auf d. deutschen Universitäten nebst e. Bericht über d. staatswissenschaftl. Seminar zu Jena. 8. Jena 851. Maufe.   n. — 20.

Fischer, G. Fr., über Gefängnisse, Strafarten, Strafsysteme u. Strafanstalten. gr. 8. Regensburg 852. Manz.   — 27½.

Fischer, L. W., u. C. J. Bucholz, Erläuterungen zum Entwurf eines Staatsgrundgesetzes f. d. Großherzogth. Oldenburg. gr. 8. Oldenburg 848. Stalling.   — 10.

Fischer, P. C. G., der preußische Geschworene, enth. d. Gesetz vom 3. Jan. 1849, nebst vollständ. Erläut. u. e. geschichtl. Einleitung. Ein unentbehrl. Hülfsbuch f. jeden Geschwornen in Preußen. gr. 8. Berlin 850. Wepl u. Co.   — 5.

Fischer, Rob., Katechismus d. deutschen Handelsrechts nach d. allgem. deutschen Handelsgesetzbuche u. unter Benutz. der Einführungsgesetze d. einzelnen deutschen Bundesstaaten. 8. Leipzig 863. Weber.   — 12½.

— Corpus juris für Kaufleute. Die kaufmänn. Rechtskunde mit vorzügl. Berücksicht. d. deutschen Wechselrechts. Deutsches Handels- u. Wechselrecht mit besond. Beziehung auf die speciellen handelsrechtlichen Bestimmungen Oesterreichs, Preußens c. Prakt. Hülfsbuch f. angehende Juristen, Beamte, Kaufleute c. Nebst e. Anh., enth.: Die deutsche Wechselordnung c. 8. Leipzig 861. Spamer.   1. 10.

— die Praxis im deutschen Wechsel-Verkehr. Das Wechselrecht unter Zugrundelegung d. allgem. deutschen Wechsel-Ordnung u. sämmtl. bezügl. Einführungsgesetze b. einzelnen deutschen Bundesstaaten, sowie mit Rücksicht auf d. bekanntesten richterlichen Entscheidungen. Mit Beigaben, enth.: die allgem. deutsche Wechsel-Ordnung, verschied. Wechselformulare nebst e. Sachregister. (Abdr. a. d. Verf. kaufmänn. Rechtskunde.) Ebend. 861.   — 15.

Fischer, Vinc., zwei Rechtsgutachten der Juristenfakultäten von Zürich u. München über d. strafrechtliche Verfolgung d. gesetzgebenden Grafen Rathes d. Kantons Luzern, nebst Beilagen. Ein Beitrag zur Geschichte d. Staatsrechtspflege im Kanton Luzern. gr 8. Schaffhausen 850. Hurter.   — 22½.

Fischer-Benzon, M. A. v., das Land- u. Marschrecht. 1. u. 2. Abth.: Die Intestaterbfolge. gr. 8. Kiel 866. (Glückstadt, Fabricius.)   n. 1. 18.

Fischer-Cllinger's Lehrbuch d. österreich. Handelsrechts. (1—3. Aufl. 848—58.) — 4. verm. Aufl. bearb. von Herm. Blabig. gr. 8. Wien 860. Braumüller. n. 2.—

Fitting, Herm. Heinr., über das Alter d. Schriften röm. Juristen von Hadrian bis Alexander. 4. Basel 860. (Amberger.)   n. — 18.

— die Natur d. Correalobligationen. Eine civilist. Abhandlung. gr. 8. Erlangen 859. Deichert.   n. 1. 10.

— Grundriß zu Vorlesungen über römischen Civilproceß. gr. 8. Halle 863. Pfeffer.   — 4.

— Grundriß zu Vorlesungen über Institutionen. gr. 8. Ebend. 863.   — 10.

— über d. Begriff von Haupt- u. Gegenbeweis u. verwandte Fragen. Eine Abhandlung. gr. 8. Erlangen 853. Deichert.   n. — 10.

— über d. Begriff der Rückziehung. Eine civilist. Abhandlung. gr. 8. Ebend. 856.   n. — 16.

Fleck, Ed., die Verordnungen über d. Ehrengerichte im preuß. Heere u. über die Bestrafung d. Offiziere wegen Zweikampfs. (847.) — 2. neu bearb. Aufl. 8. Berlin 858. v. Decker.   — 22½.

— Erläuterungen zu d. Kriegsartikeln f. d. preuß. Heer. Nebst d. Verordnungen über d. Disciplinar-Bestrafung im Heere u. in d. Kriegs-Marine. (839.) — 2. Aufl. gr. 8. Berlin 850. Förster. (Leipzig, Felix.)   n. — 22½.

— Kommentar über das Strafgesetzbuch f. d. preuß. Heer. 2 Thle. (854, 56.) — Neue Ausg. gr. 8. Berlin 863, 64. v. Decker.   3. 7½.

Inhalt: 1. Thl.: Militär-Strafgesetze. 1 Thlr. 15 Ngr. — 2. Thl.: Strafgerichts-Ordnung. 1 Thlr. 22½ Ngr.

Fleck, Ed.; preuß. Militair-Gesetz-Sammlung, s. Militair-Gesetz-Sammlung.

Flembach, Jos. Ant. Frbr. v., das Kronrecht der Gnade in d. Strafrechtspflege Bayerns u. d. constitutionellen Monarchie überhaupt, nebst e. dasselbe u. d. Autonomie des Monarchen in d. militär. Strafgesetzgebung Bayerns berührendem Anhange. gr. 8. Nürnberg 853. W. Schmid. — 15.

— grundzügliche Beiträge zur Umbildung d. militär. Strafprozesses in Bayern. gr. 8. Ebend. 853. — 15.

Fliegel, J. W., das preußische Bagatell- u. Injurien-Prozeß-Verfahren nach Gesetzgebung, Wissenschaft u. Rechtsanwendung. gr. 8. Berlin 854. C. Heymann. n. 1. 20.

Floerke, Gust., Randnotizen zu v. Schröter's Bemerkgn. über die beabsichtigte neue Ordnung d. Rechtspflege in Mecklenburg. gr. 8. Schwerin 850. Stiller. n. — 10.

Flottwell, Th. v., Armenrecht u. Armenpolizei. Zur Verständigung über die Elementarbegriffe d. preußischen Armengesetzgebung. Aus d. täglichen Praxis. gr. 8. Leipzig 866. Wagner. n. 1. 20.

— die Grundsätze d. ersten Senats d. kgl. Ober-Tribunals über Freizügigkeit u. öffentl. Armenpflege, insbes. für Dienstboten ꝛc. Von d. Standpunkte d. preuß. Verwaltungs-Behörden aus beleuchtet. gr. 8. Berlin 861. Guttentag. — 7½.

Flügel, G., die Classen der Hanefitischen Rechtsgelehrten. gr. 8. Leipzig 860. Hirzel. n. — 24.

Fontaine von Felsenbrunn, Karl, prakt. Anleitung zur Vollziehung der a. d. Gebühren-Gesetze vom 9. Febr. u. 2. Aug. 1850 u. Sammlung d. zu diesen Gesetzen nachträglich erflossenen Verordnungen u. Erläuterungen. (1—3. Aufl. 851—53.) — 4. umgearb. Aufl. gr. 8. Wien 857. Gerold. n. 2. 20.

— — Fortsetzungs- u. Supplement-Band. gr. 8. Prag 856. Credner. n. 1. 20.

Forberg, S., das Strafverfahren in Preußen. Eine systemat. Zusammenstellung aller über d. gerichtliche u. außergerichtliche Strafverfahren in Preußen ergang. zur Zeit geltender gesetzl. Vorschriften mit erläut. Anmkgn. gr. 8. Berlin 857. v. Decker. 1. 22½.

Forchhammer, P. W., Bundesstaat u. Einheitsstaat. gr. 8. Kiel 868. Academ. Buchhdlg. — 6.

Formacher auf Lilienberg, Frdr. v., u. Aug. Dimitz, Handbuch d. Gebühren-Gesetze vom 9. Febr. 1850. Eingerichtet f. d. Gebrauch sowohl d. Finanz- u Justiz-Beamten, Advocaten u. Notare, als auch d. Privaten. gr. 8. Laibach 860. v. Kleinmayr u. B. n. 2. 10.

Formularbuch zu Notariatshandlungen u. Urkunden d. bayerischen Staatsbürger u. Notare. 8. München 863. Franz. 1. 18.

Formulare zur Erläuterung d. wichtigsten das neue Strafverfahren betr. Vorschriften. 2 Hefte. gr. 8. Dresden 856. Meinhold. — 12.

Formularien civilgerichtl. Protokolle u. Ausfertigungen. Umfassend d. Civilproceß-, Concurs- u. Wechselordnung u. d. Verfahren in Wechselsachen. Veröffentlicht von d. k. k. Oberlandesgericht zu Eperies. (853.) — 2. verb. Aufl. gr. 8. Wien 856. Manz. 2. —

— zur Strafprozeß-Ordnung vom 29. Juli 1853 u. zu d. Instruction über d. innere Amtswirksamkeit u. d. Geschäftsordnung d. Gerichtsbehörden in strafgerichtlichen Angelegenheiten vom 16. Juni 1854. Veröffentlicht von d. k. k. Oberlandesgericht zu Eperies. 1. u. 2. verb. Aufl. gr. 8. Ebend. 856. — 21.

Formularienbuch f. Advocaten u. Notare d. österreich. Monarchie. Enth. die üblichsten Eingaben u. Vorträge zum bürgerlichen Gesetzbuche, zur Gerichts- u. Concurs-, sowie zur Wechselordnung. Ebend. 857. 2. —

Foerstemann, Lbbr., Beitrag zum Verständniß d. in Preußen schwebenden Grundsteuerfrage besonders vom Standpunkt des Rechts. gr. 8. Berlin 860. Wagner. — 6.

Förster, F., allgem. Hypothekenordnung f. d. gesammten königl. Staaten vom 25. Decbr. 1783, nebst den dieselbe ergänz. Gesetzen u. Verordnungen, herausg mit erläut. Anmkgn., unter Berücksicht. d. ergangenen Ministerial-Instructionen, Rescripte u. d. Präjudikate. (855.) — 2. Aufl. Berlin 861. v. Decker. 2. —

Förster, J., Klage u. Einrede nach preuß. Recht. Ihre Natur im Allgemeinen u. die Bedingungen ihres Gebrauchs mit Rücksicht auf die einzelnen Rechtsverhältnisse. gr. 8. Breslau 857. Max u. Co.   2. —

— Theorie u. Praxis d. heutigen gemeinen preußischen Privatrechts auf d. Grundlage d. gemeinen deutschen Rechts. 2 Bde. gr. 8. Berlin 865, 66. S. Reimer.   5. 20.

Forstgesetz, das, f. d. Kgr. Bayern, nebst sämmtl. hierzu gegebenen Vollzugsvorschriften, sowie den hierzu bis auf die Gegenwart erschienenen Ministerialerlassen ꝛc. Mit e. ausführl. Sachregister. (853.) — 2., mit sämmtl. Normativ-Entschließungen bearb. Aufl. gr. 8. Würzburg 862. Kellner.   — 15.

— das, vom 28. März 1852. Mit e. ausführl. Sachregister. Handausgabe. 8. Nördlingen 852. Beck.   — 5.

— — nebst d. allgem. Vollzugs-Vorschriften u. d. besonderen in Ansehung d. Gemeinde-, Stiftungs- u. Körperschafts-Waldungen. Mit e. umfass. Repertorium. (852.) — 2. Aufl. gr. 8. München 857. J. A. Finsterlin.   n. — 15.

— das, vom 3. Dezbr. 1852 u. Verordnung d. Ministeriums d. Innern vom 15. Dezbr. 1852, die Ausübung des Jagdrechtes betr. 8. Innsbruck 853. Wagner.   — 4.

Fragen, bundesrechtliche, actenmäßig dargestellt. gr. 8. Braunschweig 851. Schwetschke u. S.   1. 24.

Fragmenta juris antejustiniani quae dicuntur Vaticana. Post Ang. Maium et Aug. Bethmann-Hollweg recogn. Th. Mommsen. Adjectum est Cod. Vatic. specimen. 12. Bonn 861. Marcus.   n. — 20.

Franck, C. Herm. Heinr., de bodmeria secundum jus per se nec non secundum jus germanicum, hanseaticum, borussicum, danicum etc. gr. 8. Lübeck 862. Dittmer.   n. 2. —

Franck, E., über die Bildung d. Beschlüsse d. engeren Raths u. d. Plenums d. deutschen Bundesversammlung durch Stimmenmehrheit u. Stimmeneinheit. Ein bundesrechtlicher Versuch. gr. 8. Mainz 857. Wirth u. Co.   1. —

Francke, B., Entwurf e. allgemeinen deutschen Gesetzes über Schuldverhältnisse, bearb. von den durch die Regierungen von Oesterreich, Bayern, Sachsen ꝛc. hierzu abgeordneten Commissaren u. im Auftrage der Commission herausg. gr. 8. Dresden 866. Höckner.   n. 1. —

Francke, B., exeget.-dogmat. Commentar über den Pandectentitel de hereditatis petitione. gr. 8. Göttingen 864. Dieterich.   n. 2. —

Frandsen, P. S., die Staatserbfolge in d. vormals Schaumburgischen Antheil von Holstein, erörtert. gr. 8. Hamburg 850. Mauke.   n. — 18.

Frank, G., über das Recht der Nachfolge in Meiergüter d. Fürstenth. Lüneburg u. d. Grafschaft Hoya. gr. 8. Hannover 862. Rümpler.   n. — 10.

Frankel, Z., Grundlinien d. mosaisch-talmudischen Eherechts. 8. Leipzig 860. Hunger.   — 15.

— der Judeneid vor d. preussischen Kammern. 8. Breslau 861. Schletter.   — 3.

Franklin, Otto, de justitiariis curiae imperialis. gr. 8. Breslau 860. Korn.   n. — 20.

— Beiträge zur Geschichte d. Reception d. römischen Rechts in Deutschland. gr. 8. Hannover 863. Rümpler.   n. 1. —

— das Reichshofgericht im Mittelalter. Geschichte. — Verfassung. — Verfahren. — Rechtsprechung. 1. Bd. Geschichte. gr. 8. Weimar 867. Böhlau.   n. 2. —

— Magdeburger Weisthümer für Breslau. Ein Beitrag zur Geschichte d. deutschen, insbes. d. Magdeburger Rechts. gr. 8. Breslau 856. Korn. n. — 10.

Franz, Abf., das preuß. Armenwesen nach d. Gesetzen, Verordnungen, Ministerial-Verfügungen ꝛc. für Gemeinde-Vorstände, Beamte ꝛc. dargestellt u. erläutert. Magdeburg 855. Fabricius.   n. — 15.

— der preuß. Civil-Prozeß nach d. Gesetzen, Verordnungen, Ministerialverfügungen ꝛc. dargestellt u. erläutert. gr. 8. Ebend. 857.   3. —

Franz, Abf., Holzdiebstahl u. Holzberechtigung, nach d. gesetzl. Bestimmungen. gr. 8. Quedlinburg 853. Basse. — 10.
— zum Entwurf e. Proceß-Ordnung in bürgerlichen Rechtsstreitigkeiten f. d. preuß. Staat. Bescheidene Randglossen über Schiedsgerichte, Advocatenzwang ꝛc. Ebend. 865. — 10.
— das preußische Stempelwesen nach d. neuesten Stande d. Gesetzgebung. Ein Handb. u. Hülfsbuch für Staatsbürger jedes Standes u. Berufes. Mit alphabet. Sachregister. gr. 8. Ebend. 866. — 10.
— der preuß. Strafprozeß nach d. positiven Gesetzen u. legislator. Quellen, unter Anführung sämmtl. ergänz. Gesetze, Verordnungen, Ministerialverfügungen u. Entscheidungen d. kgl. Ober-Tribunals u. mit besond. Berücksicht. d. Archivs f. preuß. Strafrecht dargestellt u. erläutert. (852.) — 2. verm. Aufl. gr. 8. Ebend. 855. 2. 15;
Supplementheft zur 1. Aufl. apart. — 10.

Freiesleben, Frdr., Handbuch d. Berggesetzgebung f. d. Kgr. Sachsen. gr. 8. Leipzig 852. Serig. n. 1. 10.

Frensdorff, Ferd., die Stadt- u. Gerichtsverfassung Lübecks im 12. u. 13. Jahrh. gr. 8. Lübeck 868. v. Rohden. n. 1. —

Frenzel, Ant., de indissolubilitate matrimonii commentarius. gr. 8. Paderborn 863. Schöningh. — 21.

Freubel, A. H., Anleitung zur Kenntniß d. wesentlichsten Bestimmungen f. d. administrativen Wirkungskreis d. Landgerichte, Distriktspolizeibehörden, Landkommissariate, Magistrate ꝛc. in Bayern. 3. Nachtrag 1847—1850. gr. 8. Bamberg 851. Buchner. n. 1. —
Das Hauptwerk u. 1. u. 2. Nachtrag. Ebend. 843—47. n. 2 Thlr. 20 Ngr.

Freund, Leonh., Lug u. Trug. Vom Standpunkte d. Strafrechts u. d. Geschichte dargestellt. gr. 8. Berlin, v. Decker.
1. Bd.: Lug u. Trug unter d. Germanen. Von d. ältesten Zeiten bis zum Erlöschen d. Herrschaft d. Karolinger. 863. 1. 7½.
— über das Recht auf Wahrheit. Ein Versuch. Ebend. 862. — 15.

Frey, A. W. M., prakt. Erläuterung d. Ablösungsgesetzes vom 2. März 1851 zum Gebrauch f. d. Partheien, Schiedsrichter u. Spezial-Kommissarien, nebst e. Anh.: über drei wichtige Kontroversen des Gesetzes. gr. 8. Breslau 851. Gosoharsky. n. — 25.
— die Befugnisse d. Bergverwaltungsbehörden zur Reservation gewisser Districte f. d. fiskalischen Bergbau u. die Rechtsgültigkeit der in Schlesien bereits stattgefundenen Reservationen nach d. preuß. Berggesetzgebung u. d. schlesischen Bergordnung insbesondere, mit Bezug auf d. Plenarbeschluß d. kgl. Ober-Tribunals vom 3. Oktbr. 1849. gr. 8. Ebend. 853. n. — 12¼.

Frey, Ludw., Frankreichs Civil- u. Criminalverfassung, mit Beziehungen auf England, nebst e. Darstellung d. in Teutschland erschienenen vollständig in sich abgeschlossenen Gerichtsverfassungen. — 2. völlig umgearb. Aufl. gr. 8. Erlangen 851. Ente. n. 1. 26.
— die Staatsanwaltschaft in Teutschland u. Frankreich. gr. 8. Ebend. 851. n. 1. 2.

Freydorf, R. v., Prozeß-Ordnung in bürgerlichen Rechtsstreitigkeiten für d. Großherzogth. Baden vom 18. März 1864 mit Erläuterungen. 1—3. Lfg. gr. 8. Heidelberg 865, 66. Emmerling. à Lfg. n. — 18.

Friccius, Carl, Entwurf e. deutschen Kriegsrechts, erläutert durch e. Geschichte d. deutschen Kriegsrechts u. e. Rechtfertigungsbericht. 2. (Abth.): Geschichte d. deutschen, insbes. d. preuß. Kriegsrechts. gr. 8. Berlin 848. Nicolai'sche Verlhdlg. n. 1. 7½.
1. Abth.: Entwurf. Ebend. 848. n. 10 Ngr.
— preuß. Militair-Gesetzsammlung, f. Militair-Gesetzsammlung.

Fricker, K. V., vom Staatsgebiet. 4. Tübingen 867. Fues. n. — 9.
— die Verfassungs-Urkunde f. d. Kgr. Württemberg vom 25. Septbr. 1819 mit d. offiziellen Auslegungs-Material. gr. 8. Tübingen 865. Laupp. n. 3. 15.

Friedberg, Emil, Ehe u. Eheschließung im deutschen Mittelalter. Eheschließung u. Ehescheidung in England u. Schottland. Zwei Vorträge. 8. Berlin 864. Mittler u. S. — 12

Friedberg, Emil, de finium inter ecclesiam et civitatem regundorum judicio quid medii aevi doctores et leges statuerint. gr. 8. Leipzig 861. B. Tauchnitz. n. 1. 10.

— das Recht der Eheschliessung in seiner geschichtlichen Entwicklung. gr. 8. Ebend. 865. 4. 15.

Friedensburg, Ferd., die Lehre von d. rechtlichen Folgen d. ausserehelichen Schwängerung u. von den aus solchen erzeugten Kindern. Zum Gebrauch f. Juristen u. gebildete Laien systemat. zusammengestellt. 8. Berlin 854. C. Heymann. — 7½.

— das Subhastations- u. Kaufgelder-Belegungs-Verfahren. Mit Rücksicht auf b. Vorschriften d. Concurs-Ordnung vom 8. Mai 1855 f. d. prakt. Gebrauch u. b. Studium dargestellt. Nebst e. Anh., enth. d. Verfügungen in Subhastations-Sachen, sowie einige Formulare von Bietungs- u. Kaufgelder-Belegungs-Verhandlungen. gr. 8. Breslau 855. Aderholz. — 18.

Friedenthal, C. R., de rerum litigiosarum alienatione ex jure romano. Berlin 849. Schneider u. Co. n. — 15.

Friedländer, May, der einheimische u. ausländ. Rechtsschutz gegen Nachdruck u. Nachbildung. Rechtswissenschaftliche u. für b. prakt. Gebrauch bestimmte Darstellung d. heutigen Gesetzgebung u. d. internationalen Rechts zum Schutz schriftstellerischer u. künstlerischer Erzeugnisse. gr. 8. Leipzig 857. Brockhaus. n. 1. 10.

Friedlieb, Ernst, juristische Encyclopädie. gr. 8. Kiel 853. Akademische Buchh. n. 1. 15.

— Abhandlungen hauptsächlich aus d. Schleswigschen Privatrecht. gr. 8. Ebend. 864. n. — 15.

— die Rechtstheorie der Reallasten. gr. 8. Jena 860. Maule. 1. 15.

Friedreich, A., Bemerkungen über die Rechtsmittel im französ. Strafverfahren, mit besond. Rücksicht auf d. bayerische Gesetz vom 10. Novbr. 1848. gr. 8. Aschaffenburg 851. Krebs. — 5.

Friedreich, J. B., Compendium d. gerichtlichen Anthropologie. Für Gerichtsärzte, Richter u. Vertheidiger. (848.) — 2. verm. Aufl. gr. 8. Regensburg 853. Manz. 2. —

— anthropologisch-psychologische Bemerkungen über d. bayerischen Entwurf d. Gesetzbuches über Verbrechen u. Vergehen vom J. 1854 u. dessen Motive. gr. 8. Nürnberg 855. Korn. — 18.

— System d. gerichtlichen Psychologie für Gerichtsärzte, Richter u. Vertheidiger. (842.) — 3. umgearb. Aufl. gr. 8. Regensburg 852. Manz. 3. 20.

— C. Barth u. W. L. Demme, die Grundbegriffe d. Criminalrechts u. seine leitenden Grundsätze, mit Rücksichtnahme auf d. deutschen Gesetzgebungen. Für Aerzte, Juristen u. Geschworene. gr. 8. Nürnberg 861. Korn. n. 2. 12.

Friedrich II., König von Preußen, Morgenstudien über die Regierungskunst, geschrieben f. seinen Neffen. Orig.-Text mit gegenüberstehender Uebersetzung. gr. 8. Freiburg 863. Herder. — 12.

— Versuch über die Regierungsformen u. über die Pflichten der Regenten, übers. von J. G. Ewen. gr. 8. Emden 863. (Haynel.) — 5.

Friedrich, Aug., de inculpatae tutelae communi jure germanico postulatis. Dissert. inaug. 8. Berlin 866. (Calvary u. Co.) n. — 12.

Frings, Pet., die preuß.-rheinische Gesetzgebung über Theilung, Versteigerung u. Ablösung. Enth. d. Gesetz v. 18. April 1855, d. Subhastationsordnung v. 1. Aug. 1822, d. Gemeinheits-Theilungs-Gesetze d. Rheinprovinz nebst allen dieselben ergänz. u. anderweiten Gesetzen, Bestimmungen u. Rechtssprüchen b. obersten Gerichtshöfe. 8. Berlin 865. Hempel. n. — 15.

Fritsch, A. Th., preußische Dorfgerichts-Ordnung. Eine Zusammenstellung der die Dorfgerichte in Preußen betr., im allgem. Landrecht, in der allgem. Gerichtsordnung u. in d. Justiz-Ministerial-Instruktion f. d. Dorfgerichte bei den von denselben vorzunehmenden gerichtl. Verhandlungen vom 11. Mai 1854 enth. gesetzl. Vorschriften; nebst 25 Formularen f. d. Geschäftskreis d. Dorfgerichte. gr. 8. Breslau 865. Korn. n. — 16.

Fritzsche, Louis, Rechtskunde für Forst- u. Landwirthe d. Kgr. Sachsen. (847.) — 2. Ausg. gr. 8. Leipzig 850. Arnold. — 12.

Fröbel, Jul., Theorie der Politik als Ergebniß e. erneuerten Prüfung bemerkt. Lehrmeinungen. gr. 8. Wien, Gerold.

    1. Bd.: Die Forderungen d. Gerechtigkeit u. Freiheit im Staate. 861. n. 2. —

    2. Bd.: Die Thatsachen der Natur, b. Geschichte u. d. gegenwärt. Weltlage, als Bedingungen u. Beweggründe d. Politik. 864. n. 2. 20.

— System d. socialen Politik. 2. Aufl. der „Neuen Politik.“ 2 Thle. 8. Mannheim 847. Grabe. n. 2. —

Fröhlich, Aloys, Handbuch d. Staatsrechnungswissenschaft zum Gebrauch bei akadem. Vorlesungen u. zum Selbststudium. (852.) — 2. verm. Aufl. gr. 8. Wien 856. Manz. 2. —

Fröhlich, Frdr., die badischen Gemeindegesetze sammt d. dazu gehör. Verordnungen u. Ministerial-Verfügungen, mit geschichtl. u. erläuternden Einleitungen u. Anmkgn. Nach amtl. Quellen bearb. (854.) — 2. Aufl. gr. 8. Karlsruhe 861. Bielefeld. n. 2. 20.

Froelich, A., Preußen's Militär-Versorgung. Nachweis der Anforderungen bei den zu erlangenden Stellen, sowie der Dienst-, Einkommens- u. Cautions-Verhältnisse. Zugleich als Handbuch f. alle Civil-Aspiranten des Subaltern- u. höheren Staatsdienstes nach d. neuesten amtlichen Quellen bearb. gr. 8. Berlin 866. Schlesier. n. — 16.

Froelich, F. X., das Amt u. die Pflichten d. Gerichtsschreibers im preuß. Strafverfahren d. Gegenwart. Ein mit geschichtl. Einleitung versehenes Hülfs- u. Handbuch. gr. 8. Guben 856. (Berlin, C. Heymann.) n. 1. —

Frommann, Fr. J., die neuesten Versuche zur Preßgesetzgebung. Sechs Briefe an e. deutschen Bureaukraten. gr. 8. Jena 851. Frommann. — 7½.

Frühwald, W. Th., Sammlung der in Bezug auf d. allgem. Gerichts- u. Concurs-Ordnung in d. J. 1846—1855 erflassenen, u. in d. Justiz-Gesetzsammlung von 1835—1846 enth. Gesetze u. Verordnungen, nebst d. neuen Notariats-Ordnung u. d. Verfahren über Notariats-Urkunden. gr. 8. Wien 855. Manz. 1. 21.

— die Instructionen f. Strafgerichte u. Staatsanwaltschaften, enthalten in d. Verordnungen über d. innere Amtswirksamkeit u. d. Geschäftsordnung d. Gerichtsbehörden in strafgerichtlichen Angelegenheiten u. d. Staatsanwaltschaften v. 16. Juni u. 3. Aug. 1854, erläutert u. mit zahlreichen Formularien versehen. Zugleich als Anh. zu d. Verf. „Handb. d. österr. allgem. Strafprozesses". gr. 8. Wien 855. Braumüller. n. — 20.

— alphabet. Handbuch zu d. österreich. Strafprozeßordnung vom 29. Juli 1853 u. d. darauf bezügl. Gesetzen u. Verordnungen. gr. 8. Wien 854. Manz. 2. —

— Handbuch d. österreich. Strafrechts. 2 Thle. gr. 8. Wien 854, 55. Braumüller. à Thl. n. 2. —

    1. Thl.: Handbuch d. österreich. Strafgesetzes über Verbrechen, Vergehen u. Uebertretungen u. d. Preßordnung v. 27. Mai 1852, enth. d. Text d. Strafgesetzbuches u. d. Preßordnung, e. ausführl. Erklärung derselben, zahlreiche Rechtsfälle, die dahin einschläg. Gesetze x. u. e. alphabet. Sachregister. (852.) — 3. umgearb. Aufl.

    2. Thl.: Handbuch d. österreich. allgem. Strafprozesses, enth. d. Strafprozeß-Ordnung v. 29. Juli 1853 u. alle darauf Bezug habenden Gesetze x., eine ausführl. Erklärung derselben, mit zahlreichen Rechtsfällen u. e. alphabet. Sachregister. 1. u. 2. umgearb. Aufl.

— die Fortbildung d. österreichischen materiellen Strafrechts durch Gesetzgebung, Literatur u. Praxis in den letzten zehn Jahren. Ergänzungen zur 3. Aufl. des „Handbuches d. österr. Strafgesetzes über Verbrechen, Vergehen u. Uebertretungen." gr. 8. Ebend. 865. n. — 24.

— Entwurf e. Gesetzes über Verbrechen u. deren Bestrafung f. d. Kaiserth. Oesterreich. Auf Grundlage d. Strafgesetzbuches vom 3. Sept. 1803, der zu demselben erflassenen nachträgl. Verordnungen, u. d. neueren deutschen Strafgesetzbücher, zugleich als Beitrag zu e. allgem. deutschen Strafgesetzbuche. gr. 8. Ebend. 849. n. — 15.

Frühwald, W. Th., gemeinfaßliche Erklärung d. österreich. Strafgesetze über die der Gerichtsbarkeit der Schwurgerichte zugewiesenen Verbrechen u. Preßvergehen. Zum Gebrauch f. jeden Staatsbürger, u. f. die zum Amte e. Geschworenen nach b. Gesetze berufenen insbesondre. gr. 8. Wien 850. Collinger. (Typogr.-liter.-artist. Anstalt.)   — 15.

Fuchs, Landwirthschaftsrecht d. Fürstenth. Reuß. jüng. Linie, zusammengestellt u. nach b. Quellen bearb. f. b. preußischen land- u. forstwirthschaftl. Vereine. 8. Eberdorf 861. (Schleiz, Hübscher.)   n. — 10.

Fuchs, C., Beiträge zum Civilproceß. gr. 8. Marburg, Elwert. (Franks. a. M., Völker.)
  1. Heft: Die Lehre von der Litisdenunciation. 855.   — 20.
  2. Heft: Das Concursverfahren. 863.   — 18.
— Leitfaden zum Civilprozeßpraktikum u. Relatorium mit besond. Berücksicht. d. kurhessischen Praxis. 2. revid. Aufl. gr. 8. Ebend. 862.   — 12.

Fuchs, Joh., die gesetzl. Wahrschaftsmängel beim Vieh in der Schweiz, b. deutschen u. österreich. Staaten, beschrieben für gerichtl. Thierärzte, Sanitätsbeamte u. gebild. Landwirthe. gr. 8. Luzern 860. Bertschinger.   n. 1. 6.

Fuchs, Thdr., Bemerkungen über die rechtliche Natur d. Servis- u. Einquartirungslast im Frieden, unter besond. Berücksicht. der in Stettin gegenwärtig bestehenden Verfassung. 8. Stettin 862. Waldow. (Spaethen.)   — 5.

Füeßlin, J., die Einzelhaft nach fremden u. sechsjähr. eigenen Erfahrungen im neuen Männerzuchthause in Bruchsal. gr. 8. Heidelberg 855. J. C. B. Mohr. n. 1. 10.
— die neuesten Verunglimpfungen d. Einzelhaft durch Entstellung d. Erfolge d. Bruchsaler Zellengefängnisses beleuchtet. 8. Heidelberg 861. K. Groos.   n. — 8.
— die Grundbedingungen jeder Gefängnißreform im Sinne b. Einzelhaft. gr. 8. Leipzig 865. Vogel.   n. —
— die Beziehungen d. neuen groß. badischen Strafgesetzes zum Pönitentiarsysteme, insbes. die Bestimmungen über die öffentl. Arbeiten, d. urtheilsmäß. Strafschärfungen d. Gefangenen, d. Polizeiaufsicht d. Entlassenen u. d. Nothwendigkeit d. Schutzvereine. gr. 8. Carlsruhe 853. Gutsch.   n. — 10.

Füger v. Rechtborn, Max Ed., der Beweis durch Eide im Civilprocesse nach allgem. Grundsätzen der Beweistheorie mit Erläuterungen d. diesfälligen Bestimmungen d. Gerichtsordnungen Oesterreichs dargestellt. gr. 8. Wien 865. Lechner.   n. 1. 6.
— systemat. Darstellung d. Rechtswirkungen d. Einträge in die öffentl. Bücher, nach b. Grundsätzen d. österreich. allgem. bürgerlichen Gesetzbuches. gr. 8. Ebend. 865.   n. 1. 22.
— das Erbrecht nach b. österreich. allgem. bürgerl. Gesetzbuche systemat. dargestellt u. mit b. früheren Landesgesetzen in Ungarn, Croatien, Slavonien, Siebenbürgen, Serbien u. b. Temeser Banat verglichen. 3 Thle. gr. 8. Hermannstadt 860. Steinhaussen.   3. —
— Beiträge zur Reform des gerichtl. Verfahrens in b. österreich. Kaiserstaate. gr. 8. Ebend. 859.   1. 15.
— über die Wiederherstellung des bestandenen ungarischen Privatrechts. Ein civilist. Beitrag zur Erörterung einer d. belangreichsten Fragen f. d. bevorsteh. Landtag. gr. 8. Ebend. 861.   — 18.
— das alte u. neue Privatrecht in Ungarn, Kroatien, Slavonien, Siebenbürgen, Serbien u. b. Temeser Banat, bezügl. seiner Fortdauer u. Rückwirkung. gr. 8. Ebend. 858.   2. 7½.

Füger-Wessely, gerichtliches Verfahren in Streitsachen nach d. österreich. allgem. Gerichts- u. Konkurs-Ordnung vom 1. Mai 1781. (1—6. Aufl. 812—56.) — 7. Aufl., mit Rücksicht auf die neuesten Gesetze bearb. von Mart. Damianitsch. 2 Thle. gr. 8. Wien 862. Braumüller.   n. 2. 30.

Führer, der, auf b. Gebiete b. neuen Gerichtsorganisation im Kgr. Sachsen. Uebersichtl. Zusammenstellung d. neuen Bestimmungen u. Behörden, ihrer Wirkungskreise, d. erloschenen Gesetze, d. aufgehobenen Behörden, d. Geschäftsganges u. Instanzenzuges. Nebst Verzeichniß b. Bezirksgerichte u. Gerichtsämter ꝛc. 8. Leipzig 856. (Poenicke.)   n. 1. —

Funke, Glob. Leber., Beiträge zur Erörterung practischer Rechtsmaterien, mit Rücksicht d. sächs. Rechts. (630.) — Neue wohlf. Ausg. 8. Chemnitz 852. Starke. (May.) — 18.
— die Lehre von den Pertinenzen, aus d. Natur b. Sache u. d. röm. Rechte, mit Rücksicht auf d. heutige Maschinen-Wesen entwickelt. (827.) — Neue wohlf. Ausg. 8. Ebend. 850. — 15.
— die Polizeigesetze d. Kgr. Sachsen, s. Polizei-Gesetze.
Funke, Walt., über d. Capitalcharacter des Grundeigenthums. Zur Kritik d. Lehre von der Grundrente. gr. 8. Breslau 863. Trewendt. — 6.
Fürst, Heinr., die preußischen Gesetze über Schiedsrichter, nebst Motiven u. Entwurf e. Schiedsrichter-Gesetzes. Ein Beitrag zur Redaktion d. Handels-Gesetzbuchs. gr. 8. Breslau 857. Kern. — 5.
Fürstenthal, J. A. L., die Allgem. Gerichtsordnung f. d. preuß. Staaten nach ihrer histor. u. heutigen Geltung. Ein Handbuch f. Studium, Repetition, Examen u. Praxis. gr. 8. Berlin 857. v. Decker. 2. 15.

Gab, Ch. M. A., zur Bestimmung d. Grenzen zwischen Gläubiger u. Schuldner bei Zahlungszwang. (Abdr. aus Stuchot's Beiträgen rc.) gr. 8. Hamm 861. (Berlin) Grote. n. — 10.
— die Haftpflicht d. deutschen Postanstalten. gr. 8. Berlin 863. Schroeder. n. — 20.
— Handbuch d. allgem. deutschen Handelsrechts. 1. Thl: Engeres Handelsrecht. gr. 8. Ebend. 863. n. 1. 20.
Gaede, Dan., die gutsherrlich-bäuerlichen Besitzverhältnisse in Neu-Vorpommern u. Rügen. gr. 8. Berlin 853. Herz. n. — 20.
Gabermann, Jos., prakt. Anweisung zu solchen gerichtlich-medizin. Untersuchungen, welche lebende Personen betreffen. Ein Hülfsbuch f. Gerichtsärzte, Inquirenten rc. — 2. Aufl. 8. Erlangen 849. Palm u. E. — 22½.
Gageur, Rud., die Vormundschaft, Pflegschaft u. Beistandschaft nach badischen Gesetzen u. Verordnungen. gr. 8. Freiburg 853. Diernfellner. n. — 25.
Gai institutiones. Codicis Veronensis apographum ad Goescheni, Hollwegi, Bluhmii schedas compositum scripsit lapidibusque exceptam scripturam public. Ed. Böking. Access. Goescheni de Cod. Veron praefatio et incerti auctoris de jure fisci quae supersunt. gr. 8. Leipzig 866. Hirzel. n. 2. 20.
———— Ad cod. Veronensis apographum emend. et adnot. Ed. Böcking. (Ed. I—IV. 841—55.) — Edit. V. 8. Ebend. 866. n. — 28.
— institutionum juris civilis commentarii IV. Rec. E. Huschke. 8. Leipzig 861. Teubner. — 24.
(———) Die Gaiantschen Institutionen-Commentarien, übers. von F. W. K. Beckhaus. 12. Bonn 857. Cohen. — 25.
Gaerth, K., Mißgriffe bei d. deutschen Gesetzen über Schwurgerichte, Oeffentlichkeit, Mündlichkeit u. Unabhängigkeit der Richter. gr. 8. Frankfurt a. M. 849. Hermann'sche Buchh. n. — 10.
Gaupp, E. Th., germanistische Abhandlungen. gr. 8. Mannheim 853. Bassermann. n. — 20.
— von Fehmgerichten mit besond. Rücksicht auf Schlesien. Eine rechtsgeschichtliche Abhandlung. gr. 8. Breslau 857. Max u. Co. n. — 15.
— lex Francorum Chamavorum oder das vermeintliche Xantener Gaurecht. Herausg. u. erläut. gr. 8. Ebend. 855. n. — 15.
— deutsche Stadtrechte d. Mittelalters, mit rechtsgeschichtl. Erläuterungen herausg. 1. Bd. enth.: 1. Eine Abhandlung über d. Familien d. deutschen Stadtrechte etc. 2. Die Stadtrechte von Straßburg, Hagenau, Molsheim, Colmar, Anzweiler, Winterthur, Landshut in Bayern, Regensburg, Nürnberg, Eger, Eisenach, Altenburg. gr. 8. Ebend. 851. 1. 10.

Gebührengesetz. — Gemeinde-Ordnung. 59

Gebührengesetz, das neue, vom 13. Dezbr. 1862 nebst d. Vollzugsvorschrift vom 20. Dezbr. 1862. Leichtfaßlich u. übersichtlich zusammengestellt von e. Fachmann. 1. u. 2 Aufl. 16. Ieschen 863. Prochaska. n. — 6.

Gebühren-Tare in bürgerlichen Rechtsstreitigkeiten u. im Mahnverfahren für geringe Schuldsachen mit b. Abänderungen derselben durch die Gesetze vom 31. März 1859 u. 1. Mai 1860. gr. 8. Hannover 860. Meyer. — 7½.

Geck, H., die eheliche Gütergemeinschaft. Ein vergleich. Commentar zu d. Gesetze vom 16. April 1860 betr. d. eheliche Güterrecht in d. Provinz Westfalen u. d. Kreisen Rees, Essen u. Duisburg. gr. 8. Soest 861. Ritter. — 12.

Gedanken eines Nicht-Theologen über einige wichtige Eherechtsfragen mit Rücksicht auf d. Kgr. Sachsen. gr. 8. Leipzig 860. Naumann. n. — 6.

Gehring, Gust., die kathol. Domcapitel Deutschlands als juristische Personen nach b. histor. u. heutigen Rechte dargestellt. gr. 8. Regensburg 851. Manz. — 22½.

Geib, Gust., Lehrbuch d. deutschen Strafrechts. 2 Bde. gr. 8. Leipzig 861, 62. Hirzel. 4. 15.
1. Bd.: Geschichte. 2 Thlr. — 2. Bd.: Allgemeine Lehren. 2 Thlr. 15 Ngr.
— die Reform d. deutschen Rechtslebens. gr. 8. Berlin 848. Weidmann. 1. —

Geisberg, H., die Fehme. Eine Untersuchung über Namen u. Wesen des Gerichts. gr. 8. Münster 858. Regensberg. n. — 15.

Geiseler, T. A., das ländliche Kommunal-Wesen in d. sechs östlichen Provinzen d. preuß. Staates. Eine systemat. Zusammenstellung d. betr. Gesetze, ministeriellen Rescripte u. Entscheidungshöfe. gr. 8. Berlin 864. Gerschel. n. 1. 20.

Gellert, J. D., Handbuch d. allgem. deutschen Handelsrechtes [mit Ausnahme des Seerechtes]. Enth. d. vollstand. Text d. allgem. deutschen Handelsgesetzbuches [mit Ausschluß d. Gesetzes über d. Seehandel] u. d. österreich. Einführungsgesetz. Mit Erläuterungen hierüber. gr. 8. Prag 863. Mercy. n. — 28.

Gelpke, W., Beiträge zur Kenntniß d. Handels- u. Wechsel-Rechts. 2 Hefte. gr. 8. Berlin 848, 49. Nicolai'sche Verlhdlg. 1. —
Inhalt: 1. Heft: Der präjudicirte u. verjährte Wechsel. 10 Ngr. — 2. Heft: Die allgem. deutsche Wechselordnung. Ihre Bedeutung f. Preußen. Ihr Einfluß auf Deutschland. 20 Ngr.

Gemeindebuch, bayerisches. Sammlung d. Gesetze u. Verordnungen über Verfassung u. Verwaltung d. Orts-, Distrikts- u. Kreisgemeinden im diesseit. Bayern, über Gemeindewahlen, Umlagen, Geschäftsführung d. Gemeindebehörden u. Kirchenverwaltungen ic. 1. u. 2. Aufl. gr. 8. Nördlingen 859. Beck. n. — 16.

Gemeinde-Edict, das revidirte, f. d. Kgr. Bayern b. d. Rheins vom 1. Juli 1834 sammt d. Vollzugs-Instruction vom 31. Octbr. 1837 u. d. Ergänzungen derselben (859.) — 2. verm. u. verb. Aufl. gr. 8. Bamberg 861. Buchner. n. — 18.

Gemeinde-Gesetz, das provisorische, vom 17. März 1849. 16. Wels 861. Haas. n. — 2.

Gemeinde-Gesetze, die, Badens vom 31. Decbr. 1831 mit ihren bisher erschienenen Abänderungen. gr. 8. Mannheim 864. Schneider. n. — 4.

Gemeinde-Ordnung, die, vom 23. Octbr. 1834 für die Städte u. Landgemeinden Kurhessens u. die zu derselben ergangenen Gesetze u. Verordnungen nebst den Erläuterungs- u. Vollziehungs-Beschlüssen d. Ministeriums d. Innern. gr. 8. Kassel 866. (Hanau, König's Sortbhlg.) n. 1. 10.

— f. d. preußischen Staat. Vom 11. März 1850. gr. 8. Berlin 850. v. Decker. — 1½.
— — — gr. 8. Brandenburg 851. Müller. — 3.
— — — sowie b. Gesetz über d. Polizei-Verwaltung u. d. Jagdgesetz vom 7. März 1850. 8. Wesel 850. Bagel. — 2½.

— f. d. Rheinprovinz vom 23. Juli 1845 nebst b. Gesetz betr. die Gemeindeverfassung in d. Rheinprovinz vom 15. Mai 1856. gr. 8. Elberfeld 856. Bädeker. — 3.

— — Gesetz, betr. d. Gemeinde-Verfassung in d. Rheinprovinz, vom 15. Mai 1856. — Instruction vom 18. Juni 1856 zur Ausführung d. Gesetzes vom 15. Mai 1856. gr. 8. Berlin 856. v. Decker. — 2½.
— — — 8. Trier 856. Lintz. — 2½.

Gemeinde-Ordnung f. d. Großherzogth. S.-Weimar-Eisenach vom 22. Febr. 1850. 8. Apolda 851. Teubner. — 3.

—— —— 16. Neustadt a. D. 852. Wagner. n. — 2½.

—— —— u. Heimathsgesetz vom 23. Febr. 1850, mit e. Vorw., erläut. Bemerkungen u. einigen Formularen. 5. verb. Aufl. 16. Ebend. 852. — 5.

—— —— gr. 8. Weimar 850. Böhlau. n. — 3.

— revidirte, f. d. Großherzogth. S.-Weimar-Eisenach vom 18. Jan. 1854 nebst Nachträgen vom 26. Juni 1857 u. vom 30. April 1862. (854.) — 3. Abdr. d. Orig.-Gesetzes. gr. 8. Ebend. 863. n. — 2½.

—— —— 8. Neustadt a. D. 854. Wagner. n. — 2½.

—— —— Mit e. Vorwort u. einigen, den Verhandlungen d. Landtags vom J. 1853 entnomm. Bemerkgn. u. d. Heimathsgesetz vom 23. Febr. 1850. 16. Weimar 854. Hoffmann. n. — 5.

— f. d. Fürstenthum Schwarzburg-Sondershausen. gr. 8. Sondershausen 854. Eupel. — 5.

— u. Gemeinde-Wahlordnung f. d. gefürstete Grafschaft Tirol. 8. Innsbruck 866. Wagner. — 5.

Gemeinde- u. Kreis-Ordnung f. d. Herzogth. Anhalt-Bernburg. 4. Bernburg 850. Gröning. n. — 4.

Gemeinde-, Kreis-, Bezirks- u. Provinzial-Ordnung f. d. preuß. Staat, nebst d. Gesetz über d. Polizeiverwaltung, vom 11. März 1850. gr. 8. Elberfeld 850. Friderichs. — 5.

—— —— 16. Eisleben 850. Reichardt. — 5.

—— —— gr. 8. Frankfurt a. O. 850. Koschy u. Co. — 3.

—— —— gr. 8. Trier 850. Linz. — 6.

—— —— 8. Elberfeld 850. Bädeker. — 5.

—— —— 8. Altena 850. Sanß. — 5.

—— —— 12. Aachen 851. Hensen. — 4½.

Gemeiner, A., über Eideshülfe u. Eideshelfer d. älteren deutschen Rechtes. Eine rechtsgeschichtl. Abhandlung. gr. 8. München 849. (Franz.) n. — 6.

— die Verfassung der Centenen u. d. fränkischen Königthumes. Studien zur deutschen Rechtsgeschichte. gr. 8. München 855. Kaiser. n. 1. 18.

Gemeinheitstheilungs-Ordnung f. d. Rheinprovinz, mit Ausnahme d. Kreise Duisburg u. Rees, sowie f. Neuvorpommern u. Rügen, u. Gesetz betr. d. Verfahren in d. nach d. Gemeinheitstheil.-Ordnung zu behandelnden Theilungen u. Ablösungen in d. Landestheilen d. linken Rheinufers. Vom 19. Mai 1851. 8. Berlin 851. v. Decker. — 2½.

—— —— gr. 8. Trier 852. Linz. — 3.

Gengel, F., Aphorismen über demokratisches Staatsrecht. 8. Bern 864. Jent u. Reinert. — 12.

Gengler, Heinr. Gfr., codex juris municipalis Germaniae medii aevi. Regesten u. Urkunden zur Verfassungs- u. Rechtsgeschichte d. deutschen Städte im Mittelalter. 1. Bd. 1. u. 2. Heft. gr. 8. Erlangen 863, 64. Enke.
à Heft n. 1. 14.

— de codice saec. XV. Erlangensi inedito cui promtuarium juris maximam partem a saxonicis romanisque fontibus repetitum inest commentatio. gr. 8. Erlangen 854. Blaesing. — 6.

— über d. Einfluß d. Christenthums auf d. altgermanische Rechtsleben. gr. 8. Ebend. 855. n. — 2.

— das Hofrecht des Bischofs Burchard von Worms. gr. 4. Ebend. 859. n. — 12.

— das deutsche Privatrecht in seinen Grundzügen für Studirende erörtert. 2. verb. Aufl. gr. 8. Ebend. 858. n. 1. 6.

— Lehrbuch d. deutschen Privatrechts. 2 Bde. gr. 8. Ebend. 854, 55. n. 5. 12.

— deutsche Rechtsgeschichte im Grundrisse. gr. 8. Erlangen 850. Palm. 2. 10.

Gengler, Heinr. Gfr., des Schwabenspiegels Landrechtsbuch. Zum Gebrauche bei akadem. Vorträgen mit e. Wörterbuche heraug. 16. Erlangen 851. Blaesing. n. — 20.
— deutsche Stadtrechte des Mittelalters theils verzeichnet, theils vollständig oder in Probeauszügen mitgetheilt. (852.) — Neue Ausg. gr. 8. Nürnberg 866. Korn. 2. —

Gensel, Walt. Jul., der Entwurf e. bürgerlichen Proceßordnung für Sachsen u. die Handelsgerichte. gr. 8. Leipzig 864. G. Wigand. — 6.

Genzken, F., alphabet.-chronolog. Verzeichniß d. in d. officiellen Beilage zu d. Mecklenb.-Strelitzischen Anzeigen bis Ende 1848 publicirten Verordnungen u. Bekanntmachungen. 4. Neubrandenburg 849. Brünslow. n. — 10.
— alphabet.-chronolog. Verzeichniß d. in d. Großherzogl. Mecklenb.-Strelitzschen offic. Anzeiger f. Gesetzgebung u. Staatsverwaltung bis Ende 1854 publicirten Verordnungen u. Bekanntmachungen. 4. Ebend. 855. n. — 10.

Gerau, G., über richterliche Bestätigung d. Erwerbstitel des Eigenthums u. Pfandrechts an Immobilien. gr. 8. Gießen 854. (Roth.) n. 1. —

Gerber, C. F. v., zur Charakteristik d. deutschen Rechtswissenschaft. Eine akadem. Rede. gr. 8. Tübingen 851. Laupp. — 6.
— über öffentliche Rechte. gr. 8. Ebend. 852. n. — 20.
— System d. deutschen Privatrechts. (1—7. Aufl. 849—60.) — 8. verm. u. verb. Aufl. gr. 8. Jena 863. Mauke. n. 3. 26.
— Grundzüge e. Systems d. deutschen Staatsrechts. gr. 8. Leipzig 865. B. Tauchnitz. 1. 7½.
— Votum über d. gräflich Oldenburg-Bentinck'schen Successionsstreit aus privatrechtlichem Standpunkte. Mit einigen Zusätzen herausg. gr. 8. Berlin 854. Schneider u. Co. n. — 4.
— Hausgesetz d. Grafen v. Giech, f. Hausgesetz.

Gerber, Herm., Beiträge zur Lehre vom Klagegrunde u. d. Beweislast mit besond. Beziehung auf gewisse obligatorische Verhältnisse, auf die Nichterfüllung u. d. Sicherung des Objects mittelst secundärer Leistungen. gr. 8. Jena 858. Mauke. n. — 24.

Gerichtsbeistand, der, beim Prozeßverfahren, oder das Verhalten in Rechtsstreitigkeiten vor Schiedsmännern u. Gerichten, sowie bei Testamenten, Siegelungen, Inventuren, Taxen ꝛc. (14. Aufl. 853.) — 15. mit e. Nachtrage versch., bis auf d. neueste Zeit fortgeführte Aufl. Berlin 855. C. Heymann. n. — 24.

Gerichts-Expedient, der kleine, oder gründliche Nachweisung d. meisten im Justizfach vorkomm. Expeditionen unter Zuhandnahme d. prakt. Werke u. mit Berücksicht. d. später edirten Declarationen zusammengestellt, sowie mit e. zweckmäß. Wörterbuch d. Akten- u. Geschäftssprache versehen. (845.) — 2. Aufl. 8. Ebend. 849. — 15.

Gerichtsordnung, allgemeine, f. d. preußischen Staaten. 4 Thle. (Neuer Abdr.) gr. 8. Berlin 855. G. Reimer. n. 3. 15.

Gerichts- u. Verwaltungs-Organisation, die neue, im Kgr. Bayern, insbef. Einrichtung, Wirkungskreis u. Geschäftsgang u. Landgerichte, Handelsgerichte, Notare u. Bezirksämter. gr. 8. München 862. Lentner. — 12.

Gerichtspraxis, hamburgische. Bearb. von e. Advocaten. 1. Bd.: Vollständige Sammlung d. vom O. A. G. zu Lübeck im J. 1856 im hamburgischen Rechtssachen abgegebenen Urtheile sammt Motiven, mit d. Botenscheidungen d. verschiedenen Unterinstanzen wörtlich abgegr. gr. 8. Leipzig 859. Wagner. n. 2. —

Gerichtsschöffe, der, in Kurhessen. Nach d. Bestimmungen d. Justiz-Gesetze vom 28. Octbr. 1863. gr. 8. Cassel 864. Krieger. n. — 12½.

Gerichtsverfassungs- u. Notariatsgesetz, das, sammt d. dazu gehör. allerh. Verordnungen u. Vollzugsinstruktionen, nebst d. Gesetzen die Competenzconflicte, die Militärgerichtsbarkeit in bürgerl. Rechtssachen u. Berggerichtsverfassung betr. 8. Bamberg 862. Buchner. n. 1. 20.

Gerlach, C. A., die Gewährleistung für verkaufte Hausthiere. Technisch beleuchtet zu Gesetzentwürfen. gr. 8. Berlin 860. Hirschwald. n. — 12.

Gerlach, Herm., logisch-jurist. Abhandlung über die Definition d. Kirchenrechts. 4. Paderborn 862. Schöningh. n. — 8.

Gerlach, Herm., Paderborner Diöcesanrecht u. Diöcesan-Verwaltung. (Bd.) — 2. umgearb. Aufl. gr. 8. Paderborn 862. Schöningh. n. — 13½.
— das Präsentationsrecht auf Pfarreien. gr. 8. Regensburg 855. Manz. — 12.
— das Verhältniß d. preuß. Staates zu d. kathol. Kirche auf kirchenrechtl. Gebiete nach d. preuß. Gesetzen dargestellt. Paderborn 862. Schöningh. n. — 16.

Gernlacher, Ph. Gll., Motive aus d. Leben zum neuesten Entwurfe e. Gemeinde-Ordnung. 8. Heilbronn 849. (Landherr.) — 8.

Gersdorf, W. A., einige Sätze in Betreff e. neuen Einrichtung d. Gerichts- u. Verwaltungsbehörden im Königr. Sachsen. gr. 8. Crimmitschau 867. Cichorius. — 3.

Gerstlacher, K. K. W., zur Lehre von d. Rechtsverhältniß zwischen mehreren mit einem Legate belasteten Erben u. dem Legatar. gr. 8. Heidelberg 853. C. Mohr. n. — 8.

Gerstner, Ludw. Jos., systemat. Entwicklung d. Gesetzes vom 4. Juni 1848, die Aufhebung d. standes- u. gutsherrlichen Gerichtsbarkeit, dann die Aufhebung, Fixirung u. Ablösung von Grundlasten betr. 2 Bde. gr. 8. Ansbach 850. (München, Franz.) n. 2. 20.
— über die Bestimmung d. Strafdauer im Falle d. Anwendung von Schärfungsmitteln. Ein Beitrag zum Art. 80 d. bayer. Strafgesetzbuches. 8. Erlangen 855. Deichert. n. — 4.
— das bayerische Einkommen- u. Kapitalrentensteuergesetz vom 31. Mai 1856 mit Berücksicht. aller einschlag. Gesetze, Verordnungen u. Vollzugsvorschriften systematisch erläutert. 16. Erlangen 857. Enke. n. — 26.
— Beitrag zur Lehre vom Capital. gr. 8. Erlangen 857. Deichert. — 9.
— die Grundlehren d Staatsverwaltung. gr. 8. Würzburg, Stahel.
  1. Bd.: Einleitung in d. gesammte Staatsverwaltungslehre. 862. n. 1. 18.
  2. Bd. 1. Abth.: Die Bevölkerungslehre. 864. n. 1. 18.
— über staatswissenschaftliche Seminarien mit besond. Rücksicht auf die bayerischen Universitäten. Ein Vorschlag. gr. 8. Erlangen 860. Blaesing. n. — 4.

Geschichte d. deutschen Rechts in 6 Bdn. Bearb. von G. Beseler, H. Hälschner, J. W. Planck, Aem. L. Richter u. O. Stobbe. gr. 8. Braunschweig, Schwetschke u. S.
  1. Bd.: Geschichte d. deutschen Rechtsquellen. Bearb. von O. Stobbe. (2 Abthlgn.) 860, 64. n. 5. 16.

Geschwornengericht und Schöffengericht. Ein Beitrag zur Lösung d. Schwurgerichtsfrage. gr. 8. Leipzig 864. Günther. n. — 6.

Gesetz, betr. die Regulirung des Abdeckereiwesens. Vom 31. Mai 1858. Nebst Motiven. gr. 8. Berlin 858. v. Decker. — 3.
— das, vom 1. Juli u. die Vollzugs-Vorschriften vom 4. Sept. 1856 über d. Abgaben von den Bergwerken diesseits des Rheins. gr. 8. München 856. Franz. — 3.
— die Sicherung, Fixirung u. Ablösung d. auf k. Zehentrechte lastenden kirchlichen Baupflicht betr. 8. Nördlingen 852. Bed. — 1½.
— die Ablösung der Grundlasten betr. Vom 25. Jan. 1849. 4. Coburg 849. (J. G. Riemann.) — 9.
— betr. die Ablösung der Reallasten u. d. Regulirung d. gutsherrlichen u. bäuerlichen Verhältnisse vom 2. März 1850. gr. 8. Berlin 850. v. Decker. — 2½.
— ——— gr. 8. Nordhausen 850. Büchting. — 2½.
— ——— nebst d. Gesetze über d. Errichtung von Rentenbanken. 16. Eisleben 850. Reichardt. — 5.
— ——— nebst d. Gesetz vom 15. April 1857 betr. d. Ergänz. u. Abänd. d. Ablösungsgesetzes vom 2. März 1850 ꝛc. gr. 8. Berlin 857. v. Decker. — 3.
— über Abtretung von Privateigenthum für öffentliche Zwecke im Großherzogth. Hessen mit einigen erläut. Bemerkg. in Bezug auf dessen Anwendung bei b. Ankäufen d. hessischen Ludwigsbahn-Gesellschaft. gr. 8. Darmstadt 858. Lange. n. — 2.

Gesetz über die Amtsordnung vom 16. Sept. 1852 u. **Gesetz** über die Landdrostei-Ordnung vom 25. Sept. 1852. gr. 8. Hannover 853. Pockwitz. — 3⅓.

— über d. Ausdehnung d. Amts- u. Gemeinde-Verbands auf sämmtl. Theile d. Staatsgebiets, vom 18. Juni 1849, mit d. Vollzieh.-Instruktion u. weiteren damit in Verbindung stehenden Verordnungen ꝛc. Mit erläut. Bemerkungen u. alphabet. Sachregister. gr. 8. Stuttgart 850. Metzler. — 20.

— über die Amtsvertretung vom 27. Juli 1852. gr. 8. Hannover 852. Pockwitz. — 1¼.

— die Einrichtung von Anwaltskammern betr. vom 8. Nov. 1850. 16. Ebend. 851. — 2½.

— f. d. Kgr. Sachsen die kaufmännischen Anweisungen betr. vom 7. Juni 1849. Supplem. zur Allgem. deutschen Wechselordnung, erläut. von O. Christoph. Nebst d. Gesetz über Schuldarrest u. Wechselproceß vom 7. Juni 1849. 8. Leipzig 849. Thenau. — 2.

— über die Aufhebung d. ständes- u. gutsherrlichen Gerichtsbarkeit, dann die Aufhebung, Fixirung u. Ablösung d. Grundlasten u. d. Lehen-Verbandes. Hand-Ausgabe. 8. Nördlingen 848. Beck. — 3.

— — mit erläut. Noten, dann mit d. Vollzugs-Instruktionen u. d. nöthigen Ablösungs-Tabellen. gr. 8. Ebend. 848. — 8.

— betr. die f. d. Aufhebung d. Grundsteuer-Befreiungen u. Bevorzugungen zu gewährende Entschädigung. Vom 21. Mai 1861. Berlin 861. v. Decker. — 2½.

— die Aufsicht der Bergbehörden über den Bergbau u. d. Verhältniß d. Berg- u. Hüttenarbeiter betr., vom 21. Mai 1860. Instruktion zur Ausführung d. Gesetzes. Zusammenstellung d. über die Beschäftigung jugendlicher Arbeiter ergang. Bestimmungen. 1. u. 2. verm. Aufl. 8. Essen 861. Bädeker. n. 2½.

— das wegen polizeilicher Beaufsichtigung der Baue zu beobacht. Verfahren betr., vom 6. Juli 1863, nebst Ausführungs-Verordnung, mit Baupolizei-Ordnung für Dörfer. 8. Dresden 863. Meinhold. — 6.

— — gr. 8. Chemnitz 863. Focke. — 6.

— über die Besteuerung d. Bergwerke u. Gesetz über d. Verhältnisse d. Miteigenthümer e. Bergwerks f. d. ganzen Umfang d. Monarchie, mit Ausnahme d. auf d. linken Rheinufer belegenen Landestheile. Vom 12. Mai 1851. gr. 8. Berlin 851. v. Decker. — 1½.

— betr. die Aufhebung d. Cirkularverordnung vom 26. Febr. 1799 wegen Bestrafung d. Diebstähle u. ähnlicher Verbrechen u. die Abänderung d. Injurienstrafen. Vom 11. März 1850. gr. 8. Berlin 850. v. Decker. — 1.

— die Communalgarden betr. vom 14. Mai 1851 mit Ausführungsverordnung. Disciplinarregulativ u. Gesetz, die Entschädigung b. im Dienste verletzten Communalgardisten betr. sowie mit Zusätzen aus d. Verordnung, das Vereinsrecht betr. u. d. Gesetz, das Verfahren bei Störung d. öffentl. Ruhe u. Sicherheit betr. 8. Dresden 851. Meinhold. n. — 5.

— betr. die den Justizbeamten für die Besorgung gerichtl. Geschäfte außerhalb d. ordentlichen Gerichtsstelle zu bewilligenden Diäten u. Reisekosten u. Kommissions-Gebühren vom 9. Mai 1851, u. Gesetz, betr. d. Ansatz u. d. Erhebung d. Gerichtskosten vom 10. Mai 1851. — Gesetz, betr. d. Ansatz u. d. Erhebung d. Gebühren d. Notare vom 11. Mai 1851, u. Gesetz, betr. d. Ansatz u. d. Erhebung d. Gebühren d. Rechtsanwälte vom 12. Mai 1851. 8. Grünberg 851. Levysohn. n. — 4.

— den Diebstahl an Holz u. anderen Waldprodukten betr. Vom 2. Juni 1852. gr. 8. Berlin 852. v. Decker. — 1½.

— — 16. Breslau 852. Kern. — 1½.

— — 12. Trier 852. Braun. — 8.

— — Zum prakt. Gebrauche im Bezirk d. Apell.-Gerichtshofes zu Köln, erläutert ꝛc. gr. 8. Saarbrücken 853. Neumann. n. — 15.

— in Verbindung mit d. Feldpolizei-Ordnung vom 1. Nov. 1847. d. Gesetz vom 31. Jan. 1845, über d. Verfahren in Wald-, Feld- u. Jagdfrevelsachen bei Civil-Einreden u. die hierauf bezügl. Strafbestimmungen ꝛc. Nebst d. Gesetze vom

12. Febr. 1850, zum prakt. Gebrauche übersichtlich zusammengestellt. 1. u. 2. Aufl. 8. Arnsberg 852. Grote. — 6.

Gesetz, das, vom 2. Juni 1852, den Diebstahl an Holz u. anderen Waldproducten betr. Für d. prakt. Gebrauch ergänzt u. erläutert von C. Luedecke. gr. 8. Magdeburg 859. Heinrichshofen. — 15.

— betr. die Dienstvergehen der Richter u. d. unfreiwillige Versetzung derselben auf e. andere Stelle oder in d. Ruhestand. Vom 7. Mai 1851. 16. Berlin 851. v. Decker. — 1½.

— betr. die Dienstvergehen der nicht richterlichen Beamten, die Versetzung derselben auf e. andere Stelle oder in d. Ruhestand. Vom 21. Juli 1852. 8. Ebend. 852. — 2½.

— über Entwässerung u. Bewässerung d. Grundstücke, sowie über Stauanlagen, vom 22. Aug. 1847. (847.) — 2. Aufl. gr. 8. Hannover 853. Helwing. — 7½.

— zur Erläuterung einiger Artikel des Strafgesetzbuchs, d. Gesetzes über d. Forst-, Feld-, Garten-, Wild- u. Fischdiebstähle etc. u. d. Strafproceßordnung; vom 25. Sept. 1861. 8. Dresden 862. Meinhold. — 1½.

— betr. die Einführung d. Gebäudesteuer. Vom 21. Mai 1861. gr. 8. Berlin 861. v. Decker. — 2½.

— vom 13. Dezbr. 1862 giltig f. d. ganze Reich, enth. einige Abänderungen d. Gebühren-Gesetze vom 9. Febr. u. 2. Aug. 1850. (850.) — 2., mit d. Vollzugs-Vorschrift vom 26. Dezbr. ergänzte Aufl. gr. 8. Prag 853. Tempsky. n. — 6.

— die Gebührentaxe in bürgerlichen Rechtsstreitigkeiten betr. gr. 8. Göttingen 852. Dieterich. n. — 1½.

———— 16. Hannover 851. Pockwitz. — 3¾.

— die Gebührentaxe in Strafsachen betr. vom 8. Nov. 1850 u. Bekanntmachung d. kgl. Justizminister., betr. d. Ausführung d. § 206 d. Strafproceßordnung vom 8. Nov. 1850, vom 25. Sept. 1852. 16. Ebend. 853. — 2½.

— betr. das Gemeindewesen. 8. Zürich 866. (Orell.) n. — 3.

— betr. die Ergänzung u. Abänderung d. Gemeinheitstheilungs-Ordnung vom 7. Juni 1821 u. einiger anderen über Gemeinheitstheilungen ergang. Gesetze. gr. 8. Berlin 850. v. Decker. — 1.

— betr. den Ansatz u. die Erhebung d. Gerichtskosten, vom 10. Mai 1851. u. Instruktion d. Justizministers vom 10. Sept. 1851. Nebst Tabellen u. Anlagen. Amtliche Ausg. Fol. Ebend. 851. n. — 15.

———— nebst d. dasselbe ergänz. Gesetzen vom 3. Mai 1853 u. vom 9. Mai 1854 u. Instruktion d. Justizministers vom 1. Juni 1854. Mit Tabellen u. Anlagen. Amtliche Ausg. Fol. Ebend. 854. n. — 20.

— betr. den Ansatz d. Gerichtskosten für Nachlaß-Regulirungen v. 1. Mai 1865 u. Instruktion d. Justiz-Ministers vom 8. Juni 1865. gr. 8. Ebend. 865. — 5.

— betr. d. Ansatz d. Gerichtskosten u. d. Gebühren d. Rechts-Anwälte in Untersuchungssachen. Vom 3. Mai 1853. gr. 8. Ebend. 853. n. — 1.

———— u. allgem. Verfügung d. Justizministers vom 9. Mai 1853. Fol. Ebend. 853. — 3.

— über die Gerichtsverfassung vom 8. Nov. 1850. 16. Hannover 850. Pockwitz. — 2½.

———— unter Berücksicht. d. durch d. Zusatzgesetz vom 31. März 1859 erfolgten Abänderungen, nebst Bekanntmachung d. kgl. Justizministeriums vom 8. April 1859, betr. d. Ausführung d. Gesetze über d. Gerichtsverfassung vom 8. Novbr. 1850 u. vom 31. März 1859. — Gesetz. betr. Abänderungen d. das bürgerliche Proceßverfahren bezielenden Gesetze, vom 31. März 1859. — Gesetz, betr. die Einrichtung von Anwaltskammern vom 31. März 1859. gr. 8. Hannover 859. Meyer. — 7½.

— das, vom 25. März 1859, betr. die Gewährleistung bei Viehveräußerungen. Mit einigen erläut. Bemerkungen u. Muster-Verträgen in einer für Jedermann leichtfaßlichen Weise bearb. (1. u. 2. Aufl. 859. — 3. Aufl. 861.) — 4. Aufl. verm. mit d. Bestimmungen über Viehhandel u. Viehmarkt-Ordnungen, ferner mit Strafbestimmungen bei Uebertretungen in Bezug auf Thierkrankheiten u. gefallene Thiere. 8. München 864. Franz. — 4.

Gesetz.

Gesetz, betr. die anderweite Regelung der Grundsteuer. Vom 21. Mai 1861. Nebst Anweis. f. d. Verfahren bei Ermittelung des Reinertrags d. Liegenschaften behufs anderweiter Regelung d. Grundsteuer. Vom 21. Mai 1861. Amtl. Ausg. gr. 8. Berlin 861. v. Decker. — 7½;
mit 2 color. Tafeln nn. — 25.

— die gewerbsmäßigen Gutszertrümmerungen betr. 8. Nördlingen 852. Beck. — 1.

— betr. die Einführung e. allgem. Handelsgewichts vom 17. Mai 1856 nebst Auszug aus d. dazu erlassenen Instruktion d. kgl. Handelsministeriums vom 15. Oktbr. 1857 u. Tabellen zur Reduktion d. früheren preuß. Handelsgewichts in d. neu eingeführte u. umgekehrt ꝛc. gr. 8. Elberfeld 858. Löwenstein u. Co. n. — 5.

— vom 24. Mai 1853, betr. einige Abänderungen d. Hypotheken-Ordnung vom 20. Dezbr. 1783, u. Instruktion d. Justizministers vom 3. Aug. 1853, nebst Formularen. Amtl. Ausg. gr. 8. Berlin 853. v. Decker. — 7½.

— das, die Bestrafung der Jagdfrevel betr. vom 25. Juli 1850 u. das Forstgesetz vom 28. März 1852 mit d. auf dasselbe bezügl. Verordnungen u. d. Präjudizien nebst e. systemat. u. alphabet. Inhaltsverzeichnisse. 16. Baireuth 862. Grau. n. — 10.

— das Jagdrecht auf fremdem Grund u. Boden betr., vom 25. Novbr. 1858, nebst Ausführ.-Verordnung vom 27. Nov. 1858, sowie die darin angezogenen früheren Verordnungen. gr. 8. Dresden 859. Meinhold. n. — 4.

— betr. die Aufhebung des Jagdrechts auf fremdem Grund und Boden u. Ausübung der Jagd. gr. 8. Hannover 850. Helwing. — 2½.

— — — Nebst Bekanntmachung d. kgl. Minist. d. Innern, die Ausführung d. Jagdgesetzes betr. 16. Hannover 850. Pockwitz. — 1¼.

— das Immobiliar-Brandversicherungswesen betr., vom 23. Aug. 1862, nebst Ausführungsverordnung v. 6. Abschnittes vom 20. Octbr. 1862, Privatfeuerversicherungsanstalten betr. 8. Dresden 863. Meinhold. — 7½.

— das, vom 10. März 1864, betr. die Abänderungen d. Zusatzes 213, §. 13, d. ostpreußischen Provinzialrechts hinsichtlich d. kleinen u. großen Kalends sowie d. Real- u. Sachzehnten, nebst Erläuterungen u. den von d. kgl. Staatsregierung dem Landtage mit d. Gesetz-Entwurf vorgelegten Motiven. gr. 8. Berlin 864. v. Decker. — 3.

— vom 11. Juli 1850, die Kapitalrenten- u. Einkommensteuer betr., dann Gesetz vom 25. Juli 1850, die Häuser-Steuer betr. Mit Erläuterungen von Max Wolf. gr. 8. Erlangen 854. Palm u. E. n. — 16.

— vom 9. Decbr. 1865, die Neugestaltung d. Kirchen- u. Schulbehörden betr., u. Ministerial-Verordnung vom 14. März 1866 zur Ausführung obigen Gesetzes. gr. 8. Sondershausen 866. Eupel. — 5.

— über Kirchen- u. Schulvorstände vom 14. Octbr. 1848 mit d. Ministerial-Bekanntmachung zur Ausführung desselben nebst Anweisung d. kgl. Consist. zu Hannover vom 26. Juli 1849 behufs d. durch obiges Gesetz ihnen übertragenen Vermögensverwaltung ꝛc. (849.) — 2. Aufl., mit Beifüg. d. Zusatz-Gesetzes ꝛc. vom 5. Nov. 1850. gr. 8. Hannover 855. Helwing. — 3¾.

— betr. die Einführung einer Klassen- u. klassifizirten Einkommen-Steuer. Vom 1. Mai 1851. 16. Brandenburg 851. Müller. — 1½.

— — — 16. Breslau 851. Kern. — 1½.

— — — nebst ministerieller Instruktion f. d. Veranlagung derselben, sowie Instruktion f. die Vorsitzenden d. nach §. 21 obigen Gesetzes zu bildenden Einschätzungs-Kommission vom 8. Mai 1851. 8. Wesel 851. Bagel. — 3.

— — — mit Noten versehen von H. Sentrup. gr. 8. Halberstadt 852. Helm. n. — 20.

— vom 2. Febr. 1864, betr. d. Verbesserung d. Kontrakten- u. Hypothekenwesens im Bezirke d. Justiz-Senats zu Ehrenbreitstein u. Instruktion d. Justiz-Ministers vom 18. Juni 1864 nebst Formularen u. e. Anh. Amtliche Ausg. gr. 8. Berlin 864. v. Decker. n. — 5.

— über d. unerlaubte Kreditgeben an Minderjährige. Vom 2. März 1857. Nebst d. vollständ. Berathungen u. Aktenstücken zu demselben in beiden Häusern des Landtags. gr. 8. Ebend. 857. — 7½.

Gesetz über die Verpflichtung zum Kriegsdienste im Kgr. Württemberg vom 22. Mai 1843 sammt d. Vollziehungs-Instruktion hiezu vom 30. Dezbr. 1843 mit Angabe d. durch spätere Gesetze u. Verfügungen aufgehobenen oder modificirten Stellen ꝛc. Handausgabe mit e. Zusammenstellung d. den Ortsbehörden in Aushebungssachen obliegenden Verrichtungen ꝛc., Formularen zu Einstandsverträgen u. alphabet Sachregister. gr. 8. Stuttgart 859. Metzler.   — 18.

— wegen der Kriegsleistungen u. deren Vergütung. Vom 11. Mai 1851. Nebst der dazu erlass. Ausführ.-Instruktion vom 8. Jan. 1854. gr. 8. Berlin 854. v. Decker.
u. — 2½.

— betr. die Entbürdung d. Städte von der Verpflichtung zur Tragung d. Kriminalkosten u. zur Unterhaltung u. Verwaltung d. Gefängnisse, sowie zur Fortgewährung d. Gerichtslokalien gegen Erlegung e. festen Rente. Vom 1. Aug. 1855. Und allgem. Verfügung, betr. die Ausführung d. Gesetzes, vom 28. Aug. 1855. gr. 8. Ebend. 855.   — 3.

— betr. die Einführung e. allgem. Landes-Gewichts. Vom 17. Mai 1856. Nebst 4 Tabellen zur Reduction d. früheren preuss. Gewichts in d. jetzige u. umgekehrt etc. 16. Ebend. 857.   — 3.

— die Einführung e. allgem. Landesgewichts u. einige Bestimmungen über d. Maass- u. Gewichtswesen im Allgemeinen betr.; nebst dazu gehör. Aichordnung u. Instruction f. d. Normalaichungscommission u. die Aichämter, vom 12. März 1858. 8. Dresden 858. Meinhold.
n. — 5.

— über die Landgemeinden, nebst Ausschreiben d. kgl Ministeriums d. Innern, die Regelung d. Verhältnisse derselben betr., u. Gesetz, die Wahlen d. Gerichtsschöffen auf dem Lande betr., vom 4. Mai 1852. 1—3. Aufl. gr. 8. Hannover 852. Pockwitz. — 5.

— betr. die Landgemeinde-Verfassungen in d. sechs östlichen Provinzen d. preuß. Monarchie. Vom 14. April 1856. Nebst Instruction zur Ausführung desselben. gr. 8. Berlin 856. v. Decker.   — 1½.

— vom 23. Juni 1853, betr. die Beseitigung d. bei Liegenschafts-Veränderungen ꝛc. vorkomm. Mißbräuche, s. Jecht, H. A.

— die Anordnung e. Mahnverfahrens f. geringe Schuldsachen betr. vom 27. Juli 1852. 1. u. 2. Aufl. gr. 8. Hannover 852. Pockwitz.   — 1¼.

—— —— mit Anmerkgn. f. d. pract. Gebrauch versehen von H. Alb. Oppermann. Nebst Zusätzen zu dessen Ausg. d. bürgerl. Proceßordnung. gr. 8. Göttingen 852. Dieterich.   n. — 5.

— die Militärgerichtsverfassung betr., vom 23. April 1862 u. Militärstrafprocessordnung f. d. Kgr. Sachsen, nebst Ausführungsverordnung u. Taxordnung vom 2. Juni 1862, u. unter Beifügung einiger anderer Gesetze u. Verordnungen, sowie e. Sachregisters. 8. Dresden 863. Meinhold.   1.—

— betr. die Versorgung d. Militair-Invaliden vom Oberfeuerwerker, Feldwebel u. Wachtmeister abwärts, sowie die Unterstützung d. Wittwen d. im Kriege gebliebenen Militairpersonen desselben Ranges. Vom 6. Juli 1865. gr. 8. Berlin 867. v. Decker.   n. — 5.

— über Erfüllung der Militärpflicht. Vom 24. Decbr. 1866. 8. Ebend. 867.
n. — 4;

mit Ausführungsverordnung n. — 6;
die Ausführungsverordnung apart n. — 2.

—— —— gr. 8. Borna 867. Schulze.   — 2½.

— über das Münzwesen, vom 4. Mai 1857. — Münzvertrag vom 24. Jan. 1857. — Gesetz über d. Münzgewicht, vom 5. Mai 1857. gr. 8. Berlin 857. v. Decker. — 2½.

— zum Schutze d. Eigenthums an Werken d. Wissenschaft u. Kunst gegen Nachdruck u. Nachbildung. Vom 11. Juni 1837. — Instruktion zur Bildung der Vereine von Sachverständigen. Vom 15. Mai 1838. — Gesetz, betr. d. Abänderung einiger Bestimmungen d. Gesetzes vom 11. Juni 1837 ꝛc. Vom 20. Febr 1854. gr. 8. Ebend. 857.   — 2½.

— betr. die ländlichen Ortsobrigkeiten in d. sechs östlichen Provinzen d. preuß. Monarchie. Vom 14. April 1856. Nebst Instruction zur Ausführung desselben vom 30. Juli 1856. gr. 8. Ebend. 856.   — 1½.

Gesetz, kgl. preußisches, über d. Postwesen. Vom 5. Juni 1852. 8. Thorn 852.
(Lambeck.) n. — 2.
— — u. das in Gemäßheit dieses Gesetzes erlaff. Reglement vom 21. Decbr. 1860
nebst d. dieselben ergänzenden Vorschriften ꝛc. (853—856.) — (Neue Ausg.) gr. 8.
Berlin 861. v. Decker. n. — 10.
— — erläutert durch die Motive zum Regierungs-Entwurfe, die Kommissionsberichte beider Kammern u. die Kammer-Verhandlungen. gr. 8. Kreuznach 853. Voigtländer. n. — 27.
— über die Presse. Vom 12. Mai 1851. 16. Berlin 851. v. Decker. — 1½.
— — für die preuß. Staaten. 4. Berlin 851. Moeser. — 2½.
— die Angelegenheiten der Presse betr. u. die hierauf bezügl. Gesetze u. Verordnungen. 8. Dresden 864. Meinhold. n. — 5.
— die Abkürzung u. Vereinfachung d. bürgerlichen Proceßverfahrens, nebst Ausführungsverordnung, sowie Gesetz, die gütliche u. kostenfreie Vermittelung streitiger, noch nicht gerichtlich anhängiger Civilansprüche durch die Untergerichte betr.; vom 30. Decbr. 1861. 8. Borna 862. Schulze. — 2½.
— — 16. Dresden 862. Meinhold. n. — 4.
— — Mit e. Anh. enth.: das Mandat vom 28. Novbr. 1753; Gesetz vom 21. Septbr. 1833 ꝛc. gr. 8. Leipzig 862. C. L. Fritzsche. (C. F. Schmidt.) — 10.
— die Uebergangsbestimmungen in d. neue Proceßverfahren betr., vom 4. Mai 1852 u. Ausführ.-Bekanntmach. zur allgem. bürgerl. Proceßordnung u. zum Gesetze über d. Mahnverfahren, vom 27. Sept. 1852. 16. Hannover 853. Pockwitz. — 2½.
— die Reorganisation d. Provinziallandschaften betr., vom 1. Aug. 1851. gr. 8. Ebend. 851. — 2½.
— betr. die Rechtsverhältnisse d. von e. guts- u. schutzherrlichen Hörigkeits- oder Unterthänigkeits-Verbande befreiten Stellen u. die Entschädigung wegen d. aufgehobenen gutsherrlichen u. sonstigen Lasten. gr. 8. Oldenburg 849. Stalling. — 3¾.
— den Regalbergbau f. d. Kgr. Sachsen betr., vom 22. Mai 1851. gr. 4. Dresden 851. Meinhold. n. — 20.
— zum Schutze d. persönlichen Freiheit, u. Gesetz betr. die Stellung unter Polizei-Aufsicht, vom 12. Febr. 1850. gr. 8. Berlin 850. v. Decker. — 1.
— das, über d. Bildung d. Schwurgerichte u. d. provisor. Gesetz über d. mündlich-öffentliche Verfahren mit Geschworenen vom 24. Decbr. 1849. gr. 8. Hannover 850. Pockwitz. — 2½;
mit Erläuterungen ꝛc. — 5.
— — Mit Hinzufüg. d. nach beiden zur Anwendung kommenden sonstigen gesetzl. Vorschriften herausg. von C. H. Ebhardt. gr. 8. Hannover 850. Helwing. — 10.
— betr. die Einrichtung d. Stempelsteuer vom 30. Jan. 1859. 1. u. 2. Aufl. gr. 8. Hannover 859. Meyer. — 5.
— wegen der Stempelsteuer vom 7. März 1822. — Kabinets-Ordre über die Stempel-Abgaben beim Scheck mit Wechseln, vom 3. Jan. 1830. — Gesetz vom 26. Mai 1852. — Gesetz wegen Erhebung d. Stempelsteuer von Zeitungen, Zeitschriften u. Anzeigeblättern. Vom 29. Juni 1861. — Regulativ f. d. Erhebung d. Stempelsteuer von Zeitungen ꝛc. Vom 7. Nov. 1861. (832—856.) — (Neue Ausg.) gr. 8. Berlin 861. v. Decker. n. — 5.
— kgl. preußisches, wegen Erhebung e. Stempelsteuer von polit. u. Anzeigeblättern, vom 2. Juni 1852; nebst d. Regulativen dazu. — Kgl. preuß. Gesetz über d. Postwesen, vom 5. Juni 1852. 8. Landsberg 852. Volger u. K. n. — 2½.
— —, — mit: das Preßgesetz vom 12. Mai 1851; nebst d. Ministerialbestimm. über die Bildung d. Prüfungs-Commissionen f. Buchhändler u. Buchdrucker u. die Prüfung selbst, vom 10. Aug. 1851. 8. Ebend. 851.
— wegen Erhebung d. Stempelsteuer von Zeitungen, Zeitschriften u. Anzeigeblättern vom 29. Juni 1861, nebst d. dazu gehör. Regulativ vom 7. Nov. 1861 u. d. betr. Circularverfügung vom 10. Jan. 1862. 8. Nordhausen 862. Büchting. n. — 2.

Gesetz.

Gesetz über die persönlichen directen Steuern nebst b. Bekanntmachung d. kgl. Finanzministeriums, die Ausführung desselben betr., vom 20. März 1859. 1. u. 2. Aufl. gr. 8. Hannover 859. Meyer. — 10.

— die Einführung e. neuen Strafgesetzbuches u. e. Strafprocessordnung betr. 4. Sondershausen 850. (Eupel.) — 25.

— über die Einführung e. Strafgesetzbuches u. Strafprozeßordnung vom 20. März 1850. Das Strafgesetzbuch. Die Strafprozeßordnung. Die Gebührentaxe f. d. Verhandlungen in Strafsachen. gr. 8. Weimar 850. (Böhlau.) n. — 15; Ausg. in 4° n. — 25.

— die Abänderungen des 2. Theils b. Strafgesetzbuchs vom J. 1813 betr. 8. Baireuth 849. Buchner. — 7½.

— die Einführung e. neuen Strafgesetzbuchs betr. Vom 29. Nov. 1850. gr. 8. (Coburg, J. G. Riemann.) — 7½.

— über die Einführung d. Strafgesetzbuchs, d. neuen Strafverfahrens u. d. Schwurgerichte im Großherzogth. Baden. Amtliche Handausg. gr. 8. Karlsruhe 851. Malsch u. B. n. — 8.

— die provisor. Einrichtung d. Strafverfahrens bei Preßvergehen u. dergl. betr., vom 18. Nov. 1848. Mit Erläuterungen f. Richter, Staatsanwälte, Vertheidiger u. Geschworne versehen von Fr. Oel. Schwarze. gr. 8. Leipzig 849. Arnold. — 18.

—— —— mit Bemerkungen f. dessen Anwendung von Groß. gr. 8. Dresden 849. Arnold. — 10.

— über d. Tax-Regulativ f. d. Verhandlungen d. nichtstreitigen Rechtspflege, sowie d. inneren, dann Polizei- u. Finanz-Verwaltung. 8. Nördlingen 852. Beck. — 3.

— das Verfahren bei Theilungen u. bei gerichtl. Verkäufen von Immobilien im Bezirk d. Appell.-Gerichtshofes zu Köln betr., vom 18. April 1855, u. Verordnung, betr. die Gebühren u. Kosten dieses Verfahrens vom [27. Juli 1855 u.] 3. Mai 1858 ꝛc. Vorausgehen: die Notariats-Ordnung f. b. Rheinprovinzen vom 25. April 1822; das Stempelgesetz vom 7. März 1822; die Subhastations-Ordnung f. d. Rheinprovinzen vom 1. Aug. 1822. (855.) — 2. verm. Aufl. 12. Düsseldorf 858. Engels u. L: — 12.

— über d. Uferschutz u. d. Schutz gegen Ueberschwemmungen. 8. Nördlingen 852. Beck. — 2.

— u. Ausführungsverordnung über Erwerbung u. Verlust d. Unterthanenrechts im Kgr. Sachsen, vom 2. Juli 1852. Nebst einigen Zusätzen u. Erläuterungen zum Heimathsgesetze vom 3. Juli 1852 u. d. Heimathsgesetzes vom 26. Nov. 1834 u. 12. Oct. 1840. 8. Dresden 852. Meinhold. n. — 4.

— betr. die Zusätze zu d. Verordnung vom 3. Jan. 1849 über die Einführung b. mündlichen u. öffentlichen Verfahrens mit Geschworenen in Untersuchungssachen. Vom 3. Mai 1852, u. Gesetz über d. vorläufige Straffestsetzung wegen Uebertretungen für biejen. Landestheile, in welchen die Verordnung vom 3. Jan. 1849 Gesetzeskraft hat. Vom 14. Mai 1852. gr. 8. Berlin 852. v. Decker. — 1½.

— die Einführung d. mündlichen u. öffentlichen Verfahrens mit Geschworenen in Untersuchungssachen betr. 4. Bernburg 850. Gröning. n. — 4.

— über das Verfahren in Strafsachen, welche vor die Schwurgerichtshöfe gehören, im Kgr. Würtemberg, vom 14. Aug. 1849. Mit beigefügter alphabet. Ueberficht d. Verbrechen, welche vor die Schwurgerichtshöfe gehören, u. Zusammenstell. derjen. Bestimmungen, deren Nichtbefolgung mit d. Nichtigkeit bedroht sind, u. ausführl. Sachregister. 16. Stuttgart 850. J. F. Steinkopf. n. — 8.

—— —— Mit Inhaltsübersicht u. alphabet. Register. gr. 8. Reutlingen 849. Kurz. n. — 3¾.

— die Verjährung persönlicher Klagen u. d. Einführung kurzer Verjährungsfristen für dieselben betr. Vom 22. Sept. 1850. Hannover 850. Helwing. n. — 2.

—— —— 16. Hannover 850. Pockwitz. — 1.

—— —— Zum Gebrauch f. Gewerbtreibende bearb., mit Beispielen erläutert u. mit Formularen versehen von Ads. Mensching. gr. 8. Ebend. 852. n. — 2½.

Gesetz über Einführung e. kürzeren Verjährungsfrist in Württemberg vom 6. Mai 1852, mit Erläuterungen u. als Anh. der Lehre über b. Beweiskraft d. Schuldscheine u. Quittungen versehen. 8. Nördlingen 852. Beck. — 2½.
— die Verjährungsfristen in Bayern betr. vom 26. März 1859. Mit Erläuterungen. (859.) — 2. Abdr. 8. Ebend. 862. n. — 2.
— vom 26. März 1859, die Verjährungsfristen betr., sammt d. Gesetz vom 29. Sept. 1861 die Verjährung d. Forderungen aus Staatsschuldurkunden b. Staatsschuldentilgungsanstalt betr. Mit Formularen. 8. Baireuth 862. Buchner. n. — 2.
— betr. die polizeilichen Beschränkungen der Versicherung d. beweglichen Vermögens gegen Feuersgefahr vom 19. Mai 1852 mit d. Vollziehungs-Instruktion vom 28. Mai 1852. Handausgabe mit erläut. Zusätzen u. alphabet. Sachregister von Chr. Maier. (852. — 2. Aufl. 862.) — 3. verb. u. verm. Aufl., herausg. von Ad. Schmidlin. gr. 8. Stuttgart 866. Metzler. n. — 8.
— vom 24. Oktbr. 1863 über d. Organisation d. innern Verwaltung. gr. 8. Mannheim 864. Schneider. — 2.
— betr. die Einführung d. allgem. Wechsel-Ordnung f. Deutschland, vom 15. Febr. 1850, nebst d. allgem. deutschen Wechselordnung. gr. 8. Berlin 850. v. Decker. — 1½.
— die allgem. deutsche Wechselordnung betr. nebst d. Einführungsgesetz. 8. Nördlingen 850. Beck. — 2.
— über d. Ausübung u. Ablösung d. Weiderechtes auf fremdem Grund u. Boden im Kgr. Bayern. Mit e. Einleit. u. vollständ. Sachregister. Handausg. 8. München 853. (J. A. Finsterlin.) n. — 8.
— vom 10. Novbr. 1861, die Zusammenlegung d. Grundstücke betr., sammt d. Gesetz vom 26. März 1859, die Gewährleistung bei Viehveräußerungen betr. 8. Bamberg 862. Buchner. — 3.

Gesetzbuch, das allgemeine bürgerliche, f. d. Kaiserth. Oesterreich. Ausgelegt f. d. Bürger u. Landmann u. zum Nachschlagen eingerichtet von e. prakt. Juristen. (854—856.) — 3., mit Rücksicht auf d. neue Ehe- u. Münzgesetzgebung umgearb. Aufl. gr. 8. Wien 860. Tendler u. Co. (Gerold.) n. 2. 15.
— das bürgerliche, f. d. Kgr. Sachsen nebst d. Publikationsverordnung vom 2. Jan. 1863. Mit e. von Dr. Ed. Siebenhaar gefertigten, ausführl. alphabet. Wort- u. Sachregister. (863.) — 2., durch die zu b. bürgerl. Gesetzbuch gehör. Verordnungen u. einschlägl. Gesetze, ingl. durch Angabe von Parallelstellen verm. Aufl. 8. Leipzig 865. Roßberg. 1. 7½; Schreibp. n. 1. 20.
— — Ein- u. Ausführungs-Verordnung u. Verordnung, das Verfahren in nichtstreitigen Rechtssachen betr., vom 9. Jan. 1865. Mit ausführl., alphabet. u. chronolog. geordneten Sach- u. Wortregister von Frdr. Alb. Wengler. (863.) — 3., neu bearb., sowie wesentlich verm. u. verb. Aufl. 8. Dresden 866. Meinhold. 1. 6.
— Daniels I. Fürsten u. Gebieters von Montenegro u. der Berda. gr. 8. Wien 859. Manz. n. — 10.
— vaterländisches, f. d. preußischen Staats-Einwohner. [16. Aufl. d. Werkes: Der Rechtsfreund ꝛc.] gr. 8. Berlin 860. C. Heymann. n. 1. 10.
— privatrechtliches, f. d. Kanton Schaffhausen. 8. Schaffhausen 865. Schalch. — 24.
— privatrechtliches, f. d. Kanton Zürich. 2 Hefte. 8. Zürich 854. (Schultheß.) n. — 12½.
— — Mit Erläuterungen herausg. von Bluntschli. 4 Bde. 8. Zürich, Schultheß.
   1. Bd.: Das zürcherische Personen- u. Familienrecht. 1. u. 2. Aufl. 854. n. 1. 10.
   2. Bd.: Das zürcherische Sachenrecht mit Erläuterungen. (854. — 2. Aufl. 855.)
   — 3. mit Rücksicht auf die Gerichtspraxis erweit. Aufl. 861. n. 1. —
   3. Bd.: Forderungen u. Schulden. 1. u. 2. Abth.: Das zürcher. Obligationenrecht. 855, 56. n. 2. 6.
   4. Bd.: Das zürcherische Erbrecht. (856.) — 2., mit Rücks. auf die Gerichtspraxis erweit. Aufl. 865. n. — 16.
   Sachregister u. Inhaltsverzeichniß. 856. n. — 12.

Gesetzbücher, die fünf französischen, s. Cramer, Joh.

Gesetz-Codex, preußischer. Ein authent. Abdruck d. in d. Gesetzsammlung f. d. kgl. preuß. Staaten von 1806 bis auf d. neueste Zeit enth. Gesetze, Verordnungen, Kabinetsordres ꝛc. In chronolog. Ordnung mit Rücksicht auf ihre noch jetzige Gültigkeit u. prakt. Bedeutung f. Justiz- wie Verwaltungsbeamte zusammengestellt von P. Stoepel. (855.) — 2. Aufl. 4 Bde. gr. 8. Frankfurt a. O., 861—63. Trowitzsch. 8. 21.
1. Bd.: 1806—34. — 2. Bd.: 1837—45. — 3. Bd.: 1846—56. — 4. Bd.: 1857—61

—— 1—3. Supplement (zur 1. Aufl.) gr. 8. Ebend. 856, 59. à — 12½.
Inhalt: I. Die Gesetzgebung pro 1855 enth. — II. Die Gesetzgebung pro 1856 nebst d. zu d. einzelnen Gesetzen erlass. Minist.-Instructionen. — III. Die Gesetzgebung pro 1857 ꝛc. u. d. Inhaltsverzeichniß d. drei Supplemente.

Gesetze, die agrarischen, d. Fürstenth. Schwarzburg-Sondershausen. gr. 8. Sondershausen 855. Eupel. n. — 12.
—— 2. Bd. gr. 8. Ebend. 862. 1. 15.

— die, der Angelsachsen. In der Ursprache mit Uebersetzung, Erläuterungen u. e. antiquar. Glossar herausg. von Rhld. Schmid. (832.) — 2. völlig umgearb. u. verm. Aufl. gr. 8. Leipzig 858. Brockhaus. n. 6, 15.

— die preußischen, über die Armenpflege u. die Verpflichtung zur Aufnahme neu anziehender Personen, bis auf d. neueste Zeit. Mit Hinweis. auf d. erläuternden Entscheidungen d. kgl. Ober-Tribunals. 8. Breslau 855. Kern. — 3.

— die drei: über die Verpflichtung zur Armenpflege, über die Bestrafung d. Landstreicher, über die Erwerbung u. d. Verlust d. Eigenschaft als preuß. Unterthan, mit allen spätern Declarationen u. Erläuterungen zusammengestellt. gr. 8. Thorn 850. Lambeck. n. — 10.

— das Aufschlagswesen im Kgr. Bayern betr. 8. Bamberg 862. Buchner. — 6.

— die neuen, f. d. Kgr. Bayern, erlassen in Folge d. Landtags von 1849/50; sammt d. darauf bezügl. Vollzugs-Instructionen. 16. München 850, 51. Franz. 1. 2.

—— von 1851/52; nebst d. dazu bis Anfangs März 1853 erschien. Vollzugsvorschriften. 16. Ebend. 852, 53. 2. 4.

—— Supplement. 3 Abthlgn. 8. Ebend. 854, 55. 1. 17.

— Verordnungen ꝛc., neue, f. d. Kgr. Bayern. 8. Ebend. 855—64.
4. Bdchn. enth. die in Folge d. Landtags von 1853/55 erlassenen Gesetze. 1. 20.
5. Bdchn. enth. die in Folge d. Landtags von 1855/56 erlassenen Gesetze. 2. —
6. Bdchn. enth. die vom 1. Jänner 1857 bis 1. Juli 1858 erschienenen Verordnungen u. Vollzugsvorschriften. 1. 25.
7. Bdchn. enth. die seit Juli 1858 u. im J. 1859 erschienenen Gesetze u. Vollzugsvorschriften. 2. —
8. Bdchn. Vollzugsvorschriften, Verordnungen, Entschließungen, Ausschreiben u. Bekanntmachungen präjudiciellen Inhaltes vom 1. Jan. bis 6. Dezbr. 1860. 2. —
9. Bdchn. Gesetze, Verordnungen, Entschließungen ꝛc. vom 1. Juli bis 10. Nov. 1861. 2. 5.
10. Bdchn. Gesetze ꝛc. vom J. 1862. 2. 20.
11. Bdchn. Gesetze ꝛc. vom J. 1863. 1. u. 2. Bdchn. 864. — 20.

— die neuen, über I., die Bequartierung u. Verpflegung d. großh. badischen Truppen bei d. Landesbewohnern im Frieden. II., die Stellung u. Vergütung der Militärfuhren u. III., die Etappengelder nebst Vollzugsverordnungen u. Beilagen. IV., Etappenconvention zwischen Baden u. Preußen. gr. 8. Donaueschingen 863. (Aldenhoven.) n. — 15.

— die künftige Einrichtung d. Behörden erster Instanz f. Rechtspflege u. Verwaltung, u. die Friedensrichter betr. — Strafgesetzbuch f. d. Kgr. Sachsen u. die damit in Verbindung stehenden Gesetze ꝛc., sowie Strafproceßordnung f. d. Kgr. Sachsen; vom 11. Aug. 1855. 8. Dresden 855. Meinhold. n. — 20.

— die, über die Einkommen- u. Kapitalrenten-Steuer. 8. Nördlingen 856. Beck. — 3.

— das Forst- u. Jagdwesen im Kgr. Bayern betr. 8. Bamberg 862. Buchner. — 9.

— betr. d. Ansatz u. d. Erhebung d. Gebühren d. Rechtsanwalte u. Notare vom

11. u. 12. Mai 1851, u. Instruktionen d. Justizministers vom 11. u. 12. Sept. 1851. Nebst Tabellen u. Anlagen. Amtliche Ausg. Fol. Berlin 851. v. Decker. n. — 15.
Gesetze über die Gerichtskosten u. über die Gebühren d. Rechtsanwalte u. Notare, vom 9., 10., 11. u. 12. Mai 1851. gr. 8. Ebend. 851. n. — 5.
— vom 28. Octbr. 1863, betr. a) die Gerichtsverfassung [Organisations-Gesetz], b) das Verfahren in bürgerlichen Rechtsstreitigkeiten [Civil-Proceß-Gesetz], c) das Strafverfahren [Straf-Proceß-Gesetz]. 8. Hanau 864. König's Sort. n. — 20.
— allgemeine deutsche. 1. Handelsgesetz mit Seerecht u. Einführungsgesetz. 2. Wechselordnung. 8. Würzburg 863. Stahel. 1. —
— neue kgl. hannoversche, über Landes-Oeconomie-Angelegenheiten. gr. 8. Celle 857. Schulze. n. — 3½.
— die preußischen, betr. die Landgemeinde-Verfassungen u. die ländlichen Ortsobrigkeiten in d. sechs östlichen Provinzen d. preuß. Monarchie. Vom 24. April 1856. Mit Erläuterungen aus d. Motiven d. Gesetze u. Hinweisung auf d. Ministerialverordnungen u. d. Erkenntnisse d. Gerichtshofes zur Entscheidung d. Kompetenz-Konflikte. 8. Breslau 857. Kern. — 8.
— die landwirthschaftlichen, Bayerns. Mit reichhaltigen Anmerkgn. herausg. von e. rechtskundigen Beamten. 8. Würzburg 862. Stahel. — 9.
— die zürcherischen, betr. die Organisation d. Rechtspflege u. die Strafverfahren [Schwurgerichte] mit Erläuterungen herausg. von J. Rüttimann. gr. 8. Zürich 853. Schultheß. — 24.
— österreichische. (Mit Erläuterungen u. alphabet. Registern.) Taschenausg. No. 1—16. 8. Wien 860—63. Manz. 9. 6.
1. Das Gewerbegesetz vom 20. Dezbr. 1859. 3 Ngr.
2. Privilegiengesetz, Marken- u. Musterschutzgesetz, Hausirpatent, Vorschriften über Firmaprotocollirung. Vereinsgesetz. 7 Ngr.
3. Wechselordnung. Verfahren in Wechselsachen, Vorfeordnung, Gesetz f. Waarenbörsen u. Waarensensale, Gesetz über d. Vergleichsverfahren. 16 Ngr.
4. Das allgem. bürgerliche Gesetzbuch sammt allen dasselbe ergänz. u. erläut. Gesetzen ic. 24 Ngr.
5. Das Verfahren außer Streitsachen nach d. I. Patente v. 9. Aug. 1854 mit d. darauf bezügl. u. d. über d. Verlassenschaftsgebühren, d. Todeserklärung u. d. Amortisirung von Urkunden erflos. Verordnungen. 12 Ngr.
6. Die Notariatsordnung vom 21. Mai 1855 sammt allen nachträgl. Verordnungen ic. 6 Ngr.
7. Verordnungen über Vorsemexisen u. Depositenwesen. Vorschriften über öffentl. Bücher [Grundbuchsordnung]. 18 Ngr.
8. Das allgem. Strafgesetz vom 27. Mai 1852, die Preßordnung u. die Buchergesetze nebst allen übrigen darauf bezügl. Gesetzen u. Verordnungen.
9. Die allgem. Strafproceßordnung vom 29. Juli 1853; die Instruction f. d. Strafgerichte; die Instruction f. d. Staatsanwaltschaften; das Verfahren d. polit. Behörden in Strafsachen sammt allen darauf Bezug nehmenden Gesetzen u. Verordnungen. 29 Ngr.
10. Die Vorschriften über Conscription, Recrutirung, Stellvertretung, Militärsentlassung, Reserve, Urlaubertrag u. Vorspann. 24 Ngr.
10. (?) Die Civil- u. Militär-Jurisdictionsnorm. Die allgem. Gerichts- u. Concursordnung. Die besonderen Arten d. Verfahrens in Streitsachen. Die Geschäftsordnung f. d. Gerichtsstellen. 1 Thlr. 2 Ngr.
11. Das allgem. Berggesetz vom 23. Mai 1854 sammt d. Vollzugsvorschriften. 1 Thlr. 2 Ngr.
12. Das Forstgesetz. Jagdgesetz, die Vorschriften über d. Waffentragen u. d. Feldschutz ic. 16 Ngr.
13. Das Gemeindegesetz vom 17. März 1849 sammt allen Nachträgen u. Erläuterungen. Instruct. über d. Verwaltung d. Gemeindevermögens, d. Besorgung d. Gemeindegeschäfte u. d. Vornahme d. Wahlen d. Gemeindevorstandes. 8 Ngr.
13. (?) Interimistischer allgem. österreich. Zolltarif gültig vom 1. Juli 1864 an, ic. u. 24 Ngr.
15. Das allgem. Handelsgesetzbuch vom 17. Decbr. 1862 ic. 1—3. Abdr. 12 Ngr.
16. Das Gebührengesetz vom 9. Febr. 1850 nebst d. Gebührengesetze vom 13. Dezbr. 1862 ic. 1 Thlr. 2 Ngr.
— über das Postwesen. 16. Brandenburg 861. Müller. — 10.
— die nach d. 1. Juli 1862 in d. Kgr. Bayern zur Anwendung kommenden auf Preßerzeugnisse überhaupt, die Bestrafung d. Preßdelicte u. d. Verfahren hiebei bezügl.; u. die Versammlungen u. Vereine betr., mit Präjudizien u. e. systemat. u. alphabet. Inhaltsverzeichnisse. 16. Baireuth 862. Grau. n. — 5.

Gesetze, die auf Grund der Verfassung erlassenen u. nach deren Berathung oder Genehmigung Seitens der Kammern verkündeten, für d. preußischen Staat. 2—8. Jahrg. 8. Arnsberg 851—57. Ritter. 2. 17.
  2.: 21 Ngr.; 3.: 10 Ngr.; 4.: 10 Ngr.; 5.: 6 Ngr.; 6.: 12½ Ngr.; 7.: 12½ Ng.; 8.; 5 Ngr.
  1. Jahrg. s. Verfassungs-Urkunde.

— kleinere, privatrechtlichen Inhalts f. d. Kgr. Bayern. 8. Bamberg 862. Buchner. n. — 18.

— die, vom 18. April 1855 u. 3. Mai 1858 betr. das Verfahren bei Theilungen u. bei gerichtl. Verkäufen von Immobilien im Bezirk d. Appell.-Gerichtshofes zu Köln, sowie die Gebühren u. Kosten dieses Verfahrens, nebst d. vollständ. Materialien, Gesetzentwürfen, Motiven ꝛc. Herausg. von d. Verein f. d. Notariat in Rheinpreußen. gr. 8. Köln 858. J. G. Schmitz'sche Buchh. n. — 15.

— die Abänderungen d. 1. u. 2. Theils d. Strafgesetzbuches vom J. 1813. betr. nebst d. Bestimmungen über die Einführung d. Gesetze u. die Bildung d. Strafgerichtssprengel. Mit Formularien u. Register. 16. München 848. Kaiser. n. — 16.

— — — 16. München 848. Franz. n. — 12;
  1. Supplement dazu — 3.

— die kgl. preußischen, über den Viehhandel, nebst e. kurzen Belehrung über die Gewährskrankheiten ꝛc. u. Angabe d. polizeil. Verordnungen zur Verhütung d. Weiterverbreitung ansteckender Krankheiten. 8. Lippstadt 852. (Staats.) n. — 9.

— preußische, über Wasserrecht u. Wasserpolizei. Anhang zu Nieberding's Wasserrecht u. Wasserpolizei. gr. 8. Breslau 866. Korn. — 7½.

— die neuesten, über den Wechselstempel u. 10 Tabellen zur Berechnung d. Stempel bei Anwendung d. Gesetzes vom 7. März 1822. 8. Trier 854. Linz. n. — 10.

Gesetze u. Verordnungen, das Apothekerwesen betr., f. d. Kgr. Sachsen nebst e. Sachregister. gr. 8. Dresden 855. Meinhold. n. — 10.

— betr. die Dampfkessel- u. Dampfmaschinen-Polizei im preuß. Staate. Nach amtl. Quellen zusammengestellt f. Beamte u. Industrielle. 16. Breslau 864. Kern. — 10.

— für Geistliche u. Schullehrer. 1. u. 2. Bdchn. 16. Berlin 859. W. Schultze. à Bdchn. n. — 7½.
  Abdr. aus Jahrg. 1857 u. 1858 des Kalenders f. Geistliche u. Schullehrer.

Gesetze, Verordnungen u. Ausschreiben f. d. Kgr. Hannover, aus d. Zeitraume von 1813 bis auf d. neuere Zeit, zusammengestellt von Chrn. Herm. Ebhardt. 3. Folge. 1851—1855. 3 Bde. gr. 8. Göttingen 856, 57. Vandenhoeck u. R. n. 8. —

— — — 4. Folge. 1856—1862. 4 Bde. gr. 8. Hannover 863, 64. Rümpler. n. 8. —
  Das Hauptwerk 1813—39. 8 Bde. 839, 40. u. 20 Thlr.; 1. Folge. 1841—45. 2 Bde. 847. u. 5 Thlr. 20 Ngr.; 2. Folge. 1846—50. 2 Bde. 851. u. 5 Thlr. 22½ Ngr.

— — — Allgemeines Register zur Sammlung d. Gesetze, Verordnungen ꝛc. f. d. Kgr. Hannover aus d. J. von 1818—31. Decbr. 1856. 4. Hannover 857. Jänecke. n. 2. 10.

— — — a. d. J. von 1845 bis 1. Juli 1852. 4. Ebend. 853. n. — 25.

— — — f. d. Bezirk d. kgl. Consistorii zu Hannover, welche in Kirchen- u. Schulsachen ergangen sind. Herausg. von Chrn. Herm. Ebhardt. 1. Folge. 1845—57. gr. 8. Hannover 858. Helwing. n. 2. —
  Das Hauptwerk 2 Bde. Ebend. 845. n. 6 Thlr. 20 Ngr.

Gesetze, Verordnungen, Entschließungen, Ausschreiben, Vorschriften u. Erkenntnisse über d. Jagdwesen in Bayern diess. d. Rheins. Nebst e. Uebersicht d. Jagdverhältnisse seit 1848, e. Sachregister ꝛc. 8. München 854. Franz. n. — 24.

Gesetzentwurf über Friedensgerichte. gr. 8. Wien 867. Manz. n. — 4.

Gesetz-Entwürfe, die, betr. die Regulirung d. Grundsteuer, nebst d. Motiven u. e. erläuternden Einleitung. 8. Berlin 859. Decker. n. — 15;
  mit d. Kommiss.-Berichten d. Hauses d. Abgeordneten n. 1. —

Gesetzes-Entwurf betr. die Niederlassung u. d. Aufenthalt in den Gemeinden, nebst d. Motiven dazu ꝛc. gr. 8. Stuttgart 852. Metzler. — 3.

Gesetzes-Entwürfe I. über die Einführung d. allgem. deutschen Handelsgesetzbuchs, II. über die provisor. Errichtung von Handelsgerichten u. b. Verfahren vor denselben. gr. 8. Stuttgart 862. Mezler.   n. — 8.
— über 1) die Erwerbung d. Grundeigenthums u. insbef. deffen Beweis durch die Grundbücher, 2) die Hypothek- u. die übrigen Vorzugsrechte d. Gläubiger in d. Provinzen Starkenburg u. Oberheffen nebst Motiven. gr. 8. Darmstadt 850. (Jonghaus.)   n. — 20.
Gesetzessammlung f. den Kanton Thurgau. gr. 8. Frauenfeld 866. Huber in Comm.
  1. Hauptabth.: Verhältniffe zu auswärtigen Staaten, zu den Kantonen u. zum Bunde. 2 Bde.   n. 2. 20.
  2. Hauptabth.: Kantonale Verhältniffe. 2 Bde.   n. 2. 20.
Gesetzgebung, hannoversche, über Ablösungen u. Allodificationen. gr. 8. Hannover 854. Helwing.   n. — 15.
— die, des Kgr. Bayern seit Maximilian II. mit Erläuterungen. Herausg. von C. F. Dollmann. gr. 8. Erlangen 852—67. Palm u. E.
  1. Thl.: Privatrecht.
1. Bd.: 1. Heft: Allgem. deutsche Wechselordnung mit b. k. bayer. Einführungsgesetz u. b. k. bayer. Gesetze über b. kaufmänn. Anweisungen, erläutert von J. C. Bluntschli. 852.   n. — 28.
  2. Heft: Das bayer. Grundlasten-Ablösungs-Gesetz vom 4. Juni 1848, sammt b. Gesetze, die §§. 4 u. 117 b. Grundsteuergesetzes betr. vom 28. März 1852, erläut. von J. Pözl. 852.   n. — 22.
  3. Heft: Das Gesetz, die Sicherung, Fixirung u. Ablösung b. auf d. Zehentrechte lastenden kirchl. Baupflicht betr., vom 28. Mai 1852, erläut. von M. Permaneder. 853.   n. — 12.
  4. Heft: Das Gesetz vom 4. Juni 1848, die Ablösung b. Lehenverbandes betr., erläut. von J. Pözl. 854.   n. — 8.
  5. Heft: Gesetz über b. Ausübung u. Ablösung b. Weiderechts auf fremdem Grund u. Boden, erläut. von J. Pözl. 854.   n. — 12.
  6. Heft: Das Gesetz, die bürgerlichen Rechte b. israelit. Glaubensgenoffen betr., vom 29. Juni 1851, erläutert von Rud. Metz. 855.   n. — 8.
2. Bd.: 1. Heft: Gesetz vom 22. Febr. 1858, die landwirthschaftlichen Erbgüter betr. Mit Erläut. von F. Stein. 859.   n. — 8.
  2. Heft: Die Gesetze vom 28. Mai 1852 über Benutz. b. Waffers, über die Bewäfferungs- u. Entwäfferungsunternehmungen zum Zwecke b. Bodenkultur, dann über b. Uferschutz u. b. Schutz gegen Ueberschwemmungen, nebst e. Anh., die Ordnung b. Schiff- u. Floßfahrt betr., erläut. von J. Pözl. 859. n. 2. 8.
3. Bd. 1. Heft: Gesetz vom 26. März 1859, die Gewährleistung bei Blehveräusserungen betr., erläut. von J. J. Lauck. 859.   n. — 12.
  2. Heft: Gesetz vom 26. März 1859, die Verjährungsfristen betr., erläut. von D. v. Völderndorff. 860.   n. — 12.
  3. Heft: Gesetz vom 22. Febr. 1855, die Aufhebung b. Lex Anastasiana u. anderer bezügl. b. Abtretung von Rechten vorgeschriebenen Beschränkungen betr., erläut. von E. v. Zinl. 860.   n. — 12.
  4. Heft: Gesetz vom 12. März 1850, die Verpflichtung zum Erfatz b. bei Aufläufen dieff. b. Rheins verursachten Schadens betr., erläut. von E. v. Zinl. 861.   n. — 8.
  Gesetz vom 26. März 1859, die Einrede des nicht gezahlten Geldes oder Heirathsguts betr., erläut. von E. v. Zinl. 861.   n. — 8.
  5. Heft.: Landtagsabschied vom 10. Nov. 1861, Abschn. III. § 28, einige Aenderungen im Civilrechte betr. — Gesetz vom 29. Sept. 1861, die Verjährung b. Forderungen aus Staatsschuldurkunden b. Staatsschuldentilgungsanstalt betr. Erläut. von D. v. Völderndorff. 862.   n. — 16.
  6. Heft: Gesetz vom 10. Nov. 1861 die Zusammenlegung von Grundstücken betr. Mit Erläut. von L. Jos. Gerstner. 863.   n. — 28.

(**Gesetzgebung**, die, des Kgr. Bayern ꝛc.)
 4. Bd.: 1. u. 2. Heft: Allgem. deutsches Handelsgesetzbuch mit d. k. bayer. Einführungsgesetze, erläut. von J. Lutz. 863. n. 1. 6.
 5. Bd.: 1. Heft: Gesetz vom 5. Oktbr. 1863, einige Bestimmungen d. allgem. deutschen Wechselordnung betr., erläut. von O. v. Bölderndorff. 865. n. — 8.
 2. Heft: (Gesetz vom 28. Juni 1864 zum Schutze d. Urheberrechte an literar. Erzeugnissen u. Werken d. Kunst, erläut. von G. Mandry. 867. n. 2. 4.

 2. Thl.: Staats- u. Verwaltungsrecht.
 1. Bd. 1. Heft: Gesetz, d. Staatsgerichtshof u. d. Verfahren bei Anklagen gegen die Minister betr. — Gesetz, die Districts- u. Landrathe betr. Mit Erläuter. von C. Brater. 863. n. 1. 2.
 2. Heft: Gesetz vom 11. Juli 1850, die Kapitalrenten- u. Einkommensteuer betr. u. Gesetz vom 25. Juli 1850, die Häusersteuer betr., erläut. von Max Wolf. — Gesetz vom 25. Juli 1850, die Einquartirungs- u. Vorspannslasten in Friedenszeiten betr. u. Gesetz vom 25. Juli 1850, die Unterstütz. u. Verpfleg. hülfsbedürft. u. erkrankter Personen betr., erläut. von K. Brater. n. — 24.
 3. Heft: Gesetz vom 28. Mai 1850, die Kompetenz-Konflikte betr., erläut. von St. Rinecker. 854. n. — 20.
 4. Heft: Forstgesetz vom 28. März 1852, erläut. von K. Brater. 856. n. 1. 18.
 2. Bd. 1. Heft: Die Bestimmungen d. Finanzgesetze vom 25. Juli 1850 u. 28. Mai 1852 betr. d. Steuerbeischlag der Pfalz nach Art. XII. d. Gesetzes vom 23. Mai 1846 üb. Ausscheidung d. Kreislasten u. die Bildung der Kreisfonds, erläut. von Max Wolf. 856. n. — 8.
 2. Heft: Gesetz vom 1. Juli 1856, die Gewerbsteuer betr. Mit Erläuter. von W. Bocke. 859. n. 1. 6.
 3. Heft: Gesetz über d. Taxregulativ vom 28. Mai 1852, erläut. von K. Stolar v. Neuforn. n. 1. 14.
 3. Bd. 1. Heft: Die Gesetze vom 31. Mai 1856, d. Einkommen- u. Kapitalrentensteuern betr. Mit Erläuter. von Max Wolf. 860. n. — 28.
 2. Heft: Gesetz vom 10. Nov. 1861, die Gerichtsverfassung betr., erläut. von K. Rehm. 862. n. — 28.
 3. u. 4. Heft: Gesetz vom 10. Nov. 1861, das Notariat betr., erläut. von C. v. Zink. 863. n. 2. 28.
 (Beilageheft:) Repertorium zum Forstgesetz vom 28. März 1852. 862. n. —24.
 4. Bd. 1. Heft: Gesetz vom 28. Mai 1852, die Feuerversicherungsanstalt f. Gebäude in d. Gebietstheilen diess. d. Rheins betr., u. Gesetz vom 24. Mai 1861, die Abänderungen einiger Bestimmungen d. obigen Gesetzes betr., erläut. von Winfr. v. Hörmann. n. 2. 4.
 2. Heft: Gesetz vom 26. Febr. 1850, die Versammlungen u. Vereine betr., erläut. von J. Pözl. n. — 16.
 Gesetz vom 4. Mai 1851, das Einschreiten d. bewaffneten Macht zur Erhaltung d. gesetzl. Ordnung betr., erläut. von J. Pözl. n. — 20.

 3. Thl.: Strafrecht u. Strafprozeß.
 1. Bd. 1. Heft: Gesetz zum Schutze gegen d. Mißbrauch d. Presse. — Gesetz, d. Schutz d. Telegraphenanstalten betr. — Gesetz die Bestrafung d. Jagdfrevel betr. — Gesetz die Ausübung d. Jagd betr. ꝛc. Mit Erläuter. von C. Brater. 853. n. — 28.
 2. Heft: Gesetz vom 10. Nov. 1848, die Untersuch. u. Aburtheil. d. Aufschlags-Defraudationen betr., erläut. von St. Rinecker. 859. n. — 8.
 3. Heft: Gesetz vom 28. März 1852, die gewerbsmäßigen Gutszertrümmerungen betr., erläut. von M. Stenglein. 860. n. — 8.
 2. Bd. 1. u. 2. Heft: Das kgl. bayer. Strafprozeßgesetz vom 10. Nov. 1848 in Ver

(**Gesetzgebung**, die, des Kgr. Bayern ꝛc.)
   bind. mit den noch gült. Bestimmungen d. 2. Theils d. Strafgesetzbuchs vom
   J. 1813, erläut. von C. J. Dollmann. 1. u. 2. Heft. 857. 59.   n 1. 14.
3. Bd.   1. u. 2. Heft: Das Gesetz die Einführung d. Strafgesetzbuches betr. vom 10. Nov.
   1861, erläut. von C. Risch. 862.   n. 2. 16.
4. Bd.   1—3. Heft: Das Strafgesetzbuch f. d. Kgr. Bayern vom 10. Nov. 1861.
   Mit Erläut. von C. J. Dollmann. 1—3. Heft. 862—66.   n. 2. 22.
   ——   1. u. 2. Supplem.-Heft. 863.   n. — 20.
   (Beilagehefte:) Repertorium zum Strafprozeßgesetz vom 10. Nov. 1848
   einschl. d. Modificationen durch die Gesetzgebung vom J. 1861. 862. n. 1. 18.
5. Bd.: Das Polizeistrafgesetzbuch vom 10. Nov. 861. Mit Erläut. von
   K. Edel. 863.   n. 4. 4.
   (1. Beilageheft:) Sammlung der in d. Polizeistrafsachen neben d. Polizeistrafgesetzbuche vom 10. Nov. 1861 gelt. Verordnungen ꝛc. zusammengestellt
   von K. Edel. 1. Heft. 865.   n — 16.
— hannoversche, über die Verhältnisse d. königlichen Diener. gr. 8. Hannover 858.
   (Hahn. — Helwing.)   — 2½.
— hannoversche, über Diensteibe. Nach amtlichen Quellen. gr. 8. Hannover 859.
   Lohse.   n. — 10.
— die bayerische, über Jagdausübung. Wildschadenersatz u. Jagdfrevel mit d. hierzu
   erlass. Vollzugs-Normen u. Polizei-Vorschriften. (858.) — Neue Ausg. 16. München 864. Grubert.   — 4.
— hannoversche, betr. die Jagdordnung vom 11. März 1859, nebst Ausführungs-
   Bekanntmachung. gr. 8. Hannover 859. Hahn. — Helwing.   — 2.
— hannoversche, über die Landes-Verfassung. gr. 8. Hannover 854. Helwing. n. — 10.
— hannoversche, über Landgemeinden. gr. 8. Hannover 859. Meyer.   — 5.
— ——   gr. 8. Hannover 852. (Helwing.)   — 3¾.
— ——   über das Medicinalwesen. gr. 8. Ebend. 853.   — 15.
— hannoversche, über Paßwesen u. Fremden-Polizei. gr. 8. Hannover 854.
   Meyer.   n. — 10.
— hannoversche, zur Entscheidung streitiger Rechtsfragen. 8. Verden 852. Tres-
   san.   — 3¾.
— hannoversche, über Staats- u. Gemeinde-Verwaltung. gr. 8. Hannover 852.
   Helwing.   — 15.
— ——   gr. 8. Hannover 859. Meyer.   — 22½.
— hannoversche, die Entrichtung d. Stempelsteuer betr., vom 30. Jan. 1859. gr. 8.
   Hannover 859. Hahn. — Helwing.   — 4.
— hannoversche, die persönlichen directen Steuern betr., vom 20. März 1859
   nebst Ausführungs-Bekanntmachung. 4. Hannover 859. Hahn.   — 9.
— hannoversche, über die Verhältnisse d. Staatsdiener. gr. 8. Hannover 852.
   (Helwing.)   — 2⅔.

Gesetzgebung und **Verwaltung**, die bayerische, im Bereiche der Landwirthschaft.
   gr. 8. München 862. Fleischmann.   — 15.

Gesetzkunde f. d. preuß. Bürger. 16. Brandenburg 855. Müller.   n. — 20.

Gesetz-Sammlung, deutsche. Hersg. von Max Moltke. 1. Reihe: Die Verfassungen u. Verfassungsgesetze sämmtl. deutschen Bundesstaaten. gr. 8. Berlin, Moltke.
   1. Heft: Das preussische Staatsgrundgesetz. 864.   n. — 6.
— kleine deutsche. Herausg. von M. Moltke. 32. Leipzig. Fritsch.
   1. Bdchn.: Die allgem. deutsche Wechselordnung sammt d. bezügl. Einführungs-,
     Ergänzungs- u. Erläuterungsgesetzen, sowie anderweitigen gesetzlichen Bestim-
     mungen über d. Wechselverkehr f. d. Kgr. Sachsen u. Preußen. 866.   n. — 4.
— fürs Haus. Ein Handbuch f. preuß. Staats-Einwohner, enth. die wichtigsten

Gesetzsammlung — Gesinde-Ordnung.

neuern Gesetze. (852 — 55.) — 5. verm. Aufl. gr. 8. Berlin 857. C. Heymann.   n. — 20.

Gesetzsammlung für Kaufleute u. Gewerbtreibende. Ein Hülfsbuch u. Rathgeber f. jeden Geschäftsmann. 8. Berlin 856. Hoevel.   n. — 15.

— für die **Mecklenburg-Schwerin'schen Lande**. 1. Samml. vom Anbeginn d. Thätigkeit d. Gesetzgebung bis zum Anfange d. 19. Jahrh. (834—48.) — 2. verm. u. verb. Aufl. der sogen. Parchim'schen Gesetzsammlung. 1—10. Liefg. gr. 8. Wismar 860—66. Hinstorff.   à Liefg. n. — 22½.
    1. Bd.: Justizsachen. — 2. Bd.: Kirchen- u. Schulsachen.

—   — 2. Folge, umfassend d. Zeitraum vom Anfange dieses Jahrh. bis zum J. 1857. Redig. von Raabe. 6 Bde. Lex.-8. Wismar 843—59. Hinstorff. n. 32. 5.

— f. d. **Mecklenburg-Strelitzischen Lande** [mit Ausschluß d. Fürstenth. Ratzeburg], redig. von Th. Scharenberg u. F. Genzken. 1—10. Liefg. gr. 8. Neustrelitz 858,59. Barnewitz.   à Liefg. n. — 17½.
    Inhalt: 1. Abth. Kirchen- u. Schulsachen. — 2. Abth. Justizsachen. f. Civilrecht.

— **österreichische**, für Geschäftsleute, Banquiers, Industrielle, Gewerbtreibende, Agenten ꝛc. Mit e. ausführlichen alphabet. Register. Wien 860. Tendler u. Co. (Gewold.)   n. 1. 6.

— **preußische**, Register dazu, s. Eggert.

— **kleine preußische**. Zusammengestellt u. herausg. von Max Moltke. 1—5. Bdchn. 32 Berlin 863. Moltke. (Leipzig, Fritsch.)   n. — 14½.
    1. Bdchn.: Die Verfassungsurkunde f. d. preuß. Staat. 4. Aufl. n. 2½ Ngr.
    2. Bdchn.: Die verfassungsmäß. preuß. Wahlgesetze zur Bildung d. Hauses d. Abgeordneten. 3. Aufl. n. 2½ Ngr.
    3. Bdchn.: Die preuß. Gesetze u. Verordnungen über Erwerb u. Verlust d. Staatsbürgerthums, über Heimats- u. Versammlungsrecht, Wehrpflichtigkeit, persönliche u. Religions-Freiheit. n. 2½ Ngr.
    4. Bdchn.: Die allgem. deutsche Wechselordnung sammt d. Einführungs-, Ergänzungs- n. Erläuterungs-Gesetzen f. d. preuß. Staat, sowie anderweit. Bestimmungen preuß. Gesetze über d. Wechselverkehr. n. 3 Ngr.
    5. Bdchn.: Die Städte-Ordnung für die sechs östlichen Provinzen [vom 30. Mai 1853] sammt d. Gesetz über d. städtische Einquart.-Bürgerrechts- u. Einkaufsgeld [vom 14. Mai 1860], der betr. Ministerial-Instruktionen u. e. Sachregister. n. 4 Ngr.

— für die **kgl. preußischen Staaten**. 1806—1865. Chronolog. Zusammenstellung der in d. Gesetzsammlung f. d. kgl. preuß. Staaten f. d. J. 1806 bis einschließlich 1865 enth. Gesetze, Verordnungen, Kabinets-Ordres ꝛc. Mit vollständ. alphabet. Sachregister. 3. neu bearb. u. vervollständ. Aufl. gr. 4. Berlin, C. Heymann.
    1. Abth.: Justiz-Gesetzgebung. 2 Bde. 866.   4. 15.

—   — Repertorium u. Sachregister. Zur Justiz-Gesetzgebung. 1. u. 2. Thl. gr. 4. Ebend. 866.   — 15.

— f. d. **preuß. Staaten**. Ein Handbuch f. alle Stände. Zusammengestellt von Ed. Anton. gr. 8. Magdeburg 855. Creutz.   n. 2. 22½.

— f. d. **preuß. Verwaltungs-Beamten**. Eine chronolog. Zusammenstellung d. in d. Gesetzsammlung f. d. J. 1806 bis 1854 incl. enth., die Verfassung u. Verwaltung d. preuß. Staats betr., noch geltenden Gesetze, Verordnungen ꝛc. Mit alphabet. Sach- u. Materien-Register. (853.) — Neue, durch e. Supplem. verm. Ausg. 2 Bde. gr. 8. Berlin 853. C. Heymann.   3. —;
                              das Supplement einzeln   — 10.

Gesetz-Tafeln, deutsche, bearb. u. herausg. von Max Moltke. Nr. 1. Fol. Leipzig 866. (Fritsch.)   — 3.

Gesinde-Ordnung, allgemeine, f. d. preuß. Staaten mit d. Ergänzungen bis auf die neueste Zeit. 3. Abdr. 16. Brandenburg 854. Müller.   — 5.

—   — mit d. Ergänzungen bis 1851. Herausg. von T. Brandt. 1. u. 2. Aufl. 8. Breslau 851. Kohn.   — 5.

— für sämmtliche Provinzen d. preuß. Monarchie. Vom 8. Nov. 1810. — Gesindeordnung f. Neuvorpommern u. d. Fürstenth. Rügen. Vom 11. April 1845. — Gesindeordnung f. d. Rheinprovinz. Vom 19. Aug. 1844. gr. 8. Berlin 853. v. Decker.   — 3.

—   — Nebst d. Gesetz, betr. die Verletzungen d. Dienstpflicht d. Gesindes u. d. ländlichen Arbeiter. Vom 24. April 1854. gr. 8. Ebend.   — 3.

Gesinde-Ordnung, die vollständige, oder Bestimmungen d. preußischen Gesetze über d. Rechte u. Pflichten d. Herrschaft u. d. Gesindes nach d. Gesinde-Ordnung vom 8. Nov. 1810, d. Gesetze vom 24. April 1824, d. Allgem. Landrechte u. d. Gerichts-Ordnung. (854.) — 16. Breslau 860. Kern. — 3.
—— gr. 8. Thorn 861. Lambeck. — 3.

Geßler, Th., über den Begriff u. die Arten des Dolus. gr. 8. Tübingen 860. Laupp. n. 1. 25.

— die Hauptgrundzüge d. hannoverschen Civilprozesses in ihrem Verhältnisse zu d. württemberg. Verfahren. (Abr. aus d. Württemb. Archiv f. Recht.) gr. 8. Stuttgart 861. Lindemann. n. — 8.

Gessner, Ludw., de jure uxoris legati atque legatae. Commentatio juris gentium. gr. 8. Halle 851. Schmidt. n. — 15.

— das Recht d. neutralen Seehandels u. eine Revision d. darüber geltenden Grundsätze d. Völkerrechts. gr. 8. Bremen 855. Strack. n. 1. —

Gett, Ad. Frdr., theoret.-prakt. Ausführungen zur Lehre über die rechtlichen Verhältnisse bez. d. außerehelichen Kinder, sowie d. Deflorations-Entschädigung in Hinblick auf d. vorzüglicheren Gesetzgebungen Deutschlands u. d. Nachbarstaaten, dann unter Hinweisung auf Entscheidungen k. bayer. Gerichtshöfe beleuchtet, zugleich mit Rücksicht auf d. rechtsgeschichtl., ethnograph., statist. u. gesetzgebungspolit. Standpunkt. 1. Bd. gr. 8. Nördlingen 851. Beck. 1. 8.

Gewährleistung, die, bei Viehveräußerungen. [Gesetz f. d. Kgr. Bayern vom 26. März 1859.] 8. München 859. J. A. Finsterlin. n. — 4.

Gewerbefreiheit, die, in Oesterreich. Ein Beitrag zur Beurtheilung d. Entwurfes e. Gewerbegesetzes. Nebst d. Entwurfe. Gewerbegesetzes. gr. 8. Prag 856. Ehrlich. n. — 15.

Gewerbe-Gesetz, das neue bayerische. Gesetz vom 11. Septbr. 1825 nebst Instruction vom 21. April 1862. 8. München 862. Lentner. — 6.

— f. d. Herzogth. Gotha. Amendirter, f. d. Herzogth. Coburg von dem Landtag am 12. u. 13. Febr. 1862 angenommener Entwurf d. Thüringschen Gewerbegesetzes. 16. Coburg 862. Streit. n. — 1.

— f. d. Herzogth. Oldenburg vom 11/23. Juli 1861 mit erläuternden Anmkgn. 1. u. 2. Aufl. gr. 8. Oldenburg 851. Stalling. n. — 8.

— das neue, f. d. Kaiserth. Oesterreich. Orig.-Text. gr. 8. Frankfurt a. M. 860. Keller. n. — 4.

— das neue österreichische, vom 20. Decbr. 1859. gr. 8. Nördlingen 860. Beck. n. — 3.

—— —— Nebst e. Abhandlung: Bayern u. die Gewerbefreiheit. gr. 8. Ebend. 860. n. — 4.

— das neueste, für Preußen vom 9. Febr. 1849. 8. Wesel 849. Bagel. — 2½.

— das preußische, vom J. 1849. Eine Stimme aus der Praxis. gr. 8. Berlin 861. J. Springer.

— f. d. Kgr. Sachsen nebst d. Gesetze, die Entschädigung f. Wegfall gewisser Verbietungsrechte u. d. Gesetze, die Errichtung von Gewerbegerichten betr. 1—9. Aufl. gr. 8. Borna 860, 61. Schulze. — 6.

—— —— u. die damit in Verbindung stehenden Gesetze, Verordnungen u. Ausführungsverordnungen vom 15. Octbr. 1861. 1—3. Aufl. 8. Dresden 861, 62. Meinhold. — 5.

—— —— 1. u. 2. Aufl. 8. Borna 861, 62. Schulze. — 5.

—— —— gr. 8. Schneeberg 861. (Leipzig. Wolf.) — 5.

Gewerbegesetze, die preußischen. 1) Allgem. Gewerbe-Ordnung nebst Entschädigungsgesetz vom 17. Jan. 1845. 2) Verordnung betr. d. Errichtung von Gewerberäthen u. verschied. Abänderungen d. Gewerbe-Ordnung vom 9. Febr. 1849. 3) Verordnung über d. Errichtung von Gewerbegerichten vom 9. Febr. 1849. (851.) — 3. Abdr. 16. Brandenburg 854. Müller. — 5.

Gewerbeordnung f. d. Kgr. Hannover mit d. Abänderungsgesetze v. 15. Juni 1848 u. d. Gesetze über d. Aufsuchen von Waarenbestellungen vom 5. April 1850. (818—49.) — 4. Aufl. gr. 8. Hannover 851. Pockwitz. — 3¾.

Gewerbeordnung, erlassen mit d. k. Patente vom 20. Dezbr. 1859, f. d. ganzen Umfang des (österreich.) Reiches, mit Ausnahme d. venetian. Verwaltungsgebietes u. d. Militärgrenze, wirksam vom 1. Mai 1860 angefangen ꝛc., mit d. nothwend. Erläuterungen u. Formularien zu Eingaben versehen von e. prakt. Juristen. gr. 8. Brünn 860. Buschak u. J. — 7½.

—— —— gr. 8. Hermannstadt 860. Steinhaussen. — 3.

— allgemeine, für Preußen nebst d. Entschädigungs-Gesetz derselben vom 17. Jan. 1845 u. d. Verordnung vom 9. Febr. 1849 betr. d. Errichtung von Gewerberäthen u. verschied. Abänderungen d. allgem. Gewerbe-Ordnung. gr. 8. Wetzlar 851. Rathgeber. — 6.

Vgl.: **Repertorium zur allgem. Gew.-O.** ꝛc.

—— für die preuß. Staaten, bestehend in d. Allgem. Gewerbe-Ordnung vom 17. Jan. 1845, d. beiden Verordnungen vom 9. Febr. 1849, d. dazu gehör. älteren u. neueren Gesetzen u. Verordnungen u. e. Anh., enth. d. gesetzl. Bestimmungen über Gewerbesteuer, Patente, Fabrikzeichen ꝛc. (849.) — 3. verb. u. verm. Aufl. 8. Magdeburg 852. Fabricius. n. — 15.

—— vom 17. Jan. 1845, erläutert durch Hinweisung auf deren Ergänzungen u. Abänderungen. gr. 8. Berlin 855. v. Decker. — 7½.

— die neue, f. d. preußischen Staaten, enth. die beiden Gesetze über d. Einricht. von Gewerberäthen u. Gewerbegerichten, vom 9. Febr. 1849. gr. 8. Berlin 849. Reichardt u. Co. n. — 2½.

—— —— 8. Elberfeld 849. Bädeker. — 2½.

—— nebst d. Entschädigungs-Gesetz. Vom 17. Jan. 1845. Verordnungen betr. die Errichtung von Gewerberäthen u. verschied. Abänderungen d. allgem. Gewerbeordnung u. die Errichtung von Gewerbegerichten. Vom 9. Febr. 1849. gr. 8. Frankf. a. O. 850. Loschy. — 4.

— f. d. Großherzogth. Sachsen-Weimar-Eisenach vom 30. April 1862. (862.) — 2. Aufl. gr. 8. Weimar 863. Böhlau. n. — 3½.

—— —— 1. u. 2. Abth. 8. Weimar 862. Kühn. — 3.

— f. d. Fürstenth. Schwarzburg-Sondershausen vom 14. Novbr. 1865 nebst Ausführungsverordnung vom 4. Decbr. 1865. 4. Sondershausen 865. Eupel. n. — 10.

— allgemeine revidirte, f. d. Kgr. Württemberg vom 5. Aug. 1836, nebst d. Vollziehungs-Instruktion vom 20. März 1851, der Hausir-Ordnung vom 5. April 1851, d. Gesetze über Erfindungs- u. Einführungs-Patente vom 29. Juni 1842 u. anderen einschlag. Gesetzen, Verordnungen ꝛc. Mit kurzen Erläutergn. u. alphabet. Sachregister. 16. Stuttgart 851. Mezler. — 20.

Gewerbe- u. Personalsteuergesetz, das, d. Kgr. Sachsen vom 24. Dec. 1845 in Verbind. mit d. zugehör. Ergänzungsgesetze vom 23. April 1850. 4. Dresden 850. Meinhold. — 6.

—— —— sowie Gesetz, einige Abänderungen bei d. Gewerbe- u. Personalsteuer betr. vom 31. Jan. 1852 u. Gesetz, einige weitere Abänderungen u. Ergänzungen bei d. Gewerbe- u. Personalsteuer betr. vom 9. Decbr. 1858. Mit 4 Hülfstafeln. gr. 4. Ebend. 863. — 7½.

Gewerbewesen, das, im Kgr. Bayern diess. d. Rheins. 2. Bdchn. enth. die vom April 1854 bis Ende 1858 erlass. kgl. Verordnungen, Ministerial-Entschließungen u. Regierungs-Ausschreibungen. [Nr. 28—260.] 8. München 859. Franz. — 27½.

—— —— 3. Bdchn. 1. Lieffg. 8. Ebend. 862. — 5.

1. **Bdchn.**: f. **Gewerbsgesetz, das, vom J. 1825** ꝛc.

Gewerbsgesetz, das, vom J. 1825. Die Vollzugsinstruktion vom 17. Dezbr. 1853 u. Auszug aus andern noch geltenden Verordnungen ꝛc. über d. Gewerbswesen im Kgr. Bayern diess. d. Rheins, nebst Citaten u. Registern. 1—3. Aufl., verm. mit d. bis April 1854 erlass. kgl. Ministerial-Entschließungen ꝛc. 8. München 854. Franz. n. — 12;

die Nachträge zur 1. u. 2. Aufl. allein n. — 4.

Vgl.: **Gewerbewesen, das,** ꝛc.

—— —— Mit e. ausführl. Sachregister. 3. Aufl. gr. 8. Ansbach 854. (München Gummi.) — 12½.

Gewerbegesetz, das bayerische, vom 11. Septbr. 1825 nebst Vollzugs-Instruction zu demselben vom 21. April 1862. Mit einleit. Bemerkgn. 1. u. 2. Aufl. 8. Würzburg 862. Stahel. — 6.

Gewerbsteuer-Gesetz, das, vom 28. Mai 1852 mit e. Inhaltsübersicht u. e. vollständ., alphabet. geordneten Sachregister. 4. Rötblingen 852. Beck. — 7½.

— das, vom 1. Juli 1856 mit Scala u. Tarif, e. Inhaltsübersicht u. e. vollständ., alphabet. geordn. Sachregister. 4. Ebend. 856. n. — 10.

Geyer, Aug., die Lehre von der Nothwehr. Eine strafrechtliche Abhandlung. gr. 8. Jena 857. Mauke. n. — 20.

— Geschichte u. System d. Rechtsphilosophie in Grundzügen. gr. 8. Innsbruck 863. Wagner. n. 1. 10.

— Erörterungen über d. allgem. Thatbestand d. Verbrechen nach österreich. Recht. gr. 8. Ebend. 862. n. 1. 10.

— über die neueste Gestaltung des Völkerrechts. Rede. gr. 8. Ebend. 866. n. — 7.

Geyer, Joh., das Wichtigste aus d. Gebiete d. Wechselkunde, in kaufmänn. Beziehung, auf Grundlage d. neuen österreich. u. allgem. deutschen Wechselordnung, theoret.-praktisch dargestellt. (1—5. Aufl. 850—58.) — 6. verm. Aufl., bearb. von J. Pazett. gr. 8. Wien 863. Gerold. 1. 20.

Gfrörer, Aug. Fr., zur Geschichte deutscher Volksrechte im Mittelalter. Nach d. Tode des Verf. herausg. von J. B. Weiss. 2 Bde. gr. 8. Schaffhausen 865, 66. Hurter. n. 5. 18.

Gibt es Willens-Störungen, welche unabhängig sind von Störungen der Intelligenz? Unter welchen Umständen verliert der Mensch die Verantwortlichkeit über seine Handlungen (Zurechnungsfähigkeit)? Welche Veränderungen in d. Gesetzgebung könnte man in Bezug auf diese Frage einführen? gr. 8. Neuwied 863. Heuser. — 8.

Gier, A. Th., das Privat-Feuerversicherungswesen im Kgr. Hannover. Zusammenstellung u. Erläuterung d. betr. Gesetze u. Verordnungen zum prakt. Gebrauche. gr. 8. Hannover 855. Hahn. n. — 7½.

Gierse, J. M., u. S. Sutro, das Provinzialrecht des Münsterlandes nach d. Entscheidungen d. Obertribunals. Anhang: Gesetz, betr. d. eheliche Güterrecht vom 16. April 1860. gr. 8. Münster 861. Coppenrath. n. — 12.

Ginzel, Jos. Aug., Handbuch d. neuesten in Oesterreich geltenden Kirchenrechts. Für b. prakt. Gebrauch bearb. 2 Bde. gr. 8. Wien 856—62. Braumüller. n. 6. 20.

— die Pfarrconcurs-Prüfung nach Staats- u. Kirchengesetz. gr. 8. Ebend. 855. n. — 28.

Girtanner, Wilh., die Bürgschaft nach gemeinem Civilrechte. Histor.-dogmat. dargestellt. Jena 1850, 51. Hochhausen. 2. 22½.

 I. Historische Abth.: 1. Buch: Das römische Recht. 22½ Ngr.
 2. Buch: Dogmengeschichte d. Mittelalters u. d. neuern Zeit 851. 22½ Ngr.
 II. Dogmatische Abth.: Das geltende gemeine Recht. 1 Thlr. 7½ Ngr.

— Rechtsfälle zu Puchta's Pandekten. Für b. academ. Gebrauch zusammengestellt u. bearb. (853—855.) — 3. unveränd. Aufl. gr. 8. Jena 857. Mauke. n. 2. —

— Repertorium d. deutschen civilistischen Praxis f. d. gemeine Recht. Separat-Ausg. d. Anhanges d. Rechtsfälle zu Puchta's Pandekten. gr. 8. Ebend. 855. 1. 15.

— die Stipulation u. ihr Verhältniss zum Wesen d. Vertragsobligation insbes. zum Creditum. gr. 8. Kiel 859. Akadem. Buchhdlg. n. 2. —

Giseke, Commentar zum k. preuß. Stempelgesetz, enth. d. Gesetz wegen d. Stempelsteuer u. d. Tarif vom 7. März 1822, nebst b. in Bezug auf beide ergang., noch geltenden gesetzl. Bestimmungen u. ministeriellen Verordnungen. (816.) — Neue Ausg. m. e. Nachtrage, die seit 1846 ergang. gesetzl. u. minstl. Verordnungen enth. gr. 8. Breslau 850. May u. Co. 1. 5;

 der Nachtrag allein — 5.

Gitzler, Ludw., Geschichte d. Quellen d. Kirchenrechts. Zum Gebrauch bei den Vorlesungen. gr. 8. Breslau 855. Gosohorsky. n. — 4.

Gizycki, Jul. v., über die erforderliche Justiz-Reform in Preußen mit Ausschluß d. Bezirks d. Ob.-Appell.-Gerichtshofes zu Köln. gr. 8. Görlitz 859. Vierling. n. — 6.

Glanz, Pet., die Einkommensteuer in Oesterreich. Eine Sammlung b. Verordnungen u. Erlässe über d. Einkommensteuer-Gesetz. gr. 8. Wien 859. Braumüller. n. 1. —

Glaser, Jul., Anklage, Wahrspruch u. Rechtsmittel im englischen Schwurgerichtsverfahren. gr. 8. Erlangen 866. Enke. n. 2. 24.

— die Fragenstellung im Schwurgerichtsverfahren. Drei Vorträge geh. im Wiener Verein zur Uebung gerichtl. Beredtsamkeit. gr. 8. Wien 863. Braumüller. n. — 12.

— über Friedensgerichte u. d. Verfahren in geringfügigen Rechtssachen. (Aus d. allg. österr. Gerichtszeitung abgedr.) gr. 8. Wien 859. (Tendler u. Co.) n. — 12.

— zur Juryfrage. gr. 8. Wien 864. Manz n. — 16..

— Abhandlungen aus d. oesterreich. Strafrecht. 1. Bd. gr. 8. Wien 858. Tendl. u. Co. (Gerold.) n. 2. 20.

— das englisch-schottische Strafverfahren. Uebersichtlich dargestellt zur Vergleichung mit d. neuesten französ.-deutschen namentl. d. österreich. Legislation. gr. 8. Wien 850. (Gerold.) 1. —

— Jos. Unger, u. Jos. Walther, Sammlung von civilrechtlichen Entscheidungen d. k. k. obersten Gerichtshofes. 4 Bde. [Mit Gesammt-Registern über die Bde. 1—7.] gr. 8. Wien 859—67. Gerold. à Bd. n. 4. —

Glaser, J. C., Encyclopädie d. Gesellschafts- u. Staatswissenschaften. gr. 8. Berlin 864. Schroeder. n. 1. —

— Handbuch d. politischen Oekonomie. gr. 8. Ebend.
1. Thl. Die allgem. Wirthschaftslehre oder Rationalökonomie mit Rücksicht auf ihre Anwendung in b. Privat- u. Staatswirthschaft dargestellt. 858. n. 2. —

— die preußische Verfassung mit den entsprechenden Bestimmungen der Verfassungen von Hannover, Schleswig-Holstein, Kurhessen, Nassau u. Frankfurt a. M. gr. 4. Berlin 867. Kortkampf. n. — 20.

Glass, Rich., die wasserrechtliche Gesetzgebung auf d. Standpunkte d. Gegenwart. gr. 8. Altenburg 856. Schnuphase. n. — 28.

Gleichberechtigung, die, d. Landbewohner, Israeliten u. vormal. Beisassen in d. freien Stadt Frankfurt a. M. aus d. bestehenden Rechte nachgewiesen. gr. 8. Frankfurt a. M. 852. Auffarth. — 3¾.

Gleichstellung, die bürgerliche, der Juden in Preußen. Verhandlungen d. Hauses d. Abgeordn. vom 24—27. April 1860 u. 10. Mai 1860. gr. 8. Berlin 860. Adolf u. Co. — 7½.

Gletsner, W., die Civilprocessgesetze f. d. Fürstenth. Waldeck u. Pyrmont, in ein Ganzes zusammengestellt. gr. 8. Arolsen 859. Speyer. n. 1. 20.

Glossen zu d. preussischen Strafgesetzen gegen Medicinalpersonen, von e. Medicinalbeamten. gr. 8. Berlin 862. M. Hirsch. (Hamm, Grote.) n. — 24.

Gloeden, Iw. v., die Grundzüge e. Gemeindeordnung f. Stadt- u. Landgemeinden im Großherzogth. Mecklenburg-Schwerin. 8. Rostock 849. Leopold. — 7½.

Glück, Chrn. Carl. Sammlung ebegerichtlicher Entscheidungen d. k. Oberappell.-Gerichtes nebst einigen appellationsgerichtlichen Erkenntnissen in Ehesachen. gr. 8. München 864. Kaiser. 1. 24.

Glück, Ch. Fr. v., ausführliche Erläuterung der Pandecten nach Hellfeld; ein Commentar. fortges. von Chr. Fr. Mühlenbruch. Nach dessen Tode fernerweit fortges. von Ed. Fein. gr. 8. Erlangen. Palm.
44. u. 45. Bd. Das Recht der Codicille. Dargestellt nach d. Grundsätzen d. röm. Rechts von Ed. Fein. (3 Abthlgn.) 851—53. n. 3. —
1—43. Bd. Ebend. 1793—847.

Gneist, Rud., Adel u. Ritterschaft in England. gr. 8. Berlin 853. L. Oehmigke. n. — 14.

Gneist, Rud., de causae probatione stipulatoris ad Pauli fr. 25 § 4 D. de probationibus commentatio. 4. Berlin 858. (Oehmigke's Buchh.) n. — 8.

— Geschichte u. heutige Gestalt d. englischen Communalverfassung oder d. Selfgovernment. (860.) — 2. völlig umgearb. Aufl. 2 Bde. gr. 8. Berlin 863. J. Springer. n. 6.

— Soll der Richter auch über die Frage zu befinden haben, ob ein Gesetz verfassungsmäßig zu Stande gekommen? Gutachten für d. 4. deutschen Juristentag. 1—3. Aufl. gr. 8. Ebend. 863. n. — 5.

— institutionum et regularum juris romani syntagma. Exhibens Gai et Justiniani institutt. synopsin, Ulpiani librum singularum regularum, Pauli sentent. delectum, tabulas systema institut. juris rom. illustr. praemissis XII tabularum fragmentis. Edit. et brevi annotatione instr. gr. 8. Leipzig 858. Teubner. n. 1. 10.

— das englische Grundsteuersystem. gr. 8. Berlin 859. J. Springer. n. — 12½.

— Geschichte u. heutige Gestalt der Aemter u. des Verwaltungsrechts in England. (857, 60.) — 2. völlig umgearb. Aufl. 2 Bde. gr. 8. Ebend. 866, 67. à Bd. n. 3. —
 1. Bd.: Geschichte d. engl. Verwaltungsrechts.
 2. Bd.: Das heutige englische Verwaltungsrecht.

— die Geschichte des Selfgovernment in England oder die innere Entwickelung d. Parlamentsverfassung bis zum Ende d. 18. Jahrh. [Ergänzungsband zum 2. Haupttheil d. engl. Verfassungs- u. Verwaltungsrechts.] gr. 8. Ebend. 863. n. 2. 20.

Gobbin, H., das Prozeßverfahren in Bagatell- u. Injurien-Sachen vor d. Einzelrichter in d. älteren preuß. Provinzen. 8. Berlin 853. Gaertner. n. — 6.

Gochnat, Carl, Handbuch sämmtlicher bis Ende 1854 erschienenen u. noch in Wirksamkeit bestehenden Gesetze u. Verordnungen in Militärsachen f. d. politisch-administrativen Behörden im österreich. Kaiserstaate [mit Ausnahme d. lombard.-venetian. Königr. u. d. Militärgrenze]. gr. 8. Krems 855. (Leipzig, Steinacker.) n. 1. 20.

— General-Index zum allgem. Reichs-Gesetz- u. Regierungsblatt f. d. Triennium 1849 bis incl. 1851, u. zu Tendler's Ausgabe d. Reichsgesetze vom 1. bis incl. 18. Bd. 16. Wien 852. Tendler u. Co. (Gerold). n. — 10.

— Sachregister zum 1.—30. Hefte d. Reichsgesetze f. d. Kaiserth. Oesterreich. 16. Ebend. 851. n. — 4.

Gober, W., Handbuch d. administrativen Justizverwaltung in Preußen. Eine systemat. Bearbeitung d. die Verwaltung d. Justiz-Fonds u. d. sonstigen administrativen Geschäfte d. preuß. Gerichte betr. Grundsätze u. Vorschriften. gr. 8. Berlin 855. C. Heymann. n. 1. 15.

Goes, K. Frdr., Grundzüge zur Verbesserung d. civilgerichtlichen Verfahrens in Bayern mit Oeffentlichkeit u. Mündlichkeit. gr. 8. Erlangen 848. (Nürnberg, v. Ebner.) n. — 3½.

Golde, Carl, Auszug a. d. allgem. deutschen Handels-Gesetzbuche nebst Erläuterungen, betr. die Artikel vom Speditions- u. Frachtgeschäft im Allgemeinen u. vom Frachtgeschäft d. Eisenbahnen insbesondere, mit Bezugnahme auf d. Commentar zum allgem. d. H.-G. von Rud. v. Krawel. 16. Halle 863. Buchh. d. Waisenhauses. n. — 7½.

Goldschmidt, L., Encyclopädie d. Rechtswissenschaft im Grundriss. gr. 8. Heidelberg 862. Bangel u. Schmitt. n. — 25.

— Gutachten über d. Entwurf e. deutschen Handelsgesetzbuchs nach d. Beschlüssen zweiter Lesung. gr. 8. Erlangen 860. Enke. n. — 18.

— Handbuch des Handelsrechts. 1. Bd. 1. Abth., enth. d. geschichtlich-literarische Einleitung u. die Grundlehren. gr. 8. Ebend. 864. n. 2. 20.

— Kritik d. Entwurfs e. Handelsgesetzbuchs f. d. preuß. Staaten. Ein Beitrag zur Revision d. Grundlehren d. Handelsrechts. 1. u. 2. Abth. (Abdr. a. d. Krit. Zeitschrift f. d. gesammte Rechtswissensch.) gr. 8. Heidelberg 857. Bangel u. Schmitt. n. 1. —

— der Lucca-Pistoja-Actien-Streit. Handelsrechtliche Erörterungen. gr. 8. Frankfurt a. M. 859. Sauerländer. n. 1. 5.

Goldschmidt, L., Untersuchungen zu l. 122. § 1. D. de V. O. [45,1]. gr. 8. Heidelberg 855. Bangel u. Schmitt. n. — 12.
Goltdammer, Thdr., Kommentar u. vollständ. Materialien zur Konkurs-Ordnung vom 8. Mai 1855 u. zu d. Gesetze betr. die Befugniß d. Gläubiger zur Anfechtung d. Rechtshandlungen zahlungsunfähiger Schuldner außerhalb des Konkurses vom 9. Mai 1855. 1. u. 2. Ausg. gr. 8. Berlin 858. v. Decker. 3. 7½.
— über die strafbare Nachbildung von Kunstwerken. gr. 8. Ebend. 864. — 7½.
— die Materialien zum Straf-Gesetzbuche f. d. preuß. Staaten, aus d. amtlichen Quellen nach d. Paragraphen d. Gesetzbuches zusammengestellt u. in e. Kommentar erläutert. 2 Bde. gr. 8. Berlin 851—53. C. Heymann. n. 6. 10.
Goeppert, Heinr., de remedio ob laesionem ultra duplum jure communi Borussico concesso. Dissert. gr. 8. Breslau 863. Gosohorsky. n. — 12.
— Beiträge zur Lehre vom Miteigenthum nach d. preuß. allgem. Landrecht. gr. 8. Halle 864. Buchh. d. Waisenhauses. — 20.
Görz, W., Repertorium ꝛc., s. Wege.
Gosen, Jul. v., das Privatrecht nach dem kleinen Kaiserrechte. gr. 8. Heidelberg 866. Bassermann. n. — 24.
Gotthard, Ed., das Braunschweigische Gesetz, die Verjährung persönlicher Klagen u. die Einführung kurzer Verjährungsfristen für dieselben betr., vom 3. Juli 1858. 8. Wolfenbüttel 853. Holle. — 2½.
Gotthelf, Jak., die Rechtsverhältnisse der Juden in Bayern auf Grundlage d. neuesten bayer. Gesetze. gr. 8. München 852. Franz. — 26.
— histor.-dogmat. Darstellung d. rechtlichen Stellung der Juden in Bayern. (Gekrönte Preisschrift.) Mit e. Vorw. von Jos. Pözl. gr. 8. München 851. Kaiser. n. — 15.
Götting, Carl Frdr. Jos., die Frage über Handelsgerichte u. deren Besetzung nach Publication d. allgem. deutschen Handels-Gesetzbuches. Zugleich e. Entgegnung auf die Schrift d. Ober-Justizrathes Dr. Leonhardt: „die Errricht. von Handelsgerichten im Kgr. Hannover." gr. 8. Hildesheim 1865. Gerstenberg. — 10.
— Recht, Leben u. Wissenschaft. Ein Wort f. Gebildete aller Stände. (1. Heft.) gr. 8. Hildesheim 855. (Findt.) — 10.
— — 2. Heft: Ueber die staatlichen Brautanstalten zur Vermehrung d. Verbrechen u. die beiden erlaubten Arten des Mordes. Zeitgemäße Betrachtungen über Strafrechts-Philosophie, Strafarten u. Gefängnißwesen. Hildesheim 861. Gerstenberg. — 24.
Gottschalk, Gust., über den Einfluss d. röm. Rechts auf d. canonische Recht, resp. d. canonische Rechtsbuch. gr. 8. Mannheim 866. Wittwer. n. 1. —
Gottwald, Ed., alphabet. General-Repertorium zu den Acten u. Mittheilungen d. Kammerverhandlungen sämmtl. constitutioneller Landtage d. Kgr. Sachsen vom J. 1831 bis zu d. J. 1855. gr. 4. Leipzig 857. Teubner. n. 3. —
Goetz, Osc., meditationes de condictionum doctrina. Spec. I. II. gr. 8. Leipzig 856. Hinrichs. — 16.
Goeze, A. W., Vortrag über die Disciplin im Richterstande. gr. 8. Berlin 849. Herz. n. — 7½.
— die Reform d. Hypothekenwesens. Zwei amtliche Berichte. gr. 8. Ebend. 857. n. — 18.
— über die preuß. Schwurgerichte u. deren Reform. Ein Votum. Mit einigen Zusätzen herausg. von F. L. Keller. gr. 8. Ebend. 851. n. — 12.
Gräber, J. H., Sammlung der noch gültigen Polizei-Gesetze u. Verordnungen mit besond. Rücksicht auf d. Regierungsbezirk Coblenz u. im Anschluß an die K. F. Nauer'sche Sammlung. 2 Thle. gr. 8. Neuwied 866. Heuser. n. 1. 15.
Grabowski, Fd. Stanisl., furtum, sec. diversas in jure romano disciplinas quomodo tractandum sit, exponitur. 8. Berlin 865. (Calvary u. Co.) n. — 15.
Graf, Ed. u. Math. Dietherr, deutsche Rechtssprüchwörter, unter Mitwirk. von J. C. Bluntschli u. K. Maurer gesammelt u. erklärt. gr. 8. Nördlingen 864. Beck. n. 3. 5.

Gräff, F. W., das Eigenthum an den Kirchhöfen nach den in Frankreich u. in d. übrigen Ländern d. linken Rheinufers geltenden Gesetzen. gr. 8. Trier 860. Linz.
n. — 24.
— das Eigenthum d. kathol. Kirche an den ihrem Cultus gewidmeten Metropolitan-, Cathedral- u. Pfarrkirchen, nach den in Frankreich u. in d. übrigen Ländern des linken Rheinufers geltenden Gesetzen. gr. 8. Ebend. 859. — 24.

Gräff, H., Handbuch d. preußischen Bergrechts. (855.) — 2. verm. Aufl. gr. 8. Breslau 856. Aderholz.
1. 18.
Supplement-Heft zur 1. Ausg. — 10.
— die Rechtsverhältnisse d. Dominial-Mitbaurechts in d. Prof. Schlesien, Sachsen u. Posen. gr. 8. Ebend. 859.
— 7½.
— über d. Einfluß d. allgem. deutschen Wechselordnung auf die Rechtsverhältnisse d. vor d. 1. Febr. ausgestellten Wechsel. gr. 8. Ebend. 849.
— 5.
— das Feuer-Versicherungswesen nach preußischem Rechte. Zusammenstellung d. darauf bezügl. Gesetze u. administrativen Verordnungen zum prakt. Gebrauche. (849.) — 2. verm. Ausg. gr. 8. Ebend. 852.
— 12.
— über die Berechtigung u. Verpflichtung der Inhaber d. gutsherrlichen Polizei zur Uebernahme d. Polizei-Anwaltschaft. gr. 8. Ebend. 857.
— 5.
— die Städteordnung f. d. sechs östlichen Provinzen d. preuß. Staates, nebst d. sie ergänz. Gesetzen u. Verordnungen, mit Berücksicht. d. ihrer Redaction zum Grunde liegenden Materialien bearb. u. f. d. prakt. Gebrauch commentirt. gr. 8. Ebend. 853.
— 20.
(—) die Verfassungsurkunde d. preuß. Staates, s. Verfassungs-Urkunde.
— u. L. v. Rönne, das Strafgesetzbuch f. d. preuß. Staaten, u. d. Gesetz über d. Einführung desselben, vom 14. April 1851; nebst deren Ergänzungen u. Erläuterungen durch Gesetzgebung u. Wissenschaft. Abdr. aus d. Ergänz. etc. d. preuß. Rechtsbücher. (853.) — 2. durch e. Nachtrag enth.: „die Ergänz. u. Erläuter. von 1853—855", verm. Aufl. gr. 8. Ebend. 855.
n. 1. — 10;
der Nachtrag allein n. — 10.

Gräff, J. C., chronolog. Sammlung d. rheinpreuß. Rechtsquellen mit Ausschluß der fünf Gesetzbücher. Nebst e. Uebersicht d. Territorial-Veränderungen u. e. ausführl. Sachregister. 1—6. Heft. 4. Trier 848—53. Linz.
à Heft n. — 25.

Graffenried, C. W. v., die Einkommensteuer. Ein staatswissenschaftlicher Versuch. gr. 8. Zürich 855. Schulthess.
n. — 16.

Gränzenstein, Gust. v., das allgem. österreich. Berggesetz vom 23. Mai 1854 u. die Verordnungen über d. Bergwerksabgaben vom 4. Oct. 1854 erläutert. gr. 8. Wien 855. Manz.
2. 12.

Gräser, A., die Domainen-Geschosse in d. Provinz Sachsen u. ihre Stellung zu d. öffentlichen Steuer-Einkommen. Eine Vorfrage in Bezieh. auf d. neue Grundsteuer-Gesetz. gr. 8. Eisleben 860. Reichardt.
— 7½.
— die Nichtschuld der zu lebenslänglicher Zuchthausstrafe verurtheilten Johanna Begehold aus Oberheldrungen. Entgegnung auf die durch den großherzogl. sächs. Oberstaatsanwalt v. Groß veröffentlichte Rechtfertigung des am 10. Dec. 1856 durch d. Schwurgericht zu Eisenach wegen angebl. Brandstiftung ausgesprochenen Urtheils. gr. 8. Halle 858. G. Schwetschke.
n. — 5.
— die Steuer-Natur des Geschosses, oder: urkundlicher Beweis, daß die unter d. Namen des Geschosses in Thüringen u. anderwärts noch vorkomm. Abgabe auf Grund d. Gesetzes vom 2. März 1850 unentgeltlich in Wegfall kommen muß. Ein rechtsgeschichtl. Beitrag in Bezieh. auf d. gutsherrlich-bäuerliche Verhältniß in Deutschland. gr. 8. Eisleben 863. Reichardt.
1. 15.

Graßl, Ign., das österreich. Eherecht d. Juden, s. Dollner.

Graetz, H., die westgothische Gesetzgebung in Betreff der Juden. 4. Breslau 858. (Goschorsky).
n. — 20.

Grauer, F. u. A. Rump, der preußische Civil- u. Straf-Prozeß. Ein Handbuch f. angehende Juristen u. Justiz-Bureau-Beamte u. ein Leitfaden f. d. prozeßführende Publikum. gr. 8. Lissa (Breslau). Günther.
1. Bd.: Der preußische Civilprozeß. 861.
2. 20.

Grefe, F. B., Hannovers Recht. 3. umgearb. ꝛc. Aufl. des Leitfadens zum Studium d. hannoverschen Privatrechts. 2 Thle. gr. 8. Hannover 860, 61. Rümpler.
n. 5. —

Greiff, J., die preußischen Gesetze über Landeskultur u. landwirthschaftliche Polizei zusammengestellt u. nach d. Grundsätzen d. oberen Spruch- u. Verwaltungsbehörden erläutert. gr. 8. Breslau 866. Aderholz. n. 4. —

Grein, F. C. A., Baurecht nach d. Vorschriften d. allgem. Landrechts mit Hinweisung auf die nach d. Berliner Bauordnung vom 30. Nov. 1641 u. d. Spezial-Bau-Observanzen in Berlin vorkommenden Abweichungen. gr. 8. Berlin 863. Rauck. n. 2. —

Greiner, Fr. C. Thdr., Repetitorium d. gemeinen deutschen Civilprocesses. Zur Vorbereitung f. d. jurist. Staats- u. Doctoratsprüfungen u. zum bessern Verständnisse d. academ. Vorlesungen über diese Materie überhaupt gr. 8. Leipzig 866. C. F. Schmidt. — 9.

— Repetitorium d. röm. u. deutschen Reichs- u Rechtsgeschichte. Zur Vorbereitung f. die jurist. Prüfung. gr. 8. Jena 865. Mauke. — 10.

— übersichtliche Zusammenstellung d. alten Staatentheorie. Ein Beitrag zur richtigen Würdigung u. zum allseitigen Verständniß d. neueren Verfassungstheorien. Nach d. Quellen bearb. gr. 8. Leipzig 863. Roßmann. n. — 10.

Grey, Earl, die parlamentarische Regierungsform betrachtet im Hinblicke auf eine Reform des Parlaments. Eine Abhandlung. Aus d. Engl. übers. u. mit e. Anh. über die Aussichten d. parlamentar. Regierungsform in Oesterreich versehen von Graf Leo Thun. gr. 8. Prag 863. Tempsky. 1. 15.

Grieser, systemat. Darstellung der auf d. großherzogl. Cassationshof für Rheinbessen bezügl. Bestimmungen. gr. 8. Mainz 865. v. Zabern. n. — 13.

Grimm, Jac., deutsche Rechtsalterthümer. (828.) — 2. Ausg. gr. 8. Göttingen 854. Dieterich. n. 4. —

Grimm, Jul., de historia legis salicae. gr. 8. Bonn 848. (Marcus.) n. — 10.

Grimm, J. A., das Urbarialwesen in Siebenbürgen. gr. 8. Wien 863. (Helf.) n. 1. 10.

— die politische Verwaltung im Großfürstenth. Siebenbürgen. Ein Hilfsbuch f. d. polit. Verwaltungsdienst, nach Maßgabe d. bezügl. hier vollinhaltlich aufgenomm. Gesetze u. Verordnungen. 3 Thle. gr. 8. Hermannstadt 856, 57. Steinhaussen. 3. 15.

Grisard, G. C. R., die Schulordnung f. d. Elementarschulen d. Provinz Preußen vom 11. Dezbr. 1845 erläutert nach d. Motiven, d. älteren u. neueren Gesetzen u. Verordnungen, sowie d. Entscheidungen d. Verwaltungsbehörden u. Gerichtshöfe ꝛc, u. ergänzt durch Einschaltung der in Betreff d. Elementarschulwesens außerdem erlass. wichtigeren u. noch gültigen Gesetze u. Verordnungen ꝛc. der kgl. Ministerien u. d. vier Regierungen d. Prov. Preußen. gr. 8. Gumbinnen 858. (Danzig. Anhuth.) n. 1. 10.

Grisebach, O. C. E., über die Zunahme des Verbrechens d. Meineides nebst einigen Vorschlägen zu dessen Verminderung. gr. 8. Hannover 864. Hahn. — 7½.

Grohmann, A. F., der Begriff des Rechts. Abhandlung. (857.) — 2. umgearb. Aufl. gr. 8. Schwerin 860. Stiller. n. — 15.

— das Schwurgericht. Abhandlung. gr. 8. Ebend. 857. n. — 15.

Grone, A. C. E. v., über die neuere Gesetzgebung, insonderheit über d. neuesten Gesetzentwurf, die Vererbungsnormen der Rittergüter im Herzogth. Braunschweig betr. gr. 8. Braunschweig 853. Westermann. n. — 7½.

Gröning, Alb. Wilh. v., de fideicommissis familiae relictis ex principiis juris romani. Dissert. inaug. gr. 8. Göttingen 860. (Vandenhoeck u. R.) n. — 8.

Großkopf, G. C., zur Lehre vom Retentionsrechte. gr. 8. Oldenburg 858. Stalling. n. — 18.

Groß, Joh. C., alphabet. Verzeichniß d. in d. Gesetz- u. Verordnungsblatte f. d. Kgr. Sachsen vom J. 1818 bis mit 1847 erschienenen Gesetze u. Verordnungen, mit Ausscheidung aller, nicht fortdauernde Gültigkeit habender. 4. Leipzig 848. Voß. n. 1. —

— Bemerkungen zu d. Entwurfe e. Strafgesetzbuchs f. d. Kgr. Sachsen. 1. Abth., d. allgem. Theil enth. gr. 8. Dresden 856. Schönfeld. n. — 10.

Groß, Joh. C., über die künftige Gestaltung d. Strafverfahrens im Kgr. Sachsen in Bezieh. auf die neuerlich veröffentl. Grundzüge desselben. gr. 8. Leipzig 851. B. Tauchnitz. — 15.

Groß, R. v., eine Brandstifterin. Rechtfertigung d. gegen Johanna Begeholdt aus Oberheldrungen wegen vorsätzlicher Brandstiftung durch d. Schwurgericht zu Eisenach am 10. Decbr. 1856 ausgesprochenen Berurtheilung gegenüber d. Bedenken d. Herrn Pfarrer Gräser. Nebst 3 Beilagen. gr. 8. Eisenach 857. Baerecke. n. — 6.

— über das englische Schwurgerichtsverfahren. (Abdr. aus v. Holtzendorfs Allgem. deutschen Strafrechtsztg.) gr. 8. Leipzig 866. J. A. Barth. n. — 8.

— Kritik d. Strafproceß-Ordnung f. d. Herzogth. S. Altenburg vom 27. Febr. 1854, nebst Darstellung ihres wesentlichen Inhalts. gr. 8. Jena 854. Frommann. n. — 10.

— der Bezold'sche Prozeß. f. Strafrechtspflege, die, in Deutschland, 1. Heft (unter Zeitschriften.)

Grote, C., die Gesetzgebung über d. Staatsschuldenwesen d. Kgr. Hannover. Zusammengestellt u. mit Anmerkgn. versehen. gr. 8. Hannover 860. Helwing. n. — 20.

Grotefend, G. Herm. Aug., de exceptione divisionis. Commentatio praemio ornata. 4. Göttingen 852. Vandenhoeck u. R. n. — 20.

— System d. öffentlichen Rechts d. deutschen Staaten. 1. u. 2. Abth. 1. Hälfte. gr. 8. Cassel 860, 63. Fischer. 2. 15.

Gruchot, J. A., preußisches Erbrecht in Glossen zum allgem. Landrecht auf römischer u. germanischer Grundlage, unter Berücksicht. d. neueren Gesetzgebung dargestellt. 2 Bde. gr. 8. Berlin 865, 66. Grote. n. 5. —

Grundbestimmungen, die gesetzlichen, über d. Gewerbswesen in Bayern u. die Vollzugsvorschriften vom 17. Decbr. 1853. 8. Nördlingen 854. Beck. — 5.

— — nebst d. Vollzugsordnung vom 21. April 1862. gr. 8. Ebend. 862. — 4.

Grundbuchs-Manipulation, die, für Actuare, Kanzlisten, Auscultanten, überhaupt f. Jene, welche in die Lage kommen, bei e. Grundbuchsamte aushülfsweise verwendet zu werden. 16. Wien 854. Tendler u. Co. (Gerold.) n. — 8.

Grundentlastung, die, in Oesterreich. 1. Thl. betr. die Kronländer Oesterreichs ob u. unter d. Enns, Salzburg, Steiermark, Kärnthen, Krain, Küstenland, Tirol, Böhmen, Mähren, Schlesien, Galizien, Bukowina u. d. Grossherzogth. Krakau. Nach amtlichen Quellen dargestellt. Lex.-8. Wien 858. (Manz n. Co.) n. — 27.

Grunderbrecht und eheliches Güterrecht im Herzogth. Oldenburg. In kurzer übersichtl. Darstellung. 8. Oldenburg 867. Schulze. n. — 4.

Grunderwerbung, die, u. das Expropriationsrecht d. Eisenbahn-Gesellschaften. 8. Wesel 855. Bagel. — 6.

Grundgesetz des Kgr. d. Niederlande [Verfassungs-Urkunde vom 18. Oktbr. 1848], aus d. holländ. Urtext nach d. amtlichen Ausg. übers. u. herausg. von Alemannus. gr. 8. Ellwanger 855. (Stanbegger.) n. — 6.

— über die Reichsvertretung, Landes-Ordnung u. Landtags-Wahlordnung f. d. Erzherzogth. Oesterreich ob d. Enns, sammt d. Statut f. d. Staatsrath. gr. 8. Wels 861. (Haas.) n. — 4.

Grundgesetze, die, des deutschen Bundes. a) Deutsche Bundes-Acte, unterz. zu Wien am 8. Juni 1815. b) Schluß-Acte, unterz. zu Wien am 15. Mai 1820. c) Grundzüge d. Kriegsverfassung d. deutschen Bundes, unterz. zu Frankfurt im Plenum, vom 9. April 1821. 8. Frankfurt a. M. 864. Keller. — 4.

Grundrechte, die, des deutschen Volkes. Nebst d. Entwürfen zu dem Gesetze u. Hinweisungen auf andere Verfassungen. Von A. M. Ottow. gr. 8. Frankfurt a. M. 849. Sauerländer. — 9.

Grundsätze, welche vor d. Kriminal-Abth. d. kgl. Ober-Tribunals [dem I., demnächst V. Senat] bei Verwaltung d. Strafrechtspflege beobachtet werden, nach d. betr. Gesetzen geordnet, u. abgeschlossen am 1. März 1850. gr. 8. Berlin 850. C. Heymann. n. — 8.

— — 1. Fortsetzung. Abgeschlossen d. 1. Sept. 1850. gr. 8. Ebend. 851. n. — 8.

Grundzüge der Medicinal-Ordnung f. d. Kgr. Hannover. gr. 8. Hannover 860. Hahn. — 15.

— des Verfahrens in bürgerlichen Rechtsstreitigkeiten bei d. großherzogl. hessischen Gerichten d. Provinz Starkenburg. 1. Bd. gr. 8. Darmstadt 857. Köhler. n. 1. 10.

Gspan, P. C., Zusammenstellung d. Vorschriften b. neuesten Gesetze unter alphabet. geordneten Schlagwörtern. 1. Abth.: Organisirende Gesetze. — 2. Abth.: Territorische Gesetze. gr. 8. Innsbruck 851. Wagner. 2. —

Gülich, J., die Rechtssprache u. das Sprachrecht. 8. Altona 858. Hammerich. n. — 3.

Gumposch, V. Ph., u. V. Fischer, das Geschwornengericht. Handbuch f. Richter, Anwälte u. Geschworne. gr. 8. Nördlingen 849. Beck. — 18.

Gundermann, Ign., über die Einstimmigkeit der Geschworen. Beitrag zur Geschichte u. zum Verständniss d. Schwurgerichts. gr. 8. München 849. Franz. n. 1. —

— englisches Privatrecht. 1. Thl. Die Common law. L. u. d. L.: Besitz u. Eigenthum in England. gr. 8. Tübingen 864. Laupp. 3. —

Gunesch, Wilh., das österreichische Wechselrecht. Zum Gebrauche in höheren Handelsschulen ic. gr. 8. Wien 866. Gerold. n. 1. 24.

Günther, C. Fr., der Concurs d. Gläubiger nach gemeinem deutschen Rechte zugleich mit Angabe d. wichtigsten besonderen Bestimmungen des im Kgr. Sachsen geltenden Rechts. 2. verm. Aufl. gr. 8. Leipzig 852. O. Wigand. n. — 20.

— Betrachtungen über d. Recht auf Entschädigung wegen entzogener Grundsteuerfreiheit. Mit besond. Rücksicht auf die neuere Gesetzgebung d. Herzogth. S.-Altenburg. gr. 8. Leipzig 855. Dürr'sche Buchh. — 15.

— observationes quaedam ad actionem suppletoriam; — ad L. 30. D. de rebus creditis spectantes. 4. Ebend. 861. — 3.

— in causa damni, quod quis alteri nec dolo nec culpa dedit, utrum jus romanum an jura germanica in foro debeant praevalere? Pars I. II. 4. Ebend. 858. — 6.

— responsum, quo quaestiones quaedam ad doctrinam de compensatione spectantes tractatae sunt. 4. Ebend. 862. — 3.

— commentatio de fatis libelli Carpzoviani, cui inscribitur: Peinlicher Inquisitions- u. Achtsprocess etc. 4. Ebend. 859. — 4½.

— de herede ex re certo instituto, eoque legatis vel fideicommissis onerato. 4. Ebend. 856. — 3.

— de controversiis quibusdam, exortis in interpretanda lege, a. 1848 d. 26. Nov. ordinandi per totam Germaniam juris cambialis causa lata. Pars I. 4. Ebend. 860. — 3.

— dissert. ad art. VI legis a. 1848 die 26. Nov. ordinandi per totam Germaniam juris cambialis caussa latae. 4. Ebend. 861. — 3.

— dissert. qua tractatur quaestio ad jus molarum pertinens. 4. Ebend. 859. — 3.

— responsum, quo quaestiones quaedam de negotiis prodigorum tractantur. 4. Ebend. 856. — 3.

— dissertatio de collisione legum, quibus praescriptio exstinctiva negitur. 4. Ebend. 861. — 3.

— observationes quaedam de testibus in locum deperditorum subrogatis. 4. Ebend. 857. — 3.

— disputatio „de usuris morae in concursu creditorum locandis". 4. Ebend. 856. — 3.

Günther, J., Adreßbuch b. deutschen Advocaten. (860.) — 2. bis auf die Gegenwart fortgeführte Aufl. 16. Jena 865. Mauke. — 15.

Günther [Saalhausen]. Lhbr., die Reform des Real-Credits. Ein Mahnruf an Grundbesitzer u. Capitalisten, zunächst im Kgr. Sachsen, bei Gelegenheit d. Begründung der Hypothekenbanken zu Meiningen, Frankfurt a. M., Breslau u. Erfurt. gr. 8. Dresden 868. Schönfeld. n. — 15.

Güntner, Frz. Xav., Handbuch d. öffentlichen Sanitätspflege für Aerzte, Juristen u. jeden Gebildeten. gr. 8. Prag 865. Credner. n. 1. 18.
— Handbuch d. gerichtlichen Medizin f. Mediziner, Rechtsgelehrte u. Gerichtsärzte, mit Rücksichtsnahme auf die Schwurgerichte bearb. gr. 8. Regensburg 851. Manz. 2. —

Gutachten, ein, in der Gerichtsorganisationsfrage, von e. Landgerichts-Assessor. gr. 8. Nördlingen 860. Beck. n. — 5.

Güterbock, Carl, Henricus de Bracton u. sein Verhältniss zum röm. Rechte. Ein Beitrag zur Geschichte d. röm. Rechts im Mittelalter. gr. 8. Berlin 862. J. Springer. n. — 25.
— über einige in der Praxis hervorgetretene Mängel d. preuß. Konkursverfahrens nach d. Konkursordnung vom 8. Mai 1855. Nebst e. Anh., enth. die Zusammenstellung d. Konkursordnung mit d. Entwurfe e. Handelsgesetzbuches f. d. preuß. Staaten von 1857. gr. 8. Ebend. 860. n. — 8.

Gueterbock, C. Ed., de jure maritimo quod in Prussia saec. XVI. et ortum est et in usu fuit. 4. Königsberg 866. Schubert u. S. n. — 12.

Güthlein, das Büreau-Reglement vom 3. Aug. 1841, sowie die Instruktion vom 8. Sept. 1841, nebst ergänz. u. erläut. Bestimmungen. gr. 8. Frankfurt a. M. 856. Harnecker u. Co. n. — 20.

Gutsmuths, Freim., patriotische Untersuchungen bezügl. preußischer Zustände. I—VI. 8. Hamburg 860, 61. Hoffmann u. Campe. 2. —
Inhalt: I. Der Adel im preuß. Staatsleben. 7½ Ngr. — II. Die Benutzung d. Domänen in Preußen. 7½ Ngr. — III. Der „Fairs-Squib" u. das „Herrenhaus". 10 Ngr. — IV. Reform d. Herrenhauses u. d. Abgeordnetenhauses. 10 Ngr. — V. Reform d. Kreis- u. Provinzial-Verfassung. 10 Ngr. — VI. Reform d. Städte-Ordnung. 10 Ngr.

Gwalter, J. H., das zürcherische Schuldbetreibungsgesetz vom 1. April 1851. Mit Erläuterungen unter vorzügl. Berücksicht. d. gerichtl. Praxis heraus g. 8. Zürich 853. Schulthess. n. — 20.
— das zürcherische Gesetz betr. die Eintragung d. Grunddienstbarkeiten u. Reallasten in die Grundprotokolle u. die Anlegung offener Flur- u. Feldwege, vom 22. April 1862. Mit Erläuterungen. 8. Ebend. 862. n. — 12.

Haag, H., das Gesetz über die Bewässerungs- u. Entwässerungs-Unternehmungen zum Zwecke der Bodenkultur vom 28. Mai 1852 erläutert. gr. 8. München 866. Grubert. n. — 12.

Haan, Ludw. v., Studien über Landtafelwesen. gr. 8. Wien 866. Braumüller. n. 1. 10.

Haan, Wilh., Lexikon des Kirchenrechts u. d. Pfarramtsführung oder alphabet. geordnete Uebersicht d. kirchlichen u. landesgesetzlichen Bestimmungen über alle Zweige d. evangel.-luther. Kirchen- u. Schulwesens im Kgr. Sachsen unter Berücksicht. d. Observanz u. Pastoraltheologie ec. Lex.-8. Leipzig 860. Teubner. n. 2. 20.
— Nachtrag zu d. systemat. Zusammenstellung desjenigen was die Pfarrer im Kgr. Sachsen bei Aufgebot, Trauung u. Ehescheidung zu beobachten haben. Nach den seit d. J. 1844 hierüber ergang. sächsischen Kirchen- u. Staatsgesetzen ec. gr. 8. Wurzen 854. Verlags-Comptoir. — 22½.
Das Hauptwerk ebend. 843. 1 Thlr.

Haas, Carl, die Hexenprozesse. Ein cultur-histor. Versuch nebst Dokumenten. 8. Tübingen 865. Laupp. — 12.

Haas, Heinr., Erörterungen über das, auf den kinderlosen Todesfall, dem überlebenden Ehetheile aus d. Nachlasse d. verstorbenen Gatten zustehende Erbrecht, nach b. Bestimmungen des Cod. civ. Maximil., mit Rücksicht auf die d. gemeinen Rechts, u. insbef. nach d. Stadtrechte von München, d. sogen. privileg. Albertinum vom J. 1500, ein Beitrag zum teutschen Privatrecht, u. Versuch zur Lösung e. Streitfrage aus d. bayerischen Civilrechte. gr. 8. Leipzig 856. Stoll. — 13½.

Haas, Rob., ausführlichere u. unparteiische Darstellung d. ersten Quartalverhandlungen in d. öffentl. u. mündl. Schwurgerichten d. Hofgerichtsbezirks Wiesbaden. gr. 8. Wiesbaden 850. Kreidel. n. — 22½.

Haase, C. Heinr., die k. sächsische Gesetzgebung über d. Vereins- u. Versammlungsrecht, die Angelegenheiten d. Presse u. die provisor. Einrichtung d. Strafverfahrens bei Preßvergehen u. dergl. aus d. Quellen erläutert u. herausg. 2 Abthlgn. 8. Leipzig 849. B. Tauchnitz.   n. 1. 2.

   1. Abth.: Die k. sächs. Gesetzgebung über d. Vereins- u. Versammlungsrecht u. über die Angelegenheiten d. Presse. n. 8 Ngr.

   2. Abth.: Die k. sächs. Gesetzgebung über die provisor. Einricht. d. Strafverfahrens bei Preßvergehen u. dgl. n. 24 Ngr.

Haase, L., hannoversche Gesetzgebung über Maß u. Gewicht. Zusammengestellt etc. gr. 8. Hannover 854. Meyer.   n. — 6½.

Haas, J. B., die Convente in Köln u. die Beghinen. Eine Abhandlung über die gesetzliche Beibehaltung d. Stiftungen f. christliche Wohlthätigkeit. gr. 8. Köln 860. Bachem.   — 18.

Häberlein, C. F. W. J., über den Irrthum im Strafrecht. (Beilageheft zu dem Gerichtssaal. Jahrg. 1865.) gr. 8. Erlangen 866. Enke.   n. — 15.

— Lehrbuch d. Landwirthschaftsrechts nebst e. encyclopäd. Einleitung in dasselbe. gr. 8. Leipzig 859. T. O. Weigel.   n. 2. —

— Sammlung d. Strafprocessordnungen, s. **Sammlung** etc.

Häckermann, W., Lehrbuch d. Medicinalpolizei. Zum Behuf acadam. Vorlesungen u. zum Gebrauch f. Medicinalpolizeibeamte. gr. 8. Berlin 862. F. Schneider. n. 1. 24.

Hägele, J. M., Erfahrungen in einsamer u. gemeinsamer Haft sammt unmassgeblichen Gedanken über d. Gefängnisswesen. gr. 8. Leipzig 857. G. Mayer. (Altona, Haendcke u. L.)   n. 1. 10.

Hagen, A. v., die Reform des Notariats in d. altpreußischen Provinzen. gr. 8. Stendal 863. Franzen u. Große.   n. — 20.

Hagen, L., das juristische Studium. gr. 8. Cöln 859. J. G. Schmitz' Sort.   n. — 5.

Hagens, Joh. C., über die Einführung d. Geschworenen für Civil- u. Criminalsachen in Deutschland. Politisch-histor. Abhandlung. gr. 8. Paderborn 848. Wesener.   — 12.

— das königliche Veto u. die Volkssouveränität. Beitrag zur Verständigung über Art. 60 u. 61 d. preuß. Verfassungs-Urkunde. gr. 8. Paderborn 849. Junfermann. — 5.

Hahn, Abph. v., das Intestaterbrecht des adlichen Weibes gegen seine Blutsverwandten, nach b. Liev. Esth- u. Curländischen Lehn- u. Landrechten, von Anfang unserer Rechtsgeschichte bis 1561. gr. 8. Dorpat 849. (Glaeser.)   n. — 15.

Hahn, C., allgemeines Berggesetz f. d. preußischen Staaten vom 24. Juni 1865. Nebst b. vollständ. Materialien zur Erläuterung desselben. gr. 8. Berlin 865. v. Decker. 1. 7½.

— Gesetz den Diebstahl an Holz u. anderen Waldprodukten betr., vom 2. Juni 1852. Nebst d. Gesetzen über d. Ausübung d. Waldstreu-Berechtigung, die Strafe d. Widersetzlichkeit gegen Forst- u. Jagdbeamte, d. Waffengebrauch derselben etc. u. den auf diese Gesetze bezügl. Verfügungen u. Entscheidungen d. kgl. Ober-Tribunals. gr. 8. Breslau 859. Kern.   — 10.

— die Feld-Polizei-Ordnung vom 1. Nov. 1847 mit Ergänzungen u. Erläuterungen, insbes. durch die Instruktion vom 1. Juli 1866 u. durch Entscheidungen d. kgl. Ober-Tribunals. gr. 8. Ebend. 864.   — 7½.

— die preuß. Gesetze u. Verfügungen über offene Handels-Gesellschaften, Kommandit-Gesellschaften u. Aktien-Gesellschaften. Zusammengestellt u. mit e. Einleitung versehen. gr. 8. Berlin 856. Herz.   n. — 10.

— die preußische Konkurs-Ordnung. Ergänzt u. erläut. durch die neuere Gesetzgebung, insbes. b. allgem. deutsche Handels-Gesetzbuch u. durch Rescripte u. Entscheidungen d. kgl. Ober-Tribunals. (862.) — 2. Ausg. Mit Ergänzungen, bis zur neuesten Zeit. gr. 8. Breslau 866. Kern. 1. 5;

   die Ergänzungen apart — 5.

— das Gesetz über die Presse vom 12. Mai 1851. Ergänzt u. erläut. durch Gesetze, Rescripte u. Entscheidungen d. kgl. Ober-Tribunals. 16. Ebend. 854.   — 3.

Hahn, C., Strafgesetzbuch f. d. preußischen Staaten. Mit den auf dasselbe bezügl. neueren Bestimmungen u. Entscheidungen d. kgl. Ober-Tribunals. (852—60.) — b. stark verm. Aufl. gr. 8. Ebend. 864. — 22½.

— Erläuterungen u. Novellen zum Strafgesetzbuche f. d. preuß. Staaten u. zum Gesetz über die Presse. (854—55.) — 3. bis zur neuesten Zeit fortgeführte Ausg. 16. Ebend. 856. 1. 15:
      1. Supplement (855.) allein — 12½.
      2. Supplement (856.) allein — 12.

— die preußische Gesetzgebung über d. mündliche u. öffentliche Verfahren in Untersuchungssachen u. über die Geschworenen-Gerichte. Ergänzt u. erläut. durch Ministerialverfügungen u. Entscheidungen d. kgl. Ober-Tribunals. gr. 8. Berlin 857. Guttentag. n. 1. 7½.

— die preußischen Gesetze über die Verjährung. Mit Ergänzgn. u. Erläutergn., insbes. d. Entscheidungen d. kgl. Ober-Tribunals. gr. 8. Ebend. 861. — 12½.

Hahn, Frdr. v., Commentar zum allgem. deutschen Handelsgesetzbuch. gr. 8. Braunschweig, Vieweg.
 1. Bd. 1. Abth.: Das 1. Buch d. Handelsgesetzbuchs. 862. n. — 24.
   2. Abth.: Das 2. u. 3. Buch. 863. n. 1. 15.
 2. Bd.: Der 1. Titel d. 4. Buchs. 1. Abth. 866. n. — 24.

— die materielle Uebereinstimmung d. römischen u. germanischen Rechtsprincipien. gr. 8. Jena 856. Maule. n. 2. —

Hahn, K. W., das Holzdiebstahl-Gesetz vom 2. Juni 1852 mit Motiven, Kammer-Verhandlungen, Kommentar u. Beilagen. gr. 8. Breslau 852. Aderholz. — 20.

Hahn, Mich., Handbuch f. d. Adel u. d. Ordensritter Oesterreichs. Ein Rathgeber in allen österreich. Adels- u. Ordens-Angelegenheiten, enth.: die systemat. geordnete Gesetzgebung d. Adels, dessen Erwerbung, Vorzüge, Rechte u. Pflichten, die Statuten d. Orden etc. 4. Pest 856. Geibel. n. 3. 10.

— österreichisches Gesetz-Lexikon. Eine encyklopäd. Darstellung d. gesammten österreich. Staatsgesetzgebung in alphabet. Ordnung. 1. u. 2. Liefg. Lex.-8. Ebend. 856. à Liefg. — 15.

— die direkten Steuern Oesterreichs. Vollständ. alphabet. Nachschlagebuch d. neuesten u. noch in Anwendung stehenden älteren Steuergesetze. gr. 8. Wien 852. Tendler u. Co. (Gerold.) n. 2. —

— das Zoll- u. Steuerwesen u. die finanziellen Ergebnisse d. verschied. Zoll- u. Steuersysteme aller Staaten d. Erde zusammen verglichen. Lex.-8. Pest (Geibel).
 1. Buch: Die Zölle von Oesterreich u. Frankreich zusammen verglichen. 856. n. 2. 10.

Hahn, Osc., die preußischen Gesetze u. Verfügungen über Vorfluth, Ent- u. Bewässerungen u. das Deichwesen, sowie überhaupt die Benutzung d. öffentlichen u. Privatgewässer, zusammengestellt. gr. 8. Breslau 858. Kern. — 15.

Hahn, Otto, Religion im Recht. Eine auf die Seelenlehre gebaute Untersuchung d. Rechts. gr. 8. Tübingen 862. Osiander. — 21.

Haidinger's, A., Selbstadvokat, oder gemeinverständliche Anleitung, wie man sich in Rechtsgeschäften aller Art selbst vertreten kann. (1—9. Aufl. 844—62.) — 10. Aufl. 1—7. Liefg. gr. 8. Wien 867. Manz. à Liefg. n. — 5.

Haimerl, Frz., die Verfassung d. Civilgerichte in Oesterreich. 2 Abthlgn. gr. 8. Ebend. 856. 2. 28.
 Inhalt: 1. Abth.: Darstellung d. neuesten gesetzl. Bestimmungen über die innere Einrichtung u. Geschäftsordnung. 1 Thlr. 10 Ngr. — 2. Abth.: Die Bestimmungen über d. Wirkungskreis d. Civilgerichte [Jurisdiktionsnormen]. (854. 55.) — 3. verb. Aufl. 1 Thlr. 18 Ngr.

— die deutsche Lehenhauptmannschaft (Lehenschranne) in Böhmen. Ein Beitrag zur Geschichte d. Lehenwesens in Böhmen mit urkundlichen Beilagen. gr. 8. Prag 848. Heß. — 18.

— Darstellung d. gesetzlichen Bestimmungen über die Parteien u. deren Stellvertreter im civilgerichtlichen Verfahren in Oesterreich. gr. 8. Wien 856. Braumüller. n. 1. 10.

Haimerl, Frz., Anleitung zum Studium d. Wechselrechtes mit besond. Rücksicht auf die in Oesterreich derzeit bestehenden Gesetze. gr. 8. Wien 855. Manz.   1. 21.

Haken, Ottom., über den Begriff d. Ehre, deren Verletzung u. Wiederherstellung. gr. 8. Dorpat 850. (Glaeser.)   n. — 10.

Haller, Egm. v., Encyclopädie d. bayerischen Gesetzgebung f. d. sieben älteren Kreise, enth. alle einzelnen in d. Gesetzblättern d. J. 1818—1852 befindl. Gesetze u. Gesetzesstellen alphabetisch geordnet, mit Bemerkung d. inzwischen vorgekommenen Abänderungen ꝛc., Erläuterungen u. Plenarbeschlüsse ꝛc. 4 Bde. gr. 8. Fürth 854, 55. Schmid.   à Bd.   n. 1. 10.

Hälschner, Hugo, das preußische Strafrecht. gr. 8. Bonn, Marcus.

    1. Thl.: Geschichte d. brandenburg.-preuß. Strafrechts. Ein Beitrag zur Geschichte d. deutschen Strafrechtes. 855.   n. 1. 10.

    2. Thl: System d. preuß. Strafrechtes. 1. oder allgem. Theil des Systems. 855.   n. 2. 20.

— das juristische Studium in Preußen. gr. 8. Ebend. 859.   — 7½.

— das Thronfolgerecht d. fürstlichen Hauses von Schleswig-Holstein-Sonderburg-Augustenburg in d. Herzogth. Schleswig-Holstein übersichtlich dargestellt. Nebst e. Beilage. 4. Ebend. 864.   n. — 12.

— staatsrechtliche Prüfung der gegen d. Thronfolgerecht d. Augustenburgischen Hauses erhobenen Einwände. Mit besond. Berücksicht. d Pernice'schen Gutachtens. Nebst e. Beilage: Eine Urkunde aus d. Oldenburgschen Staatsarchiv. gr. 8. Berlin 864. G. Reimer.   — 7½.

Hambrook, B., Beleuchtung d. Gesetzentwürfe über den Concurs für diejen. preuß. Landestheile, in denen das Allgem. Landrecht u. die Allgem. Gerichtsordnung Gesetzeskraft haben. gr. 8. Breslau 854. Aderholz.   — 7½.

Hämmerle, H., Sammlung von Gesetzen u. Verordnungen über Gesundheitspolizei. gr. 8. Wien 865. J. Klemm.   n. 1.

— Handbuch über die Polizei-Gesetze u. Verordnungen. gr. 8. Ebend. 865.   n. 3. 10.

Hand-Ausgabe d. neuesten Ablösungsgesetze f. d. Kgr. Württemberg ꝛc. Mit Erläuter. u. ausführl. Sachregister von C. Baumann. 3 Abthlgn. gr. 8. Stuttgart 848, 49. Metzler.   3. 5.

    1. Abth.: Gesetz über Beseitigung d. auf Grund u. Boden ruhenden Lasten vom 14. April 1848, nebst d. Vollzieh.-Instructionen ꝛc.   20 Kgr.

    2. Abth.: Gesetze in Betr. d. Freigebung d. Theilnahme an d. Ablösungskasse, d. Beseitigung d. Ueberreste älterer Abgaben ꝛc.   15 Kgr.

    3. Abth.: Gesetz über Ablösung d. Zehnten vom 17. Juni 1849 3 Hefte. à Heft 20 Kgr.

Handbibliothek d. bayerischen Staatsbürgers, oder Sammlung sämmtlicher Administrativ-Gesetze, sowie d. geltenden bezügl. Verordnungen u. s. w., mit Zugrundlegung d. Verfassung des Reiches vom J. 1818 u. d. später verabschiedeten Gesetze bezügl. auf d. Verfassung des Reiches, Verwaltung d. Gemeinden ꝛc. (837—47.) — 3. durchaus umgearb. Aufl. 5 Bde. gr. 8. Augsburg 857—59. Kollmann.   n. 12. 8.

—— 1—3. Supplement-Band. gr. 8. Ebend. 862—66.   n. 3. 19.

Handbuch f. d. preuß. Richter u. Calculator im Bietungs- u. Kaufgelderbelegungs-Termine, e. systemat. Zusammenstellung aller bisher ergang. Verordnungen u. Rescripte in Betreff d. Belegung u. Vertheilung d. Kaufgelder im Subhastationsverfahren. gr. 8. Breslau 854. Kern.   — 7½.

— für badische Juristen, eine Sammlung d. für die badische Civilpraxis wichtigsten Gesetze, Verordnungen, Rechtsbelehrungen u. Staatsverträge, als Ergänz. d. Landrechts u. d. Civilproceßordnung. gr. 8. Mannheim 858. Bensheimer.   n. 2. —

— zur Beobachtung d. Formalitäten bei d. kgl. Hypothekenämtern im Bereiche d. rheinischen Appell.-Gerichtshofes zu Köln. 8. Trier 853. Linz.   — 12.

— d. Gesetze, Verordnungen u. sonstigen Vorschriften für d. Forststrafwesen im Großherzogth. Hessen. 1. Abth. Die Gesetze zur Bestrafung d. Forst-, Jagd- u. Fischerei-Vergehen u. Frevel, nebst d. hauptsächlichen allgem. Verordnungen f. d. Forstwesen. (840—44.) — 3. nach d. neuesten Stande d. Gesetzgebung verb. Aufl. gr. 8. Darmstadt 863. Jonghaus.   n. 13½.

Handbuch — Handelsgesetzbuch. 91

Handbuch f. Ortsrichter, Gerichtspersonen u. Gemeindevorstände, oder kurze u. faßliche Anweisung beffen, was fie zu thun u. zu beobachten haben, wenn fie ihr Amt mit gutem Erfolge führen wollen. 8. Pirna 851. Diller. — 5.

— volksthümliches, der **Staatswissenschaften u. Politik**. Ein Staatslexicon f. d. Volk. Begründet von R. Blum. Aus seinem handschriftl. Nachlasse von Gleichgesinnten fortgesetzt. 2 Bde. gr. 8. Leipzig 849—51. Matthes. n. 2. 15.

Handelsgerichte, die, im Kgr. Sachsen mit besond. Rücksicht. d. kgl. Handelsgerichts zu Leipzig. gr. 8. Leipzig 862. O. Voigt. — 3.

Handelsgesetzbuch, allgemeines, gültig f. d. Kgr. Böhmen, Galizien u. Lodomirien mit d. Herzogth. Anschwitz u. Zator u. d. Großherzogth. Krakau ꝛc. ꝛc., eingeführt durch d. Gesetz vom 17. Decbr. 1862, sammt e. alphabet. Register zu d. vier ersten Büchern d. Handelsgesetzbuches. Amtliche Handausg. 8. Wien 863. (Leipzig, Denicke.) n. — 15.

— das allgemeine deutsche. gr. 8. Leipzig 862. C. F. Fleischer. n. — 16.

—— —— [Mit Ausschluß d. Gesetze über d. Seehandel] 16. Berlin 861. Reymann. — 7½.

—— —— 1—4. Buch: enth. d. gesammte Handelsrecht ausschließl. „Seerecht" nebst vollständ. alphabet. Sachregister. (862.) — 2. Ausg. 16. Münster 865. Cazin. — 9. (in Ausg. f. Preußen, Sachsen, Hannover, Oesterreich.)

—— —— u. allgem. deutsche Wechsel-Ordnung nebst d. darauf bezügl. Gesetzen, Verordnungen u. Instruktionen. Amtliche Ausg. Mit Sachregister. gr. 8. Berlin 862. v. Decker. n. 1. —

—— —— nach d. Schlußfaffung der durch die deutsche Bundesversammlung berufenen Kommission. 1. u. 2. Aufl. gr. 8. Nürnberg 861. Korn. n. — 16.

—— —— mit Erläuterungen nach d. Materialien u. Benutz. d. sämmtl. Vorarbeiten von Bornemann, Waldeck, Strohn u. Bürgers ꝛc. nebst d. vollständ. alphabet. geordn. Sachregister. gr. 8. Berlin 862. Allgem. Deutsche Verlags-Anstalt. n. 2. —

Ausgabe für Preußen, mit d. Einführ.-Gesetz vom 24. Juni 1861 ꝛc. zu demselben Preise.

—— —— Herausg. von J. Luz. Authentische Ausgabe. 1—10. Aufl. 8. Würzburg 861—65. Stahel. n. — 10.

—— —— 2—4. Heft: Sachregister u. Einführungsgesetze. 8. Ebend. 867. n. 2. —

Auch in Separat-Ausgaben mit Einführungsgesetz für Bayern, Mecklenburg, Preußen, Sachsen ꝛc. ꝛc. à n. 12 Kgr. erschienen.

—— —— u. allgem. deutsche Wechselordnung nebst d. dazu gehör. Einführungsgesetzen u. Vollzugsverordnungen u. d. übrigen auf d. Handelsrecht bezügl. Gesetzen f. d. Großherzogth. Baden. Mit ausführl. Sachregister. gr. 8. Karlsruhe 862. Müller. — 16.

—— —— Mit d. Einführungsgesetz der freien Stadt Frankfurt u. e. ausführl. Sachregister. 4. Frankfurt a. M. 868. Brönner. (Winter.) n. — 24.

—— —— gr. 8. Frankfurt a. M. 862. (Streng.) n. — 18.

—— —— u Einführungsgesetz f. d. Großherzogth. Oldenburg. Sachregister. 8. Oldenburg 865. Schulze. — 8.

—— —— Nebst d. preuß. Einführungsgesetz vom 24. Juni 1861. gr. 8. Stettin 861. (v. d. Rahmer.) — 15.

—— —— Nebst preuß. Einführungsgesetz u. alphabet. Sachregister. 16. Münster 861. Cazin. — 15.

—— —— nebst d. preuß. Einführungs-Gesetz vom 24. Juni 1861. u. Ministerial-Instruction vom 12. Decbr. 1861, d. Gebühren-Taxe vom 27. Jan. 1862. 8. Berlin 862. Adolf u. Co. — 15.

—— —— u. Einführungsgesetz vom 24. Juni 1861. Allgem. deutsche Wechselordnung u. Gesetz, betr. die Einführung desselben vom 15. Febr. 1850. Nebst Sachregister. gr. 8. Berlin 861. v. Decker. — 15.

—— —— nebst d. Einführungsgesetz vom 24. Juni 1861, u. allgem. deutsche Wechsel-Ordnung nebst d. Einführungsgesetz vom 15. Febr. 1850, versehen mit e. vollständ. Sachregister. Als Anh.: Gesetz, betr. die Anfertig. u. Verwend. d. Stempelmarken, vom 2. Sept. 1862, u. Bestimmungen über Verwend. d. Stempelmarken,

vom 30. Sept. 1862. [Ausgabe ohne Seerecht.] 4. Aachen 863. (Leipzig, Bengler.)
— 5.
Handelsgesetzbuch, das allgemeine deutsche, mit Einschaltung d. Bestimmungen d. Einführungs-Gesetzes vom 24. Juni 1861 u. d. Vorschriften d. Justiz-Ministerial-Instruktion vom 12. Dezbr. 1861 f. d. Landestheile d. preuß. Monarchie, in welchen das allgem. Landrecht u. d. allgem. Gerichts-Ordnung Gesetzkraft haben. (1—5. Aufl. 862.) — 6. Aufl. 8. Berlin 864. C. Heymann. n. — 20.

—— —— nebst Einführungs-Gesetz vom 30. Octbr. 1861 u. Ausführungs-Verordnung vom 30. Decbr. 1861 f. d. Kgr. Sachsen. Mit Inhaltsverzeichniß u. Sachregister. 1. u. 2. Aufl. 8. Dresden 862. Meinhold. — 15.

—— —— f. d. Kgr. Sachsen. Nebst d. Einführungsgesetz, d. Ausführungsverordnung, d. bezügl. Verordnungen d. Justizministerii u. d. Appellationsgerichte. Mit e. ausführl. Sachregister. (861—64.) — 5. Aufl. 8. Leipzig 867. Roßberg. — 15.

—— —— nebst Einführungsgesetz u. Ausführungsverordnung f. d. Großherzogth. S.-Weimar-Eisenach. Ausg. ohne das Seerecht. gr. 8. Weimar 863. Böhlau. n. — 6.

—— —— Nebst Einführungsgesetz vom 30. Mai f. d. Fürstenth. Schwarzb.-Sondershausen u. Verordnung über Form u. Führung d. Handelsregister u. Veröffentlichung d. Eintragungen vom 31. Mai 1862. 4. Sondershausen 862. Eupel. 1. —

—— —— mit Ausschluß des Seerechts u. Wechselordnung mit den späteren Abänderungen, nebst den Württemberg. Einführungsgesetzen, der Handelsgerichts-Ordnung ꝛc. Mit ausführl. Sachregistern. 8. Stuttgart 866. Metzler. n. — 26.

— das, deutsche, u. die Eisenbahnen. gr. 8. Jena 866. Maute. n. — 10.

— das, russische, des Reiches [Ausg. von 1842] nebst d. Verordnnngen über das Fabrikgewerbe u. über die Reichs-Commerzbank mit d. Ergänzungen u. Nachträgen bis zum 31. Decbr. 1847. Aus d. Russ. übers. von F. v. Schulz. gr. 8. Riga 851. (Rudolstadt, Fröbel.) n 3. —

— f. d. Fürstenthum Serbien. In deutscher Uebersetz. mitgetheilt u. mit d. Quellen desselben verglichen von H. Blodig. (Abdr. a. d. österreich. Vierteljahresschrift ꝛc.) gr. 8. Wien 861. Braumüller. n. — 10.

Handels- u. Wechselgesetzgebung im Kgr. Bayern. 8. Bamberg 662. Buchner. n. 1. 12.

—— —— die allgemeine deutsche, nebst sämmtl. im Großherzogth. Hessen erlassenen, darauf bezügl. Gesetzen u. Verordnungen, vervollständigt durch e. Anh. betr. in Kraft bleibende ältere Gesetze. [Ausgabe f. Starkenburg u. Oberhessen.] 8. Mainz 868. v. Zabern. n. — 25.

—— —— [Ausgabe für Rheinhessen.] 8. Ebend. 863. n. 1. 10.

Handelsrecht, das brasilianische. Nach d. Codigo commercial do Imperio do Brasil übers. u. mit Bemerkgn. begleitet von S. Borchardt u. Herm. Stolp. gr. 8. Berlin 856. v. Decker. — 15.

— das preußische, im Gebiete d. allgem. Landrechts u. d. allgem. Gerichtsordnung, mit Ausschluß d. See- u. Wechselrechts. 8. Berlin 862. Sacco. — 15.

— das, und Prozeßrecht in Handelssachen im Bezirke d. rheinischen Ob.-Appell.-Gerichtshofes zu Köln. 8. Düsseldorf 862. (be Haen.) — 24.

— schweizerisches. Entwurf d. durch d. Bundesrath niedergesetzten Specialkommission. gr. 8. Zürich 864. Schulthess. n. — 14.

Handlungsrecht, allgem., f. d. preuß. Staaten. Ein geordneter Auszug aus d. allgem. Landrecht u. d. allgem. Gerichtsordnung. In Verbind. mit den bieselben ergänz., abändernden u. erläuternden Gesetzen, Verordnungen u. Rescripten. (839.) — 5., mit Obertribunals-Beschlüssen ꝛc. bis auf die neueste Zeit ergänzte Ausg. 8. Hamm 853. Wickenkamp. — 25.

Handwörterbuch d. Volkswirthschaftslehre, s. Rentzsch, H.

Hänel, Alb., das Beweissystem des Sachsenspiegels. In Beschränkung auf d. bürgerlichen Prozeß dargestellt. gr. 8. Leipzig 858. Hirzel. 1. —

— decisiones Consulum Goslariensium. gr. 8. Leipzig 862. Haessel. n. — 16.

Hänel, Alb., das Recht d. Erstgeburt in Schleswig-Holstein. Eine Kritik b. Schrift: Die legitime Erbfolge in Schlesw.-Holstein. gr. 8. Kiel 864. Homann. — 5.

Haenel, Gust., descriptio breviarii codicis Justinianei, quod inest in codice Trecensi 1317. 4. Leipzig 863. Dürr'sche Buchh. — 4½.
— notarum ad lib. I—IV. Cod. Theodosiani editionem, quam C. Baudi a Vesme Aug. Taurin. divulgavit, spec. III—V. 4. Ebend. 863. — 10½.

Haenell, C. Wilh., System der Gefängnißkunde. Nebst e. kurzem Anh.: Von d. Verwaltung d. Predigtamtes am Gefängniß. gr. 8. Göttingen 866. Vandenhoeck u. R. n. 1. —

Haenle, S., die dermalige Tax- u. Stempel-Gesetzgebung in Bayern. Vortrag auf d. 5. Anwaltstage zu Würzburg am 4. Juni 1864 gehalten. gr. 8. Nürnberg 864. Solban. — 4.

Hansemann, D., über die Einführung d. deutschen Handelsgesetzbuches. Vortrag geh. in b. Sitzung d. deutschen Handelstages zu Heidelberg am 17. Mai 1861. gr. 8. Berlin 861. (Fr. Schulze.) n. — 2½.

Hanssen, Geo., die Aufhebung d. Leibeigenschaft u. die Umgestaltung d. gutsherrlich-bäuerlichen Verhältnisse überhaupt in d. Herzogth. Schleswig-Holstein. Gekrönte Preisschrift. gr. 8. St. Petersburg 861. (Leipzig, Voss.) n. — 25.
— die Gehöferschaften [Erbgenossenschaften] im Regierungsbezirk Trier. (Aus d. Abhdlgn. d. k. Akad. d. W. zu Berlin.) gr. 4. Berlin 863. Dümmler's Verlhdlg. n. — 8.

Hänschel, Gust. Em., ein freies Wort gegen d. Entwurf e. bürgerlichen Proceßordnung f. d. Kgr. Sachsen. 8. Chemnitz 865. Focke. — 5.

Harber, K. Wilh., zur Lehre von der Ansegelung. Eine Abhandlung a. d. deutschen Seerechte. gr. 8. Hamburg 861. Nolte. n. — 12.
— kleine Beiträge zur Rechtswissenschaft, theilweise unter Bezugnahme auf Aktenstücke. 1. Heft. gr. 8. Hamburg 849. Tramburg. n. — 20.
— das Schiffs- u. Seerecht. (Abdr. aus d. Rechtslexikon.) gr. 8. Leipzig 855. O. Wigand. n. — 12.

Härdtl, Jos., der Wirkungskreis d. Ortsgemeinden, nach d. provisor. Gemeindegesetze vom 17. Mai 1849. In acht Sitzungs-Protocollen praktisch dargestellt. gr. 8. Wien 851. Seidel. n. — 8.

Harburg H., Andr., das Wechselrecht d. allgem. deutschen Wechselordnung. (858.)
— 2. revid. Aufl. gr. 8. Köln 862. Hassel. n. — 20.

Harkort, Frdr., über Armenwesen, Kranken- u Invalidenkassen. gr. 8 Hagen 856. Buß. — 6.
— Bemerkungen über d. Nutzen d. Schiedsgerichte. Nebst Statuten d. Schiedsgerichts in Wetter. 8. Ebend. 853. — 2½.

Harleß, G. Chr. Ad. v., die Ehescheidungsfrage. Eine erneute Untersuchung d. neutestamentl. Schriftstellen. gr. 8. Stuttgart 861. S. G. Liesching. n. — 24.

Harmenopuli, Const., manuale legum s. hexabiblos cum appendicibus et legibus agrariis. Ad fidem antiqu. libr. mss. editionum recens., scholiis nondum editis locuplet., latinam Reitzii translationem corr., notis crit., locis parallelis, glossario illustr. G. E. Heimbach. gr. 8. Leipzig 851. T. O. Weigel. n. 5. 10.

Hartert, F. C., die Priorität d. Gläubiger, mit Rücksicht auf kurhessisches Recht. gr. 8. Marburg 855. Elwert. (Frankf. a. M., Bölder.) — 15.

Hartmann, Bemerkungen zu d. Lehre vom Akkord im kaufmänn. Konkurse. (Abdr. aus Gruchot's Beiträgen ꝛc.) Nebst e. Anh., enth. Tit. II, Abschn. 7 b. Konkursordnung vom 8. Mai 1855, u. Tit. V d. Instruction d. Justizministers vom 6. Aug. 1855, betr. d. Ausführung d. Konkursordnung. (Abdr. aus Gruchot's Beiträgen ꝛc.) Hamm 858. Grote. n. — 8.

Hartmann, Gust., zur Lehre von den Erbverträgen u. von d. gemeinschaftlichen Testamenten. Zwei Abhandlungen a. d. gemeinen Rechte. gr. 8. Braunschweig 860. Leibrock. — 28.

Hartmann, G. L., die Verordnung vom 3. Jan. 1849 über d. Einführung d. mündlichen u. öffentlichen Verfahrens mit Geschworenen in Untersuchungssachen

u. d. Gesetz vom 3. Mai 1852 betr. die Zusätze dazu ꝛc. gr. 8. Berlin 852. C. Heymann. — 24.

Hartmann, G. L., das Gesetz über die Presse vom 12. Mai 1851 aus d. Entstehungsgeschichte, d. Rechtslehre u. d. Entscheidungen d. kgl. Ober-Tribunals erläutert. Lex.-8. Berlin 865. v. Decker. 1. 15.

— die neben d. Strafgesetzbuche f. d. preußischen Staaten geltenden Strafgesetze in Verbindung mit d. Rechtsprechung d. kgl. Ober-Tribunals, zusammengestellt. gr. 8. Berlin 864. G. Reimer. n. 2. 10.

— das gesammte Untersuchungs-Verfahren f. d. preuß. Staaten. gr. 8. Breslau 854. Korn. n. 2. 20.

— das Verfahren bei Kompetenz-Konflikten zwischen d. Gerichten u. Verwaltungsbehörden in Preußen. gr. 8. Berlin 860. v. Decker. — 22½.

— — Nachtrag. gr. 8. Ebend. 863. — 7½.

Hartmann, Otto Ernst, über d. römische Contumacialverfahren. gr. 8. Göttingen 851. Vandenhoeck u. R. — 25.

— der ordo judiciorum u. die judicia extraordinaria der Römer. 1. Thl: Ueber die römische Gerichtsverfassung. 1. Liefg. gr. 8. Ebend. 859. n. 1. —

Hartmann, Wilh., allgemeine Hypotheken-Ordnung f. d. gesammten königl. Staaten, nebst d. dieselbe ergänz. Gesetzen, Verordnungen u. Instruktionen, zusammengestellt u. mit Anmerkgn. versehen. (853.) — 2. verm. Aufl. gr. 8. Glogau 860. Flemming. 1. 7½.

— die preußische Subhastations-Gesetzgebung in ihrer gegenwärt. Geltung, f. d. prakt. Gebrauch zusammengestellt u. aus den Materialien, der Rechtswissenschaft u. der Praxis erläutert, ingl. mit Vorschlägen zur Verbesserung versehen. gr. 8. Breslau 861. Korn. n. 1. 10.

Harttke, Carl, kirchenrechtliche Skizzen. 8. München 852. Franz. — 4.

Haram, Pet., von der Entstehung des Rechts. Ein Vortrag. gr. 8. Innsbruck 863. Wagner. n. — 8.

— die gegenwärtige österreich. Preßgesetzgebung. Systemat. Darstellung u. Erläuterung d. gesetzl. Bestimmungen über d. Autorrecht u. der Preßpolizeigesetzgebung mit e. einleit. Abhandlung über d. Autorrecht im Allgemeinen. gr. 8. Wien 857. Manz. 2. —

— die Preß-Ordnung vom 27. Mai 1852, nebst jenen Bestimmungen d. neuen allgemeinen Strafgesetzes, welche auf Druckschriften Anwendung finden ꝛc. Zusammengestellt u. erläutert. gr. 8. Pest 852. Geibel. n. — 10.

Hase, Ed. Frdr., das jus postliminii u. die fictio legis Corneliae. Eine rechtshistor. Abhandlung. gr. 8. Halle 851. Pfeffer. n. 1. —

Hase, Gust., über die Anwendung von Geschworenen, namentlich im Civilprozeß, u. über eine zu entwerfende Justizverfassung für Deutschland. gr. 8. Weimar 849. Voigt. — 7½.

Hase, Karl, die evangel.-protestant. Kirche d. deutschen Reichs. Eine kirchenrechtliche Denkschrift. 2. Aufl. aus 1848 für 1852 überarbeitet. 8. Leipzig 851. Breitkopf u. H. 1. —

Hasenbalg, H., zur Strafproceßordnung. Von der Erhebung d. öffentlichen Klage u. ihrer Consumtion durch richterliches Urtheil. gr. 8. Hannover 854. Rümpler. n. — 27½.

— Beiträge zur Lehre von der Intercession. 1. Bdchn. [Ueber d. Princip des Sct. Vellejanum. Ueber Intercession durch Alleinverpflichtung.] gr. 8. Göttingen 856. Wigand. n. 1. 10.

Hasenöhrl, Vict., über d. Character u. d. Entstehungszeit d. ältesten österreich. Landrechtes. gr. 8. Wien 866. Gerold. n. — 5.

Hasner, Leop. v., Filosofie des Rechts u. seiner Geschichte in Grundlinien. gr. 8. Prag 851. Tempsky. 2. 7½.

— System d. politischen Oekonomie. 1. Bd. gr. 8. Prag 860. Credner. n. 2. —

Hassel, W. v., über das freie Veräußerungsrecht u. die zweifelhaft gewordenen Erbschaftsverhältnisse d. bäuerlichen Gehöfte in d. Provinz Lüneburg, Hoya, d. Bisthum Verden, d Bremenschen Geesten, d. nordwestl. Calenberg u. Ansichten zu deren Feststellung. gr. 8. Hannover 849. Helwing. — 5.

Hassenpflug, Frdr., über den Einfluß des Wechsels auf unterliegende Obligationsverhältnisse. gr. 8. Cassel 858. (Halle, Barthel.) n. — 16.

Hauber, Fr. Alb., Württembergisches Eherecht d. Evangelischen. gr. 8. Stuttgart 856. E. Hallberger. 1. 6.

— Recht u. Brauch d. evangel.-luther. Kirche Württembergs in Sachen d. Kirchenregiments, d. Gottesdienstes u. d. Zucht. gr. 8. Ebend. 854. — 27.

Hauber, G. W. A., Erläuterung d. Ablösungs-Gesetzes u. d. Instruktion 2c. gr. 8 Tübingen 849. Zu-Guttenberg. n. — 5.

— Anleitung zur Ausführung d. Ablösungs-Verfahrens für Gefälle u. Zehnten 2c. Für die Gemeindebehörden u. Alle, welche mit Ablösungsgeschäften zu thun haben. 8. Nagold 850. (Stuttgart, Sonnewald.) n. — 8.

— die Gemeinde-Güterbücher, deren Anlegung, Ergänzung u. Fortführung in Württemberg, nebst allen damit verwandten Materien, namentlich Fortführung des Steuer-Catasters, Verfahrensweise bei neuen Gebäude- u. Grundsteuer-Einschätzungen, bei d. Steuersätzen 2c. Ein ausführl. Hand- u. Hülfsbuch f. d. bearbeitenden u. Aufsicht führenden Behörden. gr. 8. Stuttgart 858. Belser. n. 1. 3.

— Servituten-Bücher u. Feldweg-Anlagen. Darstellung d. Verfahrens bei Fertigung d. Servituten-Bücher u. d. Geschäftsganges bei Feldweg-Anlagen mit möglichst einfachem u. raschem Verfahren. Beides in Gemäßheit d. Feldwegs-, Trepp- u. Ueberfahrtsrechts-Gesetzes vom 26. März 1862 f. d. prakt. Gebrauch bearb. 2. gänzlich umgearb. Aufl. 8. Stuttgart 862. Kröner. — 16.

Hauer, F. v., prakt. Darstellung d. Unterthanswesens in Niederösterreich. Nach b. von J. H. v. Kremer bearb. 3. Aufl. herausg. u. mit d. neuesten Normalien verm. von W. E. v. Pauly. gr. 8. Wien 849. Seidel. 2. —

Hauff, Ludw., Einführung in die administrative Praxis d. Kgr. Bayern. Ein Leitfaden f. alle, welche sich dem Dienste d. innern Verwaltung widmen wollen, mit Formularen, Protokollen 2c. gr. 8. München 861. (Gummi.) n. — 18.

— die im Kgr. Bayern diesseits d. Rheins bestehenden gesetzl. Bestimmungen über Arrondirung (Zusammenlegung) u. Zertrümmerung d. Grundstücke. 8. Augsburg 862. Rieger. — 3.

— die Feuerpolizei u. Feuerversicherung für Gebäude u. für Mobilien im Kgr. Bayern. Nach d. bestehenden Gesetzen u. d. ergangenen Verordnungen, Erläuterungen 2c. dargestellt 2c. gr. 8. Bamberg 866. Buchner. 1. —

— die Gemeindeverfassung d. Kgr. Bayern (diesseits d. Rheins). Eine Sammlung aller das Gemeindewesen betr. Gesetze, Verordnungen, Instructionen u. Erläuterungen mit Allegirung ergang. Präjudizien u. mit Citaten aus d. einschläg. Literatur. (859.) — 2. verb. u. verm. Aufl. gr. 8. Ebend. 861. n. 1. 12.

— Verfassung u. Wirkungskreis der Gerichte u. Verwaltungsbehörden d. Kgr. Bayern diess. d. Rheins, nach d. neuen Strafgesetzbüchern, d. Einführungsgesetze hiezu u. nach d. Gesetzen über die Gerichtsverfassung u. d. Notariat. gr. 8. Ebend. 862. n. 1. 2.

— der Wegweiser an die rechte Behörde u. in d. rechte Amtszimmer, oder: was der bayerische Staatsbürger von d. Gerichtsorganisation u. d. Notariatsgesetze wissen muß, wenn er sein Recht auf die billigste u. beste Weise wahren will. 1. u. 2. verm. Aufl. 8. München 862. Gummi. — 6.

— die Gerichtsverfassung d. sämmtlichen deutschen Staaten mit Einschluß der nichtdeutschen Länder d. österreich. Kaiserstaats u. unter namentlicher Aufführung aller Ober- u. Untergerichte. 8. Fürth 856. Schmid. n. 1. —

— Handbuch d. bayerischen Gesetzgebung. Ein Rathgeber f. alle Stände in Rechts- u. öffentl. Angelegenheiten. gr. 8. Nördlingen, Beck.

    1. Theil: Handbuch d. bayerischen Verfassungsrechts. 853.   1. —

    2. „ Handbuch d. bayerischen Verwaltungsrechts. 854.   1. 21.

Hauff, Ludw., das Gewerbs-Gesetz f. d. Kgr. Bayern diesseits des Rheins vom 11. Sept. 1825, nebst d. Vollzugs-Instruction vom 21. April 1862 u. den dazu gehör. Verordnungen u. oberpolizeilichen Vorschriften. Mit e. ausführl. Sachregister. 1. u. 2. Aufl. gr. 8. München 863. Gummi. — 12.

— der Führer auf d. Gebiete d. neuen Handelsgesetzgebung u. d. handelsgerichtl. Verfahrens, mit e. Abdr. d. Handelsgesetzbuches. 8. Ebend. 862. — 18.

— Hülfsbuch f. Landgemeinde-Verwaltungen. Eine Sammlung von Formularen für alle bei denselben vorkommenden Geschäfte zur gründlichen Geschäftsführung d. Vorsteher, Pfleger, Gemeindebevollmächtigten ꝛc. (2. Thl. von Wunder's Handb. f. Landgemeinde-Verwaltungen.) gr. 8. Bamberg 858. Buchner. n. 1. 2.

— Uebersicht der Literatur d. bayerischen Gesetzgebung auf d. Gebiete d. Rechts u. d. Verwaltung. gr. 8. München 866. Gummi. — 10; Velinp. — 12.

— die neuesten bayerischen Gesetzbücher. Das Polizeigesetzbuch. Das Strafgesetzbuch. Das Einführungsgesetz zu beiden. Das Gesetz über d. Aufhebung d. Straffolgen. 8. Ebend. 862. n. — 18.

— Verordnungen u. oberpolizeiliche Vorschriften, in Gemäßheit d. Polizei-Strafgesetzbuches f. d. Kgr. Bayern erlassen, dann distriktspolizeil. Vorschriften f. d. Haupt- u. Residenzstadt München u. die größeren Provinzialstädte, gesammelt u. mit d. nöthigen Hinweisungen versehen. Mit Inhaltsverzeichniß u. Sachregister. 8. Ebend. 863. — 27.

— Repertorium über alle von 1818 bis incl. Juni 1863 ergangenen, in d. Gesetz- u. Regierungsblättern enth. Gesetze, Verordnungen, k. Entschließungen ꝛc. nach der in d. erwähnten Blättern beobachteten Reihenfolge u. unter Anführung d. bezügl. derselben erschienenen Commentare, Abhandlungen ꝛc. Mit e. umfass. Sachregister. gr. 8. Ebend. 864. — 27½.

— die bayerische Staatsverfassung, wie sie nach der Verfassungs-Urkunde u. den Nachträgen hiezu jetzt in Geltung besteht. Mit Inhalts- u. Sach-Register. 8. Ebend. 863. — 25.

— der Universal-Rathgeber f. d. bayerischen Staatsbürger mit Berücksicht. d. neuesten gesetzl. Bestimmungen. (862.) — 2. umgearb. u. verm. Aufl. gr. 8. Ebend. 863. 1. 24.

— die Verfassung d. kgl. bayerischen Gerichte diesseits des Rheins in ihrer Gestaltung nach d. Gesetze vom 1. Juli 1856. gr. 8. Nördlingen 857. Beck. n. — 5.

— die Verträge von 1815 u. die Grundlagen d. Verfassung Deutschlands. Wörtlicher Abdr. d. Haupturkunden mit Erläuterungen u. Bemerkgn. u. mit e. Anh.: der Pariser Friede von 1814 u. d. Londoner Vertrag vom 8. Mai 1852. gr. 8. Bamberg 864. Buchner. n. — 22.

Haupt-Register, alphabet., zum Amtsblatt d. kgl. preuß. Regierung zu Merseburg u. zur Gesetzsammlung f. d. preuß. Staaten insoweit die in letzteren enth. Gesetze ꝛc. durch d. Amtsblatt publicirt worden sind. 2. Thl.: 1843–1852. 4. Merseburg 853. (Stolberg.) n. — 22½.

1. Thl. 1816—1842 enth. bearb. von G. F. C. Roloff. Halle 846. Buchh. d. Waisenh. a. 3 Thlr. 10 Ngr.

Hausadvocat, der bayerische. Anleitung zur Selbstbeschäftigung aller gerichtl. u. außergerichtl. Rechts-Angelegenheiten unter Zugrundelegung u. Allegirung d. in Anwendung kommenden Provinzial- u. gemeinen Rechte, Gesetze u. Verordnungen u. d. Doktrinen berühmter Rechtsgelehrten. 2. sehr verm. Aufl. gr. 8. Würzburg 860. Keßler. 1.—

— der rheinpreußische. Ein prakt. u. populäres Handbuch für Personen aller Stände, aus welchem sich ein Jeder über die im gewöhnlichen Leben am häufigsten zur Sprache kommenden Materien d. rheinischen [französischen] Rechts Belehrung verschaffen u. sich in seinen, nach diesem Rechte zu beurtheilenden Prozeß- u. Rechts-Angelegenheiten Rathes erholen kann. Herausg. von e. Justiz-Beamten. (863.) — 3. Aufl. 8. Mühlheim 866. Bagel. — 22½.

Hausgesetz im Geschlechte d. Grafen u. Herren v. Giech nebst Motiven. Mit e. Vorwort herausg. v. C. F. v. Gerber. gr. 8. Tübingen 858. Laupp. n. 1.—

Haußted, A., die Organe für die Rechtspflege in ihrer gegenseit. Begrenzung. Systematisch u. — in Bergleichg. mit d. preuß. u. rhein-preuß. Justizverfassung, sowie mit den für die Staatsanwaltschaft geläufigsten Reform-Vorschlägen — kritisch dargestellt. gr. 8. Berlin 862. G. Reimer. — 10.

Haushalter, E., das staatsrechtliche Verhältniß d. evangel. Geistlichkeit im Allgemeinen u. in Ehesachen insbes., nach gemeinem u. preuß. Rechte. Nebst e. Kritik d. Gutachtens d. Kron-Syndikats, betr. d. Zwang evangel. Pfarrer zur Trauung geschiedener Ehegatten. Quellenmäßig bearb. 2. Aufl. 8. Quedlinburg 856. Huch. n. — 15.

— ein Cyklus von Vertheidigungsschriften in politischen Untersuchungen der Neuzeit. Ein Beitrag zur Revision d. preuß. Strafgesetzgebung. gr. 8. Halle (Braunschweig) 849. Schwetschke u. S. n. — 8.

Hauska, Ferd., Compendium d. gerichtlichen Arzneikunde. gr. 8. Wien 857. Braumüller. n. 1. 20.

Hausmann, K. Fr., alphabet. Zusammenstellung der nach d. Allerh. Verordnung vom 29. Juli 1863 u. d. Polizeistrafgesetzbuche über d. Haussirhandel, d. Betrieb d. Wandergewerbe u. d. Handelsreisenden im Kgr. Bayern diesseits d. Rheins geltenden Bestimmungen nebst Abdr. dieser Verordnung u. e. vollständ. Verzeichniß d. freien Gewerbe u. Erwerbsarten. Mit Nachträgen. 8. Nürnberg 863, 66. (Stein.) n. — 21.

Harthausen, Aug. v., die ländliche Verfassung in d. einzelnen Provinzen d. preuß. Monarchie. Fortges. von Alex. Padberg. gr. 8. Stettin 861. (Gutberlet.) n. 1. 20.
  1. Bd. Königsberg 859. Bornträger. u. 1 Thlr. 20 Kgr.

— die ländliche Verfassung Rußlands. Ihre Entwickelungen u. ihre Feststellungen in d. Gesetzgebung von 1861. gr. 8. Leipzig 866. Brockhaus. n. 2. 20.
  — s. Considérations etc.

Haynau, Vict. v., Blätter aus d. Mappe e. Criminalisten. 1. Heft. gr. 8. Marburg 852. Elwert. (Frankfurt a. M., Völder.) — 20.

Heck, L., das eheliche Güterrecht u. d. Intestat-Erbfolgerecht, nach dem in d. Provinz Pommern geltenden Lübischen Rechte u. d. Pommerschen Bauerordnung, in Verbind. mit d. daneben bestehenden subsidiarischen Vorschriften d. allgem. Landrechts. gr. 8. Stettin 864. (Saunier.) n. — 15.

Heckert, A., die preußische Armengesetzgebung. Eine Sammlung aller auf d. Armenwesen bezügl. Gesetze, Verordnungen etc. bis auf die neueste Zeit. gr. 8. Berlin 852. Hempel. n. 1. 10.

— Handbuch der Strafgesetzgebung Preußens, mit Anmerkungen u. Erläuterungen aus den Motiven etc., für Richter, Staats- u. Polizeianwälte, Verwaltungsbeamte etc. 2 Thle. Mit e. Vorw. von K. F. H. Straß. gr. 8. Berlin 851. Allgem. Deutsche Verlags-Anstalt. n. 2. —
  Inhalt: 1. Thl.: Das Verfahren u. die Kompetenz in Strafsachen. — 2. Thl.: Das Strafgesetzbuch.

— das preußische Wechselrecht. Eine Sammlung d. über dasselbe geltenden Gesetze nebst allen ergänz. u. erläut. Bestimmungen, Obertribunals-Beschlüssen u. Präjudizien etc. bis auf die neueste Zeit. 8. Berlin 852. Hempel. n. — 10.

Hedemann, Max Leop., über d. Erwerb u. Schutz d. Servituten nach röm. Recht mit besond. Berücksicht. d. quasi possessio u. longa quasi possessio. gr. 8. Berlin 864. Weber u. Co. n. — 1.

Heffter, Aug. Wilh., le droit international public de l'Europe. Traduit par Jul. Bergson. (857.) — Nouv. édit. revue et augm., après le décès du traducteur par l'auteur. gr. 8. Berlin 866. Schroeder. n. 3. 10.

— Civil-Prozeß oder d. gerichtliche Verfahren bei bürgerlichen Rechtsstreitigkeiten im Gebiete d. Allg. Landrechts f. d. preußischen Staaten. Ein Leitfaden zum Selbstunterricht. gr. 8. Ebend. 856. n. 2. 20.

— Lehrbuch d. deutschen gemeinen Criminalrechts mit Rücksicht auf ältere u. neuere Landesrechte. (1—5. Aufl. 833—48.) — 6. Aufl. gr. 8. Braunschweig 854. Schwetschke u. S. n. 2. 20.

— das europäische Völkerrecht der Gegenwart auf den bisherigen Grundlagen. (1—4. Ausg. 844—61.) — 5. Ausg. 8. Berlin 867. Schroeder. n. 3. —

eilmann, Jul., Suarezius contra Tribonianum s. de jure Antejustinianeo in jure Borussico. Dissert. inaug. gr. 8. Halle 851. Pfeffer. n. — 10.

eimann, die Bundesverfassung d. Schweizer. Eidgenossenschaft u. die Staatsverfassungen d. Kantone. gr. 8. Basel 864. (Bahnmaier.) n. 2. 15.

eimbach, C. W. E., Andeutungen über eine allgemeine deutsche Civilgesetzgebung. gr. 8. Jena 848. Hochhausen. — 15.

— Erörterungen aus d. gemeinen u. sächs. Civilrechte u. Civilprocesse mit Rücksicht auf die Entscheidungen d. Oberappell.-Gerichts zu Jena. 1. Bdchn. gr. 8. Jena 849. Hochhausen. n. — 20.

— Lehrbuch d. partikulären Privatrechts d. zu d. O.-A.-Gerichten zu Jena u. Zerbst vereinten Großherzogl. u. Herzogl. Sächsischen, Fürstl. Reußischen, Fürstl. Schwarzburgischen u. Herzogl. Anhaltischen Länder. 2 Thle. gr. 8. Jena 848, 54. Cröker. 4. 20.

— Lehrbuch d. sächsischen bürgerlichen Processes mit besond. Rücksicht auf die Gesetzgebung d. zu dem OAG. zu Jena vereinten Länder. 1. Bd.: Allgem. Theil u. ordentlicher Proceß. gr 8. Jena 852. Maute. n. 2. 15.

s. Authenticum.

ein, Joh., das österreichische Strafgesetz vom 27. Mai 1852 als Strafgerichts-Competenz-Tabelle f. d. neu organisirten Gerichtsbehörden im ganzen Umfange des Reiches, mit Ausnahme d. Militärgrenze. sammt e. Anhange. Lex-8. Wien 855. Gerold. 1. 15.

— Handbuch aller in d. k. Patent vom 17. Jänner 1850 einschläg. nachträglichen Verordnungen b. Strafgesetzbuches 1. u. 2. Theils sammt den neu hiezu erlaß. Gesetzen. gr. 8. Olmütz 850. (Große.) — 12.

— Strafgerichts-Competenz-Tabelle nach d. k. Patente vom 17. Jänner 1850. 1. u. 2. Aufl. gr. 8. Ebend. 850. — 15.

eine, W., die Besserung als Strafzweck u. das Aufsichtspersonal der Strafanstalten. Ein Beitrag zur Gefängnisslehre. gr. 8. Leipzig 866. J. A. Barth. — 15.

einemann, M., gründliche Definition des Rechts, oder allererster Elementarunterricht in d. Rechtswissenschaft für d. Uebergang aus d. Schule zum Studium. Nach authent. enzyklopäd. Quellen auch für Nichtstudirende bearb. 16. Berlin 860. Thiele. n. — 5.

— alphabet. Darstellung d. allgem. deutschen Wechselordnung mit Berücksicht. d. neuen preuß. Einführungsordnung vom 6. Jan. 1849. 1. u. 2. Aufl. 8. Berlin 849. Adolf u. Co. — 6.

einemann, C., die Verhandlungen d. rheinhessischen Hochverrathsprozesses von 1850. Nach stenograph. Aufnahme herausg. gr. 8. Mainz 850. (Faber.) n. 1. 18.

einisch, G. F., die allgem. deutsche Wechselordnung mit Beifüg. d. gesetzl. Abänderungen in d. einzelnen Staaten u. d. Vorschläge d. Nürnberger Handels-Conferenz. Unter Berücksicht. vieler Erkenntnisse hoher deutscher Gerichtshöfe ausführlich erläutert u. herausg., mit e. Anh., die erschienenen Gesetze über kaufmänn. Anweisungen enth. gr. 8. Bamberg 861. Buchner. 1. 10.

einrich, C., die National-Oeconomie in ihrer Beziehung zur Landwirthschaft. gr. 8. Leipzig 856. O. Wigand. n. 2. —

einrich, Herm., Aus der Schuldhaft! Ein Nothschrei an unsere Gesetzgeber. 8. Leipzig 865. J. A. Barth. — 5.

einrichs, W., die Gewerbe-Ordnung f. d. Kgr. Hannover mit ihren Nebengesetzen u. Vollzugsvorschriften, mit Anmerkgn. versehen. (854. 855.) — 3. Aufl. herausg. u. mit Nachträgen versehen von G. Schow. gr. 8 Hannover 862. Helwing. n. — 10.

einze, Carl Frdr. Rud., ein deutsches Geschworengericht. 2. umgearb. Ausg. gr. 8. Leipzig 865. B. Tauchnitz. 1. —

— Parallelen zwischen d. englischen Jury u. d. französ.-deutschen Geschwornengericht. gr. 8. Erlangen 864. Enke. n. — 15.

— das Recht d. Untersuchungshaft. (Abdr. a. d. Zeitschr. f. Rechtspflege rc.) gr. 8. Leipzig 865. B. Tauchnitz. n. — 10.

einzelmann, J. G., die Untheilbarkeit d. Servituten. gr. 8. Nördlingen 852. Beck. — 8.

Heinzerling, Wilh., die gemeindeutsche Civilprozeß-Restitution, systemat. dargestellt. gr. 8. Darmstadt 865. Schorkopf. n. 1. 15.
—— Belege. gr. 8. Ebend. 866. n. — 25.
— der Schutz d. Parteien gegen nachtheilige thatsächliche Anführungen d. öffentlichen Anwälte 2c. gr. 8. Darmstadt 867. Zernin. n. — 12½.
Heise's Handelsrecht. Nach d. Orig.-Manuscript. gr. 8. Frankfurt a. M. 858. Sauerländer. n. 2. 20.
Heißenberger, Joh., das Disciplinar-Strafrecht in d. k. k. Armee nebst den zur Disciplinar-Behandlung geeigneten Vergehen u. Uebertretungen, auf Grundlage d. bestehenden Gesetze zusammengestellt. (859.) — 2. Aufl. gr. 8. Wien 860. (Gerold.) n. — 15.
— Handbuch in Strafsachen für die Offiziere der k. k. Armee, insbes. für die Gerichtsherrn u. Kommandanten aller Waffengattungen. 8. Wien 864. Markgraf. n. — 18.
Held, G. Fr., der Entwurf e. bürgerlichen Gesetzbuches f. d. Kgr. Sachsen in seinem Entstehen u. in seinem System dargestellt. gr. 8. Leipzig 853. Hinrichs. n. — 12.
— Erläuterungen zu d. Entwurfe e. bürgerlichen Gesetzbuches f. d. Kgr. Sachsen zur Entgegnung auf die hierüber ausgesproch. Krit. Bemerkungen. Allgemeine u. den 1. Thl. betr. Erläuterungen. Nebst e. Verzeichnisse d. bei dem Drucke d. Entwurfes übersehenen Berichtigungen. gr. 8. Ebend. 853. n. — 16.
— über deutsche Nationalgesetzgebung. 8. Leipzig 848. Arnold. — 6.
Held, Jos., Staat u. Gesellschaft vom Standpunkte d. Geschichte d. Menschheit u. d. Staats. Mit besond. Rücksicht auf die politisch-socialen Fragen unserer Zeit. 3 Thle. gr. 8. Leipzig 861—65. Brockhaus. n. 12. —
    1. Thl.: Grundanschauungen über Staat u. Gesellschaft. 861. n. 3 Thlr.
    2. Thl.: Volk u. Regierung mit besond. Rücksicht auf die Entwickelung der Gesellschaft u. des Staats in Deutschland. 863. n 4 Thlr.
    3. Thl.: Der verfassungsmässige oder constitutionelle Staat. 865. n. 5 Thlr.
— System d. Verfassungsrechts d. monarch. Staaten Deutschlands mit besond. Rücksicht auf den Constitutionalismus. 2 Thle. gr. 8. Würzburg 856, 57. Stahel. n. 4. 18.
    1. Thl.: Einleitung. Allgem. Staatsrechtsgrundsätze. Geschichte d. polit. Gestaltungen Gesammt-Deutschlands. n. 1 Thlr. 27 Ngr.
    2. Thl.: System d. geltenden, den deutschen constitutionellen Monarchien gemeinsamen Staatsverfassungsrechts. n. 2 Thlr. 21 Ngr.
Heldmann, A. G. L., die kirchenrechtlichen Bestimmungen über das Eigenthums- u. Dispositionsrecht an d. evangel.-luther. Kirchen im Oberfürstenthum Hessen. gr. 8. Marburg 866. (Elwert.) — 2.
Helfert, Jos., Handbuch d. Kirchenrechts aus d. gemeinen u. österreich. Quellen zusammengestellt. (845. 816.) — 4. Ausg. verm. u. verb. von J. A. v. Helfert. gr. 8. Wien 848. Gerold. n. 3. 20.
— Anleitung zum geistlichen Geschäftsstyle nach d. gemeinen u. österreich. Kirchenrechte. (837—56.) — Zum 8. Male verb. u. verm. herausg. von Jos. Alex. v. Helfert. Unter Mitwirk. von Ed. Tersch. gr. 8. Prag 858. Tempsky. 2. 6.
    Hieraus abgedruckt:
— Anleitung zum seelsorgerlichen Geschäftsstyl in Ehesachen. Nach d. Stande d. neuesten Gesetzgebung in Oesterreich. Ein Nachtrag zur 7. Aufl. von d. Verf. Anleitung zum geistl. Geschäftsstyle. gr. 8. Ebend. 858. — 15.
Helfert, Jos. Alex. v., die österreich. Volksschule. Geschichte, System u. Statistik. Lex.-8. Prag. Tempsky.
    3. Bd.: System d. österreich. Volksschule. Vollständ. Sammlung u. geordnete Zusammenstellung aller über d. österreich. Volksschulwesen in Kraft bestehenden Gesetze u. Verordnungen. 861. n. 4. 16.
Helfferich, Adf., die Kategorien des Rechts auf geschichtlicher Grundlage. gr. 8. Berlin 863. J. Springer. 1. 7½.

7*

Helfferich, Adf., Entstehung u. Geschichte d. Westgothen-Rechts. gr. 8. Berlin 858. G. Reimer. 2. —

Hellermann, G. v., die Rechte d. Eigenthümers in Ansehung d. auf seinem Grundstücke eingetragenen, bereits bezahlten, aber noch nicht gelöschten Hypothekenforderungen. Erläutert durch e. Rechtsfall. 8. Berlin 852. C. Heymann. — 3.

Hellmann, Joh., der Staat nach seinen innern u. äußern Beziehungen. Volksthümlich dargestellt. gr. 8. Leipzig 854. Brockhaus. n. 1. 10.

Hellmar, Hugo, der Patronat nach preuß. Landes- u. Provinzialrecht u. die Versuche seiner Aufhebung. gr. 8. Elberfeld (Cöln) 850. Hassel. — 20.

Hellmuth, Clem., die kgl. bayerischen Landgerichte diess. d. Rheins, vom 24. März 1802 bis zur Gegenwart, bezügl. ihrer Bezirksformation, Verfassung, amtlichen Stellung u. d. Personalverhältnisse ihrer Beamten. gr. 8. Nördlingen 854. Beck. n. 1. 5.

— über die Grundlagen d. neuen Polizeistrafgesetzgebung in Bayern. gr. 8. München 862. Straub. n. — 15.

Helm, A. v., die Principien eines allgem. Civilrechts vom rationellen Standpunkte. gr. 8. Olmütz 852. (Hölzel.) n. — 8.

Helm, Osc., die preußische Preßgesetzgebung. Eine Zusammenstellung aller auf die Presse bezügl. Gesetze u. Verordnungen ꝛc. gr. 8. Halberstadt 852. Helm. — 15.

Helmolt, Th. L. v., civilistische Abhandlungen. gr. 8. Gießen 855. Ricker.
1. Heft: Das Accrescenzrecht u. die successio graduum der Novellen 118 u. 127. — 15.

— die Correal-Obligationen. gr. 8. Gießen 857. (Roth.) n. — 25.

— Verhältniß d. Exceptionen zur Beweislast. Eine civilist.-processualische Abhandlung. gr. 8. Gießen 852. Ricker. n. 1. 10.

— Beitrag zur Lehre d. Unterschiedes zwischen Klagableugnung u. Einrede. gr. 8. Ebend. 849. n. — 15.

Helwing, Ernst. Preußen u. die Schleswig-Holsteinische Staats-Erbfolge. Eine polemische Erörterung als zweites Wort, in der Angelegenheit. Nebst e. Urkunden-Anh. u. e. genealog. Taf. gr. 8. Berlin 865. Bath. n. 1. —

Helwing, H. Ch. C. E., de politia apnd populos recentiores origine et nomine. [Ueber Entstehung u. Begriff d. modernen Polizei.] 4. Lemgo (Detmold) 852. Meyer. n. — 5.

Henel, C., die sämmtlichen Jagdgesetze d. preußischen Staates. 1. u. 2. verb. Aufl. 16. Arnsberg 850. Grote. — 4½.

Henke, Adph., Lehrbnch d. gerichtlichen Medicin. Zum Behufe akadem. Vorlesungen u. zum Gebrauche f. gerichtliche Aerzte u. Rechtsgelehrte entw. (1—12. Aufl. 812—851.) 13. Aufl. mit Nachträgen von C. Bergmann. gr. 8. Berlin 859. Dümmler's Verlhdlg. n. 2. —

Henner, Geo., die katholische Kirchenfrage in Bayern. Ein kirchenstaatsrechtlicher Versuch. gr. 8. Würzburg 854. Stabel. n. — 16.

Herberger, Karl, Handbüchlein für Gemeindebevollmächtigte in Städten u. Märkten mit magistratischer Verfassung. — 2. Ausg. 8. Nördlingen 866. Bck. — 6.

Herbig, wer muß ein Testament machen u. wie muß es nach preußischem Rechte eingerichtet sein? Praktische, für Jeden verständliche Anweisung, nebst verschied. Formularen. gr. 8. Leipzig 866. Matthes. — 6.

Herbst, Ed., Einleitung in d. österreichische Strafproceßrecht. gr. 8. Wien 860. Manz. 1. 6.

— Sammlung von Entscheidungen d. k. k. obersten Gerichtshofes über zweifelhafte Fragen d. österreich. Strafprocesses. gr. 8. Ebend. 857. n. — 14.

— — 2. Heft: Die in d. J. 1857, 1858 u. 1859 bekannt gewordenen Entscheidungen enth. gr. 8. Ebend. 860. n. — 14.

— Handbuch d. allgem. österreich. Strafrechts. Mit Rücksicht auf die Bedürfnisse d. Studiums u. d. Anwendung bearb. gr. 8. Ebend.
1. Bd.: Von den Verbrechen. (854. 859.) — 3. ergänzte Aufl. 865. n. 2. 4.
2. „ Von den Vergehen u. Uebertretungen. (856.) — 2. Aufl. 859. 2. —

Herbst, Ed., die grundsätzlichen Entscheidungen d. k. k. obersten Gerichts- u. Cassationshofes über zweifelhafte Fragen d. allgem. österreich. Strafrechts. (853. 855.) — 3. verm. u. bis zum Schlusse d. J. 1857 ergänzte Aufl. gr. 8. Wien 858. Manz. 1. 24.

—— —— Nachtragsheft zur 3. Aufl., die in d. J. 1858 u. 1859 bekannt gewordenen Entscheidungen enth. gr. 8. Ebend. 860. n. — 14.

Hering, Erw., die im Kgr. Sachsen gültigen gesetzl. Bestimmungen über Aufgebot u. Trauung. gr. 8. Zittau 854. Pahl. n. — 10.

Hermann, Hans Konr., tabellar. Uebersicht der nach b. bürgerlichen Gesetzbuche seit b. 1. März 1865 im Kgr. Sachsen gültigen gesetzlichen Erbfolge. Fol. Dresden 866. am Ende. n. — 5.

—— Anleitung f. die Notariatspraxis nach b. kgl. sächsischen Gesetzen u. b. allgem. deutschen Wechsel-Ordnung mit Formularen für Notariatsgeschäfte. (861.) — 2. Ausg. gr. 8. Ebend. 866. n. — 20;

Nachträge zur 1. Ausg. apart — 3.

Hermann, K. Fr., über Gesetz u. gesetzgebende Gewalt im griechischen Alterthum. 4. Göttingen 849. Dieterich. n. — 20.

—— über Grundsätze u. Anwendung d. Strafrechts im griechischen Alterthum. (Abdr. a. d. Abhdlgn. d. k. Gesellsch. d. W. zu Göttingen.) 4. Ebend. 855. n. — 16.

Hermann, Rob., der Rechtscharakter d. Actienvereine. gr. 8. Leipzig 858. Hirschfeld. — 15.

Hermannseder, Mich., die Alluvion nach römischem u. deutschem gemeinen, sowie nach bayerischem u. preussischem Particular-Rechte. gr. 8. München 856. (J. A. Finsterlin.) n. — 6.

Hermanns, R., Beiträge zur Hypothekar-Reform, Lehre von d. Gewähr d. liegenden Eigenthums u. den besten Mitteln, d. persönlichen u. sachlichen Credit d. Liegenschafts-Besitzer zu heben. gr. 8. Freiburg i. Br. 858. Wagner. n. 1. 15.

Hermens, F. P., Handbuch d. gesammten Staatsgesetzgebung über d. christlichen Kultus u. über die Verwaltung d. Kirchen-Güter u. Einkünfte in d. kgl. preuß. Provinzen am linken Rheinufer ic., im Urterte mit Angabe b. Publikations-Hauptdokumente u. mit. einzelne Verfügungen erläut. ic. Entscheidungen u. Urtheile b. obersten u. obern Gerichtshöfe, Gesetzesmotive ic. enth. Noten. 4. Bd. gr. 8. Aachen 852. Mayer. n. 4. —

1—3. Bd. Ebend. 843—48. a. 12 Thlr. 15 Ngr.

Hermsdorf, Ed., Communalgarden-Gesetze f. d. Kgr. Sachsen mit erläut. Bemerkungen. 2. Aufl. gr. 8. Leipzig 848. Reclam jun. — 12½.

Herold, W. Wechselstempel-Pflicht. Strafe u. Strafverfahren nach preußischem Recht. gr. 8. Naumburg 857. (Tauerschmidt.) n. — 16.

Herquet, F. die Begrenzung d. deutschen Bundesgewalt in ihrer Beziehung zu d. Landes-Verfassungen d. einzelnen Bundesstaaten. In d. Grundzügen dargestellt. gr. 8. Leipzig 861. (Glauchau, Moritz.) — 7½.

—— das lebenslängliche Gehaltrecht d. abgewählten Bürgermeister. Rechtsschauungen über die Frage. gr. 8. Kassel 864. Scheel. n. — 6.

Herrmann, C. G., der preußische Gast-, Schank- u. Speise-Wirth. Gesetze u. Erläuterungen über d. Betrieb d. Gast-, Schank- u. Speise-Wirthschaft sowie d. Getränke-Kleinhandels. Ein prakt. Handbuch f. Verwaltungs-, Communal- u. Polizeibehörden ic. 8. Breslau 864. Trewendt. — 5.

Herrmann, C., Rechtsgutachten über die Tragung d. durch Aufhebung d. Exemtionen den Pfarrländereien auferlegten Grundlasten. gr. 8. Oldenburg 856. Stalling. — 3.

—— zur provinziallandschaftlichen Frage. 8. Göttingen 851. Dieterich.

—— über die Stellung d. Religionsgemeinschaften im Staate, besond. nach d. hannoverschen Verfassungsrecht u. d. Grundrechten. gr. 8. Göttingen 849. Vandenhoeck u. R. — 12.

Herrmann, C., über d. verfassungsmäß. Weg bei Einführung von Veränderungen in d. Consistorialeinrichtungen. Nach gemeinem u. hannoverschem Rechte. Ein Rechtsgutachten. gr. 8. Göttingen 851. Dieterich. — 7½.

Hertling, A., Handbuch zur Verwaltung, Revision u. Beaufsichtigung d. gerichtlichen Salarienkassen, Sportel-Recepturen, Bureau- u. andern Kassen. 3 Thle. gr. 8. Naumburg 856. 57. (Tauerschmidt.) n. 3. 6½.

v. Herzberg, Geschäfts-Instruction f. die ländlichen Ortsobrigkeiten d. Reg.-Bez. Potsdam. enth. eine kurze, systemat. Darstellung d. Rechte, Pflichten u. Geschäfte d. Polizei-Obrigkeiten, unter Angabe d. für dieselben besonders wichtigen Gesetze ꝛc. gr. 8. Berlin 858. Plahn. n. — 7½.

Herzfeld, G. A., Repetitorium d. römisch-gemeinrechtlichen Civilrechtes unter Berücksichtigung d. preuß. Gesetzgebung. 1. Abth.: Das sogenannte Familien- u. das Erbrecht. gr. 8. Leipzig 857. Veit u. Co. n. 3. —

— Uebersicht der Rechtsdisciplinen außerhalb d. römischen Privatrechts. Als Leitfaden beim Unterricht f. angehende Juristen. (854 als Mscr. gedr.) gr. 8. Berlin 860. Seelhaar. n. 2. b.

Herzog, die Körperverletzungen aus d. Gesichtspunkte d. preuss. Gesetze für Gerichtsärzte u. Richter beleuchtet. gr. 8. Berlin 850. Hirschwald. n. — 12.

Herzog, A., das österreich. Handelsrecht nach d. Handelsgesetzbuche vom 17. Dec. 1862. 1. Liefg. gr. 8. Wien 863. Rospini. n. — 12.

Heß, Rich., Tabelle zur Berechnung d. Notariats-Gebühren nach d. allerh. Verordnung vom 19. Jänner 1862. Fol. Landshut 862. Thomann. — 7½.

Hesse, Bericht der zur Begutachtung d. Entwurfes e. Strafgesetzbuches f. d. Großherzogth. Hessen gewählten Ausschüsse 1. u. 2. Kammer. 2., mit Entscheidungen d. großh. Ober-Appell.- u. Cassationsgerichts zu Darmstadt versehene Aufl. gr. 8. Darmstadt 859. Leske. n. 2.

Hesse, Ch. A., Taschenbuch d. gemeinen Civilrechts. 12. Jena 867. Mauke. n. 1. 20.

— die Frage von d. Eideszuschiebung über fremde Handlungen u. von d. Eideszurückgabe über eigene Handlungen des Delaten nach gemeinem u. sächs. Prozeßrechte erörtert. (848.) — 2. Ausg. gr. 8. Eisenberg 852. Schöne. — 6.

— das Einspruchsrecht gegen Bauunternehmen u. andere Veränderungen an Grundstücken, oder das Interdictum quod vi aut clam, die Operis novi nuntiatio. gr. 8. Leipzig 866. Roßberg. — 22½.

— alphabet. Wegweiser zur S.-Altenburgischen Gesetzgebung, die Grund- u. Hypothekenbücher betr., mit Motiven d. Altenburg. u. kgl. sächsischen Gesetzgebung zur Erläuterung d. Hypothekengesetzes, u. mit Verweisungen auf die im Wochenblatte f. merkw. Rechtsfälle enth. Literatur. 8. Eisenberg 855. Schöne. n. — 9.

— Kreisgerichte, oder nicht? Die Reorganisation d. Behörden im Herzogth. Altenburg besprochen. 8. Ebend. 851. Schöne. n. — 4.

— über die Rechtsverhältnisse zwischen Grundstücks-Nachbarn. 2 Bde. gr. 8. Ebend. 859—62. n. 3. 10.

  1. Bd.: Die cautio damni infecti u. die aquae pluviae arcendae actio, nebst Beiträgen zur Regatorienklage u. zum Wasserrechte. n 1 Thlr. 20 Ngr.

  2. Bd. 1. Abth.: Die Regatorienklage, das interdictum quod vi aut clam, die operis novi nuntiatio, die Interdicte uti possidetis u. ne quid in loco publico fiat, die actio injuriarum. n. 24 Ngr.

  2. Bd. 2. Abth.: Das Nachbarrecht in seinen konkreten Beziehungen. n. 26 Ngr.

— Forschungen 1) die Steuerfreiheit d. Rittergüter u. 2) die Entschädigungspflicht d. Staates für Entziehung wohlerworbener Rechte betr. Mit besond. Rücksicht auf die Verhältnisse d. Herzogth. S.-Altenburg. gr. 8. Ebend. 865. n. — 12.

Heumann, H. G., Handlexicon zu den Quellen d. römischen Rechtes. (846—51.)
— 3. verm. Aufl. d. Handlexicons zum Corpus juris civilis. gr. 8. Jena 857. Mauke. n. 3. —

Heuser, D. L., systemat. Handbuch d. kurhess. Straf- u. Polizeirechtes mit Einschluß d. noch gültigen Strafbestimmungen d. älteren Fuldaer, Hanauer, Mainzer, Isenburger u. Schaumburger Rechtes u. b. Praxis d. Ober-Appell.-Gerichtes 2c. gr. 8. Cassel 853. Fischer. n. 3. 3.

— Sachen- u. Quellen-Register zu v. Savigny's System d. heutigen römischen Rechts. gr. 8. Leipzig 851. Vett u. Co. n. 1. 15.

— alphabet. Inhaltsverzeichniß zu Unterholzner's Lehre d. röm. Rechts von den Schuldverhältnissen. gr. 8. Cassel 852. Fischer. — 10.

Heusler, Andr., Verfassungsgeschichte d. Stadt Basel im Mittelalter. Mit 1 Beilage u. 3 Siegeltaf. gr. 8. Basel 860. Bahnmaier. n. 2. 18.

Heyde, G. W. v. b., Armenverpflegungs-Ordnung, Domizilverhältniß u. Erwerbung d. Befugniß zur Niederlassung in d. Gemeinden, oder: Zusammenstellung noch Gültigkeit u. prakt. Bedeutung bestehender Gesetze, Verordnungen 2c. von 1842—1856. (2. Aufl.) 8. Stettin 856. (Nagel. — Saunier.) n. — 28.

— Dienstherrschaften u. Gesinde bezügl. auf gegenseit. Rechte u. Pflichten oder Rechts- u. polizeiliche Verhältnisse in Gesindesachen. Mit besond. Berücksicht. b. neuesten Gesetzgebung bearb. 8. Magdeburg 851. Baensch. n. — 15.

— die Gesinde-Ordnung vom 8. Nov. 1810, mit Inbegriff d. ergänz. 2c. Verordnungen. Nebst e. Anh., die auf d. Grund d. allgem. Gewerbeordnung vom 17. Jan. 1845 bestehenden Vorschriften in Betreff d. polizeil. Verhältnisse zwischen d. Handwerksmeistern u. d. Gesellen u. Lehrlingen enth. 8. Magdeburg 848. Heinrichshofen. — 8.

— die allgem. Gewerbeordnung nebst d. Entschädigungsgesetz zu derselben vom 17. Jan. 1845. Nebst allen dahin gehör. Ministerialrescripten, sowie d. Verordnungen über Einricht. von Gewerberäthen vom 9. Febr. 1849. (847.) — 2. mit Nachträgen verm. Aufl. 8. Magdeburg 850. Baensch. n. — 20.

— gesetzliche Bestimmungen über d. Kleinhandel mit geistigen Getränken u. über d. Betrieb d. Gast- u. Schankwirthschaft nebst e. vollständ. Mittheilung b. für die Nichtbefolgung d. gewerbepolizeilichen Verpflichtungen d. Gast- u. Schankwirthe angeordneten Strafen. Auf Grund d. neuesten Gesetze bearb. gr. 8. Stettin 857. Nagel. n. — 10.

— Entscheidungen d. Gerichtshofes für Kompetenz-Streitigkeiten in Landes- u. Gemeindeverwaltungs-Angelegenheiten u. in Polizeisachen u. Erlasse d. kgl. Ministerien über Ressortverhältnisse u. Amtsbefugnisse. 8. Stettin 858. Saunier. n. — 20.

— Landgemeinde-Verfassung nebst erläut. u. ergänz. Ministerial-Verordnungen in Betreff d. Rechte u. Verpflichtungen d. Gutsherrschaften u. Gemeinden in wesentlichen Gemeinde-Verwaltungssachen u. der Beitragsleistung zu d. Gemeindelasten in Kirchen- u. Schulangelegenheiten, u. e. systemat. geordn. Zusammenstellung gesetzlicher Bestimmungen, die Rechte u. Pflichten d. Kreisstände überhaupt, als auch deren Mitglieder im Besonderen betr. gr. 8. Stettin 856. (Nagel. — Saunier.) n. 1. 10.

— der Militair-Versorgungsberechtigte u. dessen Ansprüche auf die Anstellung im Civildienste. 8. Magdeburg 860. Baensch. n. — 20.

— Handbuch f. Polizei-Anwalte u. Polizei-Beamte. Enth. sämmtliche f. d. Neugestaltung d. polizeitlichen Verfahrens in Anwendung kommende gesetzliche Vorschriften. 8. Ebend. 850. 1. —

— die Polizeigewalt als thätige Gehülfin b. Richters u. b. Staatsanwalts. — Die Polizei-Strafgerichtbarkeit. 2 Bde. 8. Stettin 857. (Nagel. — Saunier.) n. 1. 2.

— die Polizeiverwaltung auf d. platten Lande. (854. 855.) — 3. Aufl. 8. Stettin 856. (Nagel.) n. 1. 15.

— Ressort-Verhältnisse zwischen d. Justiz-, Polizei- u. Communal-Behörden. Ein Handbuch f. Justiz- u. Polizei-Beamte 2c. gr. 8. Magdeburg 850. Baensch. 1. 15.

— das Schutzen-Amt oder prakt. Unterricht für die Schutzen, um ohne Aufwand von Zeit u. Mühe die unentbehrliche Geschäftskenntniß in Gemeinde- u. Polizeisachen zu gewinnen, u. um sich einen zuverläss. Anhalt f. d. dienstliche Verhalten in allen dabei vorkomm. Fällen zu verschaffen, nebst Mittheilung b. Vorschriften b. im J. 1854 revid.

Dorfgerichts-Ordnung in Betreff d. Gerichtshandlungen d. Dorfgerichte. 8. Stettin 857. (Graßmann.) — 20.

Heyde, G. W. v. d., das **Strafgesetzbuch** in Verbindung mit der, durch die Gesetze vom 2. u. 3. Jan. 1849 u. sowohl ihre richtige Anwendung bezweckenden, als auch die Competenzverhältnisse u. die Geschäftsform ordnenden Verfügungen d. kgl. Ministerien d. Justiz u. d. Innern, zur gesetzl. Gültigkeit gelangten Polizeigerichtsordnung in d. preuß. Staaten. 8. Stettin 851. (Berlin, C. Heymann.) n. 1. —

— neuestes Handbuch f. die Behandlung d. Uebertretungen d. **Polizei-Strafgesetze** u. d. polizeil. Ermittelung d. Verbrechen auf d. Gesetze vom 3. Jan. 1849 u. 14. Mai 1852 u. den von d. kgl. Ministern d. Justiz u. d. Innern erlass. deklarator. Verordnungen begründet. 8. Magdeburg 852. Baensch. n. 1. —

— Repertorium d. Uebertretungen d. **Polizei-Strafgesetze** u. **Polizei-Strafen** nebst d. die richtige Beurtheilung d. ersteren u. Anwendung d. letzteren bezweckenden Erläuterungen. 8. Ebend. 853. n. 1. 10.

— landwirthschaft-polizeiliches Handbuch. Enth. eine Sammlung sämmtl. Gesetze in Betreff d. **Viehkrankheiten**, deren Abwehr u. Heilung, zum Gebrauche f. Polizeibehörden, Gutsbesitzer ꝛc. 2. mit e. Nachtrage verm. Aufl. 8. Ebend. 850. 1. —

Heydemann, Ludw. Ed., Einleitung in d. System d. **preußischen Civilrechts**. (851.) — 2. völlig umgearb. Aufl. des Grundrisses. 1. Bd. gr. 8. Leipzig 861. Veit u. Co. n. 3. —

— Sammlung d. Gutachten d. k. preuß. literar. Sachverständigen-Vereins. Nebst e. Vorw. über die Praxis d. Vereins u. e. Anh. von Gesetzen u. Rescripten. gr. 8. Berlin 848. Th. Enslin. 1. 15.

— u. O. Dambach, die preußische Nachdrucksgesetzgebung erläut. durch die Praxis d. kgl. literar. Sachverständigen-Vereins. gr. 8. Ebend. 863. n. 2. 20.

Heyden, der **Wechsel,** Wesen u. Bedeutung desselben im Verkehr u. nach d. Rechte. Zur Erläuterung der mit Wechseln vorkommenden Geschäfte dargestellt. 2. Aufl. 8. Duisburg 864. Rieten. n — 10.

Heyer, Carl, kgl. Hannoversche Gesetzgebung über **Entwässerung** u. **Bewässerung** d. Grundstücke, sowie über Stauanlagen. Mit d. Motiven d. Regierung u. d. Kammern. Zum prakt. Gebrauche ꝛc. (859.) — 2. verb. Aufl. Bevorw. von v. Hammerstein. gr. 8. Celle 861. Schulze. n. 1. 15.

— **Landes-Oeconomie-Gesetzgebung** d. Kgr. Hannover. Mit d. Motiven d. Regierung u. d. Kammern nebst sachdienlichen Auszügen aus d. Verhandlungen d. allgem. Ständeversammlung, mit Erläuterungen. 2 Bde. gr. 8. Ebend. 861, 62. n. 3. 20.

Heyßler, Mor., Handbuch für die Geschwornen im oesterreich. Strafverfahren nach d. provisor. Strafprozeßordnung vom 17. Juni 1850. Eine prakt. Anleitung zur Führung d. Geschwornenamts. 16. Wien 850. Tendler u. Co. (Gerold.) — 12.

Hierl, A., die **Nachwährschaft** d. **Hausthiere** nach bayerischem Recht. gr. 8. München 853. (Kaiser.) 7½.

Hiersemenzel, C. C. E., zur Lehre vom **kaufmännischen Commissionsgeschäfte.** Nach deutschem gemeinen, österreich. u. preuß. Rechte. gr. 8. Leipzig 859. Reichenbach. n. 1. —

— **preußisches Handelsrecht.** gr. 8. Berlin 856. Hempel. n . 10.

— **Ergänzungen u. Erläuterungen** zum Allgem. Landrecht, mit Ausschluß d. Staatsrechts. 1. Thl.: Zu Theil I. Tit. 1—11. u. 2. Thl.: Zu Theil I. Tit. 12—23. 8. Ebend. 854. n. 3. 12½.

— vergleichende Uebersicht d. heutigen röm. u. preuß. gemeinen **Privatrechts**. 2 Thle. gr. 8. Ebend. 852—54. n. 3. 15.

Hildenbrand, Karl, Untersuchungen über die germanischen **Pönitentialbücher,** mit besond. Bezieh. auf den von d. Recordcommission in den ancient laws and instituts of England herausg. „liber poenitentialis Theodori A. C. e." gr. 8. Würzburg 851. Stahel. n — 22.

— Geschichte u. System d. **Rechts-** u. **Staatsphilosophie.** 1. Bd. Das klassische Alterthum. Lex.-8. Leipzig 860. Engelmann. 3. 7½.

Hilberscheid, R., vollständ. Handbuch f. Gerichtsvollzieher oder Beschreibung u. Erklärung sämmtlicher beim Gerichtsvollzieher-Amte vorkomm. Arbeiten, nebst 140 verschied. Aktenformularen u. e. Anhange. 12. Coblenz 856. Hölscher. — 15.

Hill, M., Beleuchtung der in d. preußischen Gesetzen enth. singulären Bestimmungen in Betreff taubstummer Personen, nebst darauf bezügl. Verbesserungs-Vorschlägen. gr. 8. Leipzig 861. Merseburger. — 9.

Hillebrand, Jul. Hub., Lehrbuch d. heutigen gemeinen deutschen Privatrechts mit Einschl. d. Handels- u. Lehnrechts. (849.) — 2. umgearb. Aufl. gr. 8. Zürich 864. Meyer u. Zeller. n. 3. 20.

— deutsche Rechtssprichwörter. Gesammelt u. erläutert. gr. 8. Ebend. 858. n. 1. 10.

— Lehrbuch d. deutschen Staats- u. Rechtsgeschichte mit Ausschluß d. Geschichte d. Privatrechtsinstitute. gr. 8. Leipzig 856. Fr. Fleischer. 3. 15.

Hillig, Ed., das Frachtgeschäft der Eisenbahnen nach Abschn. 1. u. 2. Tit. V. Buch IV. d. allgem. deutschen Handelsgesetzbuchs mit besond. Bezugnahme auf die Reglements d. Vereins deutscher Eisenbahn-Verwaltungen. gr. 8. Leipzig 864. Roßberg. — 15.

Hilse, de legitimatione liberorum non legitimorum jure boruss. concessa. Dissert. inaug. gr. 8. Berlin 866. (Calvary u. Co.) n. — 12.

Hincke, Aug., alphabet. Sportel- u. Stempeltaxe f. d. Kgr. Sachsen. Mit Auszügen aus d. Sportelregulativ vom 3. Decbr. 1827, sowie mit Erläutergn. u. Entscheidgn. hoher Behörden versehen, nebst e. Anh., die allgem. Sporteltaxe f. d. Ober-Appell.-Gerichte, d. Bezirks-Appell.-Gerichte u. einige andere Mittelbehörden enth. (841.) — 3. verm. Aufl., herausg. v. A. Liebster. gr. 8. Leipzig 854. B. Tauchnitz. n. — 28.

Hingenau, O. v., Handbuch d. Bergrechtskunde zum Gebrauch f. Vorlesungen u. zum Selbststudium ꝛc. gr. 8. Wien 855. Manz. 3. 21.

Hingst, S. J., commentatio de bonorum possessione. Praemio aureo ornata. 8. Amsterdam 858. Müller. n. 1. 14.

Hinrichs, H. F. W., Geschichte d. Rechts- u. Staatsprincipien seit d. Reformation bis auf die Gegenwart in histor.-philosoph. Entwickelung. 1—3. Bd.: Geschichte d. Natur- u. Völkerrechts. gr. 8. Leipzig 848—52. (Altona, Haendcke u. L.) 4. 15.

Hinschius, P., das landesherrliche Patronatrecht gegenüber der kathol. Kirche. gr. 8. Berlin 856. Nicolai'sche Verlhdlg. n. — 15.

Hinze, C. A., hannoversches Seerecht in Bezieh. auf d. Herzogth. Bremen u. Fürstenth. Lüneburg. 1. Heft. gr. 8. Hannover 859. Hahn. n. — 10.

Hirschberg, K. Rich., die allgem. Städteordnung nebst Publicationsgesetz u. Einführungsverordnung f. d. Kgr. Sachsen unter steter Berücksicht. d. neuern Gesetzgebung u. Entscheidung d. höheren Behörden erläut. u. nebst e. geschichtl. Einleit. herausg. 8. Leipzig 863. Roßberg. — 15.

Hirt, F., Erfahrungen eines Criminalbeamten. Bücher über Nachtseiten d. Gesellschaft. 8. Leipzig. Wengler.
 1. Buch: Der Diebstahl, dessen Verhütung u. Entdeckung. Ein Warner u. Rathgeber f. alle Besitzenden. 856. 1. —
 2. Buch: Der Hausfrieden, dessen Störung u. das Hausrecht. Eine Monographie f. alle Stände. 857. — 15.

— der Diebstahl, dessen Verhütung u. Entdeckung ꝛc. 2. [für d. Volksschriften-Verein revid. Ausg.] 8. Zwickau 858. Buchh. d. Volksschriften-Vereins. n. — 8.

Hirzel, Arn., Wegweiser durch das zürcherische Pflichttheilsrecht oder Anleitung die verschiedenartigsten letztwilligen Verordnungen u. Rechtsgeschäfte unter Lebenden vorzunehmen, ohne die Rechte d. nächsten Erben zu beeinträchtigen ꝛc. gr. 8. Zürich 861. Drell, Füßli u. Co. n. — 12.

— kritische Betrachtung d. neuern Doctrin u. Gesetzgebung über Verjährung der Strafen. Inaug.-Dissert. 8. Ebend. 860. n. — 12.

Hocheder, Carl, das Strafgesetzbuch f. d. Kgr. Bayern. 1. Bd. Allgemeiner Theil. gr. 8. München 862. Liter.-artist. Anstalt. n. 2. 10.

Höchster, E. Herm., Lehrbuch d. franzos. Strafprozesses unter Berücksicht. d. Berner Gesetzes vom 2. März 1850 über d. Verfahren in Strafsachen, u. d. Würtemberg. Gesetzes vom 14. Aug. 1849 über d. Verfahren in Strafsachen, welche vor die Schwurgerichtshöfe gehören. gr. 8 Bern 850. Jent u. R. 3. —

Hochverrathsproceß, der, gegen den Abgeordneten zur deutschen National-Versammlung Dr. Wilh. Levysohn wegen Betheiligung an den in Stuttgart gefaßten Beschlüssen, verhandelt vor b. Schwurgericht zu Grünberg am 16. Febr. 1850. 8. Grünberg 850. Levysohn. n. — 6.

— gegen Dr. Joh. Jacoby, wegen seiner Betheiligung an den Sitzungen d. deutschen Reichsversammlung in Stuttgart. Verhandelt am 8. Decbr. 1849 vor b. Königsberger Schwurgericht. gr. 8. Königsberg 849. Samter. — 7½.

— der Rostocker, vor dem Forum d. Hamburgischen Niedergerichts. gr. 8. Hamburg 861. (Scharbius.) — 6.

Hock, C. v., die öffentlichen Abgaben u. Schulden. gr. 8. Stuttgart 863. Cotta. 2. —

— die Finanzen u. die Finanzgeschichte der Vereinigten Staaten von Amerika. gr. 8. Ebend. 867. n. 4. —

— die Finanzverwaltung Frankreichs. gr. 8. Ebend. 857. n. 3. 15.

Hoeck, Herm., de fundamento regulae negantem non excipere jure jurando delato. Commentatio. gr. 8. Leipzig 853. (Friese.) — 6.

— observationes ad l. 8. cod. de testamentis [VI, 23.] gr. 8. Ebend. 862. n. — 10.

Hodler, J., allgem. Grundsätze d. natürlichen Staatsrechts mit vergleich. Berücksicht. d. schweizer. Bundesverfassung u. d. Berner Kantonsverfassung. gr. 8. Bern 863. (Blom.) n. 1. 15.

Hoffinger, Th. H. F., Sammlung badischer Baugesetze. Nebst e. Anh. rechtl. Abhandlungen u. gerichtl. Entscheidungen über Baustreitigkeiten rc. (845.) — Neue Ausg. gr. 8. Mannheim 852. Bensheimer. 2. 12½.

Hoffmann, C., Sammlung d. Gesetze u. Verordnungen, welche das Apothekerwesen in Bayern, insbes. jenes in d. Pfalz betreffen. gr. 8. Erlangen 848. Enke. n. — 18.

Hoffmann, Chrn. Fürchtg., Handbuch d. im kgl. preuß. Herzogthum Sachsen gegenwärtig geltenden Lehnrechts. gr. 8 Leipzig 865. J. A. Barth. — 21.

Hoffmann, C. H. L., das württemberg. Finanzrecht oder die Finanz-Gesetzgebung u. Verwaltung d. württemberg. Staates in ihrem gegenwärt. rechtlichen Bestande, nach den Quellen dargestellt. 1. Bd. gr. 8. Tübingen 857. Laupp. n. 3. 8.

Hoffmann, Carl Rich., das Civil-Medizinat-Wesen im Kgr. Bayern mit d. dermalen in Wirksamkeit bestehenden Medizinal-Verordnungen. 3 Bde. gr. 8. Landshut 858—63. Thomann. à Bd. n. 2. 5.

Inhalt: 1. Bd.: Die private Medizin. — 2 u. 3. Bd.: Die Medizinalpolizei.

Hoffmann, Eman., das Gesetz der Zwölf-Tafeln von den Forcten u. Sanaten. Nebst e. Anh. über die Accensi Velati u. über d. altrömische Schuldrecht. gr. 8. Wien 866. Gerold. n. — 10.

Hoffmann, Emil, ausführliche Erläuterung d. allgem. deutschen Wechselordnung nebst e. Einleitung in das Wechselrecht. gr. 8. Gießen 859. Heinemann. n. 2. 27.

— Grundzüge d. sogen. civilen Wechselrechts. Zugleich als Anhang d. Schrift: Ausführl. Erläuterung d. allgem. deutschen Wechselordnung. gr. 8. Ebend. 862. n. — 5.

Höfken, Gust., über d. Studium d. Rechts- u. Staatswissenschaften, mit Bezug auf die Reugestaltung d. höhern Unterrichts u. die Staatsprüfung in Oesterreich. Wien 851. (Manz.) n. — 10.

Hofmann, Jos., aus dem Gerichtssaale. 1—5. Heft. (Abdr. aus Henke's Zeitschr. f. d. Staatsarzneikunde.) gr. 8. Erlangen 854—64 Palm u. E. n. 4. 4.

L.: a. 26 Ngr.; 2.: a. 26 Ngr.; 3.: a. 24 Ngr.; 4.: a. 16 Ngr.; 5.: a. 28 Ngr.

— gerichtlich-anthropolog. Bemerkungen zum Entwurfe d. neuen Strafgesetzbuchs f. d. Kgr. Bayern. gr. 8. München 856. Fleischmann. n. — 8.

Hofmann, Jof., gerichtsärztliche Bemerkungen zum Entwurfe e. Strafgesetzbuchs f. d. Kgr. Bayern. gr. 8. München 860. Fleischmann. — 15.
— die gerichtsärztliche Sprache. Ein Versuch die in gerichtsärztl. Wissenschaft u.
Praxis vorkomm. Begriffe festzustellen. Für Aerzte u. Juristen. gr. 8. München 860.
Liter.-artist. Anstalt. n. 1. 18.
— Bericht über die Vorkommnisse beim kgl. Bezirksgerichtsphysi-
kate München im Quinquiennio 1853—58. Ein Beitrag f. Physikatsärzte, die
Bedürfnisse des Richters kennen u. befriedigen zu lernen. (Aus Henke's Zeitschrift abgedr.) gr. 8. Erlangen 859. Palm u. Enke. — 12.
Hogendorp, D. van, commentatio de juris gentium studio in patria nostra,
post Hug. Grotium. gr. 8. Amsterdam 856. (Leipzig, T. O. Weigel.) n. 1. 15.
Höingshaus, Rich., Formularbuch zu Akten d. freiwilligen Gerichtsbarkeit,
für Eintragungs-Verfügungen in d. Hypothekenbuch u. Expeditionen in Hypotheken-
sachen, nebst d. Stempel- u. Kosten-Tarifen. gr. 8. Berlin 863. Hempel. n. — 20.
— Preußens neues Hypothekenwesen. [Gesetz betr. die Abänderungen d. Hypotheken-
Ordnung vom 20. Dezbr. 1783.] Nebst Ergänzgn. u. Erläutergn. nach d. legislator.
Quellen. (853.) — 2. verm. Abbr. mit Hinzufüg. d. Instruction d. Justizministers
vom 3. Aug. 1853, nebst Formularen. gr. 8. Berlin 853. Allgem. Deutsche Verlags-
Anstalt. n. — 12.
— Konkursordnung sowie Einführungsgesetz vom 8. Mai 1855. Gesetz betr. die
Befugniß d. Gläubiger zur Anfechtung d. Rechtshandlungen zahlungsunfähiger
Schuldner außerhalb des Konkurses, vom 9. Mai 1855, u. Verordnung, über die im
Konkurse u. erbschaftlichen Liquidationsprozesse zu erhebenden Gerichtskosten, vom
4. Juni 1855, nebst Erläuterungen nach d. legislator. Quellen. gr. 8. Berlin 855.
Moeser. n. — 20.
— Handbuch für Kriminal- u. Civil-Protokollführer. (851.) — 2. umgearb.
Aufl. gr. 8. Berlin 866. C. Heymann. — 15.
— neue preußische Sportelgesetzgebung [Gesetz vom 9. Mai 1854, betr. die Abändergn. d. Gesetzes über d. Ansatz u. die Erhebung d. Gerichtskosten ꝛc.] nebst Ergängn.
u. Erläutergn. nach d. legislator. Quellen. gr. 8. Schönebeck 854. Verger. n. — 10.
— Preußens Stempelgesetze. Mit Rücksicht auf die neuere gerichtl. Sportelgesetzgebung, besonders f. d. kgl. Justizbeamten herausg. (852.) — 2. verm. Aufl. gr. 8.
Berlin 855. C. Heymann. — 12.
— u. Fenner, allgem. Landrecht nebst Ergänzgn. u. Erläutergn. u. neues Strafgesetzbuch f. d. gesammten preuß. Staaten. Systemat. Auszug f. höhere Justiz-Subaltern-Beamte. gr. 8. Berlin 853. Rauck u. Co. n. 1. 20.
Holleuffer, C. E. A. v., Rechtsficherheit, unabhängige Justiz, ministerielle Cabi-
nets-Justiz im Fürstenth. Schwarzb.-Sondershausen. Actenmäß. Darstellung e in d.
J. 1863 u. 1864 verhandelten Preßprozesses. (Als Mscr. gedruckt.) gr. 8. Dessau 864. (Neuburger.) — 12.
Hollmann, A. B., Repertorium d. Gesetzsammlung f. d. Großherzogth. Oldenburg. Im Anschlusse an das von Straterjan bearb. u. 1837 herausg. Repertorium.
gr. 8. Oldenburg. Schulze.
3. Bd., den Zeitraum vom 1. Jan. 1836 bis 1. März 1849 umfaff. 862. n. 1. 10.
4. Bd., den Zeitraum v. 1. März 1849 bis 1862 umfaff. 865. n. 1. 26.
Holtzendorff, Frz. v., das staatsrechtliche Abhängigkeitsverhältniß zwischen
England u. seinen Colonien. gr. 8. Leipzig 859. Reichenbach. n. — 8.
— der Brüderorden des Rauhen Hauses u. sein Wirken in d. Strafanstalten.
Nebst weiteren Mittheilungen aus d. bisher unbekannten Papieren. 1. u. 2. Aufl.
gr. 8. Berlin 862. Lüderitz. n. — 10.
— die Brüderschaft des Rauhen Hauses, e. protestant. Orden im Staatsdienst. Aus bisher unbekannten Papieren dargestellt. 1—4. Aufl. gr. 8. Ebend. 861.
n. — 10.
— die Deportation als Strafmittel in alter u. neuer Zeit u. die Verbrecher-
colonien d. Engländer u. Franzosen in ihrer geschichtlichen Entwickelung u.
criminalpolitischen Bedeutung dargestellt. gr. 8. Leipzig 859. J. A. Barth.
n. 3. —

Holtzendorff, Frz. v., die Deportationsstrafe im römischen Alterthum hinsichtlich ihrer Entstehung u. rechtsgeschichtlichen Entwickelung dargestellt. Leipzig 859. J. A. Barth. n. — 20.

— Gesetz oder Verwaltungsmaxime? Rechtliche Bedenken gegen die preuß. Denkschrift betr. die Einzelhaft. gr. 8. Berlin 861. Lüderitz. n. — 8.

— das irische Gefängnisssystem, insbes. die Zwischenanstalten vor d. Entlassung d. Sträflinge. gr. 8. Leipzig 859. J. A. Barth. n. — 24.

— die Kürzungsfähigkeit d. Freiheitsstrafen u. die bedingte Freilassung der Sträflinge in ihrem Verhältnisse zum Strafmasse u. zu d. Strafzwecken. gr. 8. Ebend. 861. n. — 20.

— die Reform d. Staatsanwaltschaft in Deutschland. gr. 8. Berlin 864. Guttentag. — 9.

— die Umgestaltung d. Staatsanwaltschaft vom Standpunkt unabhäng. Strafjustiz u. der Entwurf e. Strafprozeß-Ordnung f. d. preuß. Staat. gr. 8. Ebend. 865. n. — 12.

— französische Rechtszustände insbes. die Resultate d. Strafgerichtspflege in Frankreich u. die Zwangscolonisation von Cayenne. 8. Leipzig 859. J. A. Barth. n. — 10.

— krit. Untersuchungen über die Grundsätze u. Ergebnisse d. irischen Strafvollzuges. gr. 8. Berlin 865. Lüderitz. n. — 24.

Holzinger, die Schwurgerichte in Württemberg dargestellt nach Anleitung d. Gesetzes vom 14. Aug. 1849 ic., mit Erläuterungen, insbes. unter Berücksicht. seiner Quellen u. unter steter Vergleichung mit d. englischen, nordamerikan., französ. u. belgischen Strafprozesse, sowie mit d. neuesten Gesetzgebungen in Hessen-Darmstadt, Bayern, Preußen u. Sachsen, ic. Mit d. Gesetzestext u. e. alphabet. Register. gr. 8. Stuttgart 840. Cotta. n. 1. 6.

Holzschuher, Rud. v., Theorie u. Casuistik d. gemeinen Civilrechts. Ein Handbuch f. Praktiker. (848—58.) — 3. neu bearb. u. verm. Aufl., nach d. Tode d. Verf. besorgt von Joh. Em. Kuntze. 3 Bde. gr. 8. Leipzig 863, 64. Baumgärtner. 14. —

Homeyer, C. G., die Extravaganten des Sachsenspiegels. (Aus d. Abhdlgn. d. k. Akad. d. W.) 4. Berlin 861. Dümmler's Verlhdlg. n. — 15.

— das Friedegut in den Fehden d deutschen Mittelalters. 4. Ebend. 867. n. — 10.

— die Genealogie der Handschriften des Sachsenspiegels. (Aus d. Abhdlgn. d. k. Akad. d. W. zu Berlin.) gr. 4. Ebend. 859. n. 1. 6.

— über die informatio ex speculo Saxonum. (Aus d. Abhdlgn. d. k. Akad. d. W. zu Berlin.) 4. Ebend. 857. n. — 16.

— Johannes Klenkok wider d. Sachsenspiegel. (Aus d. Abhdlgn. d. k. Akad. d. W. zu Berlin.) 4. Ebend. 855. n. — 20.

— die deutschen Rechtsbücher d. Mittelalters u. ihre Handschriften. gr. 8. Ebend. 856. n. 1. 10.

— der Richtsteig Landrechts nebst Cautela u. Premis. gr. 8. Berlin 857. G. Reimer. 2. 15.

— des Sachsenspiegels erster Theil, oder das sächsische Landrecht. Nach d. Berliner Handschrift vom J. 1369 herausg. (827. 835.) — 3. umgearb. Ausg. gr. 8. Berlin 861. Dümmler's Verlhdlg. n. 3. —

— die Stadtbücher d. Mittelalters, insbes. das Stadtbuch von Quedlinburg. (Aus d. Abhdlgn. d. k. Akad. d. W. zu Berlin.) gr. 4. Ebend. 860. — 22.

Hommel, Gebr., Recht der Kirche, Union u. die bayerische protestant. Landeskirche. Versuch e. theolog.-jurist. Beleuchtung. gr. 8. Stuttgart 853. S. G. Liesching. n. — 12.

Höpfner, Ludw., die Entwürfe A. e. Gesetzes über die Befähigung zu jurist. Staatsämtern u. über die Ausübung d. Rechtsanwaltschaft, B. e. Rechtsanwaltsordnung nebst dazu gegeb. Begründung. Ein Anhang zu des Verf. Entw. e. bürgerl. Gerichtsordnung. gr. 8. Dessau 850. Kag. (Halle, Tausch.) — 15.

Höpfner, Ludw., Beiträge zur civilgerichtlichen Praxis. 2. Bd. 3. Heft. gr. 8. Leipzig 850. A. Winter. — 15.
f. n. 1. 2. Ebend. 843—48. 1 Thlr. 15 Ngr.
— Entwurf e. bürgerlichen Gerichtsordnung f. Teutschland. (848.) — 2. Ausg. gr. 8. Leipzig 850. J. A. Barth. 1. —
— über die Anforderungen d. teutschen Volks an eine bürgerliche Gerichtsverfassung u. Gerichtsordnung. 8. Leipzig 848. Arnold. — 7½.

Horn, J. E., Bankfreiheit. Deutsche Orig.-Ausg. gr. 8. Stuttgart 867. Kröner. n. 2. —
— das Creditwesen in Frankreich. Nationalökonom. Skizze. 2. verb. Aufl. gr. 8. Leipzig 857. Hübner. n. — 20.
Horn, Wilh., das preussische Medicinalwesen. Aus amtlichen Quellen dargestellt. 2 Thle. (858.) — 2. verm. Aufl. gr. 8. Berlin 863. Hirschwald. n. 6. 10;
Supplem. zur 1. Aufl. apart n. 1. 15.
— das preussische Veterinär-Medicinalwesen. Aus amtlichen Quellen dargestellt. (Separatabdruck aus d. vorhergehenden Werke.) gr. 8. Ebend. 858. n. 1. 10.
—— Supplement. gr. 8. Ebend. 863. n. — 6.

Hornig, E., die Verordnungen über den Gifthandel u. die Industrie. Eine Studie auf d. Gebiete d. österreich. Gewerbe-Gesetzgebung. gr. 8. Wien 865. (Seidel.) n. — 6.

Horst, C., das Hebungs- u. Steuerwesen. Handbuch ꝛc., enth. e. Zusammenstellung d. sämmtl. königl. Verordnungen ꝛc., betr. die Erhebung u. Berechnung d. kgl. Steuern u. Abgaben f. d. Herzogth. Holstein u. Schleswig. 4. Kiel 857. Schröder u. Co. n. 1. —

Horwitz, f. Jäschke, E.

Hoschek, Carl, Anleitung zur prakt. Handhabung der Ortspolizei. Ein populäres Hilfsbuch für die Gemeinden, welchen nach d. neuen Gemeindegesetze die Handhabung d. Ortspolizei zugewiesen ist. Nach d. bestehenden Gesetzen u. Verordnungen kurz u. fasslich zusammengestellt u. mit Beispielen u. Formularien versehen. (865.) — 3. Aufl. gr. 8. Kremsier 865. (Gusel.) — 16.

Hoß, J. H., Leitfaden f. Geschworne enth. e. populäre u. durch prakt. Beispiele erläut. Anleitung die Pflichten e. Geschwornen gehörig zu erfüllen. Mit Erklärgn. d. nothwendigsten Rechtsbegriffe u. Kunstausdrücke u. allgem. Regeln über den Beweis. 8. Zürich 853. Orell, Füßli u. Co. 1. —

Hopfel, J. Chr., Statistik d. Rechtspflege im J. 1864 für die Herzogth. S.-Coburg-Gotha, S.-Meiningen-Hildburghausen, S.-Altenburg u. Anhalt, sowie die General-Geschäftstabelle d. Gesammt-Oberappellationsgerichts zu Jena. gr. 8. Jena 865. F. Frommann. — 22½.
— anderweite Bedenken in dem wegen bosshafter Brandstiftung gegen Johanne Begehold aus Oberheldrungen stattgefundenen Strafverfahren. 8. Ebend. 857. n. — 6.

Houben, L. J., Betrachtungen über das Rheinische Hypothekengesetz veranlaßt durch den Entwurf e. neuen Hypothekengesetzes. gr. 8. Mörs 863. Spaarmann. n. — 10.

Houth-Weber, F., der Zollverein seit seiner Erweiterung durch den Steuerverein. Eine Sammlung d. betr. Zoll- u. Steuer-Verträge, nebst e. darauf bezügl. Anh. gr. 8. Hannover 861. Rümpler. n. 2. 20.

Hoyer, H., Grundlinien des Wechselrechts. gr. 8. Posen 866. Merzbach. — 22½.

Hoyer, Herm., die Ehescheidungsfrage. Ein Versuch zur Ausgleichung d. Differenzen zwischen Staat u. Kirche. gr. 8. Berlin 859. Th. Enslin. n. — 5.

Hubeny, Jos., die Feldpolizei f. d. oesterreich. Kronländer oder die Verordnung d. Ministerien d Innern u. d. Justiz vom 30. Jänner 1860, etc. Mit e. auf Grund dieser Verordnung entw. prakt. Instruction für Feldhüter u. Ortsvorstände. gr. 8. Prag 861. Bellmann. — 20.

Hübler, Bernh., zur Revision d. Lehre von d. rechtlichen Natur der Concordate. gr. 8. Tübingen 865. Laupp. — 9.

Hübner, C. A., die preußische Gesetzgebung in Betreff derjenigen gewerblichen Anlagen, welche einer besondern polizeilichen Genehmigung bedürfen oder sonst mit Rücksicht auf die örtliche Lage einer besondern Beschränkung unterworfen sind, in Verbindung mit d. damit im Zusammenhange stehenden gewerbepolizeilichen Vorschriften u. d. bezügl. Strafbestimmungen. Systemat. bearb. 8. Liegnitz (Berlin) 856. Gerschel. n. — 17½.

— die preußische Gesetzgebung in Betreff d. Kleinhandels mit geistigen Getränken sowie d. Gast- u. Schankwirthschafts-Betriebes, nebst e. Anh., enth. die Verordnungen wegen gewisser Lustbarkeiten rc., die bergl Gewerbetreibende insbef. angehenden Strafbestimmungen. (846. 856.) — 3. verm. Ausg. gr. 8. Ebend. 860. n. — 25.

— die Städte-Ordnung f. die sechs östlichen Provinzen d. preuß. Monarchie vom 30. Mai 1853, mit deren Ergänzungen u. Erläuterungen systematisch zusammengestellt, u. das Gesetz. betr. die Verfassung d. Städte in Neu-Vorpommern u. Rügen, vom 31. Mai 1853, nebst Zusätzen. Unter Benutz. d. Akten d. kgl. Minist. d. Innern bearb. u. herausg. (854) — (Neue Ausg.) gr. 8. Ebend. 859. n. 2. —

Hübner, Jul., das Ehe-Gesetz nebst Glossen zur Beleuchtung desselben u. zur Erörterung anderer Zeitfragen. gr. 8. Mühlhausen 855. (Halle, Mühlmann.) n. — 15.

Hübner, O., Berichte d. statistischen Central-Archives zu Berlin. No. I—VII. Fol. Leipzig 858—61. Hübner. n. 9. —

Inhalt: No I. Amtliche Mittheilungen über Grossbritannien u. Irland. n. 20 Ngr.
II. Die öffentlichen Abgaben in Grossbritannien u. Irland. n. 1 Thlr.
III. Finanzen, Bankwesen, Eisenbahnen u. Industrie in Grossbritannien u. Irland 859. n. 1 Thlr 22½ Ngr.
IV. Finanzstatistik Oesterreichs. a) Uebersicht d. Finanzen von 1831—57. 859. n. 20 Ngr.
V. Finanzstatistik Oesterreichs. b) Geschichte u. Statistik d. directen Steuern. 859 n. 20 Ngr.
VI. Finanzstatistik Oesterreichs. c) Geschichte u. Statistik d. indirecten Steuern. 840. n. 1 Thlr. 7½ Ngr.
VII. Zollgesetzgebung u. Handel Frankreichs nach amtl. Quellen. 861. n. 3 Thlr.

Hudtwalcker, M. H., das hamburgische Strafverfahren u. seine Reform. Entwurf e. hamburg. Gesetzes über die Ehescheidung u. über das Verfahren in Ehescheidungssachen. Mit Motiven. 12. Hamburg 856. Agentur d. Rauhen Hauses. — 10.

Hueppe, F. A., die Gemeinde-Verhältnisse d. Rheinprovinz nach d. Gesetzen vom 15. Mai 1856. [Städteordnung f. d. Rheinprovinz vom 15. Mai 1856. — Zusammenstellung d. Gesetzes vom 15. Mai 1856 u. d. Gemeindeordnung vom 23. Juli 1845. — Instruktion des Ministers d. Innern vom 18. Juni 1856.] Zusammengestellt rc. 8. Neuwied 856. (v. d. Beck.) n. — 10.

Hufeland, Oli., über die rechtliche Natur d. Geldschulden. Ein Gutachten. Herausg. von A. Hufeland. gr. 8. Berlin 851. Th Enslin. n. — 8.

Hüffell, K., über d. Beruf d. Geschwornen nach Grundsätzen b. Strafrechtstheorie d. öffentlichen Gerechtigkeit. gr. 8. Wetzlar 856. Rathgeber. — 12.

Hüffer, Herm., Forschungen auf b. Gebiete d. französ. u. d. rheinischen Kirchenrechts nebst geschichtlichen Nachrichten über das Bisthum Aachen u. b. Domkapitel zu Köln. gr. 8. Münster 863. Aschendorff. n. 1. 15.

— das rhein-preußische Gesetz vom 14. März 1845 u. sein Verhältniß zu d. Pfarrwohnungen. Ein Nachtrag zu d. Schrift: Die Verpflichtung d. Civilgemeinden zum Bau u. zur Ausbesserung d. Pfarrhäuser. gr. 8. Ebend. 860. — 15.

— Beiträge zur Geschichte der Quellen des Kirchenrechts u. d. römischen Rechts im Mittelalter. gr. 8. Ebend. 862. — 25.

— die Verpflichtung d. Civilgemeinden zum Bau u. zur Ausbesserung d. Pfarrhäuser nach d. in Frankreich u in d. preuß. Rhein-Provinz am linken Ufer geltenden Gesetzen. gr. 8. Ebend. 859. — 15.

Hufnagel, C. F. v., Mittheilungen aus d. Praxis d. württemberg. Civilgerichte. Neue Folge. (Schluß.) Nachträge, Inhaltsverzeichniß u. alphabet. Register. gr. 8. Stuttgart 848. Mäcken. n. — 8.

2 Hefte u. Neue Folge 1. Heft. 846—48. n. 4 Thlr. 7½ Ngr.

Hügel, Fr. F., die Findelhäuser u. das Findelwesen Europa's, ihre Geschichte, Gesetzgebung, Verwaltung, Statistik u. Reform. gr. 8. Wien 863. Sommer.
n. 2. 20.

Huhn, C. H. Th., Finanzwissenschaft. Volksthümliche Darstellung b. Lehre vom Staats- u. Gemeindehaushalt. gr. 8. Leipzig 865. Grunow. n. 1. 10.

— Politik. Grundzüge b. prakt. Staatskunst. gr. 8. Ebend. 865. n. 2. —

— allgemeines u. deutsches Staatsrecht. Volksthümliche Darstellung. gr. 8. Ebend. 865. n. 1. 21.

— Völkerrecht. Volksthümliche Darstellung. gr. 8. Ebend. 864. n. 1. —

— Handbuch b. Volkswirthschaftslehre u. Volkswirthschaftspolitik. Für d. deutsche Volk dargestellt. (864.) — 2. Ausg. gr. 8. Ebend. 865. 3. 7½.

Huller, Geo. Ant., die juristische Persönlichkeit d. kathol. Domcapitel in Deutschland u. ihre rechtliche Stellung. Eine gekrönte Preisschrift. gr. 8. Bamberg 860. Buchner. n. 1. 12.

Humboldt, Wilh. v., Ideen zu einem Versuch, die Gränzen d. Wirksamkeit des Staats zu bestimmen. gr. 8. Breslau 851. Trewendt. 1. 7½.

Hummel, Fr., die Verbindlichkeit b. Zehentbesitzer zur Erhaltung u. Herstellung von Kirchen, Pfarr- u. Kaplanei-, Meßner- u. Schulhäusern nebst deren bezügl. Zubehörden ec. Mit besond. Rücksicht auf die Baulasten-Abfindungen dargestellt nach b. Grundsätzen b. gemeinen kathol. u. protestant. Kirchenrechtes, den Bisthums-Observanzen u. b. württemberg. Gerichtspraxis. 8. Stuttgart 854. Lindemann. — 16.

Hundrich, L., über Bildungsstufen junger Juristen auf der Universität, in b. Auscultatur, im Referendariat u. im Richteramte. 8. Berlin 857. C. Heymann. — 15.

— über Ehen u. Ehescheidungen in älterer u. neuerer Zeit, mit Hinsicht auf die neue preußische Gesetzgebung. gr. 8. Breslau 855. Korn. n. — 15.

Hundt von Hafften, von dem Geiste b. Verfassungen in Frankreich, Belgien, England, Nordamerika, Schweiz, Italien u. Preußen. gr. 8. Berlin 865. Hickethier. n. 1.

— ideelle Rechte u. reelle Bedürfnisse. 2 Thle. gr. 8. Berlin 853, 54. Reichardt u. Z. n. 3. —

Hungar, die Bestimmungen b. allgem. deutschen Handelsgesetzbuches alphabet. geordnet zum Handgebrauch f. Geschäftsleute u. Juristen. 1. Liefg. gr. 8. Reichenbach 862. Richter. — 5.

Hürlimann, H., Kritik des bestehenden Rechtes. Prinzipielle Darstellung b. verfehlten, von allen Völkern verwirklichten, u. der richtigen, Alle ohne Ausnahme dies- u. jenseits glückselig machenden zukünftigen Rechts- u. Weltordnung. Das bestehende Recht als weltgeschichtl. Irrthum u. Quelle des Unheils d. Welt auch speciell nachgewiesen an dem Institute b. väterlichen Gewalt u. Familienstellung b. Kindes nach römischem u. göttlichem Rechtssystem. gr. 8. Schaffhausen 861. Brodtmann. 1. 6.

— die persönliche Seite der patria potestas nach röm. Rechte. Inaug.-Dissert. gr. 8. Ebend. 860. — 12.

Hurt, Jos. Hugo, Handbuch b. gerichtlichen Verfahrens in Uebertretungssachen in Bayern diess. b. Rheins nach b. Gesetze vom 10. Nov. 1861, die Einführung b. Strafgesetzbuches u. b. Polizeistrafgesetzbuchs f. b. Agr. Bayern betr. gr. 8. München 862. Franz. n. — 20.

Huschke, Ph. E., Beleuchtung b. Einwürfe gegen meine Schrift „Was lehrt Gottes Wort über die Ehescheidung?" gr. 8. Leipzig 861. Naumann. — 10.

— Gaius. Beiträge zur Kritik u. zum Verständniß seiner Institutionen. Mit e. Zugabe über die Klagformeln in b. lex rubria. gr. 8 Leipzig 855. Hirzel. 1. 7½.

— jurisprudentiae antejustinianae quae supersunt. In usum maxime academ. composuit. (861.) — Edit. II. 8. Leipzig 867. Teubner. 1. 24.

Huthsteiner, W., die in b. Regier.-Bezirke Erfurt außer b. allgem. Polizei-Strafgesetzen besonders gültigen Bestimmungen u. Lokal-Polizeiverordnungen. Zusammengestellt ec. gr. 8. Erfurt 853. (Weingart.) n. — 10.

Hüttig, D., pract. Handbuch zum dienstlichen Gebrauche für Polizeiverwalter. Enth. e. Uebersicht der die Thätigkeit b. Orts-Polizei-Verwaltungen betr. Gesetze u. im

Regier.-Bezirke Liegnitz gültigen Verordnungen mit pract. Erläuterungen u. Formularen. 8. Liegnitz 864. Krumbhaar. — 25.

Hüttner, G. J., die Pastverfassung d. Kgr. Sachsen. Nach amtlichen Quellen dargestellt. gr. 8. Leipzig 849. Brauns. n. 1. 10.

Huyssen, A., das allgemeine preußische Berggesetz, mit Cammentar. 16. Essen 866.
Bädeker. n. — 10.

Hye-Glunek, Ant. v., die leitenden Grundsätze d. österreich. Strafprozeßordnung vom 29. Juli 1853, erörtert. gr. 8. Wien 854. Manz. 2. 7½.

— über das Schwurgericht. Sieben Vorträge. gr. 8. Ebend. 864. n. 1. 10.

— das österreich. Strafgesetz über Verbrechen, Vergehen u. Uebertretungen; die dazu
gehör. Verordnungen über die Competenz d. Strafgerichte u. die Preßardnung vom
27. Mai 1852 erläutert. 1. Bd. gr. 8. Ebend. 855. 4. 24.

Hypotheken-Gesetz f. d. Kgr. Bayern nebst d. Prioritäts-Ordnung, d. Instruction über
d. Vollzug desselben ꝛc. In alphabet. Reihenfolge. 4. München 848. Franz. n. — 24.

Hypothekenwesen, das, im Kgr. Bayern diesseits d. Rheins. Enth. d. Hypathekengesetz
u. d. Prioritäts-Ordnung vom 1. Juni 1822 mit d. dazu gehör. Gesetzen, Vollzugs-
Instructionen u. Verordnungen, nebst Anmerkungen, Formularien u. Register. 8.
München 862. Franz. 1. 3.

Jacobi, die landschaftliche Verfassung d. Fürstenth. Lüneburg, zum Gebrauch d. Mitglieder d. Landschaft als Mscr. gedruckt. gr. 8. Lüneburg 846. (Celle,
Capaun-Karlawa.) n. 1. —

Jacobi, G., für Gemeindebeamte d. Kgr. Hannover. Anleitung zum Verständniß
ihres Berufs. (853.) — 3. verb. Aufl. gr. 8. Osnabrück 854. Rackhorst. n. — 25.

Jacobi, D. H., Geschichte d. Hamburger Niedergerichts. gr. 8. Hamburg 866.
Rolte. n. 1. 15.

Jacobi, G., die kgl. Hannoversche Eisenbahn- u. Telegraphen-Verwaltung.
Eine Sammlung d. auf die Hannov. Eisenbahnen u. Telegraphen bezügl. Gesetze, Ver-
ordnungen, Bekanntmachungen u. Staatsverträge. Zusammengestellt u. mit einigen
Bemerkgn. begleitet. gr. 8. Hannover 862. Meyer. n. 2. 15.

Jacobi, L., die Lehre von der nützlichen Verwendung im Zusammenhange mit d.
individuellen Gestaltungen der aequitas nach d. Allgem. preuß. Landrechte critisch u.
systematisch dargestellt. Jena 861. Maufe. n. 1. —

Jacobi, R., über d. Remission des Pachtzinses nach röm. u. preuß. Rechte. Eine
pract.-civilist. Abhandlung. gr. 8. Weimar 856. Böhlau. — 20.

Jacobovits, die Consulate als Gerichtsbarkeiten im osmanischen Reiche.
Ihr Wirkungskreis, innere Justizgebahrung, Aufhebung, event. Organisirung
derselben. gr. 8. Wien 865. Braumüller. n. — 16.

Jacobson, H. Fr., über d. österreich. Concordat vom 18. Aug. 1855 u. die kirchlichen
Zustände d. Evangelischen in Oesterreich. gr. 8. Leipzig 856. O. Wigand. n. — 20.

— das evangelische Kirchenrecht d. preußischen Staates u. seiner Provinzen. (2 Abtlgn.)
gr. 8. Halle 864, 66. Pfeffer. n. 3. 15.

— Denkschrift die Staatsschuld d. ehemal. Kgr. Westphalen betr. Nachtrag zu
meiner Schrift: Die rechtlichen Ansprüche d. Besitzer westphäl. Obligationen. gr. 8.
Berlin 852. Hirschwald. n. — 10.

Jagdgesetz, das, vom 2. Dezbr. 1850 nebst Vollzugsverordnung vom 21. Dezbr. 1850.
Mit e. alphabet. Sachregister. 8. Heidelberg 851. Groos. n. — 4.

— das kgl. hannoversche, vom 29. Juli 1850, nebst d. Bekanntmachung über die Ausführung d. Jagdgesetzes. gr. 8. Celle 850. Schulze. — 2½.

Jagd-Gesetzgebung, hannoversche, herausg. von Wolf, [. Wolf.

Jagdpolizei-Gesetz vom 7. März 1850. gr. 8. Berlin 850. v. Decker. — 1½.

Jagemann, Ludw. v., Criminallexikon. Nach d. neuesten Stande d. Gesetzgebung in Deutschland bearb. n. fortges. von Wilh. Brauer. Lex.-8. Erlangen 854. Enke. n. 5. —

Jagemann, Ludw. v., zur Begründung u. Verwirklichung d. Grundsatzes d. Einzelhaft. gr. 8. Frankfurt a. M. 848. Sauerländer. n. 1. 20.

— das neue badische Strafgesetzbuch, mit systemat. Uebersichten, Competenzbezeichnungen, Parallelstellen, Register ꝛc., zur Erleichterung d. Gebrauchs besonders für Beamte u. Geschworene herausg. 16. Karlsruhe 851. Groos. n. 1. —

Jäger, F. G., das Bürgerrechts-Gesetz f. d. Kgr. Württemberg vom 4. Decbr. 1833 mit Erläuterungen u Beilagen, insbes. dem Gesetze vom 6. Juli 1849 über Abänderungen u. Ergänzungen d. Gemeinde-Ordnung u. d. bis in d. neueste Zeit reichenden Normalerlassen. Mit e. alphabet. Sachregister. gr. 8. Stuttgart 850. Metzler. — 25.

Jäger, L., die Lehre von den Eisenbahnen auf Grundlage des Staates in Umrissen entwickelt. gr. 8. München 855. Franz. n. — 16.

Jahn, C. J. G. A., Betrachtungen über die Freiheit d. Grundeigenthums u. dessen Zertheilung u. Zusammenhaltung insbes. durch Lehne u. Stiftungen. gr. 8. Halberstadt 857. Franz. n. — 10.

Jahn, R., die Schwurgerichts-Verhandlung in chronolog. Darstellung ihrer einzelnen Abschnitte unter Anführung d. einschlagenden Gesetzstellen, sowie d. wesentlichsten dazu ergangenen Entscheidungen d. obersten Gerichtshofes. gr. 8. Posen 863. Merzbach. — 7½.

Jähns, Verordnung betr. d. Ansatz u. die Erhebung d. Gerichtskosten bei allen Gerichten, mit Ausnahme d. Gerichte in d. Fürstenth. Hohenzollern, d. Gerichte im Bezirke d. Appell.-Gerichtshofes zu Cöln u. d. rhein. Revisions- u. Cassationshofes ꝛc. Gleichlautend mit d. Gesetz vom 10. Mai 1851. gr. 8. Berlin 851. C. Heymann. n. — 15.

Jandebeur, S. J., die Gesetze d. Kgr. Bayern über Benützung d. Wassers, Be- u. Entwässerungs-Unternehmungen zum Zwecke d. Bodenkultur u. d. Uferschutz u. Schutz gegen Ueberschwemmungen. Mit d. zu d. einzelnen Artikeln gehör. Bemerkgn. d. kgl. Staatsregierung u. d. beiden Kammern u. e. Generalrepertorium. gr. 8. München 852. J. A. Finsterlin. n. 1. —

— die Gesetze d. Kgr. Bayern vom J. 1856 über die Besteuerung d. besonderen Einkommens, d. Kapitalrenten u. d. Gewerbe, mit Vollzugsvorschriften, Einleitungen, sachgemäßen Erläuterungen u. Uebersichten. gr. 8. Ebend. 856. n. 1. 6.

— das Forstgesetz f. d. Kgr. Bayern. Zusammengestellt a. d. Verhandlungen d. beiden Kammern nebst d. Vollzugsvorschriften. gr. 8. Ebend. 852. n. 2. —

— die neuen bayerischen Strafgesetzbücher nebst Einführungsgesetz. Alphabet. geordnete Zusammenstellung aller im Strafgesetzbuche, Polizeistrafgesetzbuche u. Einführungsgesetze vom 10. Nov. 1861 enth. Bestimmungen u. Strafen. 2 Thle. 16. München 862. Lindauer. 1. 7½.

— 7. Fortsetzung d. Döllinger'schen Registers über die in d. Regierungs- u. Gesetzblättern von d. J. 1844, 1845 u. 1846 enth. Verordnungen, mit e. besond. Namens- u. Sachregister. 4. Augsburg 846. Jaquet. 1. —

— — 8. Fortsetzung ꝛc. von d. J. 1847, 1848 u. 1849. 4. Ebend. 850. 2. 6.

— — 9. Fortsetzung von d. J. 1850, 1851 u. 1852. 4. Ebend. 853. 2. 12.

— — 10. Fortsetzung von d. J. 1853, 1854 u. 1855. 4. Ebend. 856. n. 2. 6.

— — Neue Folge. 1. Bd. [11. Fortsetz.] von d. J. 1856, 1857 u. 1858. 4. München 860. (J. A. Finsterlin.) n. 2. 12.

Janke, Carl Aug., der Begriff d. Ehe u. seine Konsequenzen für die Gesetzgebung. gr. 8. Leipzig 860. O. Wigand. n. — 5.

Janke, H., das Fruchtrecht d. redlichen Besitzers u. d. Pfandgläubigers. Zwei civilist. Abhandlungen, unter Berücksicht. d. modernen Gesetzgebungen. gr. 8. Erlangen 862. Enke. n. 1. 16.

Janssen, Natur u. Wirkungen d. seit langen Jahren unverändert gebliebenen Grundsteuer im Herzogth. Oldenburg. Eine nationalökonom. Untersuchung über § 11, 2 d. Entwurfs e. Einkommensteuer-Gesetzes f. d. Herzogth. Oldenburg. 1. u. 2. verb. Aufl. gr. 8. Oldenburg 851. Schulze. n. — 5.

Janssen, Carl, einige Worte zur Verständigung über d. österreich. Ehegesetz vom 8. Octbr. 1856, namentlich hinsichtlich seines Standpunktes u. seiner Bestimmungen über gemischte Ehen. gr. 8. Frankfurt a. M. 858. Hedler. n. — 5.

Janssen, Carl, Grundriß zu Vorlesungen über die römische Rechtsgeschichte u. die Institutionen d. röm. Privatrechts. gr. 8. Aachen 858. (Henfen.) — 15.

Jaques, Heinr., die Rechtsverhältnisse der mit Zinsengarantie versehenen Eisenbahn-Actiengesellschaften u. die österreich. Eisenbahnpolitik. gr. 8. Wien 864. Gerold. n. — 24.

— d. Reform d. Eisenbahn-Gesetzgebung, im Zusammenhang mit d. heutigen österreich. Finanzlage. Eine Denkschrift ꝛc. gr. 8. Ebend. 866. n. — 16.

— Denkschrift über die Stellung der Juden in Oesterreich. 4. verm. Aufl., nebst e. antikrit.-jurid. Einleitung. gr. 8. Ebend. 859. n. — 24.

Jäschke, C., die preuß. Baupolizei-Gesetze u. Verordnungen. Ein Handbuch f. Polizei- u. Communal-Beamte, Baumeister ꝛc. Mit besond Berücksicht. d. f. die Residenz Berlin u. die Provinz Brandenburg bestehenden baupolizeil. Bestimmungen nach d. einzelnen Materien zusammengestellt. (840. 850.) — 3. Aufl. gänzlich umgearb. von Horwitz. gr. 8. Berlin 864. C. Heymann. — 24.

Ideen über Lösung der socialen Frage. gr. 8. Berlin 866. Boettcher. n. — 15.

Ideler, K. W., Lehrbuch der gerichtlichen Psychologie. 4. Berlin 857. Hayn. 2. —

— zur gerichtl. Psychologie, s. Auswahl med.-gerichtl. Gutachten.

Jeitter, C., die k. württemberg. Strafanstalt für jugendliche Verbrecher in Schwäb.-Hall. gr. 8. Erlangen 863. Enke. n. — 15.

Jessen, Willers, die Brandstiftungen in Affecten u. Geistesstörungen. Ein Beitrag zur gerichtlichen Medicin für Juristen u. Aerzte. gr. 8. Kiel 860. Homann. n. 2. —

— Geisteskrankheit als Ehescheidungsgrund. Mit Rücksicht auf die Verhandlungen d. Hauses d. Abgeordneten in Preußen. gr. 8. Kiel 857. Schwers. n. — 10.

Jhering, Rud., Geist d. römischen Rechts auf d. verschied. Stufen seiner Entwicklung. 1—3. Thl. 1. Abth. gr. 8 Leipzig 858—66. Breitkopf u. H. 7. 5.
I. II 1. (852—54.) — 2. verb. Aufl. 866. 3 Thlr. 15 Ngr.; II. 2. 858. 1 Thlr. 20 Ngr.; III. 1. 865 2 Thlr.

— Bedeutung d. römischen Rechts für die moderne Welt. (Abdr. aus „Geist d. röm. Rechts".) gr. 8. Ebend. 865. — 5.

— der Streit zwischen Basel-Land u. Basel-Stadt über die Festungswerke d. Stadt Basel. Ein Rechtsgutachten. gr. 8. Ebend. 862. — 12.

Jireček, Herm., codex juris bohemici. Tom. I aetatem Cremysldarum cont. gr. 8. Prag 867. Kober. n. 1. 6.

— über Eigenthumsverletzungen u. deren Rechtsfolgen nach d. altböhmischen Rechte. Ein Beitrag zur Geschichte d. Rechtes in Oesterreich. gr. 8. Wien 855. (Gerold) n. — 12.

— das Recht in Böhmen u. Mähren.. Geschichtlich dargestellt. 1. Bd. Von den ersten Nachrichten bis zum Schlusse des 12. Jahrh. gr. 8. Prag 866. Bellmann. n. 1. 28.

Illing, Handbuch f. rheinpreußische Verwaltungs-Beamte, Geschäftsmänner u. Kreis- oder Gemeinde-Vertreter. 2 Bde. gr. 8. Düsseldorf 862. (de Haen.) n. 3. 15.

Ilse, L. Fr., Geschichte d. politischen Untersuchungen, welche durch die neben der Bundesversammlung errichteten Commissionen, der Central-Untersuchungs-Commission zu Mainz u. d. Bundes-Central-Behörde zu Frankfurt in d. J. 1819 bis 1827 u. 1833 bis 1842 geführt sind. gr. 8. Frankfurt a. M. 860. Meidinger u. Co. n. 2. 15.

Im Zellengefängniß. Bilder aus d. Verbrecherwelt, nach Erfahrungen in e. Strafanstalt von e. ehemal. Strafanstaltsprediger. 2 Bde. 8. Wittenberg 866. Koelling. 1. 10.

Indermauer, F. v., Handbuch d. österreich. Strafrechts. 2 Thle gr. 8. Innsbruck 850. (Wagner.) 2. 10.

Instructio pro judiciis ecclesiasticis. Imperii Austriaci quoad caussas matrimoniales. 4. Wien 855. Mechitar.-Congreg.-Buchh. — 6.

Instruction für die Bürgermeister u. die Feldgerichte des Herzogth. Nassau bezügl. deren Mitwirkung bei der Justizverwaltung. 12. Wiesbaden 863. Limbarth.
n. — 4.
— für Bürgermeister u. Gemeinderath des Herzogth. Nassau. gr. 8. Ebend. 863
— 3.
— revidirte, f. b. Dorfgerichte bei den von ihnen vorzunehmenden gerichtlichen Verhandlungen. Vom 11. Mai 1854. Amtliche Ausg. gr. 8. Berlin 854. v. Decker.
n. — 5.
— — gr 8. Ratibor 854. Wichura. n. — 5.
— — nebst Gebührentaxe. gr. 8. Eilenburg 854. Offenhauer. — 3.
— für Geschworene im Kgr. Preußen. Eine Anleitung zur Ausübung d. Geschwornen-Amtes unter besond. Berücksicht. d. strafrechtlichen Begriffe d. Strafgesetzbuches. Von e. prakt. Juristen. 8. Berlin 860. Plohn. n. — 15.
— für die zu Grundstückenzusammenlegungen beauftragten Special-Commissare. 4. Dresden 863. Meinhold. — 10.
— für die Schätzungen u. Schätzmänner in Hypothekensachen u. gesetzliche Bestimmungen über die Schätzungen bei Gantsachen, Zwangsabtretung von Grund-Eigenthum, Ablösungen u. Feuerversicherungen. mit Anmerkgn. (858.) — 2. Aufl., verm. mit neueren Zusätzen. 8. München 864. Franz. — 5.
— über die rechnerische Behandlung d. Kosten in Strafsachen vom 4. Juni 1862. 8. Bamberg 862. Buchner. — 6.
— über d. Vollzug d. Liegenschafts-Versteigerungen auf dem Zwangswege für Bürgermeister u. Rathsschreiber, entw. nach Maaßgabe d. Vollstreckungs-Ordnung vom J. 1832, u. die weiteren einschläg. Gesetze u. Verordnungen. 8. Freiburg i. Br. 851. Wagner. — 5.
— für die Gerichtsärzte im Kgr. Bayern behufs d. Vollzuges d. mediziu.-forensen Untersuchungen in Betreff d. Verdachtes. Kindesmordes. Amtliche Ausg. gr. 8. München 850. Kaiser. n. — 8.
— d. Ministers f. Handel ꝛc. zur Ausführung d. Gesetzes vom 12. Mai 1851 über d. Verhältnisse d. Miteigenthümer e. Bergwerks ꝛc. Nachtrag zu d. Schrift „Das neue Bergrecht". 16. Essen 852. Bädeker. — 1½.
— f. d. kgl. Notare nebst d. Verordnung über die Behandlung d. Tax- u. Stempelwesens bei den Gerichten, Bezirksämtern, Rentämtern u. Notaren u. die Taxordnung vom 28. Mai 1852. 8. Würzburg 862. Stahel. — 7½.
— die, vom 1. Juni 1862 zum Vollzuge d. Notariatsgesetzes vom 10. Novbr. 1861. 8. Bamberg 862. Buchner. — 6.
— für die Polizeianwalte vom 24. Novbr. 1852. 8. Berlin 852. v. Decker. — 3.
— für die Ober-Rechnungs-Kammer vom 18. Dezbr. 1824. Fol. Ebend. 853. — 9.
— zur Anfertigung d. Jahres-Rechnungen u. d. Quartalabschlüsse d. gerichtl. Salarien-Kassen vom 1. März 1852. Nebst Formularen u. Anlagen. Amtliche Ausg. gr. 8. Ebend. 852. n. — 10.
— zur Verwaltung d. gerichtlichen Salarien-Kassen vom 10. Novbr. 1851. Nebst Formularen u. Anlagen. Amtliche Ausg. gr. 8. Ebend. 851. n. — 10.
Instructionsbuch d. Polizeiwache d. Hauptstadt London, ins Deutsche übertr. u. mit Anmkgn. versehen, nebst e. Anh., einige neuere Ausnahms-Gesetze, insbes. die Bill zur Suspension d. Habeas-Corpus-Acte in Irland enth., zunächst als Material f. Arbeiten d. Gesetzgebung. Erlangen 849. Palm u. C. 1. —
Jobst, D. H., die preußische Hypotheken-Ordnung vom 20. Decbr. 1783 im Auszuge mit ihren Ergänzungen u. d. Vorschriften über d. Berghypothekenwesen als Handbuch zusammengestellt. Nach des Verf. Tode neu ergänzt von Th. A. Jobst. gr. 8. Berlin 862. E. Heymann. — 21.
Jochmus, Handbuch f. Consuln u. Consular-Beamte mit besond. Rücksicht auf Deutschland. gr. 8. Dessau 852. Katz. 1. —
Johanus, F. J., Handbuch d. Gesetze, Verordnungen u. Vorschriften für k. k. österreich. Staatsbeamte. Nach Materien chronolog. geordnet. gr. 8. Wien 857. Braumüller.
n. 1. 10.

8*

John — Judeich.

John, Ed., Einiges über das Unterrichts-Gesetz. gr. 8. Marienwerder 861. Leyssohn. — 6.
John, Rich. Eb., Kritiken strafrechtlicher Entscheidungen d. preußischen Obertribunals. gr. 8. Berlin 856. Guttentag. n. 1. 15.
— über Landzwang u. widerrechtliche Drohungen. gr. 8. Göttingen 852. Vandenhoeck u. R. n. — 10.
— über Strafanstalten. Ein populärer Vortrag. 8. Berlin 865. Lüderitz. n. — 8.
— das Strafrecht in Norddeutschland zur Zeit d. Rechtsbücher. Ein Beitrag zur Geschichte d. deutschen Strafrechts. 1. Thl. gr. 8. Leipzig 858. Hirzel. n. 2. —
— Kritik d. preußischen Gesetz-Entwurfes über die Verantwortlichkeit d. Minister nebst e. Gegen-Entwurfe. 1. u. 2. unveränd. Aufl. gr. 8. Leipzig 863. J. A. Barth. — 15.
— die Lehre vom fortgesetzten Verbrechen u. von der Verbrechenskonkurrenz für Praktiker u. Theoretiker dargestellt. gr. 8. Berlin 860. G. Reimer. — 25.
Johow, Ahrd., preußisch-hohenzollernsches Handbüchlein für Jedermann. Enth. e. kurzen Abriß d. Verfassung u. Verwaltung d. preuß. Staates vom Standpunkte b. Hohenzollern'schen Lande betrachtet, nebst prakt. Rathschlägen f. d. Verkehr des Publikums mit d. Behörden d. Hohenzollern'schen Lande an Beispielen erläutert. gr. 8. Sigmaringen 858. (Tappen.) — 22½.
Jolly, Jul., die badischen Gesetzentwürfe über die kirchlichen Verhältnisse. gr. 8. Heidelberg 860. K. Groos. — 6.
— die Lehre vom Nachdruck. Nach d. Beschlüssen d. deutschen Bundes dargestellt. gr. 8. Heidelberg 852. J. C. B. Mohr. 1. 10.
— das Polizeistrafgesetzbuch u. d. Gesetz über die Gerichtsbarkeit u. d. Verfahren in Polizeistraffachen f. d. Großherzogth. Baden. Mit Erläuterungen. gr. 8. Heidelberg 864. Emmerling. n. 2. 5.
Jolowicz, H., das Gesetz vom 23. Juli 1847 über die Verhältnisse d. Juden im preuß. Staate. Zum Gebrauch mit d. nöthigen Anmerkungen u. Erläuterungen versehen. (847.) — 3. Aufl. 8. Cöslin 854. Hendeß. 2½.
Jonas, F., das Kassen- u. Rechnungswesen. Eine geordnete Sammlung d. hierauf bezügl. Gesetze, Verordnungen u. Rescripte. Oder prakt. Handbuch f. Kassen-, Kalkulatur- u. Verwaltungs-Beamte, Kassenkuratoren u. Revisoren zc. gr. 8. Gumbinnen 864. (Sterzel.) n. 1. 10.
— Handbuch f. Ortsschulzen u. Schöppen. 2. Aufl. 8. Tilsit 856. (Königsberg, Gräfe u. U.) — 7½.
Joseph, J. C., der pfarrliche Grundbesitz in seiner kirchlichen u. volkswirthschaftlichen Bedeutung, welche er durch die Zehentablösungsgesetze d. J. 1848 gewonnen hat, u. die Aufmerksamkeit, welche ihm fortan gebührt. Eine Anregung u. e. Beitrag zu Beantwortung dieser Frage. 8. Nördlingen 855. Beck. — 15.
Joesten, A., Beiträge zur Abänderung einiger Bestimmungen d. rheinischen bürgerlichen Gerichts-Ordnung. 8. Crefeld 850. Gehrich u. Co. n. — 10.
Ipsen, A., die alten Landtage der Herzogth. Schleswig-Holstein von 1588—1675. Nach b. handschriftl. Landtagsacten bearb. Kiel 852. Schröder u. Co. n. 2. —
Irinyi, Jos., Geschichte d. Entstehung d. 26. Gesetzartikels von 1790/91 über die Religionsangelegenheiten. Mit staatsrechtlichen Bemerkn. auf Grundlage des Wiener u. Linzer Friedensschlusses. (Erläuterung d. gesetzlichen Stellung d. Evangelischen in Ungarn.) Mit e. Anh. gr. 8. Pesth 857. G. Kilian. 1. 14.
Isler, M., zur Geschichte des Notariats u. der Notarien in Hamburg. gr. 8. Hamburg 866. O. Meißner. — 6.
Jucker, J. H., symbola ad doctrinam de furto per effracturam commisso. Dissert. inaug. gr. 8. Zürich 848. (Orell, Füssli u. Co.) n. — 12.
Judeich, Alb., die Grundentlastung in Deutschland. gr. 8. Leipzig 863. Brockhaus. n. 1. 10.
— die Landrentenbank im Kgr. Sachsen. (Abbr. aus d. Zeitschr. f. Rechtspflege u. Verwaltung.) gr. 8. Leipzig 862. P. Tauchnitz. — 22½.
— die Rentensteuer im Kgr. Sachsen. Nach Gesetzen u. Entscheidungen dargestellt. gr. 8. Dresden 857. Meinhold. — 18.

Judenfrage, die, in Oesterreich u. Europa. Von e. prakt. Standpunkte allseitig beleuchtet von Just. Anonymus. gr. 8. Wien 860. (Mayer u. Co.) — 9.

Jung, Frz., prakt. Anleitung zur systemat. Einrichtung b. Archive s. d. Aufbewahrung d. Urkunden u. Akten d. reichsfürstlichen u. reichsgräflichen, d. gräflichen u. adelichen Häuser, wie auch d. Patrimonialgerichte- u. Majoratsherrschaften. gr. 8. Neuwied 848. (v. d. Beck.) n. 1. —

Jung, Ludw., über rechtliche Natur u. zweckmäß. Benutzung d. preuß. Renten-Versicherungs-Anstalt in Berlin (839. 840.) — 3. Ausg. 16. Berlin 860. Jonas. n. — 10.

Jungermann, Mor., Handbuch d. bayerischen Hypotheken- u. Prioritäts-Rechtes mit Einschluß d. hierauf bezügl. Verfahrens. In alphabet. Reihenfolge. gr. 8. München 857. Fleischmann. n. 1. 18.

Jurisprudenz, die, d. Ob.-Appell.-Gerichts der vier freien Städte Deutschlands in bürgerlichen Rechtssachen aus Lübeck 1848—64. Redig. von Wunderlich 2 Bde. gr. 8. Bremen 866. Gesenius. n. 5. 10.

— — in Wechselsachen. 1821—1857. Nebst Anh. aus d. Jurisprudenz d. Handels- u. Obergerichts zu Hamburg in Wechselsachen. Novbr. 1855—1857. gr. 8. Frankfurt a. M. 858. Sauerländer. n. 1. 20.

Jus graeco-romanum. Edid. C. E. Zachariae a Lingenthal. Pars I—IV. gr. 8. Leipzig 856—66. T. O. Weigel. n. 12. 10.

<small>Pars I: Practica ex actis Eustathii Romani. Ex cod. Laurentiano edit. n. 2 Thlr.
„ II: Liber juridicus alphabeticus s. synopsis minor et ecloga legum in epitome expositarum. n. 2 Thlr. 20 Ngr.
„ III: Novellae constitutiones imperatorum post Justinianum quae supersunt collatae et ordine chronolog. digestae. n. 5 Thlr. 10 Ngr.
„ IV: Ecloga privata aucta. Ecloga ad Prochiron mutata et epanagoge aucta.</small>

Justiniani digesta s. pandecta. Edid. Th. Mommsen. Fasc. I—III. gr. 4. Berlin 866, 67. Weidmann. n. 6. 10.

<small>Fasc. I: Lib. I—X. n. 3 Thlr. 10 Ngr.; II: Lib. XI—XVII. n. 1 Thlr. 10 Ngr.; III: Lib. XVIII—XXIV. n. 1 Thlr. 20 Ngr.</small>

Justiz u. Verwaltung sowie die künftige Behörden-Reorganisation im Kgr. Sachsen. Von e. sächs. Gerichtsvorstande. 8. Leipzig 867. Baumgärtner. n. — 10.

Justiz-Assessoren, die, u. die Advocatur in Preußen. Ein Botum von e. preuß. Justizbeamten. gr. 8. Stettin 859. Graßmann. n. — 4.

Justizgesetze, die, vom J. 1855/56. 12. Nördlingen 856. Beck. n. — 5.

— die neuen, f. d. Großherzogth. Baden. Amtliche Ausgabe. gr. 8. Karlsruhe 864, 65.
   I. Strafprozeßordnung. 864. — 15.
   II. Prozeßordnung in bürgerlichen Rechtsstreitigkeiten. 864. n. — 24.
   III. Gerichtsverfassung. Anwaltsordnung. Strafverfahren. Polizeistrafgesetzbuch. Gerichtsbarkeit u. Verfahren in Polizeistrafsachen. Verwaltung d. freiwill. Gerichtsbarkeit, Notariat. Gerichtliche Sportel- u. Stempelordnung. Mit d. dazu gehör. Verordnungen. Verordnungen über das Verfahren in Steuer- u. Zollstrafsachen. 865. n. — 22.

— neue, u. Verordnungen für d. Kgr. Bayern. 8. München 857—64. Franz à Liesg. — 12.

<small>1. Bd.: Gesetze, Verordnungen, Entschließungen ꝛc. präjudiciellen Inhaltes, Jahrg. 1856—59, nebst Erläuterungen, Citaten u. Registern. (6 Liefgn.)
2. Bd.: Gesetze ꝛc. vom 1. Jan. 1860 bis 28. Mai 1862 (6 Liefgn.)
3. Bd.: Verordnungen ꝛc. vom 28. Mai bis 12. Juni 1862 (3 Liefgn.)</small>

— österreichische, Sammlung d. vom 1. Jan. 1856 an publicirten Gesetze in Justizsachen. Mit chronolog., alphabet. u. Materien-Registern. 16. Wien 860. Tendler u. Co. (Gerold.)
   1. u. 2. Bd.: Vom 1. Jan. 1856 bis 31. Decbr. 1859. n. 2. 10.

Justizgesetzgebung des Kgr. Hannover, s. Leonhardt, A.

Justizorganisationsgesetze, die größeren, f. d. Herzogth. Braunschweig, nebst e. kurzen, den Motiven, Berichten u. Verhandlungen über dieselbe entnomm. Commentare. Zusammengestellt von R. Degener.) 2 Bde. 16. Braunschweig 850. Vieweg. n. 1. 20.

Kabinets-Ordre, allerhöchste, vom 15. Mai 1866, betr. die Regelung d. Militair-Rechtspflege im Felde. gr. 8. Berlin 866. v. Decker. — 1½.

Katz, K., das badische Landrecht mit Einschluß d. Handelsrechts u. die Prozeß-Ordnung annotirt nach den Entscheidungen d. badischen Gerichtshöfe u. d. badischen Doctrin unter Hinweisung auf die bezügl. Gesetze u. Verordnungen f. d. Handgebrauch d. prakt. Juristen. 2 Abthlgn. gr. 8. Freiburg 861. Literar. Anstalt. n. 4. 18.

  Inhalt: 1. Abth.: Landrecht. — 2. Abth.: Handels- u. Wechselrecht.

— das badische Landrecht in seiner jetzigen Geltung annotirt nach Gesetzen, Verordnungen u. Parallelstellen. 8. Freiberg 866. Herder. n. 1. 8.

Kaim, Isid., die Reform des Handelsgerichts zu Leipzig. gr. 8. Leipzig 860. O. Voigt. — 6.

— das Kirchenpatronatrecht nach seiner Entstehung, Entwickelung u. heutigen Stellung im Staate mit steter Rücksicht auf die ordentliche Collatur. 2. Thl.: Das Kirchenpatronat nach d. Grundsätzen d. kathol. u. protestant. Kirche u. d. Particularrecht in u. außer Deutschland. gr. 8. Leipzig 866. Priber. n. 2. 24.

  1. Thl. Leipzig 845. J. A. Barth. 1 Thlr. 22½ Ngr.

— Revision der sächsischen Recesse von 1740 u. 1835 mit d. Hause Schönburg. gr. 8. Leipzig 860. J. A. Barth. n. 1. 10.

— die Staatserbfolge Herzogs Friedrich VIII. im Herzogth. Lauenburg. Zugleich gegen Michelsen, Sintenis u Wippermann. gr. 8. Dresden 864. L. Wolf. — 10.

Kaiser, Herm., die preußische Gesetzgebung in Bezug auf Urheberrecht, Buchhandel u. Presse. Zusammenstellung aller auf diesem Gebiete zur Zeit gültigen Gesetze u. Verordnungen nebst gerichtl. Entscheidungen, Anmerkungen u. Erläuterungen. gr. 8. Berlin 862. Schröder. n. 1. 20.

— — Ergänzungsheft. gr. 8 Ebend. 865. n. 1. —

Kaiser, Max, über das impedimentum raptus mit besond. Berücksicht. d. an der Minderjährigen begangenen Entführung Inaug.-Dissert. gr. 8. Innsbruck 858. (München, Lindauer.) — 7½.

Kaiser, Sim. Sammlung d. eidgenöss. Gesetze, Beschlüsse u. Verordnungen. d. Konkordate zwischen d. Kantonen u. d. Staatsverträge d. Schweiz mit d. Auslande. Neue, nach Materien geordnete Ausg. mit Ausscheidung d. Veralteten u. außer Wirksamkeit Getretenen. 4 Bde. 8. Zürich 859—62. Schulthess. n. 4. —;

  Anhang zum 3. Bde. n. — 15.

— Grundsätze schweizerischer Politik, gestützt auf bestehendes Staatsrecht, auf die Resultate d. Wissenschaft u. auf geschichtliche Erfahrung, in 23 Vorlesungen. 1. Heft. gr. 8. Solothurn 867. Scherer. n. 1. 6.

— die Wissenschaft d. schweizerischen Rechts. 1. Abth.: Schweizerisches Staatsrecht in 3 Büchern dargestellt. gr. 8. St. Gallen 858—60. Scheitlin u. Z. b. 12.

  Inhalt: 1. Buch: Die individuellen Rechte. 1 Thlr. 18 Ngr. — 2. Buch: Das Staatsrecht. 1 Thlr. 27 Ngr. — 3. Buch: Das Bundesrecht. 1 Thlr. 27 Ngr.

Kalessa, Frz. Ed., Handbuch d. gesammten gerichtlichen Verfahrens außer Streitsachen u. aller damit im Zusammenhange stehenden Gesetze u. Verordnungen. 1. u. 2. Liefg. gr. 8. Wien 859. Seidel. à Liefg. n. — 20.

— Handbuch d. österreich. u. gesammten deutschen Wechselrechtes. Zum Gebrauche f. Richter, Advocaten, Studirende u. Geschäftsleute. (1—4. Aufl. 841—52.) — 5. gänzlich umgearb. Aufl. gr. 8. Wien 859. Braumüller. n. 1. 10.

Kalisch, M., rechtliche Beurtheilung d. Commerzienrath J. Fränkel'schen Testaments in Bezieh. auf die materielle Gültigkeit d. in demselben verordneten Stiftungen u. d. den ernannten Testaments-Exekutoren u. Curatoren eingeräumten Machtvollkommenheit. Mit besond. Rücksicht auf d. Städel'schen Erbschaftsprozeß. gr. 8. Berlin 857. Mittler u. S. n. 24.

— die Judenfrage in ihrer wahren Bedeutung für Preußen. gr. 8. Leipzig 860. Veit u. Co. n. 2. 20.

— medicinisch-gerichtliche Gutachten d. kgl. preuss. wissenschaftl. Deputation f. d. Medicinalwesen aus d. J. 1840—1850. gr. 8. Ebend. 859. n. 2. 24.

Kaltenborn, C. v., Geschichte der deutschen Bundesverhältnisse u. Einheitsbestrebungen von 1806—1856 unter Berücksicht. b. Entwickelung b. Landesverfassungen.
2 Bde. gr. 8. Berlin 857. C. Heymann. n. 5 —
— de cambiis statuta Hamburgicnsia a. 1603 et 1605, in Germania prima legis-
lationis cambialis vestigia, edid. brevemque eorum de natura atque origine deque
juris cambialis libris et legibus ante a. 1605 editis dissertat. praemisit. gr. 8.
Königsberg 862. Graefe u. U. n. — 10.
— Kriegsschiffe auf neutralem Gebiet. Mit Rücksicht auf b. Benehmen Lübeck's
gegenüber dem „von der Tann" im gegenwärt. Schlesw.-Holsteinischen u. Dänischen
Kriege. gr. 8. Hamburg 850. D. Meißner. — 10.
— zur Geschichte d. Natur- u. Völkerrechts sowie der Politik. gr. 8. Leipzig. (Altona, Haendcke n. L.)
  1. Bd.: Die Vorläufer des Hugo Grotius auf d. Gebiete des jus naturae et gen-
      tium sowie d. Politik im Reformationszeitalter. 1. u. 2. Abth. (Literar-
      histor. Forschungen. — Kritische Ausg. d. Autoren.) 848. 2. —
— Grundsätze d. prakt. europäischen Seerechts, besonders im Privatverkehr,
mit Rücksicht auf alle wichtigeren Partikularrechte, namentlich d. norddeutschen Seestaaten, besonders Preussens u. d. Hansestädte, sowie Hollands,
Frankreichs, Spaniens, Englands, Nordamerikas, Dänemarks, Schwedens,
Russlands etc. 2 Bde. gr. 8. Berlin 851. C. Heymann. 4. 22½.
— die Volksvertretung u. die Besetzung der Gerichte, besonders b. Staatsgerichtshofes. gr. 8. Leipzig 866. B. Tauchnitz. n. — 20.
— Einleitung in das constitutionelle Verfassungsrecht. gr. 8. Ebend. 863.
1. 22½.
Kaluza, Stempelpflichtigkeit b. inländ. u. ausländ. Wechsel, gewisser Handelspapiere
u. Anweisungen aller Art, sowie Strafbarkeit b. an derartigen Urkunden begangenen
Stempel-Contraventionen im vollen Umfange b. preuß. Staaten. gr. 8. Gleiwitz 860. (Breslau, Maruschke u. B.) n. — 15.
Kammerer, Pet., über Ehrenkränkungen. gr. 8. München 863. (Lentner.) — 2.
— über Schwurgerichte in Bayern. Vorzüge u. Mängel derselben. 8. München 858.
Franz. — 3.
Kampschulte, H., die westfälischen Kirchen-Patrocinien. 8. Paderborn 867.
Schöningh. n. — 13½.
v. **Kampz**, Fragmente über b. Recht des Landesherrn, Stände-Versammlungen zu
verlegen, zu vertagen u. aufzulösen. gr. 8. Berlin 848. Logier. — 6.
Kanitz, C. v., Aufklärung nach Actenquellen über den 1835—1842 zu Königsberg i. Pr.
geführten Religionsprozeß für Welt- u. Kirchengeschichte. 4. Basel 869. Balmer
u. R. 1. 8.
Kannegießer, W., Leitfaden zur Kenntniß der Organisation u. Verwaltung b.
preußischen Staats. gr. 8. Berlin 866. Hempel. n. — 7½.
— Repetitorium zur Vorbereitung auf b. erste jurist. Examen. gr. 8. Ebend.
  1. Thl.: Repetitorium der Pandecten. 867. n. — 20.
Kanngießer, Herm., der Prozeß Wohlfe-Busch. Ein Beitrag zu d. Annalen der
Criminaljustiz. gr. 8. Demmin 854. (Leipzig, C. F. Schmidt.) n. 1. —
Kapp, Frdr., Geschichte der Sklaverei in d. Verein. Staaten von Nord-Amerika. 12.
Hamburg 861. D. Meißner. n. 1. 20.
Kappler, Fr., Handbuch d. Literatur b. badischen Rechts. 4. (letzte) Liefg. gr. 8.
Heidelberg 848. J. C. B. Mohr. n. — 20.
1—3. Liefg. Ebend. 847, 48. a. 2 Thlr.
— das kgl. württemberg. Gesetz über b. Notariatswesen vom 14. Juni 1843 nebst b.
k. Verordnung, betr. die Vollziehung dieses Gesetzes ꝛc.; mit e. geschichtl Einleitung u.
e. Zusammenstellung b. Notariatsformel-Gesetzgebung, sämmtl. in b. Gebiet b. nichtstreitigen Gerichtsbarkeit einschlag. Gesetze, Verordnungen ꝛc. — 2. verm., nach
b. neuesten Stand b. Gesetzgebung ergänzte Aufl. gr. 8. Stuttgart 855. Liesching
u. Co. n. 2. 4.

Kappler, Fr., das Polizei-Strafgesetz f. d. Kgr. Württemberg vom 2. Octbr. 1839, mit d. Abänderungen desselben durch neuere Gesetze, u. erläuternde Bemerkungen; unter Beifüg. d. damit in Verbindung stehenden Gesetze, Verordnungen x. Mit Sachregister. 16. Stuttgart 850. J. F. Steinkopf. n. — 12.

— das Strafgesetzbuch f. d. Kgr. Württemberg vom 1. März 1839 mit d. Abänderungen desselben durch d. Gesetz vom 13. Aug 1849 u. andere neuere Gesetze. Mit erläut. Bemerkungen u. unter Beifüg. d. weiter ergang. strafgesetzliche Bestimmungen enth. Gesetze. 16. Ebend. 850. n. — 20.

Kärcher, K. Gust., die Straferkenntniß. Eine Begründung des Strafbeweises in d. Denklehre. 2 Bde. gr. 8. Erlangen 856—62. Enke.

   1. Bd.: Die Lehre von der Erkenntniß. n. 1. —
   2. Bd.: Die Lehre von d. Erkenntniß d. Strafbarkeit.
      1. Abth.: Das Verbrechen. n. — 22.
      2. Abth.: Der gegenständliche Thatbestand d. Verbrechens. n. 1. —
      3. Abth.: Der subjektive u. d. unregelmäßige Thatbestand des Verbrechens. n. — 16.

Karlowa, O., juris romani principia de accessionibus possessionum, quae in usucapionibus rerum et in temporalibus praescriptionibus atque in interdictis possessoriis locum habent. Commentatio praemio ornata. 4. Göttingen 858. Dieterich. n. — 16.

— Beiträge zur Geschichte d. römischen Civilprozesses. gr. 8. Bonn 865. Cohen u. S. — 27.

— de natura atque indole $συναλλάγματος$, quod emptione, venditione ceterisque obligationibus mutuis inesse dicitur. gr. 8. Ebend. 862. n. — 10.

Karsten, G., Vorschläge zur allgem. deutschen Maass-, Gewichts- u. Münz-Regulirung. gr. 8. Berlin 818. v. Decker. — 5.

Kartner, Jos., theoret. u. prakt. Eherecht für Seelsorger u. Beichtväter nach der Anweisung f. die geistlichen Gerichte d. Kaiserth. Oesterreich in Betreff d. Ehesachen, u. nach d. bürgerlichen österreich. Ehegesetze für Katholiken. gr. 8. Füssen 865. (Innsbruck, Wagner.) n. 2. 16.

Kastner, Geo. Heinr., kritische Bemerkungen zu W. H. Riehl's bürgerlicher Gesellschaft. 8. Nürnberg 857. (Korn.) n. — 8.

Katholikenfrage, die, in Holstein. Verhandlungen d. Itzehoer Ständeversammlung im J. 1863 nebst Aktenstücken u. Beleuchtnng derselben. gr. 8. Altona 863. Ublacker. n. — 15.

Kaufmann, der rechtskundige. Ein prakt. dem rheinischen Kaufmannsstande zur Erläuterung des Handelsrechts, sowie als Rathgeber in Prozeß- u. Rechts-Angelegenheiten dienendes Handbuch, enth. das gesammte in d. Rheinprovinz geltende Handelsrecht x. Herausg. von e. Justiz-Beamten. 8. Mühlheim 866. Bagel. — 25.

Kaupisch, Ferd., die preußische Städteordnung f. die sechs östlichen Provinzen vom 30. Mai 1853 alphabet. bearb. Mit e. Abdr. d. Städteordnung vom 30. Mai 1853 sowie d. Ausführ.-Instruction vom 20. Juni 1853. 12. Nordhausen 854. Büchting. — 11¼.

Kauz, Jul., Theorie u. Geschichte der National-Oekonomie. Propyläen zum volks- u. staatswirthschaftl. Studium. 2 Thle. gr. 8. Wien 858, 60. Gerold. 7. 20.
   1. Thl.: Die National-Oekonomie als Wissenschaft. 2 Thlr. 20 Ngr — 2. Thl.: Die geschichtliche Entwickelung d. National-Oekonomie u. ihrer Literatur. 5 Thlr.

Keckeis, J., die nichttödtlichen Verletzungen. Eine gerichtlich-medicin. Studie. gr. 8. Wien 863. (Braumüller.) $ — 16.

Keil, C. W., der Rathgeber für Bürger u. Landmann in gerichtlichen Angelegenheiten. (856.) — 2. Aufl. gr. 8. Lübben 860. (Winckler.) n. — 25.

— Tabelle zur Berechnung des Tages d. Entlassung Gefangener bei erkannten Freiheitsstrafen. gr. 4. Ebend. 862. n. — 17½.

Keil, P. J., das Interusurium oder die richtige Bestimmung der Forderungswerthe zu ändern, als den Verfallzeiten u. die damit zusammenhäng. Rentenreduktionslehre. Eine jurist.-mathemat. Abhandlung nach neuen Grundsätzen. gr. 8. Jena 854. Mauke. 1. —

Keil, Rob., Rechts-Katechismus f. d. deutsche Volk. Kurzgefaßtes Lehrbuch über das Mein u. Dein oder das in Deutschland gültige bürgerliche Recht, in seinen Hauptgrundsätzen für Jung u. Alt. Stadt u. Land systematisch, aber allgemein faßlich dargestellt. (856.) — Neue Ausg. 8. Leipzig 863. Deckmann. (Reichenbach.) — 12.

— „Kein Schaffot mehr!" Ein Botum gegen die Todesstrafe, zugleich als Anregung zur Bildung e. deutschen Bereins zur Abschaffung d. Todesstrafe von F. C. D. gr. 8. Darmstadt 865. Küchler. — 6.

Keller, Fr. Ludw. v., der römische Civilprocess u. die Aktionen in summar. Darstellung zum Gebrauche bei Vorlesungen. (852—855.) — 3. Ausg. 8. Leipzig 863. B. Tauchnitz. 1. 15.

— Grundriss zu Vorlesungen über Institutionen u. Antiquitäten d. römischen Rechtes. Mit einzelnen Ausführungen. [Als Mscr. gedruckt.] gr. 8. Berlin 854—58. Hertz. n. 1. 22½.

— Institutionen. Grundriss u. Ausführungen. gr. 8. Leipzig 861. B. Tauchnitz. 1. 15.

— Pandekten. Vorlesungen. Aus d. Nachlasse des Berf. 2 Bde. (861. Herausg. von Emil Friedberg.) — 2. Aufl. von B. Lewis. gr. 8. Ebend. 866. n. 4. —

Keller, Gust., Criminalrechtsfall bearb. nach d. Vorschriften d. neuen österreich. Strafprozeßordnung vom 17. Jänner 1850 mit Angabe aller dießfäll. Akten-Formularien, sowie d. Vorträge d. Staatsanwaltes u. d. Bertheidiger. gr. 8. Wien 850. Braumüller. — 22½.

— die Staatsanwaltschaft in Deutschland. Ihre Geschichte, Gegenwart u. Zukunft. gr. 8. Ebend. 866. n. 1. 20.

Keller, M. F., Gesetz über die am 1. Mai 1862 ins Leben getretene Gewerbe-Freiheit f. d. Kgr. Württemberg unter Einschaltung d. Vollziehungs-Erlasses, d. l. Verordnung betr. die Ausüb. von Gewerben durch Minderjährige zc. Handausg. mit Erläuter. u. Inhaltsverzeichniß. gr. 8. Stuttgart 862. Koch. n. — 8.

Kellermann, H., Sportel-Taxe in Untersuchungssachen, ausgearb. zum pract. Gebrauche f. sämmtliche kgl. Gerichtsbehörden u. Justizbeamte zc., auf Grund n. nach Maaßgabe d. Gesetzes vom 3. u. d. allgem. Verfügung vom 9. Mai 1853. Fol. Brandenburg 854. Wiesike. n. — 17½.

Kellner, Heinr., das Buß- u. Strafverfahren gegen Kleriker in den sechs ersten christl. Jahrhunderten. Eine histor.-kirchenrechtliche Abhandlung. gr. 8. Trier 863. Braun. n. — 15.

Kellner, Wilh., Handbuch für Staatskunde. Politische Statistik aller Kulturländer der Erde. gr. 8. Leipzig 866. Quandt u. H. n. 2. 20.

— Taschenbuch d. politischen Statistik Deutschlands oder Aufstellung d. staatlichen Einrichtungen Gesammt-Deutschlands sowohl als d. einzelnen deutschen Staaten. Zum Handgebrauch f. pract. Politiker als Landtagsabgeordnete, Gemeindevertreter, Verwaltungsbeamte zc. 8. Frankfurt a. M. 864. Küchler. n. 1. —

Kern's Konsulent f. d. preußischen Staatsbürger. Enth. die wichtigsten neuen Gesetze u. Verordnungen, nebst d. neuen Verfahren in Prozeß-Sachen zc. 2 Bde. 8. Breslau 851. 52. Kern. 1. 6.

—— —— Neue Folge. 1. Heft: enth. die wichtigsten neuen Gesetze aus d. J. 1854 u. 1855. 8. Ebend. 855. — 10.

—— 2. Heft: enth. die wichtigsten neuen Gesetze aus d. J. 1856. 8. Ebend. 856. — 8.

Kerst, C. G., das Salzmonopol in seinen Wirkungen beleuchtet. 2. Aufl. gr. 8. Berlin 865. Grieben. n. — 10.

Kersting, H., die Sonderrechte im Kurfürstenth. Hessen. Sammlung d. Verordnungen zc., welche in d. ehemal. Fuldaischen, Hanauischen (einschließl. d. Solmsischen Rechts), Mainzischen u. Schaumburgischen, sowie in d. jetzt standesherrlich Jsenburgischen Gebietstheilen d. jetzigen Kurfürstenth. Hessen, insbes. vor d. Anfalle an letzteres ergangen sind. Mit Anmerkgn. herausg. 4. Fulda 855. (Müller.) n. 3. 10.

— das Strafrecht in Kurhessen. In einzelnen Abhandlungen. 2 Bde. gr. 8. Rinteln 853—55. Bösendahl. n. 3. —

Kersting, H., die Forst-, Jagd- u. Fischerei-Vergehen nach kurheff. Rechte sämmtlicher Gebietstheile. (Abdr. aus d. Verf. Strafrecht.) gr. 8. Rinteln 855. Bösendahl.
n. — 8.

— die Vergehen gegen die Finanzhoheits-Rechte, insbes. gegen die Zoll- u. Steuergesetze. nach d. Rechte d. Kurfürstenth. Hessen. (Abdr. aus d. Verf. Strafrecht.) gr. 8. Ebend. 855.
n. — 12.

v. **Kerstorf,** unmaaßgebliche Bemerkungen zum neuesten Entwurfe d. Bücher V. u. VI. d. allgem. deutschen Handelsgesetzbuches (von b. Fallimenten u. d. Gerichtsbarkeit in Handelssachen). gr. 8. Augsburg 860. Rieger.
n. — 4.

Keyser, G., Erläuterungen zu der thüringischen Strafprozeßordnung von 1850, ingl. zu d. Gesetze, die Einführung derselben betr. u. zu d. Gesetze, die Abänderungen derselben betr. gr. 8. Sondershausen 858. Eupel.
n. — 10.

Keyßner, H., die Liquidation d. offenen Handelsgesellschaft. gr. 8. Erlangen 866. Enke.
n. — 5.

Kheil, Carl Pet., Wechselrecht d. österreich. Kaiserstaates erläutert. (854.) 2. verm. Aufl. gr. 8. Prag 859. (Reichenecker.)
n. 1. 20.

Kiesselbach, Wilh., social-politische Studien. [Nach d. in d. Deutschen Vierteljahrsschrift veröffentl. Aufsätzen d. Verf. zusammengestellt u. neu durchgearb.] gr. 8. Stuttgart 862. Cotta.
1. 20.

Killenberger, Polizei-Vorschriften mit d. Hausmiethe- u. Gesinde-Ordnungen f. die Stadt Ulm. 8. Ulm 853. Müller.
n. — 5.

Kink, Rud., die Rechtslehre an d. Wiener Universität. Geschichtliches Fragment, als Beitrag zur österreich. Rechtsgeschichte. gr. 8. Wien 853. Braumüller. n. — 15.

Kirchenrecht, das katholische, in Preußen. Ein Handbuch für den kathol. Pfarrer. gr. 8. Münster 861. Coppenrath.
— 22½.

Kirchenvermögen, das, u. die Staatskuratel mit besond. Rücksicht auf die in Bayern hierüber besteh. Gesetze u. Verordnungen, betrachtet vom Standpunkte d. Geschichte u. d. Rechtes von e. kathol. Geistlichen. gr. 8. Landshut 862. Thomann.
— 7½.

Kirchhoff, Adph., das Stadtrecht von Bantia. Ein Sendschreiben an Herrn Thdr. Mommsen. gr. 8. Berlin 853. Hertz.
n. — 16.

Kirsch, Karl, das deutsche Volksschulrecht. 2 Bde. gr. 8. Leipzig 854, 55. (Altona, Haendcke u. L.)
4. —

Kißling, Carl Emil v.', Handbuch d. Gerichtsbarkeit außer Streitsachen nach österreich. Rechten. Für die gerichtl. u. notarielle Praxis systematisch dargestellt. Mit Formularien. gr. 8. Wien 859. Braumüller.
n. 2. 20.

— Grundzüge d. künftigen Justizverfassung mit Motiven. Ein legislativer Versuch. gr. 8. Ebend. 862.
n. — 10.

Kitka, Jos., Erläuterungen über die österreich. [deutsche] Wechselordnung u. d. österreich. Wechselproceß vom 25. Jänner 1850. gr. 8. Ebend. 854.
2. 7½.

Kitt, Heinr., das Miethwesen in Bayern diesseits d. Rheins mit besond. Rücksicht auf Wohnungsmiethen nach gemeinen Rechte, bayer. Landrechte, Stadtrechten, Gesetzen u. Verordnungen nebst erläut. Bemerkungen 2c. 8. München 853. Franz. — 13.

Kitzinger, G., Wechselkunde f. Kaufleute u. Juristen mit steter Berücksicht. d. allgem. deutschen Wechselordnung. gr. 8. Leipzig 1849. Brockhaus.
n. 1. —

Klus, Otto, das Finanzwesen des Ernestinischen Hauses Sachsen im 16. Jahrhundert. Nach archival. Quellen. gr. 8. Weimar 863. Böhlau.
— 27.

Klage u. Vernehmlassung in dem bei d. hohen Bundes-Schiedsgerichte zu Erfurt anhäng. Rechtsstreite d. großherzogl. Mecklenb.-Strelitzschen Regierung, Klägerin, wider die großherzogl. Mecklenb.-Schwerinsche Regierung, Beklagte, wegen zu gewährender Mitwirkung zur Umgestaltung d. Mecklenburgischen Verfassung. 4. Schwerin 850. (Stiller.)
— 20.

Klauhold, Alfr., kurhessisches Rechtsbuch. gr. 8. Cassel 854. (Halle, Barthel.)
n. 1. 10.

— und C. v. Stemann, ein Vorschlag zur Umgestaltung d. Strafrechtspflege in Hamburg. gr. 8. Hamburg 867. O. Meißner.
n. — 12.

Klebs, J., die Landeskultur-Gesetzgebung, deren Ausführung u. Erfolge im Großherzogth. Posen. (856.) — 2., mit e. Nachtrag verm. Aufl. gr. 8. Berlin 860. (Posen, Jagielski.) n. 1. 10;
 der Nachtrag allein n. — 5.
Klee, C. Wilh., das Patronatrecht u. die landesherrliche Kirchengewalt. Eine kirchenrechtliche Abhandlung ꝛc. gr. 8. Berlin 851. Wohlgemuth. n. — 5.
Klee, Frdr., die Wiedereinsetzung in den vorigen Stand gegen rechtskräftige Urtheile nach bayerischem Prozeßrechte. Inaug.-Abhandlung. gr. 8. München 863. Lindauer. n. — 10.
Kleiner, Otto, über die Bescheinigung im deutschen u. bayerischen Civilprozesse. gr. 8. Regensburg 855. Manz. — 15.
— die außerordentlichen Civilprozeß-Arten in Bayern dieff. b. Rheins. 1. Thl. gr. 8. Ebend. 855. 1. 27.
Kleinschrod, C. Th. v., die neue Armengesetzgebung Englands u. Irlands in ihrem zehnjähr. Vollzuge, nebst allgem. Betrachtungen über die Arbeiterfrage u. Massenverarmung. gr. 8. Augsburg 849. Rieger. — 22½.
— Entwurf e. Gewerbeordnung f. b. Kgr. Bayern dieff. b. Rheins. Mit Erläuterungen u. Motiven. gr. 8. Würzburg 850. Stahel. n. — 24.
— die internationale Patentgesetzgebung nach ihren Principien, nebst Vorschlägen für ein künftiges gemeines deutsches Patentrecht. gr. 8. Erlangen 855. Enke. n. 1.
— die Grundprinzipien d. politischen Oekonomie in kurzem Ueberblicke dargestellt. gr. 8. Wien 866. Braumüller. n. — 25.
Kleinschrod, Em., über die Bestrafung b. generellen Beihülfe zu Verbrechen gr. 8. München 848. (Kaiser.) — 10
— zur Lehre von b. Concurrenz b. Klagen. gr. 8. Nördlingen 849. Bech. — 6
— über l. 27. Dig. de rebus creditis mit besond. Beziehung auf Darlehen an Gemeinden nach röm. Recht. gr. 8. Heidelberg 851. J. Groos. — 15.
Kleist, Herm. v., das Verbrechen der Kindestödtung. Abhandlung. gr. 8. Dorpat 862. (Glaeser.) n. — 18.
Klemm, H. H., über die stillschweigend übernommene Verbindlichkeit zu Bezahlung b. Kaufpreises unbestellt empfangener Waaren. Nach gemeinem Civilrecht. gr. 8. Leipzig 854. Breitkopf u. H. — 12.
Klepsch, Adf., das österreichische Tabularrecht. gr. 8. Prag 862. Credner. n. 1. 6.
Klette, G. M. Gesetz vom 2. Juni 1852, den Diebstahl an Holz u. anderen Waldprodukten betr., nebst b. Motiven u. allen dasselbe ergänz. anderweit. Verordnungen u. Gesetzen. (852.) — 2. verm. Aufl. 8. Berlin 855. Hayn. — 7½.
— die Disziplinar-Gesetzgebung d. preuß. Staates betr. die Dienstvergehen b. Richter u. b. nichtrichterlichen Beamten u. die unfreiwillige Versetzung derselben auf e. andere Stelle oder in b. Ruhestand. Nach b. Gesetzen vom 7. Mai 1851 u. 21. Juli 1852. Nebst b. desfallsigen Ministerial-Rescripten u. allen darauf Bezug habenden Ergänzungen u. Erläuterungen. gr. 8. Berlin 864. Wegener. — 25.
— Verordnungen über die Ansatz b. Gerichtskosten u. die Gebühren b. Rechtsanwalte, Gerichtspersonen, einschl. b. Beamten b. Staatsanwaltschaft, b. Medicinalpersonen, Geistlichen, Zeugen u. Sachverständigen in Untersuchungssachen nach b. preuß. Strafrechtsverfahren. Mit e. alphabet. Sachregister. Fol. Berlin 854. Rauh. n. — 10.
— kleine Gesetzsammlung f. b. preuß. Staatsbürger. 8. Brandenburg 864. 65. Müller.
 Nr. 3. Städte-Ordnung f. b. Prov. Preußen, Brandenb., Pommern, Schlesien, Sachsen u. Posen. Vom 30. Mai 1853. 5 Ngr. — Nr. 5. Gesetze über Grund- u. Gebäudesteuer. 10 Ngr. — Nr. 7. Gesetze über Gewerbesteuer, Mahl- u. Schlachtsteuer, Hausirgewerbe ꝛc. 7½ Ngr. — Nr. 8. Gesetz über b. Klassensteuer u. klassifiz. Einkommensteuer. Vom 1. Mai 1851. 5 Ngr. — Nr. 9. Die neuen Gesetze ꝛc. — Nr. 10. Gesetze über b. Maaß-, Gewichts- u. Münzwesen d. preuß. Staates. 5 Ngr. — Nr. 11. Allgem. deutsche Wechselordnung ꝛc. 5 Ngr. — Nr. 13. Gesetz üb. b. Familienrecht. 7½ Ngr. — Nr. 14. Vormundschaftsordnung u. Erbrecht. 7½ Ngr. — Nr. 15. Strafgesetzbuch vom 14. April 1851. Nebst Einführungsgesetze u. Entscheidgn. b. Obertribunals ꝛc. 15 Ngr. — Nr. 17. Heidepolizei-Ordnung vom 1. Nov. 1847 ꝛc. u. Jagdpolizeigesetz vom 7. März 1850 ꝛc. 6 Ngr. — Nr. 18. Das preuß.

Klette.

Wasserrecht ꝛc. 10 Rgr. — Nr. 19. Allgem. Gesinde-Ordnung ꝛc. 5 Rgr. — Nr. 20. Gesetze über die Verhältnisse d. Arbeiter in Fabriken ꝛc. 5 Rgr. — Nr. 21. Mieths- u. Sachrecht. 6 Rgr. — Nr. 22. Gesetze über d. Postwesen. 10 Rgr. — Nr. 23. Gesetze über d. preuß. Baurecht ꝛc. 10 Rgr.

Klette, G. M., Repertorium d. **Gesetzsammlung** f. die kgl. preuß. Staaten vom J. 1806 bis incl. 1845. 1. Supplem. f. d. J. 1846 bis incl. 1849. 4. Berlin 850. E. Heymann. n. — 20.

— — 2. Supplem. f. b. J. 1850 bis incl. 1852. 4. Berlin 853. Rauck'sche Buchh. n. — 20.

Repert. ꝛc. von 1806—1845. Berlin 846. (Schweigger.) 3 Thlr.

— Sammlung von Präjudizien d. obersten Gerichtshöfe Deutschlands in Handels-, See- u. Wechselrechts-Streitsachen bis zu Ende d. J. 1856. gr. 8. Erlangen 857. Enke. n. 1. 10.

— — 1. Fortsetzung. gr. 8. Ebend. 857. n. — 24.

— — 2. Fortsetzung. gr. 8. Ebend. 858. n. 1. 16.

— die Jagd-Polizei-Gesetze d. preuß. Staates vom 31. Oktbr. 1848 u. 7. März 1850 mit Ergänzgn. u. Erläutergn. u. e. Anhange. 16. Berlin 855. Hayn. — 7½.

— Rechtsverhältnisse bei Kirchen-, Pfarr-, Küster- u. Schulhaus-Bauten in d. Provinzen d preuß. Staates, in welchen das allgem. Landrecht Gesetzeskraft hat. Nach d. Gesetzes-Vorschriften d. allgem. Landrechts sowie unter Berücksicht. d. abweichenden Bestimmungen d. einzelnen Provinzialrechte, rechtsgült. Observanzen, Gewohnheitsrechte ꝛc. gr. 8. Neu-Ruppin 865. Oehmigke. n. 1. 10.

— Gesetzgebung des Kgr. Bayern über d. Schutz b. Eigenthums an Erzeugnissen b. Literatur u. Kunst gegen Veröffentlichung, Nachdruck, u. Nachdruck, sowie musikal. u. dramat. Werke gegen unbefugte Aufführung, ferner über die Freiheit d. Presse u. d. Buchhandels, u. Bestrafung d. Mißbrauchs d. Presse. gr. 8. Regensburg 860. Pustet. — 9.

— Rechts-Verhältnisse zwischen Verpächtern u. Pächtern insbesondere bei der Pacht von Landgütern. Nach d. Bestimmungen d. allgem. Landrechts, d. allgem. Gerichtsordnung u. d. Entscheidungen d. kgl. Ober-Tribunals sowie den Rescripten d. kgl. Ministerien dargestellt. gr. 8. Berlin 866. Liebrecht. n. — 27.

— die Staatsverträge d. Kgr. Bayern in Bezug auf Justiz-, Polizei-, Administrations-, Landeshoheits-, Territorial- u. Grenz- ꝛc. Angelegenheiten. Von 1806 bis einschl. 1858 systemat. u. chronolog. zusammengestellt u. herausg. gr. 8. Regensburg 860. Pustet. 4. —

Inhalt: 1. Abth.: Staatsverträge in Justiz, Polizei u. Administrationssachen. — 2. Abth.: Landeshoheits-, Territorial- u. Grenz-Verträge.

— Katechismus d. gesammten preußischen Strafrechts. Handbuch f. Justiz, Administrations- u. Steuerbehörden, Staats- u. Polizei-Anwalte, Magisträte ꝛc., sowie überhaupt zum Gebrauch u. zur Belehrung für jeden preuß. Staatsbürger. In alphabet. Ordnung herausg. (854.) — 2. revid. u. verm. Aufl. 8. Berlin 866. Huber. 1. —

— die Verordnung vom 3. Jan. 1849 über die Einführung d. münblichen u. öffentlichen Verfahrens mit Geschworenen in Untersuchungssachen nebst d. Motiven, d. dahin bezügl. anderweiten Gesetzen ꝛc. Mit erläut. u. krit. Bemerkgn. begleitet. 8. Berlin 850. Gebauer. — 22½.

— die Wechselgesetzgebung sämmtlicher deutscher Staaten. Enth. die allgem. deutsche Wechselordnung nebst d. Einführungsgesetzen, d. bezügl. Verordnungen über d. Wechselprozeß, d. Entscheidungen d. höchsten Gerichtshöfe u. sonstigen Erläutergn. u. Ergänzgn. aus älteren noch in Kraft besteh. Gesetzen u. Verordnungen, mit e. Sachregister ꝛc. 8. Berlin 854. Rauh. n. 1. 10.

— die Wechselgesetzgebung Preußens. Die allgem. deutsche Wechselordnung nebst d. Einführungsgesetzen ꝛc. ꝛc. 8. Ebend. 854. n. — 20.

— ausführliche Darstellung des Verfahrens beim Wechselproceß in Preußen. Nebst d. betr. Entscheidgn. d. höchsten Gerichtshöfe u. sonstigen Erläutergn. u. Ergänzgn. Mit e. alphabet. Register zur Erklär. d. vorkomm. jurist. Ausdrücke. 8. Ebend. 854. — 7½.

Klette, G. M., Darstellung d. Wechsel- u. Merkantil-Prozesses in d. sieben Kreisen d. Kgr. Bayern, dieff. d. Rheins. Nach d. neuen Gerichts-Organisation vom J. 1857. gr. 8. Bamberg 858. Buchner. n. 2. —
— — 1. Supplement. gr. 8. Ebend. 860. n. 1. 18.
— Encyklopädie d. gesammten europ. Wechselrechts in alphabet. Ordnung. 2 Bde. gr. 8. Leipzig 861, 62. (Zander.) herabges. Pr. n. 3. —
— Rechtssätze aus Erkenntnissen d. oberen u. obersten Gerichtshöfe Deutschlands in Wechselrechtssachen pro 1857—1859. gr. 8. Bamberg 861. Buchner. 1. 20.
— Rechtssätze aus Erkenntnissen u. Verordnungen d. obersten Justiz- u. Spruchbehörden d. Kgr. Sachsen in Wechselrechtsstreitsachen. 8. Dresden 858. Meinhold. — 7½.

Kliefoth, Th., über das Verhältniß des Landesherrn als Inhaber der Kirchengewalt zu ihren Kirchenbehörden. gr. 8. Schwerin 861. Stiller. n. — 12.

Kloß, Herm., die materiellen u. formellen Gesetze für Feldmesser d. preuß. Staates nebst Ergänzgn. u. Erläutergn. gr. 4. Berlin 856. Plahn. n. 1. 15.

Klostermann, R., das allgem. Berggesetz f. die preuß. Staaten vom 24. Juni 1865, nebst Einleitung u. Kommentar. gr. 8. Berlin 866. Guttentag. 2. 6.
— Bemerkungen über d. Entwurf e. allgem. Berggesetzes f. d. preuß. Staaten. gr. 8. Berlin 863. Stubenrauch. n. — 22½.
— Uebersicht d. bergrechtlichen Entscheidungen d. kgl. Ober-Tribunals. gr. 8. Berlin 861. v. Decker. 1. 15.
— — — 1860—1863. gr. 8. Ebend. 864. — 15.

Klüber, Joh. Ludw., europäisches Völkerrecht. (822.) 2. Aufl. Sorgsam revid., comment. u. ergänzt von C. E. Morstadt. gr. 8. Schaffhausen 851. Hurter. 2. —

Klumpp, G. A., das württemberg. Gesetz über Gebäude-Brandversicherung vom 14. März 1853, mit d. Vollzugsverordnung u. sämmtl. Normalvorschriften bis zur neuesten Zeit, nebst zahlreichen Zusätzen u. Erläuterungen für die Behörden u. Schätzungs-Commissionen. 1. u. 2. verm. Ausg. mit alphabet. Sachregister. 8. Stuttgart 863. Metzler. n. — 24.

Knapp, Herm., Gesetze u. Verordnungen über das im Kgr. Württemberg geltende Pfandrecht u. die damit verwandten Materien. (839.) — 2. umgearb. Ausg. gr. 8. Stuttgart 856. Belser. n. 1. 20.

Knapp, Ludw., System der Rechtsphilosophie. gr. 8. Erlangen 857. Enke. n. 1. 10.

Knebel-Döberitz, G. v., die Folgen d. neuen Gerichtsorganisation vom Standpunkte der Interessen d. platten Landes d. östlichen Provinzen des Staats. gr. 8. Berlin 857. Logier. — 12
— die Grundsteuer-Ausgleichung vom historischen, rechtlichen u. prakt. Standpunkte aus beleuchtet, zur Widerlegung d. Schrift des Herrn R. v. Patow. gr. 8. Berlin 860. Heinicke. — 7½.

Kniep, K. Fr. Ferd. Einfluß d. bedingten Novation auf die ursprüngliche Obligatio. Eine privatrechtliche Abhandlung. gr. 8. Wismar 860. Hinstorff. n. 1. —

Knies, K., die politische Oekonomie vom Standpunkte d. geschichtlichen Methode. gr. 8. Braunschweig 853. Schwetschke. 1. 24.

Knoblauch, K., vervollständigte Vorschläge zu e. städtischen Pfandbrief-Kredit-Ordnung. gr. 8. Frankfurt a. O. 857. Trowitzsch. — 9.

Knocke, C., die Geisteskranken vor dem Schwurgerichte. Mit besond. Rücksicht auf die Zurechnung nach § 30 u. 60 d. Criminal-Gesetzbuches f. d. Herzogth. Braunschweig. gr. 8. Leipzig 863. J. A. Barth. — 15.

Knoll, Alfr., alfabet. Handbuch für nach d. Gesetzen vom 9. Febr. u. 2. Aug. 1850 u. allen Nachtragsverordnungen, insbes. d. Gesetze vom 13. Dezbr. 1862, (seit 1. Jänner 1863 im gesammten Kaiserstaate geltenden Vorschriften über Stempel- u. mittelbare Gebühren für Urkunden, Rechtsgeschäfte, Eingaben, Handelsbücher 2c. gr. 8. Brünn 863. Buschak u. J. n. — 20.

Knopp, Nik., vollständ. katholisches **Eherecht**. Mit besond Rücksicht auf die pract. Seelsorge bearb. (850.) — 3. verm. u. verb. Aufl. gr. 8. Regensburg 864. Manz. 2. 7½.
— Anwendbarkeit d. Vorschrift d. Concils von Trient über die wesentliche Form d. Eheschließung auf Akatholiken. Kirchenrechtliche Abhandlung. gr. 8. Ebend. 855.
n. — 12.

Knorr, L, das Executionsverfahren nach gemeinem Rechte vom gesetzlichen u. gesetzgeberischen Gesichtspunkte aus betrachtet in Verbind. damit wie sich solches im Großherzogth. Hessen diesseits d. Rheins ausgebildet hat. (845.) — 2. Ausg. gr. 8. Gießen 851. Ricker.
n. — 10.

Kober, F., die **Deposition** u. **Degradation** nach d. Grundsätzen d. kirchlichen Rechts histor.-dogmatisch dargestellt. gr. 8. Tübingen 867. Laupp. n. 3. 25.
— der Kirchenbann nach d. Grundsätzen d. canonischen Rechts dargestellt. (857.) — 2., mit Register verm. Ausg. gr. 8. Ebend. 863.
n. 2. 8.
— die Strafe der **Suspension**. 4. Tübingen 859. (Fues.) n. — 22½.
— die Suspension d. Kirchen-Diener nach d. Grundsätzen d. canonischen Rechts dargestellt. gr. 8. Tübingen 862. Laupp.
n. 1. 28.

Koch, C. F., das preuß. **Civil-Prozeß-Recht**. 2 Thle. gr. 8. Berlin, Guttentag.
  1. Thl.: Handbuch d. preuß. Civilprozesses. (818.) — 2. verm. Aufl. 855. u. 4. —
  2. Thl.: Prozeß-Ordnung nach ihrer heutigen Geltung. Unter Weglassung d. obsoleten oder aufgehobenen Vorschriften u. Einschaltung d. jüngeren noch geltenden Bestimmungen, mit d. Präjudizien d. höchsten Gerichts, sowie mit nachweisenden u. erläuternden Anmkgn., nebst Register. (850—860.) — 5. verm. Aufl. 864.
n. 6. —
— das preußische Erbrecht aus d. gemeinen deutschen Rechte entwickelt. 1—7. Liefg. gr. 8. Ebend. 865, 66.
n. 5. 20.
— das Recht d. Forderungen nach gemeinem u. nach preußischem Rechte, mit Rücksicht auf neuere Gesetzgebungen, historisch-dogmatisch dargestellt. 3 Bde. (1836—43.) — 2. verm. u. neu bearb. Ausg. gr. 8. Ebend. 859, 60.
n. 11. 25.
— die bevorstehende Gerichtsorganisirung u. die Patrimonialrichter in Preußen. 1. u. 2. Aufl. gr. 8. Ebend. 849.
n. — 7½.
— allgem. deutsches Handelsgesetzbuch. Herausg. mit Kommentar in Anmerkungen. gr. 8. Ebend. 863.
n. 3. —
— allgem. Hypotheken-Ordnung f. die gesammten kgl. Staaten, sammt d. dieselbe ergänz. u. abändernden Gesetzen, Verordnungen u. Verfügungen, herausg. mit Glossen. gr. 8. Ebend. 856.
n. 2. —
— die preußische Konkurs-Ordnung herausg. mit Kommentar, unter Benutz. der Materialien u. Einschaltung d. Ministerialinstruktion an d. betr. Stellen. gr. 8. Ebend. 855.
n. 1. 10.
— Formularbuch u. Kommentar zum Notariats-Gesetz für instrumentirende Gerichtspersonen u. Notarien, mit kurzen Angaben über die Erfordernisse d. einzelnen Urkunden u. mehreren als Anhang beigefügten Tax-Instrumenten. (1—6. Aufl. 844—62.) — 7. neu überarb. u. verm. Ausg. gr. 8. Ebend. 866.
n. 2. 10.
— allgemeines Landrecht f. d. preuß. Staaten. Unter Andeutung d. obsoleten oder aufgehobenen Vorschriften u. Einschaltung d. jüngeren noch geltenden Bestimmungen herausg. mit Kommentar in Anmkgn. 2 Thle. in 4 Bdn. (1. Thl. 1. Bd. 4. Aufl. — 1. Thl. 2. Bd. u. 2. Thl. 1 u 2. Bd. 3. Aufl.) gr. 8. Ebend. 861—63. n. 27. —
———— Chronolog. u. Sachregister. gr. 8. Ebend. 854.
n. — 18.
— Lehrbuch d. preußischen gemeinen Privatrechts. 2 Bde. (846. 852.) — 3. verm. Aufl. 2 Bde. gr. 8. Ebend. 857, 58.
n. 7. 18.
— Anleitung zur preußischen Prozeßpraxis mit Beispielen. Ein Handbuch f. angehende Praktiker, Gerichtspersonen u. Rechtsanwalte. 2 Thle. gr. 8. Ebend. 860, 61.
n. 8. 10.
  1. Thl.: Die gerichtlichen Klagen u Einreden. à 5 Thlr. 20 Ngr.
  2. Thl.: Das Verfahren, mit Einschluß d. Mandatsklage, unter Zugrundelegung e. zum Theil fingirten Prozesses. à 2 Thlr. 20 Ngr.
— das Wechselrecht, nach d. Grundsätzen d. allgem. deutschen Wechselordnung u. nach seiner Anwendung in d. preuß. Ländern. gr. 8. Breslau 850. Aderholz. n. 2. —

(**Koch, C. F.**), Entw e. Civil-Prozeß-Ordnung. f. Entwurf.

Koch, J., die Agrar-Gesetze d. preuß. Staats nebst Ergänzungen u. Erläuterungen. (843—46.) — 4. nach d. neuesten Gesetzgebung vollständig umgearb. Aufl. (850.) — 2. Abth. gr. 8. Breslau 853. Aderholz. 2. 20.

Koch, Wilh., Deutschlands Eisenbahnen. Versuch e. systemat. Darstellung d. Rechtsverhältnisse aus d. Anlage u. d. Betriebe derselben. 3 Thle. gr. 8. Marburg 858 - 60. Elwert. (Franff. a. M., Völcker.) 5. —

— das deutsche Eisenbahn-Transportrecht. 1. Abth. Das Frachtgeschäft d. Eisenbahnen nach d. allgem deutschen Handelsgesetzbuche. (Aus Goldschmidt's Zeitschr. f. Handelsrecht.) gr. 8. Erlangen 866. Enke. n. — 20.

— die polizeilichen Strafbestimmungen f. d. kurfürstl. Hessischen Landrathsamtsbezirk Marburg. nach amtl. Quellen zusammengestellt. 12. Marburg 861. Elwert. (Franff. a. M, Völcker.) — 8.

— die Strafmaaß-Praxis d. Criminal- u. d. Schwurgerichts zu Cassel, insbes. in Diebstahlsfällen. gr. 8. Cassel 855. Fischer. n. — 20.

Kochanowski, Adf. Dem., die Grundzüge d. moldauischen Civilprocesses in Vergleichung mit d. französ. Code de pocédure civ. u. d. österreich. Gerichts- u. Civilprocess-Ordnungen dargestellt. gr. 8. Jena 858. (Doebereiner.) n. — 8.

Koczorowski, Adf., de loco publico fruendo locandoque apud Romanos. Pars I. gr. 8. Berlin 851. (Schneider u. Co.) n. — 10.

Koffler, J. A., Handbuch zum Amtsblatt d. kgl. Regierung zu Arnsberg, enth.: alle in d. Zeit vom J. 1853 bis Ende 1861 erschienenen, ein bleibendes Interesse habenden Allerh. Kabinets-Ordres, Ministerial-, Provinzial- u. Bezirks-Verordnungen, als 3. Thl. der im J. 1843 von M. F. Esselen u. im J. 1852 von Webbige herausg. Handbücher. 4. Münster 862. Coppenrath. n. 2.

— Handbuch zum Ministerial-Blatt f. d. gesammte innere Verwaltung in d. kgl. preuß. Staaten. Eine systematische Zusammenstellung aller in d. Ministerial-Blättern d. inneren Verwaltung in d. J. 1840 bis einschl. 1864 enth., auf die innere Administration Bezug habenden Rescripte u. Verordnungen. 1—3. Liefg. gr. 8. Arnsberg 866. Ritter. à Liefg. — 9.

Köhne, H. W., von dem Provocations-Verfahren u. d. Beweis-Aufnahme zum ewigen Gedächtnisse bei Prozessen um Hausthiere. gr. 8. Berlin 864. Hirschwald. — 5.

Kolb, G. Fr., die wichtigsten älteren Staatsprocesse in England. Beiträge zur Kenntniß d. Rechtswesens, d. Geschichte u. Socialverhältnisse in jenem Lande, zugleich Lebens- u. Charakterbilder hervorragender Staatsmänner. Mit Parallelen aus d. neuern Justizgeschichte d. europ. Festlandes. 2 Bde. 8 Leipzig 861. (Felig.) n. 2. —

— die Verwerflichkeit d. Grundlage d. französ. (nun auch in Deutschland eingeführten) Strafrechtsverfahrens u. die Nothwendigkeit e. wahren Sicherung d. persönlichen Freiheit. 8. Speyer 851. Lang. — 3.

Köllner, Fr. O., die Grundzüge der obligatio negotiorum gestorum. Eine zivilist. Abhandlung. gr. 8. Göttingen 856. Vandenhoeck u. R. n. — 20.

— die Vorschriften d. gerichtlichen Verfahrens in Steuer- u. Zollcontraventions-sachen nach d. Gesetzen u. Instructionen zusammengestellt u. mit Anmerkgn. versehen. gr. 8. Hannover 854. Helwing. n. — 15.

Kommentar der Vorschriften über d. Ansatz u. die Erhebung d. Gerichtskosten für Nachlaßregulirungsgeschäfte u. in Vormundschaftssachen. Nebst Tabellen, Beispielen u. 2 Anhängen. gr. 8. Berlin 865. Rauck u. Co. n. — 15.

— u. vollständige Materialien zur Konkurs-Ordnung vom 8. Mai 1855 u. zu d. Gesetze betr. die Befugniß d. Gläubiger zur Anfechtung d. Rechtshandlungen zahlungsunfähiger Schuldner außerhalb des Konkurses, vom 9. Mai 1855. gr. 8. Berlin 855. v. Decker. 3. 7½

Komorans, Jos., über die Verletzungen in gerichtlich-medizin. Beziehung.
— 2. mit e. Casuistik verm. Aufl. gr. 8. Wien 851. Braumüller. n. — 15.

Kompe, W., zur Kritik d. preuß. Gesetzentwurfs über die Handelsgerichte. (Aus d. Zeitschr. f. d. ges. Handelsrecht.) gr. 8. Erlangen 865. Enke. n. — 8.

Kompe, W., der Entwurf e. allgem. deutschen Handels-Gesetzbuches in seinem Verhältnisse zum deutschen Post- u. Eisenbahntransportrechte. gr. 8. Regensburg 859. Pustet. — 6.

Koenig, A., das Transcriptions-Register. Studien über d. Wesen d. Transcriptions-Registers als Beitrag zur Reform d. Hypotheken-Rechts. gr. 8. Cleve 862. Char. n. — 12½.

König, B. W., Preußens Consular-Reglement in seiner heutigen Geltung u. Anwendung. Mit Benutz. d. Akten d. kgl. Ministeriums d. auswärt. Angelegenheiten bearb. (854.) — 2., völlig umgearb. Ausg. gr. 8. Berlin 866. v. Decker. n. 2. 10.

König, C., die Ent- u. Bewässerung d. ländlichen Grundstücke. Eine kurze u. übersichtl. Zusammenstellung aller die Vorfluth, sowie die Ent- u. Bewässerung d. ländl. Grundstücke betr. Landesgesetze in d. kgl preuß. Staaten ꝛc. Ein Rathgeber f. Verwaltungs- u. Justizbeamte ꝛc. 3. verb. Aufl. gr. 8. Münster 859. Brunn. n. — 7½.

Königsheim, B., das kgl. sächsische Gewerbegesetz nebst d. dazu gehör. Ausführungs-Gesetzen u. Verordnungen vom 15. Octbr. 1861. Nach den Quellen entwickelt u. erläut. ꝛc. gr. 8. Leipzig 861. Teubner. — 20.

Konkurs-Ordnung vom 8. Mai 1855. Gesetz betr. die Einführung d. Konkursordnung in den Landestheilen, in welchen d. Allgem. Landrecht u. die Gerichts-Ordnung Gesetzeskraft haben, vom 8. Mai 1855. — Gesetz betr. d. Befugniß d. Gläubiger zur Anfechtung d. Rechtshandlungen zahlungsunfähiger Schuldner außerhalb d. Konkurses, vom 9. Mai 1855. — Verordnung betr. die im Konkurse u. erbschaftlichen Liquidationsprozesse zu erhebenden Gerichtskosten vom 4. Juni 1855. Mit vollständ. Sachregister. gr. 8. Berlin 855. v. Decker. — 7½.

Kommentar u. Materialien dazu ꝛc., s. **Kommentar**.

— f. d. preuß. Staaten, vom 8. Mai 1855, nebst d. auf dieselbe bezügl. Gesetzen, Verfügungen u. Entscheidungen d. Obertribunals. — Gesetz betr. einige Abänderungen d. Vorschriften über d. Civilprozeß-Verfahren u. die Exekution in Civilsachen vom 20. März 1854 u. Gesetz, betr. einige Abänderungen d. Civilprozeß-Verfahrens vor d. Obertribunal vom 26. März 1855. (855.) — 2. verb. Aufl. 16. Breslau 858. Kern. — 7½.

— die preußische, vom 8. Mai 1855 nebst d. Einführungsgesetz u. d. Gesetz über Anfechtung d. Verträge zahlungsunfähiger Schuldner. Ausg. mit großer Schrift u. Sachregister. gr. 8. Berlin 855. Hempel. n. — 5.

— — gr. 8. Berlin 855. Huber. — 6.

— nebst Einführungs- u. Anfechtungs-Gesetz, sowie die Verordnung, betr. die im Konkurse u. erbschaftl. Liquidationsprozesse zu erhebenden Kosten. 8. Berlin 855. Moeser. — 5.

— für die preuß. Staaten vom 8. Mai 1855 nebst d. darauf bezügl. Gesetzen u. Verordnungen. (855.) — 2. amtl. Ausg. mit Register. gr. 8. Berlin 858. G. Reimer. n. — 17½.

Konopásek, A., u. B. v. Mor, Leitfaden zur Finanzgesetzkunde d. österreich. Kaiserstaates ꝛc. zum Gebrauch d. österreich. Hochschulen überhaupt, dann f. Candidaten d. Staatsprüfungen in d. finanzgesetzlichen Sphäre insbesondere, sowie f. Finanzbeamte, größtentheils nach authent. Quellen bearb. 3 Bde. u. Nachtragheft. gr. 8. Pesth 855. Hedenast. n. 5 10.

Koppel, Joh., Handbuch d. österreich. Strafgesetze über Vergehen u. Uebertretungen. gr. 8. Olmütz 850. Hölzel. 3. —

Koeppen, C. F. Alb., die Erbschaft. Eine civilist. Abhandlung. gr. 8. Berlin 856. Weidmann. 1. —

— System d. heutigen römischen Erbrechts. gr. 8. Jena 864. Mauke. 2. —

Kopsz, J., jus matrimoniale novissimum Catholicorum in Imperio Austriaco. gr. 8. Steinamanger 857. (Wien, Wendelin.) n. — 16.

Korb, die Geldstrafen u. die bestehenden Grundsätze über die Berechtigung zu deren Erhebung, sowie über ihre Einziehung u. Verrechnung bei den Gerichten ꝛc. gr. 8. Berlin 853. C. Heymann. n. — 6.

Korb, der geistliche Sühneversuch in Ehescheidungssachen nach d. Verordnung vom 28. Juni 1844. Eine Abhandlung mit e. Zusammenstellung d. hierauf bezügl. sowie d. die Ehescheidungsgründe betr. gesetzlichen Bestimmungen. 8. Berlin 852. E. Heymann. n. — 6.

— die Gesetze über d. mündliche u. öffentliche Verfahren mit Geschworenen in Untersuchungssachen, als Handbuch in selbstständiger Form e. Novelle zur Kriminal-Ordnung. Nebst erläut. Bemerkgn. u. e. Anh. gr. 8. Ebend. 852. n. — 18.

Rosegarten, W., geschichtliche u. systemat. Uebersicht d. Rational-Oekonomie oder Volkswirthschaftslehre, als Grundlage d. Volkswirthschaftspolitik. Ein Leitfaden f. Vorlesungen. gr. 8. Wien 856. Beck. 1. 15.

Rosmann, F. W. A., die Erkenntnisse d. Gerichtshofes zur Entscheidung d. Kompetenz-Konflikte, als Beitrag zur Lehre von den Gränzen d. Gerichts- u. d. Verwaltungs-Justiz, systematisch zusammengestellt. 2 Thle. gr. 8. Anclam 857. Dietze. 2. —

Köstlin, C. Rhld., das Geschwornengericht f. Nichtjuristen dargestellt. 1. u. 2. Aufl. gr. 8. Tübingen 849. Laupp. — 27.

— die Geschwarenengerichte. 8. Leipzig 851. Brackhaus. — 5.

— Abhandlungen aus dem Strafrechte. Nach d. Verf. Tode herausg. von Th. Geßler. gr. 8. Tübingen 858. Laupp. 2. 7½.

— Geschichte d deutschen Strafrechts in Umriß. Nach d. Verf. Tode herausg. von Th. Geßler. gr. 8. Ebend. 859. 1. 10.

— System d. deutschen Strafrechts. 1. Abth.: Allgemeiner Theil. gr. 8. Ebend. 855. 3. 7½.

— der Wendepunkt d. deutschen Strafverfahrens im 19. Jahrh., kritisch u. geschichtlich beleuchtet, nebst ausführl. Darstellung d. Entstehung d. Geschwornengerichts. gr. 8. Ebend. 849. 2. 12.

Koszutski, K. v., die Grundlagen des Realcredits oder woher die Verschuldung d. Grundbesitzes? u. Wie ist dem permanenten Bankrott zu entgehen? gr. 8. Berlin 860. Wagner. n. — 20.

Kothing, M., Sammlung d. Verfassungen, Gesetze, Verordnungen u. Beschlüsse d. Kantons Schwyz. Von 1803—1832. 12. Einsiedeln 860. Benziger. — 27.

Krabbe, C. F., Wem steht das Eigenthum d. vormaligen Jesuiten-Güter, beziehungsw. das Recht zu, sie zu verwalten u. zu den stiftungsmäßigen Zwecken zu verwenden? gr. 8. Münster 855. Theissing. n. — 10.

Krabbe, O., die evangelische Landeskirche Preußens u. ihre öffentlichen Rechtsverhältnisse, erörtert in b. Maßnahmen ihres Kirchenregiments. gr. 8. Berlin 849. F. Duncker. n. 2. 20.

Kraft, Frdr., Beitrag zur Lehre van d. Consens d. Agnaten zur Veräußerung d. Lehns, insbes. nach sächs. Recht. erläut. durch Darstellung u. Begutachtung e. Rechtsfalles in Sachen d. Gebrüder Freih. v. Gleichen gen. Ruswurm gegen d. großherzogl. S.-Weimarschen Kammer-Fiscus, Vindication b. nutzbaren Rittergüter Tanneroda, Cattendorf u. Saufeld betr. gr. 8. Darmstadt 853. Leske. n. — 6.

— — Weiterer Beitrag. gr. 8. Ebend. 853. n. — 2½.

— die Verpachtung van Landgütern mit Guts-Inventarien. Eine Abhandlung über d. Frage: Welche Maßnahmen sind die geeignetsten, um bei pachtweiser Annahme u. Rückgabe van Landgütern den Verlusten u. Streitigkeiten vorzubeugen? Gekrönte Preisschrift. (845.) — 2. Aufl. gr. 8. Altenburg 853. Schnuphase. n. — 10.

Krahmer, L., Handbuch d. gerichtlichen Medizin für Aerzte u. Juristen. (851.) — 2. umgearb. Aufl. gr. 8. Braunschweig 857. Schwetschke u. S. 2. 7½.

Kramer, Ferd., Briefe über Criminalrecht. Nebst e. Anh. über Staat u. Gesellschaft. gr. 8. Dresden 852. Wachsmuth. n. — 15.

·Kränzle, Th. E., die Besteuerung des Einkommens aus Kapitalien, Renten, Dienst u. Beruf für Staats- u. Körperschaftszwecke. Nach den hierüber ergang. Gesetzen, Instruktionen u. d. Normalverfügungen b. k. Steuerkollegiums bearb. gr. 8. Ravensburg 866. Dorn. n. — 20.

Kraufer, Jof., einige Zeilen zur Revision d. Strafgesetzbuches f. d. Kanton Luzern, um bessere Behandlung d. Verbrecher u. gesetzlichen Thierschutz. gr. 8. Luzern 860. Straube. — 5.
Krauss, Aug., der Cretin vor Gerichte. Ludwig Koher von Tühingen wegen Tödtung seiner heiden Eltern u. seiner Schwester verurtheilt. Ein Beitrag zur Kunde d. cretinschen Stumpfsinns f. Gerichtsärzte, Richter u. Psychologen. Nebst e. Anh., betr die Verweisung d. Verbrecher von zweifelhaftem Seelenzustande. gr. 8. Tühingen (Leipzig) 853. Fues. n 1. —
Krauß, Heinr., Repertorium über alle in d. Verordnungsblättern für den Seekreis seit ihrem Bestehen vom J. 1838 bis zum J. 1855 incl. u. in d. Centralverordnungsblättern von 1856—59 erschienenen Verordnungen. 4. Donaueschingen 860. (Albenboven.) n. — 15.
Kraußold, Ed., zur Lehre vom Eid als Beweismittel im Civilproceß. gr. 8. München 857. Kaiser. n. — 24.
Kraußold, Lor., das landesherrliche Summepiscopat nach reformatorisch-lutherischen Grundsätzen. Ein kirchenrechtlicher Versuch. gr. 8. Erlangen 860. Deichert. n. — 10.
Kraut, W. Thr. Grundriß zu Vorlesungen über d. deutsche Privatrecht mit Einschluß b. Lehn- u. Handelsrechts nebst beigefügten Quellen. (830—45.) — 4. verm. Aufl. gr. 8. Göttingen 856 Dieterich n. 2. 20.
— die Vormundschaft nach b Grundsätzen b. deutschen Rechts dargestellt. 3. Bd. gr. 8. Ebend. 859. n. 1. 20.
1. u. 2. Bd. ebend. 835, 47, jetzt nur n 3 Thlr.
Krämer, Rud. v., das allgem. deutsche Handels-Gesetzbuch außer d. 5. Buche vom Seehandel u. d. preuß. Einführungsgesetz nebst d. wesentlichsten Stellen b Vorarbeiten zu beiden Gesetzen u. erläut. Anmkgn. gr. 8. Halle 862. Buchh b. Waisenhauses. 2. 16.
— Bedenken über b. französ. Wesen der für Preußen, Baiern u. von b. Commission in Hannover ausgearb. Entwürfe e. bürgerlichen Prozeßordnung. gr. 8. Leipzig 865. J. A. Barth. — 18.
— Entwurf nebst Gründen zu b. allgem. Theile eines f. ganz Deutschland geltenden Straf-Gesetzbuchs unter besond. Berücksicht. d. geltenden deutschen Straf-Gesetzbücher, sowie b. bayerischen u. lübeck'schen Entwurfe. gr. 8. Halle 862. Buchh. b. Waisenhauses. n. 1. —
— Vorschläge wie durch Beseitigung der Härten d preuß. Strafgesetzbuches der Ueberfüllung b. Zuchthäuser abzuhelfen wäre. gr. 8. Berlin 857. v. Decker. — 15.
Kredit, der, des ländlichen Grundbesitzes u. der landwirthschaftliche Kredit-Verein im Großherzogth. Posen. gr. 8. Posen 860. Merzbach. — 22½.
Kreidemeyer, A., Tabellen zur Berechnung d. Reinerträge [Steuercapitale] b. Grundstücke im Herzogth. Oldenburg. gr. 8. Oldenburg 862. (Schulze.) n. 1. 10.
Kreis-, Bezirks- u. Provinzial-Ordnung f. b. preuß. Staat Vom 11. März 1850. gr. 8. Berlin 850. v. Decker. — 1.
—— Gesetz über die Polizeiverwaltung d d. 11. März 1850 8. Grünberg 850. Levysohn. — 1.
Kreistag, der. Eine Sammlung b. wichtigsten Gesetze u. Verordnungen, deren Kenntniß den Kreistagsmitgliedern u. Allen, die ein Interesse an der Kreis-Verwaltung haben, unerläßlich ist. Zunächst mit Rücksicht auf die Verhältnisse in der Provinz Preußen bearb. 2. unveränd. Aufl. 8. Danzig 866. Kasemann n — 10.
Kreßner, P. M., systemat. Abriß d. Bergrechte in Deutschland mit vorzügl. Rücksicht auf das Kgr. Sachsen. Nebst e. Anh. über d. wichtigsten außerdeutschen Berggesetzgebungen. Zum Gebrauch bei Vorlesungen u. zum Selbststudium. gr. 8 Freiberg 858. (Leipzig, Felix.) n. 2. 10.
— Grundzüge zu e. Charakteristik d. Bergwerkseigenthums oder Darstellung d. Wichtigsten über Wesen, Form, Wirkungen u. Eigenschaften d. regalen Bergbaurechte auf ihren natürlichen u gesetzlichen Grundlagen zum Verständniß ihrer Bedeutung u. ihres Charakters gemeinfaßlich entwickelt. gr. 8. Ebend. 862. n. — 20.
Kreutzer, J. M., Grundriss d. gesammten Veterinärmedizin, mit ausführl. Darstellung aller in sanitäts- u. veterinärpolizeilicher, gerichtlicher, prakt. u.

komparativ-wissenschaftlicher Hinsicht besonders wichtigen Krankheiten. Mit vollständ. Register. gr. 8. Erlangen 852. Palm u. E. n. 5. 2.

Kreutzer, J. M., Lehrbuch d. gerichtlichen Veterinärmedizin. Zum Gebrauch bei Vorlesungen u. zum Selbstunterrichte bearb. 1. Liefg. Lex.-8. Ebend. 854. n. — 24.

— die Reorganisation des Veterinärwesens in Bayern. Eine Denkschrift. gr. 8. Ebend. 853. n. — 8.

— die in Bayern geltenden Gesetze, Statutar- u. Gewohnheitsrechte bezügl. der Viehgewährschaft, mit Einschluss d. einschläg. gesetzl. Bestimmungen d. Nachbarstaaten. gr. 8. Ebend. 854. n. 1. —

Krieg, C. V., das Gesetz wegen Besteuerung d. inländ. Branntweins, Braumalzes, Weines u. d. Tabaksblätter vom 8. Febr. 1819, nebst d. hierauf bezügl. Verordnungen u. Bestimmungen. In alpbabet. Ordnung zusammengestellt. 8. Wesel 853. Bagel. — 15.

— das Stempelgesetz f. d. kgl. preuß. Staaten vom 7. März 1822, mit d. späterhin ergang. gesetzl. Verordnungen u Erläuterungen, u. als Anh. das Gesetz über d. Postwesen vom 5. Juni 1852. 8. Ebend. 853. — 15.

Kries, K. Gust., die englische Armenpflege. Herausg. von K. v. Richthofen. gr. 8. Berlin 863. Herz. n. 2. —

— Vorschläge zur Regelung d. Grundsteuer in Preußen. gr. 8. Ebend. 855. n. — 20.

Kritik des allgem. deutschen Handels-Gesetzbuches in seinen Grundzügen. Red. im Bureau d. Handels- u. Gewerbevereins für Rheinland u. Westphalen. gr. 8. Düsseldorf 863. Schaub. n. — 10.

Kritz, W. Th., das sächsische Strafprocessrecht. Systematisch gearbriet. gr. 8. Leipzig 857. O. Wigand. n. 2. —

— Erinnerungen an d. geheime Inquisitionsverfahren. Strafrechtsfälle aus d. Untersuchungsacten dargestellt. 1. Bdchn. 8. Leipzig 856. Keil. n. — 12.

Kroll, W., über die Beweiswürdigung im Civilprocess. Mit besond. Rücksicht auf d. preußische Recht. gr. 8. Leipzig 862. Hinrichs. n. — 16.

Krones, Frz. Xav., deutsche Geschichts- u. Rechtsquellen aus Oberungarn. gr. 8. Wien 865. Gerold. n. — 6.

Krug, Aug. Otto, zur Verständigung über die Concurrenztheorie d. Strafgesetzbuchs f. d. Kgr. Sachsen. 8. Leipzig 857. Günther. n. — 10.

— über dolus u. culpa insbes. über d. Begriff d. unbestimmten Absicht. gr. 8. Leipzig 854. B. Tauchnitz. — 15.

— die Grundsätze d. Gesetzauslegung, in ihrer Anwendung auf d. neueren deutschen Strafgesetzbücher dargestellt u. an d. k. sächs. Criminalgesetzbuche vom J. 1838 durch Beispiele erläutert. gr. 8. Leipzig 848. Bagel. 1. 21.

— das Internationalrecht der Deutschen. Uebersichtliche Zusammenstellung d. zwischen verschied. deutschen Staaten getroffenen Vereinbarungen über d. Leistung gegenseit. Rechtshülfe, mit Anmerkgn. u. Erläutergn. 4. Ebend. 851. — 24.

— über die legis actiones u. das Centumviralgericht d. Römer. Ein Beitrag zur Rechtsgeschichte. — 2. Aufl. 8. Leipzig 855. Günther. n. — 12.

— die sächsischen Staatsverträge zur Beförderung d. Rechtsverkehrs mit d. Auslande mit pract. Erläuterungen. gr. 8. Ebend. 856. n. — 20.

— Commentar zu d. Strafgesetzbuch f. d. Kgr. Sachsen vom 11. Aug. 1855 u. den damit in Verbindung stehenden Gesetzen. (1855.) — 2. sehr verm. Ausg., auch die Erläuterungsgesetze zum Strafgesetzbuche ıc. umfassend. 2 Abthlgn. gr. 8. Ebend. 861. n. 2, 15.

—— Ergänzungen. 1. Heft b. J. 1862 betr. gr. 8. Leipzig 863. Roßberg. n. — 10.

—— 2. Heft b. J. 1863 betr. gr. 8. Ebend. 864. n. — 10.

— Ideen zu einer gemeinsamen Strafgesetzgebung für Deutschland. gr. 8. Erlangen 857. Eule. n. 1. —

Krug, Aug. Otto, zur Lehre von dem fortgesetzten Verbrechen mit besond. Rücksicht auf Dr. Schwarze's Schrift: Zur Lehre von dem sogen. fortgesetzten Verbrechen. gr. 8. Leipzig 857. Günther. n. — 10.

— die Lehre vom Versuche der Verbrechen. (Abdr. aus d. Rechtslexikon.) gr. 8. Leipzig 854. O. Wigand. n. — 8.

— u. Fr. Oct. **Schwarze**, das Strafgesetzbuch u. die Strafproceßordnung f. d. Kgr. Sachsen, mit Erläuterungen. (855.) — 2. verm. Aufl. gr. 8. Leipzig 856. Günther. n. 1. 16.

> 1. Thl.: Das Strafgesetzbuch, von O. A. Krug. a. 16 Ngr. — 2. Thl.: Die Strafprocessordnung, von F. O. Schwarze. n. 1 Thlr.

— — Nachträge zu d. Strafgesetzbuche vom 13. Aug. 1855 u. zu d. Strafprocessordnung vom 13. Aug. 1855. — Gesetz vom 25. Sept. 1861. 8. Ebend. 861. n. — 4.

Krug, G., über den Schutz d. Fabrik- u. Waarenzeichen nebst d. einschlagenden Gesetzen sämmtlicher deutschen Staaten. 1. u. 2. unveränd. Aufl. gr. 8. Darmstadt 866. Zernin. n. — 10.

Krüger, Paul, processualische Consumtion u. Rechtskraft des Erkenntnisses. gr. 8. Leipzig 864. B. Tauchnitz. 1. —

Kruse, A. T., ein Gutachten über die Frage: „ob u. welche Veränderungen b. bevorstehenden Gewerbsteuer-Gesetzgebung in der That als Bedürfniß anzusehen sein möchten." Mit besond. Rücksicht auf Neu-Vorpommern u. Rügen. gr. 8. Stralsund 853. (Berlin, Schneider u. Co.) n. — 10.

Küchler, Fr. Aug., die gegenwärtige Gemeindeordnung im Großherzogth. Hessen. Systematisch bearb. u. erläut. gr. 8. Darmstadt 859. Jonghaus. n. — 20.

— Handbuch der Lokal-Staatsverwaltung mit Berücksicht. der Kreis- u. Provinzial-Verwaltung im Großherzogth. Hessen. (854.) — 2. Aufl. gr. 8. Heidelberg 866. Emmerling. n. 2. 7½.

— Gesichtspunkte zur Reform d. teutschen Gemeindeordnungen mit vergleich. Beurtheilung d. verschied. Gesetzgebungen, insbes. d. neuesten kgl. preuß. u. d. großherzogl. hessischen Gemeindeordnung. gr. 8. Gießen 851. Ricker. n. — 20.

Kubler, Jos., Erklärung d. 1. Abschn. d. Strafgesetzes über schwere Polizeiübertretungen (Vergehen u. Uebertretungen) mit Rücksicht. d. auf dasselbe sich bezieh. später erlass. Gesetze u. Erläuterungen. (824—841.) — 6. verb., mit d. Gesetzesnachträgen bis zum 15. März 1850 reichende Aufl. gr. 8. Wien 850. Volke. (Leipzig, Kummer.) n. 2. 15.

— die Grundlehren der Volkswirthschaft. 2 Thle. (846.) — 2. Aufl. 8. Wien 856. Gerold. 3. 24.

Kühl, C., zur Erlassung e. neuen Grundsteuerkatasters f. d. Herzogth. Holstein. gr. 8. Kiel 863. Homann. n. — 12.

Kuhlmann, L., Zusammenstellung gültiger Gesetze, Ministerial- u. Oberpräsidial-Bestimmungen, sowie Regierungs-Verordnungen u. Verfügungen. Wegweiser zum Auffinden d. für d. Polizei- u. Verwaltungs-Fach bestehenden gesetzl. Bestimmungen im Regierungsbez. Arnsberg. 8. Halle 859. (Bielefeld, Velhagen u. K.) n. 1. —

> Auch in Ausgaben f. d. Reg.-Bez. Minden u. f. d. Reg.-Bez. Münster zu gleichem Preise.

Kuhn, Em., die städtische u. bürgerliche Verfassung d. römischen Reichs bis auf die Zeiten Justinians. 2 Thle. gr. 8. Leipzig 864, 65. Teubner. 4. 18.

Kuhn, J. J., Gesinde Ordnungen f. d. preußischen Staaten. Nach d. positiven Gesetzen u. legislator. Quellen, unter Anführung d. ergänz. u. erläut. Gesetze, Verordnungen ꝛc. Verm. u. verb. von Adf. Franz. (1—5. Aufl. 827—855.) — 6. verm. Ausg. mit e. vollständ. alphabet. Sachregister. 8. Quedlinburg 862. Basse. n. — 10.

— Anleitung zur außergerichtlichen Abfassung rechtsgültiger Testamente u. Kodizille, unter Bezugnahme auf d. preußische Erbrecht. Nach d. gegenwärt. Stande d. Gesetzgebung revid. von Ad. Franz. (842—852.) — 3. verm. Ausg. 8. Ebend. 856. 15.

Kühne, F. A., der preußische Haus- u. Geschäfts-Advocat oder der unentbehrl. Rathgeber für die im täglichen, bürgerlichen, geschäftlichen u. gerichtlichen Verkehre vorkomm. Prozeß- u. Rechts-Angelegenheiten. (862. 863.) — 3. verb. u. verm. Aufl. 8. Mülheim 866. Bagel. — 20.

Kühne, J. Ch., Rückblick auf die Wirksamkeit u. Erfahrungen der Strafanstalt St. Jakob bei St. Gallen in d. ersten 25 Jahren ihres Bestandes, zugleich ein Votum über fortgesetzte Entwicklung des Pönitentiarwesens im Kanton St. Gallen u. weiterhin. Neue durchges. Aufl. gr. 8. St. Gallen 866. Huber u. Co. — 24.

Kühns, Frdr. Jul., die Bedeutung des Wechsels für den Geschäftsverkehr. 8. Berlin 866. Lüderitz. n. — 7½.

— Geschichte d. Gerichtsverfassung u. d. Prozesses in d. Mark Brandenburg vom 10. bis zum Ablauf d. 15. Jahrh. 1. Bd. gr. 8. Berlin 865. Stilke u. v. Muyden. n. 2. —

— Gesetzentwurf d. deutschen Kunstgenossenschaft betr. d. Recht d. Urhebers an Werken d. bildenden Künste nebst e. rechtfertigenden Denkschrift. gr. 8. Berlin 864. Schroeder. n. — 10.

— der Rechtsschutz an Werken d. bildenden Künste. Eine Denkschrift im Namen d. deutschen Kunstgenossenschaft. 8. Berlin 861. Guttentag. n. — 10.

Kukuljevich v. Baffányi u. Sacci, Grj., alphabet. Register u. Nachschlagebuch zur provisor. Civilprozeß-Ordnung f. Ungarn, Croatien, Slavonien, d. serbischen Woiwodschaft u. d. Temeser Banat vom 16. Sept. 1852, u. f. Siebenbürgen vom 3. Mai 1852. gr. 8. Pest 853. Geibel. — 7½.

Kultur-Gesetze Bayerns, die, unter d. Regier. d. Königs Maximilian II. gr. 8. München 862. Fleischmann. n. — 18.

Kummer, J. G. F., übersichtliche Zusammenstellung der die öffentliche Armenpflege betr. Gesetze, Verordnungen u. Ministerialrescripte. 8. Tilsit 857. (Königsberg, Gräfe u. U.) — 15.

Kümpel, Frdr. Chr., öffentliches Recht d. Herzogth. Sachsen-Meiningen. 1. Thl. gr. 8. Meiningen 864. Brückner u. R. n. — 12¼.

Kuntze, Joh. Em., die Lehre von den Inhaberpapieren oder Obligationen au porteur, rechtsgeschichtlich, dogmatisch u. mit Berücksicht. d. deutschen Partikularrechte dargestellt. gr. 8. Leipzig 857. Hinrichs. 3. 25.

— das jus respondendi in unserer Zeit. Ideen über die moderne Rechtsfortbildung. gr. 8. Ebend. 858. n. — 7½.

— die Obligation u. Singularsuccession d. röm. u. heutigen Rechtes. Eine civilist. Studie. gr. 8. Leipzig 856. Mendelssohn. n. 2. —

— deutsches Wechselrecht auf Grundlage d. Allgem. deutschen Wechselordnung u. d. Nürnberger Novellen. gr. 8. Leipzig 862. Hinrichs. n. 1. 26.

Inhalt: I. Wechselordnung nebst Novellen. — II. Grundzüge d. Wechselrechts. — III. Epkurse über Geschichte, Gesetzgebung u. Theorie d. Wechselrechts.

— der Wendepunkt b. Rechtswissenschaft; ein Beitrag zur Orientirung über d. gegenwärt. Stand- u. Zielpunkt derselben. gr. 8. Ebend. 856. — 15.

Kunz, C. Jos., die österreich. Stämpel-Gesetze vom 9. Febr., 2. Aug. u. 6. Sept. 1860. Vollständ. alphabet. Darstellung d. Gebühren von Rechtsgeschäften, Urkunden rc. aller Kronländer d. österreich. Kaiserstaates. Mit Rücksicht auf die nach b. Gesetze vom 27. Jänner 1840 tarpflichtigen Gegenständen. gr. 8. Wien 851. Tendler u. Co. (Gerolb.) — 15.

— alphabet. Handbuch d. Vergehen, Verbrechen u. Uebertretungen u. deren Strafen nach d. österreich. Strafgesetze vom 27. Mai 1852. gr. 8. Wien 852. Hügel. n. — 20.

Kunze, Carl Ferd., der Kindermord. Historisch u. kritisch dargestellt. gr. 8. Leipzig 860. Welt u. Co. n. 1. 20.

Kurella, Gust., Betrachtungen über d. rechtlichen u. socialen Verhältnisse Minderjähriger u. Unselbständiger. gr. 8. Berlin 864. J. Springer. — 6.

Kurlbaum, F., die preußische allgem. Hypotheken-Ordnung vom 20. Dezbr. 1783. Unter Weglassung d. obsoleten oder aufgehobenen Vorschriften u. Einschaltung d. noch geltenden ergänz. u. erläut. Gesetze u. Bestimmungen, namentlich d. Gesetzes vom 24. Mai 1853. Nebst d. Instruktion vom 3. Aug. 1853 u. Mittheilungen aus d. Motiven u. Vorarbeiten d. Kammern. 8. Berlin 853. Hempel. n. — 22½.

Kurz, Alb., Rechtsfreund für d. Kanton Bern, e. populäres Lehrbuch d. bernischen Privatrechts, mit Formularien. (842.) — 2. umgearb. Aufl. gr. 8. Bern 858. (Zürich, Schultheß.)
n. 1. 6.

Küßner, Herm., das preußische Schwurgericht. Eine prakt. Anleitung für Geschworne. 8. Königsberg 850. Gräfe u. U. — 6.

Küster, A., das Jagdrecht der Provinz Pommern mit Ausschluß von Neu-Vor-Pommern u. Rügen. Mit e. alphabet. Wortregister. gr. 8. Stettin 861. Nagel.
n. — 10.

Kutter, Carl, kurzgefaßte gerichtlich-medicinische Darstellung d. häufigsten zur Aburtheilung kommenden Criminalfälle. Zum Gebrauch bei schwurgerichtl. Verhandlungen, insbef. für Juristen (Vertheidiger) u. Geschworne unter Mitarbeitung e. prakt. Arztes herausg. gr. 8. Stuttgart 860. Männler. (Kröner.) — 7½.

Kutschker, Joh., das Eherecht d. kathol. Kirche nach seiner Theorie u. Praxis. Mit besond. Berücksicht. d. in Oesterreich zu Recht bestehenden Gesetze. 5 Bde. gr. 8. Wien 856, 57. Braumüller. n. 14. —

— die Lehre vom Schadenersatze oder von d. Restitution, nach d. Vorgange d. Theologen mit Rückblick auf d. kirchliche u. staatliche Gesetzgebung. gr. 8. Olmütz 851. Neugebauer. (Große.) 2. 7½.

Laband, Paul, jura Prutenorum saec. XIV condita nunc primum e libris manuscr. 4. Königsberg 866. (Koch.) — 7½.

— das Magdeburg-Breslauer systematische Schöffenrecht aus d. Mitte d. 14. Jahrh. gr. 8. Berlin 863. Dümmler's Verlhdlg. n. 1. 25.

— Beiträge zur Kunde des Schwabenspiegels. gr. 8. Ebend. 861. n. — 15.

Labenburg, die Anweisung u. der gezogene Wechsel. gr. 8. Mannheim 858. Bensheimer. n. — 20.

Lahr, W. A., der Advocat, oder verständlicher Rathgeber für Jedermann, seine gerichtl. Angelegenheiten ohne einen Anwalt selbst besorgen zu können. Nach d. neuen revid. Proceßordnung u. d. neuesten Gesetz über die Militärgerichtsbarkeit bearb. 12. Donaueschingen 855. (Albenhoven.) n. — 16.

Lafner, Frz., prakt. Handbuch d. neuen österreich. Gewerbeordnung. Enth. d. vollständ. Text d. Gesetzes vom 20. Decbr. 1859. nebst e. ausführlichen u. gemeinfaßlichen Erläuterung aller einzelnen Paragraphe 2c. 8. Wien 860. Sommer. n. — 10.

Lafner, M., über die Abfassung von Testamenten, sowie über das Erbrecht u. die Erbschaftsangelegenheiten. Ein prakt. Leitfaden zur rechtsgiltigen u. gesetzmäß. Selbstverfassung aller darauf bezügl. schriftlichen Aufsätze, sowie zur Selbstvertretung in Erbfällen 2c. (852. 853.) — 3. umgearb. Aufl. gr. 8. Wien 856. Manz. — 18.

— die gesetzlichen Vorschriften für Miether u. Vermiether, s. Pachtungen u. Wohnungsaufkündigungen, dann die Verordnung über d. Dienstbotenwesen, sowie d. Lohnvertrag überhaupt. 8. Ebend. 853. n. — 10.

Lamb, Joh., über die Rechtsvertretung des Landvolkes im Civilprozeßpatrimonialgerichte u. etwas über d. inquisitor. Strafprozeß. gr. 8. Prag 848. (Credner.)
n. — 6.

Lambert, E. M., das Hallische Patriciat. Ein Beitrag zur Geschichte d. deutschen Städteverfassungen des Mittelalters. gr. 8. Halle 866. Buchh. d. Waisenhauses. n. — 15.

— die Entwickelung d. deutschen Städte-Verfassungen im Mittelalter. Aus d. Quellen dargelegt. 2 Bde. gr. 8. Ebend. 865. 2. 15.

Lammfromm, Jul., das kgl. württemberg. Gesetz vom 6. Mai 1852, betr. die Einführung e. kürzeren Verjährungsfrist für gewisse Forderungen. Im Zusammenh. mit d. bisher. Rechte gemeinfaßlich erläutert. Mit ausführl. Sachregister. gr. 8. Stuttgart 855. Mezler. — 10.

Landau, Geo., das Salgut. Ein Beitrag zur deutschen Rechts- u. Verfassungs-Geschichte. gr. 8. Cassel 862. Fischer. 1. 10.

Landbuch — Landrecht.   135

Landbuch, das, von Schwyz in amtlich beglaubigtem Text. Herausg. von M. Ro-
thing. Mit e. Vorw. von Bluntschli. gr. 8. Zürich 850. Beyel. (Frauenfeld, Huber.)   n. 1. 10.
Landes-Gesetze für d. Kgr. Böhmen. Taschen-Ausg. Nr. 1—9. 8. Prag 864—66.
Mercy.   — 20½.
  1. Gemeindeordnung u. Gemeinde-Wahlordnung vom 16. Apr. 1864 5 Ngr.
  2. Bauordnung vom 11. Mai 1864. 4 Ngr.
  3. 4 Gesetz über die Bezirksvertretung vom 25. Juli 1864. 5 Ngr.
  5 Gesetz vom 6. Aug. 1864 betr. die Organisirung d. aus den Contributionsgetreide- u. Ge-
     treidegeldfonden zu bild. Vorschußcassen. 2½ Ngr.
  6. Statut d. Hypothekenbank für d. Kgr. Böhmen. 5 Ngr.
  7. Gesetz über d. Schul-Patronat 2c. vom 13. Sept. 1864. 2½ Ngr.
  8. Gesetz vom 12. Aug. 1864 betr. die Vertheilung d. Leistungen 2c. bei öffentl. nicht ärarischen
     Straßen. 2½ Ngr.
  9. Dienstbotenordnung vom 7. April 1866. Mit Register. 3 Ngr.
— niederösterreichische. 1—3. Bdchn 8. Wien 864—67. Manz.
                                                         à Bdchn. n. — 10.
— siebenbürgische Nr. 1—6. 8 Hermannstadt 861, 62. Steinhaussen.   2. —
  Nr. 1. Sammlung aller vom 3. 1795 bis zum 3. 1805 für die sächs. Nation in Siebenbürgen
     erlaff Regulations-Vorschriften 5 Ngr.
  Nr. 2. Das Leopoldinische Diplom vom 4. Dezbr. 1691, die Landtagsartikel vom 3. 1791 nebst
     d. Artikel 3. 1744 mit d. pragmat. Sanction. 10 Ngr.
  Nr. 3. Beschlüsse d. sächs. National-Universität 1861 in Justizsachen. 4 Ngr.
  Nr. 4 Siebenbürgische Landtags-Artikel vom 3. 1848. Nebst e. Anh. 6 Ngr.
  Nr. 5. Die wichtigsten Verfassungsgesetze d. Großfürstenth. Siebenbürgen von altersher bis
     in die Neuzeit, ins Deutsche übers. u. mit erläut. Noten. 20 Ngr.
  Nr. 6. Merkwürd. Municipal-Constitutionen d. Siebenbürger Sachsen u. Sachsen. Zusammen-
     gestellt 2c. von Fr. Schuler v. Libloy 15 Ngr.
Landes-Oeconomie-Gesetzgebung d. Kgr. Hannover. (846—857.) — 4. vervollständ.
Aufl. gr. 8. Hannover 864. Helwing.   — 27.
Landesverfassungsgesetz f. d. Herzogth. Anhalt-Bernburg. Vom 28. Febr. 1850.
  4. Bernburg 850. Gröning.   n. — 4.
— f. d. Kgr. Hannover vom 6. Aug. 1840 mit d. durch d. Gesetz vom 5. Sept. 1848
verkünd. Aenderungen. gr. 8. Hannover 848. Helwing.   — 5.
Landes-Verordnungen, die, u. die Vorschriften zum Polizei-Strafgesetz-Buche
von 1861 für Oberbayern u. die Haupt- u. Residenzstadt München. Mit e. Sachregister. gr. 8. München 867. Kaiser.   n. — 28.
Landgemeindeordnung, die, f. d. Kgr. Sachsen. Mit Erläuterungen unter Berücksicht. d. neueren Gesetzgebung u. d. Entscheidungen d. obersten Behörden. Nebst d. Gesetz vom 12. Juli 1864, die Wahlen in d. Landgemeinden betr. 1. u. 2. Aufl. 8.
Leipzig 864 Roßberg.   n. — 10.
— für d. Fürstenth. Schwarzburg-Sondershausen. gr. 8. Sondershausen 858.
Eupel.   — 5.
— für die Provinz Westphalen vom 19. März 1856. 1. u. 2. mit Instruction vom
9. Mai 1856 verm. Aufl. 8. Arnsberg 856. Ritter.   — 2½.
———   8. Berlin 856. v. Decker.   — 2½.
Landrecht f. d. Großherzogth. Baden mit d. beiden Einführungs-Edikten. Unter Hinweis. auf die bad. Landrecht ergänz. u. abändernben Gesetze u. Verordnungen. 8.
Mannheim 865. Bensheimer.   — 24.
———   nebst Handelsgesetzen. Amtliche Ausg. Mit Verweisungen auf alle d.
Landrecht betr. Gesetze u. Verordnungen, u. mit e. vollständ. Abdr. d. Gesetze, welche
dasselbe abändern oder ergänzen. gr. 8. Karlsruhe 854. Müller.   n. 2. —
— das bayerische, für d. Bürger u. Landmann. Mit d. Grundzügen d. Verfassungs-
urkunde d. Kgr. Bayern u. e. Anh.: das Statutarrecht von München. Leichtfaßlich erklärt von e. prakt. Juristen. gr. 8. München 857. Lentner.   — 22½.
— ostfriesisches. Als 2. Anh. zum preuß. Landrechte f. d. Landdrosteibezirk Aurich.
(Herausg. von Geo. Eberh. Schnedermann.) 3 Bde. gr. 8. Osnabrück 852.
(Leer, Bock)   n. 3. —

Landrecht, allgemeines, für die preußischen Staaten. 4 Bde. (Neuer Abdr.) gr. 8. Berlin 862, 63. Rauck u. Co. n. 3. 20;
auf Schreibpapier n. 4. 20.
— — Mit Anmerkungen u. e. ergänz. Nachtrage, im Auftrage b. Justizministers ꝛc. herausg. von Schering. 2 Abthlgn. gr. 8. Ebend. 862, 63. n. 8. —
Inhalt: 1. Abth.: Text d allgem. Landrechts. 4 Bde. einzeln a. 3 Thlr. 20 Sgr. — 2. Abth.: Nachtrag zum allgem. Landrecht, enth. sämmtliche Gesetze, Verordnungen u. kgl. Erlasse, welche sich auf d. allgem. Landrecht beziehen, von der Constitutio Joachimica bis auf die neueste Zeit, mit Auszügen. 2 Bde. einzeln a. 5 Thlr 10 Sgr.
— — f. Koch, C. F.
— das sächsische, nach d. Quedlinburger Pergamenthandschrift herausg. von O. Göschen. gr. 8. Halle 853. Pfeffer. n. — 12.
Landsbuch des Kantons Glarus. 3 Thle. gr. 8. Glarus 861. (Zürich, Meyer u. Z.) n. 3. —
Landschreiber, K. W., die sächsische Kirchenverfassungsfrage vom theolog.-polit.-rechtlichen u. histor. Standpunkte. gr. 8. Leipzig 856. Reclam sen. — 9.
Landtag, der erste preußische Vereinigte. Vollständ. Abdruck b. auf den Landtag bezügl. Gesetze ꝛc., sowie b. Verhandlungen seiner Kurien. 2 Abthlgn. gr. 4. Berlin 847, 48. Hayn. n. 6. —
Lang, Jos., der Eid nach russischem Rechte. gr. 8. Dorpat 849. (Glaeser.) n. — 15.
Lang, J. J., der Entwurf e. bürgerlichen Gesetzbuchs f. d. Kgr. Bayern mit Berücksicht. d. hessischen u. sächsischen Entwurfs. Kritisch beleuchtet. 2 Hefte. gr. 8. München 861, 62. Liter.-artist. Anstalt. n. 1. 24.
1. Heft: Das Hauptstück von den Rechtsgeschäften. n. 24 Sgr. — 2. Heft: Das Recht b. Schuldverhältnisse. n. 1 Thlr.
— Beiträge zur Hermeneutik d. römischen Rechts. gr. 8. Stuttgart 857. Cotta. n. 1. 18.
Lange, Frd. Alb., J. St. Mill's Ansichten über die sociale Frage u. die angebliche Umwälzung b. Socialwissenschaft durch Carey. gr. 8. Duisburg 866. Falk u. Lange. 1. —
Lange, Ludw., über die transitio ad plebem. Ein Beitrag zum römischen Gentilrecht u. zu d. Scheingeschäften d. röm. Rechts. 4. Leipzig 864. Teubner. — 18.
Lange, M., Kritik d. Grundbegriffe vom geistigen Eigenthum. Auf Grundlage d. Einleitung zum Gesetze vom 11. Juni 1837 u. mit besond. Rücksicht auf die preussische Gesetzgebung überhaupt. 8. Schönebeck 858. Berger. n. — 15.
Langenbeck, J. E. W., dissert. inaug. juridica de notoriis, natura eorum et auctoritate in processu civili. gr. 8. Göttingen 856. (Vandenhoeck u. R.) n. — 6.
— de principiis juris peregrini, quomodo probentur coram judice patriae in causis civilibus observationes. gr. 8. Jena 857. (Doebereiner.) n. — 10.
Langenbeck, Max., über die Wirksamkeit d. medicin. Polizei. gr. 8. Göttingen 848. Vandenhoeck u. R. — 5.
Langenbeck, Wilh., die Beweisführung in bürgerlichen Rechtsstreitigkeiten. Theoret.-prakt. Handbuch. 3 Abthlgn. gr. 8. Leipzig 858—61. Engelmann. 4. 22½.
— Rechtsfälle für die Civilproceß-Praxis. Zum academ. Gebrauch zusammengestellt. gr. 8. Jena 863. Doebereiner. n. 1, 10.
Langer, C. Edm., die Ahnen- u. Adelsprobe, die Erwerbung, Bestätigung u. der Verlust d. Adelsrechte in Oesterreich. gr. 8. Wien 862. Manz. n. 2. —
Lanz, W., Präjudicien u. Noten zum preußischen Strafrecht u. Strafverfahren. Zusammengestellt ꝛc. gr. 8. Naumburg 856. (Lauerschmidt). n. 1. 15.
Lappenberg, J. M., Archivalbericht über b. Ursprung u. b. Bestehen b. Realgewerberechte in Hamburg 1861. gr. 4. Hamburg 862. J. A. Meißner. — 28.
Lassalle, Ferd., das System d. erworbenen Rechte. Eine Versöhnung d. positiven Rechts u. d. Rechtsphilosophie. 2 Thle. gr. 8. Leipzig 861. Brockhaus. n. 5. —
— über Verfassungswesen. Ein Vortrag. gr. 8. Berlin 862. Jansen. —. 6.

Laube, H., das erste deutsche Parlament. 3 Bde. 8. Leipzig 849. Weidmann. 5. —
Lautenschlager, C., das Wichtigste von den bürgerlichen Rechtsverhältnissen der Württemberger, namentlich von Verträgen, Wechseln, vom Executions- u. Santwesen ꝛc. in alphabet. Ordnung dargestellt. gr. 8. Stuttgart 858. Metzler. n. — 15.
Lauter, Wilh., das Ahnenregister oder neue Methode zur Berechnung d. Verwandtschaftsgrade. Für Theologen u. Juristen nach e. von S. Rack hinterlass. Handschrift bearb. gr. 8. Ravensburg 855. Dorn. — 9.
Lavergne-Peguilhen, M. v., Schleswig-Holstein. Socialpolitische Studien. (863.) — (Neue Ausg.) gr. 8. Berlin 866. F. Schulze. n 1. —
Laymann, F. W., allgemeine deutsche Wechselordnung nebst Kommentar in Anmerkungen. gr. 8. Arnsberg 864. Grote. n. — 10.
Lazarus, Wilh., über das See-Versicherungsrecht auf Grundlage d. allgem. Handelsgesetzbuches. gr. 8. Düsseldorf 861. Schaub. n. — 8.
Lebret, A., über die Militär-Gerichts-Verfassung in Württemberg, nebst d. preuss. u. grossherzogl. hessischen Militär-Strafprozess. gr. 8. Stuttgart 848. Reff. — 18½.
— die Strafrechtspflege d. Gerichte d. Kgr. Württemberg bearb. auf die Grundlage d. neuesten Strafgesetzgebung ꝛc. 2. Bd. gr. 8. Stuttgart 854. E. Hallberger. n. 3. 10.
1. Bd. ist bisher nicht erschienen.

Lehmann, C., die Armenverwaltung mit besond. Rücksicht auf die im Bezirks-Armenvereine Taucha u. im dortigen Bezirks-Armen- u. Arbeitshause getroffenen Einrichtungen. gr. 8. Leipzig 862. Hinrichs. n. — 16.
Lehmann, Gust., zur Frage d. sächsischen Armenwesens. Die Gründung einer Amtslandschaft. gr. 8. Dresden 858. am Ende. n. — 16.
— der Rothstand des Schädenprocesses u. d. Entwurf d. kgl. sächs. Civilprocessordnung. gr. 8. Leipzig 865. Günther. n. — 12.
Lehre, die, von den Handelsgesellschaften. Nach österreich. Rechte. Von M. W. 8. Wien 852. Sollinger. — 24.
Lehzen, W., Hannovers Staatshaushalt. 2 Thle. gr. 8. Hannover 853—56. Hahn. . 5. 5.
1. Thl.: Die Einnahmen. 2 Thlr. — 2. Thl.: Die Ausgaben. 3 Thlr. 5 Ngr.

Leist, B. W., die bonorum possessio. Ihre geschichtliche Entwicklung u. heutige Geltung. 2. Bd. gr. 8. Göttingen 848. Vandenhoeck u. R. 3. 15.
1. Bd.: Ebend. 844. 1 Thlr. 15 Ngr.

— civilistische Studien auf d. Gebiete dogmatischer Analyse. 3 Hefte. gr. 8. Jena 854—59. Frommann. 4. 15.
1. Heft: Ueber die dogmat. Analyse römischer Rechtsinstitute. 1 Thlr.
2. Thl.: Das erlaubte ungerufene Eingreifen in fremde Vermögensangelegenheiten. [Impensen, act. de in rem verso, negot. gestio.] 1 Thlr. 16 Ngr.
3. Thl.: Ueber die Natur d. Eigenthums. 2 Thlr.

— observationes ad Fr. 76. § 1. D. de acquirenda vel omittenda hereditate. 4. Ebend. 853. — 5.
— Mancipation u. Eigenthumstradition. gr. 8. Ebend. 865. 2. —
— naturalis ratio u. Natur der Sache. Ein Nachtrag zu der Schrift „Ueber die Natur des Eigenthums". gr. 8. Ebend. 860. n. — 10.
— Versuch e. Geschichte d. römischen Rechtssysteme. gr. 8. Rostock 850. Stiller. — 17½.

Leist, R., der Rathgeber beim Verhalten vor Gericht für Nichtjuristen, namentlich f. d. Bürger u. Landmann, mit e. Einleit. u. e. alphabet. Register. — 2.|mit einem Wörterbuch verm. Ausg. gr. 8. Göttingen 854. Dieterich. n. — 10.
Hieraus abgedruckt:
— Wörterbuch oder Erklärung d. in d. bürgerlichen Processordnung vom 8. Novbr. 1850 vorkomm. fremden u. weniger bekannten Wörter ꝛc. gr. 8. Ebend. 854. n. — 2½.
— Repertorium zu d. bürgerlichen Prozessordnung f. d. Kgr. Hannover vom 8. Nov. 1850, in alphabet. Ordnung. gr. 8. Ebend. 852. n. — 20.

Leitholdt, der Eintritt in d. preußischen Justiz-Subalterndienst als Civil-Supernumerar. Dargestellt nach d. a. h. Ordre vom 19. Nov. 1849 u. d. allgem. Ministerialverfüg. vom 26. Nov. 1849 u. 14. Nov. 1852. 8. Halle 855. Lippert.

Letisch, Ant., die staatswirthschaftliche Production u. die internationale Handels-Politik. gr. 8. Wien 862. Sintenis. n. — 20.

Lenthe, E. L. v., kirchenrechtliche Mittheilungen aus d. Fürstenth. Lüneburg 1—7. Heft. gr. 8. Celle 859—64. Capaun-Karlowa. n. 2. 18.

1—6: à n. 12 Ngr ; 7.: n. 6 Ngr.

— die landschaftlichen Präsentationsrechte zum kgl. Ober-Appell.-Gerichte zu Celle. gr. 8. Ebend. 859. n. — 20.

— das Recht in d. provinziallandschaftlichen Frage mit besond. Beziehung auf die provinziallandschaftl. Verhältnisse d. Herzogth. Bremen u. Verden. gr. 8. Hannover 851. Helwing. — 11¼.

—— —— Fernerer Beitrag. gr. 8. Ebend. 852. n. — 15.

Lentzen, Joh. Heinr., das canonische Gerichtsverfahren u. Strafrecht, von Nic. München, beurtheilt u. gerechtfertigt gegen die Angriffe des Prof. Dr. Joh. Fr. Schulte in d. Bonner theolog. Literaturblatt. gr. 8. Köln 866. Schwann. — 5.

Lenz, Gust., über die geschichtliche Entstehung des Rechts. Eine Kritik d. histor. Schule. gr. 8. Greifswald 854. Koch. n. 1. 15.

— das Recht des Besitzes u. seine Grundlagen. Zur Einleitung in die Wissenschaft d. röm. Rechts. gr. 8. Berlin 860. G. Reimer. n. 1. 10.

Leo, H. A., der preußische Bagatellprozeß, oder: Prakt. Anleitung zur Anfertigung von Klagen u. Erkenntnissen, zum Instruiren u. Dekretiren im Bagatellverfahren erster Instanz. In Aktenform dargestellt u. mit erläut. Noten u. e. vollständ. Inhaltsverzeichnisse versehen. gr. 8. Königsberg 859. Theile. — 12.

Leonhardt, Adph., Amtsgerichtsordnung f. bürgerl. Rechtsstreitigkeiten. Auf Grundlage d. allgem. bürgerl. Proceßordnung vom 8. Nov. 1850 bearb. u. erläutert. gr. 8. Hannover 852. Helwing. n. 1. 15.

— die Lehre von der Berufung. Eine civilproceßrechtliche Abhandlung. gr. 8. Hannover 855. Rümpler. n. — 20.

— zur Reform d. Civilprocesses in Deutschland. gr. 8. Hannover 865. Helwing. n. — 28.

—— 2. Beitrag. gr. 8. Ebend. 865. 1. 6

— das Civilproceßverfahren des Kgr. Hannover. Ein Beitrag zur deutschen Civilproceßgesetzgebung. unter Benutz. d. Acten d. kgl. hannoverschen Justizministeriums bearb. gr. 8. Ebend. 861. n. — 28.

— Commentar über d. Criminalgesetzbuch f. d. Kgr. Hannover. 2. Bd. gr. 8. Ebend. 851. n. 2. —

1. Bd. Ebend. 846. a. 2 Thlr.

— die Errichtung von Handelsgerichten im Kgr. Hannover. gr. 8. Ebend. 865. — 7½.

— die Justizgesetzgebung d. Kgr. Hannover. Unter besond. Berücksicht. d. Regierungs- u. ständischen Motive zum pract. Gebrauche herausg. 3 Bde. gr. 8. Ebend.

1. Bd.: Die Strafproceßordnung u. deren Nebengesetze. (851. 853.) — 3. Aufl. 859. n 2. —

2. Bd.: Die bürgerliche Proceßordnung u. deren Nebengesetze. (851—60.) — 4. Aufl. 867. n. 3. —

3. Bd.: Das Criminalgesetzbuch u. dessen Nebengesetze. (852. 853.) — 3. Aufl. 860. n. 1. 20.

— Betrachtungen über die Hannoversche Justizverwaltung mit Rücksicht auf die Vereinigung d. Kgr. Hannover mit der preuß. Monarchie. gr. 8. Hannover 866. Rümpler. n. — 10.

v. Lepel, der großherzogl. hessische Staatsrath, seine Organisation, Competenz, Procedur u. Rechtsprechung. (Supplem. zu Eigenbrodt's „das Verhältniß d. Gerichte zur Verwaltung" ꝛc. 1840.) gr. 8. Darmstadt 856. Jonghaus. n. 1. 6.

Lerchenfeld, Gust. v., die altbairischen landständ. Freibriefe mit den Landesfreiheitserklärungen. Nach den officiellen Druckausgaben mit geschichtl. Einleitung u. kurzem Wörterverzeichnisse herausg. gr. 8 München 853. Kaiser. n. 3. 15.

Lesky, Wilh., die Wechselgesetzgebung d. Kgr. Sachsen nebst d. Novellen von 1864. Mit Verweisungen auf die bezügl. Entscheidungen d. k. s. Oberappell.-Gerichts u. e. ausführlichen Sach- u. Wortregister herausg. 8. Leipzig 864. Roßberg. — 7½.

Lesse, Th., kurze Erörterungen über den Akkord im kaufmännischen Konkurse nach d. Konkursordnung vom 8. Mai 1855. gr. 8. Thorn 861. Lambeck. n. — 8.

Lette, Adph., die Gesetzgebung über Benutzung d. Privatflüsse zur Bewässerung d. Grundstücke. gr. 8. Berlin 850. Wiegandt. — 15.

— die Vertheilung des Grundeigenthums im Zusammenhange mit d. Geschichte, d. Gesetzgebung u. d. Volkszuständen. gr. 8. Berlin 858. F. Duncker. n. 1. 15.

— über die Verfassungszustände in Preußen. gr. 8. Ebend. 857. n. — 20.

— u. L. v. Rönne, die Landeskultur-Gesetzgebung d. preuß. Staates. s. Rönne, L. v., die Verfassung &c. d. preuß. Staates &c. 7. Thl.

Leuchs, J. C., Einführungs-Schutz. Entwurf u. Begründung e. Gesetzes zum Schutze d. Erfindungen f. d. deutschen Staaten. Mit 147 Belegen aus d. Erfindungsgeschichte. gr. 8. Nürnberg 862. Leuchs — 9.

— die Staatsschulden. [Abgrund, an welchem die Völker Europa's stehen], getilgt ohne Belästigung d. Völker u. zum großen Vortheil d. Regierungen. gr. 8. Ebend. 860. — 9.

Leue, Fr. Chr., über Censur u. Redefreiheit. gr. 8. Aachen 848. Mayer. n. — 12.

— Ideen zu einer Gerichts- u. Prozeßordnung für Deutschland. gr. 8. Leipzig 861. C. H. Mayer. — 22½.

— motivirter Entwurf zu einer Kriminalprozeß-Ordnung mit Vergleich. d. Gerichtsverfassung in England, Frankreich u. Preußen. gr. 8. Aachen 850. Mayer. 1. 15.

Leuenberger, Vorlesungen über das Bernische Privatrecht. 2 Bde. gr. 8. Bern 851. 54. (Blom.) n. 8. 20.

Leuenmord, der, in Luzern. (Abdr. aus „d. neue Pitaval.") 8. Leipzig 848. Brockhaus. n. — 20.

Levita, C., das Recht der Nothwehr. Eine strafrechtliche Abhandlung. gr. 8. Giessen 856. Ricker. n. 1. 20.

— die Volksvertretung in ihrer organischen Zusammensetzung im repräsentativen Staate d. Gegenwart. gr. 8. Leipzig 850. (Literar. Institut.) 1. 18.

Levita, Jul., der Proceß Doineau. Krit. Darstellung d. vor d. Assisenhofe zu Oran gegen d. Capitän Doineau u. 18 Angeklagte verhandelten Criminalprocesses wegen d. Mordes e. arabischen Häuptlings, des Agah Ben Abdallah, u. des vor d. Cassationshofe zu Paris erhobenen Rekurses. Nebst e. kurzen geschichtl. u. dogmat. Einleitung in die französ. Strafgesetzgebung in d. Kolonie Algier u. über die Institution d. sog. bureaux arabes. gr. 8. Erlangen 857. Enke. n. — 12.

Lewald, Heinr., die Geschworenen-Gerichte, eine Schattenseite unserer Justiz. gr. 8. Berlin 856. Bernhardt u. Co. n. — 7½.

Lewis, Will., die Succession der Erben in die Obligationen d. Erblassers nach deutschem Recht. gr. 8. Berlin 864. Weidmann. n. 1. 10.

Lex Saxonum. Herausg. von Johs. Merkel. 4. Berlin 853. Hertz. — 8.

— **Stephani Dušani**. Edid. Fr. Miklosich. Fasc. I. Textum cont. gr. 8. Wien 856. Beck. n. — 20.

— **romana Visigothorum**. Ad LXXVI libr. mss. fidem recogn., VII ejus antiquis epitomis, qua praeter duas adhuc ineditae sunt, titulorum explanatione auxit, adnotat., appendicibus, prolegom. instr. Gust. Haenel. Editio post Sichardum prima. gr. 4. Leipzig 849. Teubner. n. 12. —

Libitl, Eman., Handbuch d. in d. österreich. Monarchie bestehenden Targesetze. Nebst b. Instruction über die kassenmäßige Behandlung d. Waisen-, Curanden- u. Depositen-Vermögens. gr. 8. Wien 860. Braumüller. n. 1. —

Lichtenberg, C., zur Beurtheilung des Rechtspunktes in d. provinziallandschaftlichen Frage d. Kgr. Hannover. gr. 8. Hannover 851. Helwing. — 12½.

v. **Lieberherr**, Andeutungen über die Reform d. mecklenburg. Rechtes. gr. 8. Schwerin 850. Stiller. n. — 5.

Lieber, Frz., über bürgerliche Freiheit u. Selbstverwaltung. Nach d. 2. Aufl. aus d. Englischen übers. von Frz. Mittermaier. gr. 8. Heidelberg 860. J. C. B. Mohr. n. 1. 15.

Liebeskind, Fr., über das neue Strafverfahren in Bayern. Einzelne Desiderien zum Gesetze vom 10. Nov. 1848. gr. 8. Bamberg 849. Züberlein. — 6.

Liebgott, L., das Bureau-Reglement vom 3. Aug. 1841 mit d. bis auf die neueste Zeit ergang. Ergänzungen u. Erläuterungen. gr. 8. Schönebeck 855. Berger. n. 1. —

— das preußische Depositul-Verfahren. Eine systemat. Darstellung d. Deposital- u. Asservatenwesens xc. 8. Berlin 852. C. Heymann. — 12.

— Lehr- u. Handbuch d. preußischen Gerichts-Bureau-Dienstes xc. gr. 8. Ebend. 852. n. 1. 10.

— das gerichtliche Etats-, Salarienkassen- u. Kalkulatur-Wesen. Ein Handbuch zum Studium f. angehende, sowie zum prakt. Gebrauch f. bereits angestellte Subalternbeamte. gr. 8. Berlin 853. Rauck u. Co. n. 1. 22½.

— Repetitorium über d. Allgem. Landrecht f. d. preuß. Staaten xc. gr. 8. Schönebeck 855. Berger. n. 1. 15.

— die preußische Proceß-Ordnung in ihrer jetzigen Gestalt, mit Einschalt. d. Konturs-Ordnung vom 8. Mai 1855 xc. Bearb. für Justiz-Subaltern-Beamte. gr. 8. Ebend. 855. 1. 15.

Lienbacher, Geo., Anklagegrundsatz u. Anklageform in ihrem Einflusse auf die Dauer u. Kosten d. österreich. Strafprozesses dargestellt. gr. 8. Pest 857. (Lauffer.) n. — 20.

— histor.-genetische Erläuterungen d. österreich. Pressgesetzes u. d. Gesetzes über d. Strafverfahren in Presssachen vom 17. Decbr. 1862 sowie d. Amts-Instruction zu beiden Gesetzen. gr. 8. Wien 863. Braumüller. n. 1. 20.

Liepmannssohn, G., die Verwerflichkeit d. Schuldgefangenschaft. Ein Mahnruf an alle Anhänger wahren Rechtes. gr. 8. Berlin 863. H. Müller. — 3¾.

Liese, Ed., über öffentliche Versorgung d. arbeitenden Volksklasse in Tagen d. Krankheit u. Noth. Ein Mittel zur Beseitigung d. Proletariats u. als Beitrag zur Staats- u. Medicinal-Reform. gr. 8. Arnsberg 848. Ritter. — 12½.

Lilienthal, J. A., die Hexenprocesse der beiden Städte Braunsberg, nach d. Criminalacten d. Braunsberger Archivs bearb. gr. 8. Königsberg 861. Theile. n. 1. —

Liman, Paul, der preußische Strafprozeß. Enth.: die Verordnung vom 3. Jan. 1849, das Gesetz vom 3. Mai 1852 u. die Kriminal-Ordnung f. d. preuß. Staaten. Unter Beibehaltung d. Legaltextes erläut. durch sämmtl. ergänz. Gesetze xc. xc. (859.) — 2. verm. u. bis 1862 fortgeführte Ausg., besorgt von Schwarck. Mit e. vollständ. alphabet. Sachregister. gr. 8. Berlin 862. J. Springer. n. 2. 28.

Lindau, L., Register zu d. allgem. deutschen Handelsgesetzbuch u. zu d. allgem. deutschen Wechselordnung. gr. 8. Gera 867. Amthor u. J. n. — 10.

Linde, J. L. B. v., Lehrbuch d. deutschen gemeinen Civilprocesses. (825—43.) — 7. verb. Aufl. gr. 8. Bonn 850. Marcus. 2. 20.

— Gleichberechtigung d. Augsburg. Confession mit d. kathol. Religion in Deutschland nach d. Grundsätzen d. Reichs, d. Rheinbundes u. deutschen Bundes. Geschichtlich u. rechtlich. gr. 8. Mainz 858. Kirchheim. n. 1. —

— über die Haftverbindlichkeit der Postanstalt, nach d. Grundsätzen d. deutsch-österreich. Postvereins u. d. Partikular-Rechten d. zu demselben gehör. Staaten, nebst e. Abdr. d. vereinbarten Bestimmungen d. deutsch-österreich. Postvereins. gr. 8. Giessen 859. (Roth.) n. — 25.

Lindwurm, Arn., Grundzüge d. Staats- u. Privatwirthschaftslehre, nebst e. Darleg. deren Verhältnisses zur Jurisprudenz u. anderen verwandten Wissenschaften. gr. 8. Braunschweig 865. Schwetschke u. S. n. 1. —

Lion, Adph., Taschenbuch d. gerichtlichen Medicin nach d. neuesten Standpunkt d. Wissenschaft n. d. Gesetzgebungen Dentschlands, zum Gebrauch f. Aerzte u. Juristen. 8. Erlangen 861. Enke. n. — 24.
— Handbuch d. Medicinal- u. Sanitätspolizei. Nach eigenen Erfahrungen u. nach d. neuesten Standpunkt d. Wissenschaft u. d. Gesetzgebung, für Aerzte u. Verwaltungsbeamte. gr. 8. Iserlohn 862. Baedeker. n. 2. 20.
Hieraus abgedruckt:
— Abriss d. Veterinär-Sanitätspolizei. gr. 8. Ebend. 862. n. — 10.

Lippe-Weißenfeld, Arm. zur die rationelle Ernährung des Volkes. Mit besond. Berücksicht. b. Beköstigung in Schulen, Seminarien, Arbeitshäusern u. Armenhäusern. gr. 8. Leipzig 866. O. Wigand. — 15.

Lippert, Ludw., theoret.-prakt. Anweisung zur Einführung u. Anwendung d. öffentlichen u. mündlichen Strafverfahrens in Deutschland. gr. 8. Mainz 849. v. Zabern. 1. 10.

Lippmann, K., histor.-dogmat. Darstellung d. Lehre von d. richterlichen Strafänderungsbefugniß nach gemeinem u. partikularem deutschen, sowie nach französ. Recht. (Gekrönte Preisschrift.) gr. 8. Nördlingen 863. Bed. n. — 22½.

Loberschiner, Fr. A., Versuch e. Erläuterung d. zwischen Papst Pius IX. u. Franz Josef I. Kaiser von Oesterreich am 18. Aug. 1855 abgeschloss. Concordats. gr. 8. Budweis 856. (Honsen.) n. — 8.

— prakt. Anleitung zum gesetzmäß. Verfahren in Eheangelegenheiten auf Grundlage d. mit d. kaiserl. Patente vom 8. Oktbr. 1856 erlass. neuen Gesetzes f. Seelsorger bearb. — 4. umgearb. Aufl. gr. 8. Ebend. 859. n. 1. 15.

— das Kirchen-Vermögen oder die gesetzliche Art b. Erwerbung u. Verwaltung d. Gotteshaus- u. Pfründvermögens auf Grundlage d. österreich. Concordats u. d. in Folge dessen geltenden Bestimmungen, prakt. bearb. gr. 8. Ebend. 862. n. 1. 10.

Lobemann, Verzeichniß b. für die Verwaltungsbehörden wichtigen in d. 1. u. 2. Abth. d. Gesetzsammlung f. b. Kgr. Hannover erloss. noch gültigen Bestimmungen. Nach b. einzelnen Geschäftszweigen geordnet ic. 2. Aufl. gr. 8. Hannover 860. Schmorl u. v. S. n. — 10.

Löher, Frz., das System d. preußischen Landrechts in deutsch-rechtlicher u. philosophischer Begründung. gr. 8. Paderborn 852. Junfermann. n. 1. 10.

Loß, Jak., das Gesetz vom 14. März 1853, betr. die veränd. Einrichtung b. allgem. Gebäude-Brandversicherungs-Anstalt, nebst Vollzugs-Verordnung, mit erläut. Zusätzen ic. Handausg. mit alphabet. Sachregister. 8. Stuttgart 853. Metzler. — 12.

Longard L., die Secularisation d. Kirchengutes in Teutschland durch den Reichs-Deputations-Hauptschluß vom 25. Febr. 1803 u. der § 37. dieses Rezesses, mit besond. Bezieg. auf die Stadt Coblenz. Eine reichsgeschichtliche Abhandlung. gr. 8. Coblenz 856. Hölscher. n. — 20.

Loosey, C. F., Sammlung d. Gesetze für Erfindungs-Privilegien d. sämmtlichen Staaten Europa's, d. Verein. Staaten von Nordamerika u. Holland. Westindien. gr. 8. Wien 849. (Leipzig, Fr. Fleischer.) n. 2. 12.

Lorbeer, Jul., die Grenzlinien d. Rede- u. Preßfreiheit nach englischem Rechte mit Beispielen aus d. Gerichtspraxis, nebst e. Anh., einige d. wichtigeren Statuten enth. Nach b. Engl. bearb. gr. 8. Erlangen 851. Palm u. E. n. 2. 12.

Lossow, Ed. v., und Aug. **Dockhorn**, die preußischen Strafgesetze mit d. erläuternden Ministerial-Restripten u. Rechtssprüchen d. kgl. Ober-Tribunals. Ein Handbuch f. Praktiker. 8. Posen 856. Merzbach. 1. 15.

Loth, K., die Principien der Gewerbegesetzgebung erläutert unter Zugrundlegung d. Entwurfes e. Gewerbegesetzes f. d. Kgr. Sachsen. gr. 8. Meißen 860. Mosche. n. — 10.

Loz, W. L., ein Rechtsstreit über reelles u. ideelles Depot. mit Bezugnahme auf d. Mires'schen Prozeß. gr. 8. Cassel 863. Trömner u. D. n. — 10.

Löw, Ed., die Vermögens-Wissenschaft. e. neues System d. Volkswirthschaftslehre nebst Erläuterungen. gr. 8. Berlin 860. Plahn. n. — 20.

Löwe, E., der preußische Strafproceß. Mit Rücksicht auf die gerichtliche Praxis dargestellt. gr. 8. Breslau 861. Kern. 1. 22½.

Löwe, Phil., die Prostitution aller Zeiten u. Völker mit besond. Berücksicht. von Berlin. Ein Beitrag zur obschwebenden Bordellfrage. 8. Berlin 852. Logier. n. 1. —

Loewenhardt, S. E., krit. Untersuchungen über zwei Streitfragen aus d. Gebiete d. gerichtlichen Psychologie u. gerichtlichen Medicin f. Aerzte u. Criminalisten. gr. 8. Prenzlau 858. Vincent. n. — 25.

Loewenthal, Ed., zur Staats- u. Strafrechtsphilosophie. Nebst e. Kapitel über Socialpolitik. gr. 8. Berlin 865. (Th. Grieben.) n. — 6.

Lucanus, Fr., und J. E. Schacht, Entwurf e. Apotheker-Ordnung f. d. preuss. Staat, nebst Motiven. gr. 8. Berlin 849. Amelang. n. — 10.

    Freund, L., krit. Bemerkungen zu diesem Entwurfe. Ebend. 849 a ¼ Ngr.

Luebecke, G., das Gesetz b. Diebstahl an Holz ec. betr., s. Gesetz.

Lueber, J. G. F. L. C., das Souveränetäts-Recht der Begnadigung. gr. 8. Leipzig 860. Engelmann. 1. 7½.

Lüders, Heinr., die Aufhebung des jetzigen Systems d. Personal-Schuldhaft, eine Forderung d. Rechts, d. Moral u. d. socialen Fortschritts. 8. Berlin 865. Liebrecht. n. — 6.

Lüders, Wilh., das Gewohnheitsrecht auf d. Gebiete d. Verwaltung. gr. 8. Kiel 863. Homann. — 18.

— zur Kritik des schleswig-holsteinischen Staatsgrundgesetzes vom 15. Septbr. 1848. 8. Kiel 866. Schwers. — 6.

— über d. Ursprung d. vierzigjährigen Verjährung der speciales in rem actiones mit besond. Rücksicht auf C. 2. Cod. quae sit longa consuetudo. gr. 8. Helderberg 864. Bangel u. S. — 12.

Lührsen, M., der Stadt Hamburg Erbe- u. Rente-Buch oder Grund-Eigenthum- u. Hypotheken-Buch-Ordnung. Ein Gesetzentwurf. gr. 8. Hamburg 860. Nestler u. M. n. — 10.

Lundberg, G., das gerichtliche Abschätzungs-Verfahren nebst Gebührentaxen f. Sachverständige aller Branchen. Ein Handbuch zum prakt. Gebrauch f. Gerichtsbeamte u. alle diejenigen, die als Sachverständige bei gerichtlichen Geschäften zugezogen werden. Zusammengestellt unter Berücksicht. aller bis auf die neueste Zeit erschienenen Gesetze, Verordnungen ec. gr. 8. Kempen 858. (Ostrowo, Priebatsch.) n. — 25.

— der Rechtsverständige. Ein Handbuch f. Jedermann zur eigenen Belehrung u. selbstständ. Bearbeitung gerichtl. Angelegenheiten. Zusammengestellt mit Berücksicht. u. Angabe d. bis zur jetzigen Zeit geltenden gesetzl. Bestimmungen. (859 — 61.) — 5. verb. Aufl. gr. 8. Ebend. 861. n. — 27½.

— u. A. Rump, der vollständige Expedient für Justiz-Bureau-Beamte. Herausg. unter Berücksicht. aller bis auf die neueste Zeit erschienenen, hierauf Bezug habenden Gesetze ec. 8. Ebend. 857. n. 1. —

Luschkandl, Wenz., Abhandlungen aus d. österreich. Staatsrechte über das kaiserl. Manifest u. Patent vom 20. Sept. 1865, über die beiden Adressen d. ungar. Landtages von 1861 u. über die Unbedingtheit, Einheitlichkeit u. Realität d. pragmat. Sanction mit Anschluß ihrer Documente. gr. 8. Wien 866. Braumüller. n. 2. —

— das ungarisch-österreichische Staatsrecht. Zur Lösung d. Verfassungsfrage histor.-dogmat. dargestellt. gr. 8. Ebend. 863. n. 2. 20.

Luthardt, Aug., über Gerichtsverfassung, Verwaltungsreform u. Behandlung d. Realrechte in Bayern. gr. 8. Nördlingen 860. Beck. n. — 7½.

— ein Verwaltungsgerichtshof auf d. Grundlage d. bestehenden Rechtes in Bayern. gr. 8. Ebend. 867. n. — 14.

Lutz, J., Einführ.-Gesetze zum allgem. deutschen Handelsgesetzbuche, s. Sammlung.

— allgem. deutsches Handelsgesetzbuch, s. Gesetzgebung, die, d. Kgr. Bayern.

— Handelsgesetzbuch.

v. **Maack**, kurzer Abriß d. schleswig-holsteinischen Staatsrechts, geschichtlich nachgewiesen. gr. 8. Hamburg 862. Falcke. — 5.

Maaßen — Majláth.

Maaßen, Frbr., civilistische Erörterungen. 1. Heft: Zur Lehre von den Bedingungen. gr. 8. Bonn 854. (Cohen u. S.) — 7½.
— bibliotheca latina juris canonici mannscripta. 1. Thl. gr. 8. Wien 866. Gerold. n. — 3.
— über eine lex romana canonica compta. Ein Beitrag zur Geschichte d. Beziehungen beider Rechte im Mittelalter. gr. 8. Ebend. 860. n. — 5.
— Beiträge zur Geschichte d. jurist. Literatur d. Mittelalters, insbes. d. Decretisten-Literatur d. 12. Jahrh. gr. 8. Ebend. 857. n. — 15.
— Paucapalea. Ein Beitrag zur Literaturgeschichte d. canonischen Rechts im Mittelalter. gr. 8. Ebend. 859. n. — 10.
— Bobienser Excerpte d. römischen Rechts. gr. 8. Ebend 864. — 3.

Maaßen, Jul., allgem. deutsches Handelsgesetzbuch nebst d. Einführungsgesetz für Preußen, erläutert. gr. 8. Cöln 862. Haffel. n. 1. —
Mit d. Einführungsgesetzen f. Preußen und Bayern zu gleichem Preise.
— die Verfassungs-Urkunde f. d. preußischen Staat vom 31. Jan. 1850, nebst d. Verfassungs-Aenderungs-Gesetzen rc. Mit Erläuterungen. gr. 8. Köln 863. Du Mont-Schauberg. n. — 15.

Maaßen, P. Jos., der Bürgermeister u. der Polizeicommissar als Hülfsbeamte d. gerichtlichen Polizei, zunächst in d. preuß. Rheinprovinzen. Nebst d. neuen Strafgesetzbuche mit Anmerkgn. für den Gebrauch. (843.) — 3. verm. Aufl. 12. Köln 851. Schwann. n. 1. 10;
das Strafgesetzbuch allein n. — 20.
— zusätzliche Bemerkungen u. Erläuterungen zum Strafgesetzbuch u. Einführungsgesetz. 8. Ebend. 854. n. — 5.

Mac Culloch, J. R., Geld u. Banken. Aus d. Engl. übers. von C. J. Bergius u. J. L. Tellkampf. Mit ergänz. Abhandlgn. beider Uebersetzer. gr. 8. Leipzig 859. Weber. n. 2. 15.

Macher, Math., Compendium d. Apotheker-Gesetze u. Verordnungen d. Kaiserth. Oestreich, mit besond. Rücksicht auf das Bedürfniß d. Candidaten d. Pharmacie. (856. 857.) — 3. verb. u. bis zum J. 1864 ergänzte Ausg. 8. Wien 862. Dirnbock. — 20.
— Handbuch d. k. k. österreich. Sanitäts-Gesetze u. Verordnungen rc. Chronologisch geordnet. 6 Bde. gr. 8. Graz 853—60. Ferstl. n. 11. 10.

Mack, S., das Ahnenregister rc., s. Lauter.

Mackeldey, Ferd., Lehrbuch d. römischen Rechts. (814—851.) — 14. vielfach veränd. Orig.-Ausg., besorgt durch Joh. Ad. Fritz. 2 Bde. gr. 8. Wien 862. Gerold. 3. 10.

Mafreda, J. B., über die Entschädigungen für Entlastung d. unterthän. Grund u. Bodens. Eine versuchsweise Vorarbeit für die nach § 2 b. Patentes vom 4. März 1849 aufzustellende Landescommission. 8. Graz 849. Kienreich. — 6.

Magnus, Otto, Gesetz die Einführung e. Mahnverfahrens für Schuldsachen betr. d. d. Braunschweig am 7. April 1864, für Nichtjuristen mitgetheilt. 8. Braunschweig 864. Leibrock. — 6.

Mähler, A., alphabet. Sachregister zum Polizeistrafgesetzbuche f. b. Kgr. Bayern. gr. 8. München 862. Gummi. — 15.

Mahnverfahren, das, für geringe Schuldsachen [Gesetz vom 27. Juli 1852] mit den Abänderungen durch die Gesetze vom 31. März 1859 u. 1. Mai 1860, nebst Verjährung persönlicher Klagen u. die Einführung kurzer Verjährungsfristen für dieselben. [Gesetz vom 22. Sept. 1852.] gr. 8. Hannover 860. Meyer. — 3.

Maier, Chrn., die Bezirksvorsteherschaften u. Amtsversammlungen in Württemberg, mit Andeutungen u. Vorschlägen zur ihre zeitgemäße Neugestaltung u. volksthümliche Erweiterung. 8. Stuttgart 848. Metzler. — 7½.

Majláth, Colom., fünf Bücher vom Staate. Ein Beitrag zur Organisirung d. österreich. Monarchie. Mit besond. Rückblick auf Ungarn. gr. 8. Leipzig 860. O. Wigand. — 21.

Mair, J., jurist.-medicin. Commentar d. neuen kgl. bayerischen, kgl. preußischen u. k. k. österreich. Strafgesetzgebung f. Staatsanwälte, Richter, Vertheidiger u. Aerzte. 4 Bde. gr. 8. Augsburg 861—63. Kollmann. 6. 27.

Mais, Rich., Entwurf e. Gemeinde-Ordnung in Bayern. gr. 8. Nördlingen 861. Beck. — 15.

— Unterricht in d. Gemeindeschreiberei. Ein Hülfsbuch f. Gemeindeschreiber, Gemeindeverwaltungen, Bezirksämter ꝛc. gr. 8. Landshut 862. Krüll. 1. —

Makower, H., Studien zur Concurs-Ordnung vom 8. Mai 1855. gr. 8. Berlin 861. Guttentag. — 16.

— das allgem. deutsche Handelsgesetzbuch nebst den dazu in Preußen erlassenen ergänzenden Bestimmungen, insbes. dem Einführungsgesetze u. der Instruktion. Mit Kommentar. (862.) — 2. vollst. umgearb. u. verm. Aufl. gr. 8. Ebend. 865. n. 3. —

— die Stellung der Vertheidigung im preuß. Strafverfahren. gr. 8. Berlin 857. Wagner. n. — 10.

— u. S. **Meyer**, das allgem. deutsche Handelsgesetzbuch nebst d. preuß. Einführungsgesetze vom 24. Juni 1861 u. b. Instruktion vom 12. Dezbr. 1861. Für d. prakt. Gebrauch aus den Quellen bearb. gr. 8. Berlin 862. Guttentag. n. 2. 20.

Mally, C., die neuen Behörden u. ihr Wirkungskreis, oder der Wegweiser, wohin u. an welche Aemter wir uns in unsern Angelegenheiten wenden sollen. 8. Wien 851. Pichler. — 8.

Malortie, C., zur Eidesfrage. 8. Leipzig 867. Schulze. — 3.

Mals, Konr., ausgewählte Gutachten d. Handelskammer zu Frankfurt a. M. Eine Quelle d. Handelsrechts. gr. 8. Frankfurt a. M. 854. Sauerländer. n. 1. —

— Betrachtungen über einige Fragen d. Versicherungs-Rechtes insbes. d. Feuer- u. Lebens-Versicherung. gr. 8. Ebend. 862. — 12.

Malter, A., Handbuch d. Gebühren-Gesetze vom 9. Febr., 2. Aug. u. 6. Sept. 1850. Alphabet. geordnete Darstellung d gesetzl. Vorschriften über Stämpel- u. unmittelbare Gebühren für Rechtsgeschäfte, Urkunden, Amtshandlungen ꝛc. ꝛc. gr. 8. Wien 858. Manz. 2. —

Maltitz, G. G. v., Vorschläge zur Gefängnißreform, auf Erfahrung gegründet. gr. 8. Aachen 848. (ter Meer.) — 12.

Manecke, Urb Gr Chrph., kur- u. fürstlich braunschweig-lüneburgisches Staatsrecht. Bearb. bis zum J. 1800. gr. 8. Celle 858. Capaun-Carlowa. n. 2. —

Manger, Rud., das oesterreichische Bergrecht nach d. allgem. Berggesetze f. d. Kaiserth. Oesterreich vom 23. Mai 1854, nebst den darauf Bezug habenden allgem. u. Special-Gesetzen. gr. 8. Prag 857. Credner. n. 2. 12.

—— —— Supplem.-Band, enth. die bis Novbr. 1860 nachträglich erflossenen Gesetze u. Verordnungen. Im Anh.: Aphorismen über die unmittelbare Erwerbung d. Bergwerks-Eigenthums. gr. 8. Ebend. 861. n. 2. —

Mangoldt, H. v., die Lehre vom Unternehmergewinn. Ein Beitrag zur Volkswirthschaftslehre. gr. 8. Leipzig 855. Teubner. — 22½.

— Grundriß der Volkswirthschaftslehre. Ein Leitfaden für Vorlesungen an Hochschulen u. für d. Privatstudium. gr. 8. Stuttgart 863. Engelhorn. 1. —

Mann, Fr., gerichtliche Chemie, s. Müller, Fr., Staatsarzneikunde.

Mann, G. A., die Gesetze über Erfüllung d. Militärpflicht im Kgr. Sachsen v. 1. Septbr. 1858 u. 23. Febr. 1864, nebst dazu gehör. Ausführungsverordnungen. Mit erläut. Bemerkgn. zum Handgebrauche f. d. Verwaltungspraxis im Civil u. Militär herausg. 8. Dresden 865. Höckner. n. — 24.

Mannhardt, J. W., über die Nothwendigkeit d. Präsentation u. Protestirung eigener Wechsel, deren Aussteller gegenüber. Nach d. Wechselordnung für d. Herzogth. Holstein vom 23. Febr. 1854, unter Berücksicht. d. allgem. deutschen Wechselordnung. gr. 8. Schleswig 855. (Braunschweig, Schwetschke u. S.) n. — 4.

Manteuffel, Gust. v., Darstellung d. völkerrechtlichen Grundsätze über die Blokade. gr. 8. Dorpat 860. (Leipzig, Köhler.) n. — 10.

Marcabé, B., u. F. **Mourlon**, Abriß d. franzöf. Civilrechts. Ins Deutsche übertragen von Abr. Pfaff. 3 Bde. gr. 8. Heidelberg 857—65. Bangel u. Schmitt.
n. 6. 10.

Marchand, C. H., der Supplikanten-Vernehmer. Ein Handbuch f. gerichtl. Subaltern-Beamte mit Beifpielen, Erläuterungen u. Zusammenstellung b. für das Verfahren in Civil- u. Criminalsachen gegenwärtig geltenden Gesetze u. Verordnungen. gr. 8. Infterburg 852. (Hopf.) n. — 20.

Marcinowski, F., die kleine Kalender im Bereich b. ostpreuß. Provinzialrechts. gr. 8. Berlin 864. v. Decker. — 10.

Maercker, die Nachlaßregulirung, das Erbrecht u. Vormundschaftswesen nach preuß. Recht. 8. Ebend. 863. n. — 12½.

Marées, A. v., der Frevel u. die Frevelstrafe. gr. 8. Neuwied 857. v. b. Beeck. n. — 4.

Marezoll, Th., das gemeine deutsche Criminalrecht als Grundlage b. neueren deutschen Strafgesetzgebungen (811. 847.) — 3. umgearb. Ausg. gr. 8. Leipzig 856. J. A. Barth. 2. —

— Lehrbuch b. Institutionen b. römischen Rechtes. (839—62.) — 8. umgearb. Aufl. gr. 8. Ebend. 865. 2. 15.

— de partitionis legato selecta capita. 4. Leipzig 858. Dürr'sche Buchh. — 4⅓.

Marquardsen, H., über Haft u. Bürgschaft bei den Angelsachsen. Vorstudie zu e. Geschichte d. Habeas-Corpus-Rechts. gr. 8. Erlangen 852. Enke. n. — 10.

— der Trent-Fall. Zur Lehre von d. Kriegscontrebande u. d. Transportdienst der Neutralen. Mit d. Actenstücken u. Präcedenzfällen. gr. 8. Ebend. 862.
n. 1. —

— der Proceß Manning. Zur Veranschaulichung b. englischen Strafverfahrens ꝛc. gr. 8. Ebend. 850. n. — 18.

Marquardt, Sammlung b. f. die k. preuß. Rheinprovinz ergang. Gefetze, f. Sammlung.

Marlo, (Winkelblech), K., Untersuchungen über die Organisation der Arbeit oder System d. Weltökonomie. 1. Bd., 2. Bd. 1—9. Liefg. u. 3. Bd. 1—3. Liefg. gr. 8. Cassel 848—59. Jungklaus. n. 12. 12½.

Marschner, Gust., die Anfechtungen der neueren Civilgesetzbücher. Ein Beitrag zum Verständniß. gr. 8. Dresden 853. Meinhold. — 7⅓.

— Betrachtungen über Umgestaltung b. Civilprozesses im Kgr. Sachsen nach b. Grundsätzen b. Mündlichkeit u. Oeffentlichkeit. gr. 8. Leipzig 849. B. Tauchnitz. — 18.

Martens, C. v., causes célèbres du droit des gens. (843.) — 2. édit. augm. 4 vols. gr. 8. Leipzig 858, 59. Brockhaus. n. 10. —

— le guide diplomatique. Précis des droits ét des fonctions des agents diplomatiques et consulaires; suivi d'un traité des actes et offices divers qui sont du ressort de la diplomatie, accomp. de pièces et documents proposés comme exemples. (832—51.) — 5. édit. entièrem. refondue par M. F. H. Geffcken. 2 vols. gr. 8. Ebend. 866. n. 4. 16.

— recueil de traités etc., s. Recueil.

Martens, Wilh., über Concurrenz u. Collision der römischen Civilklagen. gr. 8. Leipzig 856. B. Tauchnitz. — 18.

Martin, Chrph., über die Competenz b. landständ. Kammern b. Kgr. Sachsen in Kirchensachen. gr. 8. Leipzig 849. Hinrichs. — 3.

— Lehrbuch b. teutschen gemeinen Criminal-Processes mit besond. Rücksicht auf die neueren in Teutschland geltenden Strafproceßgesetze. (812—836.) — 5. Ausg., ergänzt von J. D. H. Temme. gr. 8. Leipzig 857. C. F. Winter. n. 2. 20.

— Lehrbuch b. deutschen gemeinen bürgerlichen Processes. Herausg. nach dessen Tode von Thdr. Martin. (800—38.) — 13. verb. Aufl. gr. 8. Ebend. 862. n. 4. —

— Vorlesungen über die Theorie b. deutschen gemeinen bürgerlichen Processes gehalten auf b. Universität Göttingen, Heidelberg u. Jena. Herausg. von Thdr. Martin. 2 Bde. gr. 8. Leipzig 855, 57. Brockhaus. n. 5. —

Martin, H., der Umfang d. landesrichterlichen Prüfungsrechts hinsichtl. d. Entstehens gültiger Gesetze u. Verordnungen in den constitutionellen deutschen Bundesstaaten nach allgem. u. hannoverschen Rechten. gr. 8. Celle 865. Schulze. — 18.

— die Rechtsverbindlichkeit landesherrlicher Verordnungen gegenüber dem Erfordernisse landständischer Zustimmung zum Erlasse von Gesetzen, mit besond. Berücksicht. d. kurfürstl. hessischen Verordnung vom 26. Jan. 1854, die Aufhebung d. Jagdgerechtsame betr. gr. 8. Cassel 866. Krieger. n — 20.

— die kurhessischen Verordnungen vom 4., 7. u. 28. Sept. 1850. Ein Beitrag zur rechtlichen Beurtheilung d. Zeitfragen. gr. 8. Marburg 851. (Elwert.) — 10.

Martin, Thdr., die Verfassung des Großherzogth. Sachsen Eine Festgabe zur Feier ihres 50jähr. Bestehens. 8. Weimar 866. Böhlau. — 5.

Martins, Bemerkungen über die neuesten Bergwerksgesetz-Entwürfe f. d. preuß. Staat, b. Kgr. Sachsen u. d. österreich. Kaiserstaat, mit Bezug auf die f. d. Herzogth. Anhalt-Bernburg entw. Bergordnung. gr. 8. Halle 850. Anton. — 15.

Martschinck, Fr. C., der Staat. In seiner philosoph. u. prakt. Bedeutung. 8. Bautzen 849. Reichel. n. — 15.

Marx, Karl, zur Kritik d. politischen Oeconomie. 1. Heft. gr. 8. Berlin 859. F. Duncker. n. 1. —

Marx, P.J., de denuntiatione juris canonici. Dissert. gr. 8. Schaffhausen 859. Hurter. n. — 12.

— der Eid u. die jetzige Eidespraxis. Theolog.-jurist. Abhandlung. Gekrönte Preisschrift. gr. 8. Regensburg 855. Pustet. — 18.

Mascher, H. A., der preußische Civil-Staatsdienst oder systemat. Darstellung d. Rechte u. Pflichten d. unmittelbaren u. mittelbaren Civil-Beamten in Preußen. (861.) — 2. verm. Aufl. gr. 8. Leipzig 863. Wissferodt. n 1. 5.

— das preußische Schulzenbuch. Der preuß. Dorf-Schulze (Richter, Scholz). Eine systemat. Zusammenstellung aller den Geschäftskreis dieses Beamten betr. Gesetze u. Verordnungen 2c. Zum Gebrauch f. Gemeindevorsteher, deren Vorgesetzte, sowie jeden Bewohner des platten Landes. (857—58.) — 4. verm. u. verb. Aufl. gr. 8. Halle 864. Pfeffer. n. 1. 10.

— Dorfschulzen-Instruktion. Formularbuch f. preuß Dorfschulzen (Landgemeindevorsteher, Ortsrichter 2c.) zur Anfertigung aller in ihr Amt einschlag. schriftlichen Arbeiten, oder: prakt. Anleitung, wie die Dorfschulzen ihren Obliegenheiten in d. bezeichneten Richtung gründlich, nach den für jeden einzelnen Fall gegebenen Mustern, genügen können. gr. 8. Potsdam 863. Döring. n. 1. 25.

— die Feld-Polizei-Ordnung vom 1. Nov. 1847, gültig für die Landestheile, in denen das Allgem. Landrecht Gesetzeskraft hat, mit Ausschluß d. Kreise Rees u. Duisburg, nach b. neuesten Gesetzgebung dargestellt u. erläutert. gr. 8. Naumburg 856. (Tauerschmidt.) n. — 4.

— Gast- u. Schankwirthschaft, sowie Getränke-Kleinhandel. Systemat. Zusammenstellung aller den Gewerbebetrieb v. Gast- u. Schankwirthe 2c. betr. gesetzlichen Bestimmungen. (855.) — 2. Aufl. 8. Ebend. 856. n. — 10.

— der Gemeindevorsteher für Rheinland u. Westfalen. Eine systemat. Zusammenstellung aller den Geschäftskreis dieses Beamten betr. Gesetze u. Verordnungen 2c. gr. 8. Potsdam 859. Döring. n. 1. 10.

— allgemeine Gesinde-Ordnung, vom 8. Nov. 1810, für die Theile d. preuß. Staats, in denen das Allgem. Landrecht Gesetzeskraft hat 2c. Systematisch zusammengestellt u. erläutert. (856.) — 2. Aufl. gr. 8. Naumburg 857. (Tauerschmidt.) n. — 10.

— die Gewerbe-Ordnung Preußens in ihrer neuesten Gestalt. gr. 8. Potsdam 862. Döring. n. 1. 15.

— die Gewerbesteuer-Gesetzgebung Preußens in ihrer neuesten Gestalt. gr. 8. Ebend. 863. n. 1. 5.

— das deutsche Gewerbewesen von d. frühesten Zeit bis auf die Gegenwart. Nach Geschichte, Recht, Nationalökonomie u. Statistik. gr. 8. Ebend. 866. n. 5. —

— die Grundsteuer-Regelung in Preußen auf Grund d. Gesetze vom 21. Mai 1861. gr. 8. Ebend. 861. n. 1. 10.

Mascher, H. A., die städtische Kommunal-Verfassung, oder der städtische Kommunal-Beamte Preußens. (1859.) — 2. Aufl. gr. 8. Potsdam 860. Döring. n. 2. 10.
— Handbuch für die preuß. Civil- u. Militärbeamten u Staatsbürger bei e. Mobilmachung d. Armee. Eine Zusammenstell. d. Gesetze ꝛc. über die Kriegsleistungen und deren Vergütung ꝛc. 8. Merseburg 854. (Stollberg.) n. — 10.
— Landgemeinde-Ordnung d. sechs östlichen Provinzen d. preuß. Staates. Systemat. Zusammenstellung d. die Kommunal-Verfassungen d. Landgemeinden in d. gedachten Provinzen bildenden, gesetzlichen Bestimmungen u. Verwaltungs-Normen. gr. 8. Naumburg 856. (Tauerschmidt.) n 1. 15.
— Instructions- u. Formularbuch f. d. Landgemeindevorsteher im Rheinland u. Westfalen, zur Anfertigung aller in ihr Amt einschlag. schriftlichen Arbeiten, oder prakt. Anleitung, wie die Gemeindevorsteher ihren Obliegenheiten in d. bezeichneten Richtung gründlich, nach den, für jeden einzelnen Fall gegebenen Mustern, genügen können. gr. 8. Potsdam 865. Döring. n. 1. 25.
— Polizei-Strafprozeß-Ordnung. Zusammenstellung der das Untersuchungsverfahren wegen Uebertretung betr. Gesetze u. Verordnungen. 8. Merseburg 855. (Stollberg) n. 1. —
— der landwirthschaftliche Real- u. Gewerbekredit oder: Wie kann den Klagen d. preuß. Landwirthe über Geld- u. Kreditmangel abgeholfen werden? gr. 8. Potsdam 863. Döring. n. 1. —
— die preußischen direkten Steuern [mit Ausschluß d. Grundsteuer]. Systemat. Zusammenstellung d. die Klassen-, classificirte Einkommen- u. Gewerbesteuer betr. Gesetze, Verordnungen, Staatsverträge ꝛc. gr. 8. Merseburg 857. (Stollberg.) n. 2. —
— Staats- u. Orts-Angehörigkeit, Armenverpflegung, sowie Verfahren mit Bettlern, Landstreichern u. Arbeitsscheuen in Preußen. Systemat. Zusammenstellung aller dieser Materien betr. Gesetze, Ministerialrescripte ꝛc. (855.) — 2. Aufl. gr. 8. Naumburg 856. (Tauerschmidt.) n. 1. 10.
Materialien, vollständige, zu der Verordnung vom 3. Jan. 1840 u. d. Gesetze vom 3. Mai 1852, betr. die Einführung d. mündlichen u. öffentlichen Verfahrens mit Geschworenen in Untersuchungsfachen. gr. 8. Berlin 852. n. 1. 15.
— zur neuen Medicinalverfassung Preussens. Aus d. Acten d. Ministeriums herausg. von M. Kalisch. 1. Heft: Die amtlichen Verhandlungen über einen Medicinal-Congress. gr. 8 Berlin 849. Hirschwald. — 15.
— — 2. Heft: Die amtlichen Verhandlungen über dringliche Medicinal-Reform-Gesuche im J. 1848. gr. 8. Berlin 849. Gebauer. n. — 12.
— zur siebenbürgischen Rechtsgeschichte, enth. 1) Merkwürdige Municipal-Constitutionen. 2) Die Regulativ-Punkte. 3) Die wichtigsten Verfassungsgrundgesetze. 4) Die Landtagsartikel vom J. 1848. Das 1. u. 3. Stück ins Deutsche übers. u. mit erklär. Noten versehen von Fr. Schuler v. Libloy. 8. Hermannstadt 862. Steinhaußen. 1. 10.
Matthiae, C., das Baurecht. Ein Leitfaden für Vorträge in d. Baugewerkschule zu Holzminden. gr. 8. Leipzig 857. O. Wigand. — 5.
— die Praxis des Baurechts. Ein Handbuch zur Selbstbelehrung ꝛc. Zugleich als Hilfsbuch bei Vorträgen über Baurechtswissenschaft ꝛc. gr. 8. Braunschweig 861. Schwetschke u. S. n. 1. 6.
— Controversen-Lexikon d. römischen Civilrechts. Ein Hülfsbuch f. prakt. Juristen derjenigen Länder, in welchen römisches Recht gilt. 3 Thle. 4. Leipzig 856—63. O. Wigand. n. 20. 10.
— die Polizeigesetze d. Herzogth. Braunschweig. Nach systemat. Ordnung zusammengestellt. 12. Holzminden 852. (Braunschweig, Leibrock.) n. — 7½.
Maucher, Ign., Nachschlagebuch über d. österreich. Strafgesetz vom 27. Mai 1852 mit Rücksicht auf die Strafproceß-Ordnung vom 29. Juli 1853. gr. 8. Wien 853. Gerold. 1. 10.
— Darstellung d. Quellen u. d. Literatur d. österreich. Strafgesetzgebung über Verbrechen, mit Rücksicht auf die deutsche Strafrechtswissenschaft u. Gesetzgebung. gr. 8. Wien 849. Braumüller. n. 2. 20.
— die österreichische Strafprocesordnung vom 17. Jan. 1850. Ein alphabet. geordnetes Repertorium zur schnellsten Auffindung d. in diesem Gesetze enth. Bestimmungen. gr. 8. Wien 850. Gerold. 1. —

Mauerhoff, Gust., der preußische Rechtsfreund. Ein unentbehrlicher Ratgeber in Rechtsangelegenheiten für Jedermann ꝛc. Bearb. u. herausg. für Geschäftsleute u. für diejenigen, welche sich dem Justiz-Subaltern-Dienst widmen wollen. (855.) — 2. verm. Aufl. gr. 8. Berlin 860. J. Abelsdorff. — 10.

Maurenbrecher, R., Lehrbuch d. gesammten heutigen gemeinen deutschen Privatrechts. 2. Bd. (834.) — 2. verb. Aufl. Nach d. Tode d. Verf. herausg. von Ferd. Walter. gr. 8. Bonn 855. Weber. 3. —
1. Bd. 2. Bearb. Ebend. 845. 3 Thlr. 25 Ngr.

Maurer, Geo. Ludw. v., Geschichte der Dorfverfassung in Deutschland. 1. u. 2. Bd. gr. 8. Erlangen 866. Enke. n. 4. 24.
— über die Freipflege (plegium liberale) u. die Entstehung d. grossen u. kleinen Jury in England. gr. 8. München 848. Kaiser. n. — 10.
— Geschichte der Fronhöfe, der Bauernhöfe u. der Hofverfassung in Deutschland. 4 Bde. gr. 8. Erlangen 862, 63. Enke. n. 11. 18.
— Geschichte d. Markenverfassung in Deutschland. gr. 8. Ebend. 856. n. 2. 24.
— Einleitung zur Geschichte d. Mark-, Hof-, Dorf- u. Stadt-Verfassung u. d. öffentl. Gewalt. gr. 8. München 854. Kaiser. n. 2. 20.

Maurer, Konr., Beiträge zur Rechtsgeschichte d. germanischen Nordens. 1. Heft: Die Entstehung d. isländischen Staats u. seiner Verfassung. gr. 8. Ebend. 852. n. 1. —

Maurer, Wilh., über Eigenthum an Kirchen u. Dependenzen in b. deutschen, vormals mit Frankreich vereinigten, Gebieten auf d. linken Seite d. Rheines. Rechtsgeschichtliche Erörterung mit Rücksicht auf Erkenntnisse verschieb. Gerichtshöfe. gr. 8. Darmstadt 858. Jonghaus. n. — 10.
— über die Methode d. Abschätzung zur Ermittelung d. Entschädigung für aufzugebende Weideberechtigung, welche nach d. großherzogl. hessischen Gesetz vom 7. Mai 1849 zu leisten ist. Ein Beitrag zur Erläuterung d. Gesetzes ꝛc. gr. 8. Ebend. 857. — 7½.

Maurmann, Jos., die gerichtliche Polizei nach rheinischem Rechte. Eine nach d. Materien geordnete Zusammenstellung von der gerichtliche Polizei betr. Gesetzen u. Verordnungen u. s. w. unter spezieller Berücksicht. d. bisher. Jurisprudenz. 2 Thle. Bonn 864—67. Habicht. n. 3. —

Maxen, J., über Beweislast, Einreden u. Exceptionen. gr. 8. Göttingen 861. Deuerlich. n. 1. 6.
— die sogenannte accessorische Intervention im Civilproceß. gr. 8. Gießen 864. Roth. n. — 15.
— das Prioritätsverfahren im Concursproceß. gr. 8. Ebend. 865. n. — 6.

May, Joh. Bal., die strafrechtliche Zurechnung. gr. 8. Zürich 851. Orell, Füßli u. Co. n. — 15.

May, Th. E., das englische Parlament u. sein Verfahren. Ein prakt. Handbuch. Aus d. Engl. übers. u. bearb. von D. G. Oppenheim. gr. 8. Leipzig 860. Mendelssohn. 2. 15.
— die Verfassungs-Geschichte Englands seit d. Thronbesteigung Georgs III. 1760—1860. Aus d. Engl. übers. u. bearb. von D. G. Oppenheim. 2 Bde. gr. 8. Ebend. 862—64. n. 4. —

Mayer, Ant., Vorträge über gemeines deutsches u. badisches Gantverfahren. gr. 8. Freiburg 850. Diernfellner. n. — 10.
— das Strafverfahren im Großherzogth. Baden, nach d. Gesetze vom 5. Febr. 1851 dargestellt. gr. 8. Ebend. 853. n. — 20.
— Leitfaden für das Studium d. badischen Landrechtes mit Einschluß d. Handelsrechtes. gr. 8. Ebend. 849. n. 2. —

Mayer, F. G., die Gemeindewirthschaft nach geläuterten Begriffen u. nach d. im Kgr. Württemberg geltenden Gesetzen. gr. 8. Stuttgart 851. Belser. n. 2. 10.
— Grundsätze des Verwaltungs-Rechts mit besond. Rücksicht auf gemeinsames deutsches Recht, sowie auf neuere Gesetzgebung u. bemerkenswerthe Entscheidungen d. obersten Behörden, zunächst d. Kgr. Preußen, Bayern u. Württemberg. gr. 8. Tübingen 862. Laupp. n. 2. 20.

Mayer, F. F., Grundzüge d. Verwaltungs-Rechts u. Rechtsverfahrens. gr. 8. Tübingen 857. Laupp. n. — 18.

Mayer, M. S., Digestorum de jure dotium, XXIII. 3. l. 56. §. 3 interpretatio. gr. 8. Ebend. 859. n. — 8.

— die Lehre von den Legaten u. Fideicommissen. Aus d. Quellen bearb. 1. Abth.: Die Einleitung u. die Form d. Anordnung. gr. 8. Ebend. 854. 1. 15.

Mayer, Sam., die Rechte der Israeliten, Athener u. Römer, mit Rücksicht auf die neuen Gesetzgebungen, für Juristen, Staatsmänner, Theologen ꝛc. in Parallelen gestellt. Ein Beitrag zu e. Systeme u. zu e. Geschichte des Universalrechts. 2 Bde. gr. 8. Leipzig 862, 66. Baumgärtner. 4. 22½.
1. Bd.: Das öffentliche Recht. 2 Thlr. — 2. Bd.: Das Privatrecht. 2 Thlr. 22½ Ngr.

Mayerhofer, E., Handbuch für Gemeinden. Ein Leitfaden für Bürgermeister oder Richter, Gemeinderäthe ꝛc. Nebst e. kurzen Ueberblicke über d. konstitutionelle Verfassung u. Verwaltung d. österreich. Kaiserstaates. 2 Thle. — 2. verm. Aufl. gr. 8. Wien 851, 52. Tendler u. Co. (Gerold.) n. — 20.

— das Militär-Einquartirungs-Gesetz vom 15. Mai 1852 sammt allen nachträglichen Verordnungen ꝛc. Systematisch dargestellt u. praktisch erläutert. 16. Ebend. 852. — 18.

— Handbuch f. d. politischen Verwaltungsdienst bei den Landes-, Kreis- u. Bezirksbehörden im Kaiserth. Oesterreich. (856.) — 2. umgearb. Aufl. gr. 8. Wien 859. Manz. 4. 20.

— der Vormund oder prakt. Handbuch zur Führung von Vormundschaften u. Curatelen. Eine gemeinfaßliche ꝛc. systemat. Darstellung aller auf Vormundschaft ꝛc. Bezug nehmenden Gesetze u. Verordnungen. 8. Wien 853. (Gerold.) — 10.

Mayr, C. Fr. Flor., die für h. Kgr. Hannover erlassenen Gesetze über das Privat-Feuer-Versicherungswesen. gr. 8. Hildesheim 861. Lax. — 6.

Mayr, Fr. X., das Gesetz vom 11. Sept. 1825 die Grundbestimmungen f. d. Gewerbswesen in d. sieben älteren Kreisen d. Kgr. Bayern betr. u. die Instruktion zum Vollzuge desselben vom 21. April 1862. Mit e. Einleitung ꝛc., mit Bemerkgn., Erläutergn., Beispielen u. e. vollständ. alphabet. Sachregister. 8. Regensburg 862. Manz. — 12.

Mayr, L. W., die Plenarbeschlüsse d. obersten Gerichtshofes f. d. Kgr. Bayern in bürgerlichen Rechtsstreitigkeiten vom J. 1838 — 1860. Systematisch zusammengestellt. 8. Neuburg 861. Prechtl. n. — 12.

Medicus, Fr. C., Studien über die Weincultur-Gesetzgebung zunächst f. d. Nassauischen Rheingau. 12. Wiesbaden 855. Kreidel. n. — 10.

Mehring, G., die Zukunft d. peinlichen Rechtspflege aus d. Standpunkte d. Seelenlehre betrachtet. (848.) — 2. Aufl. gr. 8. Stuttgart 851. Rißschke. — 15.

Meibom, Vikt. v., das deutsche Pfandrecht. gr. 8. Marburg 867. Elwert. 2. —

Meier, Ernst, die Rechtsbildung in Staat u. Kirche. gr. 8. Berlin 861. G. Reimer. 1. 10.

Meier, Frdr., Handbuch über das Heeres-Ergänzungs-Gesetz. Eine systemat. geordnete vollständ. Sammlung aller über d. Conscriptionswesen in Bayern bestehenden Gesetze u. Verordnungen ꝛc. Mit e. vollständ. Repertorium versehen u. herausg. gr. 8. München 857. (Franz.) n. 2. 10.

Mejer, zwölf Briefe über Werth u. Unwerth d. schwurgerichtlichen Verfahrens. gr. 8. Hannover 862. Helwing. — 6.

Mejer, Otto, die Concordatsverhandlungen Württembergs vom J. 1807. Mit bisher ungedr. Actenstücken. gr. 8. Stuttgart 859. Mezler. n. — 16.

— Institutionen d. gemeinen deutschen Kirchenrechtes. (845.) — 2. umgearb. Aufl. gr. 8. Göttingen 856. (Vandenhoeck u. R.) n. 2. 20.

— Kirchenzucht u. Consistorial-Competenz nach mecklenburg. Rechte. Zwei pract. Erörterungen. gr. 8. Rostock 854. Stiller. n. — 25.

— zur Kritik des preuß. Kronsyndicats-Erachtens über die schleswig-holsteinische Frage. I. Oldenburg u. der Gottorper Antheil. gr. 8. Ebend. 866. n. — 10.

Mejer, O., die Propaganda in England. Zur kirchenrechtlichen Beleuchtung d. Bisthumsfrage. Mit e. Abbr. d. Breve vom 29. Sept. 1850. gr. 8. Leipzig 851. B. Tauchnitz. 1. 7½.

— die Propaganda, ihre Provinzen u. ihr Recht. Mit besond. Rücksicht auf Deutschland dargestellt. 2 Thle. gr. 8. Göttingen 852, 53. Dieterich. n. 5. 10.

— Einleitung in d. deutsche Staatsrecht. gr. 8. Rostock 861. Stiller. n. 1. 20.

— das Veto deutscher protestant. Staatsregierungen gegen katholische Bischofswahlen. gr. 8. Ebend. 866. n. — 10.

Meiller, Andr. v., österreich. Stadtrechte u. Satzungen aus d. Zeit d. Babenberger. gr. 8. Wien 853. (Gerold.) n. — 15.

Meischeider, E., die preußische Gesetzgebung über d. Anfechtungsrecht der Gläubiger, nach d. Gesichtspunkten d. römischen Rechts dargestellt. gr. 8. Berlin 864. Guttentag. n. — 20.

Meißner, J. C., allgemeine europäische Wechselpraktik. Mit genauer Berücksicht. d. gegenwärtig bestehenden allgem. deutschen Wechselordnung, nach den Quellen bearb. (860.) — 2. umgearb. Aufl. 2. Abdr. gr. 8. Leipzig 863. Schrag. — 22½.

Meißner, Wilh. Aug., Beleuchtung d. Entwurfs e. Gewerbe-Ordnung f. d. Kgr. Sachsen nebst dazu gehör. Entschädigungsgesetz. gr. 8. Dresden 857. Meinhold. n. — 10.

Meißendorff, Formularbuch für die untersuchungsführenden Officiere d preuß Armee. gr. 8. Berlin 860. v. Decker. n. — 20.

Mendelssohn-Bartholdy, C., de monitione canonica. Dissert. inaug. 8. Heidelberg 860. J. C. B. Mohr. n. — 10.

Menn, Carl, über die römischen Provinzial-Landtage. Ein Beitrag zur Staats- u. Rechtsgeschichte. 4. Köln 852. Schwann. n. — 5.

— histor. Beleuchtung d. rom. Rechtsgrundsätze in Bezug auf Veräußerlichkeit u. Theilbarkeit d. Grundeigenthums. 4. Bonn 850. Marcus. n. — 6.

Mensching, Adf., der Frachtverkehr der Eisenbahnen. Merkantilisch-juristisch bearb. gr. 8. Hannover 864. Schulze n — 12.

— das Einführungsgesetz zu d. allgem. deutschen Handelsgesetzbuche f. d. Kgr. Hannover. Mit e. Einleitung u. erläut. Bemerkgn. herausg. 8. Ebend. 865. — 6.

— das deutsche Handelsrecht zum prakt. Gebrauch gemeinfaßlich dargestellt. (864.) — 2. durch e. Anh. „der Frachtverkehr d. Eisenbahnen" verm. Aufl. gr. 8. Ebend. 864 n. 1. —

— Abriß d. deutschen Handelsrechts auf Grund d. allgem. deutschen Handelsgesetzbuchs für junge Kaufleute bearb. gr. 8. Leipzig 866. Minde. — 15.

— die Rechtsmittel d. allgem. bürgerl. Proceßordnung f. d. Kgr. Hannover einschl d. Einspruchs. Tabellar. zusammengestellt. Fol. Hannover 853. Packwitz. n. — 5.

— das Verfahren vor den Amtsgerichten. Auf Grundlage d. allgem. bürgerl. Proceßordnung vom 8. Nov. 1850 bearb. gr. 8 Ebend. 852. — 15.

Merkel, Jak. J., über den Zinswucher, nach d. in d. bairischen Pfalz geltenden französ. Gesetz vom 3. Sept. 1807 in Vergleich. mit anderen Gesetzgebungen. gr. 8. Heidelberg 855. J. C. B. Mohr. n. — 16.

Mercklin, Ludw., die Cooptation der Römer. Eine sacralrechtliche Abhandlung. gr. 8. Mitau 848. Neumann. 2. —

Merkel, Adf., zur Lehre vom fortgesetzten Verbrechen. gr. 8. Darmstadt 862. (Giessen, Roth.) n. — 20.

Merkel, Johs, commentatio, qua juris Siculi sive assisarum regum regni Siciliae fragmenta ex codicibus mss. proponuntur. 4. Halle 859. (Anton.) — 10.

— de republica Alamannorum commentarii illustrandis legum alamannorum libris inter monumenta Germaniae historica nuper editis. gr. 8. Berlin 849. Hertz. n. 1. 10.

— die Geschichte des Longobardenrechts. Eine Abhandlung als Beitrag zu Savigny's Geschichte d. röm. Rechts im Mittelalter. gr. 8. Ebend. 850. n. — 24.

Merkel, Jul., symbolae linguam et antiquitatem romanam in juris romani fontibus aliisque libris coaevis nobis servantem illustrantes. gr. 8. Leipzig 856. O. Wigand. — 12.

— das Notariat u. die willkürliche Gerichtsbarkeit nach gemein-deutschen u. fgl. sächsischen Rechten, b. österreich. Geseze über d. gerichtliche Verfahren in Rechtsangelegenheiten außer Streitsachen, den preußischen Gerichts-, Depositul- u. Hypothekenordnungen u. d. neuesten deutschen Notariatsordnungen mit b. einschlag. Lehren b. Diplomatik u. Heurematik. Wiederholter Abdruck rc. aus dem Rechtslericon. gr. 8. Ebend. 860. n. 1. 6.

Merz, J., Handbuch für die Polizei-Verwaltung im Regier.-Bezirk Magdeburg. Nach amtlichen Quellen herausg. gr. 8. Magdeburg 860. Baensch. n. 2. 20.

Merz, Ludw., Notizen über verschiedene Rechtsmaterien. gr. 8. Hanau 853. Edler. — 10.

Merz, C. H., über Ehe u. Ehescheidung. 8. Leipzig 861. Brebt. — 7½.

— das Kirchengut. Ein Zeugniß für dessen Unverleglichkeit, auf Grund der Schrift u. d. bestehenden Kirchenrechtes u. unter Berufung auf die Geschichte abgelegt. gr. 8. Leipzig 849. Naumann. n. — 10.

Mess, der Vollzug d. Freiheitsstrafe mit Rücksichtnahme auf Bayern. gr. 8. Würzburg 860. Stahel. — 6.

Metz, Rub., das Gesez, die bürgerl. Rechte b. israelit. Glaubensgenossen betr., s. Gesezgebung, die, b. Kgr. Bayern.

Metzner, A., die Stempel-Steuer. Sammlung d. wichtigsten Bestimmungen für d. Geschäftskreis d. Verwaltungsbehörden u. s. b. bürgerlichen Verkehr aus d. Stempel-Geseze vom 7. März 1822 u. den dazu ergang. Verordnungen rc. in ihrer prakt. Anwendung durch Beispiele erläutert. gr. 8. Berlin 857. Mittler u. S. — 21.

Metzsch, H. A. v., die Vorschriften d. kgl. sächsischen Strafproceßordnung vom 11. Aug. 1855 betr. d. Verfahren in gerichtsamtlichen Untersuchungen unter Berücksicht. d. strafproceßrechtlichen Verordnungen u. Entscheidungen bis zum Ende b. J. 1858 bearb. Bevorw. von D. F. Schwarze. gr. 8. Leipzig 859. J. A. Barth. n. — 16.

Meyer, Bernh., das Colonatsrecht, mit besonb. Rücksicht auf dessen geschichtliche Entwickelung u. jezigen Zustand im Fürstenth. Lippe. Nebst e. Anh. von gerichtl. Erkenntnissen, Gutachten rc. 1. Bd.: Geschichtl. Entwickelung d. Cotonatsverfassung rc. gr. 8. Detmold 855. Meyer. n. 2. —

— Beitrag zur Kenntniß d. radikalen Gerechtigkeitspflege mit e. Blicke auf d. gegenwärt. polit. Zustand der Schweiz. 8. Schaffhausen 851. Hurter. — 15.

Meyer, C. G. L., die preußische Hypotheken- u. Subhastations-Gesezgebung. Ihre Principien, ihre Mängel u. deren Abhülfe. gr. 8. Leipzig 854. Beit u. Co. — 15.

— die Schrift in ihrer Bedeutung nach preußischem Rechte, mit Rücksicht auf d. römische u. gemeine, das österreich. u. französ. Recht. gr. 8. Ebenb. 855. n. — 10.

Meyer, Frz., alphabet. Zusammenstellung d. gesezlichen u. reglementaren Bestimmungen in Bezieh. auf die im Großherzogth. S.-Weimar-Eisenach 3. bestehende allgem. Einkommensteuer als Leitfaben in d. best. Gesezgebung rc. 8. Weimar 854. Böhlau. n. — 10.

Meyer, Frz., zum Verständnisse über Staats-Papiergeld, Banknoten u. Staatsschuldenwesen. Aus Anlaß d. Papiergeldfrage vor d. bayerischen Kammern. gr. 8. München 860. (Gummi.) — 15.

Meyer, Hugo, die Privat-Feuerversicherung in Preußen. Zusammenstellung d. betr. Geseze, Verordnungen, Rechtssprüche u. technischen Gutachten. gr. 8. Berlin 853. C. Heymann. n. 1. 10.

— That- u. Rechtsfrage im Geschworenengericht, insbes. in b. Fragestellung an die Geschworenen. gr. 8. Berlin 860. G. Reimer. 1. 5.

Meyer, Johs., der Schaffhauser Richtebrief. Die ältesten Sazungen der Stadt aus d. J. 1291. 8. Schaffhansen 857. Brodtmann. n. — 10.

Meyer, K., das zürcherische Feuerversicherungswesen. Eine Sammlung d. im Kanton Zürich über die Feuerversicherung u. Feuerpolizei bestehenden Geseze, Verordnungen rc. Mit Anmerkgn. 8. Zürich 864. Schultheß. — 12.

(**Meyer,** Karl,) Haubbuch für Geschworene. Mit Zugrundelegung b. bayerischen Strafrechts herausg. 16. Nördlingen 855. Beck. n. — 10.

Meyer, P. A. G. v., Corpus juris Confoeder. german., s. Corpus.

Meyer-Altenburg, C. H., die Vorzüge b. Minorats-Erbfolge in sittlicher, materieller u. national-ökonom. Hinsicht. 8. Cassel 853. J. G. Luckhardt. — 7½.

Meyersburg, Fr., Gutachten über den Entwurf erster Lesung e. allgem. deutschen Civilproceßordnung, mit besond. Berücksicht. b. hannoverschen bürgerlichen Proceßordnung. Auf Erfordern dem kgl. Justizministerio in Hannover von dem Ausschusse b. Anwaltskammer in Celle erstattet. Mit e. Inhaltsübersicht herausg. gr. 8. Celle 866. Schulze. n. — 16.

— kritische Erörterungen. über einzelne Abschnitte b. hannoverschen Civilproceß-Verfahrens. gr. 8. Hannover 861. Rümpler. n. — 10.

Meyhoefer, zur Reform b. preußischen Hypothekenwesens. 8. Berlin 858. C. Heymann. n. — 6.

Michaelis, Adph., Votum über b. Reichsgräfl. Bentinck'schen Erbfolgestreit. 4. Heft: Beiträge zur Lehre vom hohen Adel in Deutschland u. der Lebensfolgefähigkeit b. durch nachfolgende Ehe legitimirten Kinder. gr. 8. Tübingen 848. Laupp. n. — 20.

1—3. Heft. Ebend. 841—45. u. 1 Thlr. 20 Ngr.

— Grundriß zu Vorlesungen über die Encyklopädie b. württemberg. Civil- u. Criminalprocesses. gr. 8. Tübingen 853. Zu Guttenberg. n. — 4.

— Grundriß zu Vorlesungen über b. württemberg. Privatrecht. (829.) — 2. Aufl. gr. 8. Ebend. 853. n. — 10.

— die staatsrechtlichen Verhältnisse der Fürsten u. Grafen Herren von Schönburg, s. Archiv f. d. öffentl. Recht b. deutschen Bundes. 4. Bd. 1. Heft.

Michel, Adalb Thdr., die Concession b. österreich. Südbahn-Gesellschaft. Mit Erläutergn. gr. 8. Graz 863. (Kienreich.) n. — 20.

— Oesterreichs Eisenbahnrecht. gr. 8. Wien 860. Braumüller. n. 1, 10.

— Darstellung b. Gewährleistung nach b. österreich. Privatrecht. gr. 8. Prag 849. Reiniger. n. — 8.

— die neuen Münzgesetze b. Kaiserth. Oesterreich. gr. 8. Wien 859. Braumüller. n. — 16.

— Handbuch b. allgem. Privatrechts f. b. Kaiserth. Oesterreich 2 Bde gr. 8. Olmütz 854. Hölzel. n. 4. 15.

— Sammlung b. neuesten, auf b. österreich. allgem. Privatrecht sich beziehenden Gesetze u. Verordnungen. (850.) — 2. ergänzte Ausg. von M. Damianitsch. gr. 8. Wien 861. Braumüller. n. 2. 20.

Michel, C. S., der praktische Bote, Exekutor u. Gefängnißbeamte. Ein Handbuch f. preuß. Justiz-Unterbeamte, enth. die für dieselben ergang. Instructionen 2c. gr. 8. Breslau 856. Clar. n. — 22½.

— Nachtrag zu b. im J. 1854 erschienenen amtl. Ausgabe b. Gesetzes betr. b. Anfang u. die Erhebung b. Gerichtskosten, enth. die von da ab bis heute ergang. erläuternden Gesetze u. Ministerial-Rescripte. Fol. Pleß 858. (Berlin, Grieben.) n. — 10.

— Handbuch b. Gefängniß- u. Straf-Vollstreckungswesens bei den Gerichten in Preußen. Eine systemat. Zusammenstellung b. auf die Strafvollstreckung, die Gefängnißverwaltung 2c. ergang. gesetzlichen Bestimmungen. (858.) — 2. verm. Aufl. gr. 8. Berlin 860. Grieben. n. 1. —

(**Michel,** Math.,) zwei Echternacher Weisthümer. 12. Luxemburg 851. Bück. — 6.

Michelet, C. L., Naturrecht oder Rechts-Philosophie als die praktische Philosophie enth. Rechts-, Sitten- u. Gesellschaftslehre. gr. 8. Berlin, Nicolai's Verl.

   1. Bd.: Des Vernunftrechts 1. Thl. enth. die Grundrechte u. das Einzelrecht. 866. n. 2. —

   2. Bd.: Des Vernunftrechts 2. Thl. enth. das öffentliche Recht u. die allgemeine Rechtsgeschichte. 866. n. 2. 15.

Michelsen, A. L. J., mémoire cont. l'exposé des droits de succession de la maison de Sonderbourg-Augustenbourg à la partie ci-devant Gottorpienne du Duché de Holstein. 4. Stuttgart 864. (Leipzig, Brockhaus.) n. — 15.
— über Schleswig-Holsteinische Erbfolge. Ein Rechtsgutachten. gr. 8. Gotha 864. Thienemann. — 7½.
— die Hausmarke. Eine germanistische Abhandlung. gr. 4. Jena 853. Frommann. — 25.
— Rechtsdenkmale aus Thüringen, s. Rechtsdenkmale.

Micke, Paul, de protonotariis apostolicis. Dissert. inaug. 8. Breslau 866. Aderholz. n. — 10.

Mieth- und Pachtvertrag, der, u. das gerichtliche Verfahren bei d. hieraus entstehenden Streitigkeiten mit besond. Berücksicht. d. kaiserl. Verordnung vom 10. Nov. 1858 u. d. Ministerialverordnung f. Ungarn u. Siebenbürgen vom 17. Dezbr. 1858, erläutert u. mit d. nöthigen Formularien versehen. gr. 8. Wien 859. Manz. 1. —

Migotti, Jul., zur Steuerfrage. Versuche, die Besteuerung b. Grundeigenthums zweckentsprechend durchzuführen. gr. 8. Wien 860. Gerold. n. — 12.

Militair-Gesetz, das hannoversche. Eine Zusammenstellung d. neuesten u. hauptsächlichsten, auf die Verpflichtung d. Unterthanen zum Militairdienste etc. sich beziehenden gesetzlichen u. reglementar. Vorschriften. gr. 8. Hannover 862. Meyer. n. — 15.

Militair-Gesetz-Codex für das preußische Heer. Herausg. von H. J. Kattner. (845.) — 2. Aufl. 12. Frankfurt a. O. 854. Roeddy. n. — 25.
— — 2. Bd. Ergänzungen zum 1. Bde. Die seit dessen Erscheinen ergangenen Gesetze u. Verordnungen. Anhang. Zusammengestellt von Voß. 12. Ebend. 860. Schiefer. n. — 20.

Militair-Gesetz-Sammlung, preußische. Herausg. von C. Friccius. gr. 8. Berlin, Nicolai's Verl.
    4. Bd. 2.—5. Heft: enth. die auf die militair. Rechtspflege sich beziehenden Gesetze, Verordnungen etc. a. d. J. 1847—1850. Nr. 643—769. Nebst chronolog. Uebersicht u. Sachregister d. ganzen Bandes. 851. n. 1 Thlr. 20 Ngr.
    5. Bd.: enth. ic. a. d. J. 1851 bis Juli 1856 ic., nach d. Zeitfolge geordnet u. mit Anmerkgn. u. Register versehen. Nr. 770—918. 856. n. 3 Thlr. 25 Ngr.
    1—3. Bd. u. 4. Bd. 1. Heft. Ebend. 830—46. n. 8 Thlr. 10 Ngr.
— — Gegründet von C. Friccius. Fortges. von Ed. Fled. 4. Ebend.
    6. Bd. 1. Heft: Die seit Juli 1856 bis Juli 1859 ergangenen, auf die militair. Rechtspflege sich beziehenden Gesetze, Verordnungen u. allgem. Verfügungen, nach der Zeitfolge geordnet u. mit Anmerkgn. versehen. [Nr. 919—963.] Herausg. von Ed. Fled. 859. n. 1 Thlr. 15 Ngr.
    2. Heft: Die seit Juli 1859 bis April 1862 ergang. Gesetze ic. [Nr. 964—1007.] 862. n. 1 Thlr. 5 Ngr.
    7. Bd. 1. Heft: Die seit April 1862 bis Septbr. 1864 ergang. Gesetze ic. [Nr. 1008—1050.] 864. n. 1 Thlr. 10 Ngr.

Militair-Privatrecht, das preußische. Zum Gebrauche f. Offiziere, Militairbeamte u. Juristen. Nach amtlichen Quellen. gr. 8. Berlin 862. Schlesier. n. 1. 5.

Militair-Strafgesetzbuch u. bürgerliche Rechtsverhältnisse der Militairpersonen betr. Bestimmungen f. d. Großherzogth. Oldenburg, nebst d. Einführungsverordnung. Mit e. alphabet. Sachregister u. Bemerkgn. von Hayessen. gr. 8. Oldenburg 862. Schulze. n. — 28.
— für das Kgr. Sachsen vom 11. Aug. 1855 nebst Beidruck d. allgem. Strafgesetzbuchs u. zweier damit in Verbindung stehender Strafgesetze von demselben Tage u. e. Sachregister. 8. Dresden 856. Meinhold. — 18.

Militair-Strafproceß-Ordnung f. d. Kgr. Hannover. gr. 8. Hannover 861. Helwing. n. — 20.

Militair-Strafrecht, preußisches. 8. Trier 867. Troschel. — 8.

Mill, John Stuart, über die Freiheit. Aus d. Engl. übers. von E. Pickford. gr. 8. Frankfurt a. M. 860. Sauerländer. 1. —
— Grundsätze d. politischen Oekonomie nebst einigen Anwendungen derselben auf die Gesellschaftswissenschaft. Aus d. 5. Ausg. d. Orig. übertr. von Adf. Soetbeer. (852.) — 2. deutsche Ausg. gr. 8. Hamburg 864. Raute. n. 4. 20.

Mill, John Stuart, Betrachtungen über Repräsentativverfassung. Aus d. Engl. übers. von F. A. Wille. gr. 8. Zürich 862. Meyer u. 3. n. 1. 6.
Miller, Bernh., das allgem. deutsche Handelsgesetzbuch. Ein Wegweiser u. Commentar b. hauptsächlichsten Bestimmungen, welche im täglichen Verkehr vorkommen. (862.) – 2. unveränd. Aufl. 8. Leipzig 864. R. Schäfer. n. — 10.
— über ländliche Vorschuß- u. Credit-Vereine. 1. u 2. Aufl. 8. Leipzig 861. (G. Poenicke.) n. — 6.
Ministerial-Entwurf zu der von d. demnächstigen Ständeversammlung zu berathenden Städteordnung f. b. Kgr. Hannover. Mit Bemerkgn. u. Erläutergn. von S. gr. 8. Hannover 849. Pockwitz. — 3⅔.
Miquél, J., das neue hannoversche Finanzgesetz vom 24. März 1857. 1. u. 2. verb. Aufl. gr. 8. Leipzig 861. O. Wigand. n. — 10.
Mirnss, Alex., diplomatisches Archiv f. die deutschen Bundesstaaten grösstentheils nach officiellen Quellen, mit erläut. Anmerkgn. 3 Thle. gr. 8. Leipzig 848. (Berlin,) Renger. n. 21. —
— die Gesetzgebung f. d. Hohenzollern'schen Lande seit deren Vereinigung mit d. Krone Preussen, nebst d. bezügl. Staatsverträgen, geschichtlichem Rückblicke, Uebersicht d. Genealogie, Behörden u. Literatur, d. Hohenzoll. Geschichte u. Landeskunde, mit Anmerkungen. gr. 8. Berlin 856. Allgem. Deutsche Verlagsanstalt n. 2. 15.
Mischler, Pet., Handbuch der National-Oekonomie. 1. Bd. gr. 8. Wien 857. Manz. 2. 21.
Mitlacher, Wilh., Handbuch d. Civil-Jurisdictionsnormen für sämmtliche Kronländer d. österreich. Monarchie. gr. 8. Wien 859. Tendler u. Co. (Gerold.) n. 2. —
— prakt. Handbuch d. gerichtlichen Verfahrens in Rechtsgeschäften außer Streitsachen, für die sämmtl. Kronländer d. österreich. Kaiserstaates, nach d. neuesten Gesetzen. 2 Bde. gr. 8. Ebend. 855. n. 4. —
— das gerichtliche Verfahren außer Streitsachen, nach d. neuesten Vorschriften u. mit Rücksicht auf die Militärgesetze erläutert. gr. 8. Wien 851. Tendler u. Co. 1. —
Mittermaier, K. J. A., die Gefängnißverbesserung insbes. die Bedeutung u. Durchführung d. Einzelnhaft im Zusammenh. mit d. Besserungsprinzip nach d. Erfahrungen d. verschied. Strafanstalten. gr. 8. Erlangen 858. Enke. n. — 28.
— der neueste Zustand d. Gefängnisseinrichtungen in England u. englische Erfahrungen über Einzelnhaft. gr 8. Heidelberg 850. J. C. B. Mohr. n. — 15.
— der gegenwärtige Zustand d. Gefängnißfrage mit Rücksicht auf die neuesten Leistungen d. Gesetzgebung u. Erfahrungen über Gefängnißeinrichtung mit besond. Beziehung auf Einzelnhaft. gr. 8. Erlangen 860. Enke. n. — 26.
— die englische Staatsverfassung in ihrer Entwickelung nach d. neuesten Schrift von E. S. Creasy. Mit e. Anh. von Fr. Lieber über die englische u. französ. Freiheit. 1. u. 2. Aufl. gr. 8. Heidelberg 849. J.C.B.Mohr. n. — 5.
— vier Abhandlungen aus dem Strafrechte. Als Einleitung zur neuesten Ausg. von Feuerbach's „Strafrechtsfälle". Besonderer Abdr. gr. 8. Frankf. a. M. 849. (Wien, Gerold.) n. — 10.
Inhalt: 1. Werth d. Kenntniß d. Rechtsübung f. d. Gesetzgeber. — 2. Verhältniß d. Begnadigung. — 3. Erfahrungen über die Wirkungen d. gesetzl. Beweistheorie. — 4. Erfahrungen über die Wirkungen d. Vorschriften neuer Strafgesetzbücher in Bezug auf Zurechnung.
— die Gesetzgebung u. Rechtsübung über Strafverfahren nach ihrer neuesten Fortbildung dargestellt u. geprüft. gr. 8. Erlangen 856. Enke. n. 3. 14.
— das englische, schottische u. nordamerikanische Strafverfahren im Zusammenhange mit d. polit., sittlichen u. socialen Zuständen u. in d. Einzelnheiten d. Rechtsübung dargestellt. gr. 8. Ebend. 851. n. 2. 28.
— Erfahrungen über die Wirksamkeit der Schwurgerichte in Europa u. Amerika, über ihre Vorzüge, Mängel u. Abhülfe. 3 Hefte. gr. 8. Ebend. 864, 65.
1. Heft: enth. die Rechtsprechung durch Geschworene in England, Schottland, Irland, Amerika, Frankreich, Belgien. n. — 28.

Mittermaier — Molitor. 155

2. Heft: enth. die Rechtsprechung durch Geschworene in d. deutschen Staaten.
n. — 28.
3. Heft: enth. die Rechtsprechung in d. Schweiz u. Italien. n. 1. —
Mittermaier, K. J. A., die Bedeutung d. würdigen Stellung des Advokatenstandes für die Rechtspflege u. die neuesten darauf sich beziehenden Leistungen auf d.
Gebiete d. Wissenschaft, d. Gesetzgebung u. freiwilliger Vereinigungen. gr. 8. Heidelberg 861. J. C. B. Mohr. n. — 6.
— der württemberg. Entwurf d. Strafprocessordnung in Vergleichung mit
d. neuesten legislativen u. wissenschaftlichen Leistungen u. in Bezug auf Strafverfahren geprüft. gr. 8. Ebend. 864. — 3.
— die Todesstrafe nach den Ergebnissen d. wissenschaftlichen Forschungen, d. Fortschritte d. Gesetzgebung u. d. Erfahrung. gr. 8. Ebend 862. n. — 16.
Mittermaier, Sundelin, Berner u. **Barth**, über die neue bayerische Strafgesetzgebung. gr. 8. Augsburg 862. v. Jenisch u. St. n. — 20.
Mittheilungen aus den amtlichen Berichten über die zum Ministerium d. Innern
gehör. k. preussischen Straf- u. Gefängnissanstalten betr. die J. 1858,
1859, resp. 1860. gr. 8. Berlin 861. Hertz. n. 2. —
— zur Statistik d. Strafrechtspflege im Kgr. Hannover während d. J. 1861, 1862
u. 1863. Aus kgl. Justiz-Ministerium. 4. Hannover 864, 65. (Rümpler.)
861. n. 1. —; 862 u. 63. à n. 1. 10.
Mizerski, Ludw., de crimine plagii potissimum ex jure romano. 8. Berlin
865. (Calvary u. Co.) n. — 15.
Mobiliar-Feuerversicherungswesen, das, im Kgr. Bayern nach d. bestehenden Verordnungen ꝛc. 8. München 861. Franz. — 3.
Möhl, Arn., über das Geschwornengericht. (838.) — 2. Ausg. gr. 8. Heidelberg 849. Groos. — 25.
Mohl, Mor., über ein Bundesgericht u. das Gesetzgebungsrecht d. Bundestags. Ein
Beitrag zur deutschen Frage. Mit d. Dresdener Entwurf für ein Bundesgericht u. d.
badischen Denkschrift. gr. 8. Stuttgart 860. Göpel. — 6.
— ein Beitrag zur Erörterung d. deutschen Handelsgesetzbuches. gr. 8. Stuttgart
857. S. G. Liesching. n. — 8.
Mohl, Rob. v., die Polizei-Wissenschaft nach d. Grundsätzen des Rechtsstaates.
3 Bde. (835. 845.) — 3. vielfach veränd. Aufl. gr. 8. Tübing. 866. Laupp. n. 10. 15.
— Staatsrecht, Völkerrecht u. Politik. Monographieen. 1. u. 2. Bd. gr. 8.
Ebend. 860, 62. n. 8. 10.

1. Bd : Staatsrecht u. Völkerrecht etc = 4 Thlr. 10 Ngr — 2. Bd.: Politik. 1. Bd.
n. 4 Thlr.

— Encyclopädie d. Staatswissenschaften. gr. 8. Ebend. 859. n. 3. 25.
— die Geschichte u. Literatur d. Staatswissenschaften. In Monographieen dargestellt. 3 Bde. gr. 8. Erlangen 855—58. Enke. n. 11. 18.
Möhler, Frz., Pandektenrepetitorium nach d. Lehrbüchern von Puchta, v. Vangerow u. Arndts bearb. gr. 8. Aufl. 16. Schwerin 865. Stiller. n. — 25.
Mohr, Ulr. v., das neue Erbrecht d. eidgenöss. Standes Graubünden, welches mit
1. Jan. 1850 ausschliesslich für d. ganzen Kanton in Rechtskraft tritt, nebst e. Uebersetz. in italien. u. roman. Sprache. Grundsätzlich erläutert ꝛc. gr. 8. Chur 847.
(Zürich,) Orell. n. — 16.
Molitor, Ign. Ortw. v., juridisch-prakt. Handbuch f. k. k. Officiere ꝛc., mit e. Anh.
über den Offizier besonders betr. Vorschriften u. Gesetze, nebst e. Erläuterung über d.
Wirkungskreis der Gensdarmerie mit besond. Rücksicht auf ihre Dienstleistung in
gerichtlichen Angelegenheiten. (850. 851.) — 3. umgearb. Aufl. gr. 8. Wien 855.
Sommer. n. — 20.
— die Kriegsgerichte u. Militärstrafen im 19. Jahrh. ꝛc., mit besond. Berücksicht. d.
Kriegsgesetze Oesterreichs, Preußens, Sachsens, Württembergs, Badens, dann Frankreichs, Sardiniens u. d. Eidgenossenschaft. gr. 8. Ebend. 855. n. 1. 10.
— österreichische Militärgesetze u. das Militär-Richteramt. Zeitgemäß besprochen.
gr. 8. Wien 850. Gerold. — 20.

Molitor, Wilh., die Immunität des Domes zu Speyer. Eine rechtsgeschichtliche Monographie. gr. 8. Mainz 859. Kirchheim. n. — 20.
— über kanonisches Gerichtsverfahren gegen Kleriker. Ein rechtsgeschichtlicher Versuch zur Lösung d. prakt. Frage d. Gegenwart. gr. 8. Ebend. 856. 1. 18.
Moeller, A., das Forstgesetz vom 28. März 1852 für die kgl. bayer'schen Landestheile diess. d. Rheins erläutert ꝛc. gr. 8. Ansbach 853. (München, Gummi.) n. — 8.
Möller, C. v., schlesische Edicten-Sammlung enth. die noch anwendbaren provinziellen Gesetze u. Verordnungen aus der Brachvogel'schen, der Arnold'schen u. der Korn'schen Edicten-Sammlung. gr. 8. Breslau 856. Korn. n. 3. 20.
— das Recht der preußischen Kreis- u. Provinzial-Verbände. gr. 8. Ebend. 866. n. 1. 15.
— Landgemeinden u. Gutsherrschaften nach preußischem Recht. gr. 8. Breslau 865. Clar. 2. 10.
— preußisches Stadtrecht. gr. 8. Ebend. 864. 2. —
Möller, Wilh., das Volks-Rechtsbewußtsein d. Gegenwart über Bestrafung d. Verbrecher. (857.) — 2. Aufl. gr. 8. Marburg 865. Elwert. n. — 16.
— über das Strafmaß. gr. 8. Hersfeld 848. Zimmermann. — 5.
— Kritik des Strafmaßes mit besond. Rücksicht auf kurhessisches Recht. gr. 8. Göttingen 852. Bandenhoed u. R. n. 1. 5.
— und C. Fuchs, Sammlung der im Kurfürstenth. Hessen noch geltenden gesetzlichen Bestimmungen seit 1813. 1—5. Liefg. gr. 8. Marburg 866, 67. Elwert. n. 6. —
Moltke, Max. preußisches Staatsbürgerbüchlein. 3. verm. Aufl. 32. Leipzig 866. Fritsch. n. — 8.
Mommsen, Frd., Beiträge zum Obligationenrecht. 3 Abthlgn. gr. 8. Braunschweig 853—55. Schwetschke u. S. 5. 15.
   1. Abth.: Die Unmöglichkeit der Leistung in ihrem Einfluß auf obligatorische Verhältnisse. 2 Thlr.
   2. Abth.: Zur Lehre von dem Interesse. 1 Thlr. 15 Ngr.
   3. Abth.: Die Lehre von der Mora nebst Beiträgen zur Lehre von der Culpa. 2 Thlr.
— Erörterungen aus d. Obligationenrecht. 1. Heft: Erörterungen über die Regel: commodum ejus esse debet, cujus periculum est. gr. 8. Ebend. 859. — 18.
Mommsen, Tdr., die Stadtrechte d. lateinischen Gemeinden Salpensa u. Malaca in d. Provinz Baetica. (Mit Nachtrag.) 4. Leipzig 855. Hirzel. n. 1. 16.
Monumenta Germaniae historica inde ab u. Chr. 500 usque ad a. 1500, auspiciis Societatis aperiendis fontibus rerum germanicarum medii aevi edid. Geo. Heinr. Pertz. Tom. I—XIX. Fol. Hannover 826—66. Hahn. n. 240. 5; Velinpap. n. 358. 15.
   Inhalt: Scriptores. Tom. I—XVI. a. 207 Thlr. 15 Ngr.; Velinp. a. 309 Thlr. 15 Ngr. Leges. Tom. I—III. a. 33 Thlr. 20 Ngr.; Velinp. a. 49 Thlr.
Mooren, J., über Eigenthum u. Benutzung d. Kirchhöfe auf d. preußischen Gebiet d. linken Rheinufers. gr. 8. Cöln 857. Schwann. n. — 20.
Moos, R. v., Gesetze von Unterwalden, s. Sammlung.
Morgenstern, Grundzüge d. Münster'schen ehelichen Güterrechts, ein Beitrag zur Lehre u. Geschichte d. deutschen ehelichen Gütergemeinschaft. 8. (Münster 849. Coppenrath.) — 20.
Morgenstern, L. v., Vorschlag zu b. Entwurf e. landständlichen Verfassung f. d. Herzogth. Anhalt-Dessau-Cöthen. gr. 8. Leipzig 852. B. Tauchnitz. — 15.
— Meusch, Volksleben u. Staat im natürlichen Zusammenhang. 2 Bde. gr. 8. Ebend. 855. 4. 15.
Morstadt, K. E., ausführlicher krit. Commentar zu Feuerbach's Lehrbuch d. gemeinen in Deutschland gültigen peinlichen Rechts. Nach dessen Tode vollendet von (Jos. Schauberg u.) Ed. Osenbrüggen. gr. 8. Schaffhausen 852—55. Hurter. n. 3. 15.
— Commentar über das Handelsrecht Deutschlands u. Frankreichs. Kritisch-pragmatisch, auf d. Basis d. (mit abgedr.) Grundrisses von Martens. 1. Thl., das Ganze umfassend, außer d. Wechselbriefe u. Seefrachtwesen. gr. 8. Heidelberg 849. Groos. n. 1. 4.

Moser, Fr. C. v., vertraute Briefe über die wichtigsten Grundsätze u. auserlesenen Materien d. protestant. geistlichen Rechts. 4. Aufl. gr. 8. Reutlingen 861. Rupp u. B. n. — 18.

Moser, Joh., allgem. alfabet. Sachregister u. Nachschlagebuch zum Reichsgesetz- u. Regierungsblatte f. d. Kaiserth. Oesterreich ꝛc. (854. 855.) — 3. neu bearb. u. bis 1. Jan. 1858 ergänzte Aufl. 4. Wien 858. Manz. 2. —

Moeser, O., das heutige Frachtgeschäft. Eine Darstellung d. Rechtsverhältnisse d. Frachtführer [Stromschiffer, Fuhrleute], Verlader u. Empfänger, wie solche sich durch d. neue Handelsgesetzbuch gestaltet haben. 8. Berlin 863. (Grieben.) n. — 7½.

Moosfer, W. F., die Pönitentiar-Anstalt St. Jacob bei St. Gallen in ihrem Wesen u. Wirken, mit Vorschlägen zu e. verbess. Strafrechtspflege. Ein Beitrag zur Geschichte d. verschied. Strafsysteme. gr. 8. St. Gallen 851. Scheitlin u. Z. 2. —

Mosfl, Frdr., vollständ. Handbuch für die Berechnung u. Berechnung d. direkten u. resp. indirekten Steuern nach d. neuesten u. noch in Anwendung bestehenden älteren Gesetzen zusammengestellt. gr. 8. Graz 853. Hesse. n. 1, 24.

Motive zu dem Entwurf d. Gesetzes, die Aufhebung d. Grundsteuerbefreiungen betr. 4. Berlin 850. (v. Decker.) — 10.

— zu d. revid. Entwurfe d. Gesetze über das Pfandrecht, das Verfahren b. Hypothekenbehörden u. die Rangordnung d. Gläubiger in d. Prov. Starkenburg u. Oberhessen u. zu d. revid. Entw. d. Einführungsgesetzes. gr. 8. Darmstadt 855. (Jonghaus.) n. — 15.

— zum Entwurf d. Strafgesetzbuchs f. d. preuß. Staaten. 1. u. 2. unveränd. Abdr. gr. 8. Berlin 851. Th. Enslin. n. — 5.

Motiven, specielle, zu dem Entwurfe e. bürgerlichen Gesetzbuchs f. d. Kgr. Sachsen. 4. Dresden 852. Meinhold. n. 1. 15.

— specielle, u. Publications-Verordnung zu d. Entwurfe e. bürgerlichen Gesetzbuchs f. d. Kgr. Sachsen. gr. 8. Dresden 861. [Meinhold.] n. — 24.

Mourlon, F., Commentar zum Code Napoleon Tit. 14—20: Bürgschaft — Vergleich — Personalhaft — Pfandvertrag — Vorzugs- u. Unterpfandsrechte — Zwangsverkauf — Verjährung. Deutsch von Abr. Pfaff. gr. 8. Heidelberg 866. Bangel u. Schmitt. 2. 10.

Moy de Sons, C. v., Grundlinien e. Philosophie d. Rechts aus kathol. Standpunkte. 2 Bde. gr. 8. Wien 854, 57. Mayer u. Co. 3. —
  1. Bd.: Grundlinien e. Philos d. Privat- u. Kirchenrechts aus kathol. Standpunkte. — 2. Bd.: Grundlinien e. Philos. d. Staats- u. Völkerrechts ꝛc.

— das Recht außerhalb der Volksabstimmung. gr. 8. Regensburg 867. Pustet. n. — 21.

Muff, L., die Gesetze über die Verwaltung d. Gemeinden u. Stiftungen mit d. nöthigen Zusätzen zusammengestellt. 8. Stuttgart 863. Mezler. n. — 4.

Mühlböck, Rud., Handbuch d. gesammten neuesten Baugesetze d. i. Sammlung aller in d. k. k. österreich. Kaiserstaate vom J. 1851 bis incl. letzten Dezbr. 1857 ergang. Bauverordnungen ꝛc. 2 Bde. gr. 8. Graz 855, 58. Kienreich. n. 5. 18.

— Baugesetz-Sammlung aller in d. k. k. österreich. Staaten von d. J. 1793 bis 1850 ergang. Bauverordnungen oder Bauvorschriften. 4. Bd. gr. 8. Wien 852. (Capellen.) 1. 15.
  1—3. Bd. ebend. (846—48.) — 2. Ausg. 852. 4 Thlr. 15 Ngr. (1—4. Bd. zusammen nur 4 Thlr. 15 Ngr.)

Mührer, A., Repetitorium d. preußischen Strafprozesses, zum Gebrauche bei d. Vorbereitungen auf die jurist. Prüfungen u. zur Aushülfe in der Praxis. (859.) — 2. Aufl. 8. Berlin 860. Grieben. n. — 24.

Mühry, E., das geänderte Pfand- u. Concursrecht. Erläuternde Fingerzeige, insbes. auch für Nichtjuristen, in Betreff d. neuen Hannoverschen Hypothekengesetzes. (865.) — 2. [namentlich durch e. Anhang mit Beispielen] verm. Aufl. gr. 8. Hannover 866. Helwing. — 6.

Müller, A., die Uebereinkunft deutscher Bundesstaaten vom 15. Juli 1851 wegen gegenseit. Uebernahme der Ausgewiesenen u. Heimathslosen. [Gothaer Convention.] Mit erläut. Anmign. u. e. Abdr. der d. Abschluß, bez. d. Revision d. Uebereinkunft betr. Conferenz-Protocolle. Nach amtl. Quellen. (1861.) — 2. unveränd. Aufl. gr. 8. Stuttgart 863. Nitzschke. n. — 24.

Müller, Andr., Lexikon des Kirchenrechts u. d. röm.-kathol. Liturgie ꝛc. 5 Bde. Neue umgearb. Aufl. (842.) — 2. Ausg. gr. 8. Regensburg 852. Manz. 7. —

Müller, B., die Gesetze u. Verordnungen über die preuß. Rentenbanken nebst d. Motiven u. d. Ablösungsgesetz vom 2. März 1850. 16. Berlin 850. Hempel. n. — 10.

Müller, C., Bibliothek interessanter Criminalgeschichten d. neueren u. neuesten Zeit. Aus authent. Quellen. 6 Bbchn. 8. Quedlinburg 859. Basse.
à Bbchn. — 15.

Müller, Carl, die Verfassungs-Urkunde f. d. preußischen Staat vom 31. Jan. 1850. Mit ausführl. Erläuterungen ihrer wichtigsten Bestimmungen nebst d. Gesetzen u. Verordnungen über die Bildung d. beiden Häuser d. Landtages. 16. Leipzig 863. Mittler. — 10.

Müller, C. F., das Holzdiebstahls-Gesetz vom 2. Juni 1852. Aus den Materialien erläutert. Mit e. Anh.: die Feld-, Forst- u. Jagdpolizei-Gesetzgebung. Ein Handbuch f. Justiz-, Verwaltungs- u. Gemeindebeamte ꝛc. 8. Berlin 852. Hempel.
n. — 20.

— das jetzige preußische Jagdrecht. Eine systemat. Zusammenstellung d. sämmtlichen preuß. Jagdgesetze vom Allgem. Landrecht an bis auf die neueste Zeit. Unter Berücksicht. d. verschied. Provinzial-Gesetze. Mit erläut. Bemerkungen. f. Justiz- u. Verwaltungsbeamte ꝛc. (850.) — 2. umgearb. Aufl. 8. Berlin 852. Hempel. n. — 20.

— die organischen Proceßgesetze Preußens synoptisch zusammengestellt u. durch die ergang. Novellen, Präjudicien u. Rescripte ergänzt u. erläutert ꝛc. 4. Berlin 858. Gebr. Scherl. n. — 18.

— Handbuch d. gesammten preuß. Schul-Gesetzgebung. Eine systemat. Zusammenstellung d. in Preußen über d. Schulwesen erlaff., noch giltigen Gesetze, Verordnungen, Rescripte ꝛc. bis auf d. neueste Zeit. 8. Berlin 854. Hempel. n. — 25.

— die preußische Sportelgesetzgebung. Die Gesetze über die Gebühren d. Gerichte u. Gerichtsbeamten, sowie d. Rechtsanwälte u Notare, nebst d. Tarifen. Nach d. amtlichen Quellen ꝛc. gr. 8. Ebend. 851. n. — 27½.

— die Städteordnung für die sechs östlichen Provinzen d. preuß. Monarchie vom 30. Mai 1853. Mit prakt. ꝛc Erläuterungen u. allen die Städteordnung ergänz. Gesetzen ꝛc. 1. u. 2. verm. Aufl. 8. Ebend. 853. n. — 12¼.

— das preußische Strafgesetzbuch nebst d. Einführungsgesetz. Mit den Motiven ꝛc. u. Hinweisungen auf die ältere Gesetzgebung u. die früheren Entwürfe. 2 Thle. gr. 8. Ebend. 851. n. 2. 22½.

— die preußische Strafproceßordnung in ihrer jetzigen Gestalt. Systemat. Zusammenstellung d. neuesten das Strafverfahren betr. Gesetze ꝛc. Aus d. Materialien erläutert. 8. Ebend. 852. n. 1. —.

Müller, C. F., die Jagdgesetze im Großherzogth. S.-Weimar-Eisenach. Mit Erläuterungen. Jena 861. Deistung. n. — 8.

— über die de recepto actio u. deren analoge Ausdehnung auf die Postanstalten. Mit e. Anh. wie nach b. Bestimmungen b. deutsch-österreich. Postvereins u. nach b. Partikular-Rechten ꝛc. zu demselben gehör. Staaten der Schadenersatz bei d. Postanstalten geleistet wird, sowie über die Haftverbindlichkeit d. Eisenbahnen. 2. verm. Aufl. gr. 8. Leipzig 857. Serig. 1. 7½.

— das Strafgesetz über Verbrechen, Vergehen u. Uebertretungen f. d. Kaiserth. Oesterreich vom 27. Mai 1852 in seinen Verhältnissen zu d. neuen Strafgesetzbüchern in Preußen, Baiern, Württemberg, Hannover, Sachsen, d. thüring. Staaten ꝛc. Eine vergleichende Ausgabe. gr. 8. Wien 853. Hartleben. 4. —

— das Strafgesetzbuch f. d. preuß. Staaten vom 14. April 1851 mit Beifüg. d. nach d. neuesten Strafgesetzbüchern in Oesterreich, Baiern, Oldenburg, Sachsen, Württemberg ꝛc. geltenden Strafbestimmungen. gr. 8. Braunschweig 852. Schweischke u. S.
2. 22½.

— Strafgesetzbuch f. S.-Weimar-Eisenach, Meiningen, Coburg u. Gotha, Anhalt, Schwarzburg u. Reuß. j. L. Eine vergleich. Ausg. mit e. Sachregister. 8. Erfurt 853. Müller. — 22½.

Müller, C. J., die Strafprozeß-Ordnung für S. Weimar-Eisenach, S. Meiningen, Anhalt-Dessau-Köthen, Schwarzb.-Rudolstadt u. Schwarzb.-Sondershausen in ihren neuesten abgeänderten Gestaltung nebst d. Gesetze über die Vollstreckung d. Todesstrafe in Reuß j. L. Eine übersichtliche Ausgabe gr. 8. Schleiz 856. Hübscher. 1. —

— kritische Betrachtungen über d. Gesetzentwurf zur Abänderung d. thüring. Strafprozeßordnung von 1850, unter Berücksicht. d. neuen deutschen Strafprozeßgesetzgebung. gr. 8. Jena 853. (Doebereiner.) n. — 16.

— über die Unabhängigkeit d. Justizbehörden u. die Stellung d. Staatsanwaltschaft. 8. Weimar 853. Jansen. n. — 10.

— die Rechte u. Verbindlichkeiten d. unehelichen Kinder u. deren Eltern im Großherzogth. S.-Weimar-Eisenach. gr. 8 Jena 860. Cräfer. n. — 6.

Müller, Franz, und das Geschwornengericht. Zur Culturfrage der Gegenwart. gr. 8. Prag 865. (Reichenecker.) n. — 6.

Müller, Frdr., Compendium d. Staatsarzneikunde f. Aerzte, Juristen, Studirende, Pharmaceuten u. Geschworene, nebst e. Anh., enth. die gerichtliche Chemie von Frdr. Mann. 16. München 855. (Grubert.) 1. —

Müller, Jos., das Apotheker-Wesen in seinen gesetzlichen Bestimmungen, mit besond. Rücksicht auf d. Kaiserth. Oesterreich. (844 —) 2. Aufl., verm. mit e. Zusammenstellung d. bis zum J. 1858 f. d. Kaiserth. Oesterreich publizirten Gesetze von M. Macher. gr. 8. Wien 858. Braumüller n. — 20.

Müller, Isid., die Lehre von der Herrschaft u. ihrer Gestaltung zum freien Staate. gr. 8 Wien 861. (Gerold.) n. — 10.

— die Lehre von den Rechten, vom Unrechte u. seiner Behandlung in u. ausser dem Staate. gr. 8. Ebend. 861. n. — 10.

Müller, K. O., de falsa demonstratione heredis institutioni vel legato adjecta commentatio I et II. 4 Leipzig, 861, 65. Dürr'sche Buchh. — 12.

— die Lehre d. röm. Rechtes von der Eviction. 1. Thl. gr 8. Halle 851. Pfeffer. n. 1. 10.

— Lehrbuch der Institutionen gr. 8. Leipzig 858. C. Tauchnitz 3. 22½.

Müller, Tr. Aug., die preußische Eisenbahn-Polizei in ihrer administrativen u. technischen Ausdehnung. Systemat. Zusammenstellung aller zur Sicherung des Betriebes auf Eisenbahnen speziell erlass. u. d. auf dieselben Anwendung findenden allgem. polizeilichen Bestimmungen u. 8. Danzig 854 (Bertling.) 1. —

Müller, W., der Volks-Advokat. Verläßlicher Rathgeber in allen gerichtlichen u. geschäftlichen Angelegenheiten für die Bewohner aller österreich. Königreiche u Länder. 1—10. Liefg. gr. 8. Teschen 866, 67. Prochaska. à Liefg n — 6.

Müller, Wilh., die Ingrossation d. Grundeigenthums nach d. großherzogl. hessischen Gesetze vom 21. Febr. 1852 in Betreff d. Erwerbung d. Grundeigenthums u. d. besonderen rechtlichen Folgen d. Eintrags eines Erwerbstitels in d. Grundbuche, mit vergleich. Rücksicht auf gemeines deutsches Civilrecht Ein Beitrag zur Eigenthumslehre. gr. 8. Darmstadt 855. Jonghaus. n. 1. 10.

— Commentar über d. großherzogl. hessische Gesetz vom 19. März 1853 bezügl. d. Verjährung d. persönlichen Klagen, mit vergleich. Rücksicht auf fremdes n. deutsches gemeines u. particulares Recht. gr. 8. Marburg 854. Elwert. — 27.

Müller, Wilh., über das gesetzliche Executionsverfahren der kgl. bayerischen Bezirksämter u. deren Tagregister. gr. 8. Augsburg 866. Schlosser. n. — 9.

Müller, W. H., die deutsche Wechsel-Ordnung. Erläutert für Nicht-Juristen. 8. Breslau 864. Maruschke u. B. n. — 16.

Müller-Jochmus, Maur., über die Tabesstrafe. Eine principielle Untersuchung. gr. 8. Leipzig 848. Keil. — 5.

Mülverstedt, G. A. v., Sammlung von Ehestiftungen u. Leibgedingsbriefen ritterschaftlicher Geschlechter d. Provinzen Sachsen, Brandenburg, Pommern u. Preußen. Nach archivalischen Quellen herausg. gr. 8. Magdeburg 863. (Schäfer.) n. 1. 24.

— die ältere Verfassung d. Landstände in d. Mark Brandenburg, vornämlich im 16. u. 17. Jahrh. gr. 8. Berlin 858. R. Kühn. n. — 15.

München, Nic., die Amts-Entfernung, ein Beitrag zur unbefang. Kritik d. Titels über die Verbrechen der Geistlichen in d. neuen Entwurfe d. Strafgesetzbuches. gr. 8. Köln 848. Du Mont-Schauberg. — 3.

— das kanonische Gerichtsverfahren und Strafrecht. 2 Bde. gr. 8. Köln 865, 66. Schwann. n. 5. 20.

Münchmeyer, A. J. D., Huschke und Mejer oder wie fassen beide die Fragen vom Kirchenregiment u. wem ist Recht zu geben? gr. 8. Einbeck 1864. Ehlers. n. — 20.

Münde, C., die Lehre von Verträgen nach Maßgabe d. kgl. preußischen Gesetzgebung. gr. 8. Nordhausen 863. Büchting. — 22½.

Munz, C. R., Handbuch zu d. Regulative für d. Sportel-Cassen- u. Rechnungswesen d. k. sächsischen unteren Justizbehörden. gr. 8. Dresden 857. (Dietze.) n. 1. 6.

Munzinger, Walth., causa curiana vor dem römischen Centumviralgericht u. die testamentarische Substitution. 8. Solothurn 855. (Jent u. G.) n. — 10.

— Motive zu d. Entwurfe e. schweizerischen Handelsrechtes gr. 8. Bern 865. (Blom. — Huber u. Co.) 2. —

Muquardt, C., das literarische Eigenthumsrecht, der Nachdruck u. das Wesen d. Presse in Beziehung auf Journal- u. Bücher-Literatur. Eine Analyse. 8. Brüssel 851. Muquardt. n. — 8.

Murhard, F., recueil de traités etc., s. Recueil.

Mushacke, Ed., die preußischen Real- u. höheren Bürgerschulen. Eine Sammlung aller noch gültigen das preuß. Realschulwesen betr. Gesetze u. Verordnungen. gr. 8. Berlin 851. Gebauer. (Guttentag.) n. — 10.

Muther, Ferd. Fr. Alb., in Fr. VI. communia praediorum commentatio. 8. Erlangen 858. Deichert. — 6.

Muther, Thdr., zur Lehre von der römischen Actio, dem heutigen Klagrecht, der Litiscontestation u. d. Singularsuccession in Obligationen. Eine Kritik des Windscheid'schen Buches: „Die Actio d. röm Civilrechts ꝛc." gr. 8. Erlangen 867. Deichert. n. — 24.

— die Gewissensvertretung im gemeinen deutschen Recht, mit Berücksicht. von Particulargesetzgebungen, besonders des sächsischen u. preußischen. gr 8 Ebend. 860. n. 1. 10.

— de origine processus provocatorii ex lege diffamari quem vocant commentatio. 8. Ebend. 853. n. — 12.

— Sequestration u. Arrest im römischen Recht. gr. 8. Leipzig 856. Hirzel. 2. —

— die Ersitzung der Servituten mit besond. Berücksicht d. Wegservituten. 8. Erlangen 852. Blaesing. n. — 8.

Mützell, R., das Rentenbank-Gesetz vom 2. März 1850 aus den Motiven erläutert. 4. Stolp 850. (Fritsch.) n. — 5.

Mycielski, M., de juris offerendi origine gr. 8. Berlin 848. (Stilke n. v. M.) n. — 12.

Nachschlagebuch, neuestes alphabet. geordnetes, über d. Gebühren- u. Stempelgesetze f. sämmtliche Kronländer d. Monarchie nach den durch d. Gesetz vom 29. Febr. 1864 ins Leben tretenden Aenderungen u. mit Berücksicht. aller seit 1850 erschienen u. in Kraft bestehenden Nachtragsverordnungen, nebst d. Promessengesetz vom 7. Novbr. 1862. (849—63.) — 10. Aufl. gr. 8. Wien 864. Sommer. n. — 20.

Nachschlageregister für das mit a h. kais. Patente vom 8. Oktbr. 1856 kundgemachte neue Eherecht. Zusammengestellt von J. R. 4. Olmütz 857. (Große.) — 2.

— zum allgem. deutschen Handelsgesetzbuche. gr. 8. Wien 861. Manz. n. — 8.

Nachtrag zu den bis jetzt erschienenen Handausgaben des Gesetzes, das wegen polizeil. Beaufsichtigung der Baue zu beobachtende Verfahren betr. vom 6. Juli 1863 u.

b. dazu gehör. Verordnung. Alphabetisch getrennt gehalt. Sachregister 1. für Gesetz u.
Ausführungsverordnung, 2. für Baupolizeiverordnung für Städte, 3. für Baupolizeiordnung für Dörfer. gr. 8. Chemnitz 863. Focke. — n. — 2.

Nachtrag zum neuen kgl. hannoverschen Gesetze, die Entrichtung d. Stempelsteuer
betr. Zusatzbestimmungen vom 24. Jan. 1851. gr. 8. Celle 853. Schulze. — 1¼.

Nachtseiten der Gesellschaft. Eine Gallerie merkwürd. Verbrechen u. Rechtsfälle.
Herausg. von A. Diezmann, W. Jordan u. L. Meyer. 18 Thle. (844.) —
3. Ausg. 16. Leipzig 851. O. Wigand. 4. —

—— 2. Serie. 3—8. Bd. 8. Ebend. 849—51. à Bd. — 15.
1. u. 2. Bd. Ebend. 848.

Nachweisung des Erbrechts Herzog Friedrichs VIII. auf die Herzogthümer
Schleswig-Holstein. Ueberreicht der deutschen Bundesversammlung am 1. Septbr. 1864.
gr. 4. Kiel 864. Schwers. — 15.

—— der im Bezirk d. kgl. Regierung zu Breslau geltenden landespolizeilichen Strafverordnungen mit auszugsweiser Angabe ihres Inhalts. 8. Breslau 850. Graß,
B. u. Co. n. — 6.

Nahr, W., Tax- u. Stempel-Wesen in Bayern mit besond. Berücksicht. d. Notariats-Gesetzgebung, d. Untersuchungs-Kosten u. Staats-Verträge. Für Gerichte, Aemter
u. Notare 2c. systematisch dargestellt. gr. 8. Landsberg 864. Derza. n. 1. 10.

Nar, Carl, Handbuch d. bayerischen Distrikts-Verwaltungs-Behörden. (862.)
—— 2. umgearb. Aufl. gr. 8. Ansbach 864. Junge. n. 3. 6.
—— 1. Nachtrag zur 1. Aufl. gr. 8. Ebend. 864. n. — 18.

Nasalski, Teof., Advokaten u. Notare d. gesammten österreich. Monarchie,
mit genauer Berücksicht. d. gerichtlichen Eintheilung eines jeden Kronlandes.
Nach amtlichen Quellen. 8. Wien 866. Wachter. n. — 20.

Nasse, Erw., Bemerkungen über das preußische Steuersystem. gr. 8. Bonn 861.
Marcus. n. — 20.

Nasse, W., Vorschläge zur Irrengesetzgebung mit besond. Rücksicht auf
Preussen. gr. 8. Marburg 850. Elwert. (Frankf. a. M. Voelcker.) — 6.

(**Rathusius**, Phil.) actenmäß. Darstellung d. Processes wegen Verunglimpfung
der Union gegen d. Herausg. des Volksblattes f. Stadt u. Land Ph. Rathusius. 8.
Halle 860. Fricke. — 12.

Naumann, Chrn., über die Strafrechtstheorie u. das Pönitentiarsystem. Aus
d. Schwed. übers. etc. gr. 8. Leipzig 850. Lorck. (Fritsch.) n. — 10.

Navigations-Acte, englische, vom 26. Juni 1849. gr. 8. Bremen 849. Schünemann. — 6.

Nebomansky, Frz., kurz gefaßte Grundsätze d. Rechtsphilosophie. gr. 8. Brünn 864.
(Ritsch.) n. 1. —

Nerlich, Ed., die Polizei-Verordnungen f. d. Stadt u. d. Regier.-Bezirk Posen
nebst e. Auswahl der in d. Polizei-Gebiet einschlag. allgem. gesetzl. Bestimmungen. 4.
Posen 865. Merzbach. n. 2. —

Nessel, Thdr., prakt. Handbuch für das Verfahren d. Polizei-Behörden u. Beamten als Organe d. Strafrechtspflege im preuß. Staate mit Ausschluß d. Rheinprovinz;
nebst e. Commentare d. Strafgesetze u. e. allgem. Darstellung d. neuen Verfahrens 2c.
gr. 8. Breslau 856. Aderholz. —20;
1. Nachtrag dazu — 4.

Neubig, Andr., die rechtswidrige Todesstrafe u. die rechtmäßige Hinrichtung. (833.)
— 2. Ausg. 8. Nürnberg 850. Loßbeck.

Neudörffer, E., Gesetz. betr. die militärische Einquartierung u. ähnliche Leistungen f. d. kgl. Truppen vom 18. Juni 1864. Handausg. mit Erläuterungen. Nebst Inhaltsübersicht u. Sachregister. gr. 8. Stuttgart 864. Ripsche. n — 12.

Neufville, W. C. v., die tödtlichen Verletzungen nach den Grundsätzen d.
neueren deutschen Strafgesetzgebungen bearb. (Abdr. aus Henke's Zeitschrift.)
gr. 8. Erlangen 851. Palm u. E. n. — 20.

Neumann, Carl Aug., das kurländische Erbrecht, nach d. Gesetzen u. d. Praxis
dargestellt. gr. 8. Mitau 850. (Neumann.) n 1. 10.

Neumann, Heinr., die Theorie u. Praxis d. Blödsinnigkeitserklärung nach preußischem Gesetze. Ein Leitfaden f. Aerzte u. Juristen. gr. 8. Erlangen 860 Enke.
n. — 16.

Neumann, Leop., Handbuch d. Consulatwesens, mit besond. Berücksicht. d. österreichischen, u. e. Anh. von Verordnungen. gr. 8. Wien 854. Tendler u. Co. (Gerold.)
n. 3. 10.

Neumann, Ludw. Gfr., der Organismus d. Hilfs-Aemter. 16. Ebend. 854.
n. — 8.

Neumann, May., die Miethe- u. Dienstverhältnisse d. ländlichen Wirthschafts-Beamten u. Arbeiter aller Art. Dargestellt auf Grund d' darüber bestehenden Gesetze, Verordnungen u. Entscheidungen ꝛc. (856.) — 2. Aufl. gr 8. Berlin 859. Grieben.
n. — 22½.

— das Recht d. Vor- u. Anbautenbesitzer in Danzig. gr. 8. Danzig 862. Kafemann.
n. — 10.

— der Rechtsschutz der Photographie gegen Nachdruck nach d. deutschen Nachdrucksgesetzen. Eine Denkschrift. gr. 8. Leipzig 866. R Haffmann. — 7½.

— de foenore redituum annuorum emtione. gr. 8. Halle 864. Buchh. d. Waisenhauses.
n. — 10.

— Beiträge zum deutschen Verlags- u. Nachdrucksrechte bei Werken d. bildenden Künste, im Anschluss an die Frage vom Rechtsschutze d. Photographie gegen Nachdruck. gr. 8. Berlin 866. Guttentag.
n. — 24.

— Geschichte des Wechsels im Hansagebiete bis zum 17. Jahrh., nach archival. Urkunden bearb. gr. 8. Erlangen 863. Enke.
n. 1. 6.

— Geschichte des Wuchers in Deutschland bis zur Begründung d. heutigen Zinsengesetze [1654]. Aus handschriftl. u. gedr. Quellen dargestellt. gr. 8. Halle 865. Buchh. d. Waisenhauses.
n. 2. 20.

Neumann, Rob., der Hausirhandel in Preußen u. die dafür zu entrichtende Gewerbesteuer ꝛc. (852. 857.) — 3. verm. Aufl. gr. 8. Erfurt 858. Körner. n. — 24.

— die Klassensteuer u. die klassificirte Einkommensteuer in Preußen ꝛc. (1853.) — 2. verm. Aufl. gr. 8. Ebend. 858.
n. — 24.

Neumann, Will., Principien d. socialen Ordnung. 8. Leipzig 857. Gerhard.
n. — 20.

Neuner, C., die heredis institutio ex re certa. Eine civilist. Abhandlung. gr. 8. Gießen 858. Ricker.
n. 2. 20.

— Wesen u. Art der Privatrechtsverhältnisse. Eine civilistische Ausführung, nebst e. Anh. zum Grundriß zu e. neuen Systeme für die Darstellung d. Pandektenrechts enth. gr. 8. Kiel 866. Schwers.
n. 1. 15.

Ney, Frz. v., die gerichtliche Erhebung von Verletzungen nach d. Erfordernissen d. österreich. Strafgesetzbuches vom 20. Juni 1852. gr. 8. Linz 852. Fink. — 15.

— die gerichtliche Leichenbeschau beim Anklageprozeß im öffentl. u. mündlichen Strafverfahren mit Berücksicht. d. dieselbe gewöhnlich veranlassenden Todesarten. gr. 8. Salzburg 850. (Leipzig, Hübner.)
n. — 28.

— die wichtigsten Momente d. gerichtlichen Seelenkunde nach juridischen u. naturwissenschaftl. Grundsätzen. 8. Linz 863. Tanner.
1. —

Riebuhr, B. G., Grundzüge für eine Verfassung Rieberlands. 1813 geschrieben. gr. 8. Berlin 852. Herz.
n. — 15.

Rieberding, Arn., Wasserrecht u. Wasserpolizei im preußischen Staate. gr. 8. Breslau 866. Korn.
n. 1. 15.

Anhang dazu, s. Gesetze, preuß., über Wasserrecht ꝛc.

Riedermeyer, C. W., Lehr- u. Handbuch zur Bearbeitung d. gerichtlichen Kalkulatur-Geschäfte unter Beifüg. d. Konkurs-Ordnung u. d. Einführungsgesetzes vom 8. Mai 1855 sowie d. Verordnung vom 4. Juni 1855 betr. die im Konkurse u. erbschaftlichen Liquidations-Prozesse zu erhebenden Kosten, nebst erläut. Bemerkungen. (855.) — 2. unveränd. Aufl. gr. 8. Breslau 856. Morgenstern.
n. 2. —

Niederstetter, J., das Provinzialrecht für Westpreußen nebst d. dazu gehör. Publikations-Patenten unter Berücksicht. d. dazu erlassenen Deklarationen u. abändernden Geseze, sowie d. auf Grund desselben ergang. Entscheidungen d. kgl. Obertribunals. gr. 8. Danzig 864. Kasemann. n. — 10.

Niehaus, die Grundprinzipien d. ehelichen allgem. Gütergemeinschaft mit besond. Beziehung auf die Münsterische Polizeiordnung u. d. Lingensche Landrecht. gr. 8. Hannover 862. Rümpler. n. — 20.

Niemeyer, F., das Meierrecht in d. Grafschaft Hoya. gr. 8. Ebend. 862. n. 1. —

Niemeyer, G., die Domicil-Ordnung f. d. Kgr. Hannover u. der s. g. Gothaer Vertrag wegen Uebernahme Auszuweisender. Mit Anmkgn. versehen. (855.) — 2. Aufl., herausg. u. mit Nachträgen von A. Strandes. gr. 8. Hannover 863. Pohse. n. — 10.

Nieper, die Justizreform-Frage im Kgr. Hannover. gr. 8. Hannover 858. Rümpler. — 6.

Niggeler, R., und Em. Vogt, Sammlung d. Civil- u. Civilprozeßgesetze d. Kantons Bern, mit Beifüg. aller einschlag. Geseze u. Abänderungen, sowie d. Bundes- u. Kantonalverfassung u. d. civilrechtlichen Staatsverträge. 5., sorgfältig revid. Aufl., fortgeführt bis Ende 1865. gr. 8. Bern 866. Jenni. n. 2. —

Niklisch, Leop., Preußens Gesetzsammlung in e. Auswahl f. praktische Juristen. (851—56.) — Neue umgearb. Aufl. nebst e. Anh., enth. die Provinzial-Gesetzgebung mit Einschluß d. rheinischen, u. e. alphabet. Sachregister. 2 Bde. u. Supplement. gr. 8. Berlin 860. C. Heymann. 3. —;

das Supplement allein — 7½.

Nippel, Frz., Materialien zur Reform d. österreich. Gesetzgebung im Justizfache. 1. Bd. gr. 8. Wien 850. Braumüller. 1. —

Nischeléty, A., die bestehenden Vorschriften über d. Verfahren bei Begnadigungs-Gesuchen u. Anträgen auf Aussezung, Theilung oder Umwandlung rechtskräftig erkannter Strafen. gr. 8. Frankfurt a. O. 854. Koschy. — 3.

— das Subhastations-Verfahren nach d. Allgem. Gerichts-Ordnung u. d. Subhast.-Gesetze vom 4 März 1834 nebst d. gesetzl. u. ministeriellen Abändergn., Ergänzgn., sowie d. Grundsätzen d. kgl. Ober-Tribunals. gr. 8. Ebend. 854. — 12.

Nissen, Adph., der Entwurf e. deutschen Civilprozeßordnung in Vergleichung mit dem sächsischen. gr. 8. Leipzig 864. Jues. n. 1. —

— die Gewissensvertretung nach gemeinem deutschen Processrecht. gr. 8. Leipzig 861. Brockhaus.

— die Verfassungsgesetze d. Kgr. Sachsen. Für d. Handgebrauch zusammengestellt. 8. Leipzig 864. Jues. n — 20.

Nitze, Rhld., das allgemeine Seerecht d. civilisirten Nationen. Mit besond. Hervorhebung d. hanseat. mecklenburg., partikular- u. rostockschen Statutar-Seerechtes. 1. Bd.: Das öffentliche Seerecht. gr. 8. Rostock 857. Leopold. n. 3. —

Noah, G. A., die staatsrechtliche Stellung der Polen in Preußen. (861.) — 2. unveränd. Ausg. gr. 8. Berlin 864. Guttentag. — 22½.

Noll, Ferd., Betrachtungen über die gesammten Erwerbsverhältnisse d. preuß. Staates. 4 Hefte. gr. 8. Berlin 857—62. Reichardt u. J. n. 1. 5.

1—3. Heft: Muster-Ehen, sowie Schutz für jedes andere gewerbliche Eigenthum, eine Pflicht d. preuß. Staatsverwaltung. a 25 Kgr.

4. Heft: Das geistige Eigenthum oder das Urheberrecht an Werken d. Arbeit jeder Art c. gegen Nachahmung. Mit e. Gesetzesentwurfe u. Erläuterungen zu demselben. [Schutz d. Werke d. Wissenschaft u. Kunst, Musterschutz, Erfindungspatente.] n. 10 Kgr.

Noellner, Frdr., criminal-psychologische Denkwürdigkeiten. gr. 8. Stuttgart 858. Cotta. n. 1. 6.

— die deutschen Einheitsbestrebungen im Sinne nationaler Gesetzgebung u. Rechtspflege. Mit Benuz. amtlicher Urkunden. gr. 8. Leipzig 857. (Günther.) n. 1. 15.

— die deutschen Juristen u. die deutsche Gesetzgebung seit 1848, zugleich als Prognose für nationale Rechtsreform. Kritik f. Gebildete aller Stände. (854.) — 2. Aufl. gr. 8. Cassel 855. Fischer. 1. 10.

Roellner, Fr., das monarchische Princip u. die deutschen Staatsverfassungen d. neueren Zeit. gr. 8. Braunschweig 856. Schwetschke u. S. 2. 7½.

Nordenflycht, F. O. v., die schwedische Staatsverfassung in ihrer geschichtlichen Entwickelung. gr. 8. Berlin 861. v. Decker. 1. 22½.

Nordheim, Jos., Katechismus für Dorfschultheißen. Ein Volksbuch. 8. Leipzig 862. Naumann. n. — 12.

Nördlinger, Leop., die württembergische Handelsgerichts-Ordnung u. die württemberg. Wechselgerichts-Ordnung, sowie weitere damit in Beziehung stehende Gesetze, Verordnungen, Verfügungen u. Präjudicien. 16. Stuttgart 866. Rieger. n. — 14.

— Mord u. Todesstrafe nach d. Alten Testament. In Briefen von Rechtsconsul. Herrn Dr. Oec. Wächter u. Herrn Prälat v. Moser. 8. Stuttgart 865. Kitzinger.
n. — 4.

Nordmann, C., Betrachtungen über Competenzconflicte zwischen Justiz u. Verwaltung nach d. neuesten hannoverschen Rechte. 2 Hefte. gr. 8. Göttingen 862, 63. Bandenhoed u. R. n. 1. —

Norm, einstweilige, für die Gerichtspflege in Ungarn in Gemäßheit d. Anträge d. Judex-Curial-Conferenz. Aus d. Ungar. übers. gr. 8. Pest 861. Heckenast. n. — 12.

Notariat, das, als nothwendige Rechtsanstalt. Denkschrift. gr. 8. Wien 867. Meyer.
n. — 4.

Notariatsgebühren nach Art. 1 u. 2 d. kgl. Verordnung vom 19. Jänner 1862 mit den Staatstaxen u. Stempelgebühren f. d. Kgr. Bayern diess. d. Rheins. Fol. München 862. Franz. — 10.

— Staatstaxen u. Stempelgebühren, die, nach d. kgl. Verordnungen vom 19. Jan. 1862 u. 7. Juni 1863 u. nach d. Tax- u. Stempelgesetzen. Für d. prakt. Gebrauch systematisch, alphabetisch u. tabellarisch zusammengestellt. 4. Ebend. 863. — 10.

Notariats-Gesetz, das, vom 19. Jan. 1862. gr. 8. Nördlingen 862. Beck. n. — 5.

—— —— mit Notariatsgebührenordnung vom 19. Jan. 1862 u. d. Verordnung über die Notariatssitze 2c. 8. Würzburg 862. Stahel. — 5.

—— —— 1. u. 2. Aufl. 8. Bamberg 862. Buchner. — 9;
mit Vollzugs-Instruction — 14.

Notariatsgesetzgebung, die, f. d. Kgr. Bayern diesseits d. Rheins. gr. 8. Nördlingen 863. Beck. .15.

Notariats-Ordnung vom 29. Sept. 1850 wirksam für Oesterreich u. u. o. d. E., Salzburg, Steiermark, Kärnthen, Krain 2c. 16. Wien 851. Tendler u. Co.
— 6.

Notariatstaxen, die, diesseits u. jenseits des Rheins. gr. 8. Speyer 863. (Kleeberger.) n. — 4.

Notariatswesen, das, im Kgr. Bayern diesseits d. Rheins. 2 Bde. 8. München 863. Franz. 1. 18.

Notitia dignitatum et administrationum omnium tam civilium quam militarium in partibus Orientis et Occidentis. Ad codd. mss. editorumque fidem recens. commentariisque illustr. Ed. Böcking. gr 8. Bonn 849, 53. Marcus.

Fasc. IV. V. Annotatio ad notitiam dignitatum in partibus Occidentis.
    Pars I.: Annotationum ad cap. I—XXII cont.   n. 2. —
    Pars II. Annotat. ad cap. XXIII—XLVI. cont.   n. 3. 10.
    Index n. 1. —

Fasc. I—III. Ebend. 879, 40. n. 4 Thlr. 10 Ngr.

Novellarum constitut. Justin. versio ed. Heimbach, s. Authenticum.

Novellen, die, zur bürgerlichen Processordnung d. kgl. preußischen Rheinprovinz. gr. 8. Elberfeld 855 Bädeker. — 12.

Nussbaumer, Gfr., über das Mass d. Schadenersatzes. Eine civilist. Abhandlung aus d. röm. Rechte. gr. 8. Zürich 855. (Höhr.) n. — 12.

Rützer, Fr. A., juristisches Handwörterbuch oder Erklärung der in d. Rechtssprache vorkomm. fremden Wörter, Redensarten ɾc. Nach d. besten Quellen ɾc. bearb. (828—41.) — 4. umgearb. Aufl. 8. Eisenberg 852. Schöne. — 15.

Obduktion, die gerichtliche, nach d. in Preußen geltenden gesetzlichen Bestimmungen u. d. neuen Regulativ vom 15. Novbr. 1858. Handbuch f. prakt. Juristen. gr. 8. Berlin 859. Th. Enslin. n. — 12.

Obentraut, Max v., grundsätzlicher Leitfaden f. angehende junge Beamte in prakt. Umrissen 1. über den amtlichen Geschäftsstyl. 2. über die amtlichen Geschäftsformen. 3. über die nothwend. Eigenschaften eines Beamten. (2. Aufl.) gr. 8. Prag 865. Calve. n. 1.

Oberhäußer, K., die Notariats-Gebühren nach d. Verordnung vom 19. Jan. 1862 in alphabet. Uebersicht ɾc. gr. 8. Nürnberg 862. Zeiser. n. — 4.

Oberländer, Marl., die Feuerversicherungsanstalten vor der Ständeversammlung d. Kgr. Sachsen. Ein Beitrag zur Feuerversicherungsgesetzgebung in ihrer volkswirthschaftlichen Bedeutung. gr. 8. Leipzig 857. Weber. n. — 20.

Ockel, J. W., die eheliche Gütergemeinschaft nach d. pommerschen Bauer-Ordnung in Neuvorpommern u. Rügen. 8. Berlin 854. C. Heymann. n. — 10.

Oldenberg, J., die Brüder des Rauhen Hauses. Wider Herrn Dr. v. Holzendorff. 1. u. 2. Abdr. 8. Berlin 861. Herz. — 7½.

Olfers, C. v., Beiträge zur Geschichte d. Verfassung u. Zerstückelung d. Bisthums Münster besonders in Beziehung auf Jurisdictions-Verhältnisse. gr. 8. Münster 848. Coppenrath. n. 1. —

Opitz, Ew., die Gebühren u. Sporteln d. obern u. untern geistlichen, weltlichen u. Medicinalbehörden, b. Sachwalter u. Notare, cum annexis; nebst Darstellung d. Grundsätze über das Liquidiren u. die Kosten überhaupt. gr. 8. Leipzig 851. J. A. Barth. — 24.

Oppenheim, Heinr. Bernh., prakt. Handbuch d. Consulate aller Länder. gr. 8. Erlangen 854. Enke. n. 1. 22.

— Philosophie des Rechts u. d. Gesellschaft u. das öffentliche Recht Deutschlands. gr. 8. Stuttgart 850. Franckh. — 27.

— System des Völkerrechts. (845.) — 2. verm. u. verb. Aufl. gr. 8. Stuttgart 866. Kröner. n. 2. —

Oppenheim, O. G., die Verhandlungen d. englischen Parlaments über Einführung d. Civil-Ehe. (Aus Dove's Zeitschr. f. Kirchenrecht abgedr.) gr. 8. Berlin 861. F. Schulze. n. — 5.

Oppenheim, Sam., die Natur des Geldes. gr. 8. Mainz 855. v. Zabern. n. 2. —

Oppenhoff, F. C., die preußischen Gesetze über die Ressort-Verhältnisse zwischen d. Gerichten u. d. Verwaltungsbehörden, zusammengestellt u. erläutert. gr. 8. Berlin 863. G. Reimer. n. 2. 10.

— das Strafgesetzbuch f. d. preuß. Staaten u. das Gesetz über d. Einführung desselben, erläutert aus d. Materialien, d. Rechtslehre u. d. Entscheidungen d. kgl. Tribunals. (856—61.) — 4. Ausg. gr. 8. Ebend. 864. n. 3. 10.

— die preußischen Gesetze über d. mündliche u. öffentliche Verfahren in Strafsachen u. über die vorläufigen Straffestsetzungen wegen Uebertretungen, erläutert. gr. 8. Ebend. 860. n. 3. 10.

Oppermann, das Jagdpolizei-Gesetz vom 7. März 1850, mit den seit d. Publikation ergang. Entscheidungen u. Ministerial-Erlassen unter Benutz. amtl. Quellen herausg. gr. 8. Berlin 865. v. Decker. — 12.

Oppermann, H. Alb., allgem. bürgerliche Prozeßordnung f. d. Kgr. Hannover u. Gesetz die Uebergangsbestimmungen in b. neue Proceßverfahren betr. Unter vollständ. Mittheilung d. Regierungsmotive u. d. ständischen Beschlüsse u. mit Anmerkgn. zum prakt. Gebrauche ɾc. versehen. gr. 8. Göttingen 852. Dieterich. n. 1. —

Oppermann, H. Alb., Erfahrungen über die Wirksamkeit d. hannoverschen bürgerlichen Prozeßordnung vom 8. Nov. 1850. gr. 8. Heidelberg 855. J. C. B. Mohr. — 7½.
— zur Geschichte d. hannoverschen Verfassungsgesetzes vom 5. Sept. 1848 namentlich in Bezieh. auf die Anträge d. Reclamations-Ausschusses vom 15. März, betr. die § 33 u. 36 dieses Gesetzes. gr. 8. Leipzig 855. O. Wigand. n. — 12.
— hannoversches Wahlgesetz zur Ständeversammlung. Zusammenstellung derjen. gesetzl. Bestimmungen, welche bei den bevorstehenden Wahlen zur Ständeversammlung ins Auge zu fassen sind. Mit erläut. Anmkgn. herausg. 8. Hannover 853. Rümpler. — 7½.
— f. Gesetz. b. Rahnverfahren f. geringe Schuldsachen betr.

Ordnung des Hausirwesens f. d. Kgr. Württemberg vom 5. April 1851. Sammt ausg. mit kurzen Erläuterungen ic. u. alphabet. Sachregister. 8. Stuttgart 851. Mezler. — 6.

Orelli, Aloys v., Studien über den gerichtlichen Eib. gr. 8. Zürich 858. Orell, J. u. Co. — 15.
— die Jury in Frankreich u. England. Ein Beitrag zur Reform d. Zürcherischen Strafrechtspflege. gr. 8. Ebend. 852. n. — 12.
— über Errichtung von Zwangsarbeitsanstalten. Vortrag. 8. Zürich 865. Herzog. n. — 4.

Orfila, M. J. B., Lehrbuch d. gerichtlichen Medicin. Nach d. 4. Aufl. übers. von G. Krupp. 3 Bde. gr. 8. Leipzig 848—50. Kollmann 11. 10.

Organisation, die neue, d. Verwaltung u. Justiz im Landdrosteibez. Hildesheim ic. gr. 8. Hildesheim 853. Gerstenberg. — 5.

Ortloff, F., das Rechtsbuch Joh. Purgoldts, s Sammlung deutscher Rechtsquellen.
—, C. W. G. Helmbach und J. S. Vermehren, juristische Abhandlungen u. Rechtsfälle mit besond. Rücksicht auf die Länder d. sächsischen Rechts u. die Entscheidungen d. Gesammtoberappellations-Gerichts zu Jena. 2. Bd. gr. 8. Jena 857. (Fr. Mauke.) 1. 15.
1. Bd. Ebend. 847. a 2 Thlr.

Ortloff, Herm. Fr., der Abhäsionsprozeß. Dogmat.-systematisch dargestellt. gr. 8. Leipzig 864. Günther. n. — 16.
— die Beschäftigung der Gefängniß-Sträflinge. Ein Gutachten. gr. 8. Jena 862. Schweiger. n. — 12.
— die Encyclopädie d Rechtswissenschaft in ihrer gegenwärt. Bedeutung. Zur Einleitung in d. Studium d. Rechtswissenschaft. gr. 8. Jena 857. Mauke. n. — 20.
— Jahrrente u. Geschoß. Nebst Mittheilungen über den Schoß in Lübeck. Bremen u. d. schlesw.-holstein. Städten. gr. 8. Lübeck 863. Asschenfeldt n. — 20.
— Lüge, Fälschung, Betrug. Theoretisch u practisch dargestellt. 3 Thle. gr. 8. Jena 861, 62. Frommann n. 3. —
— de processus executivi origine et natura. Dissert. gr. 8. Jena 855. (Croeker.) — 7½.
— der fiscalische Strafprozess oder ein Officialverfahren in der Form d. contradictorischen Untersuchungsprozesses. Eine histor.-pract. Abhandlung. gr. 8. Leipzig 859. Breitkopf u H. — 15.
— das Strafverfahren in seinen leitenden Grundsätzen n. Hauptformen. gr. 8. Jena 858. Mauke. 1. —
— Methodologie oder Lehre des Studiums d. Rechts- u. Staatswissenschaft. Nach deutschen Studien- u. Examenordnungen. gr. 8. Braunschweig 863. Vieweg u. S. n. 1. —
— das Zellengefängniß zu Moabit in Berlin. 8. Gotha 861. J. A. Perthes. n. — 20.

v. Oertzen, über die Versagung d kirchlichen Begräbnisses durch die Pastoren, besonders nach mecklenburg. Rechte. gr. 8. Rostock 863. Stiller. — 6.

Oschwald, Joh. Ulr., die Ehescheidung mit besond. Rücksicht auf die Gesetzgebung beleuchtet. 8. Zürich 849. Haule. — 7½.

Ofenbrüggen — Ottendorff.

Ofenbrüggen, Eb., die Brandſtiftung in den Strafgeſetzbüchern Teutſchlands u. d. Schweiz. Ein krit. Commentar mit hiſtor. Einleitung. gr. 8. Leipzig 854. Hinrichs. 1. —

— Caſuiſtik des Criminalrechts. gr. 8. Schaffhauſen 854. Hurter. 1. 15.

— das Criminalrecht u. der Zeitgeiſt. 8. Braunſchweig 855. Schwetſchke u. S. n. — 4.

— der Hausfrieden. Ein Beitrag zur deutschen Rechtsgeschichte. gr. 8. Erlangen 857. Enke. n. — 18.

— Bericht über ein Practicum criminale. gr. 8. Dorpat 849. (Glaeſer.) — 6.

— Rechtsalterthümer aus österreichischen Pantaidingen. gr. 8.
Wien 863. (Gerold) n. — 8.

— deutsche Rechtsalterthümer aus der Schweiz. gr. 8. Zürich 859.
Meyer u. Z. n. 1. 12.

— das alamannische Strafrecht im deutschen Mittelalter. gr. 8. Schaffhauſen 860. Hurter. n. 2. —

— Abhandlungen aus d. deutſchen Strafrecht. 1. Bd. gr. 8. Erlangen 857.
Enke. n. 1. 12.

— das Strafrecht der Langobarden. gr. 8. Schaffhauſen 863. Hurter.
n. — 28.

— Dorpater juristische Studien. gr. 8. Dorpat 849. Glaeser. 1. —

Oesfeld, M. v., Preußen in ſtaatsrechtlicher, kameraliſt. u. ſtaatswirthſchaftl. Beziehung. Ein populäres Hand- u. Hilfsbuch d. inneren Staatsverfaſſungs- u. Ver-
waltungskunde ꝛc. 2 Thle. gr. 8. Breslau 858. Kern. à Bd. 1. 18.

<sub>1 Thl.: Preußen in ſtaatsrechtlicher Beziehung. Das innere Staatsrecht mit beſond. Be-
ziehung auf die preuß. Verfaſſ.-Urkunde vom 31. Jan. 1850.
2. Thl.: Preußen in kameraliſt. u. ſtaatswirthſchaftl. Beziehung. Die Finanzwiſſenſchaft,
die Polizeiwiſſenſchaft u. die Landwirthſchaftslehre.</sub>

Oesten, K., über die Union u. die Gemeinſchaftsrechte mit beſond. Rückſicht auf d.
Stargardſchen Kreis. Aus des Verf. Nachlaß herausg. von G. Oeſten. gr. 8. Neubrandenburg 849. Brünslow. — 10.

Osterloh, Rob., die Reform der Civilproceßgeſetzgebung in Sachſen u. in Deutschland. Kritiſche Bemerkgn. zu den Entwürfen e. ſächſ. u. e. deutſchen Civilproceßordnung. (Abdr. a. d. Zeitſchr. f. Rechtspflege u. Verwaltung ꝛc.) gr. 8. Leipzig 865.
B. Tauchnitz. — 27.

— exceptiones litis ingressum impedientes num documentis privatis possint
probari? 4. Leipzig 860. Durr'ſche Buchh. — 3.

— Lehrbuch d. gemeinen deutſchen ordentlichen Civilproceſſes. 2 Bde. gr. 8.
Leipzig 856. B. Tauchnitz. 3. 15.

— der ordentliche bürgerliche Prozeß nach kgl. ſächſiſchem Rechte ſyſtematiſch dargeſtellt. 2 Bde. (848—851.) — 4 völlig umgearb. Aufl. gr. 8. Ebend. 860. n. 6. —

— die ſummariſchen bürgerlichen Proceſſe nach kgl. ſächſiſchem Rechte dargeſtellt. (845. 847.) — 3. ſehr verm. Aufl. gr. 8. Ebend. 857. n. 2. 12.

Oſtrow, M. v., Lexikon d. politiſchen Geſetze d. Kaiſerth. Oeſterreich. 1. Bd. gr. 8.
Wien 857. Typogr.-lit.-artiſt. Anſtalt. n. 8. 10.

v. Oswald, Anſichten über das Geſetz vom 29. Aug. 1848, die Abänderungen einiger
Beſtimmungen d. 1. Theils d. Strafgeſetzbuches vom J. 1813 betr. gr. 8. München 849. (Franz.) n. — 12.

— Anſichten über d. proviſor. Geſetz vom 10. Nov. 1848, die Abänderungen d. 2. Theils
d. Strafgeſetzbuches vom Kgr. Bayern vom J. 1813 betr. gr. 8. Ebend. 851.
n. — 15.

Ottendorff, H., die Beſchwerden gegen Beſchlüſſe u. Verfügungen u. die Rechtsmittel gegen Erkenntniſſe in Unterſuchungen wegen Verbrechen, Vergehen u. Uebertretungen. Eine vollſtänd. u. überſichtl. Zuſammenſtellung d. auf ihre Zuläſſigkeit ꝛc.
ſowie d. auf die Vertheidigung ſich beziehenden geltenden Vorſchriften. gr. 8. Schönebeck 854. Berger. — 6.

Ottifer, J. W., der Zeugenbeweis im zürcherischen Civilproceß. Auf Grundlage d. bestehenden Gesetze, Verordnungen u. obergerichtlichen Entscheidungen dargestellt. 8. Zürich 860. (Meyer u. Z.) n. — 12.

Otto, A., alphabet. Register zum Gesetze vom 10. Nov. 1861, die Einführung b. Strafgesetzbuches u. d. Polizeistrafgesetzbuches f. d. Kgr. Bayern betr. gr. 8. München 862. Gummi. n. — 6.

— alphabet. Register zum Strafgesetzbuche f. d. Kgr. Bayern. gr. 8. Ebend. 862. n. — 12.

Otto, C. Ed., de Atheniensium actionibus forensibus publicis liber singularis. 4. Dorpat 852. (Glaeser.) n. — 28.

Otto, Geo. E., Studien auf d. Gebiete d. Bergrechts. gr. 8. Freiberg 856. (Leipzig Feliy.) n. — 15.

— vom Versuch der Verbrechen. Eine jurist. Abhandlung. gr. 8. Leipzig 854. Teubner. — 15.

Otto, L. E., über die Kompetenz d. Ober-Tribunals zu Berlin zur Versetzung in den Anklagestand. gr. 8. Hamm 850. Grote. — 7½.

Oven, C. v., der Rentenkauf, sein Wesen u. seine Bedeutung für d. Grundbesitz, nebst Vorschlägen zur Umwandlung d. kündbaren Hypothekenschulden in unkündbare Renten durch einen Rentenverein d. Grundbesitzer. gr. 8. Berlin 861. Heinicke. n. — 15.

Pachmann, Thdr., Lehrbuch d. Kirchenrechts mit Berücksicht. der auf die kirchlichen Verhältnisse Bezug nehmenden österreich. Gesetze u. Verordnungen. 3 Bde. (849—53.) — 3. ganz umgearb. Aufl. gr. 8. Wien 863—66. Braumüller. à Bd. n. 3. 10.
1. Bd.: Einleitung. Verfassung d. Kirche. — 2. Bd.: Kirchenverwaltung im Spiritualien. — 3. Bd.: Kirchenverwaltung im Temporalien. Verwaltung d. kirchlichen Regierungsrechte. Die Besorgung d. Kirche nach Außen.

— Vorschule d. römischen Rechtes. gr. 8. Ebend. 858. n. 2. —

Padberg, Alex., die ländliche Verfassung in b. Prov. Pommern, f. Haxthausen, A. v.

Pagenstecher, E., die römische Lehre vom Eigenthum in ihrer modernen Anwendbarkeit. 3 Abthlgn. gr. 8. Heidelberg 856—59. Bangel u. S. n. 4. 15.
1. Abth.: Begriff u. gesetzliche Beschränkung d. Eigenthums. n. 24 Rgr. — 2. Abth.: Erwerb u. Verlust d. Eigenthums. n. 2 Thlr. 6 Rgr. — 3. Abth.: Rechtsschutz d. Eigenthums. n. 1 Thlr. 15 Rgr.

— de literarum obligatione, et de rationibus, tam domesticis, quam argentariorum, commentatio juris romani. gr. 8. Heidelberg 851. J. C. B. Mohr. n. — 10.

— Pandekten-Praktikum zu Puchta's Pandekten u. Girtanner's Rechtsfällen, mit Hinweisung auf die Lehrbücher von Arndts u. v. Bangerow. Für Studirende u. Praktiker dargestellt. gr. 8. Heidelberg 860. Bangel u. S. n. 3. 10.

Pandekten-Tafeln. (854. 855.) — 3. umgearb. Aufl. gr. Fol. Erlangen 861. Deichert. — 7½.

Pape, C. F., Entgegnung auf die von d. kgl. Ober-Tribunal in Berlin in seinen Rechtssprüchen aufgestellte Ansicht von dem Wesen d. Hypothek nach preuss. Rechte, nebst Bemerkgn. über 23 von demselben Gerichtshofe in Hypothekensachen ergang. Erkenntnisse etc. Berlin 858. Geelhaar. n. — 22½; Nachtrag dazu n. — 3½.

Pape, H. M. M., aphoristische Bemerkungen über Einzelrichter, jurist. Prüfungen u. Besoldungen. gr. 8. Königsberg 859. Theile. — 15.

— über die Wiederaufnahme d. Prügelstrafe u. die Züchtigung des Gesindes. Mit Rücksicht auf die Anträge d. provinzialständ. Versammlung d. Provinz Preußen. gr. 8. Insterburg 853. (Hopf.) n. — 15.

— Bemerkungen über d. Entwurf e. Strafgesetzbuches für die preuß. Staaten vom J. 1851. gr. 8. Ebend. 851. — 12.

Pappenheim, Louis, das Apotheken-Wesen. Grundlinien zu einem naturgemässem Systeme desselben mit besond. Bezieh. auf Preussen. (Abdr. aus d. Handb. d. öffentl. Gesundheitspflege.) gr. 8. Berlin 857. Hirschwald. n. — 10.
— Handbuch d. Sanitäts-Polizei. Nach eigenen Untersuchungen bearb. 3 Bde. gr. 8. Ebend. 858—64. n. 9. 5.

Paraquin, C. J., die französische Gesetzgebung. 6 Abthlgn. gr. 8. München 861. Literar.-artist. Anstalt. n. 3. —
  1. Rechtsgeschicht. Einleitung u. Gerichtsorganisation. à. 14 Sgr. — 2. Das bürgerliche Recht. à. 22 Sgr. — 3. Die bürgerliche Procesordnung. à. 18 Sgr. — 4. Das Handelsrecht. à. 12 Sgr. — 5. Das Strafrecht. à. 12 Sgr. — 6. Der Strafproces. à. 12 Sgr.

Parbs, W., Beiträge zur Kenntniß d. mecklenburg. Civil-Processrechts. I. gr. 8. Wismar 852. Hinstorff. n. — 10.
— Berichtigungen u. Ergänzungen zu G. F. Puchta's Pandekten-Vorlesungen. 8. Schwerin 852. Stiller. n. — 15.

Parzellirungs-Gesetze, die preußischen. Ein unentbehrl. Hülfsbuch für Grundeigenthümer ꝛc. 8. Landsberg 853. Volger u. K. — 2½.

Paschke, R. F., Reglement vom 13. Nov. 1849 betr. die Geschäftsverwaltung u. d. Ressort d. Beamten d. Staatsanwaltschaft nebst d. zu demselben erlass. Bestimmungen. 12. Frankfurt a. O. 855. Trowitzsch u. S. — 15.
— das preußische Strafrecht, nebst d. dazu erschienenen noch gültigen Gesetzen u. Verordnungen. Ein Handbuch f. Richter, Staats- u. Rechtsanwälte. 12. Ebend. 849. 2. —

Patent, das kaiserliche, vom 24. April 1859, enth. das neue Gemeindegesetz, wirksam f. d. ganzen Umfang d. Reiches ꝛc. gr. 8. Hermannstadt 860. Steinhauffen. — 9.
— kaiserliches, vom 4. Sept. 1852, wodurch e. neues Gesetz über d. Hausirhandel erlassen wird. — Kaisrl. Patent vom 26. Nov. 1852, wodurch neue gesetzliche Bestimmungen über Vereine [Vereinsgesetz] angeordnet werden. 4. Innsbruck 853. Wagner. — 3¾.

Paternitäts-Calender (Berechnung d. krit. Zeit bei Schwangerschaften) mit Berechn. d. Capitalwerths jährlich verfallender Alimente u. d. Sportelansatzes hieraus bei Rechtsstreitigkeiten. Zum Handgebrauche f. württemberg. Gerichtsstellen, Rechtsanwälte ꝛc. 8. Blaubeuren 851. Mangold. — 7½.

Patow, R. v., die Grundsteuer-Ausgleichung im preuß. Staate u. die sich daran knüpfenden Entschädigungsfrage von b. geschichtlichen u. rechtlichen Standpunkte aus beleuchtet. gr. 8. Berlin 850. v. Decker. — 7½.

Patrunky, P., das Verfahren in Dismembrations- u. Ansiedelungs-Sachen in Preußen. gr. 8. Breslau 866. Clar. n. — 24.
— die im Regierungsbezirk Liegnitz geltenden polizeilichen Straf-Gesetze u. Verordnungen. Im Auftrag d. Kgl. Regierung zu Liegnitz zum amtlichen Gebrauch zusammengestellt. gr. 8. Ebend. 866. n. 2. 15.

Paul, die Lehre von den Verträgen u. Bürgschaften, vom Pfand- u. Hypothekenrechte insbes., nach preuß. Recht. gr. 8. Berlin 854. C. Heymann. 1. —

Paul, F., Handbuch zum dienstlichen Gebrauch für Polizeiverwalter. Enth. e. Uebersicht d. auf Uebertretungen bezügl. Verordnungen u. d. darauf anzuwendenden Strafen mit pract. Erläuterungen ꝛc. gr. 8. Oppeln 852. Weißhäußer. — 6.

Pauli, Alfr., das bremische Strafrecht. Ein Handbuch f. Geschworene. 8. Bremen 863. Strack. 1. —

Pauli, Carl Wilh., Abhandlungen a. d. Lübischen Recht. Größtentheils aus ungedr. Quellen. 4. Thl.: Die s. g. Wiebolsrenten oder die Rentenkäufe d. Lübischen Rechts. gr. 8. Lübeck 865. v. Rohden. n. 1. 15.
1—3. Thl. Lübeck 837—42. Aschenfelden. n. 5 Thlr.

Pauli, H., die Verfügungen d. deutschen Handelsgesetzbuchs über die Einträge in d. Handels-Register mit besond. Bezugnahme auf d. Einführungsgesetz d. Großherzogth. Hessen. 8. Mainz 863. Faber. — 6.

Pechau, J., Handbuch über die Staats- u. Ortsangehörigkeits- sowie die Armenpflege-Gesetzgebung mit d. von d. hohen Staatsbehörden gegebenen bezügl. Vorschriften ꝛc. 8. Magdeburg 855. (Ebers.) n. 1.

v. Pechmann, Ueberschau d. Wirkungskreises d. bayerischen Bezirksämter. gr. 8. Bamberg 862. Buchner. n. 2. 6.

— Wirkungskreis d. bayerischen Districts-Verwaltungsbehörden, zunächst der Bezirksämter. 2. umgearb. Aufl. d. Ueberschau d. Wirkungskreises d. bayer. Bezirksämter. 4. Ebend. 865. n 3.

Peck, S., das Jagdpolizeigesetz vom 7. März 1850. Mit Bemerkungen ꝛc. 8. Berlin 850. Hayn. — 7½.

Pegert, E., Erklärung d. Lex 12. Cod. de usufructu [III, 33.] u. mollvirte Entscheidung d dort berührten Fälle nach d. preuß. Allgem. Landrechte. Ein Beitrag zur Lehre vom Mißbrauche. gr. 8. Pasewalk 859. Braune. n. — 7½.

— u. Straube, die preußische Gesetzgebung seit 1848. Enth. alle seit 1848 erlass. Gesetze. Ein Handbuch f. Justiz- u. Verwaltungsbeamte ꝛc. gr. 8. Berlin 850. Weyl u. Co. — 12.

Peißl, Jos., Civilgesetzstatistik d. Agr. Bayern nach d. Organisation d. Gerichte vom 1. Juli 1862 bearb. gr. 8 Nördlingen 862. Beck. n. 1. 7½.

Peitler, Frz., Sammlung von Entscheidungen zum allgem. österreich. bürgerlichen Gesetzbuche von 1812 bis 1859. Nach d. Paragraphen-Ordnung des Gesetzes zusammengestellt. (858.) — 2. verm. Aufl. gr. 8. Wien 860. Manz. 6. —

— systemat Sammlung der auf die Strafproceßordnung sich beziehenden Entscheidungen d. k. k. obersten Gerichts- u. Kassationshofes von d. J. 1850—1856 nebst Beweislehre u. tabellar. Vergleichung d. Paragraphe d. neuen Strafproceßordnung mit d. analogen Paragraphen d. Strafproceßgesetzes vom J. 1850 u. d. Strafgesetzbuches vom J. 1803. Abschnitt II. von d. Verfahren über Verbrechen. Ein Beitrag zur richtigen Anwendung d. österreich. Strafproceßordnung vom 30. Juli 1853. 1. Bd. gr. 8. Wien 856. Sommer. n. 1. 14.

— systemat. Sammlung von 236 auf das materielle Strafrecht sich beziehenden Entscheidungen d. k. k. obersten Gerichts- u. Kassations-Hofes von d. J. 1850, 1851 u. 1852, mit mehr als 100 Strafrechtsfällen ꝛc. nebst Inhaltsübersicht, alphabet. Sachregister u. chronolog. Index. Ein Beitrag zur richtigen Anwendung d. österreich. allgem. Strafgesetzes vom 27. Mai 1852. gr. 8. Ebend. 853. 1. 27.

— ———— der auf das Strafgesetz sich beziehenden Entscheidungen ꝛc. von d. J. 1853, 1854 u. 1855 ꝛc. 2. Bd. Nr. 327—1070. gr. 8. Ebend. 856. n. 2. 12.

Peitler, Jul., Sammlung von wechselrechtlichen Entscheidungen d. österreich. obersten Gerichtshofes. gr. 8. Wien 864. Braumüller. n. 1. 10.

Pemsel, Herm., die Fassung des Bucheides. Ein Beitrag zur Geschichte d. Civilprozesses in Deutschland seit der Mitte d. 16. Jahrh. gr. 8. Erlangen 866. Besold. n. — 15.

Pensions-Reglement für die Civilbeamten vom 30. April 1825 mit d. spätern abändernden u. ergänz. Bestimmungen ꝛc. gr. 8. Berlin 857. v. Decker. — 3.

Permaneder, Mich., die kirchliche Baulast oder die Verbindlichkeit d. baulichen Erhaltung u. Wiederherstellung d. Cultus-Gebäude. Aus d. Quellen d. gemeinen canonischen u. bayerischen Particular-Rechts dargestellt. (853.) — 2. verb. Aufl. gr. 8. München 856. Lentner. — 24.

— Handbuch d. gemeingilt. kathol. Kirchenrechts in steter Rücksicht auf d. kathol. kirchliche Territorialrecht in Oesterreich, Preußen, Bayern ꝛc., nach dessen hinterlass. Mscr. herausg. von Isid. Silbernagl. (853—56.) — 4. verb. u. verm. Aufl. gr. 8. Landshut 865. Krüll. 4. —

— das Gesetz über die kirchliche Baupflicht, s. Gesetzgebung, die, d. Agr. Bayern.

Pernice, Herb. V. A., commentationes juris romani duae. gr. 8. Halle 855. Anton. 1. 15.

— summum principum germanicorum imperium num possit et quatenus possit nexu i feudali subjectum esse. Commentatio. gr. 8. Ebend. 855. — 15.

— zur Würdigung d. v. Warnstedt'schen Schrift: Staats- u. Erbrecht d. Her-

vogtb. Schlesw.-Holstein, Kritik d. Schriften d. Staatsraths Zimmermann u.
d. Geheimeraths Pernice. Eine nothgedrungene Ehrenrettung. gr. 8. Halle 864.
Fricke. — 12.

Pernice, Herb. B. A., kritische Erörterungen zur Schleswig-Holsteinischen Successionsfrage mit besond. Rücksicht auf die Schriften d. Herrn v. Warnstedt.
2 Bde. u. Supplem.-Heft gr. 8. Cassel 865. 66. Fischer. 4. 25.
— Rechtsgutachten betr. die event. Succession d. Sonderburger Linie d. Hauses
Holstein-Oldenburg in d. Herzogth. Holstein, abgegeben an die preuß. Regierung d.
30. Sept. 1851. Nebst 6 Beilagen 4. Kopenhagen 863. Lose — 15.

Pernice, Ludw., die staatsrechtlichen Verhältnisse d. gräflichen Hauses Giech,
während d. Bestehens d. deutschen Reichs u. nach Auflösung desselben. Ein publicist.
Erachten. Nebst 32 Beilagen. gr. 8. Halle 859. Anton. 1. 15.

Pertz, G. H., über einige Handschriften deutscher Rechts- u. Gesetzbücher. (Aus d. Abhdlgn. d. k. Akad. d. W. in Berlin.) gr. 8. Berlin 857.
Dümmler's Verlhdlg. n. — 10.

Petersen, G. R., das eheliche Güterrecht in den Städten u. Flecken d. Fürstenth.
Osnabrück. gr. 8. Osnabrück 863. Meinders. n. 1. 20.
— Polizeistrafgesetz f. d. Kgr Hannover vom 25. Mai 1847 und Gesetz über die
Untersuchung u Aburtheilung d. Polizeivergehen durch die Verwaltungsbehörden vom
28. April 1859, sowie die hauptsächlichsten, mit denselben in Verbindung stehenden
Gesetze, Verordnungen u. Bekanntmachungen. (850.) — 2. Aufl. gr. 8. Hannover 865. Rümpler. n. 1. 20.

Pera, L. J. v. das allgemeine bürgerliche Gesetzbuch für Jedermann verständlich
u. ausführlich erläutert. (854.) — 2. Ausg. gr. 8. Pest 856. Heckenast. n. 2. 20.
— die gesammten gesetzlichen Bestimmungen in Ehesachen nicht nur d. Katholiken,
sondern auch aller anderen Religionsverwandten im Kaiserth. Oesterreich. Mit Inbegriff jener über die Ehepacte u. Checontracte. gr. 8. Pest 857. (Wien, Wenheim.)
n. — 28.

Pfeifer, C., die Reform d. Amtskörperschaften in Württemberg. gr. 8. Stuttgart 850. (Lindemann.) — 4.
— Entwurf e. revidirten Verfassung für das Königr. Württemberg. gr. 8. Stuttgart 867. Lindemann. n. — 4.

(**Pfelfer,** Karl,) gegen die Schrift des Dr. Theob. Rizy: über Zinstaren u. Wuchergesetze. [Wien 859.] Ein Beitrag zu der "Reform in Gesetzgebung u. Verwaltung."
gr. 8. Stuttgart 859. Göpel. n. — 10.

Pfeiffer, B. W., prakt. Ausführungen aus allen Theilen d. Rechtswissenschaft.
Mit Erkenntnissen d. O.A.G. zu Cassel. Hauptregister zu sämmtlichen 8 Bdn. 4. Hannover 850. Habu. 1. —
1—8. Bd. Ebend. 825—46. 34 Thlr. 15 Ngr.
— das deutsche Meierrecht nach seiner rechtlichen Begründung u. dermaligen Gestaltung. Mit vielfält. Belegen aus d. Praxis d. obersten Gerichtshöfe. (848.) —
2. Ausg. gr. 8. Cassel 855. Fischer. 2. —
— die Selbstständigkeit u. Unabhängigkeit d. Richteramtes. Ein Wort ernster
Mahnung. (851.) — 2. Ausg. gr. 8. Göttingen 865. Vandenhoeck u. R. n. — 24.

Pfeiffer, Ed., die Staatseinnahmen. Geschichte, Kritik u. Statistik derselben.
1. u. 2. Bd. gr. 8. Stuttgart 860. Kröner. n. 5. 10.

Pfeiffer, Leop., das Prinzip des internationalen Privatrechts. gr. 8. Stuttgart
851. Krabbe. — 15.
— das gemeine deutsche Strafrecht der Gegenwart. 2 Abthlgn. gr. 8. Tübingen 858.
60. Laupp. n. 4. —

Pfeil, L. v., das Wesen d. modernen Constitutionalismus u. seine Consequenzen. 1. u. 2. verm. Aufl. gr. 8. Berlin 863. Rauh. n. — 12½.

Pfeil, Osw., der Staat u. seine Formen. Vier populäre Vorträge. gr. 8. Berlin 862.
Hickelbier. n. — 10.

Pfeil, W., über u. gegen d. Gesetzentwurf vom 2. Aug. 1849, betr. die Ergänz. u. Abänderg. d. Gemeinheitstheilungs-Ordnung vom 7. Juni 1821. gr. 8.
Leipzig 850. Baumgärtner. — 9.

Pfeil, W., die verlangten, wünschenswerthen, sowie die rathsamen u. ausführbaren Aenderungen d. Jagdgesetzes in Preußen vom 31. Okt. 1848, sowie d. Jagdpolizeigesetzes vom 7. März 1858. gr. 8. Leipzig 853. Baumgärtner. — 5.

— Kritik d. Jagdgesetzes für Preußen vom 31. Oct. 1848. gr. 8. Ebend. 848. — 6.

— Anleitung zur Ausführung d. Jagdpolizeigesetzes f. Preußen vom 7. März 1850. gr. 8. Berlin 850. Nicolai. — 10.

— Anleitung zur Ablösung d. Wald-Servituten sowie zur Theilung gemeinschaftl. Wälder uud Zusammenlegung einzelner Forstgründe mit besond. Rücksicht auf die preuß. Gesetzgebung. (844.) — 3. umgearb. Aufl. gr. 8. Leipzig 854. Veit u. Co. 2. —

Pfister, J. C. v., Geschichte d. Verfassung d. Wirtembergischen Hauses u. Landes. Aus dessen hinterlassenen Papieren bearb. von C. Jäger. (816.) — Neue wohlf. Ausg. gr. 8. Heilbronn 857. Landherr. — 25.

Pfizer, P. A., zur deutschen Verfassungsfrage. 8. Stuttgart 1862. Mezler.
n. — 18.

Pflichten, die, der Kaufleute in Preußen dem Handels-Register gegenüber. Bearb. nach amtlichen Quellen. Nebst e. Anb.: die Pflichten und die Stellung des Handelsmaklers. gr. 8. Breslau 862. Schletter. — 3.

Pflüger, Geo., Enthüllungen d. berühmten Prozesses und seiner Geschichte, Tödtung d. Generals v. Auerswald u. Fürsten Lichnowsky betr. Nach d. Untersuchungen u. Verhandlungen d. Assisen zu Hanau u. d. O. A. G. zu Kassel. Eine Schule als Beitrag zur strafrechtlichen Lehre über Untersuchung, Vertheidigung ꝛc., innere Bedeutung d. Instructionsverfahrens und des Schwurgerichts. 2 Bde. gr. 8. Frankfurt a. M. 852. (Düsseldorf.) Baurhoffer. n. 3. 10.

(v. d. Pfordten.) — Votum d. kgl. bayer. Bundestagsgesandten Freih. v. d. Pfordten über die Erbfolge in Schleswig-Holstein. (854.) — 2. mit e. Einleitung verm. Aufl. gr. 8. Braunschweig 865. Vieweg u. S. — 4.

— rapport sur la succession dans le Schleswig-Holstein. Traduction. gr. 8. Frankfurt a. M. 864. Sauerländer. n. — 10.

Pfotenhauer, C. C., die Todesstrafe. Akadem. Vortrag ꝛc. 8. Bern 863. Heuberger. — 7½.

Pfyffer, Kas., Erläuterung d. bürgerlichen Gesetzbuches d. Kantons Luzern. 3. Thl. gr. 8. Luzern 851. Stocker. n. — 20.
Inhalt: Gesetz über d. Civil-Rechtsverfahren im Kanton Luzern. Mit ergänz. Erläuterungen. 1. u. 2. Tbl. Ebend 832—39. a. 3 Thlr.

Philippi, F., die Civilstands-Gesetze in d. preuß. Rhein-Provinz. (837. 855.) — 3. Aufl. gr. 8. Elberfeld 865. Bädeker. n. 1. —

— Versuch über das Hypotheken-Recht in d. preuß. Rheinprovinz, seine Entstehung, Entwicklung u. Verbesserung, mit Rücksicht auf die Gesetzgebung d. Nachbarländer: Baden, die Niederlande, Belgien u. Frankreich. gr. 8. Ebend. 860. n. 1. 15.

— die Vormundschaft in d. preußischen Rheinprovinz. gr. 8. Ebend. 858. n. 1. 25.

Philippson, J. C., die Reform der Patent-Gesetzgebung ꝛc., nebst Gesetzentwurf u. e. Anh., enth. die englische, französ., österreich. u. preuß. Patent-Gesetzgebung. gr. 8. Düsseldorf 860. Schaub. n. — 10.

Phillipsborn, Wilh. v., de natura depositi et mandati. Dissert. inaug. 8. Berlin 868. (Calvary u. Co.) n. — 10.

Phillips, Geo., Kirchenrecht. 6 Bde. gr. 8. Regensburg 859—64. Manz. n. 17. 13.

— Lehrbuch des Kirchenrechts. 2 Abthlgn. gr. 8. Ebend. 859—62. n. 7. 10.

— deutsche Reichs- u. Rechtsgeschichte zum Gebrauch bei akadem. Vorlesungen dargestellt. (845—56.) — 4. verm. Aufl. gr. 8. München 859. Liter.-artist. Anstalt. n. 2. 14.

Pichler, W., die gerichtliche Medicin. Nach d. heutigen Standpunkte d. Medicin u. d. Gesetzgebung in ihren Umrissen dargestellt. 8. Wien 861. Wallishausser's Hoftheaterdruckerei. n. 2. —

Pickford, C., Einleitung in die Wissenschaft d. politischen Oekonomie. gr. 8. Frankfurt a. M. 860. Sauerländer. 1. —

Pickford, C., Zunftwesen, Gewerbeordnung oder Gewerbefreiheit. gr. 8. Mannheim 860. (Löffler.) n. — 14.

Pieg, R., Instruction über die Behandlung d. Prozeßwesens d. kgl. preuß. Zoll- u. indirekten Steuerverwaltung. Nach amtlichen Quellen neu bearb. gr. 8. Görlitz 853. (Remer.) — 15.

Pieper, A. B., der vollständige Examinator. Ein Hülfsmittel für die Aspiranten d. preußischen höheren Justiz-Subalterndienstes rc. gr. 8. Anclam 849. Dietze. n. 3. 10.

Pilat, Alois v., das Strafgesetz über Verbrechen, mit Hinblick auf die Paragrafe 28 u. 29 b. Dienstinstruction für Gensdarmen. gr. 8. Wien 858. Sommer. n. — 8.

Piskur, Jos., Oesterreichs Consularwesen. gr. 8. Wien 862. Gerold. n. 2, 10.

Pitaval, der neue. Eine Sammlung d. interessantesten Criminalgeschichten aller Länder aus älterer u. neuerer Zeit. Herausg. von J. E. Hitzig u. W. Häring (W. Alexis). 1—24. Thl. (1. u. 2. Folge à 12 Thle.) (842—56.) — 2. Aufl. 8. Leipzig 857—62. Brockhaus. à Bd. n. 1. —

— — Fortgeführt von A. Bollert. 25—36. Thl. (3. Folge. 12 Thle.) 8. Ebend. 859—65. à Bd. n. 2. —

— — Fortgeführt von A. Bollert. Neue Serie. 1. u. 2. Bd. (à 4 Hefte.) 8. Ebend. 866, 67. à Bd. n. 2. —

— der sächsische. Sammlung merkwürd. Criminalfälle. Von e. Criminalbeamten. 1—3. Bd. 8. Leipzig 861, 62. C. L. Fritzsche. (C. F. Schmidt.) à Bd. n. 1. —

Pitsch, Frdr., die Einführung d. freien Advocatur in Preußen. gr. 8. Berlin 849. Schneider u. Co. n. — 4.

Pixis, Frdr., Anleitung zu den Verrichtungen d. Geschwornen im öffentlich- mündlichen Strafverfahren nach b. für die ältern Kreise Bayerns hierüber erlass. Gesetze. 8. München 848. Literar.-artist. Anstalt. — 22.

Placek, Frz., die österreich. Grundentlastungskapitalien. Eine systemat. Darstellung d. gesetzl. Bestimmungen über die steuerämtliche u. tabularmäßige Behandlung rc., in ihrer Anwendung auf die Verhältnisse von Böhmen. gr. 8. Prag 853. André. n. — 24.

Plank, G., über die verbindliche Kraft d. Verordnung vom 1. Aug. 1855. gr. 8. Bremen 856. Strack. n. — 10.

Planck, Jul. Wilh., die Lehre von dem Beweisurtheil. Mit Vorschlägen für die Gesetzgebung. gr. 8. Göttingen 848. Dieterich. n. 2. —

— systemat. Darstellung d. deutschen Strafverfahrens auf Grundlage d. neueren Strafprozeßordnungen seit 1848. gr. 8. Ebend. 857. n. 2. 24.

Planck, K. Ch., Katechismus des Rechts, oder Grundzüge einer Neubildung d. Gesellschaft u. d. Staats. gr. 8. Tübingen (Leipzig) 852. Fues. n 1. —

Plange, Just., über res mancipi und nec mancipi. 8. Heidelberg 858. Bangel u. S. n. — 12.

Planitz, G. A. v. d., Justiz u. Verwaltung. Ein Beitrag zur Feststellung d. Grenzen beider Gewalten. gr. 8. Jena 860. Frommann. n. — 10.

— Grundzüge e. Landgemeindeordnung für die thüringischen Staaten. Legislatorische Gedanken, Kritiken u. Vorschläge. gr. 8. Ebend. 857. — 7½.

Planta, P. C., bündnerisches Civilgesetzbuch. Mit Erläuterungen (gr. 8. Chur 863. Hitz. n. 1. 20.

— die Wissenschaft des Staates oder die Lehre von dem Lebensorganismus. 2 Thle. gr. 8. Chur 852. (Zürich,) Orell. 2. —

1. Thl.: Der Mensch u. der Kosmos. 2. Aufl. — 2. Bd.; Die Gesellschaft u. der Staat.

Plaseller, Jos, gerichtlich-medizinische Memoranda aus d. k. k. österreich. Strafgesetze. Zum Gebrauche f. d. Sanitäts- u. Gerichtspersonale bearb. gr. 8. Innsbruck 854. Wagner. 1. —

— Einiges über den ärztlichen Sachverständigen in d. neuen österreich. Strafprozeßordnung. gr. 8. Ebend. 850.

Plath, J. Heinr., Gesetz u. Recht im alten China nach chinesischen Quellen. (Abdr. a. d. Abhdlgn. d. k. bayer. Akad. d. W.) 4. München 865. Franz. n. 1. 14.

Plathner, O., Civilehe u. Recht d. Ehescheidung in Preußen. Wichtige Zeitfrage unter Berücksicht. d. Vorarbeiten des Staatsraths u. b. Verhandlungen in den Kammern beantw. gr. 8. Berlin 859. C. Heymann. — 7½.

— die Grundzüge d. preußischen Hypothekar-Verfassung u. deren Umsturz durch die neuere Rechtswissenschaft. gr. 8. Breslau 856. Korn. n. — 5.

— der Geist d. preußischen Privatrechts in Vergleichung mit d. römischen, österreich. u. französ. Recht. 2 Bde. gr. 8. Berlin 854. C. Heymann. n. 4. —

Platner, Ed., de sententia praetoris et de iis quae coram praetore peracta instar judicii sunt. 4. Marburg 851. Elwert. (Frankf. a. M., Völcker.) — 15.

Platner, Witt., über die bishr. Entwickelung d. Systems u. b. Charakters b. deutschen Rechts, vorzugsweise d. Privatrechts. 2 Bde. gr. 8. Ebend. 852, 54. 2. 15.

Pohl, F. W., die Polizei-Gesetze u. Regier.-Verordnungen f. d. Provinz Schlesien. Systematisch zusammengestellt 2c. (854. 859.) — 3. umgearb. u. bis Ende Septbr. 1864 ergänzte Aufl. gr. 8. Breslau 865. Aderholz. 1. 20.

Pohle, C. L. J., Versuch e. Darstellung d. mecklenburg.-schwerin'schen Criminalprocesses. gr. 8. Parchim 849. Hinstorff. n. 1. 25.

Pöhlmann, K., über das Wesen d. sogen. administrativ-contentiösen Sachen mit besond. Rücksicht auf Bayern. gr. 8. Würzburg 853. Stahel. n. — 12.

Poland, Frz., prakt. Bemerkungen zum Entwurfe e. bürgerlichen Gesetzbuches f. d. Kgr. Sachsen. 8. Leipzig 853. Jackowitz. — 7½.

— römisches u. sächsisches Recht, oder: welche im sächsischen bürgerlichen Rechte noch geltenden Bestimmungen d. röm. Rechts sind abzuändern, u. wie sind noch unentschiedene Streitfragen zu entscheiden? Ein Beitrag zu e. neuen bürgerlichen Gesetzgebung in Sachsen u. dem übrigen Deutschland. gr. 8. Leipzig 850. Hinrichs. — 5.

— rechtsgelehrte Richter oder Geschworene. Ein Vermittlungsvorschlag mit Rücksicht auf d. neue sächsische Strafverfahren. 8. Leipzig 858. Jackowitz. n. — 5.

Polizei, die, u. ihre Verhältnisse insbesondere in Oesterreich. gr. 8. Wien 843. Typogr.-liter.-artist. Anstalt. n. — 8.

Polizei-Gesetze u. Verordnungen, die in Neuvorpommern u. Rügen bestehenden besonderen, im Anschlusse u. in Ergänzung d. von R. J. Rauer herausg. Zusammenstellung d. in d. preuß. Staaten bestehenden allgem. Polizei-Gesetze u. Verordnungen. (Von Dabis.) gr. 8. Greifswald 856. Otte. n. — 17.

— die, d. Kgr. Sachsen, mit Inbegriff d. organ. u. formellen Bestimmungen. Systemat. zusammengestellt von G. L. Funke. gr. 8. Leipzig. Hahn.

5. Bd.: Nachträge zu d. 4 ersten Bänden auf die nachfolgende Zeit. 857. 3. —

6. Bd.: Nachträge zu d. 5 ersten Bänden auf die Zeit vom Septbr. 1856 bis mit Octbr. 1863. 864. 3. —

1—4. Bd. Ebend. 846, 47. 13 Thlr. — 1—5 Bd. zusammen jetzt ermäßigt auf n. 10 Thlr.

Polizeistrafgesetz für das Kgr. Hannover. 1. u. 2. Aufl. gr. 8. Hannover 853. Helwing. — 5.

— das, f. das Kgr. Württemberg, f. Kappler, Fr.

Polizeistrafgesetzbuch, das, für das Kgr. Bayern. 8. Bamberg 862. Buchner. n. — 15.

— — — Mit leichtfaßlichen Anmerkgn. f. d. Bürger u. Landmann herausg. von e. rechtskundigen Beamten. 8. Würzburg 862. Stahel. — 5; mit Sachregister — 8.

— das bayerische. Für den Bürger u. Landmann leichtfaßlich erklärt von e. prakt. Juristen. 8. München 862. Lentner. — 9.

— — — Mit kurzen ergänz. Anmerkgn. u. e. Uebersicht über d. Verfahren bei Polizeiübertretungen. 16. Bamberg 862. Buchner. n. — 12.

— — — [Ausg. f. d. Pfalz.] 1. u. 2. mit e. alphabet. Register versehen. Abdr. 8. Ebend. 862. n. — 12.

Polizei-Verordnung für die Stadt Breslau vom 20. Sept. 1852. Mit Zusätzen u. Ergänzungen. Neue umil. Ausg. gr. 8. Breslau 863. Ziegler. (Ratibor, Thiele.) n. — 5.

Polizei-Verordnungen, die, für Berlin. Nach amtlichen Quellen systematisch geordnet von A. Ballhorn. (858.) — 2. neu revid. Aufl. gr. 8. Berlin 857. v. Decker.
n. — 20.

Polizeiverwaltung, die, von Berlin. 8. Berlin 863. v. Decker. n — 5.

Pollak, Heinr., de exceptionum praescriptione. Dissert. inaug. gr. 8. Berlin 866. (Calvary u. Co.) n. — 10.

Pomponii de origine juris fragmentum recogn. et adnotatione crit. instr. Frdr. Osann. gr. 8. Giessen 848. Ricker. n. 1. —

Porubsky, Jos., jus ecclesiasticum Catholicorum. gr. 8. Pest 853. (Emich.) n 4. 16.

Pöschmann, K. M., die Gegner d. revid. Entwurfs e. bürgerlichen Gesetzbuchs f. d. Kgr. Sachsen. Ein Wort für d. Entwurf u. insbes. gegen Dr. Unger's krit. Besprechung desselben. gr. 8. Leipzig 861. Raßberg. n. — 7½.

— Duplik in d. sächsischen Civilgesetzbuchfrage gegen die Repliken der DD. Danz, Unger, Arndts. gr. 8. Ebend. 861. — 3.

— über die Natur des s. g. qualificirten Geständnisses im Civilprozesse u. dessen Einfluß auf die Beweislast. Mit e. Anh. erläut. Beispiele aus d. neueren Spruchpraxis d. Oberappell.-Gerichts zu Dresden. gr. 8. Ebend. 863. — 15.

— Studien zu Gajus. 1—3. Heft. gr. 8. Ebend. 854—62. à Heft n. — 6.

— das Recht der Farberungen, s. Siebenhaar, Commentar ıc.

Posner, Ed. M., die Wiedereinführung der Bordelle in Berlin vom medicin. u. sanitätspolizeilichen, sowie vom sittlichen u. christlichen Standpunkte aus beleuchtet. gr. 8. Berlin 851. Plahn. n. — 10.

Post, die preußische, ihre Gesetze u. Verordnungen. 16. Posen 853. Merzbach. — 4.

Post, Alb. Herm., Entwurf e. gemeinen deutschen u. hansestadtbremischen Privatrechts auf Grundlage d. modernen Volkswirthschaft. 1. Bd. Die Elemente. gr. 8. Bremen 866. Geseniuſ. n. 1. 24.

— das Samtgut. Systemat. Darstellung d. pract. bremischen ehelichen Güter- u. Erbrechtes. gr. 8. Ebend. 864. n. 1. 6.

Postgesetz, das kgl. hannoversche, nebst Posttaxe vom 9. Aug. 1850. 12. Celle 863. Schulze. — 2½.

— vom 7. Juni 1859 (für Sachsen), nebst Pastordnung zu Ausführung des Postgesetzes. (859.) — Mit Nachtrags-Verordnungen zur Postordnung. gr. 8. Dresden 861. (Meinhold.) — 7½.

Posthalter, der preußische. Zusammenstellung sämmtlicher in d. Gebiet d. Postfuhrwesens fallenden gesetzlichen Bestimmungen ıc. 8. Halle 852. Schmidt. n. — 20.

Post-Handbuch, neues. Enth.: das Gesetz über d. Portowesen vom 5. Juni 1852. Nebst d. dazu gehör. Reglement ıc. (852.) — 2. verm. Ausg. gr. 8. Kreuznach 853. Voigtländer. — 7½.

Pözl, J., die Competenzfrage in d. gräfl. Bentink'schen Successionsstreite. Ein rechtliches Gutachten im Einverständnisse mit J. C. Bluntschli. gr. 8. München 853. Franz. n. — 21.

— Grundriß zu Vorlesungen über Polizei. Mit besond. Rücksicht auf die neuere Polizeigesetzgebung Bayerns. gr. 8. München 866. Literar.-artist.-Anstalt. n. 1. —

— Sammlung d. bayerischen Verfassungs-Gesetze. 8. München 852. Palm. — 27.

— Lehrbuch d. bayerischen Verfassungsrechts. (851. 854.) — 3. verb. Aufl. gr. 8. München 860. Literar.-artist. Anstalt. n. 3. 20.

— Grundriss zu Vorlesungen über bayerisches Verwaltungsrecht. gr. 8. München 850. Kaiser. — 5.

— d. bayer. Grundlasten-Ablösungsgesetz. — Gesetz üb. Ablösung d. Lehenverbandes. — Gesetz über Weiderecht. — Gesetz über Benutz. d. Wassers. — Gesetz über Einschreiten d. bewaffneten Macht. — Gesetz über Versammlungen u. Vereine, s. Gesetzgebung f. d. Kgr. Bayern.

Präjudicien, entnommen den in Strafsachen erlaff. Erkenntniffen b. oberften Gerichtshofes f. b. Kgl. Bayern. (K54) — 2. Aufl. umfaffend die feit Einführ. b. öffentl. Strafverfahrens diesseits d. Rheins bis Ende 1856 ergang. Entscheidungen. gr. 8. Baireuth 856, Grau. n. — 8.

— die, des kgl. Ober-Tribunals, feit ihrer Einführung im J. 1832 bis zum Schluffe d. J. 1848, nach b. Paragraphenfolge b. Gesetzbücher geordnet u. mit e. alphabet. Sachregifter versehen. Herausg. von Seligo, Kuhlmeyer u. Wilte L gr. 8. Berlin 849. E. Heymann. n. 5. —

— — seit d. J. 1849 bis zum Schluffe d. J. 1855 c., herausg. von b. Red. d. Entscheidungen. gr. 8. Ebend. 856. n. 1. —

herabgef. Preis für beide Wre. jetzt n 3 Thlr.

Prantl, C., über die geschichtlichen Vorstufen d neueren Rechtsphilosophie. Rede c. 4. München 858. (Franz.) n. — 8.

Praufer, B., alphabet. Regifter. enth. e. Zusammenstellung über den Wirkungskreis d. neuen Behörden, nebft b. wichtigften im Geschäftsleben vorkomm. Beftimmungen d. Reichsgesetz, d. böhm. Landesgesetz u. Regierungs-Blattes u. d. von der k. k. Statthalterei Böhmens herausg. Normatienbücher, für die Zeit vom J. 1849 bis 1. Febr. 1855. gr. 8. Prag 855. Tempsky. 2.—

Praxis, die, d. bayerischen Ober-Appell-Gerichts in Betreff d. Gränzen zwischen civilgerichtlichen u. adminiftrativen Zuftändigkeit, nachgewiesen an 110 Erkenntniffen dieses Gerichtshofes. gr. 8. Nördlingen 853. Bed. — 5.

Pressfreiheit, die, u. die Regierungsvorlage e. neuen Preßgesetzes für Oefterreich. gr. 8. Wien 861. Manz. — 16.

Preßgesetz, das, sammt Vorschrift über d. Verfahren in Preßübertretungsfällen f. d. oefterreich. Staaten. 8. Wien 849. Gerold. — 3.

— öfterreichisches, vom 17. Dezbr. 1862. Gesetz über d. Strafverfahren in Preßsachen. Amtsinstruction zu diesen Gesetzen. Gesetz über Abänderungen u. Zusätze zum Strafgesetz. 8. Wien 863. Manz. — 6.

— k. preußisches octroyirtes, vom 30. Juni 1849. Verordnung betr. die Vervielfältigung u. Verbreitung von Schriften u. verschiedene durch Wort, Schrift c. begangene strafbare Handlungen. gr. 8. Berlin 849. Laffar. — 1¼.

Preß- u. Versammlungsgesetz (preußisches,) vom 29. u. 30. Juni 1849, u. Gesetzentwurf, die Einführung e. Einkommen- u. Klaffensteuer betr. Nebft einleit. Motiven c. 12. Aachen 849. Schulz. — 6.

Preßgesetzgebung, die bayerische, nach dem Stande vom 1. Juli 1862. gr. 8. Nördlingen 862. Bed. — 5.

Preßproceß, der, gegen J. F. Martens. Mit d. Gutachten d. Geh. R. Prof. Mittermaier in Heidelberg. Eine aktenmäßige Darstellung. 8. Hamburg 866. Grüning. n. — 10.

Preußchen-Liebenstein, F. A. v., Entwurf zu e. allgem. deutschen Civilgesetzbuche nebst Motiven. gr. 8. Leipzig 849. Brockhaus. n. 2. —

Preuß, G., die Leibzucht. Eine civiliftische Studie. gr. 8. Hannover 862. Helwing. n. — 10.

— Lüneburgisches Provinzialrecht. gr. 8. Ebend. 862. n. — 10.

Preußens altes Recht an Schleswig-Holftein. Mit 1 Karte. gr. 8. Berlin 865. v. Decker. — 22½.

Primer, J., Sammlung der für den Bezirk d. kgl. Polizei-Direktion zu Stettin gültigen Polizei-Vorschriften. 8. Stettin 860. (Saunier.) n. — 20.

— Sammlung der für den Bezirk d. kgl. Regierung zu Stettin gültigen Polizei-Vorschriften. 8. Ebend. 860. n. 1. 10.

— Sammlung der f. d. Bezirk d. kgl. Regierung zu Stettin gültigen Polizeivorschriften u. d. damit in Verbindung stehenden sonstigen Bestimmungen. Fortsetzung d. im J. 1860 erschienen. gleichartigen Sammlung. 8. Ebend. 863. n. — 20.

Primker, Fel., der Handelsvertrag vom 2. Aug. 1862 u. das französische Fremdenrecht. gr. 8. Breslau 863. Trewendt. — 6.

Primker, Fel., die Kompetenz-Konflikte in Preußen. gr. 8. Berlin 861. Guttentag. n. — 10.

Princip, das constitutionelle, seine geschichtliche Entwickelung u. seine Wechselwirkungen mit d. polit. u. socialen Verhältnissen d. Staaten u. Völker. Hrsg. von Aug. v. Haxthausen. 2 Thle. gr. 8. Leipzig 864. Brockhaus. à Thl. n. 1. 10.

   1. Thl.: Die Repräsentativ-Verfassungen mit Volkswahlen. Dargestellt u. geschichtlich entwickelt im Zusammenhang mit d. polit. u. socialen Zuständen d. Völker, von Karl Biedermann.

   2. Thl.: Vier Abhandlungen über d. constitutionelle Princip von Jos. Held, Rud. Gneist, Geo. Waitz, Wilh. Kosegarten.

Prinz, F. L., der Einfluß d. Hypothekenbuchsverfassung auf das Sachenrecht, insbes. die Lehre von den Protestationen. Dargestellt nach preuß. Rechte. gr. 8. Berlin 858. C. Heymann. n. 1. 10.

Pröbst, Fr. X., die Gebühren d. k. bayerischen Notare diesseits d. Rheins. Eine alphabet. Uebersicht f. d. Geschäftsgebrauch ꝛc. (862.) — 2. gänzlich umgearb. Aufl. gr. 8. Nördlingen 863. Beck. n. — 10.

— Handbuch zum prakt. Vollzuge des Tax-Regulativs für die nichtstreitige Rechtspflege, dann die innere Finanz- u. Polizei-Verwaltung vom 28. Mai 1852. gr. 8. Ebend. 856. f. —

Probst, Rud., die Convention d. württemberg. Regierung mit d. päpstlichen Stuhle. Bericht, f. b. staatsrechtliche Commission der Kammer d. Abgeordneten verf. u. eingeleitet. gr. 8. Stuttgart 860. Metzler. n. — 12.

— zur Wiedergeburt d. Strafrechtspflege. Gedanken u. Vorschläge. gr. 8. Eßlingen 849. Dannheimer. — 7½.

Proceß, der, der Maigefangenen vor dem Kriegsgericht. Berlin, d. 23. Juni 1849. Stenograph. Bericht. 4. Berlin 840. (Leipzig, Günther.) n. — 12½.

— gegen Joh. Leonh. Stabelmann von Wöhrd bei Nürnberg u. K. Th. Heinrich von Karlsruhe wegen Vergiftung der Anna Elisabeth Stadelmann geb. Knecht von Mannheim, verhandelt vor d. Schwurgericht zu Mannheim. gr. 8. Mannheim 852. Bensheimer. — 9.

Vgl. auch: **Prozeß**.

Proceßordnung in bürgerlichen Rechtsstreitigkeiten f. d. Großherzogth. Baden. Amtliche Ausg. 4. Karlsruhe 851. Müller. n. 1. 18.

— — gr. 8. Ebend. 851. — 24.

— — Mit Anführung d. bezügl. Gesetze, Verordnungen ꝛc., sowie d. vergleich. Stellen. u. mit Hinweis. auf die allgem., wie besond. badische Literatur, u. auf d. franzöf. Proceßrecht. 16. Ebend. 852. n. 1. —

— allgem. bürgerliche, f. d. Kgr. Hannover, vom 8. Nov. 1850. 1. u. 2. Aufl. 16. Hannover 851. Pockwitz. — 15.

— allgemeine bürgerliche, f. d. Kgr. Hannover vom 8. Nov. 1850, mit d. Abänderungen der d. bürgerliche Proceßverfahren betr. Gesetze vom 31. März 1859 u. Bekanntmach. d. kgl. Justizministeriums, betr. Ausführung d. § 3 d. Gesetzes vom 31. März 1859 ꝛc. gr. 8. Stade 860. Steubel. n. — 10.

Prochazka, J. J., die provisor. Gemeindeordnung für die Stadt Wien. Gemeinfaßlich dargestellt u. kritisch beleuchtet. 8. Wien 850. Sallmayer u. Co. — 12.

Protokolle der Kommission zur Berathung e. allgem. deutschen Handelsgesetzbuches. Im Auftrage dieser Kommission herausg. von J. Lutz. 9 Thle., mit Registerbd. u. Beilagebd. (in 3 Thln.) gr. 8. Würzburg 858—67. Stahel. n. 26. 15;

   ohne das Seerecht n. 16. 27.

   das Allgem. Handelsgesetzbuch (offic. Ausg!) 2 Thle. allein n. 2. 15.

— der zur Berathung d. Medicinalreform vom 1.—22. Juni 1849 in Berlin versammelten ärztlichen Conferenz. Amtliche Ausg. gr. 8. Berlin 849. Hirschwald. n. 1. 10.

— der von d. Versammlung zur Vereinbarung d. preuß. Verfassung ernannt gewesenen Verfassungs-Kommission. Gesammelt u. f. d. Handgebrauch zusammengestellt von R. G. Rauer. gr. 8. Berlin 849. C. Heymann. — 24.

Proudhon, P. J., die literarischen Majorate. Prüfung des Plans zu e. Gesetze, welches die Schöpfung eines ewigen Monopols zum Besten der Erfinder, Schriftsteller u. Künstler bezweckt. Aus d. Französ. 8. Leipzig 862. Weber. n. — 20.

Provinzial-Gesetzsammlung d. Kgr. Böhmen f. d. J. 1847. 29. Bd., welche die Verordnungen vom 1. Januar bis letzten Dezbr. 1847 enthält. gr. 8. Prag 848. Haase S. 1. 7½.
1—28. Bd. Ebend. 820—848.

— — f. d. J. 1848. 30. Bd. 1. Heft, welches die Verordnungen vom 1. Januar bis letzten Juni 1848 enthält. gr. 8. Ebend. 849. n. — 15.

— für die östlichen Landestheile d. preuß. Staates, die Prov. Preußen, Pommern, Brandenburg, Schlesien, Sachsen u. Posen. Eine chronolog. Zusammenstellung d. in d. Gesetzsammlung f. d. kgl. preuß. Staaten f. d. J. 1806 bis einschl. 1856 enth. noch geltenden, die gedachten Landestheile betr. Gesetze, Verordnungen ꝛc. Mit e. alphabet. Sachregister. gr. 8. Berlin 857. C. Heymann. n. 1. —

— für die westlichen Landestheile d. preuß. Staates, die Prov. Westphalen u. die Rheinprovinz, sowie die Hohenzollernschen Lande u. d. Jadegebiet. Eine chronolog. Zusammenstellung ꝛc. ꝛc. gr. 8. Ebend. 857. n. 1. 10.

Provinzial-Landschaften, die hannoverschen. Ihre Stellung zur Gesammtverfassung des Königreichs, ihre Schicksale seit 1814 u. die neueste Wendung ihrer Angelegenheit. Ein polit. Votum. gr. 8. Berlin 852. Dümmler's Buchh. — 15.

Provinzki, Gerichtskosten, Gebühren d. Rechtsanwalte u. Notare nebst Stempeltarif. Nach amtlichen Quellen tabellar. ausgearb. Fol. Gleiwitz 860. Karfunkel. — 10.

Prozeß, der Arnim'sche, in 1. Instanz verhandelt vor d. kgl. preuß. Stadtgericht zu Berlin am 21. Febr. 1852. Mit Aktenstücken. gr. 8. Braunschweig 852. J. H. Meyer. — 12½.

— v. Baumbach, der. Denkschrift nebst stenograph. Berichte über die schwurgerichtliche Verhandlung. Von J. v. R. gr. 8. Carlsruhe 861. Bielefeld. n. — 27.

— erster politischer, vor dem Geschwornen-Gericht. Der Dichter Ferd. Freiligrath, angeklagt, durch sein Gedicht: „Die Todten an die Lebenden," die Bürger aufgereizt zu haben, gegen die landesherrliche Macht zu bewaffnen ꝛc. Verbrechen gegen § 202 u. 87 b. Strafgesetzbuches. Nach d. am 3. Oct. 1848 zu Düsseldorf stattgehabten Assisenverhandlungen ausführlich mitgetheilt von J. K. H. gr. 8. Düsseldorf 848. Schaub. — 6.

— der, der Familie Gabe in Hamburg. Ein Beitrag zur richtigen Beurtheilung der Schrift: „Eine Mutter im Irrenhause." gr. 8. Bremen 851. Schlodtmann. (Leipzig Gumprecht.) — 7½

— gegen den unterm 5. Febr. 1862 wegen Vergiftung seiner Ehefrau zum Tode verurtheilten Georg Heinr. Jacoby, Hofbuchdrucker ꝛc. zu Darmstadt. 1. u. 2. Aufl. 8. Darmstadt 862. Lange. — 8.

— der, gegen d. Kaufmann O. L. Hartung zu Magdeburg wegen zwiefachen Mordes (durch Vergiftung), verhandelt vor d. kgl. Schwurgerichte daselbst am 3. u. 4. März 1853. 1. u. 2. Aufl. 8. Magdeburg 853. Fabricius. n. — 5.

— der Waldeck'sche. Authent. Bericht über die öffentl. Verhandlungen d. Berliner Schwurgerichts ꝛc. 1. u. 2. Aufl. 8. Berlin 849. Hempel. n. — 7½.

— der, gegen d. Abgeordneten zur deutschen Nationalversammlung, Bürgermeister zu Spandau, Dr. jur C. W. C. Zimmermann wegen Hochverraths und gegen denselben u. Buchh. Martens wegen Landesverraths ꝛc., verhandelt vor d. Schwurgericht zu Brandenburg a. H. am 14. u. 15. März 1850. 8. Brandenburg 850. Müller. — 7½.

Vgl. auch: Proceß.

Prozeß-Verfahren, das alt-preußische. gr. 8. Breslau 861. Kern. — 3.

Prozeßverhandlungen gegen Gottfried Kinkel u. Genossen zu Köln, 29. April bis 2. Mai 1850, wegen angeblichen Attentats, Sturm d. Siegburger Zeughauses u Aufreizung zum Bürgerkrieg. gr. 8. Bonn 850. Sulzbach. n. — 10.

Prüfung der Schrift, welche der ꝛc. Herr Dr. Hesse u. d. T.: Forschungen die Steuerfreiheit d. Rittergüter ꝛc. betr., veröffentlicht hat. gr. 8. Altenburg 855. Schnuphase. — 6.

Pruner, J. E., Lehre vom Rechte u. von der Gerechtigkeit. Moraltheolog. Abhandlung mit genauer Berücksicht. d. kirchlichen u. bürgerlichen Rechtes. gr. 8. Regensburg, Manz.
    1. Bd.: Constitutive Gerechtigkeit, oder Inhalt, Erwerbung u. Uebertragung d. Rechte, nach d. Grundsätzen d. Moraltheologie mit vergleich. Darstellung d. gemeinen Rechtes, d. bayer., preuß. u. würtemberg. Landrechtes, d. französ. u. österreich. Gesetzes u. d. vorzüglichsten im Kgr. Bayern geltenden Provinzial- u. Statutarrechte bearb. 857.   2. 6.

Psttros, Ed., die böhmischen Kronlehen im Kgr. Böhmen, Markgrafthum Mähren u. Herzogth. Schlesien. gr. 8. Prag 861. Credner.   n. 1. —

Puchelt, E., das Strafgesetzbuch f. d. Großherzogth. Baden nebst Abänderungen u. Ergänzungen mit Einschluß d. Gesetze über Presse, Vereine u. Ministerverantwortlichkeit, mit Erläuterungen 1. Abth. u. 2. Abth. 1. Liefg. gr. 8. Mannheim 866, 67. Bensheimer.   n. 2. 10.

Puchta, G. F., kleine civilistische Schriften. Gesammelt u. herausg. von A. d. Fr. Rudorff. gr. 8. Leipzig 851. Breitkopf u. H.   1. 20.

— Cursus der Institutionen. 3 Bde. (1. u. 2. Bd. 6. neu verm. Aufl., — 3. Bd. 5. verm. Aufl.) nach d. Tode d. Verf. besorgt von A d. Frdr. Rudorff. gr. 8. Ebend. 865, 66.   8. 20.

— Pandekten. (838—63.) — 10. verm. Aufl. Nach d. Tode d. Verf. besorgt von A. F. Rudorff. gr. 8. Leipzig 866. J. A. Barth.   4. —

— Vorlesungen über d. heutige römische Recht. Aus dessen Nachlaß herausg. von A. F. Rudorff. (817—854.) — 5. verm. Aufl. 2 Bde. gr. 8. Leipzig 863. H. Tauchnitz.   4. 15.

Pufendorf, die öffentliche Klage d. Staatsanwaltschaft bei Verbrechen u. Polizeiübertretungen in 14 Abhandlungen u. d. Verletzten bei Polizeiübertretungen in e. Anhange. gr. 8. Verden. 857. Steinhöfel.   n. — 12½.

Purgold, Frbr., das nationale Element in der Gesetzgebung. Ein Wort zur deutschen Rechtseinheit. gr. 8. Darmstadt 860. Jonghaus.   n. — 20.

— das wissenschaftliche Princip d. deutschen Privatrechts in d. Anwendung auf das Leibgeding, unter Bezug auf d. Gr. Hessischen Gesetzentwurf über d. Sachenrecht. 8. Heidelberg 849. J. C. B. Mohr.   — 7½.

v. **Puttkammer**, Preußen's Militair-Invaliden-Gesetzgebung für die Grade vom Oberfeuerwerker, Feldwebel u. Wachtmeister abwärts, nach amtlichen Quellen zusammengestellt. 8. Breslau 867. Maruschke u. V.   n. — 16.

Quandt, C. F., der preußische Justiz-, Kassen- u. Rechnungsbeamte. Handbuch zum Selbststudium f. angehende Justiz-Subaltern-Beamte. 5 Hefte. 4. Berlin 856, 57. C. Heymann.   n. 2. 15.
    1. Heft: Das Etatswesen d. Gerichte 1. Instanz. n. 7½ Sgr. — 2. Heft: Instrukt. zur Verwalt. d. gerichtl. Salarienkassen. n. 20 Sgr. — 3. Heft: Die Gelbstrafen u. die besfd. Grundsätze über die Berechtigung zu deren Erhebung c. n. 5 Sgr. — 4. Heft: Instrukt. zur Anfertig. d. Jahresrechnungen 2c. b. gerichtl. Salarienkassen. n. 15 Sgr. — 5. Heft: Die Depositalverwaltung. n. 27½ Sgr.

Quehl, R., das preußische u. deutsche Consularwesen im Zusammenhange mit d. innern u. äußern Politik. gr. 8. Berlin 865. Hempel.   n. 2. —

Quellen des deutschen Bundesrechts. 12. Mainz 858. v. Zabern.   — 7½.

Quellensammlung zum deutschen öffentlichen Recht seit 1848. Herausg. von P. Roth u. H. Merck. 2 Bde. à 5 Hefte. gr. 8. Erlangen 850—52. Palm u. E.   à Bd. n. 2. 20.

Quistorp, W., ein Besuch im Zellengefängniß zu Moabit nebst e. Blick auf die gegenwärt. Lage d. Gefangenenfrage in Pommern. 8. Stettin 867. (v. d. Rahmer.)   — 8.

Quitzmann, Ant., die älteste Rechtsverfassung der Baiwaren. Als factischer Beweis für die Abstammung d. baierischen Volksstammes. gr. 8. Nürnberg 866. Stein. n. 2. 10.

Qvenzel, G., ausführliches Sachregister zu d. Strafgesetzbuch u. d. Strafprocessordnung f. d. Kgr. Sachsen ꝛc., nebst Angabe sämmtl. Strafmaaße u. e. alphabet. Verzeichnisse d. vor d. Einzelrichter gehör. Verbrechen u. Vergehen. 8. Dresden 857. Meinhold. n. — 20.

— alphabet. geordnete Taxordnung in Straffachen f. d. Kgr. Sachsen über Gebührensätze d. Gerichtsbehörden, Staatsanwälte, Aerzte, Chemiker, Pharmaceuten, Hebammen u. Frohne. gr. 8 Ebend. 856. n. — 5.

Rabenau, C. v., wissenschaftliche Darstellung des Rechts. 1. Thl. enth. die Grundsätze von Sache u. Handlung, Willenserklärung, Besitz u. Eigenthum, Verjährung. Vertrag u. unerlaubte Handlung. gr. 8. Essen 861. Bädeker. n. 1. —

Rabenlechner, Mich., die Gebührenbemessung d. Ausgedingsverträge u. überhaupt d. Gutsabtretung mit Vorbehalten ꝛc. 2. Aufl. gr. 8. Wien 856. Sommer. n. — 4.

— Leitfaden zur Anwend. d. provisor. Gesetze vom 9. Febr. 1850 u. d. nachträglich erfloss. Verordnungen über die Gebührenbemessung b. seit d. Wirksamkeit dieser Gesetze geschloss. gebührenpflicht. Rechtsgeschäfte u. Amtshandlungen. gr. 8. Ebend. 856. n. — 16.

Rabus, Leonh., das monarchische Princip. Eine wissenschaftl. Untersuchung. Zugleich ein Beitrag zur Begründung d. Staatsrechts u. d. Politik. gr. 8. Nürnberg 862. Recknagel. n. — 28.

(v. **Radowitz,** Jos.) Gespräche über Staat u. Kirche. 1—4. Aufl. 8. Stuttgart 851. Becher. 1. 15.

Rahn, G., die Rechtsverhältnisse d. Schornsteinfeger gegenüber dem Staate u. den Hauseigenthümern. Eine systemat. Zusammenstellung aller gesetzl. Bestimmungen ꝛc. über d. Gewerbebetrieb d. Schornsteinfeger ꝛc. 1. u. 2. Aufl. 8. Berlin 855. Rahn. — 15.

Rambacher, C. F. W., die Instruktion zu Abhaltung d. Ruggerichte in d. Gemeinden vom 15. Nov. 1844 u. die dieselbe abändernden, ergänz. oder erläuternden ꝛc. Gesetze, Verordnungen u. Normalien ꝛc. Mit alphabet. Sachregister. gr. 8. Stuttgart 856. Metzler. n. 1. —

Randa, Ant., der Besitz nach österreich. Recht mit Berücksicht. d. gemeinen Rechtes, d. preuß., französ. u. sächs. Gesetzbuches. gr. 8. Leipzig 865. Breitkopf u. H. 2. —

Rang, Frdr., die Polizei-Aufsicht u. ihre Folgen. Ein Versuch. Herausg. von Mor. Max. Meyer. 8. Nürnberg 848. (Riegel u. W.) n. — 8.

— kann die Polizei das Strafmittel d. körperlichen Züchtigung entbehren? Versuch e. richtigen Beantwort. dieser Frage ꝛc. gr. 8 Erlangen 853. Palm's Verlhdlg. — 10.

Rannicher, J., die neue Verfassung d. evangel. Landeskirche A. B. in Siebenbürgen auf Grundlage amtlicher Quellen dargestellt. 2. Aufl. gr. 8. Hermannstadt 857. (Steinhaußen.) — 9.

Rasch, Gust., die Gewerbegesetzgebung d. preuß. Staates mit allen darauf bezügl. bis heute ergang. abändernden u. ergänz Bestimmungen. 8. Berlin 857. (Seehagen.) 1. —

— die neue Konkursordnung, nebst d. Gesetz über d. Einführung derselben u. dem Gesetz, betr. die Befugniß d. Gläubiger zur Anfechtung d. Rechtshandlungen zahlungsunfähiger Schuldner außerhalb d. Konkurses. Eingeleitet u. mit Anmkgn. u. Erläuterungen unter Benutzg. d. Kommissionsberichts u. d Motive u. Regierungsvorlage versehen. gr. 8. Berlin 855. Sacco. — 10.

— das Gesetz über d. unerlaubte Kreditgeben an Minderjährige, vom 2. März 1857. Mit Benutz. d. Kommiss.-Berichte u. d. Motive d. Regierungsvorlage eingeleitet u. erläutert. 1—3. Aufl. gr. 8. Ebend. 1857. — 3.

Rasch, Gust., der Hauseigenthümer u. Miether ꝛc. Enth. die gegenseitigen Rechte u. Pflichten d. Miethers u. Vermiethers zu einander, das Prozeßverfahren in Mieth- u. Exmissionssachen auf Grund d. neuen Gesetzgebung vom 2. Juli 1846 u. 2. Jan. 1819 u. vom 26. April 1851 ꝛc. gr. 8. Berlin 856. Plahn. n. — 20.

— der Rechtsanwalt für Stadt u. Land. Ausführlicher Rathgeber für Jedermann im bürgerlichen u. geschäftlichen Verkehr, sowie im Verkehr mit Verwaltungs- u. Gerichtsbehörden. 3 Bde. gr. 8. Berlin 860, 61. Verlags-Comptoir. (Dominé.) 2. 27.

——— ——— Ergänzungsband. (2 Liefgn.) gr. 8. Ebend. 863. — 6.

— das preuß. Strafgesetzbuch u. d. preuß. Strafproceß in seiner neuesten Gestalt. Nebst allen darauf bezügl. Gesetzen ꝛc. Erläut. u. systemat. dargestellt. gr. 8. Berlin 858. Sacco. — 15.

— die allgem. deutsche Wechselordnung u. der Wechselprozeß in Preußen. Nebst allen darauf bezügl. Gesetzen, Verordnungen, Judikaten d. kgl. Obertribunals ꝛc. Systemat. geordnet. gr. 8. Ebend. 854. — 10.

Raschdorff, Jul., das Bau-Recht in d. preuss. Rheinprovinz u. denjen. Ländern, in welchen das bürgerliche Gesetzbuch Geltung hat. Neu bearb. nach Weyer's Baurecht. 3. verm. u. verb. Aufl. gr. 8. Cöln 867. Frühbuss. n. 1. 15.

Ráth, Geo., das seit d. 1. Jänner 1853 gültige neueste Wechsel- u. Concursgesetzbuch f. Ungarn ꝛc. nach d. allgem. Wechselordnung ꝛc. als nöthige Ergänzung d. provisor. Prozeßordnung u. d. allgem. österreich. bürgerlichen Gesetzbuches. gr. 8. Pest 853. Geibel. n. — 12.

Rathgeber, allgemeiner juristischer, f. d. preuß. Staatsbürger, herausg. von e. prakt. Juristen. 8. Hoyerswerda 852. (Spremberg.) Erbe. — 7½.

— polizeilicher, oder Sammlung d. in d. gewöhnliche bürgerliche Leben ordnend eingreifenden Polizeigesetze ꝛc. mit Berücksicht. auf d. Regier.-Bezirk u. die Stadt Erfurt zusammengestellt. 3. Ausg. 8. Erfurt 853. (Bartholomäus.) n. — 25.

— der, des Vermögensverwalters in Rechtsgeschäften nach großh. baden'schen Gesetzen ꝛc. 8. Freiburg 853. Wangler. — 14.

— juristischer, f. d. Geschäftsmann. Eine kurzgef. Zusammenstellung d. Wissenswerthesten aus d. sächsischen Rechtskunde namentlich zum Verfahren in Bagatellsachen ꝛc. 16. Zwickau 851. Thost. — 5.

Rathmann, Frdr., einige Worte über eheliches Güterrecht nach heutigem gemeinen Rechte in Deutschland. gr. 8. Chemnitz 859. Focke. n. — 16.

Ratjen, H., Joh. Carl Heinr. Dreyer, Prof. d. deutschen Rechts etc. in Kiel, und Ernst Joach. v. Westphalen, Rechtslehrer in Rostock u. Curator d. Kieler Universität. Beitrag zur Geschichte d. Kieler Universität u. d. jurist. Literatur. gr. 8. Kiel 861. Akademische Buchh. n. 1. —

— vom Einflusse d. Philosophie auf die Jurisprudenz, besonders von d. Benutz. d. vier Arten d. Grundes oder d. Ursächlichkeit. 4. Ebend. 855. n. — 4.

Ratolišta, Joh., das Instruktionsverfahren im neuen Strafprozesse, nach d. prakt. Bedürfnisse dargestellt. gr. 8. Teschen 850. Prochaska. 2. —

Rau, H., das Geld. Nach Mich. Chevalier's national-ökonom. Vorträgen. gr. 8. Wien 858. Wallishausser. n. — 28.

— die ländliche Urproduction u. der Realcredit. gr. 8. Wien 857. Gerold. n. — 27.

Rau, Jul., Handbuch d. Güter- u. Erbrechts d. Ehegatten nach d. bayerischen Landrecht von 1756 in seiner heutigen Gestalt. 1. Abth. gr. 8. München 864. Rieger. 1. —

Rau, Karl Heinr., Lehrbuch d. politischen Oekonomie. 3 Bde. gr. 8. Leipzig, C. F. Winter. n. 12. 20.

1. Bd.: Grundsätze d. Volkswirthschaftslehre. (839—60.) — 7. Ausg. 863. n. 2 Thlr. 20 Ngr.

2. Bd.: Grundsätze d. Volkswirthschaftspolitik mit anhalt. Rücksicht auf bestehende Staatseinrichtungen. 2 Abthlgn. (839—58.) — 5. verm. Aufl. 862, 63. n. 5 Thlr.

3. Bd.: Grundsätze d. Finanzwissenschaft. 2 Abthlgn. (843—60.) — 5. verm. u. verb. Aufl. 865. n. 5 Thlr.

Rauer, K. F., die ständische Gesetzgebung d. preußischen Staaten. Neue Folge. 2 Thle. (Text d. ständ. Gesetze. Systemat. Darstellung d. ständ. Gesetzgebung.) gr. 8. Berlin 852. C. Heymann. n. 3. —

— neuere ständische Gesetzgebung d. preuß. Staaten. Einschließlich d. Gesetzgebung über die beiden Häuser d. Landtages d. Monarchie, die Verhältnisse d. vormals reichsständ. Familien, d. Rittergutsbesitzer ꝛc. gr. 8. Berlin 859. R. Kühn. n. 2. —

— Verhandlungen d. Vereinigten Landtages von 1847, des Vereinigten Ausschusses u. d. Vereinigten Landtages von 1848. Nach Materien geordnet. gr. 8. Berlin 848. v. Decker. 3. —

— die in d. preußischen Staaten bestehenden allgem. Polizei-Gesetze u. Verordnungen. Zusammengestellt im Auftrage d. kgl. Minister. d. Innern. (852.) — 2. verb. Aufl. gr. 8. Berlin 853. Gebauer. (Guttentag.) n. — 20.

— Protokolle d. Verfassungskommission, s. Protokolle.

Raumer, Frdr. v., über die geschichtliche Entwickelung d. Begriffe von Recht, Staat u. Politik. (626. 32.) — 3. Aufl. gr. 8. Leipzig 861. Brockhaus. n. 1. 15.

Ravit, Joh. Chr., der Civilstaatsdienst im Herzogth. Schleswig u. Holstein. gr. 8. Kiel 852. Schröder u. Co. n. 1. 7½.

— die progressive Einkommensteuer. gr. 8. Lübeck 862. Aschenfeldt. — 3.

— Beiträge zur Lehre vom Gelde. gr. 8. Ebend. 862. n. — 15.

— Untersuchungen über die Staatssuccession im Herzogth. Lauenburg mit dem von d. Schlesw.-Holstein-Lauenburgischen Kanzlei über diese Frage erstatteten Gutachten. gr. 8. Kiel 864. Homann. — 18.

Rayongesetz, das preußische. 8. Berlin 862. Mittler u. S. — 3.

Reaz, Carl Ferd., die Lehre vom Erfüllungsort. Eine civilist. Abhandlung. gr. 8. Gießen 862. Ricker. n — 24.

— der Gerichtsstand d. freiwilligen Unterwerfung. Eine civilprocessualische Abhandlung. gr. 8. Ebend. 859. n. 1. —

Rebau, Dct., Erläuterungen zum Gesetze vom 25. Juli 1850 über die Unterstützung u. Verpflegung hilfsbedürftiger u. erkrankter Personen. gr. 8. Landshut 860. Thomann. — 3¾.

Reber, Karl, die Notariatsgebühren nach d. Verordnungen vom 19. Jan. 1862 u. vom 7. Juni 1863, mit Tabellen zur Berechnung derselben ꝛc. (862.) — 2. Aufl. gr. 8. Landshut 863. Krüll. — 22½.

Recht, das, der Kirche u. die Staatsgewalt in Bayern seit d. Abschluß d. Concordates. Eine kirchlich-polit. Denkschrift. gr. 8. Schaffhausen 852. Hurter. 1. 15.

— das, der pommerschen Kirche. Eine durch d. a. h. Erlaß vom 14. Oct. 1850 u. durch die Rescripte d. Ober-Kirchenrathes vom 14. Oct. 1850 u. vom 21. Jan. 1851 veranlaßte Denkschrift ꝛc. (Von Otto.) gr. 8. Stettin 851. Weiß. n. — 6.

— das, zur Besetzung d. Staatsämter. Eine Studie zum kurhess. u. deutschen Staatsrecht. gr. 8. Cassel 863. Trömner u. D. — 5.

Recht und Pflicht d. Bundes-Staaten zwischen Preußen u. Oesterreich. Zur Bundesreform auf Grund d. Bundesrechts. 8. München 862. (Merhoff.) — 20.

Rechte, d. unehelichen Kindes u. seiner Mutter gegen d. außerehelichen Vater, namentlich des letzteren Alimentationspflicht. Eine Zusammenstellung d. heut geltenden Rechts ꝛc. gr. 8. Breslau 856. (Morgenstern.) n. — 2½.

— die, des Staates in Eisenbahn-Angelegenheiten der Schweiz. Ein Beitrag zur Lösung bestehender u. kommender Eisenbahnkonflikte. gr. 8. Zürich 861. (Herzog.) n. — 24.

Rechtsanwalt, der preußische, oder prakt. Handbuch f. Geschäftsmänner ꝛc. bei Einziehung ihrer Forderungen im gerichtlichen Wege, unter Berücksicht. aller bis zum J. 1858 ergang. Gesetze u. Entscheidungen ꝛc. (851.) — 5. Aufl. gr. 8. Breslau 858. Trewendt. — 7½.

Rechtsbeistand s. d. preuß. Staatsbürger. Populäre Darstellung d. preuß. Privatrechts u. Civilprozesses in Auszügen aus d. 1. Theile d. allgem. Landrechts, aus d. Prozeßordnung, sowie d. Gesinde-, Wechsel-, u. Konkursordnung, mit 67 Formularen. gr. 8. Liegnitz 865. Krumbhaar. — 20.

Rechtsbücher, die, d. Stadt Guben, s. Gaupe.

Rechtsdenkmale aus Thüringen. Herausg. von A. L. J. Michelsen. (5 Liefgn.) gr. 8. Jena 859—62. Frommann. n. 2.

Rechtsdenkmäler, deutsche, aus Böhmen u. Mähren, e. Sammlung von Rechtsbüchern, Urkunden u. alten Aufzeichnungen zur Geschichte d. deutschen Rechtes, herausg. u. erläutert von Em. Frz. Rössler. gr. 8. Prag, Tempsky.

   2. Bd.: Die Stadtrechte von Brünn aus d. 13. u. 14. Jahrh., nach bisher ungedruckten Handschriften. 853. n. 3. 10.

   1. Bd. Ebend. 845. a. 2 Thlr.

— d. deutschen Mittelalters. Herausg. von A. v. Daniels, Fr. v. Gruben u. Fr. Jul. Kuehns. 2 Bde. gr. 8. Berlin 857—63. Hempel. n. 11. 25.

   Inhalt: Land- u. Lehnrechtbuch. Sächsisches Land- u. Lehnrecht. Schwabenspiegel u. Sachsenspiegel. Von A. v. Daniels. 1. Bd.: Landrechtsbuch. Nebst dem Buch d. Königs, herausg. von F. A. Maasmann. — 2. Bd. Lehnrecht.

Rechtsfälle zum academischen Gebrauch. Herausg. von H. K. Briegleb. 2 Hefte. 4. Göttingen 848. 50. Dieterich. n. 3. 15.

— mit Entscheidungen d. französ. u. belgischen Gerichtshöfe. Zur Erläuterung d. französ. Civilrechts. Mit Rücksicht auf d. badische Landrecht. Herzg. von Ludw. Lauchhard. 7—10. Bd. oder d. neuen Folge 4—7. Bd. (à 3 Hefte.) gr. 8. Mannheim 851—57. Götz. à Bd. n. 2. —

——— 11. u. 12. Bd. oder d. neuen Folge 8. u. 9. Bd. (à 3 Hefte.) gr. 8. Karlsruhe 862—64. Braun. à Bd. n. 2. —

   1—6. Bd. 1834—46.

— aus d. hannoverschen Gerichtspraxis. 1. Heft. gr. 8. Hannover 854. Rümpler. n. — 20.

— aus d. Praxis d. kgl. Geh. Ober-Tribunals neueren Verfahrens. 4. Bd. gr. 8. Berlin 859. Jonas. n. 2. —

   1—3. Bd. Ebend. 847, 48. a. 3 Thlr. 10 Ngr.

Rechtsfreund, der mecklenburgische, f. d. gesammten, gerichtlichen wie außergerichtlichen Verkehr. 8. Wismar 855. Hinstorff. — 20.

— der preußische. Ein Handbuch bei Einziehung von Forderungen u. Verfolgung d. Rechte im Wege d. Prozesses, bei Handlungen d. freiwill. Gerichtsbarkeit u. bei letztwilligen Bestimmungen. 8. Breslau 852. Kern. — 6.

— der, oder Gesetz- u. Verfassungs-Kenntniß f. d. preuß. Staatsbürger jeden Standes. (826—54.) — 15. verm. Aufl. 8. Berlin 855. C. Heymann. n. 1. 15.

Rechtsgrundsätze d. neuesten Entscheidungen d. k. Ober-Tribunals, f. Striethorst.

Rechtsgutachten, zwei, der Juristen-Fakultäten zu Kiel u. Göttingen über die preußische Preßverordnung vom 1. Juni 1863. gr. 8. Berlin 863. G. Reimer. n. — 5.

— des Spruchcollegiums d. Heidelberger Juristen-Facultät über die Verfassungsmäßigkeit d. preußischen Preßverordnung vom 1. Juni 1863. gr. 8. Leipzig 863. O. Wigand. n. — 5.

— d. Juristenfacultät zu Berlin über die Verletzung d. verfassungsmäß. Rechte b. Provinziallandschaft insbes. d. Ritterschaft d. Fürstenth. Calenberg, Göttingen, Grubenhagen durch die von d. kgl. hannov. Regierung beabsicht. Ausführung d. § 83 d. Gesetzes vom 5. Sept. 1848. gr. 8. Hannover 851. Helwing. — 15.

— bezügl. d. Herzogth. Schleswig, Holstein u. Lauenburg erstattet auf Grund d. Allerh. Erlasses vom 14. Dezbr. 1864 vom Kron-Syndikat. gr. 8. Berlin 866. v. Decker. 1. —

Rechtsirrthümer, die, des Judeneides. Notizen zur neuen Prüfung e. alten Frage. 8. Speyer 862. Lang. — 6.

Rechtslexicon für Juristen aller teutschen Staaten. Redig. von Jul. Weiske. 15 Bde. gr. 8. Leipzig 838—61. O. Wigand. n. 53. 10; Velinpap. n. 66. 25.

——— Repertorium dazu. gr. 8. Ebend. 862. n. 1. 10.

Rechtsprechung, die, d. kgl. Ober-Tribunals in Strafsachen. Herzg. von F. C. Oppenhoff. 1—7. Bd. (à 6 Hefte.) gr. 8. Berlin 861—66. G. Reimer. à Bd. n. 2. —

Rechtsquellen von Basel Stadt u. Land. 2 Thle. gr. 8. Basel 859, 65. Bahnmaier. n. 14. —

— die, der Bezirke d. Kantons Schwyz als Folge zum Landbuch von Schwyz, herausg., von M. Kothing. gr. 8. Basel 853. Bahnmaier. n. 1. 15.
Vgl.: Landbuch ꝛc.

Rechtssätze aus Erkenntnissen d. k. Ober-Appell.-Gerichts zu Dresden. Herausg. von Gust. Adph. Ackermann. gr. 8. Leipzig 849. Arnold. n. 1. 18.

—— —— Neue Folge. 1—11. Bd. (à 4 Hefte.) gr. 8. Wurzen 851—61. Verlagscomptoir. à Bd. n. 2. 20.

—— —— 12—15. Bd. (à 4 Hefte.) gr. 8. Leipzig 862—65. Arnold. à Bd. n. 2. 20.

—— —— 16. 17. Bd., d. 2. neuen Folge 1. 2. Bd. (à 4 Hefte.) gr. 8. Leipzig 866. Teubner. n. 2. 20.

Rechtsverhältnisse, die, der Standesherrn d. Grossh. Hessen vor u. nach d. J. 1848. gr. 8. Darmstadt 855. Beyerle. n. — 6.

Rechtswidrigkeit, die, des in Hannover bestehenden Verfassungszustandes. gr. 8. Leipzig 861. O. Wigand. n. — 20.

Recueil, nouveau, général de traités, conventions et autres transactions remarquables etc. Rédigé sur des copies authentiques par Fréd. Murhard. Continution du grand Recueil de feu M. de Martens. Tome VI—XI. gr. 8. Göttingen 849—53. Dieterich. n. 24. —
VI. VII.: Pour 1844. à n. 4 Thlr. — VIII. pour 1845. n. 4 Thlr. — IX. pour 1846 avec supplem. pour 1841—45. n. 3 Thlr. 20 Ngr. — X. pour 1847. n. 4 Thlr. — XI. pour 1847, 48. n. 4 Thlr. 10 Ngr.
I–V. Ebend. 847—47. à 16 Thlr. 5 Ngr.

—— —— Continué par Ch. Murhard et J. Pinhas. Tome XII et XIII. Archives diplomatiques générales des années 1848 et suivants. Tome I. II. gr. 8. Ebend. 854, 55. n. 9. —
XII.: Année 1848 n. 4 Thlr. 15 Ngr. — XIII.: Années 1848 et 1849 avec un supplem. aux tomes antérieurs. n. 4 Thlr. 15 Ngr.

—— —— Continué par Ch. Samwer. Tome XIV—XVI. et XVII. Partie I. Recueil etc. relatifs aux rapports de droit international. Tome I—VI. gr. 8. Ebend. 856—62. n. 21. 10.
XIV.: 1843—1852. 4 Thlr. 24 Ngr. — XV. jusqu'à 1857. 5 Thlr. 12 Ngr. — XVI. Partie I. II. 8 Thlr. 10 Ngr. — XVII. Partie I. n. 2 Thlr. 14 Ngr.

— manuel et pratique de traités, conventions et autres actes diplomatiques, sur lesquels sont établis les relations et les rapports existant aujourd'hui entre les divers états souverains du globe, depuis l'année 1760 jusqu'à l'époque actuelle. Par Ch. de Martens et Ferd. de Cussy. Tome V—VII. gr. 8. Leipzig 849—57. Brockhaus. n. 10. 14.
V.: n. 3 Thlr. 14 Ngr.; VI. VII.: à n. 3 Thlr. 15 Ngr. — Tom. I—IV. Ebend. 846. n. 10 Thlr. 16 Ngr.

— des traités et conventions conclus par l'Autriche avec les puissances étrangères, depuis 1763 jusqu'à nos jours. Par Léop. Neumann. 6 Vols. gr. 8. Ebend. 855—59. n. 19. —

Reden, Fr. W. v., Erwerbs- u. Verkehrs-Statistik d. Königsstaats Preußen. In vergleich. Darstellung. gr. 8. Darmstadt 853. Jonghaus. n. 9. 10.

— allgemeine vergleich. Finanzstatistik. Vergleich. Darstellung d. Haushalts-, Abgabenwesens u. d. Schulden Deutschlands u. d. übrigen Europa. 2 Bde. gr. 8. Ebend. 851—56. n. 13. 25.

Redepenning, E. R., Vorschläge u. leitende Gedanken zu e. Kirchenordnung f. d. protestant. Deutschland auf Grundlage d. Geschichte u. d. Zustände d. Gegenwart. gr. 8. Göttingen 848. Dieterich. n. — 20.

Redlich, die allgem. preuß. Gesindeordnung vom 8. Nov. 1810 mit b. seit ihrem Erscheinen bis einschl. 1843 ergang. Zusätzen, Abändergn. u. Erläutergn. ꝛc. 8. Grünberg 849. Weiß. — 7½.

Redomansky, Frz., der Rechtsbegriff. gr. 8. Pest 854. (Grat. Hesse.) n. — 6.

Rée, Gust., der badische Bürger als Schöffe u. Geschworener, Bezirksrath u. Mitglied d. Kreisversammlung. Ein Leitfaden zur Kenntniß u. Anwendung d. neuen Gesetze über Gerichts-Verfassung u. administrative Organisation. Zum bürgerlichen Gebrauch bearb. gr. 8. Mannheim 864. Schneider. n. — 20.

Referenten-Entwurf zur Regelung d. Stempel- u. Gebührenwesens in Rücksicht auf die einzuführende neue Civilprozeßordnung. gr. 8. Wien 867. Manz. — 7½.

Reform, die, der Justizgesetzgebung im Königr. Württemberg. Gesetzes-Entwürfe mit Motiven. 1. Abth.: Der Entwurf e. Gesetzes über die Gerichtsverfassung u. der Entwurf e. Strafprozeß-Ordnung für das Königr. Württemberg mit den Motiven. 8. Stuttgart 867. Meßler. n. 1. 10.

— die, des Strafverfahrens in Bayern. gr. 8. München 860. Kaiser. n. — 8.

Regelsberger, Ferd., zur Lehre vom Altersvorzug d. Pfandrechte. Eine civilist. Abhandlung. gr. 8. Erlangen 859. Enke. n. — 20.

Regelung, die anderweite, der Grundsteuer im preuß. Staate. Eine übersichtliche Darstellung des Verfahrens bei d. Grundsteuerveranlagung, d. Hauptergebnisse d. stattgehabten Vermessungen u. Abschätzungen, d. Gestaltung d. Besteuerungsverhältnisse ıc. (Abdr. aus d. Staats-Anzeiger.) gr. 8. Berlin 866. v. Decker. n. — 10.

Regenauer, Frz. Ant., der Staatshaushalt d. Großherzogth. Baden in seinen Einrichtungen, seinen Ergebnissen u. seinen seit d. Wirksamkeit d. landständ. Verfassung eingetretenen Umgestaltungen. Ein Handbuch d. badischen Staatsfinanzverwaltung. gr. 8. Karlsruhe 863. Müller. 3. —

Regierungsfolge, die, im Herzogth. Braunschweig nach d. Erlöschen d. Braunschw.-Wolfenbüttelschen Fürstenhauses. gr. 8. Berlin 861. J. Springer. — 9.

Reglement der pommerschen Landschaft von 1761, revid. von den im J. 1847, 1850 u. 1857 gehaltenen Landtagen ıc. Fol. Stettin 859. Cartellieri. n. 1. 10.

— d. westpreuß. Landschaft von 1787, revid. von d. im J. 1850 gehalt. General-Landtage. Nebst a. h. Erlaß vom 25. Juni 1851. gr. 8. Berlin 851. v. Decker. — 7½.

— über das Postwesen vom 27. Mai 1856. 4. Stettin 856. Graßmann. — 7½.

Regnet, E. Alb., der Dienst des Gemeindeschreibers in seinem ganzen Umfange. Ein Hand- u. Hülfsbuch f. Stadt-, Markt- u. Gemeindeschreiber ıc. gr. 8. Landshut 862. Krüll. — 25.

Regulativ über die hypothekar. Beleihung bepfandbriefungsfähiger Güter mittelst Ausfertigung kur- u. neumärk. neuer Pfandbriefe. Vom 15. März 1858. gr. 8. Berlin 858. v. Decker. — 1½.

Rehbein, Herm., populäres Vormundschaftsbuch enth. e. gemeinfaßl. Darstellung u. Erläuterung d. bei Vormundschaften jeder Art die Vormünder treffenden Pflichten u. Obliegenheiten u. damit verbund. Geschäfte ıc. gr. 8. Weimar 855. Voigt. — 15.

Rehm, K., der Geschworne in Bayern. Handbüchlein zum dienstlichen Gebrauche entw. 8. Bamberg 855. Buchner. — 7½.

— das schwurgerichtliche Strafverfahren in Bayern (bieff. d. Rh.) als Leitfaden f. d. Vorsitzenden d. Schwurgerichtshofes bearb. Mit 2 Sitzungsprotokollen als Anhang. gr. 8. Erlangen 860. Palm u. E. n. — 12.

— Leitfaden zur Visitation d. Einzelrichterämter u. d. Untersuchungsrichter in Bayern, zugleich Anleitung f. die Geschäftsführung derselben. gr. 8. Ebend. 858. n. — 10.

— Gesetz über die Gerichtsverfassung, s. Gesetzgebung d. Kgr. Bayern.

Reich, Ed., zur Staats-Gesundheitspflege. Ernste Worte an die bürgerliche Gesellschaft. gr. 8. Leipzig 861. O. Wigand. n. — 20.

Reich, Geo., die evangel.-luther. Kirche im Großh. Hessen, ihre Entstehung, Recht u. gegenwart. Lage. Eine Denkschrift. gr. 8. Stuttgart 855. S. G. Liesching. n. — 24.

Reich, Karl, das Ausgleichsverfahren in Oesterreich: Nach d. Paragraphenfolge d. Gesetzes vom 17. Dezbr. 1862 u. mit Rücksicht auf d. frühere Gesetz vom 18. Mai 1859 erläutert. gr. 8. Wien 865. Manz. n. 1. —

Reichardt, C. F., zur Begründung e. allgem. Bauordnung in Sanitäts-, Sicherheits-, Verkehrs- u. aesthet. Beziehung. gr. 8. Hamburg 863. O. Meißner. — 18.

Reichenbach, Graf v., über d. Entwurf e. Ehescheidungsgesetzes mit Berücksicht. b. Motive. gr. 8. Berlin 855. Schneider u Co. n. — 5.

Reichenbach, Oct. Graf v., Beiträge zur Kritik d. Staatswirthschaft. 1. Reihe. gr. 12. Oldenburg 854. (Bremen, Kühtmann u. Co.) n. 1. —

Reichenheim, Lenor, Entwurf e. Gewerbegesetzes für Preußen, mit Motiven. gr. 8. Berlin 860. (Springer'sche Sortbhlg.) n. — 5.

Reichensperger, Pet. Frz., die freie Agrarverfassung. gr. 8. Regensburg 856. Manz. — 12.

— Entwurf e. Hypothekengesetzes f. d. Bezirk d. rhein. Appell.-Gerichtshofes nebst Motiven. gr. 8. Köln 851. (Boisserée.) n. — 5.

— gegen die Aufhebung d. Zinswuchergesetze. gr. 8. Berlin 860. Guttentag. n. — 12½.

Reichlen, G., Gesetz über Feldwege, Trepp- u. Ueberfahrtsrechte vom 28. März 1862, bearb. u. vollständig erläutert rc. Handausg. mit alphabet. Sachregister. gr. 8. Stuttgart 862. Metzler. n. — 12.

— das allgemeine Staatsrecht u. das gemeine deutsche Staats- u. Bundesrecht. gr. 8. Regensburg 863. Manz. 2. 24.

Reichsgesetze d. Kaiserthum Oesterreich. 1—17. Bd. 16. Wien 849—52. Tendler u. Co. à Bd. n. — 24.

— — 18. Bd.: Der allgem. österreich. Zolltarif f. d. Einfuhr u. Durchfuhr. 16. Ebend. 852. n. — 16.

— — Neue Folge. Jahrg. 1852. 1. Bd. 16. Ebend. 852. n. — 24.

— — Sachregister zum 1—10. Bd. 16. Ebend. 851. n. — 4.

— — General-Index dazu, s. Hochnat

Rein, A., drei Uerdinger Weisthümer aus d. J. 1454. Nach e. Handschrift d. städtischen Archivs zu Uerdingen mit e. Einleit. über Weisthümer im Allgemeinen u. über die mitgetheilten im Besonderen. gr. 8. Crefeld 854. Funcke. (Kühler.) — 6.

Rein, Wilh., das Privatrecht u. der Civilprocess d. Römer von d. ältesten Zeit bis auf Justinianus. Nach d. Quellen bearb. (836.) — 2. umgearb. Aufl. gr. 8. Leipzig 858. Fr. Fleischer. 5. —

Reinecke, J. C., die Bestimmung u. Behandlung der militärpflicht. Civilbeamten im Falle ihrer Einberufung zum Kriegsdienste bei einer Mobilmachung der Armee rc., nebst Ergänzungen u. Erläuterungen rc. Dargestellt zum prakt. Gebrauch für Beamte u. Behörden. 8. Berlin 866. Heinicke. n. — 10.

— die Bearbeitung d. gerichtlichen Kalkulaturgeschäfte. (852.) — 2. umgearb. u. unter Berücksicht. d. bis in die neueste Zeit ergang. Verordnungen u. Verfügungen, einschließl. d. Konkursordnung verm. Aufl. gr. 8. Berlin 857. Gebauer. (Guttentag.) n. l. 15.

— — Supplement. Unter Berücksicht. d. bis in die neueste Zeit ergang. Verordnungen u. Verfügungen. gr. 8. Berlin 861. Buch. — 10.

Reiner, Jos., die Staatsanwaltschaft, die Nichtigkeiten u. die Fristen nach d. österreich. Strafprozeßordnung vom 17. Jan. 1850. gr. 8. Graz 850. Kienreich. — 10.

Reinerding, J. H., die Principien d. kirchlichen Rechtes in Ansehung d. Mischehen, e. Begründung d. jüngsten kirchlichen Erlasse, mit besond. Rücksicht auf die Praxis. gr. 8. Paderborn 853. Schöningh. n. — 15.

Reinhard, vergleich. Kritiken u. Erläuterungen d. Civilverfahrens in Preußen. Nebst e. Abhdlg. über causa civilis u. causa debendi. gr. 8. Arnsberg 850. Ritter. — 12½.

Reinhard, Frdr., die Sicherstellung d. Bergbaues durch einen festen Rechtsboden. 8. Koblenz 849. Bädeker. — 5.

Reinhard, Ludw., die Untersuchung u. Aburtheilung d. Forstfrevel u. Forstpolizeiübertretungen nach d. Gesetze vom 28. März 1852 dargestellt. gr. 8. Bamberg 854. Buchner. n. 1, 6.

Reinhardt, H., die preußische Gewerbe-Gesetzgebung, f. b. Handgebrauch zusammengestellt u. erläutert. gr. 8. Berlin 865. Sacco. — 15.

— die preuß. Konkurs-Ordnung nebst b. Einführ.-Gesetze u. b. Gesetze über Anfechtung b. Rechtshandlungen zahlungsunfähiger Schuldner. Für b. Handgebrauch zusammengestellt u. erläutert. gr. 8. Ebend. 865. — 15.

— das preuß. Strafrecht nach Lage b. gegenwärt. Gesetzgebung nebst b. wichtigeren darauf bezügl. Gesetzen, Verordnungen u. Erkenntnissen b. kgl. Ober-Tribunals. gr. 8. Ebend. 864. — 15.

— der Volks-Advokat. Unentbehrl. Rathgeber in allen Verhältnissen b. bürgerlichen, gerichtlichen u. geschäftlichen Verkehrs. (864. 4 Tbh. 3 Ngr.) 2. Aufl. 1—12. Liefg. gr. 8. Ebend. 867. à Liefg. — 10.

Reinke, L., die freie Theilbarkeit des Grundbesitzes ein Unglück für Volk u. Staat. Ein Mahnruf an alle Grundbesitzer im Oldenburgischen Münsterlande. gr. 8. (Münster 866. Riemann.) n. — 5.

Reischl, K., alphabet. Uebersicht über die in Oesterreich, nach b. Strafgesetzbuche 1. u. 2. Theils u. b. seitdem erschien. Gesetzen, strafbaren Handlungen ꝛc. Fol. Linz 850. Curich. — 18.

Religionsfreiheit, die, in Preußen v. der § 135 b. Strafgesetzbuches vom 14. April 1851. Von e. protestant. Geistlichen. gr. 8. Elberfeld 861. Bädeker. n. — 6.

Reliquiae juris ecclesiastici antiquissimi. Syriace primus edid. A. P. de Lagarde. gr. 8. Leipzig 856. Teubner. n. 4. —

—— —— Graece edid. A. P. de Lagarde. gr. 8. Ebend. 856. n. 1. 20.

Remeis, Carl, die Wiederaufnahme im Strafverfahren. gr. 8. Erlangen 864. Deichert. n. — 14.

Renaud, Achilles, das Recht d. Actiengesellschaften. gr. 8. Leipzig 863. B. Tauchnitz. 3. 15.

— Lehrbuch b. gemeinen deutschen Civilprozeßrechts mit Rücksicht auf die neueren Civilprozeßgesetzgebungen. Der ordentliche Prozeß. gr. 8. Leipzig 867. C. F. Winter. n. 4. —

— Lehrbuch b. gemeinen deutschen Privatrechts. 1. Bd. gr. 8. Pforzheim 848. (Lahr, Schauenburg u. Co.) 2. 20.

— Kritik d. Entwurfs e. schweizerischen Wechselordnung. gr. 8. Erlangen 855. Enke. n. — 6.

— Lehrbuch b. gemeinen deutschen, sowie b. in b. allgem. deutschen Wechselrechts. (854.) — 2. verm. Aufl. gr. 8. Gießen 857. Ricker. n. 1. 10.

Rendschmidt, J., systemat. Repertorium b. in b. Gesetzsammlung f. b. kgl. preuß. Staaten enth. u. noch geltenden Verordnungen, welche das Allgem. Landrecht, die Allgem. Gerichtsordnung, die Criminal-, Deposital- u. Hypothekenordnung abändern oder ergänzen. gr. 8. Breslau 855. Aberholz. 3. —

Rennecke, Ch. H., die Lehre vom Staate, nach principieller Begründung u. mit besond. Berücksicht. b. christlichen Princips. gr. 8. Leipzig 850. Dörffling u. F. n. 1. —

Renner, Fr., de vestitura possessoria rerum mobilium ejusque tuitione secundum vetus jus germanicum. gr. 8. Marburg 858. (Ehrhardt.) n. — 8.

Rentsch, Herm., Gewerbefreiheit u. Freizügigkeit. Nach statist. Quellen bearb. 2 Abtlgn. (861.) — 2. Aufl. 8. Dresden 862. am Ende. à Abth. n. — 15.
Inhalt: 1. Abth.: Zünfte oder Gewerbefreiheit? — 2. Abthlg : Die Reform b. sächsischen Gewerbegesetzgebung.

— das für die Praxis Wichtigste aus b. sächsischen Gewerbegesetze u. den damit in Verbind. stehenden Gesetzen u. Ausführungsverordnungen. (Abdr. aus „Gewerbefreiheit u. Freizügigkeit." 2. Aufl.) gr. 8. Ebend. 862. — 2½.

— der Staat u. die Volkswirthschaft. Eine Parallele zwischen b. leitenden Grundsätzen b. bestehenden Gesetzgebungen u. b. zeitgemäßen Forderungen b. Volkswirthschaftslehre. gr. 8. Leipzig 863. G. Mayer. n. 1. —

— Handwörterbuch der Volkswirthschaftslehre. Unter Mitwirk. von namhaften deutschen Gelehrten u. Fachmännern bearb. Lex.-8. Ebend. 866. n. 4. 20.

188   Reorganisation — Reuß.

Reorganisation, die, der Rechtspflege in Rußland. Nach d. Orig.-Text übers.
8. Riga 862. Rymmel. n. — 10.

Repertorium zur Allgem. Gewerbeordnung s. Preußen, das Entschädigungsgesetz
zu demselben u. die Verordnungen betr. die Errichtung von Gewerberäthen ꝛc. gr. 8.
Wetzlar 851. Rathgeber. — 15;
ohne die Gewerbeordnung — 9.

— alphabet., zum allgem. deutschen Handelsgesetzbuch u. d. Einführungsgesetz f. d.
Kgr. Preußen vom 24. Juni 1861. (862.) — 2. Aufl., mit Berücksicht. d. neueren
Einführungsgesetze. gr. 8. Lübeck 863. v. Rohden. — 7½.

— alphabetisches, über d. Inhalt d. großh. hessischen Regierungsblatts von 1819 bis
Ende 1851. 4. Darmstadt 1852. Jonghaus. 1. 15.

— 3. sachlich geordnetes, d. in d. Gesetzsammlung u. d. Amtsblättern d. kgl. Regierung
zu Münster publicirten Gesetze, Verordnungen ꝛc. f. d. J. von 1848 bis 1853 einschl.
4. Münster 855. Deiters. n. — 10.
  1. u. 2. Ebend. a. 1 Thlr. 10 Ngr.

— zum Verordnungsblatt f. d. Herzogth. Nassau. Eine systemat. geordnete Inhaltsangabe d. bis zum Schlusse d. J. 1861 erlass. Edikte, Gesetze u. Verordnungen ꝛc. 4.
Wiesbaden 862. Limbarth. n. 2. —

— über die in d. Kreis-Amtsblättern f. Oberfranken ꝛc. erschienen. Verordnungen ꝛc.,
Nachtrag. s. Bieger, Rich.

— alphabet., zur bayerischen Strafprozeßordnung. Umfassend d. 2. Theil d.
Strafgesetzbuches vom J. 1813, die Novellen u. d. Gesetz vom 10. Nov. 1848, dann
die Literatur d. bayer. Strafprozesses ꝛc. 8. Nördlingen 849. Beck. — 16.

Resultate, die, d. Berathung d. Regier.-Kommissarien in Frankfurt a. M. 1818/1849
zur Herstellung d. Zolleinheit im deutschen Reiche. gr. 8. Braunschweig 851.
Schwetschke u. S. 2. —

Rettig, Frdr., der badische Bürgermeister. Eine prakt. Anleitung f. d. Bürgermeister u. Gemeinderäthe d. Großh. Baden, wie sie ihr Amt in Ehren u. mit segens-
reichem Erfolge verwalten mögen. (— 842.) — 3. umgearb. Aufl. gr. 8. Heidelberg
854. K. Groos. (Emmerling.) n. 1. 7½.

— die Polizeigesetzgebung d. Großh. Baden. Systemat. bearb. (839.) —
4. Aufl., bearb. von P. Guerillot. gr. 8. Karlsruhe 853. Müller. 2. 10.

— Formularbuch s. d. Großherzogth. Baden enth. Anleitungen u. Formulare, Verträge u. Rechtsgeschäfte abzuschließen u. sich dabei vor Nachtheilen zu bewahren.
7. Aufl. 8. Freiburg 859. Wangler. n. 1. —

Reusch, das Appellations-Referat nach preuß. Gerichtsgebrauch in Aufsätzen u.
Mustern dargestellt. gr. 8. Berlin 861. C. Heymann. — 12.

— Bemerkungen u. Vorschläge zur Reform d. preuß. Gerichtsordnung, mit besond.
Bezuge auf d. Entwurf d. neuen Civilprozeßordnung f. d. preuß. Staaten. gr. 8.
Ebend. 849. n. — 10.

— System d. preuß. Allgem. Gerichtsordnung nach Gesetz u. Praxis dargestellt.
2 Bde. gr. 8. Königsberg 854—65. Theile. 5. —
  Inhalt: 1. Bd.: Anleitung zum Instruiren, Dekretiren, Referiren im preuß. Civilprozesse.
  2 Thlr. — 2. Bd.: Außerordentliche Civilprozesse (§ 47—52 bearb. von Marcinowski).

— Musterakten in Todeserklärungs- u. Aufgebotssachen nach preuß. Gesetz ꝛc.
gr. 8. Berlin 859. Guttentag. n. 1. 5.

Reuß, Wilh., die Gesetze über die Schwurgerichte, die Abänderungen d. Strafprozeßordnung u. die kgl. Verordnung über d. Verfahren in Preßprozeßsachen, nebst d.
Strafprozeßordnung u. d. Abänderungen derselben durch obige Gesetze. Handausg.
mit e. Anh. von Präjudizien, erläut. Anmerkgn. u. alphabet. Sachregistern. gr. 8.
Stuttgart 849. Metzler. — 20.

— das württemberg. Strafgesetzbuch vom 1. März 1839 mit d. unter d. Text beigefügten Aenderungen durch spätere Gesetze, e. vollständ. Abdr. dieser Gesetze u. alphabet.
Sachregister. Nebst Normalien u. Präjudizien ꝛc. u. erläut. Anmerkgn. gr. 8. Ebend.
  n. 1. 10.

Reuter, J. C., die Gränzen d. streitigen Civilgerichtsbarkeit d. preuß. Gerichte, insbes. in den Landestheilen, in welchen die Allgem. Gerichtsordnung u. das Allgem. Landrecht Geltung haben. gr. 8. Königsberg 854. Bornträger. — 18.

— die neue preuß. Gebührentaxe f. Gerichte, Rechtsanwälte u. Notare mit d. darauf bezügl. Gesetzen ꝛc. alphabet. geordnet u. prakt. erläutert. gr. 8. Königsberg 851. 1 Theil. 1. —

— prakt. Kommentar zu d. Gebührentaxen für Notare u. Rechtsanwälte u. den, diese Gebühren betr. Gesetzen vom 11. u. 12. Mai 1851. gr. 8. Berlin 852. C. Heymann. — 15.

— Taschenbuch zum dienstlichen Gebrauch für Geschworene u. Richter. Enth.: systemat. Zusammenstellung d. auf d. Schwurgerichtsverfahren in d. preuß. Landen, mit Ausschluß d. Bezirks d. Appell.-Gerichtshofes zu Köln, bezügl. Gesetze, Verordnungen ꝛc. (850.) — 2. verm. Aufl. 16. Ebend. n. — 15.

— die preuß. Stempelsteuer-Vorschriften systemat. dargestellt, f. d. prakt. Gebrauch erläut., u. übersichtlich geordnet. (845.) — 2. Aufl. gr. 8. Königsberg 854. Bornträger. 1. 7½.

Revision, die, der Grundsteuer. Ein Rückblick auf die Verhandlungen d. letzten Landtages. 8. Dresden 865. Türk. — 10.

Reymann, R., Kritik d. von P. Fr. Reichensperger ausgearb. Entwurfes e. Hypothekengesetzes f. d. Bezirk d. rheinischen Appell.-Gerichtshofes. gr. 8. Köln 851. Eisen. — 6.

Reyscher, A. L., der Rechtsstreit über d. Eigenthum an den Domänen d. Herzogth. S.-Meiningen. Gegen Zoepfl, Zachariä u. e. anonyme Regierungsschrift. gr. 8. Leipzig 865. Hirzel. n. — 28.

— das österreich. u. d. württemberg. Konkordat, nebst d. separaten Zugeständnissen, verglichen u. beleuchtet. 1. u. 2. verm. Aufl. gr. 8. Tübingen 858. (Leipzig) Fues. n. — 16.

— die Rechte des Staats an den Domänen u. Kammergütern nach d. deutschen Staatsrecht u. d. Landesgesetzen, insbes. d. sächsischen Lande. gr. 8. Leipzig 863. Hirzel. n. 1. 10.

— Württemberg. Geschichte u. Uebersicht seiner Verfassung u. Gesetzgebung. (Abdr. aus d. Rechtslexikon.) gr. 8. Leipzig 861. O. Wigand. n. — 12.

— drei verfassungberathende Landesversammlungen u. mein Austritt aus d. Staatsdienste. Ein Beitrag zum Verfassungsrecht u. zur parlamentar. Praxis. gr. 8. Tübingen 851. (Leipzig.) Fues. n. — 22.

Reyscher, Herm., die württemberg. Gesetze in streitigen u. nichtstreitigen Rechtssachen zur Belehrung f. Jedermann dargestellt u. erläutert. 1. Thl.: Anleitung zur Führung von Prozessen, zur Fertigung von Prozeßschriften u. sonstigen Eingaben ꝛc. 1. Heft. 16. Ludwigsburg 854. (Stuttgart, Sonnewald.) — 2.

Rheinwald, C. Frdr., die Erbfolgeunfähigkeit der Montekinder aus Gründen d. Aldenburg-Bentinck'schen Familienstatuten u. d. Absicht d. Fideicommißstifters dargestellt. gr. 8. Frankfurt a M. 850. (G. Heß.) n. — 20.

— Gesetzbuch über d. gerichtliche Verfahren in bürgerlichen Rechtssachen f. d. Kanton Bern. 1. Hauptth.: Verfahren in Civilrechtsstreitigkeiten. Mit theoret.-prakt. Anmerkgn. u. e. histor. Einleitung. gr. 8. Bern 848. (Blom.) 2. 15.

Rhens, R., das preußische Mahl- u. Schlachtsteuergesetz vom 30. Mai 1820 u. die dasselbe erläut., ergänz. u. abändernden Bestimmungen. gr. 8. Berlin 853. Stuhr. n. — 20.

— wann ist in Preußen ein Wechsel stempelpflichtig? 1—3. Aufl. gr. 8. Halle 857. Berner. n. — 5.

— das preussische Zeitungs-Stempel-Steuergesetz vom 2. Juni 1852 mit seinen sämmtl. ergänz. u. erläut. amtl. Bestimmungen u. alphabet. Verzeichniss d. steuerpflicht. ausländ. Zeitschriften etc. gr. 8. Ebend. 855. n. — 13.

— vom 29. Juni 1861 mit Regulativ vom 7. Novbr. 1861 etc. gr. 8. Halle 862. Pfeffer. n. — 5.

Ricardi Anglici ordo judiciarius ex. cod. Duacensi, olim Aquicinctino, nunc primum edit. per C. Witte. 4. Halle 853. Pfeffer. n. 1. 10.

Richard, A. C., systemat. Uebersicht sämmtlicher in d. Gesetzsammlung f. d. kgl. preuß. Staaten seit d. J. 1806 erschien. Gesetze, Verordnungen, Staatsverträge ꝛc. gr. 8. Berlin 851. Weyl u. Co. n. — 24.

Richter, Sammlung d. Verordnungen, Ausschreiben u. sonstigen Verfügungen, welche vom J. 1841 bis zum Erscheinen d. officiellen Wochenblattes, 14. Oct. 1848, f. d. Herzogth. Lauenburg ergangen sind. 4. Razeburg 849. Linsen. n. — 3.

Richter, A. v., die Reform d. **Processgesetzgebung** in d. Ostseeprovinzen d. russischen Reichs auf d. Grundlage d. Oeffentlichkeit u. Mündlichkeit. gr. 8. Riga 864. Kummel. n. — 16.

Richter, Hem. Ludw., Beiträge zur Geschichte d. Ehescheidungsrechts in d. evangel. Kirche. (Revid. u. verm. Abdr. aus d. deutschen Zeitschr. f. christl. Wissensch.) gr. 8. Berlin 858. Wiegandt u. Gr. n. — 15.

— Beiträge zum preußischen Kirchenrechte. Aus dessen Nachlaß hersg. von P. Hinschius. gr. 8. Leipzig 865. B. Tauchnitz. — 15.

— Lehrbuch d. kathol. u. evangel. Kirchenrechts. Mit besond. Rücksicht auf deutsche Zustände verfaßt. (841—58. 3 Thlr.) — 6. Aufl. Nach d. Tode d. Verf. besorgt von Rich. Wilh. Dove. 1—7. Liefg gr 8. Leipzig 865—67. B. Tauchnitz. à Liefg. — 15.

— Geschichte d. evangel Kirchenverfassung in Deutschland. gr. 8. Leipzig 851. B. Tauchnitz. 1. 7½.

Richter, C., die preuß. allgem. Gesindeordnung vom 8. Nov. 1810 mit Inbegriff aller bisher erschien. Ergänzungen, Erläuterungen u. Zusätze; nebst e. Darstellung d. über die Rechtsverhältnisse zwischen d. Hausofficianten, d. Erziehern u. Erzieherinnen d. Kinder, Privatsecretairen, Kaplänen ꝛc. bestehenden gesetzl. Vorschriften. Systematisch zusammengestellt. gr. 8. Eisleben 856. Reichardt. — 6.

Richter, Carl, Staats- u. Gesellschafts-Recht d. französ. Revolution von 1789—1804, s. Verfassungs-Geschichte etc.

Richter, Eug., die Freiheit d. Schankgewerbes. Ein Beitrag zur Reform d. preußischen Gewerbepolizei, insbes. d. Concessionswesens. 8. Düsseldorf 862. Schaub. — 9.

Richter, Wilh. Thdr., alphabet. Repertorium zur Gesetzgebung d. Kgr. Sachsen. (841. 845.) — 3 bis auf die neueste Zeit ergänzte Aufl. 2 Bde. gr. 8. Leipzig 861. B. Tauchnitz. n. 7. 6.

— — Supplem. zur 2. Aufl., enth. den Nachweis d. Gesetzgebung von 1844—1849 u. Verbesserungen u. Nachträge zum Hauptwerke. Ebend. 848. n. 2. 12.

— — 2. Supplem. d. 2. Aufl., die Gesetzgebung vom J. 1848 bis 1. Aug. 1856 betr. gr. 8. Ebend. 856. n. 1. 24.

— Grundsätze d. Untersuchungsführung in Criminalsachen. gr. 8. Dresden 855. Höckner. 1. —

Richthofen, C. v., lex Frisiorum, repetita curis Soc. frisiacae. Acced. recensio B. J. Lintelo de Geer. gr. 8. Leuwarden 866. (Haag, Nijhoff.) n. 1. —

Riecke, V. A., das Medizinalwesen d. Kgr. Württemberg, unter systemat. Zusammenstellung d. dasselbe betr. Gesetze, Verordnungen ꝛc. dargestellt. gr. 8. Stuttgart 856. Metzler. n. 2. 24.

Riedel, Th., System d. preuß. Handwerksgesetzgebung. Eine Anleitung zum Verständniß d. Verordnungen vom 9. Febr. 1849 betr. die Errichtung von Gewerberäthen ꝛc. gr. 8. Berlin 851. R. Kühn. n. 1. —

Rieder, Frz., Handbuch d. k. k. Gesetze u. Verordnungen über **geistliche Angelegenheiten**. 2. Bd.: Die Gesetze ꝛc. von 1846 bis 1855. gr. 8. Wien 855. Mayer u. Co. n. 2 —

— — 3. Bd.: Die Gesetze bis Juni 1859. gr. 8. Linz 1859. Ebendhöch. n. 2. 20.

1. Bd.: Wien 847. Mayer u. Co. a. 2 Thlr. 20 Ngr.

Riehl, W. H., die deutsche Arbeit. (861.) — 2. unveränd. Abdr. 8. Stuttgart 862. Cotta. 1. 18.

Riehl, B. H., die Naturgeschichte des Volkes als Grundlage e. deutschen Social-
Politik. 3 Bde. gr. 8. Stuttgart, Cotta.
1. Bd.: Land u. Leute. (854—60.) — 5. verb. Aufl. 861.   1. 18.
2. Bd.: Die bürgerliche Gesellschaft. (851—57.) — 5. unveränd. Abdr. 858. 1. 18.
3. Bd.: Die Familie. (1855—61.) — 6. unveränd. Abdr. 862.   1. 15.
Riel, C., Beitrag zur Würdigung einiger Rechts- u. Verfassungs-Fragen betr. die Unabhängigkeit d. Richterstandes. gr. 8. Berlin 859. J. Duncker. n. — 10.
Riepen, C., der Mühlenzwang, seine Entstehung u. Fortbildung, seine Wirkungen
auf die Staatsbürger u. dessen endliche Beseitigung. gr. 8. Kiel 850. Schwers. — 6.
Rinecker, St., s. Gesetzgebung d. Kgr. Bayern.
Rinkes, S. H., disput. de crimine ambitus et de sodaliciis apud Romanos tem-
pore liberae reipublicae. 8. Leyden 854. Brill.   n. 1. 4.
Rinne, Joh. Chr., neue Beiträge zur weiteren Ausbildung d. Nationalökonomie.
gr. 8. Leipzig 853. Hartung.   n. — 10.
Rintel, C. G. R., Beleuchtung d. Denkschrift d. evangel. Oberkirchenrathes betr. die
Vermehrung d. Dotation d. evangel. Kirche in Preußen vom Standpunkte d.
Rechtes u. d. Parität. gr. 8. Regensburg 852. Manz.   — 15.
Risch, Carl, die Lehre vom Vergleiche mit Ausschluss d. Eides u. Compro-
misses. Nach gemeinem Civilrecht bearb. Gekrönte Preisschrift mit e. Vorwort
von L. Arndts. gr. 8. Erlangen 855. Enke.   n. 1. 6.
— das Gesetz die Einführung d. Strafgesetzbuches betr., s. Gesetzgebung, die, d. Kgr.
Bayern.
Risch, Thdr., die Verordnung vom 9. Febr. 1849, betr. die Errichtung von Gewerberäthen, Gewerbegerichten u. verschied. Abänderungen d. allgem. Gewerbeordnung rc. gr. 8. Berlin 853. J. Springer.   n. 1. 10.
— die Handwerks-Gesetzgebung Preußens u. d. größeren Staaten Deutschlands.
gr. 8. Ebend. 861.   n. — 22.
(**Risch, O. Th.**) Entwürfe zur zeitgemäßen Umgestaltung d. Gewerbe- u. Innungswe-
sens in d. Herzogth. Anh., Dessau u. Anh.-Cöthen. gr. 8. Dessau 850. Aue. n. — 20.
Rißmann, Heinr. Volkm., die Armenordnung f. d. Kgr. Sachsen vom 22. Octbr.
1840. u. die damit in Verbindung stehenden Gesetze u. Verordnungen. Mit Erläuterungen unter Bezugnahme auf Entscheidungen d. obersten Behörden heraus. 8. Leipzig 865. Roßberg.   n. — 10.
— die im Kgr. Sachsen geltenden heimathsrechtlichen Bestimmungen, ingl. die
Vorschriften in § 39—48 d. Armenordnung, zusammengestellt u. nach b. neuesten Ent-
scheidgn. u. Verordngn. erläutert. (862.) — 2. verm. Aufl. gr. 8. Leipzig 863.
B. Tauchnitz.   — 22½.
Ritschl, F., legis rubriae pars superstes. Ad fidem aeris Parmensis exemplo
lithogr. exprimendam curavit. 4. Berlin 851. (Guttentag.)   n. 1. —
Ritter, ein Beitrag zur Lehre vom Todschlage nach preuß. Rechte. Die nothwend.
Rechtfertigung e. Erkenntnisses d. Schwurgerichtshofes zu Cottbus. 8. Cottbus 850.
Meyer.   — 2½.
Ritter, Alex., Wechsel-, Handels- u. Concurs-Gesetzbuch f. Ungarn, nach b.
neuen allerh. Verordnungen u. nach b. in Kraft gelassenen Gesetzartikeln 15—20, vom
J. 1840, u. nach b. Gesetzartikeln 6 u. 7 von 1844 zusammengestellt. gr. 8. Pest 852.
Heckenast.   1. —
— Wechsel- u. Handelsgesetzbuch für Ungarn. Nach b. Judexcurialverordng. rc.
vom J. 1840 rc. zusammengestellt. Pest 861. Lauffer.   n. — 20;
    mit Anh.: Concursgesetze rc. n. 25 Kgr.; die Concursgesetze allein n. — 10.
Rive, Frdr., Geschichte d. deutschen Vormundschaft. gr. 8. Braunschweig
861, 65. Schwetschke u. S.
    1. Bd. Die Vormundschaft im Rechte der Germanen.   n. 1. 15.
    2. Bd. 1. Abth.: Die Vormundschaft im deutschen Recht d. Mittelalters.
    1. Abth.   n. 1. 6.
Rivier, Alph., Untersuchungen über die cantio praedibus praediisque. 8.
Berlin 863. J. Springer.   n. — 24.

Rizy, Th., über Zinstaxen u. Wuchergesetze. gr. 8. Wien 859. Braumüller.
n. 1. 20.
Röbbelen, A. G., über die „Grundzüge d. Medicinalordnung f. d. Kgr. Hannover." gr. 8. Hildesheim 850. Gerstenberg. — 10.
Robe, die schlesischen Laudemien u. die Beschlüsse d. Abgeordneten. gr. 8. Breslau 849. Aderholz. — 15.
Robolsky, H., Vorschule d. Volkswirthschaft. Nach Fred. Bastiat frei bearb. gr. 8. Berlin 862. Foerster. n. — 3.
Rochell, G., System d. preußischen Armenpflegerechts. gr. 8. Hamm 864. Grote. n. 1. 20.
Rockinger, Ludw., über Formelbücher vom 13—16. Jahrh. als rechtsgeschichtliche Quellen. gr. 8. München 855. Kaiser. n. 1. 16.
— über einen ordo judiciarius, bisher dem Johannes Andreä zugeschrieben. gr. 8. Ebend. 855. n. — 8.
Robbertus, sociale Briefe an v. Kirchmann. 3 Hefte. 8. Berlin 850, 51. Allgem. Deutsche Verlagsanstalt. n. 2. 10.
   1. Die sociale Bedeutung d. Staatswirthschaft. n. 10 Ngr. — 2. Kirchmann's sociale Theorie u. die meinige. n. 10 Ngr — 3. Widerlegung d. Ricardo'schen Lehre von der Grundrente u. Begründung e. neuen Rententheorie. n. 1 Thlr. 20 Ngr.
Röder, J., neueste Gebührentaxe f. d. preuß. Rechtsanwälte u. Notare, enth. d. Text d. Gesetze u. Tarife, nebst e. vollständ. Berechnung aller einzelnen Gebühren-Sätze, nach Maßgabe d. verschiedenen Objecte vom jedesmal. Minimum bis zum Maximum in 18 Tabellen, mit Anmkgn. u. Erläutergn. gr. 8. Berlin 851. (Steinthal) 1. 10.
Röder, K. Aug. Dav., Grundgedanken u. Bedeutung d. römischen u. germanischen Rechts. Zur Vermittlg. d. histor. u. filosof. Rechtsansicht u. zur Empfehlung rechtsvergleich. Vorträge. gr. 8. Leipzig 855. Breitkopf u. H. — 20.
— Besserungstrafe u. Besserungstrafanstalten als Rechtsforderung. gr. 8. Leipzig 864. G. J. Winter. n. — 24.
— die Verbesserung d. Gefängnißwesens mittelst d. Einzelhaft. Ein Gutachten, zunächst in Rücksicht auf Preußen erstattet. gr. 8. Prag 856. Tempsky. n. — 12.
— Grundzüge des Naturrechts oder d. Rechtsfilosofe. (1846.)' — 2. umgearb. Aufl. (2 Abthlgn.) gr. 8. Leipzig 860, 63. G. J. Winter. n. 5. 10.
— der Strafvollzug im Geist des Rechts. Vermischte Abhandlungen. Nebst einigen Aufsätzen W. H. Suringar's. gr. 8. Ebend. 863. n. 2. 8.
— Versuche der Berichtigung von Ulpiani fragmenta. gr. 8. Göttingen 856. Wigand. n. — 16.
Roderich, Max., Verbrechen u. Strafe. Eine Sammlung interess. Polizei- u. Criminal-Rechtsfälle, nach b. Acten bearb. gr. 8. Jena 850. Maute. 1. 15.
Rödinger, Fr., die Gesetze der Bewegung im Staatsleben u. der Kreislauf d. Idee. gr. 8. Stuttgart 864. Cotta. 1. 15.
Rogan, Carl, Handbuch f. Geschworene (für Preußen, nach d. Gesetze vom 2. Jan. 1849.) gr. 8. Berlin 849. Lassar. n. — 10.
— der preußische Wechselprozeß. Eine vollständ. u. geordnete Zusammenstellung aller auf d. Wechselprozeß u. dessen Verfahren bezügl. Gesetze, Entscheidungen d. Obertribunals &c. gr. 8. Berlin 853. Hayn. n. — 10.
Röhlig, E. H. T., Handbuch f. weimarische Staatsbürger. 1. Thl.: das Bauwesen in rechtlicher u. policeilicher Hinsicht bearb. 8. Jena 855. Hochhausen. n. — 20.
— Sammlung S.-Weimar-Eisenachischer Gesetze, s. Sammlung.
Röhrich, Wilh., die Patent-Gesetzgebung. Mit besond. Berücksicht. d. Vorschläge zur Einführung gleichheitlicher Normen etc. in d. deutschen Bundesstaaten. Bericht für d. 6. volkswirthschaftl. Kongress. gr. 8. Frankfurt a. M. 863. Bechhold. n. — 4.
— sechs Vorträge a. d. Gebiete d. Volkswirthschaft. gr. 8. Coburg 862—65. Streit. — 19.
   I. Die Arbeit. 2½ Ngr. — II. Ueber Gewerbegesetzgebung überhaupt u. insbes. über d. thüring. Gewerbegesetzentwurf u. d. kgl. sächsischen Gewerbegesetz. — III Handwerk u. d. Fabrikbetrieb, Socialismus u. Communismus, Arbeit u. Kapital. 2½ Ngr. — IV. Die Güterzeugung u. d. Güteraustausch oder Schutzoll u. Freihandel. 2½ Ngr. — V. Der deutsche Zollverein. 5 Ngr. — VI. Ueber Staatswirthschaft. 3 Ngr.

Rohrscheidt, Fr. W. v., Preußens Staatsverträge. gr. 8. Berlin 852. Schneider u. Co. n. 5. —

Roelle, J., das polizeigerichtliche Untersuchungswesen, nach d. Verordnung vom 3. Jan. 1849. Eine Zusammenstellung d. hierauf bezügl. gesetzlichen Bestimmungen ꝛc. gr. 8. Ratibor 85ł. (Berlin, Schletter.) — 22½.

Roller, G., Grundsätze moderner Politik, gestützt auf die Hülfswissenschaften, das Naturrecht. das natürliche u. positive Staatsrecht d. gegebenen Staates, die Rationalökonomie u. insbes. das positive Völkerrecht. gr. 8. Stuttgart 862. (Schober.) n. 1. 6.

— das württembergische Polizeirecht. (834. 844.) — 3. umgearb. Aufl. Durchges. von Jos. Pös. gr. 8. Heidelberg 856. J. Groos. n. 2. —

— Grundsätze d. Staats-Wissenschaften. gr. 8. Stuttgart 864. Cammerer. — 18.

Roloff, C., das Handels- u. Schiffsregister. Handbuch f. Justiz- u. Polizeibeamte, Kaufleute u Rheder in allen Theilen d. preuß. Staatsgebietes. gr. 8. Berlin 862. Steinthal. — 22½.

Romberg, H., Fragen aus dem Seerecht u. verwandten Gebieten. Ein Leitfaden f. Steuerleute. gr. 8. Bremen 864. Heyse. n. — 16.

Römer, Rob., die Beweislast hinsichtlich d. Irrthums nach gemeinem Civilrecht u. Prozeß. gr. 8. Stuttgart 852. Metzler. — 15.

— das Erlöschen d. klägerischen Rechts nach der Einleitung d. Prozesses in seinem Verhältniß zum Endurtheil. Ein geschichtl. u. dogmat. Beitrag zur Lehre von d. Wirkungen d. Prozesses auf d. materielle Recht. gr. 8. Ebend. 852. — 20.

— die Leistung an Zahlungsstatt nach d. römischen u. gemeinen Recht mit Berücksicht. d. neueren Gesetzbücher. gr. 8. Tübingen 866. Laupp. n. 1. 10.

— die bedingte Novation nach d. römischen u. heutigen gemeinen Recht. gr. 8. Ebend. 863. n. 1. 26.

Römer-Büchner, B. J., die Entwickelung d. Stadtverfassung u. die Bürgervereine d. Stadt Frankfurt a. M. gr. 8. Frankfurt a. M. 855. Keller. n. 1. —

— die Vogteigerichte. Ein Beitrag zur deutschen Rechtsgeschichte. gr. 8. Ebend. 859. n. — 12.

Rominger, C. L., Anleitung zu Behandlung d. Bau-Gesuche mit e. Zusammenstell. d. alten u. neuen Bau- u. Feuerpolizeivorschriften. (844.) — 5. Aufl. gr. 8. Stuttgart 850. Metzler. n. — 20.

Rommel, Eug., quaestiones de consummatione homicidii imprimis quod attinet ad interpretationem legum 11. 15. 51. D. ad legem Aquiliam 9, 2. Dissert. inaug. gr. 8. Augsburg 862. (Lampart u. Co.) n. — 10.

Rönne, L. v., die Gemeinde-Ordnung u. die Kreis-, Bezirks- u. Provinzial-Ordnung f. d. preuß. Staat, nebst d. Gesetze über d. Polizei-Verwaltung, vom 11. März 1850, mit d. betr. Regier.-Entwürfen nebst Motiven u. d. Kommissionsberichten beider Kammern zusammengestellt ꝛc., nebst e. prakt. Kommentar über dieselben. gr. 8. Brandenburg 850. Müller. 1. 25.

— das Gesetz vom 11. März 1850, betr. die auf Mühlengrundstücken haftenden Reallasten; nebst e. prakt. Kommentar zu demselben u. e. krit. Beurtheilung des Gesetzes. gr. 8. Ebend. 850. n. — 24.

— das Gesetz über die Presse vom 12. Mai 1851, mit d. Regier.-Entwurfe u. d. Kommissionsberichten beider Kammern ꝛc., nebst e. histor.-krit. u. prakt. Kommentar zu demselben. gr. 8. Breslau 851. Aderholz. 1. 10.

— das Staatsrecht d. Preußischen Monarchie. 2 Bde. (856—63.) — 2. verm. u. verb. Aufl. Lex.-8. Leipzig 864, 65. Brockhaus. n. 11. —

— die Verfassung u. Verwaltung d. preuß. Staates; eine systemat. geordnete Sammlung aller auf dieselben Bezug habenden gesetzl. Bestimmungen ꝛc. 12—23. Liefg. gr. 8. Breslau 851—56. Aderholz. 14. —

12. 13. Liefg. (6 Thl. Das Polizeiwesen. 4. Bd.: Das Bau- u. Wegewesen. 1. Abth.): Die Baupolizei. (846.) — 2. verm. Ausg. 1854. 3 Thlr.

14—18. Liefg. (7. Thl.): Die Gewerbepolizei. 2 Bde. 851. 4 Thlr. 25 Ngr.

Rönne, L. v., die Verfassung u. Verwaltung ic.
   19. Liefg. Die Baupolizei. Supplementbd. enth. die bis zum J. 1852 erlass.
   Verordnungen. 852. 20 Ngr.
   — Das Medizinalwesen. Supplementbd. 852. 20 Ngr.
   20. Liefg. Das Polizeiwesen. 2. Supplementbd., enth. die vom J. 1844 bis 1852 erlass. Verordnungen. 852. 1 Thlr. 5 Ngr.
   21. 22. Liefg. (6. Thl. Das Polizeiwesen. 4. Bd.: Das Bau- u Wegewesen. 2. Abth.): Die Wegepolizei u. das Wegerecht. 862. 3 Thlr.
   23. Liefg. (6. Thl. Das Polizeiwesen. 3. Bd.: Das Medizinalwesen.) 2. Supplementbd., enth. die bis Mitte 1856 erlass. Verordnungen. 856. 20 Ngr.
   1—11. Liefg Ebend. 840—46. 16 Thlr.
— —— (Fortsetzung.) gr. 8. Leipzig 854, 55. Veit u. Co.
   7. Thl. (Die Gewerbepolizei 3. Abth.): Die Landeskultur-Gesetzgebung. Nebst e. histor.-krit. u prakt. Kommentar über die betr. Gesetze, herausg. von Ddph. Leiter u. L. v. Rönne. 2 Bde. 854. herabges. n 7. 15.
   8. Thl. (Die kirchlichen u Unterrichtsverhältnisse. 2. Bd.): Das Unterrichtswesen. 2 Thle. 855. herabges. n. 4. —
   9. Thl. (Die Staatseinnahmen aus Domainen u. Regalien. 1. Abth.): Das Domainen-, Forst- u. Jagdwesen. 854 herabges. n. 2. —
— die Verfassungsurkunde f d. preuß Staat, vom 31. Jan. 1850, unter Vergleich. mit dem Entwurfe vom 20. Mai 1848 ic. u unter Berücksicht. d. Motive, nebst e. Nachtrage, enth. die Darstellung b. in d. Kammersitzungsperiode von 1851 u. 1852 bewirkten Revision d. Verfass.-Urkunde. (850. 852.) — 3. verm. Aufl. gr. 4. Berlin 859. C. Heymann. — 22½.
— die in b. Kammer-Sitzungsperiode von 1851—1852 bewirkte Revision d. Verfassungsurkunde f. d. preuß. Staat vom 31 Jan. 1850. Ein Nachtrag zu b Schrift: Die Verfassungsurkunde ic. vom 31. Jan. 1850 ic. gr. 4 Ebend 852. n. — 20.
— Ergänzungen b. preuß. Rechtsbücher, s. Ergänzungen.
Roepell, Rich., über die Verbreitung d. Magdeburger Stadtrechts im Gebiete d. alten polnischen Reichs ostwärts der Weichsel. gr 8. Breslau 857. Trewendt. n. — 20.
Rosalowsky, L. A. Referate aus Prozeßsachen der pommerschen Mühlen-Assekuranz-Societät zu Berlin. 8. Berlin 865. C. Heymann. — 6.
Roscher, Wilh., Kolonien, Kolonialpolitik u. Auswanderung. 1. u. 2 verb. Aufl. 8. Leipzig 856. C. F. Winter. n. 2. —
— über Kornhandel u. Theuerungspolitik (847.) — 3. verm. Aufl. gr. 8. Stuttgart 852. Cotta. — 21.
— die deutsche Nationalökonomik au der Gränzscheide d 16. u. 17. Jahrh. 4. Leipzig 862. Hirzel. n. — 20.
— Ansichten b. Volkswirthschaft aus b geschichtlichen Standpunkte. 1. u. 2. Abth. gr. 8. Leipzig 861. C, J. Winter. n. 2. 12.
— zur Geschichte d. englischen Volkswirthschaftslehre. Mit Nachträgen. gr. 8. Leipzig 851, 52. Hirzel. n. 1. 8.
— System der Volkswirthschaft. Ein Hand- u Lehrbuch f. Geschäftsmänner u. Studirende. gr. 8. Stuttgart, Cotta.
   1. Bd.: Die Grundlagen der Nationalökonomie. (854 — 64.) — 6. verb. Aufl. 866. n. 3. —
   2. Bd.: Nationalökonomik d. Ackerbaues u. b verwandten Urproduktionen. (860—65.) — 5. verb. Aufl. 867. n. 2. 26.
Rosenkranz, Wilh., die Lehre von d. Anrechnung unverschuldet erlittener Haft als Strafe nach bayerischem Strafrecht. gr. 8. Erlangen 866. Palm u. Enke. n. — 16.
— Handbuch über d. Pflegschaftswesen in Bayern b. b. Rh., enth. e. Darstellung d. Beaufsicht. d. kuratelamtlichen Thätigkeit d. Untergerichte durch d. Institut d. Pflegschaftstabellen ic. gr. 8. Ebend. 860. n. 1. 18.
Roskovány, Aug. v., de matrimoniis mixtis inter Catholicos et Protestantes. III tomi. gr. 8. Pest 848, 54. (Wien, Braumüller.) n. 8. 16.

Rößl, Geo. Crh., Blicke auf das Notariat in Bayern. 2 Hefte. gr. 8. Augsburg 863, 64. Schmid. — 20.

— das k. bayerische Gesetz vom 10. Nov. 1861, das Notariat betr. mit d. Verordnungen über die Zahl, Sitze u. Gebühren d. Notare, b. Tax- u. Stempelgesetzen, d. Vollzugsinstruction u. e. Commentar. gr. 8. Nördlingen 862. Beck. n. 1. 28.

Rösler, Herm., die preuß. Gesetze über Armenpflege, Heimaths- u. Indigenats-Recht. Unter Berücksicht. der dazu ergang. Ministerial-Verordnungen u. Ober-Tribunals-Entscheidungen, zum prakt. Gebrauche f. Verwaltungs- u. Justizbeamte xc. herausg. u. erläutert. gr. 8. Breslau 865. Kern. — 22½.

— der allgem. Gerichtsordnung f. d. preuß. Staaten zweiter Theil, betr. d. Verfahren in nicht streitigen Sachen, insbes. Handlungen b. freiwilligen Gerichtsbarkeit xc., nebst erläut. Anmkgn. xc. gr. 8. Ebend. 860. — 27.

— Grundsätze d. Volkswirthschaftslehre. Ein Lehrbuch f. Studirende u. f. Gebildete aller Stände. gr. 8. Rostock 864. Stiller. n. 3. —

Roßbach, Aug., Untersuchungen über die römische Ehe. gr. 8. Stuttgart 853. Mäcken. 2. 10.

Roßbach, Joh. Jos., die Lebenselemente der Staaten. 2. Ausg. gr. 8. Würzburg 864. Julien. — 20.

— die Philosophie d. Gerechtigkeitspflege mit steten Beziehungen auf die gerichtl. Institutionen civilisirter Völker wissenschaftlich u. praktisch entwickelt. (847.) Neue Ausg. gr. 8. Würzburg 852. Halm. — 18.

— Anleitung zur Ausübung d. Vermittlungsamtes in Landgemeinden. b. Aufl. 12. Würzburg 854. Stahel. n. — 10.

Roßhirt, C. Fr., canonisches Recht. gr. 8. Schaffhausen 857. Hurter. 3. 22.

— Grundriß zum französ. u. badischen Civilrechte mit einzelnen Excursen. gr. 8. Heidelberg 851. J. Groos. — 20.

— Dogmengeschichte d. Civilrechts. gr. 8. Heidelberg 853. E. Mohr. n. 1. 20.

— Aussere Encyclopädie d. Kirchenrechts oder die Haupt- u. Hülfswissenschaften d. Kirchenrechts. 1. Abth. gr. 8. Heidelberg 865. Weiss. n. 1. 5.

— Grundriß zum Kirchenrecht b. Katholiken u. Protestanten. 2. Aufl. gr. 8. Heidelberg 850. J. C. B. Mohr. — 10.

— Lehrbuch d. Kirchenrechts. 3. umgearb. Aufl. gr. 8. Schaffhausen 858. Hurter. n. 24.

— Beiträge zum Kirchenrecht. gr. 8. Heidelberg 863. J.C.B. Mohr. n. — 6.

— Beiträge zum Studium d. Kirchenrechts im 19. Jahrh. in Deutschland. gr. 8. Heidelberg 865. E. Mohr. — 6.

— zu den kirchenrechtlichen Quellen d. 1. Jahrtausends u. zu den pseudoisidorischen Decretalen. Mit besond. Rücksicht auf noch nicht bekannte Handschriften. gr. 8. Heidelberg 849. J. C. B. Mohr. — 20.

— manuale latinitatis juris canonici, rerum moralium et theologicarum, brevissimis annotationibus et probationibus instructum, quo lexici juris canonici lineamento proponere studuit. gr. 8. Schaffhausen 862. Hurter. n. 1. —

— das staatsrechtliche Verhältniß zur kathol. Kirche in Deutschland, seit d. westphäl. Frieden, übersichtlich dargestellt. gr. 8. Ebend. 859. n. 1. —

— zur Lehre von den Wirkungen d. Prozesses auf das materielle Recht. 8. Heidelberg 848. J. Groos. — 24.

v. **Rössing**, zur Justizreform im Kgr. Hannover. gr. 8. Hildesheim 858. Gerstenberg. n. — 5.

Roessler, Const., System d. Staatslehre. A. Allgemeine Staatslehre. gr. 8. Leipzig 857. (Glauchau, Moritz.) n. 2. 24.

— Studien zur Fortbildung d. preußischen Verfassung. 2 Abthlgn. gr. 8. Berlin 863, 64. Lüderitz. n. 1. 20.

Roessler, C. Fr. Herm., zur Kritik d. Lehre vom Arbeitslohn. Ein volkswirthschaftlicher Versuch. gr. 8. Erlangen 861. Enke. n. 1. 10.

Roth, Frz., über die sententia ex informata conscientia im Strafverfahren gegen Kleriker. gr. 8. Landau 856. Kaußler. n. — 5.
— Antwort auf die Erwiederung d. Herrn Domvicars ꝛc. W. Molitor zu Speyer betreffs der sententia ex informata conscientia im Strafverfahren gegen Kleriker. gr. 8. Ebend. 857. n. — 5.
    Molitor, W., über die Sentenz d Bischofs ex informata conscientia. gr. 8. Mainz 856 Kirchheim. n. — 5.

Roth, Fdr. Karl, Handbuch d. Forstrechts u. d. Forstpolizeirechts nach d. in Bayern geltenden Gesetzen. gr. 8 München 863. Lindauer. 3. 15.

Roth, P., Geschichte d. Beneficialwesens von d. ältesten Zeit bis ins 10. Jahrh. gr. 8. Erlangen 850. Palm u. E. 2. 18.
— Feudalität u. Unterthanenverband. gr. 8. Weimar 863. Böhlau. n. 2. —
— mecklenburgisches Lehenrecht. gr. 8. Rostock 858. Stiller. n. 2. —
— u. H. Merk, Quellensammlung. s. Quellensammlung ꝛc.
— u. Dict. v. Meibom, kurhessisches Privatrecht. 1. Bd. gr. 8 Marburg 858. Elwert. 2. 20.

Rothe, L., Zusammenstellung d. außer d. 3. Theile d. Strafgesetzbuches noch gült. Strafbestimmungen, mit besond. Berücksicht. ergang. polizeilicher Verordnungen. gr. 8. Berlin 852. E. Heymann. n. — 24.
— Zusätze zur Zusammenstellung d. außer d. 3. Tbl. d. Strafgesetzbuches noch gültigen Strafbestimmungen, mit besond. Berücksicht. d. für d. Regier.-Bezirk Merseburg ergang. polizeilichen Verordnungen. gr. 8. Zeitz 854. Webel — 6.
— die Uebertretungen d. preuß. Strafrechts unter Berücksicht. d. für die Provinz Sachsen gültigen polizeilichen Strafbestimmungen zum prakt. Gebrauch für Einzelrichter (Polizeirichter), Polizei-, Rechts- u. Staatsanwälte, Polizeiverwalter u. Polizeibeamte. gr. 8. Ebend. 864. 1. 7½.

Rothenhöfer, Geo. Fdr., fünf handelspolitische Briefe über die Entwicklung d. Zollwesens u. insbes. d. Zollvereins in Deutschland. gr. 8. München 863. (Merhoff.) n. — 12.

Rothschildt, Handbuch für Geschworene u zum Gebrauche in Strafsachen überhaupt f. d. Herzogth. Braunschweig, enth. d. Criminalgesetzbuch u. d. sämmtl. Gesetze über d. Strafverfahren, mit Erläuterungen u. Registern. 8. Wolfenbüttel 851. Holle. n. — 15.
— Handbuch zum Gebrauch bei d. Handelsgerichte in Braunschweig, enth. d. Gesetz über die Errichtung e. Handelsgerichts ꝛc. mit Anmerkgn. u. Erläutergn. 16. Ebend. 851. n. — 5.
— prakt. Rathgeber in Wechselsachen. gr. 8. Braunschweig 849. Vieweg u. S. n. — 12½.

Rottmann, Ed. Fdr., die Lehre von d. Aus- u. Einwanderung im Kgr. Bayern u. das Verfahren u. der Dienst d. Verwaltungsämter diesf. d. Rheins in Aus- u. Einwanderungssachen. gr. 8. Würzburg 862. Stahel. n. 1. —
— das bayerische Strafverfahren. Nach d. Systeme d. Gesetzes vom 10. Nov. 1848, die Abänderung d. 2. Theils d. Strafgesetzbuches vom J. 1832 betr. ꝛc. (1849.) — 2. verm. Aufl. gr. 8. Erlangen 852. Palm. — 25.
— Handbuch d. Verfahrens in d. bürgerlichen Rechtsstreitigkeiten einschlüßig d. Wechsel- u. Merkantilprozesses in d. kgl. bayerischen Landestheilen diesf. d. Rheins. 4 Abthlgn. gr. 8. Regensburg 856. Manz 2. 12.
— — 5. Abth.: Handbuch d. Verfahrens in Wechsel- u. Merkantil-Streitigkeiten. gr. 8. Ebend. 860. — 22½.

Rubo, E. Tr., zur Lehre von der Verleumdung mit besond. Bezugnahme auf alle gegenwärtig geltenden deutschen Strafgesetzbücher. gr. 8. Berlin 861. Jonas. — 22¼.

Rückert, G. F. B., Grundzüge zur gerichtlichen Veterinairmedicin nach b. gegenwärt. Standpunkt dieser Wissenschaft. gr. 8. Rostock 852. Stiller. n. — 10.

Rückert, Ludw., principia juris romani de exceptione quam vocant divisionis. Dissert. 8. Göttingen 852. (Deuerlich.) n. — 7½.
— der Leibrentenvertrag. Eine civilist. Abhandlung. gr. 8. Erlangen 857. Deichert. — 9.

Rückert, Ludw., der Begriff d. gemeinen deutschen Privatrechts. gr. 8. Erlangen 857. Enke. n. — 20.
— Untersuchungen über das Sachenrecht der Rechtsbücher, zunächst des Sachsenspiegels. gr. 8. Leipzig 860. Hinrichs. n. 1. 18.
Rüdiger, Ludw., Lehrbuch der Politik. gr. 8. Dresden 856. Meinhold. — 12.
Rudloff, C. Chr., über die Gemeindenutzungen nach dem Rechte d. Großherzogth. Sachsen. gr. 8. Weimar 862. Böhlau. n. — 10.
Rudolphi, die allgem. deutsche Wechselordnung nebst d. Einführungsgesetz f. d. Kgr. Hannover. Mit Erläutergn. gr. 8. Hannover 849. Pockwitz. n. — 5.
Rudorff, Adf. Frdr., über die lexicalen Excerpte aus den Institutionen des Gajus. 4. Berlin 866. Dümmler's Verlhdlg. — 16.
— de majore ac minore Latio ad Gajum 1, 95. 96. disput. crit. 4. Berlin 860. (G. Reimer.) n. — 10.
— über den Liber de officio proconsulis. 4. Berlin 866. Dümmler's Verl. — 16.
— ad legem Aciliam de pecuniis repetundis, latam a. ab u. c. 631 vel 632. Commentatio. 4. Ebend. 862. n. 1. 12.
— römische Rechtsgeschichte. Zum akadem. Gebrauch. 2 Bde. gr. 8. Leipzig 857, 59. B. Tauchnitz. 3. 22½.
1. Bd : Rechtsbildung. 1 Thlr. 22½ Ngr. — 2. Bd.: Rechtspflege. 2 Thlr.
— Friedrich Carl v. Savigny. Erinnerung an sein Wesen u. Wirken. gr. 8. Weimar 862. Böhlau. n. — 12.
Ruf, Seb., psychische Zustände. Ein Beitrag zur Lehre von der Zurechnung, mit besond. Rücksicht auf psychische Störungen. gr. 8. Innsbruck 852. Wagner. — 18.
Rühl, Frdr., die Kameralrechnungswissenschaft u. die Anwendung ihrer Theorien im Staats- u. Gemeindehaushalt. gr. 8. Darmstadt 860. Will. n. 1. 5.
Rühl, G., die obligatorische Civilehe. Ein Zeugniß aus der Kirche wider die Civilehe. gr. 8. Berlin 862. Rauh. — 7½.
Ruhstrat, C., über negotiorum gestio. gr. 8. Oldenburg 858. Stalling. n. — 15.
— über Savigny's Lehre von d. Stellvertretung. (Oblig. B. 2. § 54—61.) gr. 8. Oldenburg 854. Schulze. n. — 8.
Rulf, Fdr., Commentar zur Strafprozeßordnung f. d. Kaiserth. Oesterreich vom 29. Juli 1853. 2 Bde. gr. 8. Wien 856, 57. Manz. 3. 18.
— Erläuterung d. k. Verordnung vom 3. Mai 1858, wodurch die Strafproceßordnung vom 29. Juli 1853 in einigen Punkten abgeändert wird. Mit Nachträgen zu b. Commentar d. Strafproceßordnung. gr. 8. Ebend. 858. — 12.
Rump, A., das allgem. deutsche Handelsgesetzbuch, verbunden mit b. allgem. deutschen Wechsel-Ordnung, letztere vervollständigt durch die wichtigsten Entscheidungen d. Kgl. Ober-Tribunals zu Berlin u. durch Muster zu Wechseln, Protesten u. Wechselklagen aller Art bearb. gr. 8. Kempen 866. (Schrimm. Schreiber.) n — 15.
— der Stadtverordnete oder Rathgeber in Communal-Verwaltungsangelegenheiten, enth. die Städteordnung vom 30. Mai 1853 mit Einschaltung aller dieselbe ergänz. Nebengesetze u. Instruktionen b. Quedlinburg 858. Ernst. — 22½.
— der Anwalt in Wechsel-, Darlehns- u. Schuldsachen; enth. die durch Einschaltung b. bezügl.Entscheidungen d. Kgl. Obertribunals vervollständigte allgem. deutsche Wechsel-Ordnung, sowie die Bestimmungen in Darlehns- u. Schuldsachen; mit e. Anh. enth.: Muster zu Wechseln, Protesten, Schuldscheinen ꝛc. 8. Kempen 866. (Schrimm, Schreiber.) — 15.
Rumpf, C., der preußische Steuerbeamte in Bezug auf seine Dienst- u. Rechtsverhältnisse. 2 Bde. (852-58.) — 4. verm. Aufl. gr. 8. Braunschweig 867. Krampe. 2. —
Runde, die sächsische Landesabschätzung u. deren Rechtfertigung. Ein Beitrag zur Begründung allgemein anwendbarer Abschätzungsnormen. gr. 8. Dresden 850. Schönfeld. n. 2. —

Runde, J. J., Bemerkungen zum Entwurf b. Verfassungsgesetzes f. d. evangel. Kirche d. Herzogth. Oldenburg. gr. 8. Oldenburg 849. Schulze. n. — 5.

Ruth, H., die neue Strafproceßordnung f. d. Großh. Baden in ihrer gegenwärt. Gültigkeit mit b. Einführungsedikt u. d. auf b. Strafverfahren Bezug habenden Gesetzen. Verordnungen u. Belehrungen. Unter kurzer Hinweis. auf d. französ. Strafprozeß u. die badische Literatur zusammengestellt. 16. Heidelberg 856. C. Mohr.
n. — 1.

Rütsch, M. Jos., die Natur d. Volkswirthschaft mit besond. Anwendung auf Bayern. gr. 8. Erlangen 850. Palm. — 22½.

Rüttimann, das nordamerikanische Bundesstaatsrecht verglichen mit den politischen Einrichtungen der Schweiz. 1. Thl. gr. 8. Zürich 867. Orell, F. u. Co. n. 2. 20.

— der englische Civilproceß mit besond. Berücksicht. d. Verfahrens d. Westminster Rechtshöfe. gr. 8. Leipzig 851. B. Tauchnitz. 2. —

— über die Geschichte d. schweizerischen Gemeindebürgerrechts. Akadem. Vortrag ꝛc., nebst Zusätzen u. Beweisstellen. gr. 8. Zürich 862. Orell, F. u. Co. n. — 10.

— zur Geschichte u. Fortbildung d. zürcherischen Rechtspflege. 8. Zürich 855. Höhr. n. — 7.

— die zürcherischen Gesetze über Organisation d. Rechtspflege, s. Gesetze.

Saalschütz, J. L., das mosaische Recht, nebst d. vervollständigenden thalmud.-rabbin. Bestimmungen für Bibelforscher, Juristen u. Staatsmänner. (846, 48.) — 2. Aufl. 2 Thle. gr. 8. Berlin 853. C. Heymann. 5. —

Sachenbacher, Cael Ludw., der Justizmord. Berufung eines Verfolgten an die öffentliche Meinung. 8. München 866. (Büttner.) — 5.

Sachse, Th. Fr., die Nutzungsrechte der Bürger am Gemeindegute in d. Großherzogth. S.-Weimar-Eisenach. gr. 8. Weimar 859. Böhlau. — 3⅙.

— Erörterung einiger Fragen über die Gesammthutung u. deren Ablösung im Großh. S.-Weimar-Eisenach. 8. Ebend. 860. — 3⅙.

Sachsenhauser, Frz. R., die Lehre von der Nachwährschaft für verkaufte Hausthiere nach deutschem Recht. Gekrönte Preisschrift. Mit Vorw. von J. C. Bluntschli. gr. 8. München 857. J. A. Finsterlin. n. — 12.

Sachsenheim, Frdr. v., das allgem. bürgerliche Gesetzbuch vom 1. Septbr. 1853 verglichen mit d. siebenbürg. Civilrechte. Enth. die §§ 1—937 d. bürgerl. Gesetzbuches bis zum 17. Hauptstück. gr. 8. Wien 856. Manz. 4. 16.

Sachsenspiegel, der, nach d. ältesten Leipziger Handschrift, herausg. van Jul Weiske. (840. 853.) — 3. neubearb. Aufl. 8. Leipzig 863. Hartknoch. n. — 20.

Sachse, Carl Rob., das Beweisverfahren nach deutschem, mit Berücksicht. verwandter Rechte d. Mittelalters. gr. 8. Erlangen 855. Enke. n. 1. 14.

Sack, K. H., Kirche u. Civilehe. Ein Votum zur Mäßigung. gr. 8. Magdeburg 859. Heinrichshofen. — 2½.

Sad, L., die jetzt geltenden polizeilichen Strafverordnungen im Bezirk d. kgl. Regierung zu Oppeln. 2. Aufl. Unter Weglass. d. obsoleten oder aufgehobenen Vorschriften u. Einschaltung d. jüngeren noch geltenden Bestimmungen hrsg. von H. Giehne. gr. 8. Breslau 865. Clar. n. 2. 5.

Salkowski, Carl, Bemerkungen zur Lehre von den jurist. Personen insbes. d. sogen. corporativen Societäten u. Genossenschaften. gr. 8. Leipzig 863. B. Tauchnitz.
n. — 10.

— zur Lehre von der Novation nach römischem Recht. Ein Beitrag zum röm. Obligationenrecht. gr. 8. Ebend. 866. 2. 7½.

Salm, A. u. J. F. Schmtz, Strafgesetze ꝛc. s. Ergänzungen d. Strafgesetzbuches ꝛc.

Salmon, J. L. Handwörterbuch zum französ. Civilgesetzbuche, enth. die Uebersetzung sämmtlicher in diesem Gesetzbuche vorkomm. Wörter u. Rechtsausdrücke, u. zwar in ihrer alleinigen rechtlichen Bedeutung. 16. Mannheim 860. (Segnitz.) n. 1. ℔.

Salomon — Sammlung.

Salomon, E., welches sind die Ursachen d. in neuester Zeit so sehr überhand nehmenden Selbstmorde u. welche Mittel sind zur Verhütung anzuwenden? gr. 8. Bromberg 861. Levit. n. — 24.

Salpius, Botho v., Novation u. Delegation nach römischem Recht. Ein civilist. Versuch. gr. 8. Berlin 864. v Decker. 2. 15.

Sametz, Joh., Betrachtungen über d. gesetzlichen Schutz d. Grundeigenthumes u. seiner Gränzen. gr. 8. Prag 861. Tempsky. n. — 8.

Samhaber, Frz., zur Lehre von der Correalobligation im römischen u. heutigen Recht. gr. 8. Erlangen 861. Palm u. E. n. 1. 6.

— über Staatsverbrechen bayerischer Unterthanen gegen auswärtige Staaten. gr. 8. Aschaffenburg 858. Krebs. — 7½.

Sammet, J. A., die Wirthschafts-Abgaben-Gesetze Württembergs; ihre geschichtliche Entwicklung, die hiegegen vorgebrachten Beschwerden, deren Prüfung u. Beseitigung. 8. Stuttgart 865. Schober. — 13¼.

Sammlung d. im Zollvereine giltigen zollgesetzlichen Grundbestimmungen. Handbuch f. Zoll-, Steuer- u. Eisenbahnbeamte, sowie f. Kaufleute u. Spediteure. gr. 8. Emmerich 859. Romen. n. — 20.

— gerichtsärztlicher Gutachten d. Prager medicin. Facultät. Zusammengestellt u. herausg. etc. von Jos. Maschka. 1. u. 2. Folge. 8. Prag 853, 58. André. à Bd. 1. 24.

— der Einführungs-Gesetze sämmtl. deutschen Staaten zum allgem. deutschen Handelsgesetzbuche. Nebst Inhaltsverzeichniß u. ausführl. Sachregister herausg. von J. Puy. I. u. 2. Heft. 8. Würzburg 863, 66. Stahel. à Heft n. — 12.

— deutscher Rechtsquellen. Herausg. von Frdr. Ortloff. 2. Bd. gr. 8. Jena 860. Frommann. n. 1. 20.

Inhalt: Das Rechtsbuch Joh. v. Purgoldts nebst statutarischem Rechten von Gotha u. Eisenach.
1. Bd. Jena 836. Crocker. 3 Thlr. 8 Ngr.

— officieller Actenstücke in Bezug auf Schifffahrt u. Handel in Kriegszeiten. (Herausg. von Adph. Soetbeer.) I—VIII. u. Neue Folge I—III. Nebst Entscheidungen d. Prisengerichte zu London u. Paris. gr. 8. Hamburg 854—56.
n. 2. 25.

— — Nachtrag I. II. gr. 8. Ebend. 857—59. n. — 10.
— — neue, etc. I—IV. gr. 8. Ebend. 859—64. n. — 25.

— b. deutschen Strafgesetzbücher. Herausg. von M. Stenglein. 13 Bdchn. 16. München 857. Kaiser. n. 5. 6.

— d. neuen deutschen Strafprocessordnungen mit Einschluss d. französ. u. belgischen sowie d. Gesetze über Einführung d. mündlichen u. öffentlichen Strafverfahrens mit Schwurgerichten. Von C. F. W. Häberlin. (7 Liefgn.) gr. 8. Greifswald 852—53. n. 7. 14.

Inhalt: 1. Liefg.: Frankreich. (Belgien.) n. 24 Ngr. — 2. Liefg.: Oesterreich. n. 24 Ngr. — 3. Liefg.: Preussen. Bayern. n. 1 Thlr. 2 Ngr. — 4. Liefg.: Hannover. Baden. n. 1 Thlr. 12 Ngr. — 5. Liefg.: Kurhessen. Württemberg. n. 1 Thlr. 16 Ngr. — 6. Liefg.: Grossh. Hessen u. Nassau, Rheinhessen, Braunschweig. n. 26 Ngr. — 7. Liefg.: S.-Weimar, S.-Meiningen, Schwarz.-Sondershausen, Rudolstadt, Anhalt-Dessau u. Köthen. n. 26 Ngr.

Baden:

— von Gesetzen u. Verordnungen über d. kathol. Kirchenwesen im Großh. Baden, als Fortsetz. des kathol. Kirchenwesens. Herausg. von Fr. Utz. 1. Heft. 8. Heidelberg 854. J. Groos. n. — 5.

— von Gesetzen u. Verordnungen über d. evangel.-protestant. Kirchen-, Schul-, Ehe- u. Armenwesen im Großh. Baden. Herausg. von Jak. Heinr. Rieger. Fortges. von K. E. Schmidt. gr. 8. Lahr. Geiger.
9. Thl.: Sammlung von Gesetzen über d. evangel.-protestant. Kirchenwesen. 1. Bd. d. neuen Folge. 8. Thl. 857. n. 2. 16.

Inhalt: 1. Thl.: Gesetze u. Verordnungen vom J. 1848—1849. 2. Aufl. n. 8 Ngr. — 2. Thl.: Gesetze u. Verordnungen vom J. 1849—1852. n. 8 Ngr. — 3. Thl.: Gesetze u. Verordnungen vom J. 1852—1856 oder chronolog. Repertorium über alle kirchl. Gesetze ic. von 1774—1856. n. 2 Thlr.
1—6. Thl. Offenburg 834—47. (Braun.) n. 12 Thlr. 22½ Ngr.

Baden:

Sammlung, vollständige, d. großh. badischen Regierungsblätter von deren Entstehung 1803 bis Ende 1851. 4. Bd., die J. von 1842 bis 1851 nebst Sachregister. gr. 4. Mannheim 854—66. Bensheimer. n. 6. —

— systemat. geordnete, aller durch d. großh. badische Steuerverordnungsblatt vom 1. Jan. 1827 bis 31. Dez. 1850 verkündeten, am Schlusse dieses Zeitraums noch gültig gewesenen Gesetze u. Verordnungen, welche die eigentlichen u. uneigentlichen Einnahmen u. Ausgaben der Steuerverwaltung ꝛc. zum Gegenstande haben. 4. Karlsruhe 852. Müller. n. 2. —

Bayern:

— von Formularien zur Aufnahme u. Instruirung d. Ansässigmachungs-, Verehelichungs-, Gewerbsconcessions- u. Licenz-Gesuche durch die Landgemeindebehörden. Bearb. auf Grund d. Vollziehungsinstruktion zum Ansässigmachungsgesetz vom 28. Mai 1862 u. zum Gewerbsgesetz vom 21. April 1862. 8. Bamberg 862. Buchner. — 16.

— interessanter Erkenntnisse a. d. gemeinen u. bayerischen Civilrecht u. Prozesse. Hersg. von C. Arends. 1—5. Bd. 8. Nördlingen 843—58. Beck. herabges. n. 3. 10.

— von prinzipiellen Erlassen d. Staatsbehörden, s. Blätter f. administrative Praxis (unter Zeitschriften).

— d. gewerblichen Bestimmungen d. diesseit. Bayerns mit Einschluß d. Gewerbsteuergesetzes vom 1. Juli 1856 u. d. neuesten ꝛc. allerh. Vollzugsinstruction zum Gewerbsgesetz. Mit vielen Erläuterungen u. ergänz. Anmerkungen ꝛc. 16. Bamberg 862. Buchner. n. — 10.

— handelsgerichtlicher Entscheidungen seit Einführung d. allgem. deutschen Handelsgesetzbuches in Bayern. (Abdr. aus d. Zeitschrift f. Gesetzgebung ꝛc. d. Kgr. Bayern.) 1. Bd. (6 Hefte) u. 2. Bd. 1—4. Heft. Lex.-8. Erlangen 863—67. Palm u. E. n. 5. 10.

— der auf Grund d. Polizei-Strafgesetzbuches erlassenen Verordnungen u. sonst. polizeilichen Vorschriften f. d. Kgr. Bayern u. d. ortspolizeilichen Vorschriften f. d. kgl. Kreishauptstadt Augsburg. I. Den Zeitraum vom 4. März 1862 bis März 1864 umfassend. 16. Augsburg 864. v. Jenisch u. St. n. — 13½.

— sämmtlicher Plenarbeschlüsse d. O. A. G. d. Kgr. Bayern in bürgerlichen Rechtsstreitigkeiten. 4. Heft. (Nr. 47—55 incl.) gr. 8. München 851. Franz. — 5. 1—3. Heft. (Nr. 1—46.) ebend. 843—47. 1 Thlr.

— d. oberstrichterlichen Plenarbeschlüsse in bürgerlichen Rechtsstreitigkeiten u. d. Erkenntnisse über Competenzconflikte zwischen Gerichts- u. Verwaltungsbehörden. 1. 2. Bd. u. 3. Bd. 1. u. 2. Heft. gr. 8. München 1851—53. Franz. 4. 28.
1. Bd., vom J. 1838 bis Ende Octbr. 1853. 1 Thlr. 20 Ngr.
2. Bd., vom Novbr. 1853 bis Octbr. 1859. 2 Thlr. 6 Ngr.
3. Bd., vom Octbr. 1859 bis Ende Dezbr. 1862. 1 Thlr. 2 Ngr.

— der das deutsche Schulwesen betr. Gesetze, Verordnungen u. Vollzugsvorschriften im Regier.-Bez. d. Oberpfalz u. von Regensburg. 1. Nachtrag, die J. 1844—1852 umfassend. (Herausg. von Joh. Kont. Bauer.) 4. Sulzbach 853. v. Seidel. — 10. Das Hauptwerk, ebend. 844. 3 Thlr. 10 Ngr.

— d. bisher noch ungedruckten oder noch nicht allgemein bekannten Verordnungen, Instructionen u. Normen, welche über die Verwaltung u. Verrechnung des Staatsvermögens ꝛc. an die k. bayerischen Geschäftsstellen erlassen worden sind. Vom 1. Jan. 1851 bis dahin 1853. 27. Bd. als Fortsetz. d. systemat. Repert. über die k. bayer. Finanzverordnungen. 2 Thle. Herausg. von Ludw. H. Geret. 4. Ansbach 853. Junge. n. 2. 10.

—— 28. Bd. 1. Abth. vom 1. Jan. 1852 bis dahin 1855. n. 1. 5.

— fortgesetzte, d. im Gebiete d. inneren Staatsverwaltung d. Kgr. Bayern bestehenden Verordnungen von 1835 bis 1852, aus amtlichen Quellen bearb. von Fdr. v. Strauß. 1—13. Bd. d. neuen Folge. (Als Fortsetz. d. Döllinger'schen Sammlung 21—33. Bd.) 4. München 853. 54. (Franz.) n. 45. — ⅞.

Bayern:

Sammlung, fortgesetzte, d. im Gebiete d. inneren Staatsverwaltung ꝛc.
Inhalt: 1. Bd.: Abth. 1. Staatsgebiet, 2. Staatsverfassung, 3. König u. kgl. Familie. 4. Staatsverwaltungsorganisation, 6. Landtag u. 7. Landrath. n. 2 Thlr. 16 Ngr. — 2. Bd.: Abth. 5. Staatsunterthanen. n. 2 Thlr. 20 Ngr. — 3. Bd.: Abth. 8. Religion u. Kultus. n. 2 Thlr. 23 Ngr. — 4. Bd.: Abth. 9. Unterricht u. Bildung. n. 3 Thlr. 10 Ngr. — 5. Bd.: Abth. 10. Militärgegenstände. n. 1 Thlr. 26 Ngr. — 6. Bd.: Abth. 11 Gemeinde- u. Stiftungswesen, 12. Heimat, Ansäßigmachung u. Verehelichung, 13. Armenwesen. n. 4 Thlr. — 7. Bd.: Abth. 14. Nationalökonomie ꝛc. n. 8 Thlr 12 Ngr. — 8. Bd.: Abth. 14. Transportwesen u Verkehrsanstalten ꝛc. n. 7 Thlr. — 9. Bd.: Abth. 15. Allgem. Staats- u. Landespolizei. n. 4 Thlr. 2 Ngr — 10. Bd., Abth. 16. Medicinalwesen. n. 1 Thlr. 27½ Ngr. — 11. Bd.: Abth. 17. Bauwesen. n. 2 Thlr. 17½ Ngr. — 12. Bd.: Abth. 17. Staatscivil, Dienstordnung ꝛc. n. 2 Thlr. 25½ Ngr. — 13. Bd.: Abth. 19—21. Organ öffentl. Bekanntmachungen, Tax- u. Stempelgesetze ꝛc. n. 1 Thlr. 1½ Ngr.

— — Alphabetisches Register. 4. Ebend. 854. n. 1. 5½.

— — Chronologisches Register. 4. Ebend. 854. n. 1. 28.

— von Ministerialentschließungen u. Auszügen oberstrichterlicher Erkenntnisse zu dem neuen Strafverfahren f. d. Kgr. Bayern. Nach d. einschläg. Artikeln geordnet u. herausg. von Jertig. 3 Hefte. Nördlingen 851—54. Beck. 1. 27½.
(3. Heft fortges. von D. v. Völderndorff.)

Braunschweig:

— d. wichtigsten neuesten Gesetze f. d. Herzogth. Braunschweig. Nr. 1—3. 16. Wolfenbüttel 850. Holle. à Nr. n. — 2½.
1. Gesetz über d. Waffendienst behuf d. Gemeindeschutzes v. 19. März 1850. — 2. Landgemeindeordnung v. 19. März 1850. — 3. Städteordnung vom 19. März 1850.

— d. von d. Cassationshofe d. Herzogth. Braunschweig entschiedenen Strafrechtsfälle. (Herausg. von W. Görtz.) 1—4. Bd. gr. 8. Ebend. 853—68. n. 3. 25.
1. Bd.: Vom 1. Juli 1850 bis 1. April 1852. n. 25 Ngr.
2. Bd.: Vom 1. April 1852 bis 9. Octbr. 1854. n. 1 Thlr.
3. Bd.: Vom 25. Octbr. 1854 bis 1. Octbr. 1857. n. 25 Ngr.
4. Bd.: Vom 1. Octbr. 1857 bis 31. Octbr. 1859. n. 1 Thlr. 5 Ngr.

Freie Städte:

— d. Entscheidungen d. O. A. G. d. vier freien Städte Deutschlands zu Lübeck. Herausg. von J. F. Kierulff. Jahrg. 1865. 1—4. Heft u. Jahrg. 1866. 1. Heft. gr. 8. Hamburg 865—67. Mauke S. à Heft. n. 1. 18.

— d. Entscheidungen d. O. A. G. d. vier freien Städte zu Lübeck in Frankfurter Rechtssachen. Herausg. durch e. Verein von Juristen. 1—7. Bd. (à 3 Hefte.) gr. 8. Frankfurt a. M. 854—67. Sauerländer. à Heft n. — 27½.

— d. Entscheidungen d. O. A. G. zu Lübeck in Frankfurter Rechtssachen mit Berücksicht. d. Erkenntnisse d. früheren Instanzen. Herausg. von Joh. Jac. Römer. 1—4. Bd. gr. 8. Frankfurt a. M. 854—62. Boselli. n. 11. 29½.

— — 5. Bd. 1. Heft u. 6. Bd. 1. Heft. gr. 8. Ebend. 863. n. — 27½.

— von Entscheidungen d. O. A. G. zu Lübeck in Lübecker Rechtssachen. Herausg. von C. A. Th. Bruhn. 1. u. 2. Bd. gr. 8. Lübeck 858. v. Rohden. n. 5. 15.
1. Bd. n. 2 Thlr. 15 Ngr.; 2. Bd. n. 3 Thlr.

— d. Entscheidungsgründe d. O. A. G. d. vier freien Städte Deutschlands zu Lübeck in bremischen Civilrechtssachen. (Statt d. Abschrift f. Brem. Theilnehmer d. Sammlung als Mscr. gedr.) 2—5. Bd. gr. 8. Bremen 851—66. Heyse. n. 26. 27½.
2. Bd., 1846—50. n. 2 Thlr. 20 Ngr. — 3. Bd., 1851—56. n. 12 Thlr. 12 Ngr. — 4. Bd., 1857—61. n. 8 Thlr. 20 Ngr. — 5. Bd., 1862—65. n. 7 Thlr. 4½ Ngr.

— von Erkenntnissen u. Entscheidungsgründen d. O. A. G. zu Lübeck in Hamburgischen Rechtssachen, nebst d. Erkenntnissen d. unteren Instanzen. 1—3. Bd. u. 4. Bd. 1. Abth. gr. 8. Hamburg 843—66. Mauke S. n. 13. 24½.
1. Bd., aus d. J. 1843—47. n. 5 Thlr. 10 Ngr. — 2. Bd., d. J. 1848—53. n. 4 Thlr. 2½ Ngr. — 3 Bd., d. J. 1854—60. n. 3 Thlr. 6 Ngr.; 4. Bd. 1. Abth., d. J. 1861. n. 1 Thlr.

— — Erkenntnisse d. unteren Instanzen. 1. Bd. 1. Abth. 1840—42. gr. 8. Ebend. 855. n. 1. —.

— von seerechtlichen Erkenntnissen d. Handelsgerichts zu Hamburg nebst d. Entscheidungen d. höheren Instanzen. Herausg. von W. Ullrich. 2 Hefte. gr. 8. Hamburg 858, 61. Mauke S. n. 3. 5.
1. Heft: Erkenntnisse aus d. J. 1851 bis 1853. n. 25 Ngr. — 2. Heft: Erkenntnisse aus d. J. 1854—57 mit e. alphabet. Sach- u. Namenregister. (2 Abthlgn.) n. 2 Thlr. 10 Ngr.

Freie Städte:

Sammlung d. Verordnungen u. Proclame d. Senats d. freien Hansestadt Bremen im J. 1848. 8. Bremen 849. Schünemann. n. — 24.

— d. Verordnungen d. freien Hanse-Stadt Hamburg seit 1814. 20—33. Bd. nebst Register. Bearb. von J. M. Lappenberg. gr. 8. Hamburg 848—65. J. A. Meißner. n. 43. 1.; Schreibpap. n. 57. 10.

20. Fr.	:	Verordnungen von 1847 u. 1848.	n. 3 Thlr.	15 Ngr.;	Schreib.	n. 4 Thlr.	20 Ngr.
21. "	"	" 1849 u. 1850.	n. 4	7½	"	n. 5	20
22. "	"	" 1851 u. 1852.	n. 4	7½	"	n. 5	20
23. "	"	" 1853.	n. 2	15	"	n. 3	10
24. "	"	" 1854.	n. 3	—	"	n. 4	—
25. "	"	" 1855 u. 1856.	n. 5	—	"	n. 6	20
26. "	"	" 1857.	n. 2	—	"	n. 3	—
27. "	"	" 1858.	n. 2	22½	"	n. 3	20
28. "	"	" 1859.	n. 1	15	"	n. 2	—
29. "	"	" 1860.	n. 2	15	"	n. 3	10
30. "	"	" 1861 u. 1862.	n. 3	—	"	n. 4	20
31. "	"	" 1863.	n. 2	22½	"	n. 3	10
32. "	"	" 1864.	n. 2	8	"	n. 3	—
33. "	"	" 1865.	n. 3	5	"	n. 4	10

— d. Lübeckischen Verordnungen u. Bekanntmachungen. 31—33. Bd. (Jahrg. 1864—66.) 4. Lübeck 864—67. (Aschenfeldt.) n. 2. 26.
31.: n. 16 Ngr.; 32.: n. 1 Thlr.; 33: n. 1 Thlr. 10 Ngr.

Hannover:

— aller derjen. Gesetze, Verordnungen rc., welche in Landes-Oeconomie-Angelegenheiten zur Anwendung kommen rc., zusammengestellt von C. H. C. Schulze. Nebst Anh. d. neuesten Gesetze über Aufhebung der Weiderechte, über Abänderung d. Gesetze wegen Zusammenlegung d. Grundstücke rc. gr. 8. Celle 857. Schulze. n. 1. 15.

— auf die Stadt Hildesheim bezügl. Gesetze, Statuten u. Verfügungen. Allgemeiner Thl. Die revid. Städteordnung u. auf die Stadt Hildesheim im Allgemeinen bezügl. statutarische Verfügungen. gr. 8. Hildesheim 861. Gerstenberg. n. — 25.

— d. Verordnungen f. d. Kgr. Hannover aus d. Zeit vor d. J. 1813. Herausg. von Chr. Herm. Ebhardt. 3 Bde. gr. 8. Hannover 1854. 55. Rümpler. 7. 7½.
Inhalt: 1. Bd.: Abth. I. Rechtssachen. 2 Thlr. 7½ Ngr. — 2. Bd.: Abth. II. Staatsverfassung. Abth. III. Geistliche u. Schulsachen. 2 Thlr. 15 Ngr. — 3. Bd.: IV. Abth. Militairsachen. V. Abth. Cameral- u. Finanzsachen. VI. Abth. Polizeisachen. 2 Thlr. 15 Ngr.

— der Wasserbaugesetze f. d. Kgr. Hannover vom J. 1631 bis Ende 1858. Nebst Entscheidungen u. Gesetzesstellen, welche sich darauf beziehen. Zusammengestellt von C. H. C. Schulze. gr. 8. Celle 859. Schulze. n. 3. 5.

Hessen:

— von Entscheidungen d. großherzogl. hessischen Cassationshofes in Civil- u. Strafsachen vom J. 1854 beginnend, nebst einigen älteren Urtheilen über strafprocessualische Fragen. Jahrg. 1854—65. gr. 8. Darmstadt 855—66. (Mainz, v. Zabern.) n. 18. 12.
Jahrg. 1854: n. 1½ Thlr.; 55: n. 1½ Thlr.; 57: n. 1¼ Thlr.; 58: n. 1⅓ Thlr.; 59: n. 1½ Thlr.; 60: n. 1½ Thlr.; 61: n. 1½ Thlr.; 62: n. 1½ Thlr.; 63: n. 1½ Thlr.; 64: n. 1½ Thlr.; 65: n. 1½ Thlr.

— von Entscheidungen d. O. A. G. zu Cassel, s. Strippelmann.

Hohenzollern:

— d. Gesetze u. Verordnungen f. d. Fürstenth. Hohenzollern-Sigmaringen von 1844—1846, nach Jahrgg. geordnet, mit beigefügtem alphabet. Register. (Der Gesetzes-Sammlung 7. Bd.) 4. Sigmaringen 848. (Liehner.) n. 1. 10.

— von 1847 bis 5. April 1850, u. Gesetze rc. d. kgl. preuß. Regierung zu Sigmaringen vom 6. April 1850 bis 22. Febr. 1852. (Der Gesetzes-Sammlung 8. Bd.) 4. Ebend. 853. n. 1. 16.

— Sachregister zu Bd. 1—8. 4. Ebend. 856. n. — 28.
1—8. Bd. Ebend. 822—48. n. 12 Thlr. 5 Ngr.

— d. in d. Hohenzollern'schen Landen geltenden Gesetze u. Verordnungen über die Polizeiverwaltung u. die Bestrafung d. Polizeivergehen (Uebertretungen). Bearb. im Auftrag d. kgl. Regierung von J. Sailer. gr. 8. Ebend. 859. n. 1. 15.

Mecklenburg:

Sammlung aller f. d. Großh. Mecklenburg-Schwerin gültigen Landesgesetze von d. ältesten Zeiten bis zu Ende d. J. 1834. 7 Bde. (835—44.) (Neue Ausg.) gr. 8. Schwerin 851. Kürschner. à Bd. 1. —

— von Entscheidungen in Rostock'schen Rechtsfällen. 1—3. Fortsetz. gr. 8. Rostock 853—61. Stiller. à Bd. n. 1. —

— von Entscheidungen d. großh. hohen O.-A.-Gerichts u. der städtischen Gerichte in Rostock'schen Rechtsfällen. 2. unveränd. Aufl. gr. 8. Ebend. 862. n. 1. 10.

— von Verordnungen, Bekanntmachungen u. Rescripten aus d. J. 1848—1851 betr. die Verfassung u. Bürgerrepräsentation d. Stadt Rostock. 4. Rostock 861. Leopold. n. — 7½.

Oldenburg:

— der im Herzogth. Oldenburg geltenden Gesetze, Verordnungen u. Bekanntmachungen aus d. Zeit vom 1. Decbr. 1813 bis zum 1. Jan. 1852. [Gesetzsammlung Bd. I—XII.] Mit Noten u. Zusätzen. 1. Bd. 1. Heft. gr. 8. Oldenburg 855. Schulze. n. — 20.

— von Kritiken u. Bemerkungen über d. Entwurf e. landständ. Verfassung f. d. Großh. Oldenburg. 1. Beitrag. gr. 8. Ebend. 848. n. — 5.

Oesterreich:

— von Gesetzen zum österreich. bürgerlichen Gesetzbuche. gr. 8. Wien 860. Manz. 1. 10.

— d. sämmtlichen seit d. 1. Jänner bis zu Ende Dezbr. 1855 für Böhmen ergang. geistlichen Gesetze u. Verordnungen als Fortsetz. des P. K. Jatsch'schen Gesetzlexikons. Herausg. von Ant. Schimon. gr. 8. Prag 856. (Credner.) n. 3. —

— der seit d. Regierungsantritt Kaiser Franz Joseph I. bis zum Schluß d. J. 1855 erlassenen u. noch in Kraft bestehenden Gesetze u. Verordnungen im Justizfache f. d. Kaiserth. Oesterreich. 22 Bde. 8. Wien 856—60. Manz. n. 24. 28.

1. Bd., vom 2. Dec. 1848 bis Ende Aug. 1849. n. 1½ Thlr. — 2. Bd., bis Ende Decbr. 1849. n. 1½ Thlr. — 3. Bd., bis 9. Febr. 1850. n. 24 Ngr. — 4. Bd., bis 27. Juli 1850. n. 20 Ngr. — 5. Bd., bis Ende Decbr. 1850. n. 1 Thlr. — 6. Bd., Jahrg. 1851. n. 1 Thlr. 27 Ngr. — 7. Bd., bis 26. Mai 1852. n. 1 Thlr. — 8. Bd., bis Ende Sept. 1852. n. 1 Thlr. 2 Ngr. — 9. Bd., bis Ende Decbr. 1852. n. 1 Thlr. 4 Ngr. — 10. Bd., bis Ende April 1853. n. 1 Thlr. 4 Ngr. — 11. Bd., bis 28. Juli 1853. n. 1 Thlr. — 12. Bd., bis Ende Sept. 1853. n. 24 Ngr. — 13. Bd., bis Ende Decbr. 1853. n. 1 Thlr. 4 Ngr. — 14. Bd., bis Ende März 1854. n. 24 Ngr. — 15. Bd., bis Ende Mai 1854. n. 1½ Thlr. — 16. Bd., bis Ende Juli 1854. n. 1 Thlr. 4 Ngr. — 17. Bd., bis 8. Oct. 1854. n. 1 Thlr. 22 Ngr. — 18. Bd., bis Ende Decbr. 1854. n. 1 Thlr. — 19. Bd., bis Ende Febr. 1855. n. 1½ Thlr. — 20. Bd., bis Ende Aug. 1855. n. 1½ Thlr. — 21. Bd., bis Ende Decbr. 855. n. 1 Thlr. 4 Ngr. — 22. Bd.: Chronolog. Datenregister u. alphabet. Inhaltsrepertorium. n. 24 Ngr.

— vollständige, d. seit 13. März 1848 im Justizfache erschien. Gesetze u. Verordnungen. 1. Bd. Jahrg. 1848. gr. 8. Wien 852. Tendler u. Co. n. 1. 10.

— d. neuesten Justizorganisationsgesetze f. d. Kaiserth. Oesterreich. 1. Bd. 16. Wien 851. (Gerold.) n. — 20.

— d. strafgerichtlichen Entscheidungen d. k. k. obersten Gerichtshofes. Herausg. vom Ausschusse d. Vereins zur Uebung gerichtl. Beredsamkeit. 1. Bd. gr. 8. Ebend. 866. 2. 20.

Preußen:

— der Gesetze u. Verordnungen, welche die französ. Gesetzbücher modificiren, oder neben denselben in d. k. preuß. Rheinprovinz Geltung haben. 3. Thl., enth. die Gesetze u. Verordnungen, welche von J. 1847—1862 erlassen sind. Herausg. von Wilh. Auf'mwasser. 16. Koblenz 862. Bädeker. n. 1. 6.

1. u. 2. Thl., herausg. von H. J. Busch. (Crefeld 846. Gehrich u. Co.) n. 1 Thlr. 10 Ngr.

— neuerer Gesetze. Ein Handbuch f. Jedermann. 4. Aufl. 8. Jülich 851. Schirmer. (Leipzig, Hermann.) 12.

— d. neuesten u. wichtigsten Gesetze, welche das Grundeigenthum betreffen. 1. Heft. 8. Hamm 850. Wickenkamp. — 5.

Preußen:

Sammlung der neuesten Polizeiverordnungen f. d. Stadt Magdeburg. gr. 8. Magdeburg 853. Ebers. n. — 2⅔.

— älterer Provinzial- u. Statutar-Rechte, in wortgetreuen Abdrücken d. besten vorhand. Ausgaben. (Abdr. a. d. neuen Sammlung rheinpreuß. Gesetze.) 8. Trier 854. Troschel. 1. —

— der seit Publikation d. Allgem. Gerichtsordnung erschienenen wichtigeren Prozeß- u. Organisationsgesetze. (Allgem. Gerichtsordnung 4. Thl.) Amtliche Ausg. mit Register. gr. 8. Berlin 855. G. Reimer. n. 1. —

— neue, sämmtlicher in d. preuß. Rheinprovinz für Rechtspflege u. Verwaltung Geltung habenden Gesetze u. Verordnungen. 8. Trier, Lintz.
7. Abth.: Nachträge u. Register zu dem ganzen Werke. 848. n. — 15.
8—16. u. 18—20. Abth. oder 1—12. Supplem. Bd. 849—66. n. 11. 8½.
17. Abth.: Allgem. Sachregister zu Abth. 1—16. 861. n. — 24.

Der Preis für Abth. 1—13 ist auf 10 Thlr. ermäßigt. — 16. u. 19. Abth. à n. 1 Thlr.; 18.; n. 15 Ngr.; 20.: n. 20 Ngr. — (Eine neue wohlfeile (Titel-) Ausgabe dieser Sammlung, à Abth. n. 15 Ngr., ist seit 1864 im Erscheinen.)

— d. für die kgl. preuß. Rheinprovinz seit d. J. 1813 hinsichtlich d. Rechts- u. Gerichtsverfassung ergangenen Gesetze, Verordnungen, Ministerialrescripte ꝛc. 9—11. Bd. herausg. von Marquardt. gr. 8. Berlin 850—58. G. Reimer. 3. 27½.

9. Bd., die J. 1845—48 enth., 1 Thlr. — 10. Bd., 1849—53 enth., 1 Thlr. 20 Ngr. — 11. Bd., 1854—57 enth., 1 Thlr. 7½ Ngr.

—— 12. Bd., welcher die J. 1858—61 enthält. Herausg. im Bureau d. k. Justiz-Ministeriums. gr. 8. Ebend. 865. 1. 10.

1—8. Bd. Ebend. 834—47. 12 Thlr. 2½ Ngr.

—— Generalregister zum 1—12. Bde. gr. 8. Ebend. 865. n. 1. —

— der neben dem Strafgesetzbuche geltenden Strafgesetze über d. Gewerbe- u. Steuerwesen. Redig. im Bureau d. kgl. Justiz-Ministeriums. gr. 8. Berlin 857. Rauch u. Co. n. 1. 10; Schreibpap. n. 1. 17½.

— d. neben d. Strafgesetzbuche geltenden Strafgesetze mit Ausschluß d. auf das Steuer- u. Gewerbewesen bezügl. Gesetze. Redig. im Bureau d. kgl. Justizministeriums. gr. 8. Ebend. 857. n. — 25; Schreibpap. n. 1. —

— d. polizeilichen Strafverordnungen f. d. Regier.-Bezirk Magdeburg. Nach amtlicher Zusammenstellung. gr. 8. Magdeburg 849. Baensch. — 12.

— d. polizeilichen Strafverordnungen f. d. Polizeibezirk Magdeburg. 1. Heft. gr. 8. Ebend. 853. — 6.

— der neuesten Gesetze, welche nach Einführung d. constitutionellen Regierungsform im preuß. Staat Gültigkeit haben u. die Verfassung, Gemeindeordnung ꝛc. betreffen. 2 Hefte. 8. Hamm 850. Wickenkamp. à Heft — 10.

Rußland:

— d. Bestimmungen u. Verordnungen für die Kolonien d. Ausländer im russischen Reiche. Nach d. russ. Orig. übers. u. mit e. Anh. von Aug. Peed. gr. 8. St. Petersburg 862. (Hässel.) n. 2. 20.

Sachsen:

— neueste, der Communalgarden-Gesetze f. d. Kgr. Sachsen. Mit erläut. Anmerkgn. 8. Dresden 849. Meinhold. n. — 6.

— d. Verordnungen d. kgl. sächsischen Justizministerii u. d. Appellationsgerichte zu Auslegung u. Ausführung d. Handelsgesetzbuchs u. d. dazu gehör. Ausführungsverordnung vom 30. Decbr. 1861. 8. Leipzig 863. Roßberg. — 6.

— der von d. kgl. Kreisdirection zu Leipzig in dem Leipziger Kreis- u. Verordnungsblatt u. nach dessen Aufhören im Sächsischen Wochenblatt während d. J. 1837—1865 erlassenen Verordnungen u. Bekanntmachungen ꝛc. Nebst Register. 4. Leipzig 866. (Serig.) n. — 20.

Sachsen-Weimar:

— großh. f.-weimar-eisenachischer Gesetze, Verordnungen u. Circularbefehle in chronolog. Ordnung. Bearb. von C. H. T. Röhlig 12—15. Bd. u. 16. Bd. 1. 2. Heft. gr. 8. Jena 860—66. Deistung. n. 10. 2½;

Ausgabe in 4. n. 13. 24½.

Sachsen-Weimar:

Sammlung großh. s.-weimar-eisenachischer Gesetze ꝛc.
- 12. Bd., vom J. 1854—56. n. 1 Thlr. 12 Ngr.; in 4. n. 2 Thlr. 7½ Ngr.
- 13. Bd., vom J. 1857—59. n. 2 Thlr. 18 Ngr.; in 4. n. 3 Thlr. 15 Ngr.
- 14. Bd., (Supplem. Bd. vom J. 1848—57.) n. 2 Thlr. 7½ Ngr.; in 4. n. 3 Thlr.
- 15. Bd., vom J. 1860—62. n. 2 Thlr. 15 Ngr.; in 4. n. 3 Thlr. 10 Ngr.
- 16. Bd. 1. u. 2. Heft, vom J. 1863 u. 64. n. 1 Thlr. 10 Ngr.; in 4. n. 1 Thlr. 22 Ngr.

Schwarzburg-Sondershausen:
— der noch jetzt geltenden, in dem Fürstenth. Schwarzburg-Sondershausen vor dem J. 1837 publicirten Gesetze u. Verordnungen privatrechtlichen u. civilprocessualen Inhalts. Mit Nachweis d. von 1837 bis Ende 1858 publicirten Gesetze gleichen Inhalts. 4. Sondershausen 859. Eupel. n. 2. 15.

Schweiz:
— d. in Kraft bestehenden Gesetze, Beschlüsse, Verordnungen ꝛc. des Bundes über d. schweizer. Militärwesen, bis zum 31. Juli 1860. 16. Bern 860. (Dalp.) n. 1. 16.
— officielle, d. für d. eidgenöss. Stand Schaffhausen bestehenden Gesetze, Verordnungen u. Verträge seit d. Einführung d. neuen Kantonsverfassung vom 5. April 1852. gr. 8. Schaffhausen 853. Schalch. n. 1. 10.
— d. Gesetze u. Verordnungen d. Kantons Unterwalden ob dem Wald. Herausg. von Rit. v. Moos. gr. 8. Luzern 853. Räber. n. 1. 12.
— officielle, d., seit Annahme d. Verfassung von 1831 erlass. Gesetze, Beschlüsse u. Verordnungen d. eidgenöss. Standes Zürich. 13. u 14. Bd. 8. Zürich 866. Orell, F. u. Co. n. 1. 10.

13.: n. 20 Ngr., 14.: n. 12 Ngr.

Württemberg:
— vollständige, historisch u. kritisch bearbeitete, d. württembergischen Gesetze. Herausg. von A. L. Reyscher. 19. (letzter) Bd. 3 Thle. gr. 8. Tübingen 849, 50. (Leipzig) Fues. n. 10. 6.

Inhalt: Sammlung d. württemberg. Kriegsgesetze. Herausg. von Kapff. 3 Thle.
1. Thl.: Von 1360—1600. n. 2 Thlr. 26 Ngr. — 2. Thl.: Von 1601—1820. n. 2 Thlr. 20 Ngr. — 3. Thl.: Von 1821—1849. n. 4 Thlr. 20 Ngr.
1—4 Bd. Stuttgart 829—31. Cotta. — 5—18. Bd. Tübingen 832—47. Fues.

— der in d. Regierungsblättern d. Kgr. Württemberg vom J. 1806 an u. in d. Staatsanzeiger von 1850 an enthaltenen, noch ganz oder theilweise gültigen Verordnungen ꝛc., mit erläuternden Anmerkungen. (A. u. d. T.: Das Regierungsblatt f. d. Kgr. Württemberg (im Auszuge.) Jahrg. 1847—65. 8. Stuttgart 848—65. Metzler. 17. 10½.

Jahrg. 1847: 12½ Ngr.; 48: 20 Ngr.; 49—51: à 1½ Thlr.; 52: 1½ Thlr.; 53: 1½ Thlr.; 54: 16 Ngr.; 55: 1 Thlr. 2 Ngr.; 56: 1½ Thlr.; 57: 16 Ngr.; 58: 26 Ngr.; 59: 22 Ngr.; 60: 20 Ngr.; 61: 25 Ngr.; 62: 1½ Thlr.; 63 u. 64: à 1 Thlr. 4 Ngr.
1—9. Bd. (1806—46) u. Sachregister. Ebend. 837—46. 19 Thlr.

—— —— Alphabet.-systemat. Register über die Jahrgänge 1806 bis 1850 einschl. gr. 8. Ebend. 852. n. 2. 10.

—— —— Normalien d. 2. Ergänzungsbandes vom J. 1852. gr. 8. Ebend. 852.
— 25.

Samson, Heinr., de personarum et judiciorum ordine ex speculo Saxonico cum eo, qui saec. XIII. per Guestphaliam vigebat, comparando. Dissert. inaug. gr. 8. Berlin 866. (Calvary u. Co.) n. — 15.

Samwer, C., s. Recueil de traités etc.

Sander, Th., die Synodalfrage in Bezug auf die evang.-luther. Landeskirche im Kgr. Hannover nach Geschichte u. Recht. gr. 8. Göttingen 863. Vandenhoeck u. R. n. — 6.

Sandhaas, Geo., germanistische Abhandlungen. gr. 8. Giessen 852. Ricker. n. 1. —

— fränkisches eheliches Güterrecht. gr. 8. Ebend. 866. n. 4. —
— zur Geschichte d. Wiener Weichbildrechts. gr. 8. Wien 863. Gerold. — 3.

Sandt, Otto, die katholischen Kirchenfabriken d. linken Rheinufers. Deren Stellung zur Kirche, zum Staate u. zur Gemeinde nach altem u. neuem Rechte. gr. 8. Köln 854. Bachem. — 24.

Saenger, C. v., die Reform d. ländlichen Creditwesens. gr. 8. Bromberg 857. Levit. n. — 12.

Sanio, Fr. Dan., specimen de notionibus ac praeceptis quibusdam juris criminalis Romanorum antiquitatem juris sacri redolentibus. 4. Königsberg 853. (Graefe u. U.) n. — 4.

— de jurisprudentia Romanorum formularia in jure criminum negligenda spec. I. 4. Ebend. 862. n. — 10.

— zur Geschichte d. röm. Rechtswissenschaft. gr. 8. Königsberg 858. Bornträger. n. — 20.

Santlus, J. C.. über verkehrte Willensäusserungen bei vollem Bewusstsein u. ihr Verhalten zur Imputation. gr. 8. Erlangen 862. Palm u. E. n. — 20.

Sarwey, O., Civil-Practicum oder Anleitung zu Entscheidung von Civilrechtsstreitsachen in Uebungsfällen mit Anweis. zu deren Bearbeitung u. mit Auflösung der Aufgaben. In 4 Abthlgn. gr. 8. Stuttgart 856. Cotta. n. 2. 6.

— das württembergische Concordat. Bericht für die Minderheit d. staatsrechtlichen Commission d. Kammern d. Abgeordneten verfaßt u. eingeleitet. gr. 8. Stuttgart 860. Metzler. n. — 16.

Saßki, Thdr., die volkswirthschaftliche Bedeutung des Versicherungswesens u. der Nutzen d. einzelnen Versicherungszweige. 2. verm. u. verb. Aufl. gr. 8. Leipzig 866. Fritsch. n. — 12.

Saucken, D. v., Gesetzsammlung f. d. preuß. Staatsbürger. Eine chronolog. Zusammenstellung d. wichtigsten Gesetze, Verordnungen, Erlasse ꝛc. d. Zeitraums von 1806 —1856 [1. Juli]. genau ihrem Wortlaute nach u. mit besond. Rücksichtnahme auf unsere Staatsverfassung, die Organisation d. Verwaltungs- u. Justizbehörden, die Gesetzgebung über Presse, Preßvergehen u. politische Vergehen ꝛc. Mit e. erläut. alphabet. Sachregister u. e. chronolog. Inhaltsverzeichniß. gr. 8. Berlin 856. F. Duncker. n. 2. 20.

Sauße, die Rechtsbücher der Stadt Guben. 4. Guben 858. (Berger.) n. — 10.

Savigny, Frdr. Carl v., das Recht des Besitzes. Eine civilist. Abhandlung. (803—37.) — 7. aus d. Nachlasse d. Verf. u. durch Zusätze des Herausg. verm. Aufl. von Adf. Frdr. Rudorff. 8. Wien 865. Gerold. 4. —

— das Obligationenrecht als Theil d. heutigen römischen Rechts. 2 Bde. gr. 8. Leipzig 851, 53. Veit u. Co. n. 3. 15.

— Geschichte d. römischen Rechts im Mittelalter. 4—7. Bd. (826 — 31.) — 2. Ausg. gr. 8. Heidelberg 850, 51. J. C. B. Mohr. n. 8. —
1—3 Bd. 2. Ausg. Ebend. 834. = 9 Thlr. 10 Ngr.

— System des heutigen römischen Rechts. 7. u. 8. Bd. gr. 8. Leipzig 848, 49. Veit u. Co. n. 3. 10.
1—6. Bd. Ebend. 849—47. n. 11 Thlr. 20 Ngr.

—— —— Sachen- u. Quellen-Register dazu, s. Heuser, O. L.

— vermischte Schriften. 5 Bde. gr. 8. Leipzig 850. Veit u. Co. n. 6. —;
einzelne Bde. à n. 1. 6.

Schaaff, F. W., Abhandlungen aus dem Pandektenrecht. 1. Bd. (2 Hefte.) gr. 8. Heidelberg, Bangel u. S. n. 2. 18.
1. Heft: Zur Lehre von der Culpa. 857. n. 1 Thlr. — 2. Heft: Ueber die rückwirkende Kraft neuer Gesetze. 860. n. 1 Thlr. 18 Ngr.

Schab, Ant. v., Anleitung zum Vollzuge d. Gesetze u. Verordnungen über Aufschlags-Defraudationen in Bayern. 2. verb. Aufl. gr. 8. München 858. J. A. Finsterlin. n. — 15.

Schaefer, B., die Hypothekenversicherung als Mittel zur Hebung d. Grundcredits mit besond. Berücksicht. d. hannoverschen Verhältnisse. gr. 8. Hannover 863. Helwing. — 6.

Schaeffer, Alb. Jul., Sammlung gerichtsärztlicher Gutachten. (1818.) — 2. Ausg. gr. 8. Berlin 852. Th. Enslin. 1. 15.

Schaffer, Frz. Jos., das Hausirgesetz im Zusammenhange mit den seither erflossenen nachträgl. Erläuterungen u. d. sonstigen auf dasselbe Bezug nehmenden gesetzl. Bestimmungen. gr. 8. Salzburg 859. Glonner. — 15.

— die Weg-, Brücken- u. Fährten-Mautvorschriften, mit Einschluß d. Bestimmungen über die Einrichtung des Fuhrwerkes, die Verpachtung, Behandlung u. Cautionen, Einhebung der Mautgebühren in Aerarial-Regie u. in Sequestration, nebst Nachschlageregister. gr. 8. Ebend. 859. — 22½.

Schäffle, Alb. Eberh. Fr., die Nationalökonomie oder allgem Wirthschaftslehre. gr. 8. Leipzig 861. Spamer. n. 1. —

— das gesellschaftliche System d. menschlichen Wirthschaft. Ein Lehr- u. Handbuch der Nationalökonomie für höhere Unterrichtsanstalten u. Gebildete jeden Standes. 2. durchaus neu bearb u. verm. Aufl. gr. 8 Tübingen 867. Laupp. n. 2. 20.

— die nationalökonom. Theorie d. ausschliessenden Absatzverhältnisse insbes. d. literar.-artist. Urheberrechtes, d. Patent-, Muster- u. Firmenschutzes, nebst Beiträgen zur Grundrentenlehre. gr. 8. Ebend. 867. n. 1. 18.

— über die ethische Seite d. nationalökonom. Lehre vom Werthe. 4. Tübingen 862. (Fues' Sorthdlg.) — 12½.

Schaeffner, Wilh., das römische Recht in Deutschland während d 12. u. 13. Jahrh. gr. 8. Erlangen 859. Blaesing. — 10.

— Geschichte d. Rechtsverfassung Frankreichs. 4 Bde. (845—60.) — 2. Ausg. gr. 8. Frankfurt a. M. 859. Sauerländer. 6. —.

Schaffrath, (Wilh. Mich.), Kritik d. Entscheidungsgründe d. kgl. sächs. O. A. G. gegen die Kämpfer f. d. Reichsverfassung D. L. Heubner u. Genossen. gr. 8. Leipzig 851. Reclam jun. n. — 15.

— die Rechtsgültigkeit d. Reichsverfassung vom 28. März 1849 zur strafrechtlichen Beurtheilung der Kämpfe für dieselbe. gr. 8. Leipzig 850. Matthes. n. — 10.

— die politischen Rede- u. Preßvergehen in Commentaren zu Art. 81, 84, 94, 110, 115 u. 36 d. sächsischen Criminalgesetzbuchs. 8. Ebend. 850. n. — 10.

— Gehört auch die Verfassungsmäßigkeit von Gesetzen zum Bereich d. richterlichen Entscheidung? Ein Votum. gr. 8. Dresden 863. Zeh. n. — 5.

Schall, Fr. W., die militärischen Strafgesetze f. d. k. württemberg. Truppen vom 20. Juli 1818 mit d. dieselben abändernden ergänz. Gesetzen, Verordnungen u. Dienstvorschriften, sowie mit e. Sammlung von Präjudizien u. Normalien herausg. gr. 8. Stuttgart 860. Metzler. n. — 16.

— das Gesetz über die Verpflichtung zum Kriegsdienste im Kgr. Württemberg vom 22. Mai 1843 u. die Vollziehungsinstruction vom 30. Dec. 1843, mit d. darauf Bezug habenden neueren Gesetzen ꝛc. u. e. alphabet. Sachregister. 1. u. 2. Aufl. gr. 8. Stuttgart 863. Nitzschke. n. 1. 12.

— u. E. Boger, Vorschule d. gerichtlichen Beredsamkeit für Rechtsanwälte. 1. Abth.: Theorie. gr. 8. Ebend. 866. 1. 12.

Schaller, Jul., die preuß. gerichtliche Deposital-Verwaltung nach d. Bestimm. d. Depositalordnung vom 15. Sept. 1783 u. d. dieselbe erläut., ergänz u. abändernden Bestimmungen, insbes. nach d. Verordnung vom 18. Juli 1849. (852.) — 2. verb. Aufl. gr. 8. Glogau 865. Flemming.

— Geschäftshandbuch f. d. preuß. Gerichts- u. Staatsanwalts-Bureaus. Eine Zusammenstell. d. nach d. Erscheinen d. Sportelgesetzes vom 10. Mai 1851 geltenden Vorschriften über die Portoangelegenheiten u. das Insinuationswesen, sowie über das Verfahren bei Requisitionen ꝛc. 8. Ebend. 865. '12.

Scharnweber, Frdr., der letzte Wille u. der Erbvertrag, eine civilist., theoret. pract. Abhandlung mit besond. Berücksicht. d. unerlaubten Bedingung d. Ehelosigkeit, deren Begriff, Bedeutung u. Wirkung auf die verschiedenartigen Rechtsgeschäfte von Todeswegen. 8. Potsdam 861. Riegel. n. — 15.

Schaubach, E., Uebersicht d. im Herzogth. S.-Meiningen in Ansehung d. evangel. Landeskirche erschienenen Gesetze u. Verordnungen. gr. 8. Meiningen 857. Brückner u. R. n. — 15.

Schauber, Tabelle zur Berechnung d. Taxen f. die Verhandlungen d. nichtstreitigen Rechtspflege, sowie d. inneren, dann b. Polizei- u. Finanzverwaltung in Bayern, nach d. Gesetze vom 28. Mai 1852. gr. 8. Würzburg 863. Stahel. n. — 10.

Schauenstein, Adf., Handbuch d. öffentlichen Gesundheitspflege in Oesterreich. Systemat. Darstellung d. gesammten Sanitätswesens d. österreich. Staates. gr. 8. Wien 863. Braumüller. n. 4. 10.

— Lehrbuch d. gerichtlichen Medizin. Mit besond. Berücksicht. d. Gesetzgebungen Oesterreichs u. deren Vergleichung mit d. Gesetzgebungen Deutschlands, Frankreichs u. Englands. Für Aerzte u. Juristen. gr. 8. Ebend. 862. n. 3. 10.

Schebek, Edm., das Handelsregister nach b. allgem. Handelsgesetzbuche. Gutachten d. Handelssection d. Handels- u. Gewerbekammer in Prag. Lex. 8. Prag 866. Satow. n. — 18.

Scheba, J., das Heimatsrecht in b. deutschen u. nichtungarischen slavischen Ländern Oesterreichs. gr. 8. Wels 861. Haas. — 9.

Scheele, E., systemat. Darstellung d. Lippstädter Gütergemeinschaft. gr. 8. Lippstadt 857. (Staats.) n. — 15.

— das preußische Wasserrecht. gr. 8. Ebend. 860. — 22½.

Scheffer, Wilh., die Verfassungsfrage d. evangel. Kirche. Ein Beitrag zu deren Erörterung. 1. Heft. gr. 8. Frankfurt a. M. 849. (Ch. Winter.) n. — 12.

Schefold, J. B., rechtliches Gutachten über die beabsichtigte Ablösung der Competenzen. gr. 8. Tübingen 851. Laupp. — 4.

— die Parochialrechte histor.-praktisch bearb. 2 Bde. (846.) — 2. Ausg. gr. 8. Sigmaringen 856. Beck. (Tappen.) 1. 15.

Scheidweiler, Betrachtungen über d. Gesetz vom 30. Oct. 1848, die Aufhebung d. Jagdrechts betr. 8. Trier 849. Linz. — 4.

Schelhaß, W. v., Darstellung d. heutigen Würzburger Landrechtes. gr. 8. Würzburg 856. Stahel. n. 1. 10.

— das Nachbarrecht nach gemeinem Rechte u. heutiger Praxis bearb. gr. 8. Ebend. 863. n. — 24.

Schellwitz, H., das Recht des Autors an seinen Werken nach b. Grundsätzen b. preuß. Landrechts in e. krit. Beleuchtung e. Erkenntnisses d. k. Appell.-Gerichts zu Köln, den Becker'schen Nachdruck von Th. Körner's Werken betr. gr. 8. Berlin 855. Nicolai. — 7½.

Schels, B., die neuern religiösen Frauen-Genossenschaften nach ihren rechtlichen Verhältnissen dargestellt. gr. 8. Schaffhausen 857. Hurter. n. 1. 10.

Schenck, E., zur Wasserrechtsfrage. gr. 8. Wiesbaden 860. Kreidel. n. — 15.

Schenk, E., die Entwicklung d. Armenverhältnisse d. Kantons Bern in d. neuern Zeit, hauptsächlich während d. J. 1846 bis Ende 1855. gr. 8. Bern 856. Jent u. G. — 27.

Schenk, Ferd., die allgem. deutsche Wechselordnung in ihrer Anwendung auf b. Kgr. Sachsen u. die sächs. Herzogthümer, mit Erläuterungen. 8. Wurzen 848. Verlags-Comptoir. — 18.

Schenk, Joh., Beiträge zur Geschichte d. österreich. Civilprozesses. gr. 8. Wien 864. Manz.

   1. Abth.: Uebersicht b. österreich. Gesetzgebung über Civilprozeßrecht bis zum Schlusse b. 16. Jahrh. Nebst 2 Anh. enth.: Drei österreich. Prozeßordnungen a. b. 16. Jahrh. u. die Reformen b. Steyer'schen Landrechts vom J. 1533. n. 1. —

— der Familienrath. gr. 8. Ebend. 863. n. 1. —

— der österreichische summarische Prozeß. Mit Benützung amtlicher Quellen. gr. 8. Wien 864. Braumüller. n. 1. 10.

— drei österreich. Prozeßordnungen aus b. 16. Jahrh. gr. 8. Wien 863. Manz. n. — 10.

— der französ. Gesetzentwurf zum Schutze b. literar. u. artist. Eigenthums. gr. 8. Ebend. 863. n. — 12.

— die Magistratur im französ. Vormundschaftsrecht. gr. 8. Ebend. 864. n. — 10.

Schenkl, Mor. v., institutiones juris ecclesiastici Germaniae inprimis et Bavariae accomodatae. 2 tomi. gr. 8. Regensburg 853. Manz. 5. —

Scherell, Herm., die allgem. deutsche Wechselordnung, zum leichtern u. sichern Gebrauch f. Geschäftsleute bearb. gr. 8. Leipzig 849. G. Poenicke. n — 10.

Schering, die Verordnung vom 2. Jan. 1849 über die Aufhebung d. Privatgerichtsbarkeit u. d. exmirten Gerichtsstandes 2c. Unter Benuß. d. Akten d. Justizministeriums mit erläuternden Bemerkungen. gr. 8. Berlin 849. C. Heymann. 1. —

— Zusammenstellung d. bestehenden Vorschriften über die Prüfung u. Beschäftigung d. Auskultatoren, Referendarien u. Assessoren bei d. Gerichten, desgl. über die Anstellung d. richterlichen Beamten, Staatsanwälte 2c. 1. u. 2. verm. Aufl. gr. 8. Ebend. 851. n. — 16.

— Anleitung zur Anfertigung von Referaten, wissenschaftlichen Arbeiten, Anklageschriften u. Akten-Auszügen in Begnadigungssachen, mit e. Sammlung von Beispielen. gr. 8. Berlin 860. Guttentag. n. 1. 15.

— Handbuch für die Schiedsmänner in d. Provinz Preußen. Unter Benuß. d. Akten d. kgl. Justizministeriums 2c. (841—54.) — 4. Ausg. gr. 8. Berlin 861. C. Heymann. n. — 8.

Ausgabe f. d. Prov. Schlesien. a. 10 Ngr.; f. d. Prov. Westphalen. a. 8 Ngr.; f. d. Prov. Brandenburg. a. 10 Ngr.; f. d. Provinz Pommern. a. 10 Ngr.; f. d. Provinz Sachsen. a. 8 Ngr.

— s. Landrecht.

— u. **Schulze**, Organisation u. Geschäftsverwaltung d. preuß. Gerichte. Sammlung d. hierauf bezügl. Verordnungen 2c. Mit erläut. Bemerkungen. gr. 8. Berlin 852. C. Heymann. n. 1. —

Scheuchenstuel, C. v., Motive zu d. allgem. österreich. Berggesetze vom 21. Mai 1854. Aus amtl. Quellen. gr. 8. Wien 855. Braumüller. n. 2. 16.

Scheuer, Adf., über die actio de in rem verso. Eine Inaug-Abhandlung. gr. 8. München 866. (Kaiser.) n. — 7½.

Scheuermann, Wlh., über die Erwerbung d. Grundeigenthums u. deren Eintragung in öffentliche Bücher nach französ. u. badischem Rechte. Ein Beitrag zur Lehre von d. liegenschaftlichen (dinglichen) Rechten nach d. Code civil u. d. Landrechte f. d. Großh. Baden 2c., mit Hinweisung auf die neueren deutschen Gesetzbücher. gr. 8. Heidelberg 857. J. Groos. n. 1. 10.

— die Lehre von d. Vermögensübergaben u. Verpfändungen, nach d. im Großh. Baden darüber gelt. Gesetzen u. Verordnungen 2c. gr. 8. Ebend. 858. n. — 27.

Scheurl, Ch. G. Ad. v., de juris Romanorum antiqui modis liberos in adoptionem dandi dissert. 4. Erlangen 850. Blaesing. — 6.

— Anleitung zum Studium d. röm. Civilprozesses. 8. Ebend. 855. n. — 10.

— zur prakt. Lösung d. Ehescheidungsfragen. gr. 8. Nürnberg 861. Raw. n. — 3.

— Lehrbuch d. Institutionen. (850—58.) — 4. verb. Aufl. gr. 8. Erlangen 862. Blaesing. n. 2. —

— die lutherische Kirche in Preußen u. Bayern. Eine kirchenrechtliche Erörterung. gr. 8. Ebend. 854. — 10.

— über die lutherische Kirche in Bayern. Eine kirchenrechtliche Erörterung. gr. 8. Ebend. 863. — 6.

— der Werth des Kirchenrechts für evangel. Geistliche. gr. 8. Ebend. 861. — 3¾.

— zur Lehre vom Kirchenregiment. 8. Ebend. 862. n. — 16

— Sammlung fliegender Blätter für kirchliche Fragen d. Gegenwart. gr. 8. Ebend. 857. — 18

— Beiträge zur Bearbeitung d. röm. Rechts. 1. Bd. 2 Hefte, u. 2. Bd. 1. Heft. gr. 8. Ebend. 852—54. n. 2. — ½.

— das gute Recht d. Lutheraner in Baden. Eine kirchenrechtliche Erörterung. gr. 8. Stuttgart 862. S. G. Liesching. — 4.

— erläuternde Anmerkungen zu d. neuen Strafprozeß- (insbes. Schwurgerichts-) Ordnung f. d. diesrheinische Bayern auf Grundlage d. ständischen Ausschußverhandlungen bearb. gr. 8. München 848. Kaiser. n. — 22.

Schienert, Herm., das Schwängerungs- u. Alimentationsgesetz vom 24. April 1854 nebst e. prakt. Kommentar zu demselben. 8. Reichenbach 854. (Breslau, Korn.) — 5.

Schifffahrts-Polizeiordnung, neue, für den Rhein u. Floßordnung für den Rhein. Amtliche Ausg. 8. Mannheim 864. Schneider. — 3.

Schiffmann, Joh., das Feuerversicherungswesen d. preuß. Staates. Eine Sammlung aller auf dasselbe Bezug habenden gesetzlichen Bestimmungen ec. gr. 8. Leipzig 860. C. H. Mayer. — 15.

Schiffs-Ordnung und Seerecht, der erbarn Hanse-Städte, daran sich ihre Bürger, sonderlich die Schiffs-Rheder, Befrachter, Schiffer u. Schiffs-Volk zu verhalten ec. 8. Stade 860. Pockwitz. n. — 4.

Schildknecht, L. C., Wünsche u. Bemerkungen zu d. neuen Postgesetz-Entwurfe. gr. 8. Berlin 852. J. Springer. n. — 4.

Schildt, Rich., die Verordnungen vom 1. Juni 1833 über d. Mandats-, summar. u. Bagatellprozeß u. 21. Juli 1849 über d. Verfahren in Civilprozessen nebst allen darauf Bezug habenden Gesetzen ec. Systemat. zusammengestellt. 8. Brieg 855. (Bänder.) n. — 24.

Schilling, B., allgemeines deutsches Handelsgesetzbuch. Erläutert u. mit e. Sachregister versehen. gr. 8. Elberfeld 861. Friderichs. — 27.

— allgem. deutsches Handelsgesetzbuch. Erläutert u. mit e. Sachregister versehen. Ausg. f. Oesterreich, mit d. österreich. Einführungsgesetz vom 17. Decbr. 1862. gr. 8. Ebend. 863. 1. —

Schilling, Br., der Kirchenbann nach canonischem Rechte, in seiner Entstehung u. allmäligen Entwickelung dargestellt. gr. 8. Leipzig 859. Graefe. 1. 10.

— der kirchliche Patronat nach canon. Rechte u. mit besond Rücksicht auf Controversen dogmatisch dargestellt. gr. 8. Leipzig 854. Dyk — 24.

Schilling, Fr. Adph., animadvers. crit. ad diversos juris Justinianei locos spec. XI. 4. Leipzig 857. Dürr'sche Buchh — 3.

— commentatio qua quaeritur, jurisconsultorum romanorum de naturali e gentium jure opiniones quamnam vim habuerint in jure civili excolenda? 4. Ebend. 862. — 4½.

— Lehrbuch d. Naturrechts oder d. philosoph. Rechtswissenschaft mit vergleich. Berücksicht. positiver Rechtsbestimmungen. (2 Abthlgn.) gr. 8. Ebend. 859-62. 4. —

Schilling, Joh. Aug., die Zurechnungsfähigkeit oder Verbrechen u. Seelenstörung vor Gericht. Eine Betrachtung d. Seelen- u. Körperzustände, welche des Menschen Freiheit beschränken. Ein Vademecum namentlich f. Richter, Staatsanwälte, Vertheidiger ec. gr. 8. Augsburg 866. Schlosser. 1. 18.

Schilling, Mart. Heinr., Grundsätze d. landwirthschaftl. Bodenschätzungslehre, mit besond. Rücksicht auf die Landesculturgesetzgebung d. preuß. Staaten. Zum Gebrauch bei Grundsteuerregulirungen, Gemeinheitstheilungen, Ablösungen ec. 2 Thle. gr. 8. Weimar 855. Voigt. 1. 5.

Schimkowsky, Jul., das Notariat. Ein Beitrag zur Geschichte u. Revision desselben. gr. 8. Jägerndorf 862. (Troppau, Schüler.) n. — 12.

— die neuen Ortsgerichte. Gemeinfaßlich dargestellt. gr. 8. Temeswar 860. (Sellheim) — 5.

Schimmelfennig, Fr. Gust., die Kommunalabgaben in Städten u. Landgemeinden d. preuß. Staaten. Nach offiz. Quellen bearb. gr. 8. Berlin 859. Janke — 22½.

— das preußische allgem. Landesgewicht nach d. Gesetze vom 17. Mai 1856 ec. gr. 8. Berlin 857. (Beelitz.) n. — 15.

— Polizeiverordnungen f. d. Regier.-Bezirk Frankfurt d. Provinz Brandenburg, bis zum Schlusse b. J. 1858. gr. 8. Frankfurt a. O. 859. Harnecker u. Co. n 1. 10.

— die für d. Reg.-Bez. Koeslin bestehenden u. bis zum Schlusse d. J. 1854 ergangenen Polizei-Verordnungen. gr. 8. Köslin 855. (Volger.) n. — 28.

— die für d. Reg.-Bez. Stralsund bestehenden u. bis zum Schlusse d. J. 1854 ergangenen Polizei-Verordnungen. gr. 8. Stralsund 855. (Hingst.) 1. 5.

Schimmelfennig, Fr. Gust., die für d. Regierungsbezirk Stettin bestehenden u. bis zum Schlusse d. J. 1852 ergang. Polizeiverordnungen. gr. 8. Stettin 854. Saunier. n. 1. 6.

— die preußischen Stempelsteuergesetze im J. 1857. Nach offiz. Quellen bearb. gr. 8. Berlin 858. (Logier.) n. 1. 10.

— die preußischen direkten Steuern. 2 Thle. gr. 4. Berlin 859. Janke. n. 8. —
  1. Thl.: Die Grundsteuerverfassung, in bisher. pragm st. Darstellung nach d. Standpunkte d. Gesetzgebung u. Verwaltung in Mitte d. J. 1858. (837—40) 3 Aufl.
  2. Thl.: Gesetze u. Verordnungen über die direkten Steuern (ausschließ. d. Grundsteuer) bis zur Mitte d. J. 1858. (837—43.) 4. Aufl.

— die preußischen indirekten Steuern &c. Eine systemat. geordnete Zusammenstellung d. darauf Bezug habenden &c. Gesetze, Verordnungen &c. (840. 855.) — 3. unveränd. Ausg. gr. 4. Ebend. 858. n. 3. 10.

Schimmelpfeng, Thdr., Hommel redivivus oder Nachweisung d. bei d. vorzüglichsten älteren u. neueren Civilisten vorkomm. Erklärungen einzelner Stellen d. Corpus juris civilis. 2 Bde. gr. 8. Cassel 858, 59. Fischer. 8. 15.

— die Gewährleistung beim Viehhandel nach gemeinem u. kurhessischem Rechte dargestellt. gr. 8. Kassel 864. Freyschmidt. n. — 24.

Schindler, Karl, die Forst- u. Jagdgesetze d. österreich. Monarchie. gr. 8. Wien 866. Braumüller. n. 2. 10.

Schinbler, K. Aug., die Association d. Geldkräfte sammt Vorschlägen für Gewerbe- u. Gewerken-Banken u. f. landwirthschaftl. Geld-Vereine. gr. 8. Wien 853. (Capellen.) n. — 28.

— das österreich. Holz- u. Weiderecht-Ablösungsgesetz vom 5. Juli 1853, besprochen vom staatsöconom. u. rechtslegislativen Standpuncte. gr. 8. Wien 854. Manz. n. — 7.

Schipek, Eman., Jurisdiktionsnorm vom 19. Juni 1850, in e. alphabet. Register zusammengestellt. gr. 8. Wien 850. Gerold. n. — 8.

— Gesetz über d. Verfahren bei Verlassenschaftsabhandlungen, dann in Vormundschafts- u. Curatelangelegenheiten vom 28. Juni 1850 &c. gr. 8. Ebend. 851. n. — 16.

Schirach, C. v., über d. Entwurf e. Strafproceßordnung f. d. Herzogth. Schleswig u. Holstein u. d. Entwurf e. Gesetzes, die Einrichtung d. Schwurgerichtshofs im Herzogth. Lauenburg betr. gr. 8. Kiel 850. Schröder u. Co. n. — 12½.

— über politische Verbrechen. 8. Braunschweig 851. Schwetschke u. S. n. — 15.

Schirges, Geo., volkswirthschaftliche Studien. gr. 8. Frankfurt a. M. 852. Auffarth. n. 1. —

Schirmer, J. Thdr., Handbuch d. römischen Erbrechts. Aus d. Quellen u. mit Rücksicht auf die gemeinrechtliche Praxis bearb. (In 8 Thln.) gr. 8. Leipzig, J. A Barth.
  1. Thl.: Die allgem. Lehren u. das Intestaterbrecht. 863. 1. 15.

— über die prätorischen Judicialstipulationen mit besond. Berücksicht. d. stipulatio judicatum solvi. Eine rechtshistor. Abhandlung. gr. 8. Greifswald 853. Koch. — 27.

— die Grundidee d. Usucapion im römischen Recht. Ein histor.-dogmat. Versuch. gr. 8. Berlin 855. Guttentag. n. 1. 10.

Schirren, C., die Capitulationen d. livländischen Ritter- u. Landschaft u. d. Stadt Riga vom 4. Juli 1710 nebst deren Confirmationen. Nach den Orig.-Documenten mit Voraustellung des Privilegium Sigismundi Augusti u. einigen Beilagen herausg. gr. 8 Dorpat 865. Glaeser. n. 1. —

Schlager, Ludw., Vorträge über Erkenntniss u. Behandlung d. Geistesstörungen u. über das Vorgehen bei forensischen Begutachtungen psychischer Zustände. 1. Liefg. Lex.-8. Wien 865. (Leipzig, Hinrichs.) n. 1. 15.

Schlatter, Geo. Frdr., das System d. Einzelhaft in besond. Beziehung auf die neue Strafanstalt in Bruchsal. 1. u. 2. Aufl. gr. 8. Mannheim 856. (Segnitz.) n. — 25.

Schlatter, Geo. Frdr., die Verfassung d. evangel.-protestant. Kirche in Baden, wie sie ist u. wie sie sein soll. gr. 8. Karlsruhe 848. (Geßner.) n. — 15.

— Staat, Kirche u. Concordat. Eine polit.-kirchliche Betrachtung. gr. 8. Ulm 860. Rübling. — 12½.

— Stimmen gegen die Todesstrafe. gr. 8. Mannheim 862. (Worms. Kahle.) n. — 4.

— das Unrecht der Todesstrafe. gr. 8. Erlangen 857. Enke. n. — 15.

Schlegel, O., die Anwendung d. Stempels in Preußen. Handbuch zur Berechnung d. Prozentsätze ꝛc. nach d. Gesetze vom 7. März 1822 zu: Aktien, Assekuranzpolicen, Auktionen ꝛc. Nebst e. alphabet Inhalts- u. Gebrauchsverzeichniß. gr. 8. Breslau 862. Ziegler. (Ratibor, Thiele.) — 18.

Schlehner, C., Rechte u. Pflichten d. württemberg. Bürger, in gemeinfaßl. u. gedrängter Darstellung b. bezügl. Gesetze u. Verordnungen, mit d. hauptsächlichsten Bestimmungen d. Privatrechts, d. Polizeiverwaltung, d. bürgerlichen u. Strafrechtspflege ꝛc. 8. Stuttgart 857. Mezler. n. — 22.

Schlenker, C., die Organisation d. Volksschule. Aphorismen zum neuen Schulgesetz. gr. 8. Halle 861. Anton. — 5.

— Entwurf e. Schulgesetzes f. Preußen. Art. I—VII. zur Orientirung über die Frage d. Organisation d. Volksschule. gr. 8. Ebend. 862. n. — 5.

Schlesinger, Rud., zur Lehre von den Formalcontracten u. der querela non numeratae pecuniae. Zwei Abhandlungen gr. 8. Leipzig 858. Hirzel. n. 2. —

Schletter, Herm. Thdr., zur Textkritik der Carolina. Zugleich vorläuf. Bericht über einige in d. K. S. Hauptstaatsarchiv zu Dresden neuerlich aufgefundene Handschriften. gr. 8. Leipzig 854. Exped. d. Annalen. (?) — 7½.

— die Constitutionen Kurfürst August's von Sachsen vom J. 1572. Geschichte, Quellenkunde u. dogmengeschichtliche Charakteristik derselben. Nach größtentheils unbenutzten Quellen. Mit e. Nachtrage von Fr. Aug Biener. gr. 8. Leipzig 857. Brockhaus. n. 2. —

— über d. neuen Entwurf e. Strafprocessordnung f. d. Kgr. Sachsen gr. 8. Leipzig 853. Exped. d. Annalen. (?) n. — 12

— das kgl. sächsische Strafprocessrecht nach d. Strafprocessordnung vom 11. Aug. 1855 systemat. bearb. (856.) — 2. umgearb. Aufl. gr. 8. Leipzig 862. Hinrichs. n. 2. —

Schlichthörle, Ant., die realen Gewerbsrechte in Bayern in ihrem Verhältnisse zu d. Aenderungsvorschlägen im Gebiete d. Gewerbsgesetzgebung. gr. 8. Erlangen 860. Palm u. E. n. — 6.

Schliemann, Adph., die Haftung des Cedenten. Ein Beitrag zur Lehre von der Cession. Preisschrift. (848.) — 2. Ausg. 8. Rostock 860. Stiller. n. — 20.

— krit. Bemerkungen zum Entwurf e. allgem. deutschen Handelsgesetzbuches (nach d. Beschlüssen d. zweiten Lesung). gr. 8. Schwerin 858. Oertzen u. Co. n. — 15.

— die Lehre vom Zwange. Eine civilist. Abhandlung. gr. 8. Rostock 861. Stiller. 1. 6.

Schlimm, C., die Gesindeordnung vom 8. Nov. 1810 nebst b. dieselbe erläut. u. ergänz. Verordnungen, unter Hinweis. auf die neueste Gesetzgebung. 3. verb. Aufl. 8. Tilsit 858. (Gräfe u. U.) n. — 8.

Schloß, Frdr., die Dotalprivilegien der Jüdinnen. Ein Beitrag zur Dogmengeschichte d. gemeinen Civilrechts. gr. 8. Gießen 856. (Roth) n. — 15.

Schlüter, E. W. G., Sammlung sämmtl. in d. Herzogth. Bremen u. Verden in Beziehung auf das Meierrecht erlass. Gesetze, Verordnungen, Ausschreiben u. Resolutionen von d. ältesten bis auf die neueste Zeit. nebst e. literar. Anh. 16. Stade 862. Steudel. n. — 10.

— Commentar zur allgem. bürgerlichen Processordnung d. Kgr. Hannover. 2 Bde. gr. 8. Stade 857—63. Pockwitz. n. 4. 10.

Schlüter, C. W. G., Repertorium juris hannoverani oder Nachweisungen d. wichtigsten Erläuterungen d. bewährtesten hannov. Praktiker zu dem im Kgr. Hannover geltenden Rechte, welche in deren Werken u. Zeitschriften zerstreut sind. gr. 8. Ebend. 854. n. 2. —

— das Wietzmühlenrecht von 1570. Ein altes autonomes Rechtsbuch im Fürstenth. Lüneburg, erläutert u. mit den einschlag. Zugaben von Neuem herausg. Ebend. 862. n. — 10.

Schlüter, R., das Schwurgericht in Preußen. Ein pract. Handbüchlein f. Geschworene ꝛc. 8. Heiligenstadt 851. Delion. — 7½.

Schmalz, C. A. W., der deutsche Advocat. 2 Bdchn. (Abdr. aus dessen Haussekretair.) 8. Berlin 851. C. Heymann. 1. 24.
1. Bdchn.: Der Rechtsfreund oder Gesetz u. Verfassungskenntniß d. verschied. Länder Deutschlands. 1 Thlr.
2. Bdchn.: Der Gerichtsbeistand beim Prozeßverfahren ꝛc. 24 Ngr.

— der Haussekretair f. d. preuß. Staat. (828—56.) — 17. umgearb. u. mit Rücksicht auf die neueste Gesetzgebung ergänzte Aufl. 3 Thle. 8. Ebend. 863. 2. —

In Ausgaben f. jede der einzelnen Provinzen Preußens erschienen.

Schmid, Alb., die Grundlehren der Cession, nach röm. Recht dargestellt. 2 Thle. gr. 8. Braunschweig 863, 66. Vieweg u. S. à Thl. n. 2. 10.

Inhalt: 1. Thl.: Die Cessionsform. — 2. Thl.: Die Klagform.

Schmid, Aloys, die Bisthums-Synode. Auf- u. Ausbau ihrer Verfassung, ihr Einsturz in d. neuern Staatskirche, ihr Neubau in d. freien Kirche. 2 Bde. gr. 8. Regensburg 850, 51. Manz. 3. 15.
1. Bd.: Verfassung d. Bisthumssynode. 1 Thlr. 10 Ngr.
2. Bd. 1. Abth.: Verfassungsgeschichte d. Presbyteriums u. d. Bisthumssynode in d. germanischen Staaten bis zum Konzil von Trient. 25 Ngr.
2. Abth.: Verfassungsgeschichte d. Bisthumssynode in d. germanischen Staaten vom Konzil von Trient bis zu ihrem Aufhören. 1 Thlr. 10 Ngr.

Schmid, Andr. Chr. Joh., Handbuch d. gegenwärtig geltenden gemeinen deutschen bürgerlichen Rechts. Besonderer Theil. 2. Bd. gr. 8. Leipzig 848. Brockhaus. à Bd. 2. —

1. Bd. Ebend. 847.

Schmid, Const., das Sparkassenwesen. I. Oesterreich u. Preußen. Im Auftrage d. Centralvereins f. d. Wohl d. arbeit. Classen bearb. gr. 8. Berlin 863. Janke. n. 1. 15.

Schmid, Geo. Vict., Handbuch aller seit 1560 bis auf die neueste Zeit erschienenen Forst- u. Jagd-Gesetze d. Kgr. Sachsen. 3. u. 4. Thl. gr. 8. Meißen 849. Goedsche. 1. 15.

Inhalt: 3. Thl.: Justiz- u. Polizeigesetze in Jagd- u. Forstsachen. — 4. Thl.: Gesetze über die persönlichen Pflichten u. Rechte d. Forst- u. Jagdbedienten.

1. u. 2. Thl. Ebend. 839—44. 3 Thlr. 17½ Ngr.

Schmid, L., Betrachtungen über das bayerische Polizeistrafgesetzbuch vom 10. Nov. 1861. gr. 8. Ingolstadt 867. Krüll. n. — 5.

Schmid, Rhld., die Herrschaft d. Gesetze nach ihren räumlichen u. zeitlichen Grenzen im Gebiete d. bürgerlichen u. peinlichen Rechts. Eine staatsrechtliche Abhandlung. gr. 8. Jena 863. Frommann. n. 1. 10.

— Theorie u. Methodik d. bürgerlichen Rechts. gr. 8. Ebend. 848. 1. 10.

— die Gesetze d. Angelsachsen. f. Gesetze.

Schmid, Ulr. Rud., Andeutungen über Wesen, Einrichtung u. Wirkungen e. kirchlichen Repräsentativ-Verfassung in d. evangel. deutschen Landeskirchen. gr. 8. Jena 863. Schweiger. — 3.

Schmidlin, Eug., die bürgerliche Rechtspflege d. Ortsobrigkeiten in Württemberg, nach d. vierten Edict vom 31. Dezbr. 1818 zum Gebrauch d. Gemeinderäthe u. Ortsvorsteher erläutert. 8. Stuttgart 855. Metzler. — 10.

Schmidt, Adf., über formelle Recht d. Rotherben. Eine civilist. Abhandlung. gr. 8. Leipzig 862. Hirzel. 1. —

Schmidt, Bernh., de mortis causa donationis, quam Codex jur. civ. Saxon. reg. ponit, vi, et indole observ. I. 4. Leipzig 866. Dürr'sche Buchh. — 4½.

Schmidt, C. J., das in Preußen eingeführte deutsche Handelsgesetzbuch. Eine Zusammenstellung der für jeden in- u. ausländ. Geschäftsmann wichtigsten Bestimmungen nebst prakt. Erläuterungen, sowie Erklärung d. jurist. u. kaufmänn. Ausdrücke u. mehreren Formularen. gr. 8. Nordhausen 865. Förstemann's Verl. — 6.

Schmidt, Frdr. Aug., de praescriptionis in obligationibus effectu. Dissert. inaug. 8. Berlin 866. (Calvary u. Co.) n. — 10.

Schmidt, J. C., Methode d. Auslegung d. Justinianeischen Rechtsbücher u. Prüfung d. bisher befolgten Methoden. gr. 8. Kiel 855. Schwers. n. 1. —

Schmidt, Geo. Ed., das Wechselrecht nach d. allgem. deutschen Wechselordnung u den Novellen dazu. gr. 8. Leipzig 864. B. Tauchnitz. — 22½.

Schmidt, Heinr., das 11. Hauptstück d. allgem. österreich. Berggesetzes vom 23. Mai 1854 mit d. dazu gehör. Vollzugsvorschriften ꝛc. Das Bergwerks-Abgabengesetz mit besond. Rücksicht auf Siebenbürgen. gr. 8. Hermannstadt 857. Steinhaussen. — 15.

Schmidt, Joh. Ferd. v., Versuch e. krit. Beurtheilung d. im J. 1849 hervorgegang. Entwurfs e. neuen Berggesetzes f. d. Kaiserth. Oesterreich, u. e. raisonnirende Vergleichung desselben mit d. neuen Berggesetz-Entwurf d. Regierung d. Kgr. Preußen, u. mit d. neuen Berggesetze d. Kgr. Sachsen. gr. 8. Prag 852. Credner. n. 1. 10.

— Abschluß e. Versuches e. systemat. geord. Darstellung d. Bergrechtes im Kgr. Böhmen in Verbind. mit e. Kommentare zu d. allgem. Berggesetze f. d. Kaiserth. Oesterreich vom 23. Mai 1854 bearb. 1. Abth. gr. 8. Prag 855. (Řiwnač.) n. 2. 15.

Schmidt, Jos. Herm., zur gerichtlichen Geburtshülfe, — über Kunstfehler d. Geburtshelfer u. Hebammen, s. Auswahl medicin.-gerichtl. Gutachten.

Schmidt, L. Abf., das Interdiktenverfahren d. Römer. In geschichtlicher Entwickelung. gr. 8. Leipzig 853. Breitkopf u. H. 1. 12.

— der principielle Unterschied zwischen d. römischen u. germanischen Rechte. 1. Bd.: Die Verschiedenheit d. Grundbegriffe u. d. Privatrechts. gr. 8. Rostock 853. Stiller. n. 1. 10.

Schmidt, Karl Ed. Ferd. v., die Polizei-Verwaltung auf dem platten Lande u. für Städte in Preußen, insbes. in ihrem Verhältnisse zur Strafrechtspflege. Hiezu e. alphabet. Nachweisung aller in Preußen geltenden Strafgesetze, strafpolizeilichen u. Verwaltungs-Verordnungen. (858.) — 2. verm. u. verb. Aufl. gr. 8. Breslau 866. Kern. 1. —

— das schwurgerichtliche Verfahren in Preußen. Leitfaden f. Geschworene u. Beamte. Nach d. bestehenden Gesetzen dargestellt. gr. 8. Ebend. 858. — 10.

Schmidt, Louis, vollständ. Wechselkunde oder Darstellung d. Wechselrechts d. bedeutendsten Staaten u. Berechnung aller im Wechselhandel vorkomm. Fälle. gr. 8. Stuttgart 860. Scheitlin. 1. 18.

Schmidt, L. J., Ergänzungen zum Allgem. Landrecht, zur Allgem. Gerichts-, Kriminal-, Hypotheken- u. Deposital-Ordnung, zum Allgem. Registratur- u. Kanzlei-Reglement, zur Anweisung zur Verwaltung d. gerichtl. Salarienkassen ꝛc. für höhere Justiz-Subaltern-Beamte. gr. 8. Sorau 850, 51. (Berlin, C. Heymann.) n. 6. —

hieraus einzeln: Ergänz. zur Depositalordnung. n. 20 Ngr. — zur Gerichtsordnung. n. 3 Thlr. — zur Hypothekenordnung. n. 15 Ngr. — zur Kriminalordnung. n. 25 Ngr. — zum Allg. Landrecht. n. 2 Thlr. 10 Ngr. — zum Registratur- u. Kanzlei-Reglement. n. 20 Ngr.

— Gebühren-Taxe f. d. kgl. preuß. Gerichte mit Ergänzungen, Erläuterungen u. Tabellen zum prakt. Gebrauch zusammengestellt. (861.) — 2. Ausg. gr. 8. Ebend. 855. n. — 25.

— Gebühren-Taxe f. Rechts-Anwalte u. Notare mit Ergänzungen. gr. 8. Ebend. 851. n. — 12½.

— Anleitung zur schnellen Ausbildung im höhern Justiz-Subaltern-Dienst. (845.) — 2. verb Aufl. gr. 8. Ebend. 851. n. 1. 20.

— — Anhang. gr. 8. Ebend. 856. n. — 20.

Schmidt, Osw. v., über den Begriff d. Besitzes nach römischem Rechte. gr. 8. Dorpat 860. (Glaeser.) n. — 12.

Schmidt, Osw. v., das Verfahren vor dem Manngerichte in bürgerlichen Rechtsstreitigkeiten zur Zeit d. bischöflichen u. Ordensherrschaft in Livland. gr. 8. Dorpat 866. Glaeser. u. — 24.

Schmidt, O. K. F. G., Kommentar zu d. kgl. preuß. Stempelgesetzen ꝛc. 2 Bde. (840—52.) — 2. umgearb. Ausg. gr. 8. Berlin 855, 59. Nicolai. b. —

Schmieder, Rob., Hülfsbuch für Gewerbtreibende, Innungen, Fabrikinhaber, Advokaten ꝛc., enth.: Entwürfe zu Innungsstatuten, Fabrik- u. Arbeiterordnungen, zu Regulativen für allgem. Gesellenkrankenkassen, Begräbnißkassen ꝛc., nebst Motiven u. Erläuterungen. gr. 8. Döbeln 862. Schmidt. n. — 15.

Schmieblicke, C. B., systemat. Darstellung d. die Personalien d. Subaltern- u. Unterbeamten d. kgl. preuß. Gerichte 1. u. 2. Instanz (mit Ausschluß d. Bezirkes d. Appell.-Gerichtshofes zu Cöln) regelnden Vorschriften nebst einleit. Uebersicht d. Organisation d. verschied. gerichtl. Subaltern-Institute u. zwei besondern Beilagen über die Amtskautionen u. d. Pensionswesen. gr. 8. Frankfurt a. O. 856. Trowitzsch u. S. — 22½.

Schmitt, L. C., die Bamberger Synoden. gr. 8. Bamberg 851. Züberlein. n. 1. —

Schmold, H., Handbuch f. d. Verwaltungs-Behörden, insbes. f. Landraths-, Domainen-Rent-, Domainen-Aemter, Magisträte, Polizei-Verwaltungen u. Dominien ꝛc. gr. 8. Königsberg 863. Koch. n. 1. 20.

Schnaubert, Fr., Hülfsbuch f. die jurist. Praxis. 2 Thle. gr. 8. Jena 853. Maufe. 1 Thl. n. — 20.

Inhalt: 1. Thl.: Die Rechtsgeschäfte. — 2. Thl.: Die Proceßschriften.

Schnedermann, G. C., ostfriesisches Landrecht, s. Landrecht.

Schneib, Jos., die Ehrenbeleidigung mit Rücksicht auf d. österreich. u. gemeine deutsche Strafrecht. Monografie. 8. Graz 864. Leuschner u. L. n. — 10.

Schneider, Ant., Erläuterungen über d. allgem. österreich. Berggesetz vom 23. Mai 1854 mit Beigabe d. vollständ. Textes dieses Gesetzes. gr. 8. Prag 855. (Tempsky.) n. 2. —

Schneider, C. Thdr., die Verordnung vom 3. Jan. 1849 über d. Einführung d. mündlichen u. öffentl. Verfahrens mit Geschworenen in Untersuchungssachen u. das Gesetz betr. die Zusätze dazu vom 3. Mai 1852. Nebst e. Anh., enth. die Gesetze zum Schutze d. persönl. Freiheit ꝛc. vom 12. Febr. 1850, ferner das Gesetz über die vorläufige Straffestsetzung wegen Uebertretungen ꝛc. vom 14. Mai 1852. gr. 8. Berlin 852. C. Heymann. — 7½.

Schneider, Eug., de jure hereditario Atheniensium. gr. 8. München 851. Kaiser. n. — 10.

Schneider, F. A. H., die eheliche Gütergemeinschaft nach französ. Recht. (846.) — 2. verm. Aufl. gr. 8. Mannheim 849. Götz. n. 1. 10.

Schneider, F. C., die gerichtliche Chemie für Gerichtsärzte u. Juristen bearb. gr. 8. Wien 852. Braumüller. n. 2. 20.

Schneider, Frz. X., Lehrbuch des Bergrechts. (848.) — 2. auf Grund d. allgem. Berggesetzes f. d. Kaiserth. Oesterreich vom 23. Mai 1854 u. mit Rücksicht auf d. kgl. sächsische u. das allgem. Berggesetz f. d. preuß. Staaten umgearb. Aufl. gr. 8. Prag 861. Mercy. n. 3. —

Schneider, H., die Supplemente d. preuß. Civilgesetzgebung, eine Zusammenstellung aus Gesetzsammlung ꝛc. u. Entscheidgn. d. kgl. Obertribunals. gr. 8. Lissa 859. (Breslau), Günther. — 24.

— das in d. preuß. Staaten geltende Provinzialrecht, e. Zusammenstellung aus Gesetzsammlung, Justizministerialblatt u. d. Entscheidgn. d. kgl. Obertribunals. gr. 8. Ebend. 860. — 15.

Schneider, P., das polizeigerichtliche Verfahren nach d. jetzt geltenden Bestimmungen systemat. zusammengestellt u. erläutert. gr. 8. Breslau 853. Aderholz. — 20.

Schneider, Pet. Jos., über die von den Gerichtsärzten zu erstattenden Gutachten nach d. neuen Strafgesetzbuche u. d. neuen Strafprocessordnung f. d. Grossh. Baden. gr. 8. Freiburg i. Br. 851. Wagner. n. — 10.

Schneider, Pet. Jos., über Nothzucht, deren verschiedene Arten u. Modificationen, oder Revision d. Lehre über diesen wichtigen medicin.-polizeilich-ge-
richtl. Gegenstand. 8. Freiburg i. Br. 850. Wagner. — 7½.
— die Verletzungen an allen Theilen d. menschlichen Körpers, mit besond.
Rücksicht auf die Lethalität derselben. Eine medicin.-gerichtliche Abhandlung. gr. 8. Ebend. 849. n. — 12.

Schneider, Sigm. A. J., die Kopfverletzungen in medicin.-gerichtlicher Hinsicht. Gekrönte Preisschrift. gr. 8. Stuttgart 848. J. F. Steinkopf. 1. 7½.

Schneider, W., das Gesetz vom 14. Decbr. 1864 über das Pfandrecht u. die Befriedigung d. Gläubiger im Concurse, nebst den zur Ausführung desselben erlassenen
Bekanntmachungen. Mit Berücksicht. d. Regierungs- u. d. ständischen Motive herausg.
gr. 8. Hannover 865. Meyer. — 15.

Schnell, Fr., die das bürgerliche u. Strafproceßverfahren beziehenden Gesetze
von 1850 u. 1859 f. d. Kgr. Hannover. Mit Sachregistern ꝛc. 2 Thle. 12. Hannover 859. Lohse. n. 1. 10.

Schnell, J., das israelitische Recht in seinen Grundzügen dargestellt. gr. 8. Basel 853. Bahnmaier. — 7½.

Schnelle, S., Ritter- u. Landschaft Mecklenburgs seit ihrer Restauration im
J. 1850 u. ihr Recht zur Vertretung d. ganzen Landes. gr. 8. Berlin 861. J. Springer. n. — 17½.

Schneller, J., u. J. v. Würth, Entwurf einer Apothekerordnung f. d.
oesterreich. Kaiserstaat. Mit Motiven. gr. 8. Wien 849. (Manz). n. — 12.

Schnerich, Gerh., Notariat u. Rechtsvertretung in Oesterreich, nach ihrem Bestande u. d. Bedürfnissen d. Volkes u. Standes, mit besond. Rücksicht auf Gebirgs-
länder. gr. 8. Wien 860. (Manz.) n. — 14.

Schnetter, A. W., Repertorium aller in d. preuß. Gesetzsammlung, d. Ministerialblatte
u. d. Amtsblatte d. K. Regierung zu Potsdam enth., den Polizei- u. Kommunaldienst betr. Gesetze ꝛc. 4. Bdchn. Zeitfolge von 1846 bis incl. 1850. 8. Berlin 852. (G. Bethge.) n. — 15.
1—3. Bdchn. 1831—47. a. 1 Thlr. 20 Ngr.

Schnitger, A. D., die neue preußische u. allgem. deutsche Civilproceßordnung. Ein
Votum. gr. 8. Berlin 861. Guttentag. n. — 10.

Schnurpfeil, Heinr., die Polizei-Verwaltung in Ausübung ihrer Befugniß zum
Erlaß ortspolizeilicher Verordnungen u. vorläufiger Strafverfügungen, sowie zur Anwendung exekutiver Maßregeln mit Materialien u. Gesetzgebung u. d. bisher. Praxis
d. Verwaltungsbehörden u. Gerichte systematisch zusammengestellt. gr. 8. Ober-Glo-
gau 866. (Handel.) n. — 10.

Schober, Hugo, Katechismus d. Volkswirthschaftslehre. Ein Unterrichtsbuch in
d. Anfangsgründen d. Nationalökonomie. 8. Leipzig 859. Weber. n. — 15.

Schoch, H. G., krit. Betrachtung d. neueren Doktrin u. Gesetzgebung über die Verjährung d. Strafen. gr. 8. Schaffhausen 860. (Brodtmann.) n. — 12.

Schoefert, J. G., Handbuch d. preuß. Etats-, Kassen- u. Rechnungswesens
zum prakt. Gebrauch. Glogau 852. Flemming. 1. 7½.
— der preußische Beamte, oder die Kenntniß d. Gesetze u. Verordnungen über die
Befähigung h. höheren u. mindern Verwaltungs-, Justiz-, Bau- u. Eisenbahnbeam-
ten ꝛc. gr. 8. Ebend. 852. 1. 7½.
— der preußische Rechts- u. Geschäfts-Konsulent. Ein Handbuch zum prakt. Gebrauch ꝛc. gr. 8. Breslau 853. Korn. 1. 22½.

Schoell, Rud., legis XII. tabularum reliquiae. Edid., constit., prolego-
mena add. gr. 8. Leipzig 866. Teubner. n. 1. 6.

Schöller, W., u. Fr. J. Schopf, prakt. Handbuch über das in Ehesachen d. Katholiken zu beobachtende Verfahren, nach d. Ehegesetze vom 8. Oktbr. 1856 u. nach d. f.
die geistl. Gerichte erlass. Anweisung ꝛc. gr. 8. Pest 857. Heckenast. n. 1. 2.

Scholz, A., das summarische Untersuchungsverfahren in Zoll- u. Steuerprozessen.
Aus amtl. Quellen zusammengetragen. gr. 8. Berlin 854. C. Heymann. — 22½.

Scholtz — Schopf. 217

Scholtz, C. v., das bestehende Provinzialrecht d. Kurmark Brandenburg. (834.) —
2. umgearb. Ausg. 2 Bde. gr. 8. Berlin 854. Dümmler's Verlbhlg. n. 6. —
Schomburg, J. A., Betrachtungen über die neue Berggesetzgebung mit Rücksicht
vornehmlich auf Oesterreich, Preußen, Sachsen u. Thüringen, im Anschlusse an d.
beigedruckte Berggesetz d. Großherzogth. Sachsen vom 22. Juni 1857. gr. 8. Leipzig 857. Günther. n. 2. 10.
Schön, Ferd., das allgem. deutsche Handelsgesetzbuch u. die Wiener Geldbörse, mit besond. Rücksicht auf die Handelsgebräuche derselben. gr. 8. Wien 864. Braumüller. n. 1. 10.
Schönberg, Bernh. v., die Armengesetzgebung d. Kgr. Sachsen. Für d. pract. Gebrauch, mit besond. Berücksicht. organisator. Zwecke, in ihren wesentl. Grundzügen erläutert. gr. 8. Leipzig 864. Roßberg. n. 1. 15.
— über Einrichtung d. Armenhäuser auf d. Lande u. einige damit zusammenhäng. Zweige d. Armenpflege. gr. 8. Dresden 857. (am Ende.) n. — 5.
— Entwurf e. Orts-Armenordnung nebst Armenhausordnung ic. Zunächst f. d. ländlichen Heimathsbezirke d. sächs. Erzgebirges u. Voigtlandes bearb. gr. 8. Zwickau 861. (Werner.) n. — 12.
—————— 1. u. 2. Nachtrag dazu. gr. 8. Ebend. 862. n. — 12.
1.: n. 8 Kgr.; 2.: n. 4 Kgr.
Schoene, Gust., die Amtsgewalt d. fränkischen Majores domus. Preisschrift. gr. 8. Braunschweig 856. Schwetschke u. S. — 18.
Schönemann, Osc., die Servituten. Eine civilist. Abhandlung. gr. 8. Leipzig 866. J. A. Barth. — 27.
Schönitz, J., das Bau-Recht u. die Bau-Polizei d. Regier.-Bezirkes Liegnitz, e. systemat.-geordnete Zusammenstellung aller auf dieselben Bezug habenden gesetzlichen Bestimmungen, nebst e. Anh. über die Prüfung d. Bauhandwerker. 8. Liegnitz 863. Krumbhaar. 1. —
—————— d. Provinz Schlesien, eine systemat.-geordnete Zusammenstellung ic. gr. 8. Ebend 864. 1. 10.
Schopf, F. J., der kaiserl. österreich. Civilstaatsdienst u. die damit verbundenen Pflichten, auch Rechte u. Vorzüge d. k. k. Staatsbeamten ic. gr. 8. Pest 855. Heckenast. n. 1. 10.
— das gesetzliche Verfahren in Conscriptions-, Recrutirungs- u. Entlassungsangelegenheiten. Aus den f. d. deutschen, böhmischen, galiz. u. ungar. Kronländer erlass. Vorschriften dargestellt. 4. umgearb. Aufl. gr. 8. Graz 855. Kienreich. n. 1. 6.
— gründlicher Rathgeber in allen vorkommenden Eheangelegenheiten b. Katholiken ic., verfaßt nach b. Ehegesetze vom 8. Oktbr. 1856 sowie nach b. Bestimmungen b. allgem. bürgerlichen Gesetzbuches. gr. 8. Pest 857. Heckenast. — 16.
— leichtfaßl. Belehrung zur letztwilligen Vertheilung d. Vermögens u. zur Selbstvertretung in Erbschafts- u. Vormundschaftsangelegenheiten ic. gr. 8. Graz 855. Kienreich. n. — 24.
— leichtfaßl. Unterricht über die Bewirthschaftung d. Wälder nach d. neuesten Forstgesetz vom 3. Dez. 1852, u. über die Ausübung d. Jagd nach d. letztschien. Gesetzen. gr. 8. Ebend. 853. n. 1. —
— die Forstverfassung, das Forstrecht u. die Forstpolizei in den Kronländern Oesterreich ob u. unter d. E., Salzburg, Steiermark, Kärnthen, Krain ic. Mit Rücksicht auf d. gegenwärt. Standpunkt d. österreich. Forstgesetzgebung dargestellt ic. (h35.) — 2 Bde. gr. 8. Ebend. 853. n. 4. —
— Handbuch d. Forstverfassung, d. Forstrechtes u. d. Forstpolizei f. d. Kronländer Ungarn, Kroatien, Siebenbürgen ic. auf Grund d. alten u. neuesten Forstgesetze practisch bearb. gr. 8. Pest 858. Heckenast. n. 1. 10.
— Anleitung zur pract. Durchführung d. Ablösung u. Regulirung d. Forst-, Weide- u. Feldservituten ic. Graz 854. Kienreich. n. 1. —
— das österreich. Frauenrecht ic. Nach d. österreich. Gesetzen u. mit Rücksicht auf d. Familienleben verfaßt. gr. 8. Pest 858. Heckenast. n. 1. —

Schopf, F. J., die Jagdverfassung, das Jagdrecht u. die Jagdpolizei in d. deutschen, böhmischen, galiz. u. ungar. Kronländern d. österreich. Kaiserstaates dargestellt auf Grund d. Gesetze d. neuesten Zeit ꝛc. (834—40.) — 4. Aufl. gr. 8. Pest 858. Heckenast. n. — 20.

— der österreich. Staatsbürger. Eine umfaß. u. prakt. Darstellung aller Rechte u. Pflichten d. Staatsangehörigen ꝛc., zugleich e. verläßlicher Ratgeber in allen vorkomm. Geschäfts- u. Familienverhältnissen ꝛc. 2 Bde. (855.) — 2. Aufl. gr. 8. Ebend. 859. n. 3. 10.

— prakt. Anleitung zur Kenntniß d. gesetzlichen Verfahrens über geringfügige Klags- u. Streitsachen ꝛc. (847.) — 2. umgearb. Aufl. 4. Graz 852. Kienreich. n. 2. —

— Handbuch d. gesetzlichen Verfahrens in Verlassenschaftsangelegenheiten ꝛc. (843.) — 2. umgearb. Aufl. gr. 8. Ebend. 852. n. 1. 15.

— die organische Verwaltung d. österreich. Kaiserstaates in ihren seit einem Jahrh. erfolgten Reformen u. in ihrer gegenwärt. Verfassung ꝛc. (855.) — 2. mit dem bis gegenwärtig erschienenen Organisirungs-Verordnungen verm. Aufl. 4. Pest 859. Heckenast. n. 1. 10.

Schöpf, Jos. Ant., Handbuch d. kathol. Kirchenrechts mit besond. Bezugnahme auf Oesterreich u. Deutschland. (855—58.) — 2. Aufl. 4 Bde. gr. 8. Schaffhausen 863—66. Hurter. 4. 15.

Schöpffer, Carl, das öffentliche Gerichtsverfahren u. das heutige Gefängnißwesen. In ihren demoralisirenden u. staatsgefährlichen Folgen dargestellt. gr. 8. Neurode 857. Fischer. — 6.

Schow, Geo., das allgem. deutsche Handelsgesetzbuch u. d. Gesetz vom 5. Octbr. 1864, betr. dessen Einführung in Hannover, nebst d. Nebengesetzen. Unter Benutz. d. Konferenz-Protokolle zusammengestellt. Mit e. ausführl. Sachregister. gr. 8. Hannover 865. Meyer. 1. 10.

— Grundsätze b. nach d. neuen Landrechte geltenden Seerechts, in besond. Anwendung auf Ostfriesland, nebst e. Anh., Beispiele d. am häufigsten vorkomm. Schiffsdocumente enth. gr. 8. Leer 857. (Dresden,) Bock. n. — 22½.

Schrader, Ferd., die Associationen in ihrer gewerblichen, mercantilen u. sittlichen Bedeutung, oder wie kann dem deutschen Handwerker u. Arbeiter gründlich geholfen werden? Ein Beitrag zur Lehre d. Volkswirthschaft. gr. 8. Leipzig 859. G. F. Winter. 7½.

Schrader, G. A., Notariatsordnung f. d. Kgr. Hannover vom 18. Sept. 1853 mit erläut. u. krit. Bemerkgn. auch Anlagen A bis C., enth.: Protocoll-Formulare, Auszug aus d. Stempelgesetze u. Gebührentaxe f. d. Notare. gr. 8. Hannover 854. Meyer. n. — 20.

Schrader, L., die Kirchenverfassungsfrage mit Rücksicht auf die nothwendig gewordene Verfassungsreform d. evangel.-luther. Kirche Schleswig-Holsteins. gr. 8. Altona 849. Schlüter. n. 1. —

Schraube, O., die sanitätspolizeiliche Beaufsichtigung der Schulen u. d. Schulunterrichts. gr. 8. Halle 859. Pfeffer. n. — 12.

Schreyer, Ed., Codex d. im Kgr. Sachsen geltenden Kirchen- u. Schul-Rechts mit Einschl. d. Eherechts u. d. Rechts d. frommen u. milden Stiftungen. (840.) — 2. gänzl. umgearb. u. bis auf die neueste Zeit ergänzte Aufl. Mit chronolog. u. alphabet. Register. gr. 4. Leipzig 863. B. Tauchnitz. n. 11. —

—— (1. Aufl.) Supplement. Enth. die neuere einschlag. Gesetzgebung seit d. J. 1840 u. Berichtigungen u. Nachträge zum Hauptwerke mit Erläuterungen aus ungedruckten Verordnungen versehen. Sammt vollständ. chronolog. u. alphabet. Registern. gr. 4. Ebend. 852. n. 4. —

Schroeder, Aug., die Civilehe, die Wiedertrauung Geschiedener u. das geistliche Gewissen. Mit Hinblick auf die preuß. Kammerverhandlungen u. die geistliche Praxis. 12. Gotha 860. F. A. Perthes. n. — 10.

(**Schröder**, C. W.), Materialien zu Grundzügen e. hamburgischen Landgemeindeordnung. 12. Hamburg 849. Hoffmann u. C. — 4.

Schröder, G., Handbuch für Zollbeamte u. Steuerpflichtige (850—57.) — 6. verm. Aufl. gr. 8. Cassel 860. Fischer. n. 1. 20.

Schröder, H., elf Briefe über die bürgerliche Freiheit. Als Beitrag zu der Frage b. deutschen Gewerbegesetzgebung. gr. 8. Mannheim 860. (Segnitz.) n. — 9.

— das Salzregal u. die Salzsteuer. 8. Ebend. 862. n. — 5.

Schröder, M., Geschichte d. Münsterdorfischen Kalands. gr. 8. Itzehoe 858. Russer. n. — 6.

Schröder, Rich., Geschichte d. ehelichen Güterrechts in Deutschland. 1. Thl.: Die Zeit d. Volksrechte. gr. 8. Stettin 863. Saunier. 1. —

Schröter, W. v., Bemerkungen über die beabsichtigte neue Ordnung d. Rechtspflege in Mecklenb.-Schwerin u. Strelitz. gr. 8. Rostock 850. Stiller. — 15.

Schrott, Jos., die Staatskassen im Kaiserth. Oesterreich. gr. 8. Prag 862. Credner. n. 1. 22.

Schrötter, Jos. Adalb., das ostpreußische Provinzial-Recht unter Berücksicht. d. späteren Gesetze, Verordnungen, Ministerial-Rescripte u. Entscheidungen d. Obertribunals. gr. 8. Braunsberg 866. Huye. n. — 20.

Schubar, (Lubarsch), L., der preußische Staatsbürger. Universal-Handbuch f. alle Stände rc. Enth. die zuverlässigsten Rathschläge in allen Rechts- u. Proceß-Angelegenheiten, Kontrakts-, Testaments-Verhältnissen rc. — 6. stark verm. Aufl. 3 Bde. 8. Berlin 866. Mode. 6. 20.

Schubarth, J. Mor., das Eherecht d. Entwurfs e. bürgerlichen Gesetzbuchs f. d. Kgr. Sachsen in landeskirchlicher Beziehung. Mit e. Uebersicht d. betr. Abschnitte im Entwurf u. besonders wichtiger Paragraphen desselben. 8. Leipzig 861. Dörffling u. F. n — 3.

Schubert, F. W., die Verfassungsurkunden u. Grundgesetze der Staaten Europa's, d. nordamerikan. Freistaaten u. Brasiliens, welche gegenwärtig die Grundlage d. öffentl. Rechtes in diesen Staaten bilden, herausg. u. erläutert. 2. Bd.: Frankreich (Fortsetz. als Republik). Spanien. Portugal. Niederlande u. Luxemburg. Belgien. Schweden u. Norwegen. gr. 8. Königsberg 850. Samter. (Berlin, Ehle.) 2. 7½.

1. Bd. Ebend. 848 2 Thlr.

Schübler, Ed., über Abänderungen u. Ergänzungen d. Gemeinde- u. Körperschaftsgesetze in Württemberg. Nach d. Vorschlägen e. von d. kgl. Ministerium einberuf. Commission. Mit Bemerkgn. d. Herausg. gr. 8. Stuttgart 859. Neff. n. — 8.

— die Gemeindeordnung Württembergs u. anderer deutscher Staaten. gr. 8. Ebend. 856. n. — 10.

— Gewerbefreiheit u. Gewerbeordnung in Deutschland. gr. 8. Ebend. 860. — 12.

— das allgem. deutsche Handels-Gesetz u. die Einführungsgesetze in Württemberg. Was dem Gewerbsmann aus demselben zu wissen nöthig ist. 8. Stuttgart 865. Aue. — 5.

— die Gesetze über Niederlassung u. Verehelichung in d. verschied. deutschen Staaten; nebst Kritiken u. Vorschlägen. gr. 8. Stuttgart 855. (Leipzig, C. F. Winter.) — 21.

Schübler, V., Geld u. Kapital. Beitrag zu e. deutschen Bankordnung. gr. 8. Stuttgart 858. Neff. 1. —

— Gold u. Getreide oder die Lösung d. Goldfrage an d. Hand d. Erfahrung, d. Wissenschaft u. d. Gesetzgebung. gr. 8. Ebend. 855. 1. —

— Metall u. Papier. Zur Lehre vom Gelde u. zur Orientirung in d. gegenwärt. Geldkrisis für Staatsmänner u. Kaufleute. gr. 8. Ebend. 854. 1. —

Schück, C. Ed., die Einzelhaft u. ihre Vollstreckung in Bruchsal u. Moabit. gr. 8. Leipzig 862. J. A. Barth. n. — 24.

— Handbuch für Gefangen-Aufseher. Gekrönte Preisschrift mit e. Vorw. von R. Schulze. 8. Berlin 863. Raub. n. — 7½.

Schued, Frz. Th. Leop., die preuß. Strafprozeß- u. Polizeigerichts-Ordnung f. d. östlichen Provinzen in ihrer neuesten Gestalt rc. gr. 8. Berlin 849. C. Heymann. 1. 15.

Schuhmann, P. L., Erläuterungen zu d. Gesetze betr. die Ablösung d. Reallasten u. die Regulirung d. gutsherrlichen u. bäuerlichen Verhältnisse vom 2. März 1850. gr. 8. Berlin 850. v. Decker. — 15.

Schuldig? Nichtschuldig! Ein Beitrag zur Critik d. Schwurgerichte. gr. 8. Besel 850. Bagel. — 5.

Schüler, R., die preußische Handwerks-Gesetzgebung. Systemat. Darstellung d. über Handwerksmeister, Fabrikanten, Gesellen ꝛc. ergangenen Gesetze, Verordnungen ꝛc., mit Berücksicht. d. für Berlin geltenden Specialbestimmungen. gr. 8. Berlin 861. (Seelhaar.) n. 1. 10.

Schuler-Libloy, Fr., deutsche Rechtsgeschichte. Mit 3 histor.-polit. Karten. gr. 8. Wien 863. Braumüller. n. 1. 10.

— siebenbürgische Rechtsgeschichte compendiarisch dargestellt. gr. 8. Hermannstadt 855, 56. (Kronstadt, Haberl u. H.)

   1. Bd.: Aeußere Rechtsgeschichte u. öffentliches Recht. n. 2. 15.

   2. Bd. 1. Liefg.: Das Privatrecht d. siebenbürger Ungarn u. Sekler im systemat. Grundrisse. n. — 20.

Schulordnungen, evangelische, s. Bormbaum, R.

Schulte, H., Sammlung d. Verordnungen über die Diäten u. Reisekosten d. k. preuß. Justiz- u. Verwaltungs-Beamten, darunter namentlich d. Justizkommissarien u. Notarien ꝛc. 4. Münster 848. Regensberg. n. 1. —

Schulte, Joh. Fr., Erläuterung d. Gesetzes über die Ehen d. Katholiken im Kaiserth. Oesterreich vom 8. Oktbr. 1856 u. d. kaiserl. Patentes dazu. 1. u 2. umgearb. Aufl. gr. 8. Prag 857. Tempsky. 1. —;

   Nachtrag zur 1. Aufl. apart — 3.

— Darstellung d. Prozesses vor d. kathol. geistlichen Ehegerichten Oesterreichs, auf Grundlage d. allgem. kathol. Kirchenrechts u. d. besond. Vorschriften f. Oesterreich. gr. 8. Gießen 858. (Roth.) n. 1. —

— Handbuch d. kathol. Eherechts nach d. gemeinen kathol. Kirchenrechte u. d. österreich., preuss. u. französ. Particularrechte, mit Rücksicht auf noch andere Civilgesetzgebungen. gr. 8. Ebend. 855. n. 2. 15.

— die Erwerbs- u. Besitzfähigkeit d. deutschen kathol. Bisthümer u. Bischöfe überhaupt u. d. Bisthums u. Bischofs von Limburg insbesondere. gr. 8. Prag 860. Tempsky. n. — 20.

— das katholische Kirchenrecht. Dessen Quellen u. Literaturgeschichte, System, Einfluss auf die verschied. Rechtsdisciplinen überhaupt. 2 Thle. gr. 8. Giessen 856, 60. (Roth.)

   1. Thl.: Die Lehre von d. Quellen d. kathol. Kirchenrechts mit vorzügl. Berucksicht. d. Rechtsentwicklung in d. deutschen Bundesstaaten. n. 2. 15.

   2. Thl.: System d. allgem. kathol. Kirchenrechts. n. 3. 25.

— Lehrbuch d. kathol. Kirchenrechts auf Grundlage d. kirchlichen Quellen u. d. Staatsgesetze in Oesterreich u. d. übrigen deutschen Bundesstaaten nebst dessen Literaturgeschichte etc. gr. 8. Ebend. 863. n. 2. 12.

— Lehrbuch d. deutschen Reichs- u. Rechtsgeschichte. gr. 8. Stuttgart 861. Nitzschke. n. 2. 24.

— Betrachtungen über die Stellung d. kathol. Kirche u. d. protestant. Confessionen in Oesterreich vor dem Concordate vom 18. Aug. 1855 u. dem Patente vom 8. April 1861, sowie auf Grundlage beider, vom Rechtsstandpunkte angestellt. gr. 8. Prag 861. Rziwnay. n. — 10.

Schults, A. W. F., die Stellung des Staats zur Prostitution. gr. 8. Berlin 857. Hirschwald. n. — 12.

Schulz, C., der preußische Civilprozeß. Systemat. Zusammenstellung nebst Angabe d. Quellen. 8. Stettin 855. Graßmann. n. 1. —

Schultze, Rich. Sigm, de naturali pupillorum obligatione, qui sine tutoris auctoritate contraxerunt, secundum principia juris romani. 8. Greifswald 854. Koch. n. — 10.

Schulwesen, das höhere, d. Kgr. Hannover seit seiner Organisation im J. 1830. gr. 8. Hannover 855. (Hahn.)　　　　　　　　　　　　　　　　　　　　　　　　n. — 6.

Schulz, Ferd., Belehrungen über Recht u. Gesetz für Gewerbtreibende. 2 Hefte. 8. Siegen 855. Schulz.　　　　　　　　　　　　　　　　　　　　　　　　u. — 12.
   1 Heft: Gedrängter Abriss des Handelsrechts. n. 4 Ngr. — 2. Heft: Das deutsche Wechselrecht mit erläut. Bemerkgn. aus der Praxis preuss. Gerichtshöfe. n. 8 Ngr.

Schulz, J. O., die Dienst- u. Rechtsverhältnisse d. Procuristen, Handlungsbevollmächtigten, Handlungsgehülfen u. Handlungslehrlinge etc. 8. Forst 863. (Stettin. Saunier.)　　　　　　　　　　　　　　　　　　　　　　　　n. — 10.

— die Verjährung u. Verjährungsfristen von 24 Stunden bis zu 50 Jahren, nach preussischen Gesetzen. Mit einigen wichtigen Entscheidungen d. kgl. Ober-Tribunals. 8. Forst 864. Unverzagt.　　　　　　　　　　　　　　　　　　　— 15.

Schulze, C. H. C., Wasserbaugesetze f. d. Kgr. Hannover, ⎫
— Gesetze über Landesöconomie-Angelegenheiten.　　　　 ⎬ f. **Sammlung**.

Schulze, Fr. Glo., Nationalökonomie oder Volkswirthschaftslehre, vornehmlich für Land-, Forst- u. Staatswirthe. gr. 8. Leipzig 856. O. Wigand.　　n. 3. 10.

Schulze (-Delitzsch), H., Mittheilungen über gewerbliche u. Arbeiter-Associationen. gr. 8. Leipzig 850. Keil.　　　　　　　　　　　　　　　— 15.

— Associationsbuch f. deutsche Handwerker u. Arbeiter. gr. 8. Ebend. 853. 1. —

— die arbeitenden Klassen u. das Associationswesen in Deutschland. (858.) — 2. verm. Aufl. gr. 8. Leipzig 863. O. Mayer.　　　　　　　　　　— 15.

— sociale Rechte u. Pflichten. Vortrag gehalten am 14. Febr. 1866 in Berlin. gr. 8. Berlin 866. Lüderitz　　　　　　　　　　　　　　　　　　n — 7½.

— Vorschuss- u. Credit-Vereine als Volksbanken. Prakt. Anweisung zu deren Gründung u. Einrichtung. (855. 859.) — 3. umgearb. Aufl. gr. 8. Leipzig 662. Keil.　　　　　　　　　　　　　　　　　　　　　　　　　1. —

Schulze, Herm. Joh. Friedr., die Hausgesetze d. regierenden deutschen Fürstenhäuser. 1. Bd. gr. 8. Jena 862. Mauke.　　　　　　　　　n. 4. —

— die Staatssuccession im Herzogth. Lauenburg. gr. 8. Hamburg 864. Mauke S. — 3.

— de testamento Genserici seu de antiquissima lege successoria in Germanorum regnis. gr. 8. Jena 859. Mauke.　　　　　　　　　　　n. — 10.

— Neuenburg. Eine geschichtlich-staatsrechtliche Skizze nebst e. Beleuchtung d. neuesten schweiz. Denkschrift vom 7. Decbr. 1856. 1—3. Aufl. gr. 8. Berlin 857. Heinicke.　　　　　　　　　　　　　　　　　　　　　　　— 10.

— die staatsrechtliche Stellung d. Fürstenth. Neuenburg in ihrer geschichtl. Entwickelung u. gegenwärt. Bedeutung. gr. 8. Jena 854. Mauke.　n. 1. 20.

— das Recht d. Erstgeburt in d. deutschen Fürstenhäusern u. seine Bedeutung f. die deutsche Staatsentwickelung. gr. 8. Leipzig 851. Mendelssohn. n. 2. 10.

— System d. deutschen Staatsrechts. 1. Abth. Einleitung in d. deutsche Staatsrecht. gr. 8. Leipzig 865. Breitkopf u. H.　　　　　　　　　2. —

Schumacher, H. A., der erste Schwurgerichtshof in Bremen. Studien u. Kritiken. gr. 8. Bremen 864. Müller.　　　　　　　　　　　　　　　1. 7½.

Schumann, Jul., die Competenz d. Kirchenverwaltungen in Bayern u. die rechtliche Organisation d. Kirchengemeinden etc. gr. 8. Tübingen 863. Laupp.　　　　　　　　　　　　　　　　　　　　　　　　— 7½.

Schunk, Heinr., die f. bayerische Gewerbsinstruktion vom 21. April 1862 nebst d. dazu gehör. Verordnungen. Erläutert etc. gr. 8. Nördlingen 862. Beck. n. — 24.

Schüren, Nic., zur Lösung d. socialen Frage. Eine volkswirthschaftliche Studie. gr. 8 Leipzig 860. Wengler.　　　　　　　　　　　　n. 1. —

Schürmann, Aug., der Rechtsschutz gegen Uebersetzungen in d. internationalen Verträgen zum Schutze d. literar. Urheberrechts. Vom Standpunkte d. literar. Verkehrs. gr. 8. Leipzig 860. Schürmann.　　　　　— 15.

— die Usancen d. deutschen Buchhandels u. d. ihm verwandten Geschäftszweige. 8. Ebend. 867.　　　　　　　　　　　　　　　　　n. 1. 10.

Schürmayer, J. H., Lehrbuch d. gerichtlichen Medicin. Mit Berücksicht. d. neueren Gesetzgebungen d. In- u. Auslandes insbes. d. Verfahrens bei Schwurgerichten. Für Aerzte u. Juristen bearb. etc. (840. 854.) — 3. umgearb. Aufl. gr. 8. Erlangen 861. Enke. n. 2. 16.
— Handbuch d. medicinischen Policei. Nach d. Grundsätzen d. Rechtsstaates, zu academ. Vorlesungen u. zum Selbstunterrichte f. Aerzte u. Juristen. — 2. verb. u. mit e. Sachregister versch. Aufl. gr. 8. Erlangen 856. Enke. n. 3. 3.

Schuster, Ferd., das Amortisirungsverfahren bei Staatsobligationen u. anderen Urkunden durch die österreich. Civilgerichte. gr. 8. Wien 859. Manz. n. — 14.
— die Civil-Jurisdictionsnarm f. d. Königr. Ungarn, Kroatien u. Slawonien, die Wojwodschaft Serbien u. b. Temeser Banat vom 16. Febr. 1853, dann jene f. d. Graßfürstenth. Siebenbürgen vom 3. Juli 1853. erläuternd dargestellt. gr. 8. Ebend. 856. 1. 27.
— die Civilproceßordnung f. d. Kgr. Ungarn, Kroatien u. Slawonien, die Wojwodschaft Serbien u. b. Temeser Banat, dann jene f. d. Graßfürstenth. Siebenbürgen u. die damit vereinigten Theile erläutert. (853. 855.) — 3. auch mit Rücksicht auf die übrigen Kronländer neu bearb. Aufl. gr. 8. Ebend. 859. b. 10.
— die Concursordnung f. d. Königr. Ungarn, Kroatien, Slawonien, die serbische Wajwadschaft mit b. Temeser Banate u. b. Graßfürstenth. Siebenbürgen vom 18. Juli 1853 erläutert ꝛc. gr. 8. Ebend. 855. 1. —
— kurze Anleitung zum Studium b. neuesten gesetzlichen Bestimmungen über Einrichtung u. Führung des Grundbuches in b. Kgr. Ungarn, Kroatien, Slawonien, serbischen Wojwodschaft u. b. Temeser Banate. gr. 8. Ebend. 857. — 27.
— das Gesetz über das Verfahren außer Streitsachen vom 9. Aug. 1854 sammt b. bezügl. Verordnungen dargestellt gr. 8. Ebend. 859. 2. 12.
— gerichtliche Entscheidungen zum österreich. (allgem. deutschen) Wechselrecht u. Wechselproz. (1855.) — 2. bis zum Beginn b. J. 1858 verm. Aufl. gr. 8. Ebend. 858. 1. 3.
——— Ergänzungsheft. Enth. die Jahrg. 1858 u. 1859. gr. 8. Ebend. 860. — 16.

Schüttinger, die Einkindschaft nach Bamberger Statutarrecht. Nach d. Quellen b. Bamberger Landrechts bearb. gr. 8. Bamberg 857. Züberlein. n. — 15.

Schütz, W., das Staatsleben b. Großherzogth. S.-Weimar-Eisenach geschichtlich u. wissenschaftlich-praktisch in kurzer Uebersicht für Stadt u. Land. gr. 8. Weimar 861. Kühn. n. — 7½.

Schütz, Walter, die Mängel d. Civilproceßverfahrens in Preußen u. deren Abhilfe. Populär dargestellt. 8. Berlin 865. Liebrecht. — 3.

Schütze, Th. Rhld., dissert. inaug. de legis beneficio quale exstat in Fragm. 50. Digest. de actionibus emti (XIX. 1.). gr. 8 Kiel 854. (Academ. Buchh.) n. — 6.

Schwab, O., das Strafgesetzbuch f. d. Kgr. Württemberg vom 1. März 1839, nebst b. Abänderungen desselben durch b. Gesetz vom 13. Aug 1849 u. durch andere neuere Gesetze ꝛc. fortlaufg. mit Anmerkgn. u. alphabet. Sachregister. gr. 8. Stuttgart 849. Mezler. — 20.

Schwabe b. Waisenfreund, Carl, Versuch e. Geschichte d. österreich. Staats-Credits- u. Schuldenwesens. 1. u. 2. Heft. gr. 8. Wien 860, 66. Gerold. n. 1. —

Schwanert, Herm. Aug., die Naturobligationen d. römischen Rechts. gr. 8. Göttingen 861. Dandenhoeck u. R. n. 2. 12.

Schwängerungsgesetz, das neue, vom 24. April 1854, u. das Gesetz, betr. einige Abänderungen b. Vorschriften über b. Civilprozeßverfahren u. die Execution in Civilsachen, vom 20. März 1854. 8. Landsberg 854. Volger u. K. n. — 2.

Schwarz, das Gesetz über die Presse vom 12. Mai 1851. Nebst e. alphabet. Sachregister u. e. Anh., enth. b. Gesetz vom 29. Juni 1861. wegen Erhebung b. Stempelsteuer von Zeitungen ꝛc., das dazu ergang. Regulativ vom 7. Nov. 1861 u. das Finanzministerialrescript vom 10. Jan. 1862. 8. Berlin 862. Janke. n. — 24.

Schwarz, das Gesetz über Bannrechte u. Gewerberechte mit Ausschließungsbefugniß f. d. Kgr. Württemberg vom 8. Juni 1849. Herausg. mit d. Motiven ꝛc., nebst e. Inhaltsübersicht. gr. 8. Stuttgart 849. J. F. Steinkopf. n. — 5.

— das Grundlasten-Ablösungs-Gesetz f. d. Kgr. Württemberg vom 14. April 1848. Mit d. ständischen Verhandlungen u. sämmtl. Vollziehungs-Vorschriften, unter Beifüg. geschichtl. u. erläut. Bemerkungen ꝛc. Nebst e. alphabet Sachregister. gr. 8. Ebend. 849. n. 1. —

— neueste Steuergesetze d. Kgr. Württemberg. Handausg. mit sämmtl. Vollziehungsvorschriften u. Erläuterungen ꝛc. 8. Ebend. 853.
 1. Abth.: Gesetz betr. die Abgabe von Branntwein, vom 19. Sept. 1852, mit sämmtl. Vollziehungsvorschriften ꝛc. n. 1. 15.

— das Zehent-Ablösungsgesetz f. d. Kgr. Württemberg. Handausg. mit Erläuterungen. 2 Hefte gr. 8. Ebend. 849—51. n. 2. 5.

— — (Auszug) mit d. Vollziehungsvorschriften u. e. kurzen Belehrung über das Gesetz. 2 Hefte. gr. 8. Ebend. 849, 51. n. — 27½.

Schwarz, A., die Gütergemeinschaft d. Ehegatten nach fränkischem Rechte. gr. 8. Erlangen 858. Palm u. E. u. — 24.

Schwarz, Aug., die Forstberechtigungen in d. ehemal. vier Departementen d. linken Rheinufers. Zusammenstellung d. hierauf bezügl. Gesetze u. gerichtl. Entscheidungen. gr. 8. Speyer 861. (Bregenzer.) n. — 24.

Schwarz, E., der Criminalprozeß Franz Müller. Eine Flugschrift. 8. Celle 865. Schulze. — 5.

— für das Schwurgericht. Eine Entgegnung auf die „Bedenken" d. Obergerichtsdir. Warda. 1. u 2. Abr. gr. 8. Ebend. 862. — 7½.

Schwarze, Fr. Dr., Uebersicht d. Civil- u. Strafrechtspflege im Kgr. Sachsen während d. J. 1860, 1861 u. 1862. gr. 8. Dresden 865. (Burdach.) n. 1. 10.

— das Verbrechen d. ausgezeichneten Diebstahls, nach d. neuesten deutschen Gesetzbüchern. gr. 8. Erlangen 863. Enke. n. — 28.

— das Geschwornengericht Darstellung d. öffentlich-mündlichen Strafverfahrens u. d. Geschwornengerichts, sowie d. Pflichten u. Befugnisse eines Geschwornen. Zunächst f d. sächsischen Geschwornen 8. Dresden 849. (Dietze.) n. — 10.

— die zweite Instanz im mündlichen Strafverfahren. gr. 8. Wien 862. Braumüller. — 12.

— Anleitung zum Referiren in Strafsachen, mit besond. Berücksicht. d. kgl. sächsischen Gesetzgebung. gr. 8. Leipzig 864. Günther. — 15.

— das deutsche Schwurgericht u dessen Reform. gr. 8. Erlangen 865. Enke. n. — 28.

— die Reform d. Strafverfahrens im Kgr. Sachsen. gr. 8. Leipzig 850. B. Tauchnitz. — 22½.

— Grundzüge d. Entwurfs d. Strafprozeßordnung f. d. Kgr. Sachsen. gr. 8. Dresden 853. Arnold. n. — 8.

— die Strafproceßordnung f. d. Kgr. Sachsen, mit Erläuterungen. (855. 856.) 3. verm. Aufl. 8. Leipzig 853. Günther. n. 1. 20.

— — Nachträge. 8. Ebend. 866. n. — 6.

— Grundsätze d. kgl. sächsischen Strafproceßrechts. Ein Leitfaden zu academ. Vorlesungen u. zum Selbststudium. gr. 8. Ebend. 856. n. 1. —

— zur Lehre von dem sogen. fortgesetzten Verbrechen. gr. 8. Erlangen 857. n. — 12.

— Bemerkungen zur Lehre von der Verjährung im Strafrechte; nach d. Gesetzgebungen u. d. Praxis in Deutschland. gr. 8. Ebend. 867. n. — 18.

— Gesetz, die provisor. Einrichtung d. Strafverfahrens bei Preßvergehen betr., s. Gesetz.

— das Strafgesetzbuch f. d. Kgr. Sachsen, s. Krug; A. D.

Schwarzenberg, Phil., der Hochverrathsproceß gegen kurhessische Abgeordnete zur deutschen Nationalversammlung. Actenmäßig dargestellt. gr. 8. Coburg 863. Streit.
n. — 10.

Schwarzkopf, C. A., Taschenbuch d. Wechselkunde, gegründet auf die neue allgem. deutsche Wechselordnung. 8. Jena 849. Hochhausen. 1. —
— die schweizerische Wechselordnung wie sie in d. Kantonen Basel-Stadt, Bern, Luzern, Solothurn als Gesetz angenommen worden ist nebst Erläuterungen f. alle Stände, welche mit Wechseln zu verkehren haben. gr. 8. Basel 863. Georg. n. 1. 10.
— die allgem. deutsche Wechselordnung. Mit erläut. Bemerkgn. für Geschäftsleute. 1—3. Aufl. 8. Ebend. 849. — 7½.

Schwebemeyer, C., das Actien-Gesellschafts-, Bank- u. Versicherungswesen in England. gr. 8. Berlin 857. J. Springer. 1. 7½.
— die Gewerbegesetzgebung Preußens, ihr Charakter u. ihre Tendenz. gr. 8. Berlin 860. Vogel u. Co. — 6.
— das Privateigenthum zur See im Kriege. gr. 8. Berlin 860. J. Springer. — 7½.

Schweidler, W., Anleitung zum Studium d. öffentlich-mündlichen Verfahrens in Straffachen. 3 Abthlgn. gr. 8. Olmütz 849, 50. Hölzel. n. 3. —

Schwemmer, Jos., Taxregulativ f. die Verhandlungen d nichtstreitigen Rechtspflege sowie d. inneren, dann Polizei- u. Finanzverwaltung in d. Landestheilen dieff. d. Rheins d. Kgr. Bayern nach d. Gesetz vom 28. Mai 1852 x. alphabet. bearb. 16. München 852. Franz. — 10.

Schwenken, C. Phil. Thdr., die Amtsvergehen, ihre Untersuchung u. Bestrafung im disciplinar. u. gerichtl. Wege nach gemeinem u. besond. kurhess. Rechte. Nach d. Verf. Tode herausgegeben von C. J. Kulenkamp. 1. Abth. gr. 8. Cassel 848. Fischer. — 15.

Schwerdt, Heinr., wodurch empfiehlt sich die Einführung d. Presbyterial- u. Synodal-Verfassung? Eine Denkschrift ꝛc. gr. 8. Sondershausen 861. Eupel.
n. — 12.

(**Schwurgerichtshof**.) — Ein mit rechtsgelehrten Richtern besetzter Schwurgerichtshof ist dem Geschwornengerichte vorzuziehen. Mit besond. Rücksichtnahme auf die d. Herzogth. S.-Coburg-Gotha bevorsteh. Gerichtsorganisation. gr. 8. Gotha 856. Müller.
— 4.

Schwurgerichtsprozeß gegen Leonh. Stadelmann aus Wöhrd u. C. Theod. Heinrich von Karlsruhe, wegen Giftmordes d. Christ. Stadelmann'schen Chefrau ꝛc. Verhandelt vor d. Schwurgericht in Mannheim. herausg. von C. Giavina. 8. Mannheim 852. (Segnitz.) n. 1. 6.

Schwurgerichtsverhandlung in Anklagesachen gegen Geo. Heinr. Jacoby, Hofbuchdr. zu Darmstadt, wegen Vergiftung seiner Chefrau. 1. u. 2. Aufl. gr. 8. Darmstadt 862. Lange. 1. 15.

Séchelles, T. de, la vindicte publique en France jusqu' en 1847. 8. Freiburg in Br. 860. Poppen. (R. Mayer.) n. 1. 10.

v. Seckendorf, über die Zulässigkeit d. Hebammen als Sachverständige in besond. Hinblick auf d. Entw. d. Strafprozeßordnung f. das Kgr. Sachsen. Nebst e. Gutachten. gr. 8. Leipzig 854. Exped. d. Annalen. (?) — 5.

Sedivy, Phil., Handbüchlein zur Ausübung des Strafrechtes in den Gemeinden. In alphabet. Ordnung gereiht u. zum Gebrauche f. d. Gemeindevorsteher herausg. gr. 8. Prag 866. Kober. — 5.

Seebohm, J., Sammlung seerechtlicher Erkenntnisse d. Handelsgerichts zu Hamburg, nebst d. Entscheidungen d. höheren Instanzen. Im Anschluß an die Ulrich'sche Sammlung herausg. 1. Heft. Erkenntnisse a. d. J. 1858 u. 1859. — 2. Heft. Erkenntnisse a. d. J. 1860 u. 1861. Mit alphabet. Sach- u Namenregister. gr. 8. Hamburg 865. 66. Maute S. à Heft n. 1. 24.

Seeger, Herm., Abhandlungen aus dem Strafrechte. gr. 8. Tübingen 858. Laupp.
n. 2. 10.
—— — 2. Bd. 1. Abth.: Ueber die rückwirkende Kraft neuer Gesetze. gr. 8. Ebend. 862. n. 1. —

Seelig, Fr. W., die Staatsbehörde bei den Strafgerichten. Nach Gesetzgebung u. Praxis in Kurhessen. Ein Beitrag zur Entwickelungs-Geschichte d. deutschen Staatsanwaltschaft. gr. 8. Cassel 864. Krieger. n. — 20.

Seelig, Wilh., die Ablösung d. Weideberechtigungen auf fremden Grundstücken, mit besond. Rücksicht auf d. Kgr. Hannover. gr. 8. Göttingen 850. Dieterich. n. — 10.

— die Zusammenlegung d. Grundstücke mit besond. Beziehung auf die Gesetzgebung u. d. Verfahren im Kgr. Hannover. gr. 8. Ebend. 853. — 20.

Seerecht, allgemeines deutsches, nebst d. preuß. Einführungsgesetz vom 24. Juni 1861. (Abdr. d. Bestimmungen d. allgem. deutschen Handelsgesetzbuchs über d. Seehandel.) gr. 8. Stettin 861. v. d. Rahmer. — 12.

Seestern-Pauly, H. H. W., de quaestione, quanto modo heres, qui hereditatem inventario neglecto adiit, legata debeat? Dissert. inaug. 4. Kiel 859. (Akadem. Buchh.) n. — 12.

Segesser, Ant. Ph. v., Rechtsgeschichte d. Stadt u. Republik Lucern. 4 Bde. gr. 8. Lucern 850—58. Räber. 11. 7½.

— das alte Stadtrecht von Lucern. Nach d. im Staatsarchiv liegenden Originalhandschrift herausg. gr. 8. Basel 855. Bahnmaier. — 11.

Seibertz, Joh. Suib., Landes- u. Rechtsgeschichte d. Herzogth. Westfalen. 1. Bd. (3 Abthlgn.) u. 4. Bd. gr. 8. Arnsberg 845—64. Ritter. n. 11. 9.

   1. Bd. 1. Abth.: Diplomat. Familiengeschichte d. alten Grafen von Westfalen zu Werl u. Arnsberg. 845. n. 1 Thlr. 10 Ngr.

   2. Abth.: Diplomat. Familiengeschichte d. Dynasten u. Herren im Herzogth. Westfalen. 855. n. 1 Thlr. 16 Ngr.

   3. Abth.: Geschichte d. Landes u. seiner Zustände. 1. Thl.: Die Anfänge d. westfäl. Geschichte bis zum Ausgange d. Karolinger. (1—912.) 860. n. 1 Thlr. 12 Ngr.

   2. 3. Thl.: Die Zeiten d. Blüthe u. Kraft d. deutschen Reichs. (912—1272.) 1. u. 2. Bd. 861. 64. n. 4 Thlr. 16 Ngr.

   4. Bd.: Urkundenbuch. 3. Br. Urkunden von 1400 bis 1800. 854. n. 2 Thlr. 15 Ngr.

   1. u. 3. Bd. Ebend. 839—45. n. 4 Thlr. 15 Ngr.

Seidensticker, H. A., über d. geschichtl. Ursprung u. die rechtliche Natur der hannoverschen Interessentenforsten, besond. im Fürstenth. Calenberg. gr. 8. Peine 853. Heuer. n. — 15.

Seidler, C. H., Beiträge zur Reform d. preußischen Ehegesetzgebung. gr. 8. Nordhausen 861. Förstemann. n. — 15.

Seidler, Rhld., die Gesinde-Ordnung vom 8. Novbr. 1810 [für die vormals sächs. Landestheile durch Patent vom 10. Nov. 1816 gültig erklärt] nebst d. im Laufe d. Zeit bis jüngsthin erlass. zusätzlichen u. erklärenden Bestimmungen u. unter Berücksicht. d. von d. Kgl. Ober-Tribunale ergangenen bezügl. Entscheidungen mit erläut. Anmerkgn. ꝛc. 8. Torgau 864. Jacob. n. — 8.

Seiz, Carl Jos., das prakt. Bedürfniß d. Rechtsreform gegenüber d. historischen Schule. gr. 8. Erlangen 865. Deichert. n. — 20.

— Untersuchungen über die heutige Schmerzengeldfrage. Nebst allgem. Erörtergn. über die Methode d. einheimischen Civilrechts. gr. 8. Ebend. 860. n. — 28.

Seitz, Ed., die kathol. Kirchenangelegenheit im Großh. Hessen. gr. 8. Mainz 861. Kirchheim. — 15.

— Recht d. Pfarramtes d. kathol. Kirche. Ein Handbuch für Kirche u. Staatsbeamte. gr. 8. Regensburg, Manz.

   2. Thl. 1. Abth.: Der Pfarrer. Charakteristik seiner Amtsgewalt u. die Vorbereitung durch d. Eintritt in d. geistl. Stand u. Empfang d. Weihen. 852. 2. 5.

   2. Thl. 4. Abth.: Die Bußgerichtsbarkeit d. Pfarrers u. sein Amt im Beichtstuhle. Eine Darstellung d. alten u. heutigen Kirchendisciplin ꝛc. 1. Abth. 854. 1. 15.

   I. u. II., 2. 3. Ebend. 840—45. 3 Thlr. 15 Ngr.

— zum Processe Zwesten. Eine rechtsgeschichtliche Darlegung der Entstehung u. des wahren Sinnes des Art. 84 der preußischen Verfassungs-Urkunde. gr. 8. Mainz 866. Kirchheim. — 7½.

Sekretär, der belehrende bayerische. Ein Hand- u. Hülfsbuch für die Geschäfts-, Privat- u. Gerichtsverhältnisse ꝛc. (857.) — 7. Aufl. 8. Würzburg 859. Stahel. n. 1. —

15

Sekretär, der neue bayerische. Eine Sammlung b. besten Formularien zu allen in Bayern erlaubten amtlichen Eingaben ꝛc. 12. Würzburg 857. Halm. — 15.

Sell, Karl, römische Lehre der dinglichen Rechte oder Sachenrechte. 1. Thl.: Römische Lehre b. Eigenthums nebst Einleitung: Von den dinglichen Rechten oder Sachenrechten überhaupt. (834.) — 2. Aufl. gr. 8. Bonn 852. (Frankf. a. M. Goar.) n. 1. 25.

Semler, Gust. Ludw., das Rechtsverhältniß d. gemischten Ehen vom Standpunkte d. Kirchen-, Staats- u. Privatrechts. gr. 8. Augsburg 852. Rieger. — 7½.

Semmel, C. M., Lehen gibt kein Eigenthum! Ein streitiger Rechtssatz untersucht. gr. 8. Leipzig 856. Fr. Fleischer. — 15.

Sendras, Alex. Const., de possessione per alios acquirenda. 8. Berlin 865. (Calvary u. Co.) n. — 15.

Seniorenbüchlein, evangelisches, insbes. Anweisung, wie ein evangel. Kirchenältester nach Vorschrift d. im Großh. Hessen bestehenden kirchlichen Gesetzgebung sein Amt zu führen hat ꝛc. gr. 8. Darmstadt 851. (Leipzig, R. Hartmann.) n. — 5.

Sentrup, H., das Gesetz betr. die Einführung e. Klassen- u. klassifizirten Einkommensteuer vom 1. Mai 1851, u. die darauf bezügl. Ministerialinstruktionen u. Rescripte. (851—57.) — 4. verm. Aufl. gr. 8. Halberstadt 861. Franz. n. — 20.

Lenz, Alois, die provisor. Civilprozeßordnung für Siebenbürgen (Ungarn, Kroatien, Slavonien, die serbische Woiwodschaft u. das Temeser Banat) erläutert u. mit d. dazu gehör. besondern Verordnungen u. mit Formularien versehen. (Mit Anh.: Sammlung d. wichtigsten Justizgesetze u. Verordnungen f. Siebenbürgen.) gr. 8. Hermannstadt 854. Steinhaussen. 3. —

— der Wirkungskreis d. Urbarialgerichte in Siebenbürgen, zum Behufe d. Geltendmachung verletzter oder bestrittener Urbarialrechte d. ehemal. Grundherren u. Unterthanen ꝛc. gr. 8. Ebend. 858. 1. 10.

Sentzke, G., die Prostitution unserer Zeit, der Gesellschaft u. dem Gesetze gegenüber. 8 Berlin 867. Burmester u. St. n. — 5.

Separationsgesetz f. d. Herzogth. Anhalt-Dessau. [Nebst d. Gesetz über die Ablösung d. Natural- ꝛc. Zehnten, d. Gesetz über die Ablösung d. Naturaldienste ꝛc.] 4. Dessau 848. Fritsche. n. — 7.

Seraphim, Ferd., das kurländische Rotherbenrecht. Eine exeget.-dogmat. Abhandlung. gr. 8. Dorpat 859. (Mitau, Neumann.) 1. 3.

Seraphim, Thdr., über die Abrogation des Piltenschen Rechts. gr. 8. Riga 864. Kymmel. n. — 8.

Serini, Ph. J., Andeutungen über Gesetzgebung u. Rechtspflege in d. deutschen Rheinprovinzen, insbes. in d. kgl. bayerischen Pfalz. 2. Abth. gr. 8. Landau 851. Kaußler. n. 1. 15.

Inhalt: Die älteren Statutarrechte u. früheren Territorialverhältnisse d. kgl. bayer. Pfalz, nach d. früheren Territorialeintheilung vor d. Ausbruche d. französ. Revolution, u. e. Fortses. d. chronolog. Zusammenstellung verschied. Entscheidungen d. k. Kassations- u. Revisionshofes f. d. Pfalz zu München, sowie d. k. Appell.-Gerichts zu Zweibrücken.
1. Abth. Ebend. 848. n. 2 Thlr. 5 Ngr.

Seser, G., Abhandlungen aus dem Civilrecht. I. Ueber die Verabredung der Schrift, insbes. von der l. 17 Cod. de fide instrumentorum. gr. 8. Bremen 860. (Eper.) n. — 10.

Seuffert, C. Aug., das gesetzliche Veräußerungsverbot bei Singular- u. Universalvermächtnissen nach röm. Rechte. gr. 8. München 854. Liter.-artist. Anstalt. n. — 15.

Seuffert, Geo. K. Leop., Streitfragen aus d. Erkenntnissen d. obersten Gerichtshofes d. Kgr. Bayern in Competenzconflicten zwischen d. Gerichten u. Verwaltungsbehörden vom J. 1851 bis 1858. 1. u. 2. verm. Aufl. gr. 8. München 858. (Summl.) n. — 16.

—— —— 1. Nachtrag zur 1. Aufl.: Erkenntnisse vom 12. Mai bis 1. Oktbr. 1858. gr. 8. Ebend. 859. n. — 4.

—— —— 2. Nachtrag zur 2., zugleich 3 Nachtr. zur 1. Aufl.: Erkenntnisse vom 1. Okt. 1859 bis 30. Sept. 1860. Mit e. Generalregister. gr. 8. Ebend. 860. n. — 8.

Seuffert, Herm., die reformatio in pejus im neueren, insbes. bayerischen Strafprozesse. gr. 8. München 861. Kaiser. n. — 15.

Seuffert, Herm., ein Wort in der Staatsanwaltschaftsfrage. 8. München 865. Kaiser. — 3.
Seuffert, Joh. Adam, Handbuch d. deutschen Civilprocesses auf der Grundlage u. nach d. Ordnung d. bayerischen Gesetzgebung, fortges. in Verbind. mit Joh. Jak. Kaul. 4 Bde. (836—44.) — 2. Aufl. gr. 8. Erlangen 853—58. Palm u. E. n. 10. 24.
A. u. d. T.: Kommentar über die bayerische Gerichtsordnung (Codex juris bavarici judicialii de a. 1753).
— praktisches **Pandektenrecht**. (825—52. 4 Thlr. 10 Ngr.) — 4. Aufl. Nach d. Tode d. Verf. besorgt von E. A. Seuffert. (In 3 Bdn.) 1. Bd. u. 2. Bd. 1. Abth. gr. 8. Würzburg 860—64. Stahel. n. 2. 26.
Seybold, Frz. v., das Institut der Aemter. Ein Beitrag zum allgem. Staatsrechte. gr. 8. München 854. (Augsburg, Jaquet.) n. — 12.
— das **Notariat** nach d. Bestimmungen d. gegenwärtig bestehenden bayerischen Gerichtsordnung vom J. 1753 u. die beiden Gesetze vom 1. Juli 1856 über Gerichtsorganisation u. executorische Urkunden. gr. 8. München 857. (Lindauer.) n. — 8.
— die **Organisation** des Notariates im Zusammenhange mit d. Hypotheken-Institute, namentlich in Bayern. gr. 8. München 849. (Franz.) — 4.
— **Grundriß** d. allgem. Grundsätze d. Notariats-Instituts nebst e. systemat. Darstellung desselben nach d. unveränd. Texte d. Gesetzes vom 10. Nov. 1861. 8. Ebend. 862. — 15.
— die **Rückwirkung** d. bevorstehenden Reformen d. Rechtspflege auf die Mitglieder d. Advokatenstandes. gr. 8. München 857. (Lindauer.) n. — 12.
Seydel, A., allgemeine **Deposital-Ordnung** in ihrer jetzigen Geltung. gr. 8. Breslau 864. Kern. — 27.
Seyfried, E. v., die Gesetze u. Verordnungen über die Verwaltung d. freiwill. Gerichtsbarkeit u. über d. Notariat im Großherzogth. Baden. 8. Karlsruhe 865. Braun. n. — 24.
Sicherer, Herm. v., über die Gesammtbelehnung in deutschen Fürstenthümern. gr. 8. München 865. Kaiser. n. — 15.
— **Legitimation** d. Wechselinhabers durch ein dem Protest vorausgegang. Blankogiro. Ein wechselrechtlicher Versuch. gr. 8. Ebend. 862. n. — 5.
Siebdrat, Gust. Alb., das Strafgesetzbuch f. d. Kgr. Sachsen vom 11. Aug. 1855 mit d. damit in Verbind. stehenden Gesetzen bis zum Schlusse d. J. 1861 u. e. durchlaufenden Commentare zum Handgebrauche beim gerichtl. Verfahren, sowie für Universitätsstudien. 8. Leipzig 862. Hinrichs. n. 1. 18.
Siebenhaar, Ed., **Correalobligationen** nach römischem, gemeinem u. sächsischem Rechte. 1. Abth.: Römisches Recht. gr. 8. Leipzig 867. Naßberg. — 25.
— **Commentar** zu d. bürgerl. Gesetzbuche f. d. Kgr. Sachsen u. der damit in Verbindung stehenden Publicationsverordnung vom 2. Jan. 1863. 3 Bde. gr. 8. Leipzig 864, 65. Hinrichs. n. 8. —

1. Bd.: Die Publicationsverordnung, der allgem. Theil u. das Sachenrecht, bearb. von Ed. Siebenhaar u. Gea. Siegmann.
2. Bd.: Das Recht d. Forderungen bearb. von Karl Magn. Pöschmann.
3. Bd.: Das Familien-, Vormundschafts- u. Erbschaftsrecht bearb. von Ed. Siebenhaar. Ein- u. Ausführungsverordnung u. provisor. Gerichtsordnung mit erläut. Anmerkgn. von G. Siegmann. Vollständ. Sachregister von J. Winzer.

— ausführliches **Marl-** u. Sachregister zu d. bürgerlichen Gesetzbuch f. d. Kgr. Sachsen. 8. Leipzig 863. Naßberg. n. — 10.
Siebenhaar, Fr. O., die Stellung der Superintendenten nach d. „Entwurfe e. Kirchenordnung f. d. evangel. Kirche im Kgr. Sachsen." 8. Penig 860. (Leipzig, Kollmann.) n. — 5.
Siegel, Heinr., das deutsche **Erbrecht** nach d. Rechtsquellen des Mittelalters, in seinem innern Zusammenhange dargestellt. gr. 8. Heidelberg 853. Bangel u. S. n. 1. 5.
— **Geschichte** d. deutschen Gerichtsverfahrens. 1. Bd. gr. 8. Giessen 857. Ricker. n. 1. 20.

Siegel, Heinr., die Lombardo-Commentare. Eine rechtsgeschichtliche Untersuchung. gr. 8. Wien 862. Gerold. — 3.

Siegmann, Geo., das kgl. sächsische Grund- u. Hypothekenrecht. Ein Commentar zu dem Gesetz, die Grund- u. Hypothekenbücher betr., vom 6. Nov. 1843 u. d. damit in Verbindung stehenden Gesetzen u. Verordnungen mit Berücksicht. b. Entw. e. bürgerl. Gesetzbuches f. d. Kgr. Sachsen. gr. 8. Leipzig 861. Roßberg. n. 2. —

— s. Siebenhaar, Ed.

Silbernagl, Isid., die Eidesentbindung nach d. canonischen Rechte. gr. 8. München 860. (Lindauer.) n. — 8.

Silberschlag, Grundriß d. Verfassung, Verwaltung u. Gesetzgebung d. preuß. Staats seit d. Zeit d. 30jähr. Krieges bis zum J. 1850 gr. 8. Berlin 860. G. Reimer. — 15.

Simon, Aug. Heinr., Geschichtliches über die kgl. preuß. Immediat-Justiz-Examinations-Kommission. gr. 8. Berlin 855. Nicolai. 1. 20.

— die Immediat-Justiz-Examinations-Kommission. Nachrichten über einige Veränderungen, die sie jüngst erlitten u. über ihre bevorstehende Säkularfeier. gr. 8. Ebend. 855. — 6.

Simon, Rud., Grundzüge d. neuen preuß. Concurs-Rechts u. Concurs-Verfahrens unter Hervorhebung d. wesentlichsten Abweichungen vom alten Rechte. gr. 8. Potsdam 856. Döring. n. — 15.

Sintenis, C. Fr. Ferd., zur Frage von den Civilgesetzbüchern. Ein Votum in Veranlass. d. Entwurfs e. bürgerl. Gesetzbuches f. d. Kgr. Sachsen. 8. Leipzig 853. Fr. Fleischer. n. — 24.

— das practische gemeine Civilrecht. 3 Bde. (841—51.) — 2. verb. Aufl. gr. 8. Leipzig 860, 61. B. Tauchnitz. n. 13. —

— Anleitung zum Studium d. bürgerlichen Gesetzbuches f. d. Kgr. Sachsen. Mit alphabet. Register. gr. 8. Ebend. 864. 3. —

Sitzungsberichte d. bayerischen Strafgerichte mit Verweisungen auf die übrigen deutschen St. P. O. herausg. von d. Red. d. Blätter f. Rechtsanwendung. 5 Bde. gr. 8. Erlangen 850—53. Palm u. C. à Bd. n. 2. 20.

—— Alphabet. u. systemat. Register. gr. 8. Ebend. 854. n. — 6.

Skřivan, Ant., Wechsellehre mit vollständ. Erläuterung d. neuen Wechselordnung etc. Für Handels- u. Realschulen, auch zum Selbstunterricht geeignet. 3. Aufl. gr. 8. Prag 862. (Kziwnatz.) n 1. 10.

Smith, Adam, über die Quellen d. Volkswohlstandes. Neu bearb. von C. W. Asher. 2 Bde. gr. 8. Stuttgart 861. Engelhorn. 5. —

Snell, Fedr Heinr., die Kirchenverfassungsagitation u. die wahre Lösung d. Kirchenfrage. gr. 8. Frankfurt a. M. 862. Auffarth. n. — 5.

Snell, Ludw., Handbuch d. schweizerischen Staatsrechts. Bundesstaatsrecht. 3. Nachtrag zum 1 Bde., enth. die Tagsatzungsbeschlüsse, Konkordate, Verträge mit d. Auslande rc. von 1843—1846. gr. 8. Zürich 848. Orell, F. u. Co. — 8.
1. u. 2. Bd. mit 1. u. 2. Nachtr. Ebend. 839—45. 5 Thlr. 15 Sgr.

Snell, Wilh., Naturrecht. Nach dessen Vorlesungen herausg. (857.) — Neue f. d. Ausland bestimmte Ausg. gr. 8 Bern 859. Huber u. Co. n. 2. —;
mit Portrait n. 2. 10.

Snetiwy, K., die Körperverletzungen in gerichtl. medizin. Beziehung, nach d. Geiste d. österreich. Gesetzgebung beurtheilt. gr. 8. Linz 849. Fink. n. — 28.

Social-Gesetzgebung, die neue, für das Kgr. Bayern in d. Entwürfen sammt Motiven. gr. 8. Nördlingen 867. Beck. n. — 12.

Soden, C. Th. v., pract. Handbuch f. Schiffscapitaine in Havarie-Angelegenheiten. — 2. verm. Aufl. 8. Hamburg 853. (Th. Riemeyer.) n. 1. —

Sohm, R., der Proceß der Lex Salica. gr. 8. Weimar 867. Böhlau. n. 1. 6.

— die Lehre vom subpignus. Gekrönte Preisschrift. gr. 8. Rostock 861. Stiller. — 22½.

Sollen in Oesterreich Schwurgerichte eingeführt werden? gr. 8. Wien 861. Manz. n. — 8.

Solly, Thom., Grundsätze d. englischen Rechtes über Grundbesitz, Erbfolge u. Güterrecht b. Ehegatten. gr. 8. Berlin 853. Th. Enslin. n. — 10.

Söltl, Frdr., formula und Beweis-Interlokut. Eine Inaug.-Abhandlung. gr. 8. München 857. (Kaiser.) n. — 10.

Sommaruga, Frz. v., die neue Wiener Börsenordnung zunächst aus jurist. Standpunkte dargestellt u. erläutert. gr. 8. Wien 855. Manz. n. — 20.

— die Grundzüge d. Gerichtsverfassung f. d. Länder d. österreich. Monarchie beurtheilt. gr. 8. Wien 849. Gerold. n. — 10.

— über die Errichtung von Handelsgerichten in Oesterreich. Eine Denkschrift ꝛc. gr. 8. Ebend. 849. n. — 8.

Sonderrechte, die, im Kurfürstenth. Hessen, s. Kersting, H.
Der dort angegebene Preis (n. 3 Thlr. 10 Ngr.) ist in n. 8 Thlr. 8 Ngr. zu berichtigen.

Sonnenburg, C. F., alphabet. Zusammenstellung aller über die Cassation u. d. Verkauf unbrauchbarer Acten, bei den Gerichten, u. über d. Vernichtung unbrauchbarer Rechnungen u. Cassenbücher, bei allen königl. Cassen, ergangenen gesetzl. u. ministeriellen Bestimmungen. gr. 8. Schönebeck 864. Berger. — 5.

Sonntag, K. Ludw., alphabet. Handbuch über die Gemeindeordnung u. die Bürgerrechte ꝛc. mit allen hierauf bezügl. Gesetzen u. Verordnungen in ihrer jetzigen Gültigkeit. (847.) — 2. Aufl. gr. 8. Donaueschingen 853. (Aldenhoven.) n. — 28.

Sontag, Karl Rich., die Entlassung gegen Caution im deutschen Strafverfahren. gr. 8. Heidelberg 865. Weiß. n. 1. —

Soetbeer, Adph., Beiträge u. Materialien zur Beurtheilung von Geld- u. Bankfragen mit besond. Rücksicht auf Hamburg. 4. Hamburg 855. Nolte. n. 1. 10.

— Grundzüge d. See-Völkerrechts d. Gegenwart. gr. 8. Ebend. 855. n. — 10.

Sparre, K. v., die allgemeine u. die partielle Einkommensteuer, als direkte Abgaben. (848.) — 2. Aufl. gr. 8. Marburg 852. (Franck. a. M., Bölcker.) n. — 15.

— verglichen mit d. bisher. Steuertheorie u. Praxis. gr. 8. Frankfurt a. M. 854. (Chr. Winter.)

— die Lebensfragen im Staate in Bezieh. auf d. Grundbesitzthum. 2. Thl.: Die Natur u. die Bedeutung d. Grundbesitzes f. die Staatsexistenz. gr. 8. Ebend. 854. n. 1. —
1. Thl. 842., jetzt ebend. herabges. a. 1 Thlr.

Specialgesetze, die neben d. Straf- u. Polizeistrafgesetzbuch fortbestehenden, f. d. Kgr. Bayern. 8. Bamberg 862. Buchner. n. — 22.

Spiegel deutscher Leute. Textabdruck d. Innsbrucker Handschrift. Herausg. von Jul. Ficker. gr. 8. Innsbruck 859. Wagner. n. 1. 15.

Spitta, Heinr., prakt. Beiträge zur gerichtsärztlichen Psychologie. gr. 8. Rostock 855. Stiller. — 25.

Sportel-Gesetzgebung, die neue, f. d. Gerichte u. Verwaltungsbehörden in Baden. Systemat. zusammengestellt nebst e. Anh. über d. Gebührenbezug d. Gerichtsboten, Gerichtsvollzieher, Vollstreckungsbeamten ꝛc. sowie mit d. Vollzugsverordnung über d. Sportelansatz bei d. Gerichten. gr. 8. Mannheim 864. Schneider. n. — 15.

Sprengel, Wilh., die Ablösungs-Gesetze d. preuß. Staats vom 2. u. 11. März 1850, mit den Regierungsverordn. vom 1. Aug. 1850 wegen Ablösung u. Amortisation der dem Domainen-Fiscus als Berechtigten zustehenden Reallasten, sowie den dazu von d. kgl. Regierung zu Magdeburg ꝛc. erlass. Instructionen ꝛc. u. den declarirenden u. abändernden Ministerial-Rescripten. gr. 8. Magdeburg 852. Baensch. 1. —

Staas, W., die preußischen Apothekergesetze mit sämmtlichen Ergänzungen u. Erläuterungen f. d. prakt. Gebrauch zusammengestellt. gr. 8. Berlin 858. Gärtner. — 15.

— Anleitung zur Führung d. Geschäfte der Dorfschulzen u. Dorfgerichte. gr. 8. Landsberg a. W. 858. (Volger u. K.) n. — 25.

— Anleitung zur Einziehung b. Forderungen auf gerichtlichem Wege ꝛc. (862.) — (Neue Aufl.) gr. 8. Ebend. 864. — 3.

— Handbuch in Gewerbe- u. Rechtsangelegenheiten für Kaufleute, Fabrikanten, Spediteure ꝛc. gr. 8. Ebend. 858. n. 1. —

Staas, W., das allgem. deutsche Handelsgesetzbuch mit Einführungsgesetz ꝛc. nebst Sachregister. (861.) — 2. Aufl. gr. 8. Cüstrin 862. (Salzkotten, Grasso.) n. — 20.

— das preußische Pensionsreglement für Civilbeamte mit d. Ergänzungen u. Erläuterungen ꝛc. zusammengestellt. 4. Landsberg 857. Volger u. K. n. — 6.

Staat, der, oder die Staatswissenschaften im Lichte unsrer Zeit. Unentbehrliches populäres Handbuch u. Rathgeber f. alle Klassen u. Berufsstände d. deutschen Volkes. 8 Thle. gr. 8. Leipzig 862—65. Grunow. n. 14. 23½.
Vgl.: Huber, C. H. Th.

Staatsdienergesetz u. Gesetz, das Disciplinarverfahren gegen Richter betr., vom 8. Mai 1852. gr. 8. Hannover 852. Pockwitz. — 2½.

Staatsgrundgesetz f. d. Kgr. Dänemark vom 5. Juni 1849. Aus d. Dänischen. 8. Kiel 849. Schwers. — 2½.

— f. d. Großherzogth. Mecklenb.-Schwerin nebst Einführungs- u. Wahlgesetz ꝛc. vom 10. Octbr. 1849. gr. 8. Schwerin 849. Oertzen u. Co. n. — 2½.

— —— Schwerin 849. Kürschner. n. — 2½;
mit d. Apanagengesetz n. — 5.

— f. d. Großherzogth. Oldenburg nebst d. Wahlgesetz. 1. u. 2. Aufl. gr. 8. Oldenburg 849. Schmidt. n. — 8.

—— u. Wahlgesetz mit den Hinweisungen unter d. einzelnen Paragraphen auf die Landtagsverhandlungen. 8. Oldenburg 849. Schulze. — 6¼.

— f. d. Herzogth. Schleswig-Holstein vom 15. Septbr. 1848. 4. Rendsburg 848. (Kiel, Schröder u. Co.) n. — 5.

—— 1—6. Aufl. 8. Altona 848. Schlüter. — Kiel, Schwers. n. — 2.

Staatsgrundgesetze d. österreich. Monarchie. 5 Bdchn. 8. Wien 861. Manz. 1. 26.
1. Bdchn.: Staatsgrundgesetze f. d. gesammte Monarchie. Verfassungsnormen d. Kgr. Ungarn. 18 Kgr. — 2. Bdchn.: Verfassung vom 26. Febr. 1861. Landesordnungen f. Oesterreich unter u. ob d. Ens, Salzburg, Tirol, Vorarlberg. 6 Kgr. — 3. Bdchn.: Landesordnungen f. Steiermark, Kärnten, Krain, Küstenland. 6 Kgr. — 4. Bdchn.: Landesordnungen f. Böhmen, Mähren, Schlesien, Galizien sammt Krakau, Bukowina. 6 Kgr. — 5. Bdchn.: Landesordnung f. Dalmatien. Grundgesetze f. d. lombard.-venet. Königreich, Croatien u. Slavonien, f. d. Militärgränze u. Siebenbürgen. 10 Kgr.

Staats-Lexikon, das. Encyklopädie d. sämmtlichen Staatswissenschaften für alle Stände. In Verbindung mit vielen d. angesehensten Publicisten Deutschlands, hrsg. von K. v. Rotteck u. K. Welcker. (834—49.) — 3. umgearb., verb. u. verm. Aufl. hrsg. von K. Welcker. 14 Bde. Lex.-8. Leipzig 856—66. Brockhaus. n. 44. 24.

— populäres, in 1 Bde. Staatswissenschaftliches Handbuch d. polit. Aufklärung. Herausg. von Herm. v. Busche. (852.) — Neue Ausg. Lex.-8. Stuttgart 861. Hallberger'sche Verlhdlg. 6. —

Staats- u. **Gesellschafts-Lexikon**. In Verbindung mit deutschen Gelehrten u. Staatsmännern herausg. von Herm. Wagner. (In ca. 24 Bdn.) 1—224. Heft. (1—23. Bd.) Lex.-8. Berlin 858—67. Heinicke. 1—223. Heft à n. — 10;
224. n. — 12.

Staatsverfassung, hamburgische, festgestellt im Rath- u. Bürgerconvente vom 23. Mai 1850. 8. Hamburg 850. (Nolte.) n. — 4.

Staatsverfassungen, die, der Gegenwart. 16. Wien 849. (Gerold.) n. — 10.

Staats-Wörterbuch, deutsches. In Verbindung mit deutschen Gelehrten u. Staatsmännern herausg. von J. C. Bluntschli u. K. Brater. (In ca. 12 Bbn.) 1—101. Heft. (1—11. Bd.) gr. 8. Stuttgart 856—67. Expedition. à Heft n. — 10.

Stachow, Max., de juris canonici, quod ad jus patronatus spectat in terris Protestantium usu ac non usu. 8. Berlin 865. (Calvary u. Co.) n. — 15.

Stabelmann, Wilh., die Bauführung im Kgr. Bayern diesseits d. Rheins. Alphabet. bearb. auf Grund d. Allerh. Verordnung vom 30. Juni 1864, d. Straf- u. Polizeistrafgesetzbuches, d. Gewerbe-Instruktion vom 21. April 1862, d. Gesetze über Benützung d. Wassers u. über Uferschutz, dann d. sämmtlichen übrigen bei Bauführungen zur Sprache kommenden Bestimmungen. 8. Bamberg 864. Buchner. — 16.

— die Polizeivorschriften d. Ortsbehörden nach Maßgabe d. Polizeistrafgesetzbuches für Bayern vom 10. Nov 1861. Mit Erläuterungen ꝛc. 8. Ebend. 863. — 16.

Städteordnung — Stahl.

Städteordnung für das Königr. Hannover vom 1. Mai 1851. 16. Hannover 851. Pockwitz. — 3¼.
—— —— gr. 8. Aurich 851. (Spielmeyer.) — 3¾.
—— —— vom 24. Juni 1858. gr. 8. Hannover 858. Hahn. — Helwing. — 2½.
— die preußische. v. 19. Nov. 1808, nebst Deklaration derselben vom 4. Juli 1812 den betr. Paragraphen d. Städteordnung zugesetzt. 12. Berlin 849. v. Decker. — 3.
—— —— u. die revid. Städteordnung vom 17. März 1831. Nebst b. beiden vorlieg. Entwürfen zu e. Gemeindeordnung f. d. preuß. Staat. Systemat. geordnet rc. 4. Potsdam 849. Riegel. — 15.
— f. d. sechs östlichen Provinzen d. preuß. Monarchie vom 30. Mai 1853. rc. gr. 8. Berlin 853. v. Decker. — 1½.
—— —— 16. Brandenburg 853. Müller. — 2½.
—— —— 8. Breslau 853. Graß, B. u. Co. — 1½.
—— —— 8. Grünberg 853. Levysohn. n. — 1¼.
—— —— 8. Landsberg 853. Volger u. K. — 4.
—— —— 8. Nordhausen 858. Büchting. — 1¼.
—— —— (853.) — Nebst Ergänzungsgesetz vom 25. Febr. 1856. 8. Breslau 856. Kern. — 1½.
— f. d. Provinzen Preußen, Brandenburg, Pommern, Schlesien, Sachsen u. Posen. 8. Colberg 853. Post. n. — 2½.
— für die Rheinprovinz. Vom 15. Mai 1856. 8. Crefeld 856. Schüller. — 2½.
—— —— u. Gesetz betr. die Gemeindeverfassung in d. Rheinprovinz vom 15. Mai 1856. gr. 8. Elberfeld 856. Bädeker. — 3.
—— —— mit Instruction vom 18. Juni 1856 zur Ausführung d. Städteordnung. Instruction vom 18. Juni 1856, betr. das Verfahren bei Beantragung b. Verleihung b. Städteordnung rc. gr. 8. Berlin 856. v. Decker. — 2½.
— allgemeine, f. die Herzogth. Schleswig-Holstein vom 18. Octbr. 1848. gr. 8. Itzehoe 849. (Altona, Schlüter. — Kiel, Schwers.) n. — 3.
— f. d. Fürstenth. Schwarzburg-Sondershausen. gr. 8. Sondershausen 858. Eupel. — 5.
— für die Provinz Westphalen vom 19. März 1856. gr. 8. Berlin 856. v. Decker. — 2½.
—— —— (1. u.) 2., mit Instruction vom 9. Mai 1856 verm. Aufl. 8. Arnsberg 856. Ritter. — 2½.

Städte- u. Landgemeindeordnung für die Rheinprovinz. Vom 15. Mai 1856. I. Städteordnung nebst Gesetz betr. die Gemeindeverfassung. 8. Trier 856. Linz. — 2½.
— für die Provinz Westfalen vom 19. März 1856 nebst Instruction vom 9. Mai 1856 zur Ausführung derselben. gr. 8. Elberfeld 856. Bädeker. — 3.

Stadtgerichtsordnung, (Baseler). 1. Theil: Civilprozeßordnung. gr. 8. Basel 848. (Schweighauser.) n. — 20.

Stadtrechte, deutsche, d. Mittelalters, mit rechtsgeschichtlichen Erläuterungen herausg. von E. Th. Gaupp. gr. 8. Breslau 852. Max u. Co. à Bd. 1. 10.
2. Bd.: 1. Die Familie d. Stadtrechte von Freiburg i. Br. 2. Die ältesten Stadtrechte von Dettenried, Augsburg, Ens, Wien, Innsbruck. 3. Beiträge zur Geschichte d deutschen, namentlich d. sächs.-magdeburg. Rechtes in verschied. böhmischen Städten.
1. Bd. s. Gaupp.

Stahl, Frdr. Jul. Ausführungen über das Ehescheidungsgesetz. 8. Berlin 855. Hertz. n. — 4.
— die Kirchenverfassung nach Lehre u. Recht d. Protestanten. (840.) — 2. Ausg. Neue erweit. Ausarbeitung. gr. 8. Erlangen 862. Bläsing. n. 2. 4.
— die gegenwärtigen Parteien in Staat u. Kirche. 29 akadem. Vorlesungen. gr. 8. Berlin 863. Hertz. n. 2. 10.

Stahl, Frdr. Jul., die Philosophie des Rechts. 2 Bde. (845—47.) — 3. Aufl. gr. 8. Heidelberg 854. 56. J. C. B. Mohr. 8. 15.
  1. Bd.: Geschichte d. Rechtsphilosophie. 3 Thlr.
  2. Bd.: Rechts- u. Staatslehre auf d. Grundlage christl. Weltanschauung. 1. Abth.: Die allgem. Lehren u. das Privatrecht. 2 Thlr. 15 Sgr.
  2. Abth.: Die Staatslehre u. die Principien d. Staatsrechts. 3 Thlr.

— die Revolution u. die constitutionelle Monarchie, eine Reihe ineinandergreifender Abhandlungen. (848.) — 2. verm. Aufl. gr. 8. Berlin 849. Herz. n. — 16.

Stamm, Aug. Tbdr., über die Fortschaffung der Immunditien aus den Städten. 8. Leipzig 864. Kollmann. — 6.

Stamm, C. H.; Repertorium aller in d. preuß. Gesetzsammlung d. Ministerialblatte u. d. Amtsblatte d. kgl. Regierung zu Potsdam enth., den Polizei- u. Kommunaldienst betr. Gesetze, Verordnungen 2c. 5. Zeitfolge von 1851 bis incl. 1855. 8. Angermünde 856. (Berlin, Grieben.) n. — 20.

Stamm, C., die evangelische Lehrfreiheit. Eine Frage des Kirchenrechts beantw. [Mit besond. Berücksicht. d. unirten Kirche Nassau's.] 8. Wiesbaden 866. Riedner. n. — 7½.

Stamm, Ferd., das österreich. allgem. Berggesetz vom 23. Mai 1854. Gemeinfaßlich erklärt 2c. gr. 8. Prag 855. (Reichenecker.) n. — 24.

— das Gemeindegesetz vom 17. März 1849. Gemeinfaßlich erklärt 2c. (849.) — 2. Aufl. gr. 8. Ebend. 850. — 7½.

— die Geschäftsführung d. Gemeindeverwaltung auf Grundlage d. bestehenden Gesetze u. Verordnungen verfaßt 2c. gr. 8. Ebend. 852. — 24.

Stangl, Matth., Repertorium über die in d. Intelligenzblättern d. vormal. Obermainkreises für Oberfranken vom J. 1811 bis 1846 incl. erschien. k. a. h. Verordnungen, Ministerialrescripte 2c., nebst e. Anh. über die Beschlagnahme von Büchern 2c. von 1811—1846. gr. 8. Bamberg 848. Buchner. n. 2. 20.

Starck, Ludw. v., Sammlung polizeilicher Strafbestimmungen für d. Landrathsamtsbezirk Hanau. 8. Hanau 860. König. n. — 14.

Stark, A., die Gewerbefreiheit für Bayern. gr. 8. Leipzig 861. O. Wigand. n. — 10.

Stark, Frz., das Wiener Weichbildrecht. Nach e. Handschrift d. Grazer Univers.-Bibliothek verglichen mit d. Text bei Rauch u. mit d. sogen. Schwabenspiegel. gr. 8. Wien 861. Gerold. n. — 4.

Statistik d. gesammten Rechtspflege im J. 1864 f. d. Großherzogth. S.-Weimar u. d. Fürstenth. Schwarzburg-Rudolstadt, Schwarzb.-Sondershausen u. Reuß j. L. Amtliche Veröffentlichung. gr. 8. Jena 865. Fr. Frommann. — 15.

Statut d. Neuen Kreditvereins f. d. Provinz Posen nebst allerh. Erlaß vom 13. Mai 1857. 16. Berlin 857. v. Decker. — 6.

— u. Taxgrundsätze d. Neuen Kreditvereins f. d. Provinz Posen. gr. 8. Posen 855. Merzbach. — 6.

— d. westpreußischen Landschaft. (Abdr. aus d. Gesetzsammlung von 1861.) gr. 8. Danzig 861. Kasemann. — 2½.

— f. d. in Breslau zu errichtende Pfandbrief-Institut. Entw. von dem Comité. 4. Breslau 852. (Korn.) n. — 12½.

Statuta facultatis Jureconsultorum Vitebergensium a. 1508 p. C. n. composita e. cod. nuscr. edid. brevemque de conceptione eorum ac publicatione dissertat. praemisit Joh. Geo. Thdr. Alb. Ant. Muther. gr. 8. Leipzig 859. Hirzel. n. — 10.

— u. Gerichtsordnung d. Stadt Basel 2c. vom J. 1719. Mit Inbegriff d. neuen Proceßordnung vom J. 1848 u. zur Ergänzung d. Gerichtsordnung dienender sonstiger Gesetze u. Verordnungen von 1719 bis 1849. gr. 8. Basel 849. Bahnmaier. n. 1. 15.

Statutarrecht u. Rechtsalterthümer d. freien Reichsstadt Dortmund. Herausg. von A. Fahne. 8. Köln 855. Heberle. n. 1. 10.

Statuten — Steinheil.

Statuten b. bayerischen Hypotheken- u. Wechselbank vom 17. Juni 1835 mit ben burch b. Gesetz vom 15. April 1840 u. bie allerh. Entschließungen vom 3. Febr. 1839, 4. Febr. 1841 rc. genehmigten Abänderungen u. Zusätze. gr. 8. München 861. Franz.
n. — 6.

Staube, Frz., bie Innungs-Ordnung f. b. Innungen aller Gewerbe, insbef. f. b. Müller-Innungen. Mit b. bezügl. Gesetzen, vielen Erläuterungen rc. gr. 8. Brandenburg 851. Müller.
n. 1. 10.

Staubinger, Jul., bie Rechtslehre vom Lebensversicherungsvertrag. gr. 8. Erlangen 858. Enke.
n. 1. —

— bas Strafgesetzbuch f. b. Kgr. Bayern. Mit Anmerkgn. herausg. gr. 8. Nördlingen 862. Beck.
n. — 25.

— bas Gesetz vom 10. Nov. 1861, bie Einführung b. Strafgesetzbuches u. Polizeistrafgesetzbuches f. b. Kgr. Bayern betr. Mit Anmerkgn. Nebst e. bie neuesten Verordnungen aus b. Gebiete b. Strafrechts enth. Anh. gr. 8. Ebend. 862. n. — 12.

— Ueberschau ber auf b. bayerische Strafgesetzbuch u. Polizeistrafgesetzbuch nebst b. Einführungsgesetze vom 10. Novbr. 1861 bezügl., seither erschienenen Verordnungen, Ministerialentschließungen, wichtigeren Erkenntnisse u. Abhandlungen. gr. 8. Ebend. 865.
n. — 16.

Steffenhagen, Em. J. H., de inedito juris german. monumento, quod cod. mscr. bibliothecae civit. Elbingensis continetur. gr. 8. Königsberg 863. Gräfe u. U.
n. — 7.

— bie neun Bücher Magdeburger Rechtes ober bie Distinctionen b. Thorner Stabtschreibers Walther Ekhardi von Bunzlau. Eine Abhblg. zur Quellenkunde beutschen Rechtes als Prolegomenon zu e. neuen Ausgabe. gr. 8. Ebend. 865.
n. — 15.

— Beiträge zu v. Savigny's Geschichte b. röm. Rechts im Mittelalter. Aus b. Handschriften b. kgl. Bibliothek zu Königsberg mitgetheilt. (859.) — 2. unveränb. Ausg. gr. 8. Ebend. 861.
n. — 7½.

— codices ad jurisprudentiam pertinentes, s. Catalogus codd. mss. etc.

Stein, Frbr., Untersuchungen über bie Entwickelung u. Fortbildung b. beutschen Sachenrechts von b. ältern Zeit bis zur Gegenwart. 1. Abth.: Die Entwickelung rc. in ber Zeit vor b. Aufnahme b. röm. Rechtes. gr. 8. Erlangen 857. Palm u. E. n. — 24.

— Gesetz bie landwirthschaftl. Erbgüter betr., f. Gesetzgebung b. Kgr. Bayern.

Stein, Lor., Lehrbuch b. Finanzwissenschaft. Als Grundlage zu Vorlesungen u. zum Selbststudium. gr. 8. Leipzig 860. Brockhaus.
n. 2. 15.

— System der Staatswissenschaft. 2 Bde. gr. 8. Stuttgart 852, 56. Cotta.
n. 5. 12.

<small>1 Bd.: System b. Statistik, b. Popularstatistik u. b. Volkswirthschaftslehre. n. 3 Thlr. — 2. Bd.: Die Gesellschaftslehre. 1. Abth.: Der Begriff ber Gesellschaft u. bie Lehre von b. Gesellschaftsklassen. n. 2 Thlr. 12 Ngr.</small>

— bie Verwaltungslehre. 1. u. 2. Thl. gr. 8. Ebend. 865, 66.

1. Thl.: Die Lehre von b. vollziehenden Gewalt, ihr Recht u. ihr Organismus. Mit Vergleich. b. Rechtszustände von England, Frankreich u. Deutschland. 865.
n. 3. 15.

2. Thl.: Die Lehre von b. innern Verwaltung. Die wirkliche innere Verwaltung u. das Verwaltungsrecht. 1. Thl.: Das Bevölkerungswesen u. sein Verwaltungsrecht. 866.
n. 2. —

— Lehrbuch b. Volkswirthschaft. Zum Gebrauche f. Vorlesungen u. f. b. Selbststudium. gr. 8. Wien 858. Braumüller.
n. 2. —

Steinacker, Gust., zur Verfassungsfrage b. evang.-protestant. Kirche in Teutschland. Ein Wort der Verständigung. gr. 8. Leipzig 862. O. Wiganb. n. — 20.

Steiner, S., zur Kenntniss der Staatskassen u. ihres Organismus nach d. neuesten Bestimmungen im Kaiserth. Oesterreich. gr. 8. Brünn 851. Winiker.
— 22½.

Steinhagen, J. H., über Todesstrafen. gr. 8. Hamburg 855. Heller. — 2.

Steinheil, G., das Gesetz wegen Ablösung von Leistungen für öffentliche Zwecke vom 19. April 1865. Handausg. mit Erläuterungen auf Grund b. Ablösungsgesetze u. b. ständischen Verhandlungen von 1849—1865. gr. 8. Stuttgart 866. Mezler. n. 1. —

Stelling, P., über Anklageverbesserung. Ein Beitrag nach gemeinem u. hannoverschem Rechte. gr. 8. Göttingen 867. Dieterich. n. — 20.

Stellter, Otto, die preuß. Armengesetze vom 31. Dezbr. 1842 u. 21. Mai 1855 nebst Ergänzungen u. Erläuterungen. gr. 8. Berlin 857. Decker. — 7⅓.

Stellung, die, der ärztlichen Berufsarten zur Gewerbefreiheit. Nebst e. Anh.: Die Gesundheitspflege. Von e. Arzte in Württemberg. gr. 8. Ravensburg 861. Dorn. — 12.

— die, der königl. Friedensrichter im Allgemeinen, ihre Competenz den königl. Gerichten gegenüber ꝛc. 8. Leipzig 867. Baumgärtner. — 5.

— die, des Staatsbürgers im Strafverfahren, nach d. neuen Bremer Strafproceßordnung u. d. neupreuß. Strafprocesgesetzgebung. Eine krit.-vergleich. Betrachtung. gr. 8. Bremen 863. Strack. — 7½.

— die, d. Verwaltungs-Behörden im Großherzogth. Oldenburg. 2 Hefte. gr. 8. Oldenburg 862. Schulze. — 9.

Stemann, C. v., über die Einreihung der schleswig-holsteinischen Rechtsordnung in die preußische. gr. 8. Kiel 867. Schwers. — 7½.

— Darstellung d. preußischen Strafverfahrens. gr. 8. Berlin 858. G. Reimer. 1. 7½.

Stemann, Ch. L. E. v., das Güterrecht d. Ehegatten im Gebiete d. Jütschen Lovs. gr. 8. Kopenhagen 857. Gyldendal. 1. 10.

— Geschichte d. öffentlichen u. Privat-Rechts d. Herzogth. Schleswig. 2 Thle. gr. 8. Kopenhagen 866. (Leipzig, T. O. Weigel.) n. 4. 24.

— einige Bemerkungen zum Entwurfe d. Strafprozeßordnung f. d. Herzogth. Schleswig-Holstein. 8. Altona 850. (Lehmkuhl.) n. — 6.

Stempelgesetze, die preußischen, oder was ist stempelpflichtig? Ein unentbehrliches Hülfsbuch ꝛc. 8. Berlin 852. Plahn. n. — 10.

Stempf, L., Gebührenordnung für Anwalte ꝛc., neu zusammengestellt. gr. 8. Heidelberg 852. J. Groos. — 17½.

— das Gesetz über die Gerichtsbarkeit u. d. Verfahren in Polizei-Strafsachen mit Motiven, Commissionsberichten u. landständischen Verhandlungen bearb. gr. 8. Mannheim 864. Bensheimer. — 10.

— der Dienst d. Gerichtsboten. Vollständ. Sammlung d. neuen Verordnungen alphabet. zusammengestellt. 16. Mannheim 857. (Segnitz.) n. — 9.

— die Gewerbegesetzgebung Badens mit allen dahin einschlag. Gesetzen u. Vollzugsverordnungen. gr. 8. Donaueschingen 862. (Aldenhoven.)

   1. Bd.: Das Gewerbegesetz nebst Vollzugsverordnung. Unter Anführung d. einschlag. Gesetze ꝛc. nach alphabet. Ordnung bearb. u. durch Aufnahme d. Motive ꝛc. erläutert. n. — 20.

   2. Bd. 1. Heft: Das Gesetz über Niederlassung u. Aufenthalt. n. — 10.

— das Gesetz über die bürgerliche Gleichstellung d. Israeliten im Großherzogth. Baden ꝛc. gr. 8. Ebend. 862. n. — 15.

— das Polizeistrafgesetzbuch f. d. Großherzogth. Baden mit den Motiven, Commissionsberichten u. d. landständischen Verhandlungen. gr. 8. Mannheim 864. Bensheimer. 1. 18.

— Prozeß-Ordnung in bürgerlichen Rechtsstreitigkeiten f. d. Großherzogth. Baden. Mit d. Motiven, Commissionsberichten u. d. landständ. Verhandlungen. gr. 8. Ebend. 864. 1. 22½.

— die neue Sportelgesetzgebung im Großherzogth. Baden. Eine Zusammenstellung des Gesetzes vom 11. Juli 1864 mit den Regierungsmotiven, landständ. Berichten, landständ. Verhandlungen u. mit d. einschlag. noch giltigen Verordnungen. gr. 8. Ebend. 865. n. — 22½.

— die neue Sportelgesetzgebung für Civil- u. Militärgerichte im Großh. Baden. In alphabet. Ordnung vollständig zusammengestellt. gr. 8. Mannheim 856. (Segnitz.) n. — 18.

Stengel, St. v., die wiederbelebte Instanz-Entlassung im bayerischen Strafverfahren, ein Beitrag zum Verständnisse d. Art. 321 d. bayer. Strafprozeßgesetzes vom 10. Nov. 1848. gr. 8. München 854. Franz. — 15.
— die Wiedereinsetzung in vorigen Stand wegen Nachlässigkeit u. Zahlungsunvermögenheit des Anwalts nach bayerischem Recht mit besond. Rücksicht auf d. römische u. auf d. gemeine Recht. gr. 8. Ebend. 850. — 15.

Stenglein, J. G., die gesetzlichen Bestimmungen über die Besteuerung d. Gewerbe in Bayern nach d. Verordnung vom 14. April 1856. gr. 8. München 856. Kaiser. n. 1. 18.
— Erläuterungen über das definitive Grundsteuer-Kataster im Kgr. Bayern nach d. gesetzl. u. organ. Bestimmungen zusammengestellt ꝛc. gr. 8. Bamberg 855. Buchner. — 21.
— das Grundsteuer-Definitivum im Kgr. Bayern nach seiner neueren Einrichtung. Ein Hilfsbuch ꝛc., bearb. nach d. bestehenden Gesetzen ꝛc. mit Formularen u. Hilfstabellen. 4. Ebend. 855. n. 3.

Stenglein, M., Commentar über das Strafgesetzbuch f. d. Kgr. Bayern u. das Gesetz über die Einführung d. Strafgesetzbuches u. d. Polizeistrafgesetzbuches. 2 Thle. gr. 8. München 861, 62. Kaiser. n. 4. —
— s. Gesetzgebung d. Kgr. Bayern.

Stern, Eman., die Lehre von den Wechseln u. d. Wechselverkehr; mit besond. Berücksicht. u. unter vollständ. Mittheilung d. allgem. deutschen Wechselordnung u. d. Particulargesetzgebung d. einzelnen deutschen Staaten. gr. 8. Gießen 853. Ricker. n. 1. 18.

Sternberg, Karl, des deutschen Volkes Staats- u. Rechtsgeschichte. gr. 8. Kassel 851. Raabe u. Co. 2. 7½.

Sternberg, P. Ch., Versuch e. jurist. Theorie vom Eigenthum d. römisch-kathol. Kirche nach den angesehensten neueren kathol. Kirchenrechtslehrern u. d. päpstlichen Praxis im österreich. Concordat. Mit e. Nachwort, betr. jetzige Irrungen d. Gelehrten u. Richter (Walter, Richter, Schulte, Gräff) namentlich die faktische Rechtslosigkeit in kirchlichen Güterfragen im preuß. Rheinlande. gr. 8. Stuttgart 860. Göpel. — 7½.

Sternfeld, Adph., das öffentliche Verfahren vor dem Geschwornengerichte, unter Zugrundlegung d. französ. u. bayerischen Gesetzgebung. 8. Zweibrücken 848. Ritter. — 14.

Steudel, C. G., Altbau u. Neubau d. Medicinalwesens in Württemberg unter Berücksicht. d. entsprech. Zustände in andern Ländern ꝛc. gr. 8. Eßlingen 849. Dannheimer. (Weychardt.) — 22½.

Steuergesetze, die, f. d. Kgr. Bayern. 8. Würzburg 863. Stobel. n. — 12.

Steuergesetzgebung, die, d. Großherzogth. Baden. Eine systemat. geordn. Sammlung d. gegenwärtig geltenden Gesetze u. Verordnungen über Steuern, Accise u. Zölle. gr. 8. Mannheim 858. Bassermann. 1. 15.

Steuer- u. Zollgesetzgebung, die neueste, für Mecklenburg, nebst Zolltarif ꝛc. 1—3. Aufl. 8. Wismar 863. Hinstorff. n. — 10.

Steuerverweigerungs-Prozeß, der, gegen 42 Abgeordnete d. preuß. Nationalversammlung, verhandelt im Febr. 1850 vor d. Geschwornengericht zu Berlin. 4. Berlin 850. Hempel. — 7½.

Steuerwesen, das. gr. 8. Dresden 860. Schönfeld. n — 10.
— das, im Kgr. Bayern nach d. noch geltenden Gesetzen, Verordnungen u. Erläuterungs-Rescripten nebst Anmerkungen u. Citaten. 1. Bdchen. (4 Liefgn.) 8. München 856. Franz. 1. 1.

Steuer- u. Zollwesen, das mecklenburgische. 8. Wismar 859. Hinstorff. n. — 10.

Stichling, Gfr. Thdr., das Bundesgericht. Eine histor. Betrachtung. gr. 8. Leipzig 862. Hirzel. — 7½.

Stieber, W., die Erfahrungen d. k. Polizeipräsidii zu Berlin, betr. die Anwend. d. Gesetzes vom 11. April 1854 über die Beschäftigung d. Strafgefangenen mit Arbeiten in freier Luft. Mit e. Anh., enth. sämmtl. amtl. Verordnungen ꝛc., welche zur Erläuter. d. Gesetzes vom 21. April 1854 erlassen sind. gr. 8. Berlin 856. Hayn. n. — 5.

Stieber, W., pract. Lehrbuch d. Criminalpolizei. gr. 8. Berlin 860. Hayn. 1. —
— die Gesetzgebung d. preuß. Staats seit Einführ. d. constitutionellen Regierungsform nach d. neuesten Beschlüssen der Kammern geregelt u. zum Gebrauch f. die Justiz- u. Verwaltungsbeamten c. bearb. 3 Thle. gr. 8. Ebend. 850—52. 1. 10.

Stier, L. F. W., die bevorstehende Umgestaltung d. evangel.-protestant. Kirche. Ein Beitrag zur Verständigung über ihre Nothwendigkeit u. die Art u. Weise ihrer Ausführung. 2 Hefte. gr. 8. Neustadt a. O. 849. (Plauen, Schröter.) — 27.

Stintzing, R., das Wesen der bona fides u. titulus in d. römischen Usucapionslehre. Histor.-dogmat. Versuch. gr. 8. Heidelberg 852. (K. Groos.) n. — 20.
— über d. Verhältniß d. legis actio sacramento zu d. Verfahren durch sponsio praejudicialis. Rechtsgeschichtliche Abhandlung. gr. 8. Ebend. 853. — 12.
— Geschichte d. populären Literatur d. römisch-kanonischen Rechts in Deutschland am Ende d. 15. u. im Anfange d. 16. Jahrh. gr. 8. Leipzig 867. Hirzel. n. 3. 10.
— Friedrich Carl v. Savigny. Ein Beitrag zu seiner Würdigung. gr. 8. Berlin 862. G. Reimer. n. — 10.
— Ulrich Zasius. Ein Beitrag zur Geschichte d. Rechtswissenschaft im Zeitalter d. Reformation. Mit urkundlichen Beilagen. gr. 8. Basel 857. Schweighauser'sche Sortbdlg. 2. —

Stobbe, Otto, Beiträge zur Geschichte d. deutschen Rechts. gr. 8. Braunschweig 865. Schwetschke u. S. — 27.
— die Juden in Deutschland während des Mittelalters in politischer, socialer u. rechtlicher Beziehung. gr. 8. Ebend. 866. n. 1. 20.
— de lege romana Utinensi dissert. inaug. 8. Königsberg 853. (Graefe u. U.) n. — 8.
— zur Geschichte d. deutschen Verlagsrechts. Drei Abhandlungen. gr. 8. Leipzig 855. Hirzel. 1. 15.
— Geschichte d. deutschen Rechtsquellen, s. Geschichte d. deutschen Rechts.

Stöckel, P., ein Blick auf das Separationsverfahren im Großherzogth. S.-Weimar. gr. 8. Weimar 867. Kühn. n. — 5.

Stockhausen, Reiner. Ein actenmäss. Beitrag zur psychisch-gerichtl. Medicin f. Aerzte u. Juristen, mit Gutachten von M. Jacobi u. den Herausgebern: F. W. Böcker, C. Hertz, Fr. Richarz. gr. 8. Elberfeld 855. Friderichs. n. 1. 10.

Stokar v. Neuforn, Karl. Handbuch d. gesammten Finanzverwaltung im Kgr. Bayern einschließt. der Pfalz. (857.) — 2. umgearb. u. verb. Aufl. 3 Bde. gr. 8. Bamberg 864. Buchner. n. 1. 10.
— die Rechnungsstellung der Rentämter im Kgr. Bayern. gr. 4. Ebend. 859. n. 3. —
— die Rechnungsstellung u. Buchführung der Taxämter erläutert. 4. Ebend. 858. n. 1. 12.
— die Staatsauflagen in Bayern dieff. d. Rheins, erläutert. gr. 8. Würzburg 854. Stahel. n. — 10.
— f. Gesetzgebung d. Kgr. Bayern.

Stoll, Ch., das Feuer-Versicherungswesen im Kgr. Bayern nämlich: Immobiliar- u. Mobiliar-Versicherung, dann Feuer-Polizei mit den Vorschriften über Feuerbeschau c. (854.) — 4. Aufl. 8. München 867. Franz. 1. 15.

Stölzel, Adf., die Lehre von der operis novi nunciatio u. dem interdictum quod vi aut clam. Eine civilist. Abhandlung. gr. 8. Göttingen 865. Wigand. n. 2. 20.

Stoepel, Paul, die besondern preuß. Strafgesetze commentirt durch Entscheidgn. d. k. Obertribunals u. Ministerialrescripte. gr. 8. Berlin 861. Guttentag. n. 1. —
— preußischer Gesetz-Codex, f. Gesetz-Codex.

Strack, K., das Gerichtsvollzieher-Institut kritisch dargestellt. 16. Neuß 852. Romberg-Velsen. (Leipzig, G. E. Schutze.) n. — 12½.

Strackerjan, G., die englische Schifffahrtsgesetzgebung nach d. Navigationsacte vom 26. Juni 1849. 8. Oldenburg 850. Stalling. n. — 2½.

Strackerjan, Fr. Ant., Schifffahrts-Handbuch. Eine Sammlung d. Handels- u. Schifffahrtsverträge u. Schifffahrtsgesetze u. Verordnungen Oldenburgs ꝛc. (853.) — 2. bis zum 1. Oct. 1859 fortgeführte Aufl. 12. Oldenburg 860. Schulze.
n. 1. 6.

Strafbestimmungen, die feuerpolizeilichen, nach d. Kaminkehrerordnung, Feuer- u. Feuerlöschordnung u. d. Polizeistrafgesetzbuch. 8. München 862. (Franz.) — 5.

Strafgesetz, das (hannoversche), vom 20. April 1857 u. die Cap. 12. u. 13. d. Criminalgesetzbuchs vom 8. Aug. 1840 in abgeänderter Gestalt. gr. 8. Hannover 857. Rümpler.
n. — 5.

— — österreichisches, vom 27. Mai 1852. Erläutert durch Vergleichung mit d. bisherigen Gesetzgebung. (852. 853.) — 3. verm. Aufl. 16. Wien 860. (Gerold.)
n. — 28.

Strafgesetzbuch f. d. Herzogth. Anhalt-Dessau u. Anhalt-Köthen, Strafprozeßordnung u. Gebührentaxe. 4. Köthen 850. (Dessau, Fritsche.) n. — 25.

— — das, f. d. Kgr. Bayern mit d. Gesetze über die Einführung d. Strafgesetzbuches u. b. Polizeistrafgesetzbuches. 8. Bamberg 862. Buchner. n. 1. —

— — Mit genauen alphabet. u. systemat. Registern nebst kurzen ergänz. Anmerkgn. aus d. Einführungsgesetze zum Strafgesetzbuch u. e. Anh. d. vorzüglichsten Gesetze strafrechtl. Inhalts. 16. Ebend. 862. n. — 16;

Ausgabe für die Pfalz n. — 18.

— — u. das Gesetz, die Einführung d. Straf- u. Polizeistrafgesetzbuches betr. mit Anmerkg. nebst b. die Straffolgen betr. Bestimmungen d. Heer-Ergänzungsgesetzes u. e. systemat. u. alphabet. Inhaltsverzeichnisse. 16. Baireuth 861. Grau. n. — 20.

— — nebst d. Einführungsgesetze u. d. Gesetze vom 10. Juli 1861, die Aufhebung d. Straffolgen betr. zum prakt. Gebrauche versehen mit d. für die Gesetzauslegung wichtigen Bestandtheilen d. Motive ꝛc. gr. 8. Erlangen 861. Enke. n. — 24.

— — Mit leichtfaßl. Anmerkgn. f. d. Bürger u. Landmann heraus. Nebst e. vollständ. Sachregister. 8. Würzburg 862. Stahel. — 9.

— — das, für das französ. Landheer vom 9. Juni 1857. Ins Deutsche überf. von Voß. gr. 8. Frankfurt a. O. 858. Trowitzsch. n. — 20.

— — das, u. die Strafproceßordnungen f. d. Großherzogth. Oldenburg mit Noten u. alphabet. Sachregistern. 2. mit Zusätzen verm. Aufl. gr. 8. Oldenburg 864. Schulze.
n. 1. 10.

— — f. d. preußischen Staaten nebst d. Gesetze über die Einführung desselben, u. einigen neueren Strafgesetzen. Mit Register. (851. 856.) — 3. amtliche Ausg. gr. 8. Berlin 859. Rauck u. Co. h. — 15.; Schreibpap. n. — 20;

Ausg. in 16. n. — 4; Schreibpap. n. — 5.

— — u. Gesetz über die Einführung desselben vom 14 April 1851 nebst d. dasselbe ergänz. u. abändernden Gesetzen. (851.) — 5. nach d. Erlaß vom 21. April 1856 bearb. u. mit e. Register versch. Aufl. 8. Berlin 857. Hahn. — 7½.

— — nebst d. Einführungsgesetze vom 14. April 1851, d. abändernden Gesetzen vom 22. Mai 1852, 4. Mai 1853 u. 14. April 1856 u. d. Holzdiebstahls-Gesetz vom 2. Juni 1852. 16. Koblenz 856. Bädeker. — 5.

— — mit Parallelstellen, e. Ueberblicke über die Geschichte d. Strafgesetzbuches ꝛc. ꝛc. Annotirte Ausg. gr. 8. Mainz 851. v. Zabern. n. — 20.

— — Nebst d. Einführungsgesetz vom 14. April 1851 u. d. dasselbe ergänz. u. abändernden Gesetzen. (851. 856.) — Neue Ausg. gr. 8. Berlin 863. v. Decker.
n. — 5.

— — — — Stereot.-Ausg. 12. Koblenz 852. Bädeker. — 2½.

— — — — 8. Paderborn 852. Junfermann. — 3.

— — nebst Gesetz über die Einführung desselben, vom 14. April 1851 ꝛc. Nebst vollständ. Sachregister. (851.) — 2. Aufl. 8. Thorn 854. Lambeck. — 5.

— — u. d. Gesetz vom 9. März 1853, betr. die Abänderungen der §§ 56, 219, 240 u. 250 d. Strafgesetzbuches. 1—3. verm. Aufl. 8. Breslau 853. Kern. — 2½.

— — — — Nebst d. zu seiner Abänderung u. Ergänzung erlass. Gesetzen. Mit Register. (858.) — 2. Aufl. 8. Berlin 859. Martens. n. — 5.

Strafgesetzbuch f. d. preußischen Staaten u. Gesetz über die Einführung desselben vom 14. April 1851, sowie Gesetz über die Presse vom 12. Mai 1851. 16. Brandenburg 851. Müller. — 3.
— — 1. u. 2. Aufl. 8. Breslau 851. Kern — 2½.
— — 12. Crefeld 851. Klein. — 3.
— — gr 8. Wesel 851. Bagel. — 4.
— — Nebst vollständ. Register. gr. 8. Berlin 851. Weyl u. Co. — 6.
— — 8. Jülich 851. (Leipzig, Hermann.) n. — 2½;
mit Sachregister — 6; Sachregister apart. — 1⅓.
— das, f. d. Kgr. Sachsen vom 11. Aug. 1855 nebst d. damit in Verbindung stehenden gleichzeitigen u. neueren Gesetzen u. Verordnungen. Mit Verweisungen auf die Spruchpraxis d. k. s. Oberappell.-Gerichts u. die einschlag. älteren Gesetze, auch e. ausführl. Sachregister. 8. Leipzig 864. Rahberg. n. — 10.
— nebst d. revid. Strafproceßordnung u. Gebührentaxe für Verhandlungen in Strafsachen f. d. Großherzogth. S.-Weimar-Eisenach u. die Fürstenth. Schwarzb.-Rudolstadt u. Schwarzb.-Sondershausen. gr. 8. Jena 862. Deistung. n. — 20.
— f. d. Fürstenth. Waldeck u. Pyrmont nebst Einführungsgesetz u. Feldpolizeiordnung. 4. Arolsen 855. Speyer. n. — 10.
— das kgl. württembergische, vom 1. März 1839. Mit d. Einführungs- u. Competenzgesetz ꝛc., sowie d. Gesetz vom 13. Aug. 1849 betr. die Abänderung einiger Bestimmungen d. Strafgesetzbuchs u. d. Strafprozeßordnung. (№39.) — 5. Ausg. gr. 8. Reutlingen 819. Kurz. n. — 8.
Strafgesetzbuch u. **Strafproceßordnung** f. d. Kgr. Sachsen nebst d. dazu gehör. Gesetzen u. Verordnungen u. ausführl. Sachregister. (855.) — 2. verm. Aufl. 16. Dresden 858. Meinhold. 1. —
Sachregister dazu, s. Goenzel.
Strafgesetzbücher, die neuen, für das Kgr. Bayern. Das Polizeistrafgesetzbuch. Das Einführungsgesetz. Mit e alphabet. Sachregister. 12. Augsburg 862. Kollmann. n. — 10.
Strafgesetzgebung, die neue, d. Großherzogth. Baden. 2 Thle. 16. Mannheim 851. Benöheimer. 1. —
— — Vollständ. Sammlung sämmtl. Gesetze u. Verordnungen über Strafrecht u. Strafverfahren. 1—7. Liefg. 8. Ebend. 865—67. à Liefg. n. — 10.
— die, d. Kgr. Bayern. Systemat. Sammlung der auf das Strafrecht u. d. Strafverfahren bezügl. Gesetze, k. ah., Verordnungen u. Entschließungen d. k. Justizministeriums. (864.) — Neue Ausg. gr. 8. Erlangen 866. Palm, u. C. n. 4. —
Strafproceß, der, im Kgr. Bayern dieff. d. Rheins. 3 Bdchn. 8. München 857, 58. Franz. n. 2. 4; Schreibpap. n. 4. 6.

1 Bdchn.: Die Gesetze vom 29. Aug. u. 10. Nov. 1848, die Abänderungen d. Strafgesetzbuches vom J. 1813 betr. Nebst d. Formularien. (2. Aufl.) n. 12 Kgr.; Schreibpap. n. 1 Thlr.
2. Bdchn. enth. die noch geltenden Artikel d. II Theils d. Strafgesetzbuches von 1813 mit Anmlgn. u. Supplem. n. 10 Kgr.; Schreibpap. n. 24 Kgr.
3. Bdchn. enth. die seit 1848 zur Strafgesetzgebung erschien Gesetze u Novellen. n 1 Thlr. 12 Kgr.; Schreibpap. n. 2 Thlr 12 Kgr.

— bayerischer. Zum prakt. Gebrauch eingerichtet. 8. Würzburg 863. Stahel. — 18.
— der preußische, in seiner neuesten Gestalt. Eine Zusammenstellung d. vom 3. Jan. 1849 bis auf die Gegenwart erschien. auf d. Strafprozeß bezügl. Gesetze ꝛc. 8. Breslau 852. Kern. — 6.
Strafprozeßordnung f. d. Kgr. Hannover vom 8. Nov. 1850. 16. Hannover 851. Pockwitz. — 7½.
— revidirte, f. d. Kgr. Hannover vom 5. April 1859 nebst Ausführungs-Bekanntmachung vom 20. Mai 1859. Gesetz betr. die Gebührentaxe in Strafsachen vom 13. April 1859. Bekanntmachung betr. d. Dienst d. Beamten d. Staatsanwaltschaft. vom 16. Mai 1859. gr. 8. Hannover 859. Meyer. — 15.
— provisorische, gültig f. diejen. Kronländer (Oesterreichs), in welchen d. Strafgesetzbuch vom 3. Sept. 1803 in Wirksamkeit steht. 2. mit e. Sachregister verm. Aufl. 16. Wien 851. (Gerold.) n. — 10.

Strafproceß-Ordnung. Nachtrag. 4. Dresden 854. Meinhold. n. — 5.
Vgl.: Entwurf e. Strafproceßordnung f. d. Kgr. Sachsen.
— die, f. d. Kgr. Sachsen vom 11. Aug. 1855 nebst den damit in Verbind. stehenden neuern Gesetzen u. Verordnungen. Mit Verweisungen auf die Spruchpraxis d. kgl. sächf. Oberappell.-Gerichts u. e. ausführl. Sachregister. 8. Leipzig 865. Roßberg.
n. — 15.
(— —) Ausführliches Sachregister dazu. 8. Leipzig 856. O. Wigand. n. — 12.
— die k. sächsische vom 13. Aug. 1855 u. ihre bevorstehende Umgestaltung. gr. 8. Leipzig 867. Hartknoch. — 6.
— die großh. sächsische fürstlich schwarzburgische, u. Gebührentaxe für Verhandlungen in Straffachen u. Gesetz vom 9. Dezbr. 1854, die Abänderung d. Strafproceßordnung u. d. Gebührentaxe betr. ꝛc. Amtliche Ausg. gr. 8. Weimar 855. Böhlau. n. — 10.
—— Eine nach d. Originalgesetzen sorgfältig revid. Handausgabe ꝛc. mit Inhaltsverzeichniß. gr. 8. Sondershausen 855. Eupel. n. — 10.
— f. d. Provinzen Starkenburg u Oberhessen nebst d. damit zusammenhäng. Gesetzen u. Verordnungen. Amtliche Handausgabe. gr. 8. Darmstadt 866. Jonghaus.
n. — 20.
Strafproceßordnung u. Strafgesetzbuch f. d. Herzogth. Oldenburg mit alphabet. Sachregistern ꝛc. u. mit Hinweisung auf die d. einzelnen Artikeln d. Strafgesetzbuchs entsprech. Paragraphen d. preuß. Strafgesetzbuchs. gr. 8. Oldenburg 858. Schulze.
n. 1. 10.
Strafrecht, das, f. d. Kgr. Bayern enth. das Strafgesetzbuch. Polizeistrafgesetzbuch u. Einführungsgesetz zu beiden vom 10. Nov. 1861 nebst d. gesetzl. Bestimmungen über Aufhebung d. Straffolgen ꝛc. d. Verordnung vom 5. Jan. 1862 über Entschäd. d. Geschwornen. Sachverständ. u. Zeugen in Straffachen. Correcter Abdr. d. amtlichen Ausg. unter Beifüg. zahlreicher Anmerkgn. u. e. genauen Sachregisters. 3 Bdchn. 8. München 862. Franz. 1. 27; Schreibpap. n. 3. 22.
Strafrechtsphilosophie mit Rückblicken auf die Philosophie überhaupt. Von Dr. ***. gr. 8. Prag 861. (Dominicus.) n. — 12.
Strafverfahren, das, im Kgr. Bayern. (862.) — (Neue Ausg.) 8. Bamberg 862. Buchner. n. 1. 12.
Straß, K. F. H., die allgem. deutsche Wechselordnung, erläutert u. verglichen mit d. Gesetzgebungen d. Auslandes, nebst e. Darstellung d. Wechselproceßverfahrens in d. verschied. deutschen Staaten. gr. 8. Berlin 858. G. Reimer. 1. 22½.
— über die Aufhebung der Wuchergesetze. gr. 8. Leipzig 860. (Wolf.) — 5.
Strauch, Herm., über die Natur der Regalien. gr. 8. Erlangen 865. Enke. n. — 15.
Strauß, F. v., Sammlung d. im Kgr. Bayern besteh. Verordnungen ꝛc. f. Sammlung.
(**Strauß**, Dict. v.), Briefe über Staatskunst. Social-Politik. (852.) — Neue Ausg. 8. Berlin 864. Herz. 2. —
Strempel, G. L., über die justa causa bei der Tradition. Versuch e. Beitrags zur Lehre d. Eigenthums-Vertrages nach röm. Rechte. gr. 8. Wismar 856. Hinstorff.
— 22½.
Streubel, Carl Wilh., wie hat der Staat der Prostitution gegenüber sich zu verhalten? Eine zeitgemäße Frage in Bezug auf die gesetzl. Bestimmungen Sachsens u. das dermalige Verhältniß d. gewerbmäß. Unzucht ꝛc. in Leipzig, sowie in Bezug auf das neuerdings eingeführte Regulativ ꝛc. gr. 8. Leipzig 862. O. Wigand. — 15.
Streuli, C. H., alphabet. Sachregister über sämmtliche in d. neuesten offiz. Gesetzsammlung u. in d. Amtsblättern d. Kantons Zürich von 1831 bis 1858 enth. Gesetze, Beschlüsse ꝛc. d. Großen Rathes, Regierungsrathes u. Obergerichtes, sowie d. schweizer. Bundesbehörden. 8. Zürich 858. Schultheß. n. — 12.
Strey, Alw., die Lehre von den Arresten u. d. Arrestverfahren nach preuß. Recht mit Bezugnahme auf das gemeine deutsche Recht. gr. 8. Berlin 859. v. Decker. 1. —
— die Executionsordnung f. d. Gerichte aus d. Vorschriften d. Tit. 24. Th. I. d. Allgem. Gerichtsordnung u. d. Verordnung vom 4. März 1834 ꝛc., unter Berücksicht. d. Entscheidungen d. kgl. Obertribunals; nebst e. Anh. betr. die Executionsordnung d. Verwaltungsbehörden. gr. 8. Ebend. 856. 1. 7½.

Strey, Alw., das Verfahren in Nachlaßsachen nach d. Vorschriften d. Allg. Landrechts, d. Allg. Gerichtsordnung u. d. dazu ergäng. abändernden ꝛc. Verordnungen; nebst e. Anh., enth. d. Verfahren bei Aufnahme gerichtl. Taxen u. Formulare. 8. Berlin 858. v. Decker. — 24.

— die Verordnung vom 3. Jan. 1849 u. das Gesetz vom 3. Mai 1852 betr. die Zusätze zu d. Verordnung nebst d. Materialien, ergänz. Gesetzen, Verordnungen ꝛc., erläutert. gr. 8. Ebend. 857. 1. 15.

Striethorst, Thdr., Rechtsgrundsätze d. neuesten Entscheidungen d. kgl. Ober-Tribunals. Geordnet nach d. System d. Gesetzbücher. 1—4. Bd. 8. Berlin 855—64. Guttentag. n. 11. —

Strippelmann, F. L., der Beweis durch Schrift-Urkunden. Mit Belegen aus d. Praxis d. obersten Gerichte. 2 Abthlgn. gr. 8. Cassel 860, 61. Fischer. 4. —
<small>Inhalt: 1. Abth. Die Urkunden. 1 Thlr. 20 Ngr. — 2. Abth.: Das Verfahren. 2 Thlr. 10 Ngr.</small>

— das Ehescheidungsrecht, nach gemeinem u. insbes. nach hessischem Rechte. gr. 8. Ebend. 854. 2. —

— Sammlung bemerkenswerther Entscheidungen des O. A. G. zu Cassel. 5—8. Theil. gr. 8. Ebend. 818—54. à Bd. n. 3. 10.
<small>8. Thl. u. d. T.: Das Endbahsationsverfahren; mit Rücksicht auf die in Begleb. auf dasselbe vorkomm., das materielle Recht betr. Grundsätze; nach gemeinem u. insbes. hessischem Rechte.</small>

—— —— Hauptregister zu d. ersten 6 Thln. gr. 8. Ebend. 851. n. — 12.

1—4. Thl. Ebend. 842—48. à 10 Thlr.
— der Gerichts-Eid. 3 Abthlgn. gr. 8. Ebend. 855—57. 5. 25.
<small>Inhalt: 1. Abth.: Der christliche Eid nach Entstehung, Entwickelung, Verfall u. Restauration. 1 Thlr. 15 Ngr. — 2. Abth.: Die Eidesgufchiebung nach gemeinem u. hessischem Privatrechte. 2 Thlr. — 3. Abth.: Die nothwendigen ꝛc. Eide. Mit Belegen aus d. Praxis d. obersten Gerichte. 2 Thlr. 10 Ngr.</small>

— die Nichtigkeitsbeschwerde; nach gemeinem u. hessischem Rechte. gr. 8. Cassel 862. Trömner u. D.

— die Sachverständigen, im gerichtlichen u. außergerichtlichen Verfahren. Mit Belegen aus d. Praxis d. obersten Gerichte. 1. Abth.: Die Sachverständigen im Civilprocesse. gr. 8. Cassel 859. Fischer. 3. 10.

Strohn, Ed., Bemerkungen über d. vorläuf. Entwurf e. allgem. Berggesetzes f. d. preuß. Staaten. gr. 8. Berlin 863. Guttentag. — 7½.

Stromeyer, M., Belehrung für Stiftungsvorstände, Aktuare u. Berrechner d. Lokalstiftungen im Großh. Baden, mit d. dazu gehör. erläuternden Verordnungen u. Formularien. — 4. verm. Aufl. 3. Abdr. 4. Konstanz 857. (Med.) n. — 20.

Struensee, G. v., die Grundsteuer mit besond. Beziehung auf d. Agr. Preußen u. d. Gesetz vom 24. Febr. 1850 die Aufhebung d. Grundsteuerbefreiungen betr. gr. 8. Breslau 850. Graß, B. u. Co. Berl. n. — 15.

Strupp, J., populäre Darstellung d. Anklageprozesses u. d. Schwurgerichte, mit besond. Berücksicht. d. englischen u. französ. Gesetzgebung. 16. Hildburghausen 849. Bibliograph. Institut. n. — 7.

Struve, Gust., Grundzüge d. Staatswissenschaft. 4 Bde. 8. Frankfurt a. M. 847, 48. Literar. Anstalt. 2. 25.

Stubenrauch, M. v., das allgem. bürgerliche Gesetzbuch vom 1. Juni 1811 sammt d. dazu erfloss. Nachtrags-Verordnungen ꝛc., mit Rücksicht auf d. prakt. Bedürfniß erläutert. 3 Bde. gr. 8. Wien 853—58. Manz. 13. 10.

— Commentar zum allgem. österreich. bürgerl. Gesetzbuche sammt den dazu erflossenen Nachtrags-Verordnungen. (858.) — 2. gänzl. umgearb. Aufl. 2 Bde. gr. 8. Ebend. 864—66. n. 4. 20.

— Handbuch d. neuen österreich. Gewerberechtes. Mit besond. Rücksicht auf d. pract. Bedürfniß bearb. gr. 8. Ebend. 860. 1. 6.

— Handbuch d. österreich. Handelsrechts. Mit besond. Rücksicht auf d. prakt. Bedürfniß bearb. gr. 8. Ebend. 864. n. 3. —

Stubenrauch, R. v., die Jurisdictionsnorm (die Vorschrift über d. Wirkungskreis u. die Zuständigkeit d. Gerichte in bürgerlichen Rechtssachen) vom 18. Juni 1850 f. d. Kronländer Oesterreich unter u. ob d. Enns, Salzburg, Steiermark 2c. erläutert. gr. 8. Wien 851. Beck. 1. —

— das österreich. Marken- u. Musterschutzgesetz mit Rücksicht auf die Bedürfnisse d. Handels- u. Gewerbestandes erläutert. gr. 8. Wien 859. Manz. n. — 14.

— Lehrbuch d. österreich. Privat-Handelsrechtes mit besond. Rücksicht auf d. Bedürfniß d. Lehranstalten bearb. gr. 8. Ebend. 859. 1. 10.

— tabellarische Darstellung d. Organismus d. österreich. Staatsverwaltung. Fol. Ebend. 855. 2. 20.

— Handbuch d. österreich. Verwaltungs-Gesetzkunde. Nach d. gegenwärt. Standpunkte d. Gesetzgebung bearb. 2 Bde. (853. 856.) — 3. verb. Aufl. gr. 8. Ebend. 860. 61. 8. —

(—) die neue Wechselordnung, erläutert durch die Vorträge des Herrn Prof. v. Stubenrauch im niederösterreich. Gewerbvereine. gr. 8. Wien 850. Seidel. n. — 24.

Studien über d. österreich. Concordat vom 18. Aug. 1855. (856.) — 3. verm. Aufl. gr. 8. Wien 856. Manz. 1. 3.

— zu dem Gesetz zur Erläuterung einiger Artikel d. Strafgesetzbuchs, d. Gesetzes über d. Forst-, Feld-, Garten-, Wild- u. Fischdiebstähle 2c. u. d. Strafproceßordnung, vom 25. Septbr. 1861. Von e. Praktiker. gr. 8. Leipzig 862. Günther. n. — 16.

Stuhr, P. F., vom Staatsleben nach plotinischen, aristotelischen u. christlichen Grundsätzen. Eine staatswissenschaftliche Abhandlung. 1. Thl. gr. 8. Berlin 850. Dümmler's Verlhdlg. n. 1. 15.

Sturm, Karl, kurze Randglossen zu d. anstößigen Artikeln d. österreich. Concordats vom 18. Aug. 1855. gr. 8. Leipzig 861. O. Wigand. — 15.

Stürzenbaum, K., Tabelle über die von d. Einzelrichter abzuurtheilenden Uebertretungen d. Strafgesetzbuchs u. d. fortbestehenden Spezialgesetze zufolge Art. 3. d. Einführungsgesetzes. Fol. München 863. Franz. — 7.

Stüve, C., Wesen u. Verfassung d. Landgemeinden u. d. ländlichen Grundbesitzes in Niedersachsen u. Westfalen. Geschichtl. u. statist. Untersuchungen mit unmittelbarer Beziehung auf d. Kgr. Hannover. gr. 8. Jena 851. Frommann. n. 1. —

Subhastationsordnung, die, d. kgl. preuß. Rheinprovinzen vom 1. Aug. 1822 in Verbindung mit d. Inhalte d. sich auf dieselbe beziehenden Entscheidungen d. k. Landgerichte, d. k. Appell-Gerichtshofes 2c. bearb. u. mit Anmerkgn. versehen von A. Joesten. 16. Crefeld 849. Gehrich u. Co. — 15.

Suckow, Heinr., die gerichtlich-medicinische Beurtheilung des Leichenbefundes. gr. 8. Jena 849. Mauke. 1. 15.

— Kritik d. Entwurfes e. neuem dem Landtage im Großh. Weimar vorgelegten Medicinalordnung. gr. 8. Jena 865. Deistung. n. — 5.

Suder, F. A., Repertorium zum Amtsblatt d. kgl. Regierung zu Posen von 1816 bis zum 16. Okt. 1849. 4. Posen 849. (Scherk.) n. 1. 10.

Suffrian, Frdr., das preußische Königthum in seiner rechtlichen Grundlage u. Stellung. 8. Münster 865. Regensberg. — 6.

— das Pactum de mutuo dando nach d. Grundsätzen d. heutigen römischen Rechtes. gr. 8. Münster 866. (Brunn.) — 5.

Sugenheim, Sam., Geschichte d. Aufhebung d. Leibeigenschaft u. Hörigkeit in Europa bis ur Mitte d. 19. Jahrh. Gekrönte Preisschrift. gr. 8. St. Petersburg 861. (Leipzig, Voss.) n. 2. 10.

Sundelin, Paul, Sammlung d. neuern deutschen Gesetze über Gerichtsverfassung u. Strafverfahren. gr. 8. Berlin 861. G. Reimer. n. 3. 10.

— an die deutschen Geschworenen. Ein Beitrag zur Verständigung über ihre Aufgabe in d. Gegenwart. gr. 8. Weimar 859. (Leipzig, Günther.) n. — 6.

— die Habeascorpusacte u. Vorschriften zum Schutz der Person in d. deutschen Strafprozeßgesetzen. gr. 8. Berlin 862. Lüderitz. n. — 15.

— die Staatsanwaltschaft in Deutschland. Ihre jetzige Gestalt in d. deutschen Gesetzen, ihre Principien u. Bedürfnißfragen. gr. 8. Anclam 660. Krüger. — 22½.

Sundelin, Paul, die Einigung d. deutschen Strafproceßrechts auf d. Grundlage d. neuesten Particulargesetze. gr. 8. Leipzig 861. J. A. Barth. n. — 12.

Sundén, J. M., de lege Licinia de modo agrorum quaestiones. gr. 8. Upsala 858. (Berlin, Calvary u. Co.) n. — 12.

Süskind, G. A., die Stellung der Civilehe zu Staat u. Kirche. Philosophisch u. rechtsgeschichtlich entwickelt mit Folgerungen f. d. Staatsgesetzgebung hinsichtlich d. Ehe. — Die Ehe zwischen Juden u. Christen. 8. Ludwigsburg 819. (Basel, Balmer u. R.) — 5.

— u. G. **Werner**, Repertorium d. Armengesetze in Württemberg. gr. 8. Stuttgart 861. Ripschke. n. 1. 22.

— Handbuch d. württemberg. Ehegesetze nach d. protestant. u. kathol. Recht. I—IV. gr. 8. Ebend. 854—63. n. 3. 27.
  I. Erfordernisse u. Hindernisse. n 1 Thlr. 13 Ngr. — II. Das Gesetz vom 1. Mai 1855 u. einige Abänderungen d. bestehenden Eherechts. u. 18 Ngr. — III. Das kirchliche Aufgebot. a. 26 Ngr. — IV Die kirchliche Trauung. n. 1 Thlr.

— Repertorium d. evangelischen Kirchengesetze in Württemberg. 3 Thle. gr. 8. Ebend. 860—67. n. 8. 9.

— das Verwaltungsedikt für die Stiftungen im Kgr. Württemberg vom 1. März 1822 mit sämmtl. Erläuterungserlassen. gr. 8. Ebend. 865. n. — 26.

Sutor, Aug., die Errichtung des Handels-Gerichts in Hamburg Zur Erinnerung an den 21. Febr. 1816. gr. 8. Hamburg 866. Boyes u. G. n. 1. —

Sutro, S., das eheliche Güterrecht in d. Prov. Westfalen u. d. Kreisen Rees, Essen u. Duisburg, nach d. Gesetze vom 16. April 1860, u. die legislativen Vorarbeiten in Verbindg. mit d. ergänz. landrechtlichen Bestimmungen. gr. 8. Münster 861. Brunn. — 12.

Swieceny, Frdr., das Heimatrecht in d. k. k. österreich. Kronländern mit constituirten Ortsgemeinden. Die Erwerbung u. der Verlust d. österreich. Staatsbürgerschaft nach d. Bestimmungen d. Staatsverträge u. d. bürgerlichen Rechtes in d. nichtungarischen Ländern d. Monarchie. (855.) — 2. sehr verm. Aufl. 8. Wien 861. Manz. 1. —

Sydow, J. H., die Zulässigkeit des Rechtsweges u. die Kompetenzkonflikte in Preußen. Eine systemat. Darstellung d. bestehenden Rechtszustandes. Im amtlichen Auftrage bearb. gr. 8 Berlin 860. v. Decker. — 22½.

— die preuß. Polizeistrafgesetze unter Einfüg. d. für d. Reg.-Bez. Potsdam u. die Stadt Berlin erlass. Spezialverordnungen. gr. 8. Berlin 851. G. Reimer. 1. 5.

Synodalverfassung, die, der hannoverschen Landeskirche, empfohlen durch das kirchliche Leben, von Christianus Augustanus II. 8. Celle 863. Schulze. n. — 5.

Syo, G. de, das Decret über die Erhaltung u. Verwaltung der Güter des Clerus vom 6. Nov. 1813. Uebers. u. unter Berücksicht. d. darauf bezügl. preuß. Gesetze, sowie d. ähnlichen Verhältnisse auf d. rechten Rheinseite erläutert. gr. 8. Köln 863. Du Mont-Schauberg. n. 1. 10.

— das die Kirchen-Fabriken betr. Decret vom 30. Decbr. 1809. Uebers. u. unter Berücksicht. d. darauf bezügl. preuß. Gesetze erläutert. (861.) — 2. verb. Aufl., enth. zugleich: die Erläuterung d. auf d. rechten Rheinseite geltenden erzbischöfl. Verordnung vom 31. Jan. 1841 u. d. Decrets-Entwurfs über die allgemeine Verwaltung des Kirchenvermögens im Großherzogth. Berg von 6. Nov. 1813. gr. 8. Ebend. 864. n. 1. 15.

Szinovacz, Geo., allgem. österreich. Wechselrecht u Wechselverfahren in Fragen u. Antworten zc. Mit d. Text d. Gesetzes im Anhange. gr. 8. Preßburg 854. (Wigand.) n. 1. 10.

Szokolay, Steph., der ungarische Hausadvokat auf Grundlage d. neuesten Gesetze. 8. Pest 853. (Geibel.) n. — 28.

Szuhany, F., die großh. badische Tax-, Sportel- u. Stempelordnung vom J. 1807 in ihrer dermal. Giltigkeit nebst d. betr. Gesetzen, Verordnungen, Entscheidungen u. Erläuterungen. (850.) — 2. Abdr. gr. 8. Karlsruhe 852. Müller. — 15.

Tabor, K. A., über die vorgebliche Kabinetsjustiz d. deutschen Bundesversammlung u. provisor. Centralgewalt in d. gräfl. Bentinck'schen Sache, einige Worte d. Berichtigung u. Abwehr. 8. Frankfurt a. M. 850. (Heß.) n. — 5.

(Tafel.) — Auserlesene Civilrechtssprüche d. höheren Gerichtsstellen in Württemberg. 2. Bd. (3 Hefte.) — 3. Bd. (3 Hefte) fortges. von Thdr. Tafel. — 4—6. Bd. (à 3 Hefte) herausg. von Thdr. Tafel u. Hopfgärtner. gr. 8. Stuttgart 854—66. Lindemann. à Bd. n. 1. 24.
   1. Bd. 3 Hefte. (835—46.) n. 1 Thlr. 15 Sgr.

Tappen, Th., das Gesetz betr. die Gebührentaxe in Verwaltungssachen, mit Anmerkgn. u. e. Gebührentarif. gr. 8. Hannover 862. Helwing. — 6.

— Handbuch zur Dienstführung für **Gemeindebeamte** im Kgr. Hannover. gr. 8. Hannover 866. Meyer. — 22½.

— allgemeines Sachregister d. hannoverschen Gesetzsammlung von 1818—1865 incl., soweit deren Inhalt noch in Wirksamkeit ist. (863.) — 2. vervollständ. u. mit Folge verseh. Aufl. gr. 8. Hannover 866. Schmori u. v. S. n. — 25.

Taschenbuch, parlamentarisches, herausg. von A. Rauch. 2—9. Liefg. 16. Erlangen 849—61. Palm. à Lief. n. — 15.
   1. Liefg. Ebend. 848.

—— 2. verm. Aufl. (In 9 Liefgn.) 16. Plauen 867. Schröter. à Liefg. — 15.

Tauffkirchen, K., das bayerische Polizeistrafgesetz u. seine Gegner. 2. Aufl. gr. 8. München 867. Literar.-artist. Anstalt. n. — 10.

Taur, Fr. v., der Staatshaushalt d. schweizer. Eidgenossenschaft im Decennium 1849—58. gr. 4. Chur 860. Hitz. n. 2. 20.

Tarprincipien. Zusammengestellt f. gerichtliche Commissarien, Taxatoren u. Dorfgerichte. gr. 8. Stettin 859. Graßmann. n. — 5.

— d. pommerschen Landschaft. Bestätigt mittelst Cabinetsorde vom 9. Juni 1857. Fol. Stettin 859. (Cartellieri.) n. — 20.

Tax-, Stempel- u. Depositenwesen, das, in Bayern diesseits d. Rheins. 8. München 866. Franz. 1. 22½.

Taylor, A. S., die Gifte in gerichtl.-medicin. Beziehung Nach d. 2. Aufl. übers., mit Anmerkgn. versehen u. mit Benutz. d. „gerichtlichen Medicin" von demselben Verf. herausg. von Rob. Seydeler. 3 Bde. gr. 8. Cöln 861—63. Frühbuss. n. 8. —

Tecklenborg, H., Handbuch f. Schiffscapitaine, enth. e. Zusammenstellung von Gesetzen aus d. Seerechten verschied. Völker, wie solche in d. Praxis namentlich bei Havarien, Ausrüstung d. Schiffes, Annahme u. Entlassung d. Mannschaft, ferner bei Streitfragen in Betreff d. Fracht u. Ablieferung d. Ladung am häufigsten vorkommen. (853.) — 2. verm. Aufl. 8. Bremen 856. Schünemann. — 15.

— System d. Seeversicherungswesens nach d. Natur der Sache, wie nach Bremer u. Hamburger Assekuranzbedingungen, d. deutschen Handelsgesetzbuch u. d. vornehmsten ausländ. Gesetzen. gr. 8. Ebend. 862. 3. —

Tellkampf, J. L., über die neuere Entwickelung d. Bankwesens in Deutschland ꝛc. (856.) — 4. Aufl. gr. 8. Breslau 857. (Morgenstern.) n. — 12.

— Beiträge zur Nationalökonomie u. Handelspolitik. (2 Hefte.) gr. 8. Leipzig 851, 53. Weber. n. 1. 5.

Temme, J. D. H., Anleitung zur Civilprozeßpraxis. gr. 8. Schaffhausen 855. Hurter. — 22½.

— krit. Bemerkungen zu d. Entwurf e. Strafgesetzbuches f. d. Canton Bern. gr. 8. Zürich 853. Meyer u. Z. — 9.

— Glossen zum Strafgesetzbuche f. die preuß. Staaten. gr. 8. Breslau 853. (Berlin) Schletter. n. 2. —

— Lehrbuch d. preußischen Strafrechts. gr. 8. Berlin 853. Guttentag. n. 4. 20.

— Lehrbuch d. schweizerischen Strafrechts nach d. Strafgesetzbüchern d. Schweiz. gr. 8. Aarau 855. Sauerländer. n. 4. 12.

Temme, J. D. H., Grundzüge d. deutschen Strafverfahrens. gr. 8. Arnsberg 849. Grote. 1. 3.

Temme, Rich., observationes quaedam de pretio rei furtivae rite constituendo. 8. Berlin 866. (Calvary u. Co.) n. — 10.

— über den Betrag d. Diebstahls. Eine strafrechtliche Abhandlung. gr. 8. Erlangen 867. Enke. n. — 15.

Tettau, W. J. A. v., über d. staatsrechtliche Verhältniss von Erfurt zum Erzstift Mainz. Ein Vortrag etc. gr. 8. Erfurt 860. Villaret. n. — 15.

Teutsch, G. D., das Zehntrecht d. evangel. Landeskirche A B. in Siebenbürgen. Eine rechtsgeschichtliche Abhandlung. gr. 8. Schässburg 858. Habersang. n. 1. 10.

Tewes, Aug., System des Erbrechts nach heutigem römischen Recht. Zum academ. Gebrauch. gr. 8. Leipzig 864. Breitkopf u. H. 4. —

Theodori, Oct. v., über das Interdict d. röm. Rechts zur Erhaltung d. Besitzes. gr. 8. München 858. Kaiser. n. — 8.

Thesmar, Frdr. Hadr. Jos., die Stellung d. Staates u. d. evangel. Kirche gegenüber d. röm. Kurie in Sachen d. gemischten Ehen, mit besond. Bezugnahme auf d. Rundschreiben d. Bischofs Arnoldi zu Trier vom 15. März 1853. 4. Berlin 853. Wiegandt u. Gr. n. — 10.

Thiel, Adolar, das Expropriations-Recht u. das Expropriations-Verfahren nach d. neuesten Standpunkt d. Wissenschaft u. d. Praxis dargestellt. gr. 8. Berlin 866. J. Springer. n. 1. 10.

Thielau, H. E. A. v., ob Justiz, ob Verwaltung? Ein Beitrag zu d. Organisationsfrage d. untersten Justiz- u. Verwaltungsinstanz im Kgr. Sachsen. gr. 8. Bautzen 853. Helfer. n. — 10.

Thiele, A. F., der Volksjurist. Ein Buch zum täglichen Gebrauche f. Jedermann. 8. Berlin 853. Röhring. n. 1. —

Thielmann, M. v., de obligatione alternativa. gr. 8. Berlin 866. Calvary u. Co. n. — 18.

Thierbach, Max, Bemerkungen über Recognitions-Registraturen u. deren zweckmäß. Abfassung nebst Formularen. 8. Dresden 864. Meinhold. — 6.

Thilo, Carl, Zusätze zum Strafgesetzbuch f. b. Großherzogth. Baden, mit d. Motiven d. Regierung u. d. Resultaten d. Ständeverhandlungen im Zusammenhang dargestellt 2c. gr. 8. Heidelberg 865. (K. Groos.) n. — 18.

Thilo, Chr. Alb., die theologisirende Rechts- u. Staatslehre. Eine histor.-krit. u. thetische Untersuchung über die Principien d. Rechtsphilosophie u. die damit zusammenhäng. philosoph. Disciplinen, mit besond. Rücksicht auf die Rechtsansicht Stahls. gr. 8. Leipzig 860. Pernitzsch. 2. —

Thilo, G., die preußische Disziplinargesetzgebung f. d. unmittelbaren u. mittelbaren Staatsbeamten, erläutert aus d. Materialien, d. Rechtslehre, d. Entscheidungen d. kgl. Ober-Tribunals u. d. Ministerial-Rescripten. gr. 8. Berlin 864. Guttentag. n. 1. —

— das preußische Gesetz über die Presse vom 12. Mai 1851 erläut. aus d. Materialien, d. Rechtslehre u. d. Entscheidungen d. kgl. Obertribunals u. verglichen mit b. Preßgesetzen d. übrigen deutschen Staaten u. Frankreichs 2c. 8. Berlin 862. G. Heymann. n. — 28.

— das preußische Vereins- u. Versammlungsrecht unter Berücksicht. d. deutschen Bundesgesetzgebung nebst e. Anh., enth.: das jetzt in Frankreich geltende Associationsrecht, dargestellt u. erläutert. gr. 8. Breslau 865. Aberholz. n. — 20.

Thöl, Heinr., ausgewählte Entscheidungsgründe d. O. A. G. d. vier freien Städte Deutschlands. gr. 8. Göttingen 857. Dieterich. n. 2. 6.

— zur Geschichte d. Entwurfs e. allgem. deutschen Handelsgesetzbuches. Das von d. österreich. u. preuß. u. bayer. Regierung vor u. bei d. dritten Lesung d. Entwurfes eingeschlagene Verfahren. gr. 8. Ebend. 861. n. — 20.

— das Handelsrecht. 2 Bde. gr. 8. Ebend. 862, 65. n. 7. 20.

1. Bd. (641—64.) — 4. Aufl. a. 3 Thlr. 20 Sgr.; 2. Bd. (848.) — 2. Aufl. a. 4 Thlr.

Thöl, Heinr., Einleitung in d. deutsche Privatrecht. gr. 8. Göttingen 851. Dieterich. n. 1. 5.

Thomas, Union, lutherische Kirche u. Fr. Jul. Stahl. Ein Wort für das gute Recht. gr. 8. Berlin 860. G. Reimer. 1. 10.

Thon, Aug., das jus offerendi des besseren Pfandgläubigers nach römischem Rechte. Eine civilist. Abhandlung. gr. 8. Heidelberg 863. Bangel u. S. — 12.

Thudichum, Frdr., die Gau- u. Markverfassung in Deutschland. gr. 8. Giessen 860. Ricker. n. 2. —

— Geschichte d. freien Gerichts Kaichen in d. Wetterau. gr. 8. Ebend. 858. n. — 15.

— über unzulässige Beschränkungen des Rechts d. Verehelichung. gr. 8. Tübingen 866. Laupp. n. — 25.

Thümmel, J. S., das Referirgeschäft im preuß. Civil- u. Kriminalprozesse. gr. 8. Halle 858. Schröbel u. S. n. — 20.

Thümmel, Otto, die Errichtung des letzten Willens nach preuß. Recht. Ein Handbuch f. d. instrumentirenden Richter. gr. 8. Halle 865. Buchh. d. Waisenh. 1. 15.

Tiesenhausen, Ed. v., übersichtliche Darstellung d. histor. Entwicklung d. Hauptpunkte aus d. livländischen Landesverfassung. gr. 8. Riga 860. Kymmel. n. — 10.

— Regelung d. Stammgutsystems u. Darlegung d. Gesetzesvorschriften f. Stiftung von Fideicommissen u. Majoraten. gr. 8. Ebend. 860. n. — 15.

Tippelskirch, Aug. Wilh. Ferd. v., über die Entstehung u. d. Charakter d. Geschwornengerichts in England. Ein Vortrag. gr. 8. Stettin 858. Graßmann. n. — 6.

— über die alten Parlamente Frankreichs u. deren Einfluß auf die Staatsformen d. Gegenwart. gr. 8. Berlin 859. F. Schneider. n. — 10.

Tittmann, Carl Theod., die Stellung d. Geschwornen zu d. rechtsgelehrten Richtern nach Anleitung d. englischen Rechts. gr. 8. Leipzig 849. Arnold. — 6.

Tkalac, E. J. J. v., das Staatsrecht d. Fürstenth. Serbien. gr. 8. Leipzig 858. Breitkopf u. H. 1. 15.

Tobrárad, G. R. de, das neue Ehegesetz in Brasilien, nebst e. Darstellung d. beiden Vorschläge d. Regierung u. d. sonstigen Gutachten über das Ehegesetz. Uebers. von Graf Rozwadowsky. 8. Hamburg 862. Hoffmann u. C. — 15.

Tomaschek, J. A., Recht u. Verfassung d. Markgrafschaft Mähren im 15. Jahrh. Mit e. Einleitung über die Geschichte d. böhmisch-mährischen Landrechtes in seinem Gegensatze zum deutschen Weichbildrechte. gr. 8. Brünn 863. Nitsch. n. — 10.

— über die ältere Rechtsentwickelung d. Stadt u. d. Bisthums Trient. gr. 8. Wien 860. (Gerold.) n. — 4.

— über zwei ältere Rechtsgutachten d. Wiener Universität. gr. 8. Ebend. 860. n. — 5.

— deutsches Recht in Oesterreich im 13. Jahrh. Auf Grundlage d. Stadtrechts von Iglau. gr. 8. Ebend. 859. n. 2. —

Tornauw, Nic. v., das moslemische Recht aus den Quellen dargestellt. gr. 8. Leipzig 855. Dyk. n. 2. 10.

Tóth, Lor., die Aviticität u. sonstige Besitzverhältnisse, geordnet durch das Patent vom 29. Nov. 1852. Uebers. von Stef. Görgei. gr. 8. Pest 853. Heckenast. — 24.

Trautschen, Rud. v., die Baugesetze u. baupolizeilichen Bestimmungen d. Kgr. Sachsen. gr. 8. Leipzig 859. Brockhaus. n. 1. 24.

Trebsdorf, C. H., Beiträge zur Charakteristik d. Strafanstalts-, Armen- u. Erziehungswesens. 8. Dessau 864. Neuburger. — 15.

Treichler, J. J., Handbuch d. zürcherischen Civilprozesses. 1. Bd.: Von dem Gegenstande d. Civilprozesses u. von den Gerichten, mit besond. Berücksicht. d. auf die Gerichtszuständigkeit bezügl. Artikel d. Bundesverfassung ⁊c. gr. 8. Zürich 856. Meyer u. Z. n. 1. 25.

Treitschke, Geo. Carl, der Kaufcontract in besond. Beziehung auf d. Waarenhandel, nach röm. Rechte u. d. wichtigsten neueren Gesetzgebungen dargestellt. (838.) — 2. durch Aufnahme d. einschlag. Vorschriften d. allgem. deutschen Handelsgesetzbuchs u. d. bürgerl. Gesetzbuchs f. d. Kgr. Sachsen, sowie unter Benutz. der Spruchpraxis d. oberen deutschen Gerichtshöfe erweit. u. verb. Aufl., nach d. Verf. Tode bearb. von Frdr. Alb. Wengler. gr. 8. Gera 865. Kanitz. 1. 22½.

Treitschke, Heinr. v., die Gesellschaftswissenschaft. Ein krit. Versuch. gr. 8. Leipzig 859. Hirzel. — 16.

Trendelenburg, Adf., die sittliche Idee des Rechts. Ein Vortrag. gr. 8. Berlin 849. G. Bethge. n. — 4.

— Naturrecht auf dem Grunde der Ethik. gr. 8. Leipzig 860. Hirzel. n. 3.

— Friedrichs d. Gr. Verdienst um das Völkerrecht im Seekrieg. Vortrag geh. am 25. Jan. 1866 in d. kgl. Akad. d. W. gr. 8. Berlin 866. (G. Bethge.) n. — 5.

Trennung, die, der Justiz u. der Verwaltung. Votum e. kgl. sächs. Justizbeamten. gr. 8. Leipzig 864. Günther. — 6.

Tretter, Casp. Aloys, von der Verbindlichkeit d. Pupillen aus ihrem ohne Tutor abgeschlossenen Verträgen nach römischem Rechte. gr. 8. München 860. (J. A. Finsterlin.) n. — 8.

Treuhard, Tr. Ehrenfr., über d. Suspensionseffect des Recurses an die bürgerlichen Collegien. Eine hamburger Streitfrage beantw. gr. 8. Hamburg 856. (Nolte.) n. — 4.

Trieps, C., über Rationalität u. Einheit d. bürgerlichen Rechts. Vorlesung. gr. 8. Hamburg 860. O. Meißner. — 7½.

Triest, Ludw., Beiträge zur deutschen Criminal-Statistik. Nach amtlichen Quellen bearb. gr. 8. Leipzig 861. Hübner. n. — 20.

Troebel, A., der Justiz-Bureaudienst. Eine systemat. Zusammenstellung d. den Justiz-Bureaudienst regelnden Vorschriften bis auf die neueste Zeit. gr. 8. Berlin 860. Grieben. n. 1. 25.

Trojan, Pr. A. Zweck u. Berechtigung d. Rechtsinstitutes öffentlicher Notare. Nothwendigkeit u. Nützlichkeit d. Einführung dieses Institutes, mit übersichtl. Darstellung u. krit. Beleuchtung d. einheimischen Cautelarjustiz alter wie neuer Zeit. gr. 8. Prag 855. (André.) n. — 16.

Trotsche, C. H. G., der mecklenburgische Civil-Proceß. 1. Bd. enth. d. allgem. Theil 1—4. Liefg. 4. Wismar 866. Hinstorff. à Liefg. n. — 25.

— Materialien zu e. Handbuche d. mecklenburg.-schwerinschen Particular-Civilprocesses. (837.) — 2. umgearb. Aufl. 2 Bde. gr. 8. Parchim 848, 53. Hinstorff. n. 4. 22½.

— die mecklenburg. Heimathgesetze mit Erkenntnissen d. Landesgerichts u. Anmerkgn. gr. 8. Rostock 859. Leopold. — 7½.

— über die Vormundschaft für Abwesende u. deren Vermögen. Eine zum Zwecke d. Gesetzgebung verfaßte civilist. Abhandlung, herausg. mit d. bezügl. mecklenburgischen Gesetzen u. Verordnungen. gr. 8. Ebend. 866. n. — 28.

Trummer, C., von der criminellen Behandlung des Bankerotts. Ein Beitrag zur Kritik d. von d. Reunert-Commission ausgearb. Entwurfs e. Hamburg. Criminalgesetzbuches, nebst dessen Motiven. gr. 8. Hamburg 852. Nestler u. M. n. — 5.

— Entwurf e. Criminalgesetzbuches f. d. Hansestädte Hamburg, Lübeck u. Bremen. 8. Hamburg 848. J. A. Meißner. n. — 10.

— das hamburgische Erbrecht. Ein histor.-dogmat. Versuch. Zugleich als Beitrag zur Geschichte u. Dogmatik d. allgem. deutschen Erbrechts. 2 Bde. gr. 8. Hamburg 852. Maule S. n. 4. 15.

— die innere Mission auf d. Gebiete d. Rechtswissenschaft. 3 Hefte. gr. 8. Frankfurt a. M. 856—59. (Chr. Winter.) n. 2. 27.

1. Heft: Das Verhältniß d. heutigen Strafgesetzgebung zum Christenthum. n. 27 Ngr. — 2. Heft: Fragmente über d. deutsche Strafrecht. n. 1 Thlr. — 3. Heft: Aphorismen über d. geistliche Kirchenrecht. n. 1 Thlr.

— Vorträge über merkwürd. Erscheinungen in d. hamburger Rechtsgeschichte. 3. Bd. (2 Hefte.) gr. 8. Hamburg 849. J. A. Meißner. n 2. 10.

1. u. 2. Br. Ebend. 844-48 n. 4 Thlr. 25 Ngr.

Trummer, C., letzte Abhandlungen über d. hamburg. Stadtrecht. Nach d. Tode d. Verf. herausg. von dessen Familie. I. Die Handschrift A d. hamb. Ordelbuches von 1270; II. Das Verhältniß d. hamb. Ordelbuches von 1270 zum Sachsenspiegel. gr. 8. Hamburg 859. Nolte. n. — 24.

Tschierpe, Heinr., Erläuterungen d. Executions- u. Subhastationsordnung vom 30. Sept. 1857. 1. Heft. gr. 8. Wismar 858. Hinstorff. n. — 15.

— Erörterungen zur medlenburger revid. Hypothekenordnung über Landgüter vom 18. Octbr. 1848. gr. 8. Ebend. 852. n. 1. 10.

— Entwurf e. Gesetzes betr. d. Verfahren d. medlenburger Gerichte erster Instanz im ordentlichen Proceß. gr. 8. Güstrow 848. Opitz u. Co. — 11¼.

— Kommentar zum medlenburger Rechtsmittelgesetz vom 20. Juli 1840. gr. 8. Wismar 854. Hinstorff. n. 2. 15.

Turban, L., Gewerbegesetz f. d. Großh. Baden nebst Vollzugsvorschriften, Erläuterungen u. Verweisungen auf die einschlag. Gesetze u. Verordnungen. Im Anhang das Gesetz über Niederlassung u. Aufenthalt. gr. 8. Karlsruhe 862. Braun. n. — 10.

Türk, die Revision des Rostacker f. g. Hochverrathsprocesses. 1. u. 2. Aufl. gr. 8. Lübeck 866. Dittmer. — 3¾.

Twele, W., der Einspruch nach d. Bestimmungen d. bürgerl. Proceßordnung f. d. Kgr. Hannover vom 8. Nov. 1850. gr. 8. Clausthal 852. (Grosse.) — 7½.

— der Dienst d. Gerichtsvoigte. Eine Zusammenstell. d. Bestimmungen d. neuen hannoverschen Justizgesetze nebst erläut. Bemerkg. gr. 8. Ebend. 851. — 7½.

— die Grundprincipien d. bürgerl. Proceßordnung vom 8. Nov. 1850. Eine Charakteristik d. künftigen gerichtl. Verfahrens in bürgerl. Rechtsstreitigkeiten. gr. 8. Ebend. 851. — 3¾.

— die Staatsanwaltschaft. e. systemat. Zusammenstellung der auf den Dienst derselben sich bezieh. gesetzl. u. reglementar. Vorschriften. gr. 8. Hannover 853. Helwing. n. — 15.

— Repertorium über die Strafproceßordnung f. d. Kgr. Hannover vom 8. Nov. 1850 in alphabet. Ordnung zusammengestellt. gr. 8. Göttingen 852. Dieterich. n. 1. —

Ubbelohde, Aug., über das im Kgr. Hannover geltende Recht d. Entwässerung u. Bewässerung. gr. 8. Hannover 862. Rümpler. n. — 10.

— über den Satz: ipso jure compensatur. Eine Untersuchung aus d. römischen Recht. gr. 8. Göttingen 858. Vandenhoeck u. R. n. 1. 10.

— die Lehre von d. untheilbaren Obligationen. gr. 8. Hannover 862. Rümpler. n. 1. 20.

— über die rechtlichen Grundsätze d. Viehhandels nach den im Kgr. Hannover geltenden Rechten mit Rücksicht auf die Gesetzgebung. (Abdr. a. d. Journ. f. Landwirthsch.) gr. 8. Göttingen 865. Dieterich. n. — 12.

Ueber den Charakter u. die wesentlichen Eigenschaften d. Concordate. Eine Abhandlung. aus d. Italien. übers. u. mit Noten begleitet von J. A. Mor. Brühl. 8. Schaffhausen 853. Hurter. — 15.

— das gerichtliche Verfahren in Ehesachen in denjen. preuß. Landestheilen, in welchen das Allgem. Landrecht u. die Gerichtsordnung gelten. 8. Eckartsberga 861. Verlag d. Eckartshauses. — 12.

— das Eigenthum an katbol. Kirchen u. deren Zubehörungen in den vormal. f. g. vier neuen Departements Frankreichs insbes. in Rheinhessen. Besond. Abdr. e. über diese Materie am 28. Juni 1859 ergang. Urtheils d. großh. hess. Cassationshofs rc. gr. 8. Darmstadt 859. (Mainz, v. Zabern.) n. — 10.

— die ländliche Erbfolge. Erörterung d. diesen Gegenstand betr. Anträge d. Grafen v. Jtzenplitz u. v. Beissel-Gimnich, zugleich mit Rücksicht auf denkende Gutsbesitzer c. Ahnenpraving geschrieben. gr. 8. Wesel 857. Bast u. F. — 7½.

— die Ausführung d. Gerichtsorganisationsgesetzes vom 11. Aug. 1855 in d. Schönburgischen Receßherrschaften. 1. u. 2. Aufl. gr. 8. Dresden 860. Meinhold. n. — 2.

Ueber Gefängniß-Vereine u. Asyle f. entlass. Sträflinge zunächst in Rheinland u. Westphalen. Ein Versuch zum Anbahnen e. Reform b. Gefängnißvereine. gr. 8. Bonn 859. Wittmann. — 10.
— die bürgerliche Gleichstellung d. Israeliten im Aargau. gr. 8. Aarau 862. Christen. — 5.
— die Gebundenheit u. Vertheilung d. Grundeigenthums vom Standpunkte d. Nationalökonomie, d. Rechts u. d. Politik. gr. 8. Freiburg i. Br. 860. Herder. n. — 9.
— Fixirung u. Ablösung d. Grundlasten bei kirchlichen Stiftungen u. Pfründen auf Grund d. bayerischen Ablösungsgesetzes vom 4. Juni 1848. (Instruction d. erzbischöfl. Ordinariats München-Freising ꝛc. an die Geistlichkeit.) gr. 8. Regensburg 848. Manz. — 7½.
— das Verfahren bei Güterzusammenlegung unter Berücksicht. d. Verhältnisse d. Hohenzollern'schen Lande. gr. 8. Sigmaringen 862. Liehner. n. — 10.
— die Frage eines deutschen Heimathrechtes. 8. Stuttgart 864. Schaber. n. — 5.
— Insinuationswesen u. Contumacialverfahren in Preussen, mit Bezugnahme auf andere deutsche Staaten. gr. 8. Leipzig 859. Mendelssohn. — 12.
— die Beschlagnahme d. Ablösungs-Obligationen von Zehnten wegen d. Pflichtigkeit d. Zehentherren zu Kirchenbauten — in Folge d. Ministerialentschließung vom 19. Okt. 1850. 8. Landshut 852. Krüll. — 7½.
— das Selfgovernment in England u. Preußen. gr. 8. Erlangen 858. Gnke. n. — 8.
— den Entwurf d. Organisationsgesetzes von Staats- u. Gemeindebehörden im Großherzogth. Oldenburg. gr. 8. Oldenburg 851. Schmidt. — 3.
— die standesherrlichen Beschwerden aus d. Großherzogth. Hessen. gr. 8. Darmstadt 855. Jonghaus. — 10.
— die Grundübel d. mecklenburg. Steuerwesens u. die Mittel zu deren Heilung. gr. 8. Rostock 860. Leopold. n. 1. 15.
— die neueste Regelung d. rechts- u. staatswissenschaftlichen Studien. 8. Wien 856. Gerold. n. — 8.
— einige Grundsätze, nach welchen die für aufzuhebende Weideberechtigungen zufolge großh. hessischen Gesetzes vom 7. Mai 1849 zu gewährende Entschädigung zu ermitteln ist. Ein Beitrag zur rechtlichen Auslegung d. Art. 18, 19 u. 26 d. Gesetzes. gr. 8. Darmstadt 857. Jonghaus. n. — 4¼.

Uebereinkunft, die, d. großherzogl. badischen Regierung mit d. päpstlichen Stuhle. 4. Karlsruhe 861. Braun. n. — 8.
— unter d. Uferstaaten d. Rheins u. auf die Schifffahrt dieses Flusses sich bezieh. Ordnung nebst sämmtl. Supplementar-Artikeln. Nach officiellem Texte. gr. 8. Mainz 859. Kupferberg. n. — 9.

Uebersicht, tabellarische, d. Bestimmungen d. Strafgesetzbuchs f. d. thüring. Staaten. gr. 4. Erfurt 850. Billaret. n. — 5.
— d. Strafrechtspflege im Großherzogth. Baden während d. J. 1852. Herausg. von d. großh. Justizministerium. 4. Karlsruhe 856. Müller. — 27.
— — — während d. J. 1853. 4. Ebend. 856. 1. —
— — — während d. J. 1854, 55, 56. 4. Ebend. 857. 1. 15.
— — — während d. J. 1858—1863. Ebend. 861—64. à Jahrg. — 27.

Uebersichten, tabellarische, d. bei Edictalien u. Aufgeboten zu beobacht. Förmlichkeiten u. Fristen. Zusammengestellt vom Kgl. Kreisgericht zu Münster. gr. 8. Münster 863. Brunn. — 6.

Uecke, C. F., Executionsordnung für die Gerichte zusammengestellt aus d. noch gültigen Vorschriften d. Tit. 24. Thl. 1. d. Gerichtsordnung, d. Verordnung vom 4. März 1834 u. aus d. spätern Verordnungen zu derselben. gr. 8. Breslau 856. Aderholz. — 25.
— gerichtliches Verfahren betr. die vorläufige Sicher- u. Feststellung d. Nachlasses e. Verstorbenen, sowie die definitive Regulirung desselben ingl. die Auseinandersetzung d. Erben ꝛc. gr. 8. Ebend. 856. — 15.

Uecke, C. J., systemat. Zusammenstellung d. gesetzlichen u. reglementmäß. Vorschriften betr. die Organisation d. Gerichte u. d. Staatsanwaltschaften in d. preuß. Staate, mit Ausnahme d. Rheinprovinz, sowie d. Geschäftsbetrieb bei denselben, ingl. die amtliche Stellung d. Subaltern- u. Unterbeamten, die Bureauverfassung 2c. (bis zum Ende d. J. 1856). gr. 8. Berlin 857. v. Decker. 1. 7½.

— Geschäfts- u. Dienstordnung betr. die Rechtsanwalte u. Notare in denjen. Provinzen d. preuß. Staates, in welchen b. Allgem. Landrecht u. die Gerichts-Ordnung gelten 2c. gr. 8. Breslau 858. Kern. — 10.

— Prozeßverfahren in Sponsalien- u. Ehesachen in denjen. Landestheilen, in welchen d. Allgem. Landrecht u. die Gerichtsordnung gelten 2c. Breslau 856. Aderholz. — 15.

Ufinger, R., Forschungen zur Lex Saxonum. gr. 8. Berlin 867. Mittler u. S. n. — 12.

(Uhlich, C. Ludw.), Beurtheilung d. Entwurfs zu e. Berggesetze f. d. Kgr. Sachsen insbes. vom Standpunkte der Gewerken. 8. Freiberg 849. Craz u. G. n. — 12.

Uhrig, Adam Jos., System d. Eherechts mit vorzügl. Berücksicht. d. Praxis d. röm. Kurie, sowie d. bayerischen u. angrenzenden Diöcesen. gr. 8. Dillingen 854. (Blättermann.) n. 2. —

— Abhandlung über die juristischen Personen nach d. gemeinen u. besondern Rechte im Kgr. Bayern. 1. Hälfte. gr. 8. Ebend. 854. n. — 25.

Ullmann, C., die bürgerliche u. politische Gleichberechtigung aller Confessionen; die unbeschränkte Freiheit d. Sectenbildung, u. die Trennung d. Kirche vom Staat, im Zusammenhange erwogen. gr. 8. Stuttgart 848. Cotta. — 12.

Ullmann, Renatus, die Eigenthums-Ersitzung nach curländischem Rechte. gr. 8. Dorpat 849. (Glaeser.) n. — 10.

Ullmer, Rud. Ed., der zürcherische Civilproceß nach d. Gesetzen u. d. Praxis dargestellt. gr. 8. Zürich 861. (Hanke.) n. 2. 10.

— die staatsrechtliche Praxis d. schweizerischen Bundesbehörden a. d. J. 1848—60. gr. 8. Ebend. 862. n. 2. 10.

Ullrich, R., das preußische Pensions-Reglement f. Civilbeamte. Nebst allen dasselbe ergänz., gebrudten u. ungedruckten Rescripten, Verordnungen 2c. Nach amtlichen Quellen für Justiz-, Regierungs-, Polizeibeamte 2c. 8. Berlin 852. Hempel. n. — 7½.

Ulpiani, Domitii, e libro regularum singulari excerpta; ejusdem Ulpiani institutionum fragmenta, recens. J. Vahlen 8. Bonn 856. Marcus. n. — 12.

— quae vulgo vocantur, fragmenta sive ex Ulpiani libro singulari regularum excerpta. Ex „Jurisprudentiae antejustinianae reliquiis" separatim edid. E. Huschke. 8. Leipzig 861. Teubner. — 7½.

— quae vocant fragmenta s. excerpta ex Ulpiani libro singulari regularum. Acced. ejusdem institutionum aliaeque non nullae veteris juris rom. partes reliquae. Edid. Ed. Boecking. (831—45.) — Edit. IV. 12. Leipzig 854. Hirzel. n. — 18.

— liber singularis regularum. Cod. Vatic. exemplum cur. Ed. Böcking. 8. Ebend. 855. n. — 12.

Ulrich, Präjudicien d. kgl. Gerichtshofs zur Entscheidung d. Competenzconflikte mit e. geschichtl. Einleitung. gr. 8. Berlin 850. C. Heymann. n. — 8.

Ulrichs, Herm., Gesetze, Verordnungen, Ausschreiben 2c. f. d. Bezirk d. kgl. Consistoriums zu Aurich, welche in Kirchen- u. Schulsachen ergangen sind. Aus d. Acten zusammengestellt 2c. gr. 8. Aurich 860. (Spielmeyer.) n. 1. 15.

Ulrichs, K., das Nassau-Tarjaische Postvertrag u. der Braun'sche Antrag in d. Nassauischen 2. Kammer. Eine jurist. Untersuchung. gr. 8. Gießen 861. (Roth.) n. — 10.

Ulrici, Frz., das Verfahren bei Außer- u. Wiederincoursesetzung d. auf jeden Inhaber lautenden Papiere. gr. 8. Frankfurt a. O. 856. Harnecker u. Co. — 7½.

Umpfenbach, R., Lehrbuch d. Finanzwissenschaft. 2 Thle. gr. 8. Erlangen 859, 61. Ente. n. 2. 12.

Unger, Jos., der Entwurf e. bürgerl. Gesetzbuches f. d. Kgr. Sachsen mit besond. Rücksicht auf d. österreich. allgem. bürgerl. Gesetzbuch besprochen. Allgemeiner Theil. — Dingliches Sachenrecht. gr. 8. Wien 853. Manz. 1. 18.

Unger, Jos., der revidirte Entwurf e. bürgerlichen Gesetzbuches f. d. Kgr. Sachsen. Kritisch besprochen. gr. 8. Leipzig 861. Breitkopf u. H. — 20.

— der revidirte sächsische Entwurf u. sein Vertheidiger Dr. C. M. Pöschmann. Eine Replik. Mit e. Anh., enth. zwei krit. Anzeigen von Ludw. Arndts. gr. 8. Wien 861. Braumüller. n. — 10.

— die rechtliche Natur d. Inhaberpapiere. Eine civilist. Untersuchung. gr. 8. Leipzig 857. Breitkopf u. H. — 25.

— System d. österreich. allgem. Privatrechts. 1. Bd. (856.) — 2. unveränd. Aufl. gr. 8. Ebend. 863. 3. —

— — 2. Bd. gr. 8. Ebend. 859. 3. 15.

— — 6. Bd.: Das österreich. Erbrecht. gr. 8. Ebend. 864. 2. 10.

— über die wissenschaftliche Behandlung d. österreich. gemeinen Privatrechts. gr. 8. Wien 853. Manz. n. — 7.

— die Verlassenschaftsabhandlung in Oesterreich. Ein Votum für deren Aufhebung. gr. 8. Wien 862. Braumüller. n. 1. —

Unterholzner, K. A. D., ausführliche Entwickelung d. gesammten Verjährungslehre aus d. gemeinen in Deutschland gelt. Rechten. (828.) — 2. Aufl. bearb. von Thdr. Schirmer. 2 Bde. gr. 8. Leipzig 858. J. A. Barth. 5. —

— Lehre d. röm. Rechts von den Schuldverhältnissen. Inhaltsverzeichniß dazu, s. Heuser. O. L.

Unterrichts- u. Prüfungsordnung d. Realschulen u. d. höheren Bürgerschulen. 2. Aufl. gr. 8. Berlin 859. Wiegandt u. Gr. n. — 10.

Untheilbarkeit, die, des Geständnisses im Civilprozesse. Ein Beitrag zum künftigen deutschen Civilprozesse. gr. 8. Mannheim 863. Bensheimer. n. — 7½.

Unverletzlichkeit, die sogenannte, d. Landtagsabgeordneten, ihre Verantwortlichkeit f. gesetzwidrige Aeußerungen in d. Kammer u. ihr Schutz gegen d. Einschreiten d. Gerichte wegen anderer Verbrechen u. Vergehen, aus d. Institutionen aller nach d. Repräsentatiosystem verfaßten Staaten entwickelt. gr. 8. Gießen 853. Heinemann. — 12½.

Urkunden über die Verfassung d. protestant. Kirche im diesseitigen Bayern u. über die kirchlichen Streitfragen. Mit e. Vorw. über die Zusammensetzung d. Generalsynode. gr. 8. Erlangen 857. Palm. — 17½.

Urkunden u. **Aktenstücke** betr. die preußischen Erbansprüche auf Schleswig-Holstein. gr. 8. Berlin 865. Bath. n. — 15.

Urkundenbuch, kurhessisches. Eine Zusammenstellung d. wichtigsten u. interessantesten Schriftstücke in d. kurhessischen Verfassungsangelegenheit. gr. 8. Frankfurt a. M. 861. Auffarth. n. — 15.

Urtheil, das, d. k. Obertribunals zu Berlin vom 1863 u. seine Auffassung d. rechtlichen Stellung d. Kirchenfabriken, beleuchtet vom Standpunkte d. linksrheinischen Gesetzgebung u. d. preuß. Verfassung. 8. Köln 863. Bachem. — 6.

— — betr. die unveränd. Gültigkeit d. Art. 79 d. kaiserl. Dekretes über die Kirchenfabriken vom 30. Decbr. 1809, ungeachtet des Art. 15 d. Verfassungsurkunde vom 31. Jan. 1850. gr. 8. Reuwied 863. (v. d. Beck.) n. — 4.

— d. k. hannoverschen O. A. G. in Celle in d. Streitsache d. freien Stadt Frankfurt wider die deutschen Rheinuferstaaten, Preußen, Baiern, Baden, Großh. Hessen u. Nassau wegen e. subsidiarischen Rheinoctroirente, nebst Vorwort über die Ansprüche d. Fürsten zu Salm-Reifferscheid-Dyk an die gedachten Staaten wegen Antheils an e. subsidiar. Rheinoctroirente. gr. 8. Hannover 860. Rümpler. n. — 20.

— d. kurfürstl. General-Auditoriats vom 25. Juni 1852 gegen Schwarzenberg, Henkel u. Gräfe, Mitgliedern d. bleibenden landständ. Ausschusses. (Authent. Redaction.) gr. 8. Cassel 862. Hotop. — 15.

— d. Schiedsgerichtes zur Entscheidung über die Rechtsbeständigkeit d. am 11. Octbr. 1849 f. d. Großh. Mecklenb.-Schwerin publicirten Staatsgrundgesetzes nebst d. Entscheidungsgründen. 4. Schwerin 850. (Rostock. Stiller.) n. — 15.

Urtheile, weitere, nebst Entscheidungsgründen im Gefolge d. Untersuchungssache wider d. Bremer Schiff Julius u. Eduard wegen Sclavenhandels. gr. 8. Bremen 860. Heyse. n. — 12.

Utz, Fr., das katholische Kirchenwesen im Großherzogth. Baden. Eine Sammlung d. badischen Gesetze u. Verordnungen, die auf kathol. Kirche u. Geistliche Bezug haben, sowie d. erzbischöfl. Verordnungen. (838.) — 2. Aufl. gr. 8. Freiburg i. Br. 851. Diernfeßner. n. 1. —

— Sammlung von Gesetzen ꝛc. über d. kathol. Kirchenwesen in Baden, s. Sammlung ꝛc.

Utzinger, Hartm., der Concurs d. Gläubiger nach zürcherischem Rechte. 1. Heft: Wesentlich concursrechtlicher Theil. gr. 8. Zürich 849. (Meyer u. Z.) n. — 16.

Vacano, Otto, das Gebührenwesen d. rheinpreußischen Friedensgerichte erläutert. gr. 8. Trier 861. Linz. n. — 18.

— über die Lehre des Code Napoleon von den Solidar-Obligationen. gr. 8. Ebend. 859. — 12.

Vangerow, K. A. v., über die Lex Voconia. 4. Heidelberg 864. (E. Mohr.) n. — 10.

— Lehrbuch der Pandekten. 3 Bde (839—56.) — 6. Aufl. 2 Abbr gr. 8. Marburg 863, 64. Elwert. 11. —

— — 7. verm. Aufl. 1. u. 2. Bd. gr. 8. Ebend. 863, 67. 7. 20.

Vaterschaft, die außereheliche, u. die daraus hervorgehenden Pflichten, dargelegt durch Zusammenstellung d. Gesetzes vom 24. April 1854 mit d. noch geltenden Bestimmungen d. Allgem. Landrechts. 8. Breslau 854. Max u. Co. — 3.

Veit, Nor., die Erweiterung des Schutzes gegen Nachdruck zu Gunsten d. Erben verdienter Autoren. gr. 8. Leipzig 855. Veit u. Co. — 3.

Veith, H., die Entschädigungs-Verbindlichkeit d. Eisenbahn-Gesellschaften der Bergwerks-Eigenthümer gegenüber nach preuß. Rechte unter Berücksicht. d. vorläufigen Entwurfs e. allgem. Berggesetzes f. d. preuß. Staaten. gr. 8. Berlin 864. Guttentag. n. — 15.

Veith, Joh. El., Lehrbuch d. gesammten gerichtlichen Thierarzneikunde. (831. 850.) — 3. verb. Aufl. Neue Ausg. gr. 8. Wien 861. Braumüller. n. 2. —

Vereinsgesetz, das, u. das Preßgesetz f. d. Kgr. Bayern. 16. Nördlingen 850. Beck. — 2.

Verfassung d. bremischen Staats. Genehmigt von d. Senate u. d. Bürgerschaft vom 5. März 1819 u. publicirt am 21. März 1849. 32. Bremen 849. Kühtmann u. Co. — 3.

— die deutsche, vom 28. März 1849. Mit Anmerkgn. von Dav. Hansemann. 1—7. Aufl. gr. 8. Berlin 849. Schneider u. Co. — 6.

— die, des deutschen Reichs vom 28. März 1849. Beschlossen u. verändert durch die deutsche verfassunggebende Nationalversammlung zu Frankfurt a. M. 16. Chemnitz 866. Jode. — 1½.

— — nebst b. Grundrechten d. deutschen Volkes. b. Einführungsgesetze u. d. Reichswahlgesetze. 3. Abbr. 16. Erlangen 866. Besold. n. 2.

— — mit d. Grundrechten u. dem Reichsgesetz über die Wahlen d. Abgeordneten zum Volkshause. gr. 8. Bremen 849. Kühtmann u. Co. n. — 24.

<small>Von der deutschen Reichsverfassung von 1849 sind so zahlreiche Einzelabdrücke erschienen, daß die specielle Aufführung aller zu viel Raum beanspruchen würde; der Preis derselben ist meist 2—3 Ngr.</small>

— d. Freistaates Hamburg nebst Wahlgesetz. Beschlossen in d. constituirenden Versammlung am 11. Juli 1849. 8. Hamburg 849. Riemeyer. n. — 4.

— — nebst b. dazu gehör. organischen Gesetzen. gr. 8. Ebend. 849. n. 1. —

— d. vereinigten evangel.-protestant. Kirche d. Großh. Baden vom 5. Sept. 1861. gr. 8. Karlsruhe 861. (Groos.) n. — 4.

Verfaſſung für **Mecklenburg-Schwerin** nebſt Wahl- u. Einführungsgeſetz. 1—3. Aufl. gr. 8. Schwerin 849. Kürſchner. (Hildebrand.) n. — 2½.
— die, d. norddeutſchen Bundes. Nebſt Publicationspatent vom 24. Juni 1867. 8. Berlin 867. v. Decker. — 1½.
—— —— Mit Hinweiſ. auf d. ſtenograph. Protokolle d. darüber im Reichstage d. norddeutſchen Bundes ſtattgefundenen Berathungen u. mit alphabet. Regiſter. Herausg. van Rezel. 8. Ebend. 867. — 7¼.
— die preußiſche, in ihrer gegenwärt. Geſtalt mit Hinblick auf ihre Entſtehung u. Entwickelung. (857. 862.) — 3. Aufl. 8. Berlin 867. Allgem. Deutſche Verlags-Anſtalt. n. — 5.

Verfaſſung u. Verwaltung, die, der Gemeinden nach d. Rechte u. d. Geſetzgebung d. Kurfürſtenth. Heſſen, namentlich d. Gemeindeordnung vom 23. Oktbr. 1834 ꝛc. gr. 8. Caſſel 854. Bertram. n. — 22.

Verfaſſungseid, der, d. preuß. Civilbeamten. gr. 8. Berlin 852. Nicolai. — 5.

Verfaſſungsfrage, die kirchliche, u. ihre Löſung im wahren u. allgem. Intereſſe d. evangel.-proteſtant. Landeskirche d. Großherzogth. Heſſen. Ein Vermittlungsverſuch ꝛc. Oppenheim 863. Kern. — 8.

Verfaſſungs-Geſchichte, neuere, der Staaten Europas. gr. 8. Berlin, J. Springer. 1. Thl.: Staats- u. Geſellſchafts-Recht d. franzöſ. Revolution von 1789—1804. Dargeſtellt von Carl Richter. 2 Bde. 865, 66. n. 5. 20.

Verfaſſungsgeſetz d. evangel. Kirche d. Herzogth. Oldenburg. 8. Oldenburg 849. Schulze. — 3⅟.
—— —— 8. Oldenburg 849. Stalling. — 2½.
— f. d. Fürſtenth. Schwarzburg-Sondershauſen. 8. Sondershauſen 854. Eupel. — 5.

Verfaſſungsgeſetze, die, für das Kgr. Bayern. 8. Würzburg 863. Etahel. n. — 10.
— die deutſchen, ſ. Zachariä, H. A.

Verfaſſungs- u. Wahlgeſetze, die proviſoriſchen, vom 15. Nov. 1848 u. ihre verfaſſungsmäßige Bedeutung. 8. Leipzig 850. Teubner. n. — 4.

Verfaſſungsurkunde, die, d. Kgr. Bayern u. die Verfaſſungsedicte in ihrem gegenwart. Beſtand ꝛc. Herausg. von Karl Brater. (853.) — 2. Aufl. gr. 8. Nördlingen 854. Bed. — 2.
— die, d. Kurfürſtenth. Heſſen vom 5. Jan. 1831. Herausg. von Ed. Geeſt. gr. 8. Berlin 861. (Schrapp.) n. — 5.
—— —— ſowie die darauf Bezug habenden Verordnungen u. Geſetze vom 13. April 1852. Fol. Caſſel 852. Hotap. n. — 5.
—— —— nach d. in d. J. 1848 u. 1849 erlittenen Aenderungen. Mit e. Anh., enth. das Wahlgeſetz u. d. Geſetz die Beſetzung d. D.-A.-Gerichts betr. Herausg. von G. Hahndorf. gr. 8. Kaſſel 850. J. G. Luckhardt.
— f. d. preußiſchen Staat. Vom 30. Jan. 1850. Nebſt d. interimiſt. Wahlgeſetzen f. d. 2. Kammer vom 30. Mai 1849 u. 30. April 1851, d. Verordnung wegen d. Bildung d. 1. Kammer vom 12. Oktbr. 1854, u. den dazu gehör. Reglements. (856.) — Neue, unter Berückſ. d. Geſetze vom 30. April 1851, 21. Mai 1852, 5. Juni 1852 ꝛc., u. d. Verordnung vom 10. Novbr. 1865 bearb. Ausg. gr. 8. Berlin 866. v. Decker.
—— —— u. die auf Grund derſelben erlaſſ. u. nach deren Berathung oder Genehmigung Seitens der Kammern verkündeten Geſetze. 8. Arnsberg 850. Ritter. — 18.

Fortſetz. ſ. Geſetze ꝛc. f. d. preuß. Staat. 2—8. Jahrg.

—— mit denen ſie abändernden u. ergänz. Geſetzen ſowie erläut. Bemerkgn. (856. 857.) — 3., die Abänderungen bis Ende d. J. 1858 enth. Aufl. (Herausg. von H. Gräff.) gr. 8. Breslau 859. Aderholz. — 8.

Von der preuß. Verfaſſungsurkunde vom 31. Jan. 1850 ſind zu viele Einzelabdrücke erſchienen, um ſolche hier ſämmtlich aufführen zu können; es ſind deren à 1—5 Kgr. zu haben.

— f. d. Fürſtenth. Waldeck u. Pyrmont. 4. Arolſen 852. Speyer. n. — 4.

Verfaſſungsverletzungen, die, in d. Verwaltung d. preuß. Schulweſens, nachgewieſen van d. Verf. d. ſechs Artikel wider die Unterrichtsordnung vom 6. Oct. 1859. gr. 8. Danzig 860. Kaſemann. — 5.

Verfügung, allgemeine, u. Instruktion vom 12. Dezbr. 1861, betr. die Ausführung d. Gesetzes vom 24. Juni 1861 über die Einführung d. allgem. deutschen Handelsgesetzbuchs. gr. 8. Berlin 861. v. Decker. — 6.

Verfügungen betr. das bei Abtretung von Grundstücken ꝛc. zu Straßen- u. Eisenbahnbauten im Herzogth. Holstein geltende Entschädigungsverfahren. gr. 8. Itzehoe 856. Claussen. n. — 7½.

Vergleichsverfahren, das, bei Zahlungseinstellungen von protokollirten Handels- u. Gewerbsleuten u. Fabrikanten nach d. Gesetze vom 18. Mai 1859. Erläutert von e. prakt. Juristen. gr. 8. Salzburg 859. (Mayr.) n. — 18.

Verhaftung u. **Haussuchung**, die. Eine Zusammenstellung d. darüber sprechenden gesetzlichen Bestimmungen u. Ministerialerlasse, als Instruction f. Polizeibeamte u. Gensdarmen. 8. Oppeln 861. (Breslau) Clar. — 3.

Verhältniß, das rechtliche, d. kathol. Bischöfe Deutschlands zu d. deutschen Staatsregierungen, mit besond. Hinblick auf die Verwaltung d. kathol. Kirchenvermögens, u. die Incompetenz d. Strafgerichte d. Staates bezügl. d. Amtshandlungen d. Bischöfe u. d. ihnen zur Last gelegten Amtsmißbräuche. 8. Mainz 854. (Wirth u. Co.) — 12.

— das, zwischen Kirche u. Staat. Aus d. hinterlass. Schriften eines Jesuiten. Bei Anlaß d. Wirren in d. oberrhein. Kirchenprovinz neuerdings herausg. von Thbr. v. Scherer. 2. Ausg. gr. 8. Regensburg 854. Manz. — 17½.

— das, d. Landesbehörden zur gesetzgebenden Gewalt d. Landesherrn im Kgr. Hannover. gr. 8. Hannover 856. Rümpler. n. — 5.

Verhandlungen d. Bürgerschaft über d. Entwurf d. bremischen Verfassung. gr. 4. Bremen 849. Schünemann. n. 2. —

— d. protestant. Conferenz in Durlach am 28. Nov. 1859 über die Stellung d. Protestanten zu dem zwischen d. badischen Regierung u. d. röm. Stuhle abgeschloss. Concordate. Eine Denkschrift. gr. 8. Heidelberg 860. (J. C. B. Mohr.) n. — 4.

— d. constituirenden Versammlung (f. Preußen) vom 9. Nov. bis zur Steuerverweigerung. gr. 8. Leipzig 849. Thomas. n. 1. 10.

— d. württemberg. Kammer d. Abgeordneten über die Convention mit d. päbstlichen Stuhle in d. Sitzungen vom 12—16. März 1861. 4. Stuttgart 861. Metzler. n. — 26.

— die, über d. Gesetzentwurf das Eherecht betr., in beiden Häusern d. Landtages im J. 1860. Vollständ. Abdr. d. stenograph. Berichte, nebst Gesetzentwurf u. Kommissionsbericht. gr. 8. Berlin 860. v. Decker. 1. —

—— —— im Herrenhause 1861. gr. 8. Ebend. 861. — 15.

— die, über d. Entwurf d. Ehescheidungsgesetzes im Hause d. Abgeordneten. Vollständ. Abdr. d. stenograph. Berichte, nebst Gesetzentwurf, Motiven zu demselben u. Kommissionsbericht ꝛc. gr. 8. Ebend. 857. — 22½.

— der 8., zweiten vereinigten Generalsynode d. protestant. Kirche in Bayern diess. d. Rheins. 4. Nürnberg 853. Campe u. S. n. — 24.

— betr. die Berathung d. Entwurfs e. Verordnung zur Ergänzung d. allgem. Gewerbordnung vom 17. Jan. 1845, e. Entwurfs e. Verordnung über d. Errichtung von Gewerbegerichten u. vorgenannte Entwürfe selbst. gr. 8. Berlin 849. v. Decker. — 7½.

— die, über die Gesetzentwürfe betr. die Regulirung d. Grundsteuer in beiden Häusern d. Landtages im J. 1860. Vollständ. Abdr. d. stenograph. Berichte, nebst Gesetzentwürfen, Motiven u. Kommissionsberichten zu denselben. 2 Bde. gr. 8. Ebend. 860. 2. 15.

—— —— im J. 1861. 2 Bde. gr. 4. Ebend. 861. n. 2. —

— über die Entwürfe e. allgem. deutschen Handelsgesetzbuches u. e. Einführungsgesetzes zu demselben in beiden Häusern d. Landtages im J. 1861. Vollständ. Abdr. d. stenograph. Berichte nebst Entwürfen, Motiven u. Kommissionsberichten zu demselben. gr. 8. Ebend. 861. 1. 7½.

— des Handelstages in Berlin vom 20. Febr. bis 2. März 1860. Officielle Ausg. gr. 8. Berlin 860. Fr. Schulze. n. — 20.

— d. 1. deutschen Handelstages zu Heidelberg vom 13—18. Mai 1861. gr. 4. Ebend. 861. n. 1. —

Verhandlungen.

Verhandlungen d. 2. deutschen Handelstages zu München vom 14—18. Oct. 1862. gr. 4. Berlin 862. (Reimer's Sortbhlg.) n. 1. —

— d. 3. deutschen Handelstages zu Frankfurt a. M. vom 25—28. Sept. 1865. gr. 4. Berlin 865. Stilke u. v. M. n. 1. —

— vor d. großh. Cassationshof über die von G. H. Jacoby, Hofbuchdr. zu Darmstadt verfolgte Richtigkeitsbeschwerde. Nachtrag zu d. Schwurgerichtsverhandlungen in Anklagesachen wegen Vergiftung seiner Ehefrau. gr. 8. Darmstadt 862. Lange.

— des 1. deutschen Juristentages. Herausg. von d. Schriftführeramt d. ständigen Deputation. Lex.-8. Berlin 860. Jansen. n. 2. —

— des 2—4. deutschen Juristentages ꝛc. à 2 Bde. Lex.-8. Ebend. 862—64. à Bd. n. 2. —

— des 5. deutschen Juristentages ꝛc. 2 Bde. Lex.-8. Ebend. 864. n. 3. —

— des 6. deutschen Juristentages. 1. Bd. Lex.-8. Ebend. 865. n. 2. 20.

—————— 2. Bd. Sachen- u. Personen-Register zu d. Verhandlungen d. 1. bis incl. 5. deutschen Juristentages. Lex.-8. Ebend. 867. n. 1. 10.

— d. durch Patent vom 5. Decbr. 1848 einberufenen 1. u. 2. Kammer. 1. Bd. vom 26. Febr. bis 27. April 1849. gr. 4. Berlin 840. v. Decker. 3. 15.

—————— Neue Folge. 3 Bde. Von der Wiedereröffnungssitzung am 7. Aug. 1849 bis zum Schluß d. Session om 26. Febr. 1850. gr. 4. Ebend. 849, 50. 11. 15.

— die, d. zürcherischen Synode über d. Gesetzesvorschlag d. hohen Regierung betr. Reorganisation d. Kirchenrathes. d. 5. u. 6. Febr. 1850. gr. 8. Zürich 850. Höhr. — 5.

— d. Generalsynode vom J. 1861 über d. Verfassung d. evangel.-protestant. Landeskirche Badens. gr. 8. Karlsruhe 862. Molsch u. B. 1. 6.

— d. 6. rheinischen Provinzialsynode, gehalten zu Duisburg vom 17. bis 30. März 1849. Nebst Anlagen. gr. 8. Solingen 849. Pfeiffer. — 15.

— d. 7. rheinischen Provinzialsynode, geh. zu Duisburg vom 26. Oct. bis 16. Nov. 1850. Nebst Anlagen u. die evangel. Kirchenordnung f. Westphalen u. d. Rheinprovinz, nach d. schließlichen Vereinbarung b. verein. Synodalcommission zu Elberfeld, vom 7. bis 10. Jan. 1851 in d. Duisburg 851. (Ewich.) — 22½.

— d. außerordentlich versammelten 5. westfäl. Provinzialsynode zu Dortmund vom 20. bis 28. März 1849. Fol. Bielefeld 849. (Velhagen u. K.) n. — 16.

— d. 6. westfäl. Provinzialsynode zu Dortmund vom 26. Oct. bis 13. Nov. 1850. Fol. Dortmund 851. Krüger. n. — 16.

— d. vereinigten Commissionen d. westfäl. u. rhein. Provinzialsynode zur Revision d. Kirchenordnung zu Duisburg om 13. u. 14. März 1850. Nebst Anlage: Die revidirte Kirchenordnung f. Westfalen u. Rheinland. Mit Gegenüberstellung d. ältern Textes. 4. Bielefeld 850. Velhagen u. K. n. — 12.

— d. „deutschen Gesellschaft f. Psychiatrie u. gerichtliche Psychologie" ꝛc. zu Göttingen om 18—24. Sept. 1854. Red. von A. Erlenmeyer. gr. 8. Neuwied 854. Heuser. n. — 10.

— des österreich. verstärkten Reichsrathes 1860. Nach d. stenograph. Berichten. 2 Bde. 8. Wien 860. Manz. 2. 12.

— über die Reorganisation d. höhern Schulen. Berlin d. 16. April bis 14. Mai 1849. gr. 4. Berlin 849. v. Decker. 1. —

— d. Schwurgerichtshofes von Oberbayern im 1. Quartal d. J. 1849. Nach stenograph. Aufzeichnungen. 2 Hefte. gr. 8. München 849. Kaiser. n. — 16.

—————— im 2. Quartale d. J. 1849. 6 Hefte. gr. 8. Ebend. 850. 1. 20.

— d. 1. u. 2. Kammer über die Entwürfe d. Strafgesetzbuchs f. d. preuß. Staaten u. d. Gesetzes über die Einführung desselben, vom 10. Decbr. 1850. Nebst d. Kommissionsberichten u. sonstigen Aktenstücken. 8. Berlin 851. v. Decker. — 15.

—————— über die Entwürfe zu d. Abänderungen u. Ergänzungen d. Strafgesetzbuches f. d. preuß. Staaten u. d. Gesetzes über die Einführung desselben vom 14. April 1851. Nebst d. Kommissionsberichten u. sonstigen Aktenstücken. 8. Ebend. 856. — 15.

— d. Freiburger Assisen gegen G. Struve u. C. Blind. Begonnen d. 20. März 1849. 8. Freiburg in Br. 849. (Diernfellner.) — 11¼.

Verhandlungen — Verordnung.

Verhandlungen, gerichtliche, gegen Gust. Struve u. Karl Blind vor dem Schwurgericht zu Freiburg. 4. Freiburg i. Br. 849. (Wagner.) n. — 15.
— vor d. Schwurgerichte zu Münster in d. Untersuchungssache wider d. Appell.-Gerichtsdir. Jodocus Temme. Sitzung vom 6. April 1850. 8. Münster 850. Coppenrath. — 10.
— d. Versammlung zur Vereinbarung d. preuß. Verfassung; zusammengestellt von Ed. Bleich. 2. Bd. 3—8. Heft u. 3. Bd. 1—5. Heft. gr. 4. Berlin 848. 49. v. Decker. II. 3—8. III. 1—4.: à — 7½; III. 5.: — 15.
1. Bd. u. 2. Bd. 1. 2. Heft. Ebend. 848. 2 Thlr. 28⅔ Ngr.
— die vollständigen, d. 2. preuß. Kammer über d. Verfassungsabschluß am 25. u. 26. Jan. 1850. gr. 4. Berlin 850. Hempel. n. — 10.
— in d. mecklenburg. Verfassungsangelegenheit bei d. provisor. Bundes-Centralcommission zu Frankfurt a. M. gr. 8. Schwerin 850. Stiller. n. — 10.
— die, d. Verfassungs-Ausschusses d. deutschen Nationalversammlung. Herausg. von J. G. Droysen. 1. Thl. gr. 8. Leipzig 849. Weidmann. 2. 7½.
— die, des 4. Congresses deutscher Volkswirthe zu Stuttgart am 9—12. Sept. 1861. Stenogr. Bericht. gr. 8. Stuttgart 861. Metzler. n. 1. —
——— — des 5. Congresses zu Weimar am 8—11. Septbr. 1862. gr. 8. Weimar 862. Böhlau. n. — 20.
——— — über die Stellung d. gelehrten Berufsarten zur Gewerbefreiheit. gr. 8. Stuttgart 863. (Schaber.) n. — 8.
— d. Staatsgerichtshofes d. Kgr. Württemberg in Betreff d. Anklage d. 2. außerordentl. Landesversammlung gegen d. Staatsrath v. Wächter-Spittler wegen Verfassungsverletzung. 8. Stuttgart 850. Metzler. n. 1. 18.

Verjährungsfrist, die kurze, enth. d. Gesetz über Einführ. d. kurzen Verjährungsfrist in d. Fürstenth. Reuß nebst gemeinfaßlichen Erläuterungen sowie Formularen ꝛc. 8. Gera 859. Kanitz. — 3.

Verjährungsfristen, die, in Bayern. Gesetz vom 26. März 1859 ꝛc. Für d. Bürger u. Landmann leichtfaßlich erklärt. 8. Würzburg 862. Stahel. — 3.

Vering, Fr. H. Th. Hub., commentarius ad legem IV. § 1. Digestorum de cond. inst. gr. 8. Heidelberg 856. (Bangel u. S.) n. — 10.
— römisches Erbrecht in histor. u. dogmat. Entwickelung. gr. 8. Heidelberg 861. J. C. B. Mohr. n. 3. 10.
— Geschichte u. Institutionen d. römischen Privatrechtes. gr. 8. Mainz 865. Kirchheim.

Vermehren, Fr. Bernh., über d. gegenwärt. Zustand d. Lehnswesens in d. zu d. Gesammt-O. A. G. zu Jena vereinigten Staaten. Mit e. Anh., enth. e. nach Fuldaischem Lehnrecht entschied. Lehnfolgestreit. gr. 8. Jena 862. Frommann. n. — 20.

Verordnung, Nachträge zur Aichordnung vom 12. März 1858 u. eine Gebührentaxe f. d. Aichämter ꝛc., vom 8. Aug. 1859. 8. Dresden 859. Meinhold. — 1½.
— über die Beitreibung b. auf d. öffentl. Rechte beruhenden Schuldigkeiten an die Staats-, Steuer- u. Zollkassen. 4. Karlsruhe 857. Müller. — 7½.
— wegen executiv. Beitreibung d. direkten u. indirekten Steuern u. anderer öffentl. Abgaben u. Gefälle, Kosten ꝛc. in d. östlichen Provinzen mit Ausschließung Neuvorpommerns. Vom 30. Jul. 1853. (853.) — Nebst Instruktion zur Ausführung vom 15. Nov. 1853. gr. 8. Berlin 857. v. Decker. — 5.
— die Ausführung d. Berggesetzes vom 22. Juni 1857 betr. 4. Weimar 857. (Böhlau.) n. — 5.
— vom 18. Juli 1819, betr. einige Abänderungen d. Depositalordnung vom 15. Sept. 1783. gr. 8. Berlin 819. v. Decker. — 1½.
— zur Ausführung d. Gesetzes vom 11. Aug. 1855, die künftige Einrichtung d. Behörden 1. Instanz f. Rechtspflege u Verwaltung betr., vom 13. Sept. 1856. Verordnung, die Publication u. Exekution in Strafsachen betr., sowie Verordnung, die Gebührentaxe für Aerzte ꝛc. bei gerichtl.-medicin. u. medicin.-polizeil. Verrichtungen betr., vom 6 Sept. 1856. 8. Dresden 856. Meinhold. n. — 8.
— die Ein- u. Ausführung d. bürgerlichen Gesetzbuchs f. d. Kgr. Sachsen, sowie Verordnung, das Verfahren in nichtstreitigen Rechtssachen betr.; vom 9. Jan. 1865. 8. Ebend. 865. — 4.

256   Verordnung — Versuch.

Verordnung betr. die Errichtung von Gewerberäthen u. verschied. Abänderungen d. allgem. Gewerbeordnung u. die Errichtung von Gewerbegerichten, vom 9. Febr. 1849. gr. 8. Berlin 849. v. Decker. — 1½.

—— —— gr. 8. Grünberg 849. Levysohn. — 3.

—— —— 8. Quedlinburg 849. Basse. — 3.

— vom 5. Juni 1850 zur Ergänzung d. Verordnung über die Presse vom 30. Juni 1819 ꝛc. 8. Berlin 860. v. Decker. — 1½.

— über die Aufhebung d. Privatgerichtsbarkeit u. d. exemten Gerichtsstandes, sowie über die anderweitige Organisation d. Gerichte, vom 2. Jan. 1849, u. Verordnung über die Einführung d. öffentl. u. mündlichen Verfahrens mit Geschworenen in Untersuchungssachen, vom 3. Jun. 1849. gr. 8. Ebend. 849. — 2½.

—— —— 8. Berlin 849. Schroeder. — 2½.

— die Ausführung d. Strafproceßordnung vom 11. Aug. 1855 u. d. Strafgesetzbuches von demselben Tage betr.; vom 31. Juli 1856. 16. Dresden 856. Meinhold. n. — 4.

— vom 3. Jan. 1849 über die Einführung d. mündlichen u. öffentl. Verfahrens mit Geschworenen in Untersuchungssachen, nebst d. dieselbe ergänz. Gesetzen. Amtliche Ausg. Mit Register. gr. 8. Berlin 852. Rauck u. Co. n. — 6.

—— —— Mit Gegenüberstellung d. Paragraphen d. Hauptverordnung u. d. Zusatzgesetzes. Mit Register. gr. 8. Ebend. 852. n. — 7½.

—— —— nebst d. Gesetz vom 3. Mai 1852. 12. Arnsberg 852. Ritter. — 5.

—— —— u. die ergänz. Gesetze v. 12. Febr. 1850, 14. April 1851 u. 14., 21. u. 22. Mai 1852 ꝛc. 8. Arnsberg 852. Grote. n. — 10.

Verordnungen, gesetzliche, die Anlage von Dampfkesseln betr. 8. Dresden 855. Meinhold. n. — 8.

— betr. die Dienstvergehen d. Richter u. die unfreiwillige Versetzung derselben auf e. andere Stelle oder in d. Ruhestand, vom 10. Juli 1849, u. die Dienstvergehen d. nichtrichterlichen Beamten ꝛc. vom 11. Juli 1849. gr. 8. Berlin 849. v. Decker. — 1½.

— in Betreff d. Einrichtung von Gemeinde-Kirchenräthen u. Kreis-Synoden in d. Prov. Brandenburg. Amtl. Abdr. gr. 8. Berlin 866. Herz. n. — 12.

— Einführungsgesetze ꝛc., die neuesten, zum allgem. deutschen Handelsgesetzbuch. Ein Supplem. zu L. Schilling's allgem. deutschen Handelsgesetzbuch. 1. Heft. gr. 8. Elberfeld 862. Friderichs. — 6.

— neueste, f. d. Kgr. Ungarn über Personal-Arrest u. Firma-Protokollirung. Nebst e. Anh. d. einschläg. Landesgesetze. 8. Pest 864. Heckenast. n. — 8.

— d. kgl. Regierung in Breslau, das Schulwesen d. Regier.-Bezirks Breslau betr. 1. u. 2. Heft. 8. Breslau 858, 60. Dülfer. 1.: n. — 4; 2.: n. — 5.

—— —— 3. u. 4. Heft. 8. Schweidnitz 1863, 66. Heege. à Heft n. — 5.

— betr. die Verhütung e. die gesetzliche Freiheit u. Ordnung gefährdenden Mißbrauches d. Versammlungs- u. Vereinigungsrechtes vom 29. Juni 1849, u. die Vervielfältigung u. Verbreitung von Schriften ꝛc. vom 30. Juni 1849 ꝛc. gr. 8. Berlin 849. v. Decker. — 1½.

— über Waisencassen u. Depositenwesen. Vorschriften über öffentliche Bücher (Grundbuchsordnung) 2. Aufl. 8. Wien 867. Manz. n. — 18.

Verordnungen u. Instruktionen, die, zum Vollzuge d. k. bayer. Gerichtsverfassungsgesetzes vom 10. Nov. 1861. gr. 8. München 862. Literar.-artist. Anstalt. n. — 4.

Verordnungen u. Verfügungen d. provisor. Regierung d. Herzogth. Schleswig-Holstein. 1—5. Liefg. gr. 8. Kiel 849. Schröder u. Co. à Liefg. n. — 10.

Versuch e. Anleitung zum Decretiren in Proceßsachen. 1. Thl.: Das summar. Civilproceß-, Executions-, Subhastations- u. Kaufgelderbelegungsverfahren. 8. Berlin 853. Hempel. n. — 20.

Versuch e. Beantwortung d. Frage: Ob die im J. 1849 zwischen d. regier. Herzog von S.-Coburg u. Gotha u. d. damaligen Abgeordnetenversammlung d. Herzogth. Gotha getroffene Vereinbarung, den Staatshaushalt betr., für d. Regierungsnachfolger des Herzogs verbindliche Kraft habe? Ein Beitrag zur Domainenfrage d. Herzogth. Gotha. gr. 8. Erfurt 854. (Leipzig, Wolf.) — 6.

Verwaltungsedikt f. die Gemeinden, Oberämter u. Stiftungen vom 1. März 1822 mit d. darauf sich bezieh. Gesetzen, Verordnungen 2c. bis auf die neueste Zeit 2c. Gesammelt von A. Maier u. W. F. A. Geß. Herausg. mit alphabet. Register. gr. 8. Stuttgart 850. Metzler. 1. 10.

Verzeichniß d. Gebühren d. öffentl. Rechtsanwälte, wie solche in einzelnen Gesetzen, Verordnungen 2c. festgestellt, insbes. aber in d. Praxis d. Gerichte, hauptsächlich d. k. Ober-Tribunals üblich sind; nebst e. Anh. in Betreff des Verfahrens bei d. Detretur d. Kosten d. öffentl. Rechtsanwälte u. d. Parteien. Beilage zu Berner's Civilprozeß. gr. 8. Stuttgart 859. Belser. — 9.

— der Gerichte u. Verwaltungsbehörden Bayerns diess. d. Rheins, nach d. Stadt- u. Landgerichten alphabetisch geordnet. Fol. Bamberg 862. Buchner. — 5.

— d. wichtigsten Waldeckischen Gesetze u Verordnungen bis zum Schluß d. J. 1863 nebst e. Anh., enth.: e. Register zum Strafgesetzbuche vom 15. Mai 1855; sowie e. Zusammenstellung der in d. Fürstenth. Waldeck u. Pyrmont geltenden Strafgesetze 2c. 4. Arolsen 864. Speyer. n. — 20.

Vesque v. Püttlingen, Joh., das musicalische Autorrecht. Eine jurist.-musical. Abhandlung. gr. 8. Wien 864. Braumüller. n. 1. 10.

— Handbuch d. in Oesterreich geltenden internationalen Privatrechts. gr. 8. Ebend. 860. n. 2. 20.

— Uebersicht d. Verträge Oesterreichs mit auswärt. Staaten von d. Regierungsantritte Maria Theresia's bis auf die neueste Zeit. gr. 8. Wien 854. Gerold. n. 1. 24.

Villmar, Ant., die gesammten preuß. Jagdgesetze. Für Communal- u. Polizei-, Forst- u. Jagd-Beamte, Jagdbesitzer u. Jagdpächter. (852. 856.) — 3. verm. u. verb. Ausg. Nach d. neuesten Stande d. Gesetzgebung revid. von Adf. Frantz. 8. Quedlinburg 866. Basse. — 10.

Vilmar, A. F. C., was ist in Sachen der Remotion von Pfarrern in Hessenkassel von 1656 bis 1820 Rechtens gewesen? gr. 8. Marburg 867. Koch. n. — 10.

Vincke, L. v., Darstellung d. innern Verwaltung Großbritanniens. Herausg. von L. B. Niebuhr. — 2. Aufl. gr. 8. Berlin 848. G. Reimer. — 15.

Virozsil, Ant v., das Staats-Recht d. Kgr. Ungarn, vom Standpunkte d. Geschichte, n. der von Beginn des Reiches bis zum J. 1848 bestand. Landes-Verfassung, wissenschaftlich dargestellt. 3 Bde. gr. 8. Pest 865. Heckenast. 5. —

Vit, Job. Qualb., provisor. Civilproceßordnung f. Ungarn, f. Civilproceßordnung.

— Handbuch d. provisor. Concursordnung u. b. dahin einschläg. Gesetze u. Verordnungen 2c. Mit Anmerkgn. u. Formularien. gr. 8. Preßburg 855. Wigand. n. 1. 2.

Bocke, Wilh., Beiträge zum richtigen Verständniß u. Vollzug des Gesetzes vom 31. Mai 1856 die Kapitalrentensteuer betr. gr. 8. Ansbach 866. Junge. — 24.

— die bayerischen Stempelnormen in alphabet. Uebersicht zusammengestellt. gr. 8. Nördlingen 853. Beck. — 15.

— die bayerischen Tax- u. Stempel-Normen in alphabet. Zusammenstellung, mit e. Anh. über d. Verfahren in Taxsachen. gr. 8. Ebend. 858. n. 2. —

— die Vorschriften über die formale u. rechnerische Behandlung d. Tax- u. Stempelwesens aus d. bestehenden Verordnungen u. Instructionen zusammengestellt u. erläutert. 2. umgearb. Aufl. d. Anhangs zu d. Werke über d. bayer. Tax- u. Stempelnormen. gr. 8. Ebend. 863. n. — 15.

— Geschichte der Steuern des britischen Reichs. Ein finanzgeschichtlicher Versuch. gr. 8. Leipzig 866. Felix. n. 4. 20.

— Gesetz die Gewerbsteuer betr., f. Gesetzgebung f. d. Kgr. Bayern.

Vogel, Carl, die medicinische Polizeiwissenschaft, theoret.-prakt. dargestellt. gr. 8. Jena 853. Frommann. 1. 10.

Vogel, Em. Ferd., das neue Strafverfahren f. d. Kgr. Sachsen, mit Anklageproceß, Staatsanwaltschaft u. Geschwornengerichten, zur Belehrung f. Rechtsunkundige erläutert ꝛc. 8. Wurzen 849. Verlagscomptoir. — 7½

Vogel, Mor., chronolog. u. alphabet. Zusammenstellung d. wichtigsten Gesetze, Verordnungen u. Justizministerialrescripte von 1810 resp. 1839 bis 1. Juli 1853, nebst d. summar. Inhalt d. letztern. 8. Glogau 853. Flemming. n. — 10.

Vogelmann, das Gesetz über die Bewässerungs- u. Entwässerungsanlagen im Großherzogth. Baden. Mit Erläuterungen u. mit Belehrungen für den Vollzug. gr. 8. Karlsruhe 851. Braun. n. — 15.

Vogelsang, Otto, de substitutione quasi pupillari. Dissert. inaug. 8. Berlin 866. (Calvary u. Co.) n. — 10.

Vogt, G., Handbuch d. schweizerischen Bundesrechts. 1. Liefg. gr. 8. Solothurn 860. Jent u. G. 1. 6.

Vogt, J. J., das Armenwesen u. seine Bedeutung für die Entwicklung d. öffentlichen Zustände. Ein Beitrag zur glücklichen Lösung gesellschaftlicher Lebensfragen. 2 Bde. (853, 54.) — Wohlf. Ausg. gr. 8. Bern 856. Huber u. Co. 2. —

Vogt, M. F., Zusammenstellung d. Rechte u. Verbindlichkeiten d. Miether u. Vermiether nach preuß. Recht. 4. Aufl. 8. Breslau 852. Gosohorsky. n. — 4.

Vogt, P. J., Kirchen- u. Eherecht d. Katholiken u. Evangelischen in d. kgl. preuß. Staaten. 2 Thle. gr. 8. Breslau 857. Kern. n. 4. 20.

Voigt, J. F., zum See-Assecuranz-Recht. Vergleich. Zusammenstellung d. Bestimmungen d. revid. allgem. Plans hamburg. Seeversicherungen mit den die Seeassecuranz betr. Artikeln d. allgem. deutschen Handelsgesetzbuchs, mit erläut. Anmerkgn. gr. 8. Hamburg 863. Maucke S. n. 1. —

Voigt, Mor., lex Maenia de dote vom J. 568 der Stadt. Festschrift zu Gust. Friedr. Hänel's 50jähr. Doctor-Jubiläum. 4. Weimar 866. Landes-Ind.-Comptoir. n. — 25.

— die Lehre vom jus naturale, aequum et bonum und jus gentium d. Römer. gr. 8. Leipzig 856. Günther. n. 3. 10.

— — 2. Bd.: Das jus civile u. das jus gentium d. Römer. (2 Abthlgn.) gr. 8. Ebend. 858. n. 5. —

Bölderndorff, O. v., zur Lehre vom Erlaß. gr. 8. München 850. Kaiser. n. — 10.

— die Form d. Rechtsgeschäfte nach allgem. Grundsätzen u. d. positiven Rechten. gr. 8. Nördlingen 857. Bed. — 15.

— Gesetz die Gewährleistung bei Viehveräußerungen betr. Erläutert. Mit umfass. Register. gr. 8. München 860. Kaiser. n. — 10.

— Entwurf e. Gesetzes über d. eheliche Güterrecht auf Grund d. bayerischen Statutarrechte. gr. 8. Erlangen 867. Enke. n. — 6.

— die Papiergeldbriefe u. die Papiere auf jeden Inhaber nebst ihrem Eintrage in die Hypothekenbücher. Ein rechtliches Gutachten. gr. 8. München 856. Kaiser. n. — 4.

— einige Worte über Recht, Rechtswissenschaft u. römisches Recht. gr. 8. Ebend. 851. — 6.

— Repertorium d. zum neuen Strafverfahren ergang. Entschließungen u. Präjudicien sowie die noch gültigen Novellen zum 2. Thl. d. Strafgesetzbuches von 1813, zu d. Sammlungen von Fertig u. Doppelmayr, zu d. Bll. f. Rechtsanwendung u. zu d. Sitzungsberichten d. bayer. Strafgerichte. gr. 8. Nördlingen 854. Bed. n. — 12.

— Gesetz, die Verjährungsfristen betr., — Gesetz, die Verjährung d. Forderungen aus Staatsschuldurkunden betr., — Gesetz, einige Bestimmungen d. allgem. deutschen Wechselordnung betr., f. Gesetzgebung f. d. Kgr. Bayern.

Bölderndorff-Warabein, Ed. v., Denkschrift, die Gerichtsorganisation betr. gr. 8. Nördlingen 854. Bed. n. — 10.

Völderndorff-Waradein, Ed. v., Gesetzvorschlag in 30 Artikeln zur Einführung d. Mündlichkeit ohne Oeffentlichkeit im Civilprozeß in Bayern dieß. d. Rheines. gr. 8. Nördlingen 859. Beck. — 6.

— der bürgerliche Rechtstreit dargestellt als Entwurf e. allgem. Rechtstreitordnung f. d. deutschen Staaten. Mit Formularien. gr. 8. Ebend. 850. 1. 5.

Völker, Abrh. Herm., Handbuch d. großherzogl. sächsischen Privatrechts. gr. 8. Jena 855. Mauke. n. 2. 20.

Volkmann, A. W., Zusammenstellung d. gesetzl. Bestimmungen über d. Urheber- u. Verlagsrecht. Aus d. Bundesbeschlüssen, d. deutschen Territorialgesetzgebungen u. d. französ. u. englischen Gesetzen im Auftrag d. Börsenvereins d. deutschen Buchhändler bearb. gr. 8. Leipzig 855. (Kirchner.) n. — 20

Volkmar, L., die Erbeseinsetzung d. Fraenkel'schen Stiftungen. Nichtigkeitsbeschwerde in Sachen Dr. M. Kalisch zu Berlin, Imploranten, wider die Commerzienrath Fraenckelschen Stiftungs-Curatoren, Imploraten. gr. 8. Berlin 858. Mittler u. S. — 7½.

— die Verbote gegen den Handel in Werthpapieren u. Aktien. Ein Commentar zu d. Verordnungen vom 19. Jan. 1836, 27. Juni 1837, 13. Mai 1840, 24. Mai 1844. gr. 8. Berlin 857. G. Reimer. — 10.

— die Nichtigkeitsbeschwerde. Critik d. Gesetzentwurfs vom 20. Mai 1860. gr. 8. Berlin 860. Guttentag. n. — 10.

— paroemia et regulae juris Romanorum, Germanorum, Franco-Gallorum, Britannorum. 16. Berlin 854. Allgem. deutsche Verlagsanstalt. n. — 22½.

— u. S. Loewy, die deutsche Wechselordnung. Erläutert. gr. 8. Berlin 862. Guttentag. n. 1. 24.

Volksadvocat, der, für das Königr. Sachsen u. die sächsischen Herzogthümer. Ein unentbehrlicher in allgemein verständlicher Sprache abgefaßter Rathgeber in allen Verhältnissen d. bürgerlichen, gerichtlichen u. geschäftlichen Verkehrs. 2 Bde. (1—4. Aufl. 865.) — 5. Aufl. gr. 8. Leipzig 866. R. Schäfer. n. 2. 12.

Volksschulwesen, das badische. Eine Sammlung d. hierüber geltenden Gesetze u. Verordnungen. (856.) — 2. Aufl. gr. 8. Karlsruhe 861. Braun. n. — 24.

Volkswirthschaftslehre. Eine populäre Darstellung dieser Wissenschaft. Herausg. von d. schulwissenschaftl. Bildungsvereine zu Hamburg. 8. Hamburg 855. Hoffmann u. C. 1. 15.

Vollert, Ant., die Domainenfrage im Großh. S.-Weimar-Eisenach. gr. 8. Weimar 854. Böhlau. n. — 6.

— die französ. Institute im neuen deutschen Strafproceß. 1. Heft: das Geschwornengericht. gr. 8. Jena 860. Frommann. — 15.

— die Entstehung u. die rechtliche Natur d. Kammervermögens in Deutschland überhaupt u. in d. Sachsen-Ernestinischen Landen insbes. gr. 8. Ebend. 857. — 10.

— der Proceß wegen betrüglicher Anfertigung Schiller'scher Handschriften gegen den Architekten G. H. K. J. B. v. Gerstenbergk zu Weimar. 8. Ebend. 856. — 10.

(Vollgraf, Karl), Revision, Kritik u. Reform d. constitutionell-monarchischen Staatsverfassungen. gr. 8. Marburg 851. Elwert. (Frankf. a. M., Völcker.) — 25.

Von dem Prozesse u. d. Geschäftsbehandlung bei den zur Zuständigkeit d. k. bayerischen Stadt- u. Landgerichte in d. Landestheilen dieß. d. Rheins gehör. Uebertretungssachen. 8. Würzburg 863. Goldstein. — 18.

— dem Rechte d. Verleihung d. Kirchenämter u. dem Patronate in besond. Berücksicht. d. Verhältnisse in d. Großh. Baden. gr. 8. Mannheim 857. (Segnitz.) n. — 6.

Vorbereiter, der, zum jurist. Examen sowohl für Jünger d. Rechtswissenschaft als auch für jeden Grundbesitzer von wesentlichem Interesse. (Mit e. Anh.: Rechtsgrundsätze d. kgl. Obertribunals über Grundgerechtigkeiten u. Eigenthumsbeschränkungen ꝛc. Von A. Adler.) gr. 8. Berlin 858. Grieben. n. — 25.

Vorkampff-Laue, Gust., Vergleichung d. kurländischen Rechtsbestimmungen über die Bürgschaft mit d. einschläg. gemeinrechtlichen. gr. 8. Mitau 856. (Repher.) n. 1. —

Vormbaum, Rhld., evangelische Schulordnungen. 3 Bde. gr. 8. Gütersloh 858
—64. Bertelsmann.   n. 12. 13½.
    1. Bd.: Die evangel. Schulordnungen b. 16. Jahrh. n. 3 Thlr. 22½ Ngr. — 2. Bd.:
    Die evangel. Schulordnungen b. 17. Jahrh. n. 4 Thlr. 6 Ngr. — 3. Bd. Die
    evangel. Schulordnungen b. 18. Jahrh. n. 4 Thlr. 15 Ngr.

Vormundschaftsordnung. Neuer Abdr. auf Befehl E. H. Senats d. freien u. Hansestadt Hamburg mit d. zum Gesetz vom 5. Juli 1844 beliebten Abänderungen. 4.
Hamburg 867. J. A. Meißner.   n. — 16.

— (preußische). Auszug aus d. Bestimmungen d. preuß. Landrechts Thl. II. Tit. 18.
16. Brandenburg 854. Müller.   — 3.

— die zürcherische, mit Erläuterungen von Bluntschli. (841. 846.) — 3. verb. Aufl.
8. Zürich 854. Schultheß.   n. — 12.

Vorschlag, ein, zur Erleichterung d. Hypothekarcredits auf Grund d. gesetzl. Bestimmungen über d. Hypothekenwesen im Kgr. Sachsen, zunächst für Städte. gr. 8.
Zwickau 863. Richter.   — 8.

— ein, zur Organisation d. Land-Armenwesens. gr. 8. Dresden 854. (G. Dietze.)
  n. — 2½.

Vorschläge zur Revision d. provisor. Kirchenordnung vom 9. April 1861. Denkschrift xc. gr. 8. Wien 863. Gerold.   n. — 12.

— zur Beschränkung d. Parcellirungen in Preußen. gr. 8. Berlin 857. v. Decker.
  — 7½.

— zu e. Verfassung f. d. evangel. Landeskirche Preußens. Herausg. im Auftr.
d. Unionsvereine von Jonas, Krause, Lisco, Müller, Pischon, Schweder u. Sydow. 8.
Potsdam 850. Riegel.   n. — 2½.

Vorschläge u. Motive zur Reform d. Medizinalwesens in Mecklenburg-Schwerin.
Entw. von d. dazu bestimmten Commiss. d. Vereins f. Aerzte u. Apotheker Mecklenburgs.
4. Schwerin 849. (Stiller.)   n. — 7½.

Vorschriften, baupolizeiliche, f. die kgl. Residenzstadt Hannover, die Vorstadt
Glocksee u. d. Vorort Linden. gr. 8. Hannover 863. Meyer.   n — 10.

— für Rheder, Schiffer u. Befrachter über Havarei u. Seeschäden, Verstlhadungen u.
Bodmerei. Abdr. aus d. Allgem. Landrecht, 2. Thl. Tit. 8., Abschn. 11—14. nebst d.
neuesten Wechselgesetz. 8. Stettin 854. (v. d. Nahmer.)   n. — 12½.

— die gesetzlichen, über die gerichtliche Auf- u. Annahme letztwilliger Verfügungen
in materieller Beziehung nach Allg. Landrechte u. d. betr. abweich. Bestimmungen d.
märkischen Provinzialrechts. Zusammengestellt u. mit e. Übersicht. Darstellung d. In-
testat- u. Notherbenrechts xc. versehen. 8. Berlin 856. Moeser.   n. — 20.

— ortspolizeiliche, d. kgl. bayerischen Stadt Kulmbach. 8. Kulmbach 866.
Blumröder.   — 4½.

— ortspolizeiliche Münchener, zu den Bestimmungen d. Polizeistrafgesetzbuches
vom 10. Nov. 1861. 1—7. Heft. 8. München 862—64. Franz.   à Heft — 3.

— zum Vollzuge d. Verordnung vom 28. Mai 1862, die Behandlung in Tax- u. Stempelwesens bei den Gerichten, Bezirks- u. Rentämtern u. Notaren betr. 8. Bamberg
862. Buchner.   — 9.

— für die Geschäftsbehandlung in Uebertretungssachen bei d. kgl. bayerischen Stadt-
u. Landgerichten in d. Landestheilen diess. d. Rheines. Amtliche Ausg. gr. 8. München 862. Weiß.   — 8.

Vortrag über die Zulässigkeit u. Anwendbarkeit d. Todesstrafe in d. Gesetzgebung,
erstattet von d. im K. Belgien im J. 1848 für Revision d. Strafgesetzbuchs niedergesetzten Commission an d. Minister d. Justiz. Uebers. u. mit Anmkgn. von Groß.
gr. 8. Dresden 851. Meinhold.   — 7½.

Voß, Militair-Gesetzcodex, s. Militair-Gesetzcodex.

Wachenhusen, Otto, die Volkswirthschaftslehre. Für d. deutsche Volk. gr. 8.
Leipzig 863. O. Wigand.   — 27.

Wachler, Paul, das allgem. Berggesetz f. d. preuß. Staaten erläutert a. d. Materialien, d. Rechtswissenschaft u. d. bisher. Praxis d. Bergverwaltungs-Behörden u. Gerichte, unter besond. Berücksicht. d. französ., österreich. u. sächs. Bergrechts, nebst d. außer d. Berggesetze in Kraft stehenden, auf d. Bergwesen Bezug habenden Gesetzen u. Vorschriften x. gr. 8. Breslau 865. Matuschke u. W.   n. 1. 20.

— die Orts-Polizeibehörden im Verhältnisse zur Kriminal-Rechtspflege nebst Polizei-Transport- u. Kosten-Wesen. gr. 8. Ebend. 866.   n. — 5.

— über die Rechtsgiltigkeit der Feldesreservation f. d. fiskalischen Bergbau insbes. in Oberschlesien. gr. 8. Ebend. 865.   n. — 15.

Waechter, Carl Geo. v., commentatio de partu vivo non vitali. Pars. I—V. 4. Leipzig 863—66. Dürr'sche Buchh.   — 27.

— der Entwurf e. bürgerlichen Gesetzbuches f. d. Kgr. Sachsen. Ein Beitrag zur Beurtheilung desselben. gr. 8. Leipzig 853. B. Tauchnitz.   1. 22½.

— Handbuch d. im Kgr. Württemberg geltenden Privatrechts. 2. Bds. 3. Abth. gr. 8. Stuttgart 851. Metzler.   n. 1. 7½.
    1. Bd. u. 2. Bds. 1. 2. Abth. Ebend. 839—46, à 8 Thlr. 22½ Sgr.

— das kgl. sächsische u. das thüringische Strafrecht. Ein Handbuch. (3 Liefgn.) gr. 8. Ebend. 856—58.   n. 2. 2.

— das Superficiar- oder Platzrecht. 1. Thl. Gemeines Recht. 2. Thl.: Der bayerische Entwurf. gr. 4. Leipzig 866. Dürr'sche Buchh. à Thl. — 12.

Wächter, Oec., Bekenntnißgrund, Kirche u. Sectenwesen in Württemberg nach Geschichte, Recht u. Lehre dargestellt. gr. 8. Stuttgart 862. J. F. Steinkopf.   n. — 20.

— das Handelsrecht nach d. allgem. deutschen Handelsgesetzbuch u. d. Einführungsgesetzen f. d. Gebrauch d. Handelsstandes dargestellt. 2 Thle. gr. 8. Leipzig 865, 66. Breitkopf u. H.   2. 24.

— Konkordat u. Recht in Württemberg. gr. 8. Stuttgart 861. J. F. Steinkopf.   — 9.

— Württemberg u. Rom vor 300 Jahren. Ein Zeugniß gegen das Konkordat. gr. 8. Ebend. 860.   — 9.

— das Recht d. Künstlers gegen Nachbildung u. Nachdruck seiner Werke. Nach d. in Deutschland geltenden Rechten x. gr. 8. Stuttgart 860. Cotta.   — 6.

— das Verlagsrecht mit Einschluss d. Lehren von dem Verlagsvertrag u. Nachdruck nach d. geltenden deutschen u. internationalen Rechten mit besond. Rücksicht auf die Gesetzgebungen von Oesterreich, Preussen, Bayern u. Sachsen systemat. dargestellt. gr. 8. Ebend. 858.   4. 24.

— Wechsellehre nach d. deutschen u. ausländ. Gesetzen f. d. prakt. Gebrauch d. Handelsstandes bearb. gr. 8. Stuttgart 861. Engelhorn.   3. —

Wackernagel, Wilh., das Bischofs- u. Dienstmannenrecht von Basel in deutscher Aufzeichnung d. 13. Jahrh. 4. Basel 854. Schweighauser. n. — 18.

Wagner, Adph., Beiträge zur Lehre von den Banken. gr. 8. Leipzig 857. Voss.   n. 2. —

— die Geld- u. Credittheorie d. Peel'schen Bankacte. gr. 8. Wien 862. Braumüller.   n. 1. 10.

— die Ordnung d. österreich. Staatshaushaltes, mit besond. Rücksicht auf d. Ausgabeetat u. die Staatsschuld. gr. 8. Wien 863. Gerold.   1. 24.

Wagner, G., das Entstehen u. die Fortführung der rheinisch-westphäl. Grundsteuer-Katasters nebst e. Anh. über d. Werth d. Kauf-, Pacht- oder Miethpreise als Prüfungsmittel für die Katastralabschätzung d. Grundeigenthums. (855.) — Neue Ausg. 8. Düsseldorf 860. Schaub.   n. — 12½.

Wagner, Joh. Geo., Grundzüge d. Gerichtsverfassung u. d. untergerichtlichen Verfahrens sowohl in streitigen Civilsachen als bei den Handlungen d. freiwill. Gerichtsbarkeit in Kurhessen. (822—43.) — 4. umgearb. Aufl. gr. 8. Marburg 859. Elwert.   3. 15.

Wahl, Gust. Adph., das Zollstrafgesetz f. d. Kgr. Sachsen vom 3. April 1838 mit e. durchlaufenden Commentar. gr. 8. Leipzig 866. Teubner.   n. — 24.

Wahlberg, W. E., die Ehrenfolgen d. strafgerichtlichen Verurtheilungen. Ein Beitrag zur Reform d. Strafensystems. gr. 8. Wien 864. Braumüller.
n. — 20.

Wahlgesetz, das, für den norddeutschen Bund u. die deutsche Reichsverfassung nebst d. preuß. Bundes-Reform-Projekt. gr. 8. Berlin 866. A. Jonas. — 2½.

Waitz, Geo., über die angeblichen Erbansprüche d. kgl. preußischen Hauses auf die Herzogth. Schleswig-Holstein. gr. 8. Göttingen 864. Dieterich. — 4.

— über die altdeutsche Hufe. 4. Ebend. 854. n. — 16.

— über die Münzverhältnisse in d. älteren Rechtsbüchern d. fränkischen Reichs. 4. Ebend. 861. n. — 12.

— Grundzüge der Politik nebst einzelnen Ausführungen. gr. 8. Kiel 862. Homann.
n. 1. 15.

— deutsche Verfassungsgeschichte. 1. Bd. (844.) — 2. neu bearb. Aufl. gr. 8. Ebend. 865. n. 3. 10.

—— 2—4. Bd. gr. 8. Ebend. 847—61. n. 10. 8.
2.: n. 3 Thlr. 20 Ngr. ; 3.: n. 3 Thlr. ; 4.: n. 3. Thlr. 18 Ngr.

Wal, J. de, Beiträge zur Literatur-Geschichte des Civil-Prozesses. (Aus d. Holländ. übers.) Mit Zusätzen des Verf. u. e. Vorw. herausg. von R. Stintzing. gr. 8. Erlangen 866. Deichert. — 15.

Walcher, K., populäre Vorträge über das Wechselrecht. gr. 8. Stuttgart 858. Nitzschke. — 15.

Wald, Herm., gerichtliche Medicin. Ein Handbuch f. Gerichtsärzte u. Juristen zum Theil auf Grundlage von A. S. Taylor's medical jurisprudence bearb. 2 Bde. 8. Leipzig 858. Voß. n. 3.

Waldeck, die Nichtigkeitsbeschwerde als das alleinige Rechtsmittel höchster Instanz mit besond. Beziehung auf die preuß. Prozeßgesetzgebung. gr. 8. Berlin 861. Guttentag. n. 1. —

Waldner, Math., Versuch e. Entwurfs d. Hauptmomente d. deutschen Münzwesens. gr. 8. Innsbruck 858. (Wagner.) n. 1. 12.

Wallmann, das preußische Strafgesetzbuch in seiner prakt. Anwendung, erläutert durch mehrere tausend Rechtsfälle u. Entscheidungen des Obertribunals u. anderer preuß. Gerichtshöfe. gr. 8. Berlin 866. Berggold. n. 1. 25.

Walter, Ferd., das alte Erzstift u. die Reichsstadt Cöln, ihre geistliche u. weltliche Verfassung u. ihr Recht. Ein Beitrag zur Geschichte d. deutschen Staats- u. Privatrechts, d. deutschen Kirchenrechts u. d. rheinischen Adels. gr. 8. Bonn. Marcus.

1. Buch: Entwicklung ihrer Verfassung vom 15. Jahrh. bis zu ihrem Untergang. 866. n. 2. 10.

— juristische Encyklopädie. gr. 8. Ebend. 856. n. 1. 26.

— fontes juris ecclesiastici antiqui et hodierni. gr. 8. Ebend. 862. n. 2. 20.

— Lehrbuch d. Kirchenrechts aller christlichen Confessionen. (822—56.) — 13. Ausg. gr. 8. Ebend. 861. n. 3. —

— zu Richter's Kirchenrecht. gr. 8. Ebend. 858. — 2¼.

— Naturrecht u. Politik im Lichte d. Gegenwart. gr. 8. Ebend. 863. n. 3. —

— System d. gemeinen deutschen Privatrechts. gr. 8. Ebend. 854. 3. —

— Geschichte d. römischen Rechts bis auf Justinian. 2 Thle. (834. 846.) 3. verm. Aufl. gr. 8. Bonn 860. Weber. n. 5. 15.

— deutsche Rechtsgeschichte. (852.) — 2. verb. Ausg. 2 Bde. gr. 8. Bonn 857. Marcus. n. 4. —

— das alte Wales. Ein Beitrag zur Völker-, Rechts- u. Kirchengeschichte. gr. 8. Ebend. 859. n. 2. 20.

Walther, Frdr., zur Lehre vom hochverrätherischen Komplott. gr. 8. München 849. Kaiser. n. — 10.

Walther, Fdr., die Rechtsmittel im Strafverfahren nach d. Grundsätzen d. engl.-französ. Strafprozeßrechtes bearb., mit e. Vorw. von J. A. Mittermaier. gr. 8. München 855. Kaiser. n. 2. 16.
— Lehrbuch d. bayerischen Strafprozeßrechts mit Rücksicht auf andere Gesetzgebungen. gr. 8. München 859. Literar.-arist. Anstalt. n. 2. 4.
Walther, O., Taschenrepertorium zur Gesetzsammlung d. Fürstenth. Schwarzb.-Sondershausen. gr. 8. Sondershausen 850. Eupel. n. — 10.
Walther, O. A., die Literatur d. gemeinen, ordentlichen Civil-Processes u. seine Bearbeiter bis auf die Zeiten d. jüngsten Reichsabschiede. Ein Beitrag zur Culturgeschichte d. gemeinen deutschen Civil-Processes überhaupt. gr. 8. Nordhausen 865. Förstemann. n. — 24.
— Handlexicon d. jurist. Literatur d. 19. Jahrh. Lex.-8. Weimar 854. Jansen. 7.
— genetische Entwickelung d. Lehre vom sogen. Manifestationseide. gr. 8. Marburg 859. Elwert. (Frankfurt a. M., Boelcker.) 1. —
Wangemann, über die neue Gemeindeordnung von 1860. gr. 8. Berlin 860. W. Schultze. n. — 5.
Wangemann, T., Schulordnung nebst Einrichtungs- u. Lehrplan f. d. preußische Volksschule. Auf Grund älterer u. neuerer Verordnungen d. kgl. Behörden u. d. drei preuß. Regulative zusammengestellt. 2 Abthlgn. gr. 8. Berlin 856, 57. Wohlgemuth. n. 1. 12.
   1. Abth., welche die Schulordnung u. die äußerlichen Einrichtungen betrifft. n. 12 Sgr. —
   2. Abth.: Pract. Auslegung d. drei preuß. Regulative dargeboten in e. vollständig aufgelegten Lehrplan f. d. gehobene Volksschule n. 1 Thlr.
Warnkönig, L. A., über d. Conflict d. Episcopats d. oberrhein. Kirchenprovinz mit d. Landesregierungen in derselben. gr. 8. Erlangen 853. Enke. n. — 14.
— jurist. Encyclopädie oder organ. Darstellung d. Rechtswissenschaft mit vorherrschender Rücksicht auf Deutschland. Zum Gebrauch bei Vorlesungen u. zum Selbststudium. gr. 8. Ebend. 853. n. 2. 24.
— Beiträge zur Geschichte u. Quellenkunde d. Lütticher Gewohnheitsrechts. (838.) — Neue Ausg. Freiburg i. Br. 864. Wagner. — 15.
— Vorschule d. Institutionen u. Pandekten. Ein Commentar zu d. Einleitungen d. latein. Lehrbücher d. röm. Rechts d. Verf. (839.) — 2. Ausg. gr. 8. Ebend. 854. — 24.
— institutiones juris romani privati, in usum praelectionum academ. etc. (819—34.) — Edit. IV. gr. 8. Bonn 860. Marcus. n. 1. 15.
— philosophiae juris delineatio. (830.) — Edit. II. gr. 8. Tübingen 855. Fues' Sortbdlg. n. 1. —
— Rechtsphilosophie als Naturlehre des Rechts. (839.) — 2. Ausg. gr. 8. Freiburg i. Br. 854. Wagner. 1. 9.
— die staatsrechtliche Stellung d. kathol. Kirche in d. kathol. Ländern d. deutschen Reichs besonders im 18. Jahrh. Eine rechtsgeschichtl. u. dogmengeschichtl. Abhandlung. gr. 8. Erlangen 855. Enke. n. 1. 10.
Warnkönig, Th. A., die großherzogl. badischen Gesetze über Ausübung d. Jagd u. Fischerei nebst d. darauf bezügl. Verordnungen, Ministerialentschließungen u. strafgesetzlichen Bestimmungen mit Rücksicht auf die neue Organisation zusammengestellt. gr. 8. Donaueschingen 866. Aldenhoven. n. — 10.
Warnstedt, A. v., die Oldenburger u. Brandenburger Erbansprüche auf die Herzogth. Schleswig-Holstein. Auf Grund der Urkunden beleuchtet. gr. 8. Hannover 865. Schmorl u. v. S. n. 1. 20.
— das Recht d. Erstgeburt in d. schleswig-holstein. Fürstenhause. Eine Kritik mehrerer Gegenschriften. gr. 8. Ebend. 854. n. — 20.
— Rechtsgutachten d. deutschen Juristenfacultäten in d. schleswig-holstein. Successionsfrage. 2 Hefte. gr. 8. Ebend. 864. à Heft — 7½.
— Staats- u. Erbrecht d. Herzogth. Schleswig-Holstein. Kritik d. Schriften d. Staatsraths Zimmermann u. d. Geheimeraths Pernice. gr. 8. Ebend. 864. n. 1. 10.

Wasserburg, A., Wechselrecht nach d. französ. Handelsgesetzbuche zum Selbstunterricht ꝛc. (845.) — 2. Aufl. gr. 8. Mainz 851. Wirth S. — 18.

Wasserschleben, (J. W.) Herm., juristische Abhandlungen. gr. 8. Gießen 856. (Roth.) n. — 22½.

— die Bussordnungen d. abendländischen Kirche, nebst e. rechtsgeschichtlichen Einleitung. gr. 8. Halle 851. Graeger. n. 4. 15.

— das Kirchenregiment u. die bevorsteh. Reorganisation d. evangel. Kirche. Ein kirchenrechtl. Gutachten. gr. 8. Breslau 849. Max u. Co. — 5.

— die Entwickelungsgeschichte d. evangel. Kirchenverfassung in Deutschland. Eine Festrede. 4. Gießen 861. (Ricker.) n. — 5.

— Sammlung deutscher Rechtsquellen. 1. Bd. gr. 8. Giessen 860. Heyer. n. 2. 20.

— das Prinzip d. Successionsordnung nach deutschem insbes. sächsischem Rechte. Ein Beitrag zur deutschen Rechtsgeschichte. gr. 8. Gotha 860. Besser. n. 1. —

— die germanische Verwandschaftsberechnung u. das Princip d. Erbenfolge nach deutschem insbes. sächsischem Rechte. Eine Replik. gr. 8. Giessen 864. Heinemann. n. — 10.

Wattenbach, W., die österreich. Freiheitsbriefe. Prüfung ihrer Echtheit u. Forschungen über ihre Entstehung. gr. 8. Berlin 852. Hertz. n. — 15.

Weber, Jost, das Recht d. unehelichen Geburt in d. Schweiz. Mit Rücksicht auf die schweizer. Gesetzgebungen u. die wichtigsten ausländ. Rechte etc. gr. 8. Zürich 860. Meyer u. Z. n. 1. —

Wechselgesetz, das neueste schwedische. In Kraft getreten am 1. Jan. 1852. Uebers. von J. S. Lowe. 12. Hamburg 858. Nestler u. M. (Liegnitz, Krumbhaar.) — 9.

— das ungarische, mit Rücksicht auf die Landeskonstitution, den Handel, die Industrie u. den Kredit. Von A. M. P. 2. verb. Aufl. gr. 8. Pest 862. Lauffer. n. 1. —

Wechsel- u. Handelsgesetzgebung, gesammte, d. Kgr. Bayern. Zusammenstellung d. auf d. Wechsel- u. Handelsrecht bezügl. gesetzlichen Bestimmungen. 8. Bamberg 862. Buchner. n. — 24; Schreibpap. n. 1. 6.

Wechsel- u. Konkurs-Gesetzbuch, vollständiges, für Ungarn, Kroatien, Slavonien ꝛc. nach d. allgem. Wechselordnung, d. Wechselverfahren f. Civil- u. Militärpersonen, d. neuen Konkursordnung ꝛc. zu e. systemat. Ganzen zusammengestellt u. commentirt. 2. Aufl. gr. 8. Pest 854. Geibel. — 16.

Wechselordnung, allgem. deutsche. Mit Anmerkgn. u. insbes. mit d. gutachtlichen Aeußerungen d. Handelsgesetzgebungs-Commission über streitige Fragen d. Wechselrechts ꝛc. 1—4. Aufl. 8. Würzburg 863. Stahel. — 12.

— — Nebst e. kurzen Erklärung d. im Wechselverkehr vorkomm. Fremdwörter u. e. Anh. d. üblichen Wechselformulare. 8. Stuttgart 849. Lubrecht u. Co. n. — 5.

— — Nebst e. ausführl. alphabet. Sachregister sowie e. alphabet. geordneten Belehrung über die darin vorkomm. technischen Ausdrücke ꝛc. Bearb. von Carl Courtin. 1—3. Aufl. 8. Stuttgart 849. Metzler. — 10.

— — vom 26. Nov. 1848 mit d. Einführungsgesetze (für Bayern) vom 25. Juli 1850, dem Gesetze vom 29. Juni 1851 über die kaufmänn. Anweisungen, dem Gesetze vom 5. Octbr. 1863, einige Bestimmungen d. allgem. deutschen Wechselordnung betr. ꝛc. 2. Aufl. 8. Nördlingen 866. Beck. — 6.

— — u. das die Ergänzung derselben betr. Gesetz vom 31. Mai 1864 f. d. Kgr. Hannover. Mit prakt. Zusätzen u. Erläuterungen u. e. vollständ. alphabet. Register. 8. Hannover 864. Meyer. n. — 12.

— — nebst d. Einführungsgesetze f. d. Kgr. Hannover. Neuer Abdr. gr. 8. Hannover 860. Brede. n. — 5.

— f. d. Herzogth. Holstein. gr. 8. Altona 858. Wendeborn. n. — 6.

Wechselordnung — Wegweiser. 265

Wechselordnung, allgemeine, welche am 1. Mai 1850 für die k. k. österreich. Staaten Gesetzeskraft erlangt. gr. 8. Wien 850. (Gerold.) n. — 4.
— Verfahren in Wechselsachen, Börseordnung, Gesetz für Waarenbörsen u. Waarensensale ꝛc. Mit allen nachträgl. Verordnungen u. mit alphabet. Register. Neuer Abdr., ergänzt bis Mitte Novbr. 1866. 8. Wien 866. Manz. n. — 6.
— die seit d. 1. Febr. 1849 in Kraft getretene allgem. deutsche, mit b. Einführungsgesetz für Preußen vom 15. Febr. 1850. In Verbindung mit d. zur Kenntniß gekommenen Rechtsgrundsätzen b. neuesten Entscheidungen höchster Gerichtshöfe ꝛc. (854.) — 2. Ausg. 8. Hamm 855. Wickenkamp. — 6.
— allgem. deutsche, sowie die von d. kgl. preuß. Ober-Tribunal gefällten wechselrechtlichen Entscheidungen. (859. 861.) — 3. verb. Aufl. 16. Berlin 863. I. Springer. n. — 10.
— —— nebst sämmtl. auf dieselbe bezügl., seit deren Einführung erschien. kgl. sächsischen Gesetzen. (851.) — 2. Aufl. 8. Leipzig 853. Serig. n. — 4.
— —— mit d. sächs. Einführungsgesetz, d. sächs. Firmen- u. Procura-Ordnung, sowie d. Gesetzen über d. kaufmänn. Anweisungen, d. Schuldarrest u. Wechselprocess. 1—4. Aufl. 12. Leipzig 850. Spamer. — 7½.
Weitere in Menge erschienenen Textabdrücke d. allgem. deutschen Wechselordnung (à 1½—5 Ngr.) sind hier nicht speciell aufgeführt.

Wedderkop, Th. v., die Verfassung d. evangel.-luther. Kirche d. Herzogth. Oldenburg. Eine übersichtl. Darstellung b. Revision von 1853. gr. 8. Oldenburg 853. Schmidt. n. — 20.

Weddige, Handbuch zum Amtsblatt d. kgl. Regierung zu Arnsberg, enth. alle in d. Zeit vom I. 1844 bis Ende 1852 erschien. „ein bleibendes Interesse habenden" Cabinetsordres, Ministerial-, Provinzial- u. Bezirksverordnungen. gr. 8. Arnsberg 853. Ritter. n. 1. 22½.
Fortsetz. von Essen's Handbuch (1816—1843 enth.). Ebend. 844. n. 1 Thlr. 25 Ngr.

Wedekind, Ed., zur Reform d. Meierrechts u. d. bäuerlichen Verhältnisse überhaupt, mit besond. Rücksicht auf b. Meierrecht b. Fürstenth. Lüneburg. 1. Heft. gr. 8. Göttingen 861. Vandenhoeck u. R. n. — 12.
— Hannover u. Braunschweig. Beleuchtung u. Widerlegung d. Druckschrift: Die Regierungsfolge im Herzogth. Braunschweig nach d. Erlöschen d. braunschw.-wolfenbüttelschen Fürstenhauses. gr. 8. Leipzig 861. D. Bügel. n. — 10.

Weber, Aug., Abhandlungen aus d. Gebiete vergleich. Strafgesetzkunde, mit besond. Rücksicht auf die bezügl. Diebstahls in d. Vorzeit bestand. u. in d. Staaten d. deutschen Bundes, Frankreich, Rußland u. in d. Schweiz geltenden Strafgesetze. gr. 8. Olmütz 861. Hölzel. n. 1. 20.
— die Grundprinzipien d. Strafprozesses nebst b. Entwurfe e. Prozeßordnung, mit Rücksicht auf die in Oesterreich u. in d. übrigen Staaten d. deutschen Bundes bestehenden Vorschriften über d. Strafverfahren behufs Anbahnung e. gemeinschaftlichen Prozeßordnung. gr. 8. Ebend. 861. n. 1. 15.

Weech, Frdr. v., Correspondenzen u. Actenstücke zur Geschichte d. Ministerconferenzen von Carlsbad u. Wien in d. I. 1819, 1820 u. 1834. gr. 8. Leipzig 865. Vogel. n. 1. 10.

Wege-Gesetzgebung, hannoversche. gr. 8. Hannover 855. Meyer. n. — 12.

Wegener, C. F., das Verfahren in polizeigerichtl. Untersuchungen nach d. Verordnung vom 3. Jan. 1849 mit b. Geschäftsinstruktion vom 23. April 1849 f. d. Polizeianwalte ꝛc. 8. Berlin 850. C. Heymann. 1. —

Wegner, R., Grundzüge e. zeitgemäßen Reorganisation d. Gemeindewesens, u. im Zusammenhange damit, d. Staatsverwaltungssystems ꝛc. gr. 8. Berlin 850. G. Reimer. — 15.
— die preußischen Grundsteuer-Tarife. gr. 4. Berlin 862. R. Kühn. n. 1. —

Wegweiser, der treue, zu Amt u. Gericht für jeden Bürger u. Landmann Bayerns. Ein Hand- u. Hülfsbuch ꝛc. In alphabet. Ordnung aus b. neuen Straf-, Polizei-, Notariats- ꝛc. Gesetzen zusammengestellt. Passau 862. Elsässer u. W. — 15.

Wegweiser für Geschworene. Eine faßliche u. getreue Darstellung der Form u. Bedeutung d. Schwurgerichte in Württemberg. 8. Blaubeuren 849. (Mangold.) — 7½.

— zum bayerischen Hypothekenrechte, im Auszug d. wichtigsten Bestimmungen aus d. bayer. Hypothekengesetz vom 1. Juni 1822 ꝛc., in Fragen u. Antworten. 8. Schrobenhausen 854. (München, J. A. Finsterlin.) — 6.

Wehle, C., das Patentwesen in d. Verein. Staaten von Amerika. Eine Anleitung zur Erlangung u. Verwerthung von Patentbriefen in d. Verein. Staaten. gr. 8. New-York 857. (Philadelphia, Schäfer u. K.) n. — 10.

Wehli, E., das Wesen des Wechsels u. sein Verhältniß zu anderen Schuldurkunden. gr. 8. Wien 867. Manz. n. — 10.

Wehner, Aug. Fr., Beantwortung verschiedener Rechtsfragen. 1. Heft. gr. 8. Wurzen 850. Verlagscomptoir. n. — 20.

Wehrer, J. F., alphabet. Real-Repertorium zu d. Annalen d. großh. badischen Gerichte nebst d. Beiblatte, enth. die Entscheidungen französ. Gerichte, insbes. d. Cassationshofes, über Rechtsfragen aus d. Code civil. 1—19. Jahrg. 4. Mannheim 824. Beusheimer. n. 1. 15.

— Repertorium d. Gesetze, Verordnungen u. Erläuterungen aus d. Regierungs- u. Kreis-Verordnungsblättern (soweit dieselben noch Geltung haben) von 1803 bis 1855. 4. Heidelberg 855. J. Groos. n. 2. —

— Repertorium d. gesammten Gesetzgebung Badens nach ihrem neuesten Stande einschließlich d. darauf bezügl. Verordnungen u. Erläuterungen bearb. 4. Heidelberg 866. Emmerling. n. 3. 10.

Weibezahn, Herm., Leitfaden f. d. Ortsvorstände d. Landgemeinden zur selbständ. Führung ihrer Amtsgeschäfte. gr. 8. Rinteln 857. (Bösendahl.) n. 1. 15.

(**Weichbildrecht**.) — Dat buk weichbilde recht. Das sächsische Weichbildrecht nach e. Handschrift d. kgl. Bibliothek zu Berlin von 1369, herausg. von A. v. Daniels. gr. 8. Berlin 853. Th. Enslin. n. — 12.

Weichsel, F. J., der Ziegler'sche Prozeß. Verhandlungen in d. Untersuchungssache wider d. Oberbürgermstr. Ziegler vor d. Schwurgerichte zu Brandenburg. Mit authent. Belegen. 8. Magdeburg 850. Baensch. — 6.

Weigl, Geo., Anleitung zur Vornahme d. Gemeindewahlen in magistratischen Städten, Märkten u. Landgemeinden, sowie die Wahlen d. Kirchenverwaltungsmitglieder ꝛc. in d. Gebietstheilen d. Kgr. Bayern dieff. d. Rheins auf Grund d. gesetzl. Bestimmungen ꝛc. 8. Regensburg 857. Manz. n. — 24.

Weil, C., pract. Bemerkungen zur preuß. Ehescheidungsgesetzgebung (nebst Originaltext d. Gesetze). 2 Abthlgn. gr. 8. Berlin 859. Quaas. n. — 27.

1. Abth.: Das materielle Recht. a. 15 Ngr. — 2. Abth.: Das formelle Recht. a. 12 Ngr.

Weimann, C. A., Beitrag zur Reform d. Hypothekenwesens. gr. 8. Merseburg 818. Garcke. (Stollberg.) n. — 5.

Weinhagen, A., Sammlung d. jetzt geltenden Verordnungen über die indirekten Steuern oder die unter dieser Collectivbenennung begriffenen Abgaben im Kgr. Preußen. 1. u. 2. Thl. 1818—1858. gr. 8. Duisburg 856. Rieten. n. 3. 15.

— Indicator zu d. Verordnungen wegen Verwaltung d. indirekten Abgaben im Kgr. Preußen ꝛc. gr. 8. Mülheim 861. Bagel. n. — 25.

Weinhagen, R., das Recht der Aktien-Gesellschaften nach d. allgem. deutschen Handelsgesetzbuche u. d. preußischen Gesetze vom 15. Febr. 1864. Nebst e. Anh. 8. Köln 866. Weinhagen. n. 3. —

— allgem. deutsches Handelsgesetzbuch in Verbindung mit d. preuß. Einführungsgesetze vom 24. Juni 1861 ꝛc. 8. Ebend. 862. n. 1. 5.

— — mit Anh.: Das rheinische Fallimentsgesetz u. Prozeßrecht in Handelssachen nebst d. deutschen Wechselordnung u. andern darauf bezügl. Gesetzen. 8. Ebend. 861. n. 1. 10;
Anhang apart n. — 12.

— das neue preußische Handelsrecht in seinen wesentlichsten Bestimmungen zum prakt. Gebrauch dargestellt. gr. 8. Ebend. 862. n. — 20

Weis, J. G., Handbuch f. Gemeindevorsteher, Gemeinderäthe u. Polizeiofficianten, nebst e. Anh., enth. Formulare zu Verhandlungen in Gemeinde- u. Polizeiangelegenheiten, sowie die Gemeindeordnung vom 11. März 1850, die Gesetze über die Verpflichtung zur Armenpflege u. die Aufnahme neu anziehender Personen vom 31. Decbr. 1842 u. d. Gesetz über die Polizeiverwaltung vom 11. März 1850. gr. 8. Trier 856. Gall. — 20.

Weis, Ludw., das Strafgesetzbuch f. d. Kgr. Bayern sammt d. Gesetze vom 10. Novbr. 1861 zur Einführung des Strafgesetzbuchs u. d. Polizeistrafgesetzbuchs. 2 Bde. gr. 8. Nördlingen 863—65. Beck. n. 5. —

Weiske, Jul., über Gemeindegüter u. deren Benutzung durch die Mitglieder nach d. Bestimmungen d. neuen Gemeindegesetze insbes. in Württemberg, Hessen u. Baden, nebst beurtheilender Darstellung d. neuen österreich. Gemeindegesetzes u. e. Abhandlung über d. Nießbrauch am Kux mit bergrechtlicher Einleitung. gr. 8. Leipzig 849. Hinrichs. — 25.

— die Gutsherrlichkeit u. die gutsherrlich-bäuerlichen Gaben u. Leistungen. gr. 8. Leipzig 850. Hartknoch. — 15.

— s. Sachsenspiegel.

Weiß, Chm., Criminalgesetzbuch d. Kgr. Sachsen, mit erläut. Bemerkgn. zum prakt. Gebrauch u. e. Vergleichung d. Entwurfs, sowie d. Criminalgesetzbücher f. d. Großherzogth. S.-Weimar-Eisenach, die Herzogth. S.-Altenburg u. S.-Meiningen u. d. Fürstenth. Schwarzb.-Sondershausen. (847.) — 2., gänzlich umgearb. u. verm. Aufl. gr. 8. Leipzig 848. Arnold. 4. —

Weisthümer, Magdeburger, aus den Originalen d. Görlitzer Rathsarchives herausg. von Thdr. Neumann. Mit Vorw. von C. Th. Gaupp. 8. Görlitz 852. (Remer.) n. 1. —

Welzel, G., das badische Gesetz vom 5. Octbr. 1863 über die Organisation d. innern Verwaltung mit d. dazu gehör. Verordnungen, sammt geschichtl. Einleitung u. Erläuterungen. Nach amtlichen Quellen bearb. gr. 8. Karlsruhe 864. Braun. n. 1. 24.

Welcker, Carl, Grundgesetz u. Grundvertrag. Grundlagen zur Beurtheilung d. preuß. Verfassungsfrage. (847.) — 2. Ausg. gr. 8. Altona 851. Lange. — 10.

Welter, K. C., theoret.-prakt. Handbuch üb. d. eheliche Güterrecht in Westfalen u. d. rheinischen Kreisen Essen, Duisburg u. Rees noch d. alten Provinzialgesetzen, Statuten u. Gewohnheiten u. nach d. neuen Provinzialgütergemeinschaftsgesetze vom 16. April 1860, nebst d. Lehre von d. Einkindschaft ꝛc. gr. 8. Paderborn 861. Schöningh. n. 2. 20.

Welzel, Chph., das Gerichtsverfassungsgesetz d. Kgr. Bayern. gr. 8. München 862. Literar.-artist. Anstalt. n. 1. —

Wenck, Rud., die kgl. sächsische Civilproceßnovelle. Das Gesetz, die Abkürzung u. Vereinfachung d. bürgerlichen Proceß-Verfahrens betr., vom 30. Decbr. 1861. Mit erläut. Anmerkgn. herausg. Nebst e. Anh., enth.: das Mandat vom 28. Nov. 1753, die Ges. vom 16. Mai 1839, vom 21. Sept. 1833 ꝛc. (862.) — 2. verm. u. verb. Aufl. 8. Leipzig 866. Roßberg. n. — 15.

— Verordnung, das Verfahren in nichtstreitigen Rechtssachen betr., u. Ein- u. Ausführungsverordnung zum bürgerlichen Gesetzbuch f. d. Kgr. Sachsen vom 9. Jan. 1865. Mit erläut. Anmerkgn. u. e. Sachregister. 8. Ebend. 865. — 15.

Wengler, E., Usancen-Codex f. Buchhändler u. Geschäftsverwandte. Mit Berücksicht. d. Rechtsverhältnisse u. Rechtsfragen etc. 16. Leipzig 859. Wengler. n. — 12½.

Wengler, Fr. Alb., ausführliches alphabet. u. chronolog. geordnetes Sach- u. Wortregister zum bürgerlichen Gesetzbuche f. d. Kgr. Sachsen ꝛc. 8. Dresden 863. Meinhold. n. — 10.

— Beiträge zu der Lehre vom Speditionsgeschäft für Juristen u. Kaufleute. gr. 8. Chemnitz 860. Focke. n. — 20.

— bürgerliches Gesetzbuch f. d. Kgr. Sachsen, s. Gesetzbuch.

Wentzel, U., Strafgesetze ꝛc., s. Ergänzung d. Strafgesetzbuches ꝛc.

Wenzel, A., u. C. Klose, die preußische Konkursordnung vom 8. Mai 1855, die Gesetze vom 8. u. 9. Mai 1855 betr. die Einführung derselben u. die Befugniß d. Gläubiger zur Anfechtung d. Rechtshandlungen zahlungsunfähiger Schuldner außerhalb des Konkurses 2c., mit d. Materialien zusammengestellt u. erläutert. gr. 8. Berlin 855. (Leipzig,) Duncker u. H. n. 2. 20.

Wenzel, Gust.. Handbuch d. allgem. österreich. Bergrechts auf Grundlage d. Gesetzes vom 23. Mai u. d. Vollzugsvorschrift vom 25. Sept. 1854. gr. 8. Wien 855. Braumüller. n. 2. 20.

Werenberg, Wilh., die Rechtsverhältnisse im Staatsschuldenwesen d. Kgr. Hannover. gr. 8. Bremen 849. Strack. n. — 10.

Wernher, Jul., die Zustände d. evangel. Kirche u. deren Verbesserung durch Aenderung d. Verfassung mit vorzugsw. Rücksicht auf d. Großherzogth. Hessen. gr. 8. Darmstadt 862. Diehl. n. — 6.

Werth, J. C. F., Repetitorium d. gemeinen deutschen Lehnrechts mit Berücksicht. d. deutschen Particulargesetzgebungen, vorzüglich zum Gebrauche bei d. Vorbereitungen auf die jurist. Prüfungen bearb. gr. 8. Berlin 860. (Peiser.) n. — 12.

Wessely, Jos., Themis. Für Rechts- u. Staatswissenschaften, mit besond. Rücksicht auf die neue Gesetzgebung u. Gerichtsverfassung. Neueste Folge. 1. u. 2. Heft. gr. 8. Prag 819. (Credner.) à Heft n. — 24.

Wessely, Wolfg., die Befugnisse d. Nothstandes u. d. Nothwehr nach österreich. Rechte mit Berücksicht. d. gemeinen Rechts u. d. neuern deutschen Partikulargesetzgebung. gr. 8. Prag 862. Tempsky. — 15.

Wetzell, Geo. Wilh., System d. ordentlichen Civilprocesses. (854—61.) — 2. verb. u. verm. Aufl. gr. 8. Leipzig 865. B. Tauchnitz. 4. —

— Bedenken gegen die Aufhebung d. akadem. Gerichtsbarkeit. gr. 8. Marburg 848. (Frankfurt a. M., Völcker.) — 4.

— disput. de quaestione, adversus quem in integrum restitutio imploranda sit. 4. Ebend. 850. — 6.

Weyer, J. P., das Baurecht in d. Rheinprovinzen Preußens u. denjen. Ländern, in welchen d. französ. Gesetzbuch in Kraft u. Anwendung steht. 2. Aufl. — Das Miethrecht in d. Rheinprovinzen 2c. Nebst e. Zusammenstellung sämmtl. in d. Rheinprovinz bei Miethverhältnissen geltenden Ortsgebräuche. Von Aug. Bessel. gr. 8. Köln 854. Eisen. n. 1. 10.

2. Aufl. von Weyer's Baurecht, bearb. von Raschdorff, s. Raschdorff, Jul. — u. 3. Aufl. von Bessel's Miethrecht, s. Bessel, Aug.

Wheaton, H., histoire du progrès du droit des gens en Europe et en Amérique depuis la paix de Westphalie jusqu'à nos jours. Avec une introduction sur les progrès du droit des gens en Europe avant la paix de Westphalie. 2 Vols. (841—53.) — 4. édit. gr. 8. Leipzig 865. Brockhaus. n. 4. —

— éléments du droit international. 2 Vols. (848. 852.) — 3. édit. gr. 8. Ebend. 858. n. 4. —

Wiarda, Bedenken gegen das Schwurgericht. gr. 8. Hannover 862. Rümpler. n. — 10.

v. Wichert, die im Regierungsbezirk Potsdam bestehenden Polizeiverordnungen. Im amtl. Auftrage zusammengestellt. 2. verm. Ausg. gr. 8. Potsdam 856. (Döring.) n. — 15.

—— —— Nachtrag, enth. die Polizeiverordnung der J. 1856 bis einschließl. 1865. gr. 8. Ebend. 866. n. — 7½.

Wick, Adf. v., über Ehrenstrafen u. Ehrenfolgen d. Verbrechen u. Strafen. Eine Abhandlung aus d. Gebiete d. Strafgesetzgebung. Neue unveränd. Ausg. gr. 8. Rostock 853. Stiller. n. 1. 10.

Erschien zuerst 1845 anonym.

— Abhandlungen aus dem Gebiete des Strafrechts. 1. Heft. Ueber Vorsatz u. Absicht. gr. 8. Ebend. 866. n. — 12½.

Wick, F. v., Abhandlungen aus d. Gebiete d. Gefängnißkunde. 1. u. 2. Heft. gr. 8. Schwerin 848, 52. (Oertzen u. Co.)
1. Heft: Die Isolirung d. Sträflinge, mit Rücksicht auf die Erfahrungen in d. mecklenburg. Landes-Strafanstalt Dreibergen. 848. — 12.
2. Heft: Ueber Strafe u. Besserung u. deren Verhältniss zu einander, sowie über die Stellung d. Geistlichen d. Strafanstalt zur staatlichen Anstaltsbehörde. 852. n. — 1½.
—— —— 3. Heft: Reglementäre Bestimmungen f. d. Strafanstalt Dreibergen, mit Anmerkgn. gr. 8. Rostock 856. Stiller. n. — 25.

Widenmayer, Joh., die Wiedereinsetzung in d. vorigen Stand nach bayerischem Proceßrecht, unter Berücksicht. d. gemeinen Rechts. Gekrönte Preisschrift. gr. 8. Lindau 864. Stettner. n. — 10.

Widmann, Chr., das Geschwornen-Buch oder die begriffene Ueberzeugung. Für die Geschwornen Deutschlands. gr. 8. Würzburg 864. Stahel. n. — 28.

Widmer, C., zur Reform d. Strafanstalt in Zürich. gr. 8. Zürich 855. Meyer u. 3. n. — 8.

Wiebeking, Frdr., die bayerische Preßgesetzgebung historisch u. praktisch erörtert u. erläutert. (865.) — 2. durch Nachträge — einschließl. d. Gesetzes vom 30. Juni 1865 über d. Schutz d. Urheberrechte ec. — verm. Aufl. gr. 8. Bamberg 866. Buchner. n. — 15.

Wiederherstellung, die, des canonischen Rechts in d. oberrhein. Kirchenprovinz. Von e. Staatsmann a. D. 8. Stuttgart 853. (Lindemann.) n. 1. 6.

Wieding, C. Jos. Fr. Wilh., novella Justiniani XCIX. gr. 8. Berlin 857. Hertz. n. 1. —
— der Justinianeische Libellprocess. Ein Beitrag zur Geschichte u. Kritik d. ordentlichen Civil-Processes wie zur Beurtheilung d. gegenwärt. Reformbestrebungen. gr. 8. Wien 865. Braumüller. n. 3. 10.
— die Transmission Justinian's, insbes. das Wissen oder Nichtwissen d. transmittirenden Erben. 8. Leipzig 859. Günther. n. — 20.
— die Prätenstonen auf die Herzogth. Schleswig-Holstein. Rechtsgutachten. gr. 8. Greifswald 865. Akadem. Buchh. n. 1. 20.

Wielandt, Frdr., die badischen Gesetze vom 4. Oct. 1862 über Niederlassung u. Aufenthalt, Aufhebung einiger Beschränkungen d. Rechts zur Verehelichung u. bürgerlichen Gleichstellung d. Israeliten, im Zusammenhange mit d. bisher. Gemeindegesetzgebung. gr. 8. Karlsruhe 863. Bielefeld. — 15.

Wiese, Geo. v., Grundsätze d. gemeindeutschen Kirchenrechts. (793—826.) — 6. Ausg., ergänzt ec. von A. Ed. Morstadt. gr. 8. Göttingen 850. Dieterich. 1. 15.

Wigand, Paul, denkwürd. Rechtsalterthümer für Geschichte u. Rechtsalterthümer aus westphäl. Quellen gesammelt ec. gr. 8. Leipzig 858. Hitzel. 1. 15.
— Denkwürdigkeiten f. deutsche Staats- u. Rechtswissenschaft, f. Rechtsalterthümer, Sitten u. Gewohnheiten d. Mittelalters; gesammelt aus d. Archiv d. Reichskammergerichts zu Wetzlar; nebst e. Denkschrift über Geschichte, Schicksale, Inhalt u. Bedeutung jenes Archives. gr. 8. Ebend. 854. 1. 22½.

Wiggers, Jul. 44 Monate Untersuchungshaft. Ein Beitrag zur Geschichte d. „Rostocker Hochverrathsprocesses". 1. u. 2 verm. Aufl. 8. Berlin 861. J. Springer. n. — 24.
— die mecklenburg. Kirchenverfassungsfrage. Ein Gutachten. Mit Actenstücken. gr. 8. Rostock 850. Leopold. n. — 10.
— das Verfassungsrecht im Großh. Mecklenb.-Schwerin. Eine staatsrechtliche Abhandlung. gr. 8. Berlin 860. J. Springer. n. — 20.

Wilbrand, F. J. Jul., Lehrbuch d. gerichtlichen Psychologie f. Aerzte u. Juristen. gr. 8. Erlangen 858. Enke. 1. 26.

Wild, Joh. Chr., Wegweiser u. Rathgeber auf dem Gebiete d. Volksschulgesetzgebung d. Königr. Sachsen. gr. 8 Zwickau 866. Buchh. d. Volksschriften-Vereins. — 12½.

Wildner-Maithstein, Ign., theoret.-prakt. Commentar d. ungarischen Wechselrechtes u. Wechselprocesses sammt Wechselgerichtsinstruction. 2 Bde. (845.) – 2. unveränd. Aufl. gr. 8. Wien 850. Braumüller. n. 2. 20.

Wilhelm, Hexenprozesse aus d. 17. Jahrh. Aus d. Archiv d. k. hannov. Amtsgerichts Diepholz mitgetheilt. gr. 8. Hannover 862. Klindworth. — 15.

— Ansichten über die Grundzüge e. allgem. hannoverschen Hypothekenordnung. gr. 8. Hannover 862. Rümpler. n. — 4.

Wilhelmi, Thdr., vergleich. Zusammenstellung d. kgl. sächs. Strafgesetze von 1838 u. 1855 mit einigen verweisenden u. erläut. Bemerkungen zum Handgebrauche. gr. 8. Leipzig 856. Hirschfeld. 1. 6.

Wilhelmy, über die Zusammenlegung d. Grundstücke in d. preuß. Rheinprovinz, verbunden mit e. Darstellung d. nassauischen Consolidationen u. d. preuß. Specialseparationen. gr. 8. Berlin 856. G. Reimer. — 25.

v. **Wimmer,** pract. Handbuch zum dienstlichen Gebrauch für Polizei-Verwalter. Enth. e. Uebersicht der auf Uebertretungen bezügl. Verordnungen u. d. darauf anzuwendenden Strafen mit prakt. Erläuterungen u. Formularen sowie der Präjudizien d. Ober-Tribunals u. e. alphabet. Sachregister versehen 8. Bunzlau 857. (Liegnitz, Krumbhaar.) n. — 20.

Wimmer, Jak., Normaliensammlung für Militärgerichte. 2 Bde. u. 1. Supplementheft (Jahrg. 1857). gr. 8. Graz 857. (Wien, Lechner.) n. 9. 18.

— 2–8. Supplem.-Heft. (Jahrg. 1858–64.) gr. 8. Ebend. 859–64. n. 12. 15.

2.: a. 1 Thlr. 15 Ngr.; 3.: a. 1 Thlr. 26 Ngr.; 4. a. 2 Thlr. 4 Ngr.; 5. u. 6.: a 1 Thlr. 20 Ngr.; 7. u. 1 Thlr. 14 Ngr.; a. 2 Thlr. 6 Ngr. — (Das 8. Supplem.-Heft enth. das Sachregister dazu bis einschl. 1863.)

Winderl, Nik., das Zwangsabtretungsgesetz in seiner Anwendung auf Eisenbahnen erläutert. gr. 8. Regensburg 856. Manz. — 6.

Windmüller, Ed., rechtliche Beleuchtung d. Kommerzienrath Bränckelschen Testamentssache, namentlich in Bezug auf die Gültigkeit d. Erbeseinsetzung posthumer Stiftungen nach preuß. Recht, unter vergleich. Berücksicht. d. gemeinen Rechts. gr. 8. Berlin 859. L. Heymann. n. — 10.

Windscheid, Bernh., die Actio d. röm. Civilrechts vom Standpunkte d. heutigen Rechts. gr. 8. Düsseldorf 856. J. Buddeus. n. 1. 10.

— die actio. Abwehr gegen Dr. Theod. Muther. gr. 8. Ebend. 857. n. — 12.

— Lehrbuch d. Pandektenrechts. 2 Bde. gr. 8. Ebend. 862. 66. n. 7. 5.

— Recht u. Rechtswissenschaft. (Eine Festrede.) gr. 8. Greifswald 854. Bamberg. n. — 5.

— die Lehre d. röm. Rechts von der Voraussetzung. gr. 8. Düsseldorf 850. J. Buddeus. n. 1. —

Winiwarter, Jos. v., Handbuch d. Gesetze u. Verordnungen, welche sich auf d. österreich. bürgerliche Gesetzbuch beziehen. 4. Thl., bis auf die neuesten Bestimmungen ergänzt von Mart. Damianitsch. gr. 8. Wien 859. Braumüller. n. 1. 26.

1–3. Thl. 3. Aufl. Ebend. 844. herabges. a. 2 Thlr. 20 Ngr. — (1–4 Bd zusammen nur a. 4 Thlr.)

Winkelmann, Ed., die Capitulationen d. estländischen Ritterschaft u. d. Stadt Reval vom J. 1710 nebst deren Confirmationen. Nach d. Originalen mit andern dazu gehör. Documenten u. d. Capitulation von Pernau herausg. gr. 8. Reval 865. Kluge. n. 1. —

Winkler, Jos., Lehrbuch d. Kirchenrechts, mit besond. Rücksicht auf die Schweiz. gr. 8. Luzern 862. Räber. 1. 15.

Winter, Aug., die Volksvertretung in Deutschlands Zukunft. gr. 8. Göttingen 852. Dieterich. n. 2. —

Wintjr, Jos., Handbuch d. Depositenwesens bei d. k. k. österreich. Gerichten u. Bezirksämtern. gr. 8. Prag 855. (Rziwnatz.) n. — 14.

— Handbuch d. Manipulation bei d. k. k. österreich. Gerichten erster Instanz. 2. Aufl. gr. 8. Ebend. 855. n. 2. —

Wippermann, C. F. L., das Recht d. Meier-Aemter (officia villicationis). Eine deutsch-rechtliche Untersuchung. gr. 8. Göttingen 859. Deuerlich. n. — 20.

Wirkungskreis, der, d. kgl. bayerischen Bezirksgerichte u. Landgerichte (dieff. d. Rheins) nach d. Gesetze vom 1. Juli 1856 u. d. Verordnung vom 12. Aug. 1857. Mit Abdr. d. vollständ. Gesetzes ꝛc. 12. Bamberg 857. Buchner. — 7½.

Wirsing, Geo. Adam, der Beweis zum ewigen Gedächtniß nach heutigem gemeinen Recht. gr. 8. Würzburg 847. Halm. n. — 10.

— über das Wesen u. die processualische Natur der nominatio auctoris nach gemeinem Rechte. Ebend. 848. n. — 7½.

Wirth, Carl Jul. Chr., über die Beweislast bei angestellter Negatorienklage. gr. 8. Erlangen 853. (Deichert.) n. — 4.

— über das leitende Princip der Beweislast u. Einreden im Civilproceß. gr. 8. Erlangen 852. (Ente.) n. — 12½.

— Beiträge zur Systematik d. röm. Civilrechts insbes. hinsichtlich obligator. u. dinglicher Rechte. gr. 8. Erlangen 856. Deichert. n. — 16.

— die libertatis usucapio. Eine civilist. Abhandlung. gr. 8. Ebend. 854. n. — 8.

— kurze Veranschaulichung des eigentlichen procedere in bürgerliche Rechtsstreitigkeiten nach gemeinen Rechten für Studirende d. Rechtswissenschaft. Fol. Ebend. 855. — 6.

— der Rechtsbaum. Eine gedrängte Einführung in d. organ. Zusammenhang d. gesammten Rechtsordnung, insbes. zum Gebrauch f. Studirende verfaßt. gr. 8. München 861. (Summl.) — 18.

— über d. Wendepunkt d. Rechtswissenschaft. Eine Bemerkung. gr. 8. Ebend. 858. n. — 4.

Wirth, Max, Grundzüge d. Nationalökonomie. (856.) — 2. umgearb. Aufl. 2 Bde. gr. 8. Köln 859, 61. Du Mont-Schauberg. n. 5. 10.

—— —— 1. Bd. 3. verb. Aufl. gr. 8. Ebend. 861. n. 2. 20.

Wirthmann, Joach., Handbuch über die Heirathscautionen u. Ehen d. Militärpersonen im Kgr. Bayern. Mit e. Anh. über Siegelmäßigkeit, Stempel, Taxen ꝛc. nebst Formularien. gr. 8. München 859. Palm. n. 1. 20.

Wiskemann, H., Darstellung d. in Deutschland zur Zeit d. Reformation herrschenden nationalökonom. Ansichten. Preisschrift. Lex.-8. Leipzig 861. Hirzel. n. 1. 10.

Wißmann, Th., über das Consolidationswesen im Herzogth. Nassau mit allgem. Erörterungen über Atronbiurng, Regulirnng u. Separation d. Güter, sowie über Verhütung d. Gütszersplitterung. gr. 8. Wiesbaden 853. Kreidel. n. — 20.

Witte, Herm., die Bereicherungsklagen d. gemeinen Rechts. gr. 8. Halle 859. Pfeffer. n. 1. 20.

— das interdictum uti possidetis als Grundlage d. heutigen possessorium ordinarium. gr. 8. Leipzig 863. B. Tauchnitz. — 22½.

v. **Wittken,** über den Passage-Vertrag. Mit Berücksicht. d. Verhandlungen d. Commission zur Berathung e. allgem. deutschen Handelsgesetzbuchs. gr. 8. Berlin 861. C. Heymann. — 3.

Wittpenning, H. W., das amtsgerichtliche Strafverfahren in Formularen u. Entwürfen mit Angabe d. gesetzl. Bestimmungen u. mit Erläuterungen dargestellt. 4. Stade 853. (Hannover.) n. — 20.

Wolf, hannoversche Jagdgesetzgebung, eine Zusammenstellung d. die Jagd-Verhältnisse betr. Gesetze u. Verordnungen d. Kgr. Hannover nebst d. Gesetze, betr. die Aufhebung d. Jagdrechts auf fremdem Grund u. Boden, vom 29. Juli 1850 u. die Jagdordnung vom 11. März 1859 ꝛc. (859.) — 2. Aufl. gr. 8. Hannover 864. Helwing. — 7½.

Wolf, Ferd., ein Beitrag zur Rechts-Symbolik aus spanischen Quellen. (Aus d. Sitzungsber. d. k. Akad. d. Wiss.) 8. Wien 865. Gerold. n. — 8.

Wolf, Max. Gesetz die Kapitalrenten u. Einkommensteuer betr., — Gesetze die Einkommen- u. Kapitalrentensteuern betr., — Finanzgesetze über d. Steuerbeischlag d. Pfalz. s. **Gesetzgebung** s. d. Kgr. Bayern.

Wolff, der Hauseigenthümer u. Miether. Ein praktisches Handbuch f. jeden Miether u. Vermiether, nicht weniger s. d. Juristen u. Geschäftsmann. gr. 8. Frankfurt a. M. 865. Boselli. n. — 14.

Wolff, J., über Havarie grosse, mit Rücksicht auf die Bestimmungen d. neuen deutschen Seerechts. gr. 8. Düsseldorf 861. Schaub. n. — 15.

Wolff, Paul, Verfügungen in Hypothekensachen. (855.) — 2. Ausg. gr. 8. Berlin 862. v. Decker. 1. —

— der preußische Subhastationsproceß. Eine systemat. Zusammenstellung d. denselben betr., zur Zeit geltenden gesetzlichen Vorschriften mit erläut. Anmerkgn. u. Formularen. gr. 8. Ebend. 861. 1. 15.

Wolffeldt, M. v., Mittheilungen aus d. Strafrecht u. d. Strafprocess in Livland, Ehstland u. Kurland durch actenmäss. Darstellung merkwürd. Verbrechen u. geführter Untersuchungen etc. 1. Bd. (844.) 2. (Titel-) Ausg. gr. 8. Mitau 848. Reyher. n. — 4.

—— 2. u. 3. Bd. (à 2 Thle.) gr. 8. Ebend. 848. à Bd. 2. —

Wolfheim, Jul. E., Anleitung zur Bearbeitung von Hypothekensachen. (846. 851.) — 3. verb. Aufl. gr. 8. Berlin 860. C. Heymann. n. 1. —

Wollner, J., die Voruntersuchung verbunden mit d. pract. Anwendung d. preuß. Strafrechts. (856.) — 2. Ausg. gr. 8. Ebend. 857. 1. 15.

Wöllwarth-Lauterburg, Fr. Wilh. v., der neueste Stand der württemberg. Ablösungsgesetzgebung gr. 8. Stuttgart 863. (Aue.) n. — 4.

Wolter, F. A., Mittheilungen aus d. Gewerbegericht zu Magdeburg aus d. J. 1850. Jn amtl. Auftrage herausg. 8. Magdeburg 851. Baensch. n. — 10.

— Entwurf e. Gemeindeordnung f. d. preuß. Staat nebst Motiven. 4. Magdeburg 849. (Leipzig. Fernau.) — 3 ⅓.

Wolters, A., u. H. Achenbach, über die Prinzipien d. rheinisch-westphäl. Kirchenordnung. u. über die rechtliche Bedeutung d. Art. 15 d. preuß. Verfassungsurkunde. gr. 8. Bonn 862. Marcus. n. — 10.

Wolzogen, Alfr. v., Preußens Staatsverwaltung mit Rücksicht auf seine Verfassung. gr. 8. Berlin 854. Barthol. n. — 20.

Wülffing, Fr., der von d. preuß. Regierung vorgelegte Entwurf nebst Grundzügen e. Gemeindeordnung, historisch u. kritisch beleuchtet ꝛc. gr. 8. Düsseldorf 849. J. Buddeus. .— 15.

Wulsten, Herm., die neuen Agrar-Gesetze d. preuß. Staats vom 2. u. 11. März 1850. Mit d. Motiven d. Regierung u. d. Kammern nebst Sachregister u. Anmerkgn. gr. 8. Frankf. a. O. 851. Kosdy. 1. 15.

Wunder, Gtb. Chr. Eberh., Anleitung zum Vollzuge d. Gesetze vom 25. Juni 1850 über die Einquartierungs- u. Vorspannlasten ꝛc. in Friedenszeiten sowie d. Kriegslasten im Kgr. Bayern. (851.) — 2. bis zum J. 1859 ergänzte Ausg. 8. Bamberg 859. Buchner. n. — 18.

— das Gewerbswesen in Bayern (diess. d. Rheins) nach den zur Zeit geltenden Bestimmungen. gr. 8. Ebend 857. n. 1. —

— Anleitung zum amtlichen Vollzuge d. Grundlasten-Ablösungsgesetzes vom 4. Juni 1848. (819.) — 2. verb. Aufl. Ebend. 850. n. — 10.

— Handbuch f. Landgemeindeverwaltungen zur gründlichen Geschäftsführung d. Vorsteher, Pfleger, Gemeindebevollmächtigten ꝛc. — (855.) 4. Aufl. bearb. von Wilh. Stadelmann. gr. 8. Ebend. 863. n. 1. 2.

2. Thl. s. **Hauff, Ludw.,** Hülfsbuch f. Landgemeindeverwaltungen.

— Handbuch zur Geschäftsführung d. Magistrate u. Kirchenverwaltungen im Kgr. Bayern, diess. d. Rheins. (Mit Ausschluß d. Polizeiverwaltung.) gr. 8. Ebend. 858.

— Handbuch d. gesammten Polizeiverwaltung d. äußeren Behörden im Kgr. Bayern (diess. d. Rheins). gr. 8. Ebend. 854. 3. —

Wunder, G. Chrn. E., Handbuch d. gesammten Polizeiverwaltung d. äußeren Behörden im Kgr. Bayern (diess. d. Rheins). 2. Nachtrag. Nebst e. Register über d. Gesammtinhalt. gr. 8. Bamberg 859. Buchner. 1. 10.

Würth, Jos. v., die österreich. Strafproceßordnung vom 17. Jan. 1850, erläutert u. in Vergleich. mit d. Gesetzgebungen d. Auslandes dargestellt. gr. 8. Wien 851. Braumüller. 4. —

Buschack, J. A., die Rechte u. Pflichten d. Miethers u. Vermiethers. Eine Zusammenstellung d. hierauf Bezug habenden Gesetze ıc. 2. Aufl. 8. Landsberg a. W.859. Volger u. K. n. — 6.

Wydenbrugk, O. v., die Umbildung des Feudalstaates in den modernen Staat an dem Beispiel Frankreichs in allgem. Umrissen entwickelt. gr. 8. München 861. (Merhoff.) n. — 7.

Wyß, Carl, die Kirchenangelegenheiten, besonders die Organisation d. Kirchensynode d. reform. Kantons Bern. 8. Bern 851. Huber u. Co. — 6.

Wyss, P. F. v., die Haftung für fremde Culpa nach röm. Recht. gr. 8. Zürich 867. Schulthess. n. — 24.

Zachariä, Heinr. Alb., Votum über die neuesten Vorlagen d. kgl. Regierung an die allgem. Ständeversammlung, die Abänderung d. Verfassungsgesetzes vom 5. Sept. 1848 ıc. betr. Göttingen 853. Vandenhoeck u. R. n. — 10.

— das mündlich-öffentliche Verfahren mit Geschworenen im Kgr. Hannover. Beiträge zur Erläuterung d. dasselbe betr. Gesetze. 1. Heft. gr. 8. Göttingen 850. Dieterich. n. — 15.

— das Eigenthumsrecht am deutschen Kammergut. Gegen A. L. Reyscher, die Rechte d. Staats an den Domänen ıc. gr. 8. Ebend. 864. n. — 12.

— das rechtliche Verhältniß d. fürstlichen Kammergutes, insbes. im Herzogth. S.-Meiningen. gr. 8. Ebend. 861. n. — 12.

— die Rechtswidrigkeit d. versuchten Reactivirung d. im J. 1848 aufgehobenen deutschen Bundesversammlung. gr. 8. Göttingen 850. Vandenhoeck u. R. — 15.

— rechtliche Beleuchtung d. kurhess. Septemberverordnungen. Zur Kritik der Schrift von H. Martin. gr. 8. Göttingen 851. Dieterich. n. — 15.

— deutsches Staats- u. Bundesrecht. (811—51.) — 3. verm. u. verb. Aufl. 2 Bde. gr. 8. Göttingen 865, 67. Vandenhoeck u. R. n. 8. —

 1. Bd.: Allgem. Lehren u. Verfassungsrecht d. Bundesstaaten. n. 3 Thlr. 15 Sgr.
 2. Bd.: Das Regierungsrecht d. Bundesstaaten u. das Bundesrecht. n. 4 Thlr. 15 Sgr.

— Denkschrift, den privilegirten Gerichtsstand d. Standesherren im Kgr. Bayern in Strafsachen betr. gr. 8. Nürnberg 858. Recknagel. n. — 15.

—— Nachtrag dazu, mit besond. Rücksicht auf die Broschüre des Staatsrath Dr. J. Ch. v. Arnold. gr. 8. Ebend. 860. n. — 7½.

— Denkschrift über den territorialen Umfang d. standesherrlichen Vorrechte in Deutschland. gr. 8. Karlsruhe 867. (Donaueschingen, Aldenhoven.) n. — 10.

— Handbuch d. deutschen Strafprocesses. Systemat. Darstellung d. auf d. Quellen d. gemeinen Rechts, d. neuern deutschen Gesetzgebung beruhenden Criminalverfahrens, in wissenschaftl. Begründung u. Verbindung. 1. Bd. u. 2. Bds. 1. Liefg. gr. 8. Göttingen 860—63. Dieterich. n. 3. 20.

— staatsrechtliches Votum über die Schleswig-Holstein'sche Successionsfrage u. d. Recht d. Augustenburger Hauses. gr. 8. Ebend. 863. n. — 10.

— das Successionsrecht im Gesammthause Braunschweig-Lüneburg u. d. ausschliessliche Anspruch Hannovers auf das zur Erledigung kommende Herzogth. Braunschweig. Mit 13 urkundlichen Beilagen. gr. 8. Leipzig 862. Hahn. n. 1. 10.

— der Coburger Untersuchungsprozeß wider Dr. Laurenz Hannibal Fischer, fürstl. Lippe'schen Geh. Rath a. D., wegen Majestätsbeleidigung. mit Aktenstücken u. b. Erkenntnissen. gr. 8. Göttingen 857. Dieterich. n. — 16.

Zachariä, H. A., die deutschen Verfassungsgesetze der Gegenwart, einschließl. d. Grundgesetze d. deutschen Bundes u. der das Verfassungsrecht d. Einzelstaaten direct betr. Bundesbeschlüsse, gesammelt u. mit Einleitungen u Anmerkungen herausg. gr. 8. Göttingen 855. Dieterich. n. 6. 20.

— — — 1. u. 2. Fortsetzung. gr. 8. Ebend. 858, 63. n. 2. 10.

— über Artikel 81 d. preußischen Verfassungs-Urkunde. Sendschreiben an die Herren Duncker u. Humblot. gr. 8. Leipzig 866. Duncker u. H. n. — 10.

Zachariä von Lingenthal, Karl Ed., Geschichte d. griechisch-römischen Privatrechts. I—III. gr. 8. Leipzig 856–64. G. E. Schulze. à Heft n. 3. 10.

I.: Personenrecht. — II.: Erbrecht. — III.: Sachenrecht u. Obligationenrecht.

— collectio librorum juris graeco-romani ineditorum Ecloga Leonis et Constantini, epanagoge Basilii Leonis et Alexandri. gr. 8. Leipzig 852. J. A. Barth. 1. 15.

Zachariä von Lingenthal, Karl Sal., Handbuch d. französ. Civilrechts. (837.) — 5. verm. bis auf die neueste Zeit fortgeführte Aufl. Herausg. von Aug. Anschütz. 4 Bde. gr. 8. Heidelberg 852. E. Mohr. n. 8. —

Zachmann, Frz., prakt. Anleitung zur eigenen Betreibung seiner gerichtlichen Angelegenheiten (nach d. neuen Prozeßordnung). 2. Aufl. verm. mit e. Anh. über d. Verfahren bei d. Berufungsverhandlung vor dem Unterrichter. 16. Billingen 852. Förderer. — 15.

Zacke, A., über Beschlussfassung in Versammlungen u. Collegien, insbesond. über die Abstimmung in Richtercollegien. gr. 8. Leipzig 867. Fritsch. n. 1. —

— Fragstellung u. Wahrsprüche in d. preuss. Schwurgerichten nach d. Verordnung vom 3. Jan 1849 u. d. Gesetz vom 3 Mai 1852. gr. 8. Ebend. 867. n. 1. 20.

v. Zahn, Bericht über eine im Auftrage d. Ministers. d. Innern im J. 1856 in Begleitung d. Strafanstaltsdirectors d'Alinge bewirkte Bereisung auswärtiger Strafanstalten ꝛc. 4. Dresden 857. (Leipzig. Hinrichs.) n. — 20.

Zaleisky, Adalb., Handbuch d. Gesetze u. Verordnungen, welche f. die Polizeiverwaltung im österreich. Kaiserstaate von 1740–1852 erschienen sind. Nach d. neuesten Stande d. Gesetzgebung u. in alphabet.-chronolog. Ordnung bearb. 3 Bde. Mit e. Nachtrage enth. die Verordnungen von 1853 bis Ende Juni 1854. gr. 8. Wien 854. Manz. 13. 10.

— — — 1. Nachtrag. die vom 1. Juli 1854 bis Ende Decbr. 1855 bekannt geword. Verordnungen enth. gr 8. Ebend. 856. — 28.

— — — 2. Nachtrag. vom 1. Jan. 1856 bis Ende Decbr. 1857. gr. 8. Ebend. 858. 1. 10.

Zauschner, G., Handbuch d. österreich. Zollgesetze u. aller auf deren Handhabung Bezug nehmenden Vorschriften u. Erlässe. Systematisch zusammengestellt mit Rücksicht auf die stattfindenden Amtshandlungen. gr. 8 Wien 866. Manz. n. 2. —

Zbyczewski, K. v., alphabet. geordnetes Nachschlagebuch zur österreich. Wechselordnung vom 25. Jan. 1850, mit Berücksicht. aller nachträglich erschien. Verordnungen u. d. bezügl. Paragraphen d. Stempelgesetzes vom 9. Febr. 1850 ꝛc. gr. 8. Krakau 857. Budweiser. n. 1. 10.

Zeigermann, K. J., über die Nothwendigkeit e. wirksamern Schutzes gegen missbräuchliche Verwendungen von Namensunterschriften zu Wechsel-Erklärungen. Ein Beitrag zur Revision d. allgem. deutschen Wechselordnung. gr. 8. Berlin 857. Moeser. — 3.

Zeitpachtbauern, die, im Domanio d. Großh. Mecklenb.-Schwerin. Kurze Betrachtung ihrer rechtlichen u. factischen Stellung zur Hufe. gr. 8. Schwerin 863. Stiller. n. — 7½.

Zeller, Ernst Const., das Edict. Die gesetzl. Stilisirung d. von d. Civilgerichtsbehörden zu erlass. u. in die öffentl. Blätter einzurückenden Verlautbarungen, in u. außer Streitsachen. Nach d. Gesetzesparagraphen ꝛc. gr. 8. Graz 853. Hesse. n. — 20.

Zeller, G., Handbuch für die württemberg. Gemeindebehörden. gr. 8. Heidelberg 857. J. Groos. n. 1. 20.

Zenetti, C. A., Betrachtungen über die jüngste bayerische Strafgesetzgebung. gr. 8. München 858. (Augsburg, Roßmann.) n. — 10.

Zentner, J., Anleitung für Geschworne. (851.) — 2. verb. Aufl. 8. Mannheim 861. (Segnitz.) n. — 8.

— das Geschworn engericht mit Oeffentlichkeit u. Mündlichkeit im Gerichtsverfahren, in besond. Rücksicht auf d. Strafprozeß. Geschichtlich, rechtlich u. politisch betrachtet. (830.) — 2. Ausg. gr. 8. Heidelberg 849. J. Groos. n. 1. 10.

— Erläuterungen über die Rechtsmittel d. badischen Proceßordnung mit e. Anleit. zu mündlichen Vorträgen. (844.) — 2., nach d. Revision von 1852 umgearb. Aufl. gr. 8. Mannheim 852. Benohelmer. n. — 21.

Zerrenner, Carl, Lehrbuch d. deutschen Bergrechts. 2 Abthlgn. 8. Gotha 864. Opetz. n. 3. —

— Bergrechts-Gutachten in e. Berg-Processe d. Herrn Grafen Guido Henckel v. Donnersmark als Besitzers d. freien Standesherrschaft Beuthen-Tarnowitz gegen den preussischen Fiscus. gr. 8. Gotha 864. Glaeser. n. — 20.

Zhishman, Jos., das Eherecht d. orientalischen Kirche. gr. 8. Wien 864. Braumüller. n. 6. —

Ziebarth, Karl, die Realexecution u. die Obligation. Mit besond. Rücksicht auf die Miethe erörtert nach römischem u. deutschem Recht im Vergleich mit d. preußischen. gr. 8. Halle 866. Buchh. d. Waisenhauses. n. 1. 15.

Ziegler, Frz. Vict., die Verbrechensunfähigkeit jurist. Personen. gr. 8. Mitau 852. Reyher. — 24.

v. Zielonacki, der Besitz nach d. römischen Rechte. Hie u. da mit Berücksicht. d. neueren Gesetzbücher. gr. 8. Berlin 854. Mittler u. S. 1. —

— drei Abhandlungen aus d. römischen Rechte. gr. 8. Lemberg 859. (Breslau, Maruschke u. B.) . n. — 15.

— kritische Erörterungen über die Servitutenlehre nach d. röm. Rechte. Nebst e. Anh. über d. interdictum uti possidetis. gr. 8. Breslau 849. Aderholz. n. 1. 10.

Zimmerle, Ludw., das deutsche Stammgutssystem nach seinem Ursprunge u. seinem Verlaufe. gr. 8. Tübingen 857. Laupp. n. 1. 15.

Zimmermann, C. W., allgem. Landrecht f. d. preuß. Staaten, nebst d. dasselbe abändernden Gesetzen 2c. Systemat. Auszug. Nebst vollständ. Register. Herausg. von Ed. Pegert. (848.) — 2. Aufl. gr. 8. Berlin 851. Weyl u. Co. n. 1. 15.

Zimmermann, Ernst, de notione et historia cautionis praedibus praediisque commentatio. gr. 8. Berlin 857. (Halle, Anton.) — 15.

— der Glaubenseid. Eine rechtsgeschichtliche. Untersuchung. gr. 8. Marburg 863. Elwert. 2. —

Zimmermann, Ferd., zur Reform d. evangel. Kirche. Grundzüge e. evangel. Kirchenverfassung. gr. 8. Frankfurt a. M. 849. (Chr. Winter.) n. — 12.

Zimmermann, Gust., Wesen, Geschichte, Literatur, Charakterist. Thätigkeiten u. Organisation d. modernen Polizei. Ein Leitfaden f. Polizisten u. Juristen. gr. 8. Hannover 852. Rümpler. n. 1. —

— das wahre Rechtsverhältniß d. Herzogth. Schleswig u. Holstein zu einander, zu Deutschland u. zu Dänemark. gr. 8. Ebend. 854. n. 2. —

Zimmermann, Karl, Anleitung f. jeden Staatsbürger im Großherzogth. Hessen zur gerichtl. Einziehung von Forderungen jeder Art. gr. 8. Darmstadt 865. Küchler. — 12½.

Zimmermann, Rob., das Rechtsprinzip bei Leibnitz. Ein Beitrag zur Geschichte d. Rechtsphilosophie. gr. 8. Wien 852. (Gerold.) n. — 12.

Zink, C., kurze Anleitung zur Anfertigung schriftlicher Vorträge in Civilstreitsachen für Functionäre u. Accessisten u. mit Rücksicht auf d. oberstrichterlichen Gerichtsgebrauch entworfen u. zur Erläuterung mit einigen Beispielen versehen. 8. München 853. Kaiser. — 15.

— über die Ermittelung d. Sachverhaltes im französ. Civilprozesse. Ein Beitrag vergleich. Studien u. beleuchtender Rechtsfälle zur Umbildung d. gerichtlichen Verfahrens in deutschen Landen. 2 Bde. gr. 8. Ebend. 860. n. 4. —

Zink, G. v., Gesetz das Notariat betr., — Gesetz die Aufhebung d. Lex Anastasia betr., — Gesetz, die Verpflicht. zum Ersatz bei Aufläufen betr., — Gesetz, die Einrede d. nicht gezahlten Geldes betr., s. **Gesetzgebung** s. d. Kgr. Bayern.

Zinn, Ang., die öffentliche **Irrenpflege** im Kanton Zürich u. die Nothwendigkeit ihrer Reform. gr. 8. Zürich 863. Meyer u. Z. n. — 6.

Zinnow, C. A., Handbuch f. preuß. Steuerbeamte enth. die gegenwärtig im preuß. Staate in Bezug auf die inneren **indirecten Steuern** gültigen gesetzlichen u. reglementairen Vorschriften, nebst prakt. Dienstanweisungen u. e. Instruction zur Behandlung d. Prozeßwesens. gr. 8. Berlin 862. (Wittenberg, Herrose.) n. 2. —

Ziurek, D. A., Preußens **Apotheken-Verfassung** u. deren zu erwartende Reform. Ein Resultat d. offiziellen Verhandlungen nicht besitzender Apotheker. gr. 8. Berlin 850. Hirschwald. n. — 20.

— Sammlung d. Gesetze u. Verordnungen, welche im preuß. Staate f. d. Verkehr mit **Arzneien** u. **Giften** in Geltung begriffen sind. gr. 8. Berlin 855. v. Decker. 1. 15.

Zoeller, M., de civitate sine suffragio et municipio Romanorum. Dissert. inaug. 4. Heidelberg 866. (Weiss.) n. — 10.

Zóltowski, Alfr., de cohorede substituto. gr. 8. Berlin 865. (Calvary u. Co.) n. — 10.

Zoepfl, Heinr., über hohen **Adel** u. **Ebenbürtigkeit** nach d. deutschen Reichsstaatsrecht u. d. deutschen Bundesrecht überhaupt u. mit Rücksicht auf d. gräfl. Bentind'schen Rechtsstreit insbes. ic. gr. 8. Stuttgart 853. Krabbe. n. 1. 10.

— die Euna Chamavorum. Ein Beitrag zur Kritik u. Erläuterung ihres Textes. gr. 8. Heidelberg 856. J. C. B. Mohr.

— die weibliche **Lebenerbfolge** in fuldische u. pfalzfuldische Mannleben u. Burgleben. Ein Rechtsgutachten. 4. Stuttgart 852. Krabbe. n. — 10.

— über **Mißheirathen** in d. deutschen regier. Fürstenhäusern überhaupt u. in d. Oldenburgischen Gesammthause insbes. gr. 8 Ebend. 853. n. — 10.

— deutsche **Rechtsgeschichte**. (841—17.) — 3. durchaus umgearb. n. verb. Aufl. gr. 8. Ebend. 858. n. 5. 6.

— Alterthümer d. deutschen **Reichs** u. **Rechts**. Studien, Kritiken n. Urkunden zur Erläuterung d. deutschen Rechtsgeschichte u. d. prakt. Rechts. 1—3. Bd. gr. 8. Leipzig 860, 61. C. F. Winter. n. 6. 22.

— Beiträge zur Kritik d. Rechtsgutachtens des Kronsyndicats bezügl. d. Herzogth. **Schleswig-Holstein** u. **Lauenburg**. gr. 8. Heidelberg 866. K. Groos. n. — 10.

— Grundsätze d. gemeinen deutschen **Staatsrechts**, mit besond Rücksicht auf d. allgemeine Staatsrecht u. auf die neuesten Zeitverhältnisse. (841—56.) — 5. verm. Aufl. 2 Thle. gr. 8. Leipzig 863. C. F. Winter. n. 9. —

— die neuesten Angriffe auf die staatsrechtliche **Stellung** d. deutschen **Standesherren**. Kritisch beleuchtet. gr. 8. Karlsruhe 867. (Donaueschingen, Aldenhoven.) n — 20.

— rechtliches Gutachten über die **Competenz** d. deutschen Bundesversammlung bezügl. d. **Successions-Streitigkeiten** in deutschen regierenden Fürstenhäusern. 8. Leipzig 864. Haessel. n — 15.

— s. **Corpus juris** Confoeder. German.

Zum Rechte der Geisteskranken. Benamung u. Begriffsbestimmungen d. Geisteskrankheiten im Allgem. preuß. Landrecht. gr. 8. Arnsberg 849. Grote. — 7½.

Zumpe, Karl, über Benutzung d. **fließenden Wässer** als Gegenstand d. Gesetzgebung. mit spez. Berücksicht. d. sächs. Gesetzentwurfs „die Benutzung d. fließenden Wässer" betr. 8 Dresden 852. Meinhold. n. — 15.

Zumpt, A. W., das **Criminalrecht** d. römischen Republik. 1. Bd.: Die Beamten- u. Volksgerichte d. röm. Republik. gr. 8. Berlin 865. Dümmler's Verlhdlg. n. 5. —

1. Abth.: Bis zur Gesetzgebung der zwölf Tafeln. n. 2 Thlr 10 Ngr. — 2 Abth.: Seit der Gesetzgebung der zwölf Tafeln n 2 Thlr. 20 Ngr.

Zur Reform d. österreich. **Civilrechtspflege**. Aphorist. Bemerkungen aus der Praxis. gr. 8. Wien 858. Manz. — 7½.

Zur — Zusammenstellung.

Zur Würdigung d. Denkschrift d. kurf. hessischen Staatsregierung betr. ihre Differenzen mit d. Landständen u. d. landständ. Ausschusse. Nebst e. Anh. enth. die Denkschrift ꝛc. gr. 8. Kassel 850. Fischer. — 15.
— Domainenfrage im Großh. S.-Weimar. 8. Weida 854. Huth. — 7½.
— Abweisung der angeblichen Brandenburgischen Erbansprüche auf d. Herzogth. Schleswig-Holstein. 8. Leipzig 865. Haessel. — 7½.
— Orientirung in d. Justizreform-Frage. Von e. Unbetheiligten. gr. 8. Hannover 858. Rümpler. — 6.
— kirchlichen Prinzipienfrage der Gegenwart. Zeugnisse aus d. sächsischen Kirchenregimente. gr. 8. Dresden 860. am Ende. n. — 12.
— Statistik d. Rechtspflege im Herzogth. Oldenburg, mit Ausnahme d. militair. Strafrechtspflege f. d. J. 1863. gr. 8. Oldenburg 864. Stalling. n. — 10.
— Entstehungsgeschichte u. Auslegung d. Art. 106. d. preuß. Verfassung. Eine Replik auf die Aufsätze von R. John u L. v. Rönne in d. Zeitschrift f. deutsches Staatsrecht. Von C. A. Chr. gr. 8. Hamburg 866. D. Meißner. n. — 10.
Zusammenstellung d. im Regier.-Bez. Stettin (mit Ausnahme d. Stadt Stettin) gültigen baupolizeilichen Verordnungen, nebst e. Anh. enth. die Feuerlöschordnung f. d. platte Land ꝛc. Amtliche Ausg. 8. Stettin 857. Nagel. n. — 10.
— d. Verordnungen über das Bauwesen in d. Stadt u. Gemeinde Crefeld, nebst d. Gesetz über die gerichtl. Entfernung aus d. Eigenthume wegen d. öffentl. Nutzens vom 8. März 1810. 2. Aufl. 8. Crefeld 854. Schüller — 5.
— d. Entscheidungen d. Cassationshöfe zu Berlin, Brüssel, Darmstadt, München mit Zweibrücken, Paris u. d. Ober-Hofgerichts zu Mannheim über die Civilrechts-Fragen, welche nach den in d. betr. Landen geltenden französ. Gesetzen etc. abgeurtheilt worden sind u. noch später werden entschieden werden, ausgezogen u. geordnet nach d. Reihenfolge d. einzelnen Gesetzbücher u. Gesetze. Hersg. von J. G. Gredy. 1. Thl. 1—10. Heft. gr. 8. Mainz 862—66. v. Zabern. à Heft n. — 20.
Inhalt: 1. Bd : Bürgerliches Gesetzbuch.
— d. Gemeindeordnung f. die Rheinprovinz nach d. gegenwärt. gült. Bestimmungen d. Gesetze vom 23. Juli 1845 u. 15. Mai 1856 ꝛc. 1. u. 2. Aufl. 8. Koblenz 856. Bädeker. — 5.
— d. Beschlüsse d. im Sept. u. Okt. 1852 gehalt. Generalsynode d. evangel.-luther. Kirche in Preußen. gr. 8. Breslau 853 Weiser. n. — 5.
— d. neuesten Gesetze f. d. Kgr. Bayern aus d. J. 1848 bis 1855 incl. 2 Bde. nebst alphabet.-systemat. Sachregister ꝛc. gr. 8. Landshut 818—56. Thomann. 4. 3.
— einiger Gesetze u. Erlasse d. Oberkirchenraths u. d. Consistoriums d. Prov. Preußen in Bezug auf die evangel. Kirche seit 1850 u. namentlich in Folge Art. 15 der Verfassung, mit Randglossen. gr. 8. Leipzig 862. Hartmann. n. — 5.
— übersichtliche, d. Gesetzes vom 30. Oct. 1861, die Einführung d. allgem. deutschen Handelsgesetzbuchs im Kgr. Sachsen betr. ꝛc. gr. 8. Leipzig 862. Teubner. — 12.
— d. nach d. Verordnung vom 1. Aug. 1855 gültigen Bestimmungen d. Landesverfassungsgesetzes d. Kgr. Hannover vom 6. Aug. 1840 u. d. Gesetzes vom 5. Sept. 1848. Nebst e. Abdr. d. Landesverfassungsgesetzes vom 6. Aug. 1840 ꝛc. gr. 8. Hannover 855. Helwing. n. — 15.
— vergleichende, der nach d. kgl. Verordnung vom 1. Aug. 1855 u. d. Gesetze vom 24. März 1857 gültigen Bestimmungen des Landes-Verfassungs-Gesetzes f. d. Kgr. Hannover vom 6. Aug. 1840 u. d. Gesetzes vom [10. April] 5. Septbr. 1848, mit d. im Kgr. Preußen geltenden Verfassungsurkunde vom 31. Jan. 1850. gr. 8. Hildesheim 866. Gerstenberg. — 6.
— übersichtliche, im allgem. Landrecht f. d. preuss. Staaten aufgehobenen u. obsoleten Paragraphen d. d. in d. einzelnen Titeln hinzugetretenen neuen Bestimmungen. Privatrechtlicher Theil. 8. Berlin 854. C. Heymann. n. — 6.
— übersichtliche, der zu d. einzelnen Artikeln d. Polizei-Strafgesetzbuches erlass. allerh. Verordnungen; oberpolizeilichen Vorschriften f. Oberbayern; ortspolizeilichen Vorschriften der k. Polizeidirection ꝛc. Mit e. Sachregister. gr. 8. München 866. Franz. n. 1. —

Zusammenstellung d. wichtigsten in Württemberg geltenden Bestimmungen über Preßsachen mit kurzen Erläuterungen. Von einem Rechtsgelehrten. gr. 8. Blaubeuren 864. (Mangold.) — 12.
— der neben d. Polizeistrafgesetzbuche geltenden Gesetze, allerh. Verordnungen, Bekanntmachungen u. Entschließungen polizeilichen Inhalts nach d. Reihenfolge d. Artikel d. Polizeistrafgesetzbuches geordnet. 8. Bamberg 864. Buchner. n. 1. 2.
— der neuen Verordnungen d. hohen Justiz-Ministerii über die Prüfung, Vorbereitung u. Beschäftigung d. Rechtskandidaten, Auskultatoren u. Referendarien. Nebst d. minister. Anweisung (Naumburger Instruct. v. 14. Nov. 1852) zur Anfertigung d. Referate, Vota u. Erkenntnisse in Civilprozeßsachen. gr. 8. Breslau 855. (Morgenstern.) n. — 7½.
— d. neben d. Strafgesetzbuche noch geltenden bis auf die neueste Zeit erschienenen preuß. Strafgesetze. (851.) — gr. 8. Insterburg 855. (Hopf.) — 20.
— der auf die Strafproceßordnung bezügl., seit d. Publication derselben erschienenen Verordnungen u. sonstigen Anweisungen, sowie d. einschlag. Entscheidungen d. kgl. Ober-Appell.-Gerichts. Nach d. Reihenfolge d. Artikel geordnet. Geschlossen am 31. Decbr. 1859. gr. 8. Leipzig 860. Günther. n. — 8.
— der auf das Strafgesetzbuch u. dessen Nebengesetze bezügl. Verordnungen, Entscheidungen u. Abhandlungen. Nach d. Reihenfolge d. Artikel geordnet. Geschlossen am 1. März 860. gr. 8. Ebend. 860. n. — 10.
— d. bei d. kgl. Obertribunal angenomm. Grundsätze über das Subhastationsverfahren. gr. 8. Berlin 853. v. Decker.
— d. Verfassungsbestimmungen d. Kgr. Hannover nebst e. vollständ. Abdr. d. Landesverfassungsgesetze u. d. späteren die Verfassung betr. Gesetze u. Verordnungen. gr. 8. Hannover 859. Meyer. — 22½.
— d. Gesetze u. Verordnungen über d. Volksschulwesen im Großherzogth. Baden. gr. 8. Karlsruhe 852. (Geßner.) — 24.
— der über die Wehrpflicht in d. neuerworbenen preuß. Landestheilen erlassenen allgem. Vorschriften, sowie d. für d. Gebiet d. ehemal. Kgr. Hannover desfalls getroffenen besonderen Bestimmungen unter Hinzufügung e. Abdruckes der hierbei in Betracht kommenden Paragraphen der Militair-Ersatz-Instruction f. die preuß. Monarchie vom 9. Decbr. 1858. gr. 8. Hannover 866. Meyer. n. — 5.

Zustimmungsrecht, das, der Landstände zu staatsrechtlichen Verträgen. Nach d. einstimmigen Lehre d. deutschen Publicisten dargestellt. gr. 8. Freiburg i. Br. 860. Herder. n. — 4.

Zwetz, Frdr., Repertorium über die in d. Weimarer bez. Eisenacher Wochen-, Zeitungs- u. Regierungsblättern sowie in d. Glöckel'schen Gesetzsammlung enth., von 1811 bis einschließl. 1863 erlass. Gesetze, Verordnungen u Bekanntmachungen. (843.) — 3. Ausg. gr. 8. Jena 864. Deistung. n. 1. 5; Ausg. in 4°. n. 1. 10.

Nachtrag.

Branowitzer, Gr., die Entscheidungen d. k. k. obersten Gerichtshofes über Fragen d. materiellen u. formellen Wechselrechtes, nach d. vollständig aufgenomm. Texte d. österreich. Wechselgesetze geordnet ꝛc. gr. 8. Brünn 867. Winiker. 2. —

Bremer, J. P., das Pfandrecht u. die Pfandobjecte. Eine dogmat. Untersuchung auf Grundlage d. gemeinen Rechts. gr. 8. Leipzig 867. B. Tauchnitz. 1. 7½.

Fick, Heinr., krit. Ueberficht d. schweizer. Handels- u. Wechselgesetzgebung. gr. 8. Erlangen 862. Enke. n. 1. 6.

Ghillany, F. W., diplomatisches Handbuch. Sammlung d. wichtigsten europ. Friedensschlüsse, Congressacten u. sonstigen Staatsurkunden vom westphäl. Frieden bis auf die neueste Zeit. Mit kurzen geschichtlichen Einleitungen. 2 Thle. gr. 8. Nördlingen 855. Beck. n. 5. 20.
Auch in französ. Ausg. von J. H. Schnitzler. gr. 8. Ebend. n. 5 Thlr. 12 Ngr.

Michelsen, C. Ch. L., Pandekten-Tabellen. 1. Abth.: Die Lehre vom Besitz u. die Lehre von d. dinglichen Rechten etc. gr. Fol. Kiel 867. v. Maack. n. 4. —

Zeitschriften.

[In nachfolgender Zusammenstellung sind zuerst in alphabetischer Ordnung diejenigen allgemeinen Inhalts verzeichnet, dann an diese anschließend und nach den einzelnen Staaten geordnet, die auf ein specielles Land bezüglichen. — Zu den Zeitschriften nicht gehörende Sammelwerke sind im vorhergehenden Alphabet zu finden.]

Archiv für rechtswissenschaftliche Abhandlungen. Herausg. von Schering. 1. u. 2. Bd. (à 3 Hefte.) gr. 8. Berlin 861—63. Guttentag. à Bd. n. 2. —

Inhalt: 1. Bd.: Ueber die Rechtsparömie: „Kauf bricht Miethe" ꝛc., von Golberg. — Haben die Hypothekengläubiger als solche einen Anspruch auf die Feuerversicherungsgelder? ꝛc., von Th. Schmidt II. — In wie weit kann nach kanon. Rechte u. nach franzö́s. Civilrechte eine Ehe wegen Irrthums in der Person angefochten werden?, von Schilling. — Kann ein geistliches Gericht in Preußen noch auf separatio quoad thorum et mensam erkennen, u. welche Wirkung hat e. solches Urtheil?, von Meind. — Ueber die genera et formulas actionum des römischen Rechts u, deren Anwendung auf das Prozeßverfahren in Preußen, von Bartsch. — Interpretation der lex 34 Dig. de mauris (XXII, 1), von Francke. — Ueber die Bestrafung des verbrecherischen Versuchs, von Müller. — Referat in einer Richtigkeitsbeschwerdesache. I. Merkmale des Kaufs in Pausch u. Bogen II Dolus vor Abschluß des Geschäfts. — Correalschuld. — Ueber das beneficium inventarii.

2. Bd.: Entsteht auch aus einem Vertrag‚überhältniß, bei welchem die gesetzlich vorgeschriebene Form nicht beobachtet worden ist, eine active und passive Correal-Obligation?, von Reichert. — Beurtheilende Vergleichung der im §§ 517—523. Tit. 20. Th. II. d. Allgem. Landrechts und im §. 41. des preuß Strafgesetzbuches von 1851 enth Vorschriften über die Nothwehr, von Freiwald. — Ueber Litisrenunciationen nach preuß. Recht ꝛc., von Cramer. — Ueber die Gültigkeit holographischer Testamente, errichtet am Bord e. franzö́s. Schiffes. — Auf welche von mehreren Forderungen des Gläubigers ist eine von dem Schuldner geleistete Zahlung anzurechnen? ꝛc., von Steiner. — Ueber Competenz-Conflicte, von Hagens I. — Ueber Aufhebung d. Vorschriften über die Wirkungen der Beweise und die Freiheit der richterlichen Beurtheilung derselben auf den Civilprozeß, von G. Schmidt. — Wird durch telegraphische Offerte einerseits, und telegraphische Annahme andererseits, ein schriftlicher Vertrag begründet?, von Bachmann.

— **des norddeutschen Bundes.** Sammlung aller Gesetze, Verträge u. Actenstücke, die Verhältnisse d. norddeutschen Bundes betr. Herausg. von J. C. Glaser. 1—3. Heft. gr. 8. Berlin 867. Kortkampf. n. 2. —

1. n. 20 Ngr.; 2.: n. 1 Thlr.; 3.: n. 10 Ngr.

— **für die civilistische Praxis.** 31—34. Bd. (à 3 Hefte) herausg. von Francke, v. Linde, v. Löhr, Mittermaier, v. Bangerow u. v. Wächter. — 35—42. Bd. (à 3 Hefte) herausg. von Francke, v. Linde, Mittermaier u. v. Bangerow. — 43—46. Bd. (à 8 Hefte) herausg. von Francke, v. Linde, Mittermaier, Renaud u. v. Bangerow, — 47—49. Bd. (à 3 Hefte) herausg. von Francke, v. Linde, Mittermaier, Renaud, v. Bangerow, Anschütz u. Fitting. gr. 8. Heidelberg 848—66. J. C. B. Mohr. à Bd. 2. —

1—45. Bd. herabges. a. 25 Thlr.; je 10 Bde. zusammen à Bd. n 20 Ngr.

Inhalt: 31. Bd.: Bemerkgn. über die Lex Anastasiana, von A. Hermann. — Beiträge zur Geschichte u. Theorie d. reformatio in pejus, von J. A. Sartorius. — Ueber die nothwend. Vorarbeiten zur Verwirklichung e. allgem. deutschen Gesetzgebung mit besond. Beziehg. auf d. Bearbeit. e. allgem. Gesetzes über ehel. Güterrechte, von Mittermaier. — Beiträge zur Lehre von d. Ersitzung d. Servituten u. d. Beweise derselben, von J. E. Busch. — Zur Lehre vom Besitzerwerbe d. Kinder nach röm. Rechte, von A. Denzinger. — Zur Lehre von d. Ersitzung, von B. Stephan. (Forts. in 32. u. 34. Bd.) — Ueber Anwend. d. Schwurgerichte auf Antichese. d. Civilstreitigkeiten, von Mittermaier. — Ueber d. Recht zur Erziehung d. Kinder bei getrennter Ehe, von Sarwey. (Forts. in 32. Bd.) — Soll die Zahl d. Anwälte u. deren Wirkungskreis in e. Staate beschränkt sein oder nicht?, von J. H. Be-

(**Archiv für die civilistische Praxis ꝛc.**)

Schorner. — Ueber d. Wesen d. actio finium regundorum, von Emil Hoffmann. — Die Reichsmeßordnung nach ihrer Wichtigkeit u. ihrem Verhältnisse zu d. Landesgesetzgebungen, von Mittermaier. (Fortſ. in 32. Bd.)

32. Bd.: Ueber das Testament zur Pestzeit, von C. Ackermann. — Die bremischen Einrichtungen zur Beförd. d. Kredits, von Heineken. — Zur Lehre vom Besitz d. Standsobjekts, von E. Platner. — Ueber die Interdikte „ne quid in loco publico vel itinere fiat," von Reinbarb. — Ueber Einzelrichter, von Gerau. — Die Fragen über Umgestalt. d. deutschen Gerichtsverfassung, geprüft von Mittermaier. — Ueber d. Princip d. SC. Velleianum, von C. Windscheid. — Ueber die Wirksamkeit d. Staatsprokuratur ꝛc., von Gerau.

33. Bd.: Wenn in zwei miteinander geltenden letztwill. Verordnungen Demselben erst eine kleinere, dann eine größere Summe vermacht ist, hat man das im Zweifel als Vermehrung d. vorigen Vermächtnisses, oder als eine Ertheilung e. neuen an dem vorigen anzusehen, von Schröder. — Zur Lehre von der negotiorum gestio, von Rudtrat. (Fortſ. in 34. Bd.) — Die Lehre von d. event. Cibedbelation ꝛc. nach gemeinem u. dauer. Prozeßrecht, von C. Bolgiano. — Ueber d. event. Zeitpunkt d. Schätzung beim Werthersag, von Käß. — Zur Lehre von d. sogen. reformatio in pejus, von v. Linde. — Ueber die Zweckmäßigkeit d. Abschaffung d. Appellabilität und Rechtskraft d. Beweisinterlokutes, von J. W. Geschorner. — Von welchem Zeitpunkt beginnt die Verjährung d. Darlehnsklage, von v. Vangerow. — Ueber die Rechtskraft d. Entscheidungsgründe, von v. Linde. — Ueber die Abschaffung d. Unterschiedes zwischen d. ordentl. u. summar. Civilprozesse ꝛc., von L. Höpfner. — Zur Geschichte d. Legislation über d. Civilprozeß, von L. Höpfner. — Ueber die autonomische Verhaltung ꝛc., von L. Bradenhoest. (Fortſ. in 34. Bd.) — Ueber Ausführ. d. Princips d. Mündlichkeit im bürgerl. Prozesse, von Gerau.

34. Bd.: Von e. neu zu begründ. Wissenschaft d. Dogmengeschichte d. bürgerl. Rechts, von Roßhirt. — Zur Lehre vom periculum bei Obligationen, von R. Fuchs. — Ueber die Theilung unter wenigen von mehreren Kommunions-Interessenten, von Zimmermann. — Ueber die Zusammenrechnung d. Besitzzeit verschied. successiven Besitzer zum Zwecke d. Vervollständig. d. zur 30jähr. (extraordinären) Verjährung erforderlichen Besitzes, nach röm. u. französ. Recht, von Dernburg. — Die neuesten legislativen Erscheinungen in Bezug auf Hypothekenordnungen, von J. H. Geschorner. — Ueber das großh. ſ. weimar. Gesetz die Eheverlöbnisse betr., von Emminghaus.

35. Bd.: Ueber d. schriftliche Vorverfahren der mündlichen Verhandlungen, von Heineken. — Ueber d. particuläre Gewohnheitsrecht, von Gupet. — Ueber die Wirkung d. erfüllten Protestativbedingung, von Windscheid. — Ueber d. Kormiren d. Beweises eines rechtlichen Zustandes u. d. Einfluß d. Angabegründungsart auf die Gestaltung d. Civilprozesses, von L. Bradenhoest. — Beiträge zum Prozeßrecht, nach Frankfurter Rechtsfällen, von Bender. — Von d. Anwachlungsrecht bei Prälegaten, von v. Vangerow. — In welchen Fällen u. unter welchen Vorausseßungen tritt eine adjudicatio bei d. actio finium regundorum ein, von C. Hoffmann. — Welches Derpositumsrecht hat der Usufructuar über die Substanz d. ihm in Ususfructus gegebenen Sache?, von Rob. Keil. — Ueber die eigenthüm. Ausübung d. Executivprozesses in Oesterreich, von Frz. Haimerl. — Ueber d. Verbot d. Veräußerung streitiger Sachen u. Forderungen, von Zimmermann. (Fortſ. in 36. Bd.)

36. Bd.: Ueber die Verfolgung von Schadenansprüchen gegen die Theilnehmer an Tumult u. Aufruhr ꝛc., von J. H. Geschorner. — Geschichte d. canon. Rechtes über die bona fides bei d. Ersitzung u. Klagverfährung, von R. Hildenbrand. — Zur Lehre von d. Conversion d. Rechtsgeschäfte ꝛc., von R. Römer. — Ueber die sogen. Genossenschaften, von A. Schmitt. — Ueber die Begründung d. Klage u. die generalitas libelli, von G. Krüger. — Von d. Berechnung d. Falzitischen Quart bei Legaten aus Doppeltestamenten, von v. Vangerow. (Fortſ. in 37. Bd.) — Ueber d. Schwierigkeiten d. l. 7 § 1. solut. matrim. (24, 3) durch Conjecturalkritik zu heben, von Grindmann.

37. Bd.: Ueber den Einfluß d. Criminalurtheils auf den Civilpunkt, von M. Schäffer. — Ueber d. Begriff d. Autonomie, von Gerber. — Der Zwiespalt d. deutschen Gesetzgebungen in Bezug auf d. Beweis in Civilsachen u. Strafsachen ꝛc., von F. G. Busch. — Beitrag zur Lehre von d. Wirkung rechtskräftiger Urtheile, von Fr. Pfeiffer. — Ueber d. Princip, nach welchem ein zur Sicherheit d. nämlichen Forderung mit mehren Specialhypotheken an verschied. Gegenständen eingetragener Gläubiger im Concurse d. Schuldners aus der Pfandsumme von diesen Pfandgegenständen zu befriedigen ist, von de Fontenay. — Ueber die operis novi nunciatio u. das interdictum quod vi aut clam ꝛc., von Fr. Zimmermann. — Ueber d. sogen. Retentionsrecht, von F. Cramer. — Erfahrungen über die Wirksamkeit d. hannov. bürgerl. Prozeßordnung vom 8. Nov. 1850, von H. A. Oppermann. (Fortſ. in 38. Bd.) — Die Collisionen zwischen d. Particularrechte e. Staats u. zwischen d. Gesetzen verschied. Staaten ꝛc., von Jütter. (Fortsetz. in 38. Bd.)

38. Bd.: Zur Lehre von d. Location d. Gläubiger im Concurse, von M. Schäffer. — Inwiefern die Schenkung jährlicher Renten d. gerichtl. Insinuation bedarf, von Striegleb. — Revision d. neueren Lehren von d. Zugehörigkeit d. beständig fließenden Gewässer nach röm. u. deutschem Rechte, von Fr. Görner. — Zur Lehre von der unvordenklichen Zeit, von Reinbard. — Ueber die Berichtseinheit d. Stellung d. Schuldverfahrens in d. neueren gemeindeutschen, ordentl. Prozesse ꝛc., von Jul. Rau. (Fortſ. in 39. Bd.) — Zur Lehre von d. substitutio tacita, von R. Fuchs. — Ueber die Wirkung d. rechtskräft. Urtheils 1) wenn d. Schuldner mit Unrecht freigesprochen ist; 2) wenn dem letzten von mehreren Pfandgläubigern mit Unrecht ein Vorzugsrecht vor dem ersten zuerkannt ist, von F. Pfeiffer. — Zu d. Streitfrage: von welchem Moment an läuft das quadriennium der restitutio in integrum?, von Rob. Keil.

39. Bd.: Die Lehre von d. Zwangsenteignung histor.-dogmat. erörtert, von C. F. F. I. Häbertin. — Ueber d. Verhältniß d. Pfandgläubigers zu demjenigen, welcher die Pfandsache beschädigt oder vernichtet, von A. Stölzel. — Wie lassen sich die Uebelstände beseitigen, die

(**Archiv für die civilistische Praxis rc.**)

aus d. Verschiedenheit d. Verfahrens in Civil- u. Strafsachen entspringen?, von F. B. Busch. — Ueber die Legitimation im Prozesse, von Krüger. — Warum schadet die mora eines corruus debendi nur dem, der sie verschuldet, ein säumiges aber allen?, van C. Wirth. — Das richterliche Pfandrecht, van Mittermaier. — Von welchem Zeitpunkt an läuft das quadriennium restitutionis?, van Bermehren. — Ueber Erwerbung mehrerer Erbportionen, van C. Fuchs. — Von d. Wirkung d. Criminalerkenntnisses auf die Entscheidung d. Civilpunkten, van G. Siman. — Das Fragerecht d. Parteien im bürgerl. Verfahren als e. bedeutendes Mittel d. Verbeff. d. Civilprozeßgesetzgebung, van Mittermaier. — Ueber d. Begriff d. Bedingung, van Fitting. — Der antichretische Pfandgläubiger ist nicht verbunden, sein Pfand an die Concursmasse seines Schuldners abzuliefern, van Fr. Zimmermann. — Die Anerkennung c. Realact vor dem Richter d. belegenen Sache gilt nach deutscher Rechtsgewohnheit als Erwerbstitel rc., von F. B. Busch. — Van d. Verpflichtung d. Unmündigen, van Goldschmidt.

40. Bd.: Zur Lehre van d. justa causa bei d. Tradition, van Dernburg. — Ueber die Beweislaft bei d. Negatorienklage, van Du Rai. — Die actio quod jussu findet statt, wenn d. Haussohn in d. Angelegenheiten seines Vaters aber in seiner eigenen contrahirt hat, von Du Rai. — Ueber d. Einfluß d. Klagebegründungsart auf die Gestaltung d. Civilprozesses, von L. Bradenhaeft. — Das fingirte Geständniß im Civilprozeßrechte, van Gupet. — Ueber d. Manifestationseid in d. Executionssumma, von F. Chap. — Die wechselseitige Verbürgung u. die Bedeutung d. Ravelle 99, von Bd. Debelind. — Die Aenderung d. Klagevertrages, van L. Bradenhaeft. — Ueber die Erforschungen von Gewohnheitsrechten, von Langenbed.

41. Bd.: Die hypothekarische Succession, von Dernburg. — Ueber die Selbstständigkeit d. Pfandrechts u. d. Pfandrechtsklage, als solcher, in Bezug auf nachstehende, an demselben Objecte haftende Pfandrechte, von Gust. Siman. — Die freie Beweisführung im Civilprozesse, von W. Endemann. — Zur Lehre v. d. Beweise fremder Rechte vor inländ. Gerichten, van W. Langenbed. — Ueber das Interdictum u. die exceptio quod vi aut clam, von Fr. Zimmermann. — Zur Lehre vom Justitar, mit besond. Bezieh. auf O.S. § 10. D. de inst. act., von Bd. Debelind. — Gegen die herrschende Lehre im Gebiete d. event. Litisdelation, van F. B. Busch. — Die Folgen freier Beweisführung im Civilprozesse, van W. Endemann. — Ueber die Bertheilung d. Specialmassen im Concurse u. des Brand- u. des Subhastationserlöses außerhalb d. Concurses rc., van H. Siman. — Von d. Ersaßpflicht d. Eisenbahnverwaltungen bei Personentransport, van J. H. Beschärner.

42. Bd.: Die Controversen in d. Lehre von d. Gewissensvertretung, van F. B. Busch. — Ueber d. Verbot d. Zeugen, namentlich d. auswärtigen, von G. A. v. Duhn. — Ueber Ordnungsstrafen, van Fr. Chap. — Ueber Verjährungsrecht, van Sopp. — Zur Lehre von d. Inhaberpapieren, van Platner. — Ueber das Consistorium, van Fuchs. — Die freie Prüfung d. Zeugenbeweises, van W. Endemann. — Ueber die rechtliche Bedeutung telegraph. Mittheilungen rc., van Mittermaier. — Kann e. jüngerer Cessionar einem älteren dadurch zuvorkommen, daß er dem abgetretenen Schuldner zuerst die Anzeige van d. geschehenen Cession macht?, van Knorr. — Ueber die richtige Lesart van cap. 7 X. de fide instrumentorum, van Döpfl.

43. Bd.: Der Urkundenbeweis ohne gesetzl. Beweisregeln, van Endemann. — Ueber Inhalt u. Form d. nach e. Testamente errichteten u. in demselben zum daraus bestätigten Codicille, van d. Krämel. — Einige Fragen aus d. Telegraphenrechte, van Fuchs. — Zur Lehre vom Glaubenseide, von Renaud. — Ueber d. Princip d. einheitlichen Eigenthums an Gebäuden, Gebäude u. deren einzelnen Theilen, van Baun. — Ueber die Vertheilung d. Cancursmasse im Falle d. Ungleichheit d. Pluralität in Ansehung verschied. Etude derselben, van Bradenhaeft. — Ist das auxilium divisionis unabhängig von gleichzeitiger u. gemeinsamer Eingebung d. Mitbürgschaft, van W. Girtanner. — Der Eid bei freier Beweisführung, van Endemann.

44. Bd.: Ueber dingliche Gewerberechte, von Schmid. — Für die ordentliche Ersitzung d. Emphyteusis u. Superficies, van Franke. — Die Gemeinschaftlichkeit d. Beweis-Urkunden u. Zeugen, von Renaud. — Ueber die Schadenersatzpflicht d. Eisenbahnverwaltungen, van F. Kahbirt. — Zur Lehre van Codicillen u. d. sogen. modificirten Testamenten, van Fr. Chap. — Die Inhaberpapiere, van L. W. v. Gröning. (Forts. in 45. Bd.)

45. Bd.: Noch ein Beitrag zum Telegraphenrechte, van F. B. Busch. — Zur Lehre vom damnum injuria datum, von F. B. Busch. — Ueber d. Recht d. Namensführung u. d. Namensänderung, van Rab. Hermann. — Prakt. Beiträge zur Lehre von d. Aufforderung zur Klage, besonders bei d. Diffamationsklage, van Bapp. — Zur Lehre vom Faustpfande, van K. Sintzel. — Ueber die Bedeutung d. s. g. praesumtio Muciana, von Leuge. — Ueber die Unzulässigkeit d. Erbeseinsetzung in bestätigten Codicillen u. über gegensätzliche Bedeutung d. mystischen Testamente, von Ed. Windmüller.

46. Bd.: Das Telegraphenrecht, van Mittermaier. — Ueber Inhalt u. Form d. codicilli testamento confirmati, van d. Krämel. — Die german. Schöffengerichte rc., von Müller. — Versäumung im Civilprozesse, von v. Arnold. — Der Erwerb e. dinglichen Rechts in Folge einer Unterlassung, van L. Bacher. — Der Kauf auf Grase aber auf Gesicht, von d. Fitting. — Zum internationalen Privatrechte, von F. Kahbirt. — Zur Lehre van d. Bereicherungsklage d. Art. 83 d. deutschen Wechselordnung, von Renaud. (Forts. in 47. Bd.) — Ueber in integrum restitutio, van Kahbirt.

47. Bd.: Ueber d. Rechtsgrund d. Eigenthumserwerbs durch Specification, van A. Bechmann. — Der Parteieneid im Civilprozesse, van v. Arnold. — Ist bei d. Geltendmachung d. dinglichen Rechts zur Substantiirung d. Anspruchs die Angabe d. Erwerbsgrundes in d. Klagschrift erforderlich?, van P. Hinschius. — Bergrechtliche Fragen, von Achyt. — Ist in jedem Veräußerungsverbote von selbst auch ein Ersitzungsverbot enthalten?, van Fitting. — Die rechtliche Natur d. Abrechnungsgeschäfte, van F. Regelsberger. — Beiträge zum Telegraphenrechte, von Mittermaier. — Die gemeinschaftliche Lehre van d. Rechtskraft d. Ur-

(**Archiv für die civilistische Praxis 2c.**)
theils gegen Dritte aus d. Grunde ihrer Mitwissenschaft vom Streite, von Binding. — Ist das von e. verbeteten Spruchcollegium gefällte Erkenntniß für richtig zu erachten? von Fitting. — Die Einrechnung in d. Antheil der Erben bei der quarta Falcidia u. Trebelliana, von Dernburg. — Zur Lehre von d. Errungenschaft, von Fr. Zimmermann. — Gegen die provocatio ax lege diffamari zulässige Einreden, von K. Witte. — Zur Lehre vom Erbwerbe der Vermächtnisse, von v. Cralisheim.

48. Bd.: Die Specification, von Fitting. — Ueber die Zeit d. Verjährung gegen den Fiscus von Heimbach. — Ueber die exceptio quod vi aut clam, von G. A. D. Cohn. — Ueber d. Beweis d. Irrthums bei d. conditio indebiti, von Fr. Zimmermann. — Das heutige deutsche Jagdrecht u. d. Eigenthumserwerb an widerrechtlich erlegtem Wild, von v. Bränneck. — Die Beweislehre nach d. Standpunkte d. neuesten Gesetzgebungsarbeiten, von Mittermaier. — Die Verhandlungs- u. Entscheidungsweise d. Rota Romana, von Robbirt. — Zur Lehre vom Gegenstande d. Condiktionen, von G. Mandry. — Ueber die Bedeutung d. Satzes: „Impossibilium nulla obligatio," von Ude. — Die neuesten deutschen Gesetzgebungen über event Alterbsschiebung u. Gewillkührsvertretung, von H. C. Busch.

49. Bd.: Betrachtungen über einige Hauptgrundsätze d. preuß. Entwurfs e. Civilproceßordnung, von Endemann. — Plus valet, quod actum, quam quod scriptum, von v. Arnold. — Ueber die Zulässigkeit verdächtiger Sach- (Kunst-) Verständigen im bürgerlichen Processe, von Lenz. — Ueber die Berechnung der Quarta Falcidia in dem Falle, wenn ein Ritterbe eines Pupillen Letzterem substituirt ist, u. dem Pupillen, sowie dem Substituten in secundis tabulis, oder in secundis u. primis tabulis, Vermächtnisse auferlegt worden sind, von C. Hoffmann. — Beiträge zum röm. Pfandrecht, von G. A. Schlayer. — Ueber die Tragung d. Gefahr beim Genuskauf, von Regelsberger. — Ueber d. Recht d. Kiesbrandners an mineralischen Produkten, insbes. Bergwerkserzeugnissen, von O. Schröder. — Ueber die Bergsbahn d. Grundgerechtigkeiten, von Göppert. — Ist die actio Pauliana durch vorausgegang. Concurseröffnung bedingt? von Fitting. — Bemerkgn. zu d. Oldenburg. bürgerlichen Proceßgesetze von 1859, von Lenz.

[Außer diesem fortlaufend: Berichte über die neueste Gesetzgebung, von Mittermaier.]

— des **Criminalrechts**. Neue Folge. Herausg. von J. F. Abegg, v. Arnold, F. K. B. Birnbaum, A. W. Heffter 2c. Jahrg. 1848—57. (à 4 Hefte.) 8. Braunschweig, Schwetschke u. S. à Jahrg. n. 2. —

—— —— Ergänzungsheft zum Jahrg. 1853. 8. Ebend. 853. n. — 15.

—— —— Register über die Jahrg. 1793—1856. 8. Ebend. 857. n. 1. —

— für Entscheidungen d. obersten Gerichte in den deutschen Staaten. 1—8. Bd. (à 3 Hefte) herausg. von J. A. Seuffert. — 9—12. Bd. (à 3 Hefte) herausg. von J. A. Seuffert u. E. A. Seuffert. — 13—15. Bd. (à 3 Hefte) herausg. von E. A. Seuffert. — 16—20. Bd. (à 3 Hefte) herausg. von A. F. B. Preußer. gr. 8. München 847—67. Literar.-artist. Anstalt. à Heft n. — 22.

—— —— Neuer unveränd. Abdr. (In 32 Heften.) 1—9. Heft. gr. 8. Ebend. 866, 67. à Heft n. — 22.

—— —— Systemat. u. alphabet. Register über Bd. I—V. gr. 8. Ebend. 853. n. — 26.

—— —— —— über Bd. VI—X. gr. 8. Ebend. 857. n. — 26.

—— —— —— über Bd. XI—XV., mit e. Anh.: Chronolog.-alphabet. Verzeichniß d. bei d. O. A. G. zu Lübeck verhandelten, in Bd. 1—15 mitgetheilten Rechtssachen. gr. 8. Ebend. 864. n. — 26.

— für die strafrechtlichen Entscheidungen d. obersten Gerichtshöfe Deutschlands. Herausg. von J. D. H. Temme. 1—6. Bd. (à 3 Hefte.) gr. 8. Erlangen 854—59. Enke. à Heft n. — 20.

— f. d. neueste Gesetzgebung in d. deutschen Bundesstaaten. Eine vollständ. Sammlung d. in d. deutschen Bundesstaaten seit d. März 1848 bereits erschienenen u. künftig erscheinenden Gesetze. Herausg. von A. Rauch. 1. u. 2. Bd. (à 6 Hefte). gr. 8. Erlangen 850, 51. Palm. à Bd. n. 3. 6.

— neues, für **Handelsrecht**. 1. Bd. (4 Hefte) herausg. von J. F. Voigt u. C. Heinichen. — 2. Bd. (4 Hefte) herausg. von J. F. Voigt, H. S. Heinefen u. H. A. C. Weber. — 3. u. 4. Bd. (à 4 Hefte) herausg. von J. F. Voigt u. H. S. Heineken. gr. 8. Hamburg 858—66. Mauke S. à Heft n. — 20.

— für **Theorie u. Praxis d. allgem. deutschen Handelsrechts**. Herausg. von J. B. Busch. 1—10. Bd. (à 4 Hefte) gr. 8. Leipzig 863—67. Arnold. n. 28. 24.

1.: u. 3 Thlr. 6 Ngr.; 2—5.: à n. 3 Thlr.; 6.: n. 2 Thlr. 20 Ngr.; 7.: n. 2 Thlr. 28 Ngr.; 8—10.: à n. 2 Thlr. 20 Ngr.

(**Archiv** für Theorie u. Praxis d. allgem. deutschen Handelsrechts ꝛc.)

Inhalt: 1. Bd.: Ueber die Entstehung d. deutschen Handelsgesetzbuches, die Interpretation desselben u. den Gebrauch d. Kritik hierbei. Ueber handelsrechtliche Zinsen, von J. Maaßen. — Das Handelsregister u. einige damit in Verbindung stehende Streitfragen, von Busch. — Zur Lehre von d. Solidarität b. Gesellschaften, von Ackermann. — Ueber Commandit- u. stille Gesellschaft, von Maaßen. — Wer ist Kaufmann? Welche Handwerker sind Kaufleute?, von Voigtel.

2. Bd.: Beiträge zur Feststellung u. Ermittelung d. Verbindlichkeit zur Firmenanmeldung, von Road. — Ueber Abschluß e. Vertrages durch Stellvertreter u. das hierdurch begründete Rechtsverhältniß zwischen d. Mandanten u. dem dritten Contrahenten, von Bengler. — Ueber d. Begriff von Handelssachen, von Maaßen. — Die Beweiskraft d. Handelsbücher nach d. Allgem. D. Handelsgesetzbuch, von Keyßner. — Das Speditionsgeschäft in seiner heutigen Gestalt, von R. Koch.

3. Bd.: Zur Lehre von der Spedition nach früherem u. jetzt Handelsrecht, von Ackermann. — Die Bürgschaft als Handelsgeschäft. Die Bürgschaft b. Handelsfirmen, von Voigtel. — Das Rentenschuldrecht nach d. Bestimmungen d. Allg. D. HGB., von Wolff. — Mangelnde Bestimmung b. Zeit b. Erfüllung u. Eintritt d. Verzugs, von Schloma. — Handwerker sind nicht Kaufleute, von Labenburg. — Auflösung d. Dienstverhältnisses zwischen Principal u. Handlungsgehülfen, von Voigtel.

4. Bd.: Zur Erläut. d. die offene Gesellschaft betr. Art. d. A. D. HGB., von v. Kräwel. — Rechte d. Käufers bei Contractswidrigkeit d. gelieferten Waare, von B. Auerbach. — Der Einfluß d. Handelsgesetzbuchs auf d. Grund- u. Hypothekenrecht, von Road. — Rechtliche Natur u. Arten d. handelsrechtl. Mandatare u. Vermittler, von Voigtel. — Ueber Versteigerungen, insonderh. im Gebiete d. Handelsrechts, von R. Koch. — Zur Lehre vom Frachtgeschäfte, von Ackermann.

5. Bd.: Oertliche Anwendung d. Gesetze über d. Mandats- u. Societätsverhältniß. Verbot b. Proprehandels für d. offenen Gesellschaften ꝛc., von Voigtel. — Begrenzung d. Statthaftigkeit d. Ordnungsstrafverfahrens; Sicherungsmittel d. Gesellschaften gegen einander während d. Streites über die Auflösung d. Handelsgesellschaft, von Keyßner. — Ueber die Behandlung d. Rohstoffvereine nach Handelsrecht, von R. Koch. — Ueber d. Abgang e. Mitgliedes e. Handels- oder sonstigen handelsrechtlichen Gesellschaft ꝛc., von Maaßen. — Zur Lehre von d. Commanditgesellschaft, von v. Kräwel. — Zur Lehre vom Beitrage mit besond. Rücksicht auf Handel u. Wandel, von Voigtel. — Von dem Schaden zu tragen, von bei durch d. Telegraphen übermittelten Commissionen sich durch Versehen d. Telegraphenbeamten ein Fehler einschleicht ꝛc., von Wolff. — Ueber die Voraussetzungen für d. Eintritt d. Versäumniß u. d. Verjährung, insbes. beim Genußaussaat, von Schloma.

6. Bd.: Veröffentlichung d. ehelichen Güterrechts d. Kaufleute in Preußen, von R. Weinhagen. — Kauf auf Probe. Zurückfertigung d. nicht genehmigten Waare durch b. Kaufslustigen ꝛc., von Voigtel. — Zur Lehre d. Commissionshandels, von Ackermann. — Das Frachtgeschäft von E. Kuhn. — Schaden durch Zusammenstoß von Schiffen (abordage) von Jebens.

7. Bd.: Ueber die Voraussetzungen d. Haftpflicht d. Principals für durch entlassene Handlungsbevollmächtigte ꝛc. verübte Betrugshandlungen, von Linde. — Ueber die Folgen d. Unterlassung sofort. Anzeige von Fehlern d. Waare, von Nebing. — Bemerk. über d. Schifferregister. — Wann ist d. Empfänger unbestellter Waaren zu deren Behalten u. Bezahlen verpflichtet?, von Ackermann.

8. Bd.: Der preuß. Gesetzentwurf betr. die privatrechtl. Stellung d. Erwerbs- u. Wirthschaftsgenossenschaften vom 2. Febr. 1866, von R. Koch. (Forts. in 10. Bd.) — Ueber die Buldingskeit d. Kündigung b. handelsrechtl. u. Handlungsdiener geschlossl. Dienstverträge, von v. Kräwel. — Ueber die handelsrechtl. Natur d. accessor. Rechtsgeschäfte, besonders d. Bürgschaft, von Voigtel. — Inwieweit sind Differenzgeschäfte klagbar?, von Ed. Brauer. — Kann die Klage auf Zahlung d. Kaufpreises für gelief. Waaren sowohl darauf, daß d. Preis vereinbart worden, als daß derselbe üblich u. sachgemäß sei, gestützt werden?, von Wolff.

9. Bd.: Einfluß d. Fallimentes auf die öffentl. (insbes. die Ehren-) Rechte in Preußen, von Maaßen. — Excurse zu einigen Theilen d. Seerechts, von Ackermann. (Forts. in 10. Bd.)

10. Bd.: Einfluß d. Concurseröffnung auf d. Firmenrecht, von R. Walter. — Die Anweisung, von Labenburg. — Aus d. kaufmänn. Erbrecht, von Voigtel.

[Außerdem in jedem Bde. eine fortlauf. Zusammenstellung handelsrechtl. Entscheidungen u. Präjudizien aus verschied. deutschen Staaten.]

— für Kirchengeschichte u. Kirchenrecht, herausg. von J. A. Ginzel. 1. Heft. Regensburg 851. Manz. — 22½

— für katholisches Kirchenrecht, mit besond. Rücksicht auf Oesterreich u. Deutschland. Herausg. von E. v. Moy de Sons u. Frdr. H. Vering. 1—6. Bd. (à 6 Hefte.) gr. 8. Innsbruck 857—61. Vereinsbuchhandlung. à Bd. 2. 8.

—— —— 7—17. Bd. oder Neue Folge 1—11. Bd. (à 3 Hefte.) gr. 8. Mainz 862—67. Kirchheim. à Bd. n. 2. —

— d. politischen Oekonomie u. Polizeiwissenschaft, herausg. von Karl Heinr. Rau u. Geo. Hanssen. (13—15. Bd. oder) Neue Folge. 8—10. Bd. (à 3 Hefte.) gr. 8. Heidelberg (Leipzig) 848—52. C. J. Winter. à Bd. n. 2. 15.

Repertorium dazu, s.: Zeitschrift f. d. gesammte Staatswissenschaft.

Archiv für das öffentliche Recht d. deutschen Bundes. 1—4. Bd. (à 3 Hefte.) Herausg. von J. T. B. v. Linde. gr. 8. Gießen 850—63. (Roth.) n. 9. 27½.
Herabges. n. 4 Thlr. (I.: n. 1½ Thlr.; II.: n. 1 Thlr. 25 Kgr.; III.: 1½ Thlr. IV.: 2½ Thlr.)

Inhalt: I. 1.: Betrachtungen über die wichtigsten Fragen d. Gegenwart auf d. Gebiete d. öffentl. deutschen Bundesrechts. 850. n. 15 Kgr.
2.: Betrachtungen über einige Fragen aus d. Bundes-Austrägal-Verfahren u. über die rechtliche Natur d. auf d. Rheinschiffahrtsoctroi gelegten Renten. (1854. n. 15 Kgr.) — 2. Aufl., mit d. neuen Geschäftsordnung d. Bundesversammlung u. d. Beschlüssen über Einziehung d. Privat-Reclamationen verm. 1855. n 1 Thlr. 15 Kgr.
3.: Deutschlands bundesverfassungsmäß. Stellung zur oriental. Angelegenheit u. Berechtig. zur selbstständ. Entwickelung d. Bundesverfassung. 854. n. 15 Kgr.
II. 1.: Betrachtungen über die Selbstständigkeit u. Unabhängigkeit d. Kirchengewalt, u. Schutzpflicht d. deutschen Bundes u. d. Theilnehmer an d. westphäl. Frieden sammt u. sonders, in Deutschland, von J. T. B. v. Linde. 855. n. 22½ Kgr.
2. 3.: Das deutsche Postrecht nach d. bundesgesetzlichen Bestimmung, unter Garantie acht europ. Mächte. 857. n. 1 Thlr.
III. 1: Das deutsche Postrecht nach seiner staatsrechtlichen Beschaffenheit. 859. n. 15 Kgr.
2.: Ministerverantwortlichkeit u. Staatsgerichtshöfe in Deutschland. Beleuchtung d. Ultraconstitutionalismus in dessen letzter Garantie, am Wendepunkte deutscher Verfassungspolitik, von Herm. Busch. 859. n. 15 Kgr.
3.: Das Nothrecht d. Staatsgewalt in Gesetzgebung u. Regierung, histor. u. dogmat. nach allgem. u. deutschem Recht erörtert von Herm. Bischof. 860. n. 25 Kgr.
IV. 1.: Die staatsrechtlichen Verhältnisse der Fürsten u. Grafen Herren v. Schönburg. Histor. u. dogmat. dargestellt von Adf. Michaelis. 861. n. 1 Thlr. 15 Kgr.
2.: Histor.-rechtliche Beleuchtung d. in d. nassauischen landständ. Versammlung erstatteten Commissionsberichts vom 7. Juli 1860 über die Postverwaltung im Herzogthum. — Das deutsche Postfürstenthum, sonst reichsunmittelbar, jetzt bundesmittelbar. Gemeinrechtliche Darstellung d. öffentl. Rechts d. Fürsten v. Thurn u. Taxis als Inhabers d. gemeinen Post. Von Karl Ullrichs. 861. n. 1 Thlr. 10 Kgr.
3.: Ueber gemeinsch. Anordnungen nach Grundsätzen d. deutschen Bundesrechts in besond. Anwendung auf gemeinsame Gesetze u. Delegirten-Versammlung. 863. n. 1 Thlr.

— f. practische Rechtswissenschaft aus d. Gebiete d. Civilrechts, d. Civilprozesses u. d. Criminalrechts mit namentl. Rücksicht auf Gerichtsaussprüche u. Gesetzgebung. Hrsg. von M. Schäffer, C. Seitz u. C. Hoffmann. 1. Bd. gr. 8. Regensburg 853. Manz. 2. 7½.

— — 2—6. Bd. (à 3 Hefte) herausg. von Chr. Fr. Elvers, M. Schäffer, C. Hoffmann u. C. Seitz. — 7—10. Bd. (à 3 Hefte) herausg. von B. Emminghaus, C. Hoffmann, H. Martin, M. Schäffer u. C. Seitz. gr. 8. Marburg 853—62. Elwert. (Frankf. a. M., Bölcker.) à Bd. 2. —

— Neue Folge 1. u. 2. Bd. (à 4 Hefte) herausg. von B. Emminghaus, C. Hoffmann, H. Martin u. C. Seitz. 3. u. 4. Bd. (à 4 Hefte) herausg. von B. Emminghaus, C. Hoffmann, Jhering, H. Martin u. C. Seitz. gr. 8. Darmstadt 864—67. Zernin. à Bd. 2. —

— für das Versicherungswesen. Prakt. Handbuch f. d. Assecuranz- u. Handelsstand u. für Juristen. Herausg. in zwanglosen Heften von A. F. Elsner. 1. u. 2. Bd. à 2 Hefte. gr. 8. Berlin 864—66. Grieben. à Heft n. 1. 15.

— für deutsches Wechselrecht u. Handelsrecht. 1—9. Bd. (à 4 Hefte) herausg. von Ed. Siebenhaar u. Thdr. Tauchnitz. — 10—15. Bd. (à 4 Hefte) herausg. von Ed. Siebenhaar. gr. 8. Leipzig 850—67. B. Tauchnitz. à Bd. n. 2, 20.

Inhalt: 1. Bd.: Ueber d. Indossament nach d. Verfalltage, von Mittermaier. — Ueber d. Wechselvertrag von Ladenburg. — Bemerkgn. zu Art. 63 d. Allgem. D. W.-O., von Gräwell. — Ueber d. Einfluß bayer. Gewalt auf die Regreßklage im Falle d. Unterlassung wechselrechtl. Pflichten nach d. D. W.-O., von Mittermaier. — Wechselrechtl. Abhandlungen, von Siebenhaar. — Die Einreden im Wechselprozeß, von Borchardt. — Die Wechselung d. Wechselbriefes u. ihre Begründung, von T. Bradenhoeft. — Die Wechselverjährung gegen Gemeinschuldner, von Mathes. — Ueber d. Einfluß d. höhern Gewalt auf die Regreßnahme im Fall d. durch sie entstand. Verhinderung an Befolgung d. rechtzeitl. Präsentation u. Wechsels zur Zahlung, u. d. Protesterhebung, von Einert. — Die Form d. Wechselprotestes, insbes. nach sächs. Rechte, von Bed. — Das Augsburger Accept, von J. Heß. — Bemerkgn. zu § 19 u. 47 d. D. W.-O., von G. F. Lutteroth.

2 Bd.: Ueber d. Einfluß, welchen eine in Deutschland für e. Handelsplatz, aber für e. einzelnen Staat durch Gesetz bestimmte Protestzeit auf die Beurtheilung d. Zurechtbeständigkeit u. deren Ablauf aufgenomm. Wechselproteste äußert, von Einert. — Zum Art. 63 d. A. D. W.-O. von Koch. — Die Intervention durch Uniazione d. Ehrenacceptant ohne Protest, von Einert. — Behält d. eigene Wechsel nach Ablauf d. Wechselverjährung noch d. Eigenschaft e. Schuldscheins?, von Linzer — Ueber die Collision d. Wechselgesetze, von Bradenhoeft. — An wen muß u. an wen kann die Zahlung e. Wechsels geschehen?, von Jolly. — Vom eigenen

(Archiv für deutsches Wechselrecht u. Handelsrecht ꝛc.)

Wechsel, von Pöschmann. — Ist der Pellogie zur eidlichen Diffission d. Indossaments zuzulassen?, von Jüssel. — Ueber turbess. Wechselrecht ꝛc., von H. Fid. — Ueber d. Wesen d. trassirt-eigenen Wechsel, von Linert.

3. Bd.: Ueber Wechselduplikate u. Wechselkopien, von Jolly. — Welche Wirkung hat ein im Wechsel abgegeb. Indossiversprechen, von Martens. — Haben eigene Wechsel an eigene Ordre nach d. A. D. W.=C. Wechseltrafft?, von C. Trummer. — Ist der Wechsel ein Papiergeld?, von Ladenburg. — Die Restreibeit in Leipzig, von Motbes — Bemerkgn. über die Auslegung d. W.-O., von A. Brauer. — Ueber die Wechselprotestfrage, von Frindmann — Ueber die Natur d. Wechselobligationen, von W. Brauer, — Ueber die rechtsgult. Anwendbarkeit d. Ausdrucks "nach Sicht", bei Wechseln, welche gleich nach d. Präsentation gezahlt werden sollen, von Cm Stern. — Die Orts- u Zeitverschiedenheit d. Wechsels, von Gradenboest.

4 Bd.: Von verlorenen Wechseln, von Jolly — Darf der Bezogene einen Wechsel auch nach d. Verfallzeit zahlen?, von Ladenburg — Zur Erläuter. d. Art. 2. d. österreich. W.-O. von 1850, von J. Blaschke — Ob u. unter welchen Voraussetzungen eine früher bestandene Geldschuld dadurch erlösche, daß d. Gläubiger von d. Schuldner über deren Betrag einen Wechsel annimmt?, von Günther. — Kann die Ehefrau gemeinrechtlich u. insbes. im Großh. Hessen gemeinschaftlich mit ihrem Ehemanne wechselrechtlich verpflichtet werden?, von Burgold. — Ueber die Amortisation von Wechseln, von L. Wächter. — Kann b. Wechselinhaber gegen b. Bezogenen, der nicht acceptirt, aber Deckung für b. Wechsel erhalten hat, auf Zahlung besselben klagen?, von Ladenburg. — Von d. Regreß v. Verjahrungseinreden b A. D. W.-O., von Stern. — Die Präsentation zur Annahme bei concurrir. Nothadressen, von W. Brauer. — Vergleich. d gem. deutschen W.=C. mit d. turbess. Wechselrecht, von B. Platner. (Fortf. in 5. Bd.) — Zur Lehre von den Domicilwechseln, von Berger. — Von dem Indossamente, von Jolly. (Fortf. in 5 Bd.) — Vom eigenen Wechsel u. d. Schuldverschreibung nach Wechselrecht, von H. Meißner.

5. Bd.: Zur Lehre von d. Begeben an eigene Ordre gestellter Wechsel, von Linert. — Von d. Prolongation d. Wechsel, von Brauer. — Bewirkt die Ausstellung, Indossirung oder Acceptirung e. Wechsels für eine bestehende Schuld eine Novation?, von Ladenburg. — Ueber Begriff u. Natur d. Domicilwechsels, von L. Wächter. — Die Wechselprivilegien nach d. österfreich. Gesetzgebung, von S. Bleich. — Zertheibigung b. Soluta-Retenntnisses u. d. Stellung auf Ordre in Wechseln, von Biener. — Ueber die Natur d. Papiergeldes, d. Papieres au porteur u. d. Wechsel, von Cm. Hoffmann. — Ueber Gultigkeit u. Ungultigkeit der ein Zinsversprechen enth. eigenen Wechsel ꝛc., von L. Hauff — Ueber die Bedingungen d. Gultigkeit d. Erwerbs e. Wechsels u. d. an b. Wechselinhaber geleisteten Zahlung, von Cm. Hoffmann.

6. Bd.: Ueber Zinsenversprechen im eigenen Wechsel u. andere Clauseln, von Biener. — Die Lehre von b. Unterbrechung d. Wirkung b. Wechselverjährung, von H. Fid. — Ueber die Wechsels bestands. Durchstreichungen, von L. Wächter. — Ueber die Vorzeigung d. Wechsels zur Zahlung, von L. Hauser. — Von d. Prolongation d. Wechsels, von C. P. Theil. — Die Statuten d. österreich. Nationalbant in ihrer Beziehg. zur W.-O. vom 2. Jan. 1850, von J. Blaschke. — Von d. Rechten d. Trassanten wider den Bezogenen und den Accepte des letzteren ꝛc., von Linert. — Die Wechselprivilegien nach den Particularrechten ꝛc., von H. Plodig. — Ueber die Zulässigkeit d. Wechselprozesses wegen ausländ. Wechsel, von Brauer. — Die Anweisung u. d. gezogene Wechsel, von Ladenburg. — Wie muß im Sinne d. A. D. W.-C. die Zahlung d. Wechsels stattfinden?, von Cm. Stern.

7. Bd.: Beiträge zur Lehre vom Kaufe, insbef. über die Tradition, das periculum u. das Commassement, von Cm. Stern. — Rom. Analogien zum heut. Handelsrecht, von G. Diezel. Ueber die Rechte aus e. präjudizirten Wechsel gegen die Indossanten, von H. Fid. — Der Wechselprotest kein Formalakt, sondern e. Beweisdocument, von L. Wächter. — Der Entw. e. allgem. deutschen Handelsgefsbuches ꝛc. e. krit. Darstellung, von G. Diezel. — Die Abweichungen d. holstein. u. lauenburg W.-O., von Brauer.

8 Bd.: Die Notification von der Nichtzahlung d. Wechsels, von Brauer. — Stellung e. nur theilweise schlechtasten Waarensendung zur Disposition d. Verkäufers, von H. Fid. — Das Recht d. Wechsels in den Concursen mehrerer Wechselverpflichteten, von Ladenburg. — Der Einfluß d. Concurses auf die Wechselrechtsverhältnisse, von Renaud. — Ueber d. Verkehr mit negociablen Creditpapieren ꝛc., von J C. Kunze. — Von d. Beweislast bei d. Ankunft schlerhaster Waaren, von v. Krämel.

9. Bd.: Der Art. 83 d. A. D. W.-C. u die s. g. Bereicherungsllage d gem. Rechts, von L. Jacobi. — Zur e. künftige Revision d. Lehre vom Domicilwechsel, von Rotthoff. — Die neue sinnländische Wechselordnung, von G. Frand. — Wer hat die Beweislast bei in frührzeitaster Beschaffenheit angelommen. Waaren?, von Koch. — Der Telegraph als Mittel z. Vertragschließung, von R. L. Zeigermann. — Die Bedingungen b. Regresses bei ausbleiben der Uebernzahlung, von L. Wächter. — Begriff u. Character d. Wechsels, von Ladenburg. (Fortf. in 11 u. 12 Bd.) — Ueber d. Lehre v. d. modernen Distance- Kaufverträge, von H. Fid. — Bemerkgn. über die schwedische u. finnländ. Wechselgesetzgebung, von R. Schlesinger.

10. Bd.: Wieweit ist der Einwand zulässig, daß der Kläger nur Inkasso- Mandatar sei?, von Stroß. — Ueber die Wechselfähigkeit d. Studirenden auf deutschen Universitäten, von Platner. — Ist dem Erfordernisse d. bestimmten Zahlungstages bei d. Monatstages ohne näherer Angabe d. Jahres Genüge geschehen?, von v. Sternenfeld. — Sind Handelsgesellschafter juristische Personen?, von Ladenburg — Die Perfection d. Wechselaccepted, von L Jacobi.

11. Bd.: Wechselzahlungen, von C. Löwy. — Handelsrechtliche Erörterungen nach d A. L. Handelsgesetzbuche, von W. Auerbach. (Fortf. in 12. Bd.) — Aphorismen aus d. Wechsel-

(**Archiv** für deutsches **Wechselrecht** u. **Handelsrecht** 2c.)
recht, von Brauer. — Bemerkgn. zur Charakteristik d. A. D. W. -O., von J. C. Kunze. — Die Streitfrage über d. Werthpapiere, van Brodenhoeft. — Beiträge zur Erklärung einzelner Artikel d. A. D. W.-O., von Em. Hoffmann. (Forts. in 12. u. 14. Bd.)

12. Bd.: Ueber die Pflicht d. zahlenden Wechselschuldners zur Prüfung d. Personalidentität des Präsentanten, von J. C Kunze. — Theilzahlung. Cautio. Actio ad exhibendum. Caution. Deposition, von E. Lewy. — Van d. verschied. Junctionen d. Indossaments 2c., von C. Hoffmann. — Ueber d. Einfluß d. Zahlung auf d. Bestand d. Wechselverbindlichkeit 2c., von Ferd. Walff. — Die Zweigniederlassung, von R. Agricola.

13. Bd.: Das praktische Wechselrecht, von Ladenburg. (Forts. in 14. Bd.) — Bezug bei Kauf-, Lieferungs- u. Commissionsgeschäften in Uebergabe ober Zahlung d. Boote, von W. Auerbach. — Das Indossament nach Verfall, von Walff. — Das Retentionsrecht des Expediteurs, von A. h. H Arand. — Vereine, Gesellschaften, Genossenschaften, von Ladenburg. — Die Wechselbott nach d. bayer. Gesetze vom 5. Oct. 1863, von Rollinger.

14. Bd.: Ueber Begriff u. Charakter d. Wechsels, von Kunze. — Die Wechsel-Judikatslage nach preuß. Projektrechte, von Jahaw — Ueber die Kunze'sche Creationstheorie beim Wechsel, von Em. Hoffmann. — Der Wechsel an eigne Ordre, von Wächter. — Vertrag ober Creation, von Ladenburg. — Die Definition d. heutigen Wechsels, der rigor cambialis, u. die f. g. vis attractiva, von Kunze — Der trassirt-eigene Wechsel, von Em Stern.

15. Bd.: Das Zweckvermögen. Die jurist. Person. Die handelsgesellschaft 2c., von A. Randa. — Die Einführ. d. deutschen Handelsgesetzbuches in Hamburg, von L. Wächter. — Die Einreden im Wechselverfahren, von Walff. — Die handelspapiere d. A D. H. G.-B., Art. 300—305, von Em. Hoffmann. — Doppelversicherung u. Ueberversicherung, von Just. — Druck der Firma statt handschriftl. Zeichnung bei Unterschriften ist unstatthaft, von Rood. — Der Indossementator unter der Macht d. Indossaments, von R. Kach. — Die Versicherungsklage, von Job. Swoboda. — Einfluß d. Zahlung auf die Wechselobligation, van L. Welter. — Die nicht kaufmänn. s. g. Gelegenheitsgesellschaften, von A. Randa.

[Fortlaufend:]

Blätter für gerichtliche **Anthropologie**. Für Aerzte u. Juristen von J. B. Friedreich. 1. Bd. 1860. (5 Hefte.) — 2—13. Jahrg. 1851—62. (à 6 Hefte.) gr. 8. Nürnberg, Korn. 1. Bd.: n. 1, 22.; 2—13.: à n. 2. 12.

—— —— Generalregister über die ersten 10 Jahrgänge (1850—59.) gr. 8. Ebend. 860. n. — 12.

Fortsetz. s.: Friedreich's Blätter f. gerichtliche Medicin.

—— für Gefängnisskunde. Organ d. Vereins d. deutschen Strafanstaltsbeamten, herausg. von dessen Ausschuss. 1—5. Heft. gr. 8. Heidelberg 865. Weiss. n. 2. 5.

—— —— 2. Bd. (5 Hefte.) Redig. von G. Eckert. gr. 8. Ebend. 866, 67. n. 2. —

—— —— Separatheft: Die Strafanstalten Deutschlands. gr. 8. Ebend. 866. n. — 10.

Brinz, Alois, kritische **Blätter** civilistischen Inhalts. 4 Nrn. gr. 8. Erlangen 851—53. Enke. n. 1. 4.

Central-Archiv f. d. gesammte gerichtliche u. polizeiliche Medicinalwesen. Herausg. von J. B. Friedreich. 5. u. 6. Jahrg. (d. Zeitschrift f. d. gesammte Staatsarzneikunde) 1848 u. 49. (à 6 Hefte.) gr. 8. Ansbach (München), Gummi. à Jahrg. n. 5.

Central-Organ f. d. deutschen Handelsstand. Theoret.-prakt. Erörterungen über Handels- u. Wechselrecht, über den Handel erscheinende Gesetze, gerichtliche Entscheidungen in Handelssachen etc. Red.: Geo. Löhr. Jahrg. 1863 u. 64. (à 52 Nrn.) 4. Köln, Du Mont-Schauberg. à Jahrg. n. 4. —

Fortsetzung hiervon:

—— f. d. deutsche **Handels-** u. **Wechselrecht**. Herausg. von Geo. Löhr. Neue Folge. 1. u. 2. Bd. (à 4 Hefte.) gr. 8. Elberfeld 864, 65. Friderichs. à Bd. n. 3. 10.

—— —— 3. Bd. 1. Heft. gr. 8. Ebend. 867. n. 1. —

Concurs-Zeitung, allgemeine deutsche, für Behörden, Advokaten, Handels-, Fabrik- u. Gewerbestand. Red.: Bernh. Miller. Jahrg. 1861 April—Decbr. (9 Nrn.) 4. Leipzig, A. Schäfer. 1. 3¾.

Fortsetzung s.: Gerichts- u. Concurs-Zeitung.

Friedreich's Blätter f. gerichtliche **Medicin**. Für Aerzte u. Juristen. Fortges. von Ernst Buchner. 14—18. Jahrg. 1863—67. (à 6 Hefte.) gr. 8. Nürnberg, Korn. à Bd. n. 2. 12.

Vgl.: **Blätter** f. gerichtl. **Anthropologie**.

Gemeinde-Zeitung, deutsche. Wochenschrift für deutsches Gemeinde- u. Staats-Verwaltungswesen. Organ d. deutschen Verwaltungs- u. Städtetage. Red.: Herm. Stolp. 1—6. Jahrg. 1862—67. (à 52 Nrn.) Mit Beiblatt: Deutscher Gemeinde-Anzeiger. gr. 4. Berlin, Expedition. à Jahrg. n. 6. —

Gerichtssaal, der. Zeitschrift für volksthümliches Recht insbes. für öffentlich-mündliches Verfahren in Criminal- u. Civilsachen u. Geschwornenverfassung. 1—5. Jahrg. 1849—53. (à 12 Hefte) herausg. von Ludw. v. Jagemann. — 8—9. Jahrg. 1854—57. (à 12 Hefte) herausg. von Fr. Ohrn v. Arnold, v. Hye-Glunek u. Fr. Osk. Schwarze. gr. 8. Erlangen, Enke. à Jahrg. n. 4. 20.

—— 10—13. Jahrg. 1858—61. (à 6 Hefte) herausg. von Ant. v. Hye-Glunek, K. J. A Mittermaier u. Fr. O. Schwarze. — 14—16. Jahrg. 1862—64. (à 6 Hefte) herausg. von Huga Hälschner, v. Hye x. — 17—19. Jahrg. 1865—67. (à 6 Hefte) herausg. von Alb. Berner, Th. Geßler, J. Glaser, Hälschner x. gr. 8. Ebend. à Jahrg. n. 2. 16.

—— Beilageheft zum Novemberheft 1851, enth.: Deutsche Schwurgerichtsfälle. Nr. I—V. gr. 8. Ebend. 85t. n. — 18.

—— Repertorium über die 5 ersten Jahrg. 1849—53. Bearb. von P. Bopp. gr. 8. Ebend. 854. n. — 16.

Gerichtszeitung, deutsche. Organ d. deutschen Juristentages. Red.: E. E. E. Hiersemenzel. 4—8. Jahrg. 1862—66. (à 52 Nrn.) Fol. Berlin, Jansen. à Jahrg. n. 4. —

—— Neue Folge. 1. 2. Bd. gr. 8. Ebend. 866. 67. à Bd. n. 2. —

1—3. Jahrg. s.: Gerichtszeitung, preußische, (unter Preußen.)

— allgemeine deutsche. Zeitschrift s. die nothwend. Umgestaltungen d. gesammten deutschen Gerichtswesens, Mündlichkeit, Oeffentlichkeit x. u. Mittheilung belehrender u. unterhalt. Rechtsfälle a. d. In- u. Auslande. Herausg. von Schmid u. Walf. 1. Jahrg. 1849. 52 Nrn. Lex.-8. Leipzig, O. Wigand. n. 8. —

— allgemeine, für Deutschland. Herausg. unter Theilnahme von Kriminalisten, Gerichtsbeamten u. Anwälten. Redig. von Fr. Steinmann. 1. Jahrg. Juli—Decbr. 1851. (26 Nrn.) gr. 4. Hildburghausen, Bibliograph. Institut. n. 1. 20.

Gerichts- u. Concurs-Zeitung, allgemeine, für Behörden, Advokaten x. Red. von P. Miller. 2. Jahrg. 1862. 52 Nrn. Fol. Leipzig, R. Schäfer. 1. 15.

1. Jahrg. s.: Concurs-Zeitung.

Germania. Centralblatt f. die volkswirthschaftlichen u. gesellschaftlichen Interessen Deutschlands. Redig von Vict. Böhmert. 1. Jahrg. 1856. (52 Nrn.) gr. 4. Heidelberg, J. Graas. n. 4. —

—— Wochenschrift x. 2. Jahrg. 1857. (52 Nrn.) Redig. von E. Pickfarb. gr. 4. Ebend. n. 4. —

Handels-Archiv. Sammlung d. neuen auf Handel u. Schifffahrt bezügl. Gesetze u. Verordnungen d. In- u. Auslandes etc. Nach amtl. Quellen. Herausg. im Minister. f. Handel etc. 3. Jahrg. 1849. (12 Hefte.) Red.: Delbrück u. Klefeker. gr. 8. Berlin, (H. Schultze.) n. 5. —

—— 4—8. Jahrg. 1850—54. (à 24 Hefte.) Red.: v. Viebahn u. St. Pierre. gr. 8. Berlin, G. Reimer. à Jahrg. n. 5. —

—— —— Wochenschrift f. Handel, Gewerbe u. Verkehrsanstalten. Herausg. von v. Viebahn u. St. Pierre. 9. Jahrg. 1855. (52 Nrn. oder) 2 Bde. gr. 4. Ebend. à Bd. n. 5. —

—— —— Wochenschrift x. 10—13. Jahrg. 1856—59. (à 52 Nrn. oder) 2 Bde. Redig. von v. Viebahn u. St. Pierre. — 14. Jahrg. 1860 redig. von St. Pierre u. Maser. — 15—21. Jahrg. 1861—67 redig. von Maser u. Jordan. gr. 4. Berlin, v. Decker. à Bd. n. 2. —

—— —— Register f. die ersten 12 Jahrgänge von 1847—1858. Nach d. beiden Hauptabschnitten Gesetzgebung u. Statistik abgetheilt u. nach d Handelsgebieten in alphabet. Folge geordnet. 4. Ebend. 860. n. — 15.

—— —— Register f. die 6 Jahrgänge von 1859—64. Nach den beiden Hauptabschnitten Gesetzgebung u. Statistik abgetheilt u. nach d. Handelsgebieten in alphabet. Folge geordnet. 4. Ebend. 865. n. — 15.

Henke's Zeitschrift für die Staatsarzneikunde. 29. Jahrg. 1849, fortges. von A. Sieber. — 30—44. Jahrg. 1850—64, (à 4 Hefte) fortges. von Fr. J. Behrend. gr. 8. Erlangen, Palm u. E. à Jahrg. n. 4. 5.

—— —— 38—47. Ergänzungsheft. gr. 8. Ebend. 849—58.
38. 39.: à n. 1. 15; 40—47.: à n. 1. 16.

—— —— Vollständ. Namen- u. Sachregister über die Jahrg. 1849—53 oder Bd. 57—66 u. Ergänzungshefte 38—44. gr. 8. Ebend. 854. n. — 8.

—— —— über die Jahrg. 1854—58 oder Bd. 67—76 u. Ergänzungshefte 45—47. gr. 8. Ebend. 859. n. — 12.

Hitzig's Annalen d. deutschen u. ausländ. Criminal-Rechtspflege, fortges. von W. L. Demme. Neue Folge. Herausg. von H. Th. Schletter. 16—42. Bd. (oder 46—72. Bd. d. ganzen Reihe.) Jahrg. 1849—55. (à 12 Hefte.) gr. 8. Leipzig, Expedition. à Jahrg. n. 8. —

Jahrbuch d. gemeinen deutschen Rechts. Herausg. von C. Imm. Bekker, Thdr. Muther u. (6. Bd.) von O. Stobbe. 1—6. Bd. (à 3 Hefte.) gr. 8. Leipzig 857—62. Hirzel. à Bd. n. 2. —

Inhalt: 1. Bd.: Ueber d. gemeine deutsche Recht d. Gegenwart u. dessen Behandlung, von C. J. Bekker. — Ipso jure compensari, von Brinz. — Das westburgundische Reich u. Recht, von Blume. — Die Verschollenheit, von Bruns — Ueber ambulatoria tacita, von Pernice. — Recht von Siegfeld, von Jul. Grimm. — Die Geldpapiere, von Bekker — Ueber Actiencommanditgesellschaften. — Die Grundsätze d. deutschen Rechtsquellen d. Mittelalters über den Gerichtsstand, von O. Stobbe.

2. Bd.: Das Peculium im röm. u. heutigen Recht, von Diebel. — Die Diffamationsklage, von Muther. — Ueber d. burgund. Papyrus, von Blume. — Ueber die Verpfändung löblicher Erbtitum, von o. Keller. — Zur Kenntniss b. Glossatorenzeit, von Maassen. — Die authent. Interpretation, von Bremer. — Ueber d. Inhalt d. rubrischen Gesetzes, von Th. Mommsen. — Ueber d. visellische Gesetz, von Th. Mommsen. — Ueber Verträge unter Abwesenden, von Bekker. — Ueber die processual. Consumption bei d. actiones adjectitiae qualitatis, von Diebel. — Das Interdictum uti possidetis u. die Decretale Licet vassam, von Maassen.

3. Bd.: Gajus ein Provinzialjurist, von Th. Mommsen. — Possessionis traditio, von Brinz. — Das heutige Peculium, von Diebel — Ueber das Peculium u. über die processual. Consumption bei d. actiones adjectitiae qualitatis, von o. Keller. — Die Bekräftigungsformeln d. Rechtsgeschäfte, besonders d. Contracte, vom 6. bis 9. Jahrh., von Blume. — Zur Dogmengeschichte d. Evictionsklage, von Maassen. — Die Bestellung d. jura in re aliena durch Vertrag u. durch Tradition, von Ad. Schmidt. — Der Schaltung, von E. Arndts. — Ueber Gütereinheit u. Gütergemeinschaft, von Roth. — Zur Lehre vom Schaltung, von Mommsen. — Jos. Fazioli de cognitione causarum extraord. tractatus, zu Gajus instit. II. 218., von M. Herz. — Die deutschen Wiesengenossenschaften, von Inschütz. — Zur Lehre vom b. (f. g. Transmission b. Prälegate. — Die justa causa traditionis als Vorwissel d. Eigenthumsüberganges. — Zur Lehre vom Schenkungen unter Ehegatten, von Th. A. Schütze.

4. Bd.: Der ältere Besitz u. das possessorium ordinarium, von Bruns. — Das Prinzip d. prätorischen Restitution, von Ad. Schmidt. — Ueber b. Runciationsverfahren, von Rudorff. — Ueber die Haftpflicht des Mandanten für Aufträge, die d. Mandatar entstellt zugehen, von Bekker. — Ueber die actiones in rem, von Bekker. — Ueber das bei der operis novi nuntiatio einzuhülte Verfahren, von Ad. Schmidt. — Das Handelszeichen u. die Firma, von G. Diebel. — Ueber die exceptiones non impleti u. non rite adimpleti contractus, von o. Keller. — Die naturalis obligatio pupilli, von o. Keller — Ueber die Noxalobligationen, von Bekker. — Die Wirkung b. Klagenverjährung, von Bekker. — Ueber Realschulden u. Reallasten, von v. Meibom.

5. Bd.: Ueber d. Anwachsungsrecht bei Vermächtnissen, von Burchardt. — Die Ausübung, von Schütze. — Sacramento provocare, von Danz. — Die exceptio non adimpleti contractus ist keine wahre Einrede, von Puchta. — Zur Controverse über die exceptio non adimpleti contractus, von Bekker. — Die gesetzl. Eigenthumsbeschränkungen d. röm. Rechts, von Bekker. — Das Stillschweigen d. Richters über Vertriebträge, von Schütze. — Pflichttheilsergänzung durch gegenseit. Fideicommissubstitution des Uebersiebenden, von Rudorff. — Ueber die s. g. dos tacita, von Bechmann. — Ueber d. Eintreten des Erben in d. obligator. Verhältnisse d. Urblassers, von Stobbe. — Zur Lehre vom Genusskauf, von Bekker. — Ueber die hist. Grundlage unseres Digestentitels, von Mommsen.

6. Bd.: Verjährung gegen Staatsfiscus u. Regenten-Gut, von Heffter. — Personalität u. Territorialität d. Rechts u. die Grundsätze b. Mittelalters über die collisio statutorum, von Stobbe. — Vom Eigenthumsrecht am Wildergut, von Schütze. — Welche Bedeutung hat die Eintheilung d. servitutes praediorum in urbanae u. rusticae?, von Kindervater. — D. Christ. Kuppener, e. Beitr. zur Litterargeschichte, besonders d. Handelsrechts, von Muther. — Zur Frage nach d. Princip d. Successionsordnung im german. Rechte, von Rive. — Zur Lehre von d. Evictionsleistung, von Bekker. — Ueber die revindicatio utilis, von Kindervater. — Ueber die Berechtigung zur Erziehung u. Verpflegung unehel. Kinder, von Fabricius.

Jahrbuch für Volkswirthschaft u. Statistik. Herausg. von Otto Hübner. 1—7. Jahrg. gr. 8. Leipzig 853—63. Hübner. n. 17. 15.
    1.: a. 2 Thlr.; 2.: a. 3 Thlr.; 3.: a. 2 Thlr; 4.: a. 2 Thlr.; 5.: a. 2½ Thlr.; 6: a. 4 Thlr; 7.: a 2 Thlr.

—— —— 8. Jahrg. gr. 8. Berlin 863. E. Kühn. 2. —

Jahrbücher für die Dogmatik d. heutigen römischen u. deutschen Privatrechts Herausg. von Rud. Ihering. 1—8. Bd. (à 3 Hefte.) gr. 8. Jena 856—66. Maule's Verlag. à Bd. n. 2. — (1—6. Bd. herabges. n. 6. —)

    Inhalt: 1. Bd.: Beiträge zur Lehre vom deutschen Familienfideicommiss, von v. Gerber. — Ueberhaupt d Revindicatio auf Richtseigenthümer, von Ihering. — Ueber Stiftungen, von F. Roth. — Ueber d. Schutz d relativ bessern Rechts nach röm Grundsätzen. von W. Deurer. — Ueber d Güterrecht d. Ehegatten nach deutschem Rechte, von v. Gerber. — Mitwirkung f. fremde Rechtsgeschäfte, von v. Bechei. (Forts. in 2. Bd.) — Zur Cessionslehre, von O. Bähr.

    2. Bd.: Zur Behandlung über die Mitwirkung f. fremde Rechtsgeschäfte, von v. Scheurl. — Zur Theorie d. Reallasten, von v Gerber. — Zur Lehre von d Inhaberpapieren. von K. Eigenbrodt. — Vertragsabschluss unter Abwesenden, von v Scheurl — Zur Veränderung über d. Anerkennungsvertrag, von C. Bähr — Die Familienstiftung in der Function d. Familienfideicommisses, von v. Gerber.

    3. Bd.: Vom Finden verlorener Sachen, von C. Delbrück. — Die Rechtsstellung der Sache u. d Eigenthumsbegriff ic., von Girtanner. — Zur Theorie d. Reallasten, von E Friedlieb. — Ueber die Natur d. Rechte d. Schriftsteller u. Verleger, von v. Gerber. — Realsanitäte im heut. Recht, von Demelius. — Zur Lehre von d. Gefahr beim Kaufcontract, von Ihering (Forts. in 4. Bd.)

    4. Bd.: Culpa in contrahendo oder Schadenersatz bei nichtigen oder nicht zur Perfection gelangten Verträgen, von Ihering. — Ueber fingirte Persönlichkeit, von Demelius. — Der Rechtsbegriff d. Bereicherung mit d. Schaden ic., von L. Jacobi. — Zur Lehre vom röm. Erbe nach den Fragmenten in d. Pandekten, von Th. Kieselbach.

    5. Bd. Zur Lehre von d. conditio sine causa, von Kieselbach — Ueber Kumulation der Kultra, von Demelius. — Zur Lehre von Vereicherungsklagen, von H. Witte. — Zur Lehre vom Erwerb d. Erbschaft in d. Verwandtniss, von Koeppen. — Kritiken d. Herzbegriffes, von v. Sacher. — Das Autor- u Verlagsrecht als strafrechtlich zu schützendes Recht, von H. Ortloff. — Fr. K v. Savigny, von Ihering.

    6. Bd: Ueber die Collision d. Rechte verschied Grundeigenthümer, von W. Werenberg - Zur Lehre von d. Beschränkungen d. Grundeigenthums im Interesse der Nachbarn, von Ihering. — Ueber die s. g. Verträge zu Gunsten Dritter, von O Bähr. — Erörterungen aus d. röm. Erbrecht, von Karlhail. — Realach oder Realschuld, von v. Gerber. — Ueber Irrungen beim Contrahiren durch Mittelspersonen, von C. Bähr. — Entgegnungen auf die Werthof'schen Erörterungen und d. röm. Ulbrecht, von Koeppen. — Die Erwerbung auf den Todesfall nach röm. Rechte, von v. Schlagintweit. — Zur Lehre von d. nachbarlichen Verhältnissen d. Grundeigenthümer, von Heise.

    7. Bd.: Zur Lehre von d. Versteigerung, von Kintervater. - Semerign. taju, van Ihering. — Grundzüge d. Wasserrechts nach gem. Rechte, von Heise. — Die röm. Naturalobligationen, von v. Scheurl. — Ueber d. Inhered. Käufers c. verstehetem, nach Verfertion d. Kaufvertrages durch Zufall untergegangenen. Sache auf die Klassen d. Versicherungsansprüches, von K. Lippmann. — Zur Lehre vom Erwerb u. Verlust d. Besitzes. von J. Baron.

    8. Bd: Realcontracte im deutschen Rechte, von Unger. — Ueber die actiones in rem, von Heise. — Ueber die prohibitoria actio u. über die Frage, ob Miteigenthümer gegen einander die Negatoria erheben können, von Heise. — Die Negatorienklage, ihre Veranlassung u Richtung, von Heise. — Nach e. Wort zur Lehre von d. Versteigerung, von Unger. — Zur Lehre vom interdictum quod vi aut clam, von R. Stölzel. — Zur Lehre vom Anerkennungsvertrag, von Unger. — Die Singularsuccession in die Schuld, von H. Gutegens.

—— f. Gesellschafts- u. Staatswissenschaften. Herausg. von J. C. Glaser. 1—8. Bd. Jahrg. 1864—67. (à 2 Bde. à 6 Hefte.) Lex.-8. Berlin. Expedition. à Bd. n. 3. —

—— für Nationalökonomie u. Statistik. Herausg. von Br. Hildebrand. 1. Jahrg. 1863. (6 Hefte) u. 2—4. Jahrg. 1864—66. (à 2 Bde. à 6 Hefte.) gr. 8. Jena, F. Mauke. 1.: n. 3. —; 2—4.: à Bd. n. 2. 20.

—— d. deutschen Rechtswissenschaft u. Gesetzgebung. Herausg. von H. Th. Schletter. 1—12. Bd. (à 3—5 Hefte.) 4. Erlangen 854—66. Enke. à Heft n. — 20.
    1. Bd. à 4 Hefte; 2 Bd. à 5 Hefte; 3. 4. Bd. à 3 Hefte; 5—12. Bd. à 4 Hefte

—— der Zoll-Gesetzgebung u. Verwaltung d. deutschen Zoll- u. Handelsvereine. Redig. im kgl. preuss. Finanz-Ministerium. Jahrg. 1851—1860. gr. 8. Berlin, Jonas Verlhdlg. à Jahrg. n. 9. —

Monatsschrift für exacte Forschung auf d. Gebiete d. Sanitätspolizei. Herausg. von L. Pappenheim. 1. Jahrg. 1859. (9 Hefte) u 2. Jahrg. 1860 (12 Hefte.) gr. 8. Berlin, J. Springer. 1.: n. 3. —; 2. n 4. —

Monatsschrift, volkswirthschaftliche. Herausg. von E. Pickford. 1. Jahrg. 1858. (12 Hefte) u. 2. Jahrg. 1859. (6 Hefte.) gr. 8. Erlangen, Enke.
1.: n. 5. 18; 2.: n. 2. 24.

Schwurgerichtszeitung, allgemeine, für Deutschland. Eine Fortsetz. d. Demme'schen Annalen ꝛc. f. Juristen u. Nichtjuristen. Red.: W. L. Demme. 1. Jahrg. Juli—Decbr. 1857. (26 Nrn.) gr. 8. Coburg, J. G. Riemann. n. 2. —

Seuffert's Archiv für Entscheidungen ꝛc., f. Archiv ꝛc.

Staatsarchiv, das. Sammlung d. officiellen Actenstücke zur Geschichte der Gegenwart. Herausg. von L. K. Aegidi u. Alfr. Klauhold. Jahrg. 1861. (à 6 Hefte) u. 1862—67. (à 12 Hefte.) gr. 8. Hamburg, O. Meissner.
Jahrg. 861.: n. 2. 15.; 62—66.: à n. 5. —

Strafrechtspflege, die, in Deutschland. Herausg. von v. Groß. 1—6. Heft. gr. 8. Weimar 857. 58. (Leipzig, Günther.) n. 2. 8.

— — 2—4. Jahrg. 1859—61. (à 6 Hefte.) gr. 8. Ebend. à Jahrg. n. 4. —

Inhalt: 1. Jahrg.: Ein gem. deutsches Strafrecht, von v. Groß. — Ueber d. Bedürfniß e. Polizeistrafgesetzbuch, von Fr. Ehor. — Kann das Vorsabichwissen und als welches Verbrechen bestraft werden?, von v. Egidy. — Die Rechtsgemeinsamkeit in d. Gesetzgebung u. Rechtsübung im Strafrechte ꝛc, von Mittermaier. — Die Stellung d. Forstbeamten im Schwurgericht, bef. nach preuß. Rechte, von Mittermaier. — Internationale Rechtstagen über Doppelehe in verschied. Staaten abgeschlossen, von F. Rosliner. — Die Losungsworte: „Untersuchungsprincip" — „Anklageprincip" in ihrer mißbräuchlichen Anwendung ꝛc, von Gundelin. — Vertheidigung- u. Redenothe, von Zade. — Ueber die Bedeutung u. d. Werth d. Anklageschriften im öffentl. u. mündlichen Criminalverfahren. — Zur Lehre von d. Bigamie, von G. Kompe.

2. Jahrg.: Der gegenw. Stand d. Gefängnißfrage, von v. Holtzendorff. — Einblatt. Abhandlung über d. partiellen Wahnsinn, von Kraus. — Ueber die Gewaltstheorie d. österreich. Strafprozeßordnung, von Gundelin. — Ueber die Protokollierung d. Schwurgerichtsverhandlungen, von Jäger. — Die Freiheitsstrafen, ihre Nebenfolgen u. die Qualificationen ꝛc, von Trieb. — Ueber Nichtigkeitsbeschwerden, von Schwarze. — Die Definition d. f. g. mildernden Umstände, von Gundelin. — Ueber Erkenntnisse in Untersuchungen, von Zade. — Ueber die Grenzen d. strafrechtlichen Auslegung, von L. Frey. — Zur Lehre vom Strafrecht. Berfahren bei Freysergungen, von Abegg. — Ein Beitrag zur Gefängnißkunde Preußens, Bayerns, Sachsens, Württembergs u. Badens, von Trieb. — Zur Beurtheilung d. Systems d. Ehrenstrafen, nach preuß. Strafrecht, von Gundelin.

3. Jahrg.: Das österreich. Strafgesetzbuch, seine Stellung zum gem. u. partik. deutschen, u. seine Bedeutung f. e. künft. einiges deutsches Strafrecht, von Gundelin. — Ueber die Lehre von d. Nothwehr, von Haager. — Zur Rech. d. verschied. in Deutschland gelt. Wucker-gesetzgebungen, von L. Frey. — Das richterliche Milderungsrecht ꝛc., von Mittermaier. — Das Princip d. Strafverfolgung. — Beiträge zur Lehre von d. Verbrechen d. Unterschiebung d. Geburt, indbef. d. Verjährung, von Abegg. — Grade für Recht u. Recht für Gnade, von Gundelin. — Die Freiheitsstrafen in d. Gefängnißwesen Frankreichs, von Trieb. — Ueber die d. Erben zustehende Strafrecht. Berfolgung wegen der gegen ihre verstorb. Verwandten verübten Verläumdungen, von Mittermaier. — Das Princip der Strafverfolgung, von v. Groß. — Das Institut d. Privatanklage nach d. öfterr. Strafprozeßordnung, von v. Groß. — Zum neuen bayer. Strafgesetzentwurf, von R. Barth. — Das Strafgesetzbuch f. d. Kgr. Sachsen vom 11. Aug. 1855 nach seinem Werthe f. e. einheitliches deutsches Strafgesetz, von Gundelin.

4. Jahrg.: Kritik d. Entw. e. Strafprozeßordnung f. d. Großh. Hessen, von v. Groß. — Zur Frage über Beseitigung f. g. Anklagemonopol d. Staatsanwaltschaft, von Rumpelt. — Die Rechtsbeständigkeit d. Eides als thatsächl. Erforderniß d. Meineides, von v. Dehn-Rothfelser. — Der bayer. Entw. e. Gesetzbuches über Verbrechen m. Vergehen von 1854, nach seinem Werthe f. e. einheitl. deutsches Strafgesetzbuch, von Gundelin. — Zur Entwurf d. deutschen Gesetzgebung, von v. Groß. — Die Aufgaben d. Gefängnißreform, von v. Holtzendorff. — Das Institut d. Privatanklage nach badischem Recht, von Haager. — Der Entw. e. Strafgesetzbuches für Bremen, von Mittermaier. — Ueber die Ausführung von Begnadigungs-Akten, von Abegg. — Zu d. Vorarbeiten f. e. einheitl. deutsches Strafgesetzbuch, von R. Barth. — Die Zurechnungsfähigkeit, von E. Selferheld. — Der Mangel u. die Möglichkeit e. kormilären Strafgesetzes, von Gundelin. — Die Initiative d. Strafgericht. Verfolgung, von Haager.

Strafrechtszeitung, allgem. deutsche. zur Förderung einheitl. Entwicklung auf d. Gebieten d. Strafrechts, d. Strafprocesses u. d. Gefängnißwesens, sowie für strafgerichtliche Medicin. Herausg. von Frz. v. Holtzendorff. 1—6. Jahrg. 1861—66. (1. u. 2. Jahrg. à 52 Nrn., 3—6. Jahrg. à 12 Hefte.) gr. 4. Leipzig, J. A. Barth.
à Jahrg. n. 4. —

Inhalt: 1. Jahrg.: Die Hindernisse d. deutschen Strafrechtseinheit u. die Mittel ihrer Beseitigung, von v. Holtzendorff. — Das Vorverfahren im deutschen Strafproceß, von Gundelin. — Ueber die Aufhebung d. Rathskammern, von Trieb. — Die Todesstrafe in Hamburg, von v. Holtzendorff. — Ueber die prakt. Bedeutung d. Einstimmigkeit in d Wahrsprüchen d. Geschwornen, von Mittelstädt. — Die entehrenden Strafen, von Mittermaier.

(**Strafrechtszeitung**, allgem. deutsche ꝛc.)

Die strafrechtl. Reformen in Freistaate Lübeck, von Funk. — Die Strafanstalt zu Bechta im Oldenburgischen, von Hoyer. — Die Religionsverbrechen in d. deutschen Strafgesetzbüchern, von Wahlberg. — Die deutsche Staatsanwaltschaft, von Sundelin. — Gefängnißwesen u. Strafrechtsanwendung, von v. Holtzendorff. — Die Abthätigen in d. Untersuch. wegen Nachdruck nach preuß. Rechte, von Dambach. — Ausgangspunkte zu e. gemeinsamen deutschen die Todesstrafe betr. Gesetzgebung, von Itzel. — Die Einigung d. deutschen Strafprocessrechts auf d. Grundlage d. neuesten Particulargesetze, von Sundelin. — Deutsche Criminalpolizei, von Sundelin. — Wie muß der Mensch sich darstellen, um von d. Rechtspflege als lebendig, oder als geistestraut anerkannt zu werden, von Krahmer. — Die Einzelhaft nach d. bayerischen Gesetze vom 10. Nov. 1861, von Mittermaier. — Gerichtl.-anthropolog. Erläuterungen über Hunger u. Hungertod, von Friedreich.

2. Jahrg.: Die Form der Anklageschrift, von Sundelin. — Die Zurechnungsfähigkeit als Object e. gerichtl. Medizin, von Wald. — Bemerkn. über die Criminalpolizei, von Schwarze. — Bechta, von Hoyer. — Ueber die gerichtl.-anthropolog. Beurtheil. d. Aberglaubens, von Friedreich. — Die Gefährdung d. öffentl. Friedens als Criminalvergehen, von Sundelin. — Entw. e. Strafproceßordnung für Oesterreich von 1862, von Sundelin. — Die Zeugnißpflicht d. Redacteure, von v. Holtzendorff. — Das gerichtsärztliche Verfahren bei Strafrechtl. Untersuchungen, von. gegenwärt. u. Beobachtgn. über d. gegenwärt. Zustand d. irischen Gefängnißeinrichtungen, von v. Holtzendorff. — Die englische Polizei u. die Voruntersuchung, von Sundelin. — Bemerkn. über die verschied. Strafhaftsysteme, von Elvers. — Der Vergleich d. Staatsanwalts resp. Privatanklägers auf e. bereits eingeleitete Anklage u. in d. Hauptverhandlung, von Sundelin. — Ueber d. Einfluß b. Einzelhaft auf d. physisch. Gesundheitszustand d. Sträflinge, von Wald. — Die Todesstrafe, von Mittermaier. — Die Grundsätze d. Strafverfahrens gegen Militärpersonen in Preußen, von Sundelin.

3. Jahrg.: Gedanken e. Sträflings über einsame u. gemeinsame Strafhaft. — Die s. g. Collusionshaft, von Mittermaier. — Neue Mittheilgn. zur Verständigung über die Beibehaltung d. Todesstrafe, von Mittermaier. — Die Pflicht, in Strafsachen Zeugniß abzulegen, von Sundelin. — Zum Verständniß b. s. g. Voruntersuchung im engl. Strafverfahren, von Getraja. — Der neue Gesetzentwurf in Bezug auf Einführ. d. Pönitentiarsystems im Kgr. Italien, von Mittermaier. — Die Entwürfe von Strafproceßordnungen für Lübeck u. Baden, von Sundelin. — Krit. Betrachtungen über strafrechtl. Entscheidgn. d. preuß. Obertribunals. — Ueber die zweckmäßige Einrichtung d. Einzelhaft, von Elvers. — Die brennende Reformfrage d. Strafrechts u. Strafverfahrens, von Sundelin. — Ueber Strafen im Allgemeinen, von Elvers. — Artikel b. engl. Gesetzes, betr. die Verantwortlichkeit d. Minister, von Zohn. — Die Geisteskranken vor dem Schwurgerichte, von Knode.

4. Jahrg.: Der neueste Stand d. Forschungen bez. d. Frage über Aufhebung d. Todesstrafe, von Mittermaier. — Die Straf- u. Zwangsarbeitsanstalten in Oesterreich, von Wahlberg. (Fortf. in 5. Jahrg.) — Krit. Betrachtungen über strafrechtl. Entscheidgn. d. preuß. Obertribunale (Fortf. in b. Jahrg.) — Das Ganoventhum u. die Gaunersprache, von v. Holtzendorff. — Ueber Einrichtung d. Gemeinschaft, von Elvers. — Ueber Strafausmessung u. Strafänderung, von Merkel. (Fortf. in b. Jahrg.) — Der neueste Entw. e. Strafproceßordnung f. Rußland, von Mittermaier. — Ueber d. Schwurgericht, von Sundelin. — Das Militärduell in Preußen, von v. Holtzendorff. — Ueber d. Zwang zum Zeugnisse u. über d. Zeitrunft d. Zwangs b. Zeugen im Strafrechtl. Verfahren, von Zohn. — Ueber mildernde Umstände nach d. preuß. Strafrecht, von Zohn.

5. Jahrg.: Der gegenwärt. Stand d. Frage über Beibehaltung d. Todesstrafe, von Mittermaier. — Die Lebensdauer d. preuß. Strafgesetzbuchs im Vergleich mit d. bayerischen, von v. Krämel. — Entw. e. Strafproceßordnung f. e. preuß. Staat 1865, von Sundelin. — Ist die Zwickauer Strafanstaltsorganisation geeignet, für die Lebensfähigkeit d. Progressivsystems Zeugniß ablegen z. d. irischen Gefängnißeinrichtungen sich an die Seite stellen zu können, von Valentini. — Nachwendigkeit d. Abschaffung d. Todesstrafe, von Arnold. — Das Schuldbekenntniß d. Angeklagten als Grund die Urtheilssällung durch Geschworne auszuschließen, von v. Krämel. — Juristische Reisebriefe über England, von v. Groß. — Ueber die Nothwendigkeit d. gerichtl.-medicin. Studiums für Juristen, von Eiman. — Das Ergebniß d. neuesten Forschungen u. Erfahrungen über die engl. u. irische Gefängnißeinrichtung, von Mittermaier.

6. Jahrg.: Die Todesstrafe nach d. Standpunkte d. Ergebnisses neuerer Verhandlungen, wissenschaftl. Leistungen u. Erfahrungen im J. 1865, von Mittermaier. — Die russischen Justizreformen, aus d'Orloff. — Die neuere Gefängnißlitteratur, von v. Holtzendorff. — Die Reform d. Staatsanwaltschaft, von Schwarze. — Die Gefängnißreform in Oesterreich, von Zugschwert. — Zur Frage über die Behandlung gebildeter Gefangenen, von Elvers. — Wegen die Specialisirung d. den Geschwornen zu stellenden Fragen u. für ein Rechtsmittel d. Angeklagten gegen d. Anklagebeschluß, von v. Krämel. — Die Bestimmungen d. deutschen Strafgesetzbücher über Mord u. Todtschlag, von Zohn. — Ueber d. Rechtsmittel d. Berufung im Strafproceß, von v. Groß. — Der neue Entw. e. Strafgesetzbuchs f. d. Kanton Zürich, von v. Holtzendorff. — Die Organisation d. Justizbehörde u. Justizdienst im Kgr. Sachsen. — Das Volksgericht in Gestalt d. Schwur- u. Schöffengerichte nach d. neuen Gesetzgebungen, von Mittermaier.

Ueberschau, kritische, d. deutschen Gesetzgebung u. Rechtswissenschaft. Herausg. von L. Arndts, J. C. Bluntschli u. J. Pözl. 1—5. Bd. (à 3 Hefte.) gr. 8. München 853—57. Literar.-artist. Anstalt. à Bd n. 2. 12.

Fortsetzung f.: Vierteljahrsschrift, kritische, ꝛc.

Vierteljahrsschrift, kritische, für Gesetzgebung u. Rechtswissenschaft. 1—5. Bd. (à 4 Hefte) herausg. von J. Pözl. — 6—9. Bd. von E. J. Bekker u. J. Pözl. (Fortsetz. der krit. Ueberschau d. deutschen Gesetzgebung ꝛc. u. der Heidelberger krit. Zeitschrift.) gr. 8. München 859—67. Liter. artist. Anstalt. à Bd. n. 4. —

— für gerichtliche u. öffentliche Medicin. 1—28. Bd. (Jahrg. 1852—64. à 4 Hefte), herausg. von Joh. Ludw. Casper, – Neue Folge 2—7. Bd. (Jahrg. 1865—67. à 4 Hefte) herausg. von Wilh. Horn. gr. 8. Berlin, Hirschwald. à Jahrg. n. 3. 20.

—— —— Namen- u. Sachregister zu Bd. 1—20. gr. 8. Ebend. 862. n. — 8.

— für Volkswirthschaft u. Kulturgeschichte. Herausg. von Jul. Faucher u. O. Michaelis. 1—3. Jahrg. 1863—65. (à 4 Bde.) gr. 8. Berlin, Herbig. à Jahrg. n. 5. 10.

Wochenschrift f. politische Oeconomie. Herausg. von Ad. Soetbeer. 1. Jahrg. 1. u. 2. Heft. gr. 8. Hamburg 850. Perthes, Besser u. M. (Mauke S.) n. — 25.

Zeitschrift für Bergrecht. Herausg. von H. Brassert u. H. Achenbach. 1. Jahrg. 1860. (2 Hefte). — 2—8. Jahrg. 1861—67. (à 4 Hefte.) gr. 8. Bonn, Marcus. à Jahrg. n. 2. 20.

— für Civilrecht u. Prozeß. Neue Folge 6—14. Bd. (à 3 Hefte) herausg. von J. T. B. v. Linde, Th. G. L. Marezoll u. A. W. v. Schröter. — 15. Bd. herausg. von v. Linde, Marezoll u. J. Fr. Schulte. — 16—22. Bd. herausg. von v. Linde u. Schulte. 8. Gießen 848—64. Roth. à Bd. 2. —
(Herabges. Preis 1—20. Bd. n. 6 Thlr.; Neue Folge 1—22. Bd. n. 12 Thlr.; beide Sammlungen zusammen n. 16 Thlr.)

Inhalt: 6. Bd.: Bon der Recusation d. Richters, von L. Sedmer. — Ueber d. Rechtsmittel d. Cassation d. französ. Prozesses ꝛc., von Gerau — Bon d. Wesen u. d. Kreise d. strengen Geschäfte u. der incerti candicatio, von Heimbach. — Erwirbt d. Eigenthümer e. niedriger gelegenen Grundstücks durch langjähr. Benutzung d. von e. oberen Grundstücke abfließenden Quell- oder Regenwassers ein Recht auf fortwärt dieses Wasserabflusses?, von Schäffer. — Zur Lehre von d. Expropriation, von Burchard. — Ueber richterliche u. außergerichtliche, von Anwalt und zu führende Prozeßverhandlung, von Gerau. — Zur Lehre vom Irrthum im Civilrecht, von A. Herrmann. — Die Prälation d. Legate in Doppeltestamenten, von Hufsle. (Fortf. in 7. Bd.)

7. Bd.: Ueber nichtversprochene Vergütung für Dienstleistungen, von Schäffer. — Ueber die s. g. transmissia Theodosiana, von v. Löhr. — Ueber d. Einfluß d. Irrthums auf d. Consens bei Verträgen, von A. Herrmann. (Fortf. in 8. Bd.) — Ueber d. Anwendung d. Beweismittels d. Ehrerbietung an d. richterlichen Rathede auf jurist. Personen, von v. Linde. — Bon d. event. Ehrerbietung nach gem. u. bayer. Prozeßrecht, von C. Belgiano.

8. Bd.: Das Einheben f. b. Zufall bei d. Verdingungsverträge, von v. Buchholz. — Das bei der operis novi nunciatio einzuhaltende Verfahren, von A. Schmidt. — Zum Condictionenrecht ꝛc., von Reinbach. — Ueber die testamenta ad pias causas nach canon. Rechte, von J. F. Schulte. — Ueber d. for. continentiae causarum beim petitorium u. possessorium, von Huffe. — Ueber die Berofsicht. im Prozesse nicht mitstreitender Personen zur Herausgabe von Urkunden, von K. C. Gertschinger. — Zur Frage: wem sind im Zweifelsfalle bei ungebührlich gelief. Hauptbeweis n. indirectem Gegenbeweis die Kostfedes zu gebren, von C. Belgiano. — Ueber die Priorität d. Pfandrechte an erst nach d. Befestigung erworb. Sachen ꝛc., von Schmidt. — Ueber die Leistung von Vermächtnissen bei d. Pupillarsubstitution, von A Herrmann.

9. Bd.: Die Lehre von den Gautionen d. gem. deutschen Civilprozesses, von G. A. Schlayer. — Ueber die sogenannte transmissio Theodosiana, von Bradenhoeft. — Der Zustand der verletzten Obligation, von Bradenhoeft. — Die Lehre vom partiellen Ungehorsam des Beklagten hinsichtlich seiner ersten Vertheidigung, von Belgiano. — Anmerkungen zu einer im VIII. Bande dieser Zeitschrift A. F. enth. Abhandlung von Dr. Schmidt, van A. Herrmann.

10. Bd.: Das Schiffsdarlehn des Callimachus, von Huffe. — Ist d. deutsche Richter an allgem. landesherrliche Constitutionen gebunden, welche ohne ständische Zustimmung erlassen sind?, von C. v. Siedmar. — Ueber d. Prioritetsh. d. quasi traditio zum Erwerb der Servituten, von Huff. — Ueber Cession e. naturalis obligatio, von C. d'Arlt. — Ueber die durch e. christl. Religionsbekenntniß bedingte Rechtsfähigkeit in d. deutschen Bundesstaaten, von v. Linde. — Ueber d. Verhältniß d. Staatsgewalt, e. Beitr. zum Staatsrecht, von G. Ad. Schlayer. — Zur Lehre von d. Vermuthungen, insbef. d. Rechtsvermuthungen, van C. Belgiano. — Das Verhältniß d. Gautien f. d. Erscheinen des Beklagten im Civilprozesse zu d. Folgen d. Ungehorsams des Beklagten, von L. Bradenhoeft.

11. Bd.: Ueber die Gewere in b. deutschrechtl. Quellen d. Mittelalters, von Gerber. — Ist der Civilrichter an d. Ausspruch d. Criminalrichters gebunden, u. umgekehrt, von Fr. Zimmermann. — Ueber die dilatorischen Einreden ꝛc., von L. Pfeiffer. — Ueber den usufructus nominis, von F. Steinberger. — Zur Lehre von d. Lehns u. Familienfideicommiß-Schulden, von Gerber. — Zur Lehre von d. Erstherwerbe durch einen Stellvertreter, von Bremer. — Das Verhältniß d. Gerichte zu Staats- u. Regierungssachen, von Huff. — Ueber d. Verluft d. Ersitzes deponirter u. vom Depositar veruntreueter Sachen, von Schirmer.

(**Zeitschrift** für **Civilrecht u. Prozeß** 2c.)

12. Bd.: Zur Theorie d. Correalobligationen, von Rüderl. — Die Lehre von den Privilegien nach den Quellen des gemeinen Rechts, von Schlayer. — Ueber die heutzutage stattfindenten Rechtsmittel wegen Beschädigungen der Anlieger durch Anlegung öffentlicher Straßen, von H. Zimmermann. — Der Platz der Sachverständigen im civilprozessualischen Streite, von Gradenhorst. — Kleine kritische Bemerkungen zu Pandektenfragmenten, von v. Buchholz. — Bemerkungen zur Beurtheilung genossenschaftlicher Verhältnisse, von v. Gerber. — Ist der Civilrichter an den Ausspruch des Criminalrichters gebunden, und umgekehrt? 2. Beitrag von H. Zimmermann. — Zur Lehre von der res judicata, insbesondere der Rechtskraft der Entscheidungsgründe, von M. Schäffer. — Beitrag zur Geschichte der Novation, besonders zum Verständniß der l. h C. de novationibus (8, 41), von G. A. Grotefend. — Ueber Abwendung einer Verjährung durch bloße Klageanstellung allein, und wenn, ohne ihre Schuld, vor Vieljährungsende kein decret noch national erreichbar: was Rechtens? von Ahrens. — Beiträge zu der Lehre über Rechtsgrund und Wesen der Denunciation des Gesfionars an den Schuldner, von H. Müller. — Ueber die Begriffe „Juris et facti ignorantia", von S. Well. — Ueber Verhandlung im Streit befangener Sachen und Rechtsansprüche, von Hartlier. — Erörterung der Frage: wen trifft nach dem römischen Rechte in der Regel die Beweislast, wenn der Eigenthümer eines Grundstücks den Besitzer einer dasselbe belastenden Servitut mit der actio negatoria beschränkt, von Kenler.

13. Bd.: Beiträge zur Lehre von den Einreden und zur Lehre von der Beweislast, von C. Reinhold. — Beiträge zur Lehre über das Austrägalverfahren auf Grund des Artikels 30 der Wiener Schlußacte, von v. Linde. — Ueber Grund und rechtliche Bedeutung der Formlosigkeit der Verträge nach heutigem Rechte, von Heimbach. — Die Lehre von der civilrechtlichen Haftbarkeit der Behörden, von Schlayer. — Bemerkungen über die Alimentationspflicht, insbesondere zwischen Eltern und Kindern, von Reinhard. — Beiträge zur Lehre von den Einreden zur Lehre von der Beweislast, von C. Reinhold. — Von der Collision des Hauptbeweises und direkten Gegenbeweises, von Boljano. — Ueber die Concurrenz der Landesgerichte mit der Austrägalinstanz in Fällen des Art. XXX der Wiener Schlußacte, von v. Linde. — Ueber die Beweislast bei der actio negatoria, von H. Witte. — Beitrag zur Lehre vom mandatum post mortem, von Gust. Diepel.

14. Bd.: P. Rutilius Rufus oder A. P. R. und das interdictum fraudatorium, von Huschke. — Ueber die Beweislast bei der actio negatoria, von H. Witte. — Der Besitzerwerb durch einen procurator omnium bonorum, von J. Th. Schirmer. — Ueber den Ursprung und die Natur des heutigen Executivprozesses, von H. Ortloff. — Die Geminationen im Codex Justinian's, von v. Buchholz. — Ueber die Grenzen zwischen dem strafbaren und dem bloß civilrechtlich zu verfolgenden Betruge, von C. R. Köstlin.

15. Bd.: Zur Lehre vom Kauf, von Heyer. — Ueber die Grenzen zwischen b. strafbaren u. b. bloß civilrechtlich zu verfolg. Betruge, von C. R. Köstlin. — Von b. Competenz b. Gerichtsstandes vertragsmäßig eingegang. Verbindlichkeiten, von B. Emminghaus. — Ueber fingirte u. militwerbende Cession, insbef. der Vindication, von Fr. Zimmermann. — Des Gebiet b. mora des Schuldners, von Th. Gradenhorst. — Zur Lehre von b. bona fides n. v. justus titulus, von J Th. Schirmer. (Fortf. in 16. Bd.) — Ueber die Rechtsmittel wider sententiae competentiae u. sententiae incompetentiae, von Güsf. — Zur Lehre vom casuellen Untergange obligator. Rechte, von G. H. Keap. — Zur Lehre von b. Guion im Vertrage, von Th. Gradenhorst.

16. Bd.: Zur Interpretation b. lex 81 de lege Falcidia, von G. Jacoby. — Zur Lehre vom qualifizirten Geständniß, von G. Boljano. — Der Gerichtsstand b. belegenen Sache u. die hereditatis petitio, von B. Emminghaus. — Ueber b. inneren Grund b. Gerichtsstandes des Wohnorts, b. gelegenen Sache u. d Obligationen nach röm. Rechte, von G. H. Keap. — Zur Lehre über die Hasitverbindlichkeit b. Bestandteil f. b. inventarisirten Sachen, von v. Linde. — Von b. passessorischen Prozesse, von Nosbirt. — Richterliches Prüfungsrecht b. Verfassungsmäßigkeit landesherrl. Gesetze u. Verordnungen, von H. Bischof. (Fortf. in 17. Bd.)

17. Bd.: Zur Lehre vom Sitz b. Superficiard, von C. Emmerich. — Die Ausübung b. Gabitrechts in obligator. Verhältnissen, von Demelius. — Zur Lehre von b. Grenzen b. Gedichts der in integram restitutio wegen Minderjährigkeit 2c., von Fritz. — Zur Praxis b. Lehre vom Beweise durch Sachverständige im Civilprozesse, von Sopp. — Zur Lehre von b. Correalobligationen, von Fritz. — Zur Lehre von b. Gemeinschaft b. Beweismittel, von G. Boljano. — Besitzerwerb durch e. procurator omnium bonorum, von J. Bremer. — Zur Lehre von b. Bedingungen b. legitim. Verfügungen, von Th. Gradenhorst. — Das Verkaufsengagement u. die Bedingnisse, von Th. Gradenhorst. — Der Verschollene als Eide, von Sopp. — Ueber Leichenbehaltungsstoßen, von D. A. Walther.

18. Bd.: Die Stellvertretung beim Gebrauche d. Eids als civilprocessual. Beweismittels, von Renoud. — Ueber die aus Mangel an Sachlegitimation entsteh. Nichtigkeit, von G. Boljano. — Ueber die Rechtsvorsemie: Kauf bricht Miethe, von Alb. Traeger. — Ueber die Compensation mit Obligationen der Ehegatten nach röm. Dotalrecht, von Solen. — Gewähr nach röm. Recht die mit animus rem sibi habendi verbunb. thatsächliche Herrschaft über eine Sache in allen Fällen den Schutz durch Interdicte? von Witte. — Ueber b. Sat „publicum instrumentum non opus habet recognitione" u. die eidliche Cission öffentl. Urkunden, von Renaud. — Ueber d. Musterfall b. röm. Correalobligationen, von Fritz. (Fortf. in 19. Bd.) — Beitr. zur Lehre von b. Benennung des Aycleis, von B. Emminghaus.

19. Bd.: Ueber b. Wesen b. suspensiv bedingten Rechtsgeschäfte, von D. Schönemann. — Ueber b. richterl. Prüfungsrecht b. Verfassungsmäßigkeit landesherrl. Verordnungen im Großh. Hessen, von J. Noellner. — Zur Lehre von b. Gewissensvertretung u. eventl. Eidesdelation, von G. Boljano. — Die Verjährung b. lojariarum actio ex lege Cornelia, von C. J. Geib. — Klaggrund u. Beweislast in Prozessen aus suspensivbedingten Rechtsgeschäften, von

(**Zeitschrift** für **Civilrecht u. Proze**ß ac.)
O. Schönemann. — Die Gemeinschaftlichkeit d. Beweismittel, von Knorr. — Zur Lehre von d. Verschollenheit, von G. W. Harter. — Die Wahl d. Güterrechts durch die Concursgläubiger, von Schütze. — Ueber die usucapio pro herede, von N. Levy. — Gegen die herrschende Lehre in Betr. d. Beweislast u. d. Beweisunterstütze bei Rechtsvermuthungen, von Boigiano. — Zur Praxis d. Lehre vom Beweise durch Sachverständige im Civilprozeße, von Bopp. — Die Dinglichkeitsstiftung d. Mieth- u. Pachtrechts, von G. Friedlieb. — Form d. Bestellung der servitus oneris ferendi, von G Emmerich.

20. Bd.: Zur Lehre von der dos recepticia, von R. Cybiars. — Zur Lehre von d. Besitzerwerbe durch Stellvertreter ac, von J. Riemer. — Welchen Einfluß übt d. Irrthum auf die Gültigkeit d. letztwill. Verfügungen aus?, von H. Beil. — Die Wiedereinsetzung in d. vor. Stand gegen verlorene Prozeßfristen, von H. Hartler. — Zur Lehre von d. Rechte d. Expertoteles, von G. Emmerich. — Ueber d. angeblich bevorzugte Standrecht d. Fiscus in den noch d. Contract erworb. Gütern d. Schultners, von G. Schlorer. — Ueber die Folgen d. betheiligten Ungehorsams, wenn d. Klagegrund liquid ist, von G Boigiano — Noch einmal von Kranichkindern, von Heffter. — Stoeerbrevgleichung, dargestellt an Rechtsfällen, von Fr. Zimmermann. (Fortf. in 22. Br.) — Die hereditas nach römisch-rechtl. Auffassung, von Rortholl.

21. Bd.: Ueber d. beneficium competentiae des socius unius rei, von Kenter — Zur Frage von d. Rechtskraft d. Entscheidungsgründe, von G. Boigiano. — Zum vorjustinianischen Cautionenrecht, von G. R. Schlorer. — Erörterungen a. d. röm. Erbrechte, von Rortholl. (Fortf. in 22. Bd.) — Die Wiedereinsetzung in d. vor. Stand gegen richterliche Entscheidungen, von R Hartler. — Ueber Bestätigung landesherrlicher Familienverfügungen, von Aeberlin — Zur Collision d Beweise, von Boigiano. — Ueber d. Begriff d. Beweis d bona fides bei d. Eigenthumserwerbung, von H. Burdhort. — Die s. g. accessorische Intervention im Civilprozess, von J. Wazen.

22. Bd.: Der Tod des Schwurpflichtigen, namentl. bei d. Schiedseide u. d. Kolbeiden, von Schütz. — Das Meritatoverfahren im Concurse, von Wozen. — Ueber Wesen u. Berechtigung neuer Vorbringens in höherer Instanz, von Hartler. — Ueber die Depositiumsklagen d. klaff. röm. Rechts, von Rober. — Zur Lehre vom gerichtlichen Geständniß, von Boigiano. — Das Veräußerungsverbot des fundus dotalis, von Cybiars. — Ueber die ohne Correalstipulation entstehenden Correalobligationen, von Fritz

— f. **Handelsgesetzgebung** u. f. **Entscheidungen** d. obersten Gerichtshöfe aller deutschen Staaten in Handelsrechtsfachen mit Einschluß d. Wechselrechts. Herausg. von G. M. Klette. 1. Jahrg. 1856. (6 Hefte.) gr. 8. Nürnberg, Raw. n. 2. 24.

— für das gesammte **Handelsrecht**. 1—7. Bd. (à 4 Hefte) herausg. von L. Goldschmidt, — 8—10. Bd. herausg. von L. Goldschmidt u. P. Laband. gr. 8. Erlangen 858—67. Enke. 1. Bd.: n. 2. 20; 2—11.: à n. 3. 18.

— für **Kapital** u. **Rente**. Systemat. Mittheilungen aus d. Gebieten d. Statistik, Nationalökonomie, Börse, Finanz- u. Kreditgesetzgebung etc. Herausg. von A. Moser. 1—3. Bd. (à 4 Hefte.) gr. 8. Stuttgart 864—66. Nitzschke.
à Bd. n. 2. 4.

— für **Kirchenrecht**. Herausg. von Rich. Dove. 1. Jahrg. 1861. (3 Hefte) u. 2. Jahrg. 1862. (4 Hefte). gr. 8. Berlin, F. Schulze. à Jahrg. n. 3. —

—— 3. Jahrg. 1863, herausg. von R. Dove, — 4—6. Jahrg. 1864—66. (à 4 Hefte) herausg. von R. Dove u. Em. Friedberg. gr. 8. Tübingen, Laupp. à Jahrg. n. 3. —

— für **gerichtliche Medicin**, öffentliche Gesundheitspflege u. Medicinalgesetzgebung. Red.: L. Gli. Kraus. 1. Jahrg. Decbr. 1865 u. (2. Jahrg.) Janr.-Decbr. 1866. (56 Nrn.) gr. 4. Wien, Tendler u. Co. n. 5. 12½.

—— 3. Jahrg. 1867. (52 Nrn.) gr. 4. Wien, Braumüller. n. 5. —

— allgemeine, für **Psychiatrie** u. psychisch-gerichtliche Medicin, herausg. von Deutschlands Irrenärzten. 5—14. Bd. (à 4 Hefte) unter Red. von Damerow, Flemming u. Roller, — 15—24. Bd. (à 6 Hefte) durch Heinr. Laehr. gr. 8. Berlin 848—67. Hirschwald. 5—22. Bd.: à n. 4. —; 23. u. 24. Bd.: à n. 4. 20.

—— Namen- u. Sachregister zu Bd. I—VII. gr. 8. Ebend. 851. n. — 15.

—— Supplem.-Heft zum 19. Bde.: Zusammenstellung d. Irrenanstalten Deutschlands im J. 1861. gr, 8. Ebend. 862. n. — 12.

— f. **deutsches Recht** u. **deutsche Rechtswissenschaft**. 13—16. Bd. (à 3 Hefte) herausg. von Beseler, Reyscher u. Wilda, — 17—20. Bd. herausg. von Beseler, Reyscher u. Stobbe. gr. 8. Tübingen 851—59. (Leipzig,) Fues. à Bd. n. 3. —

Inhalt: 13. Bd.: Der Verfassungsstreit in Kurhessen, von H. Pfeiffer. — Ueber die rechtliche Natur d. Realgemeinden u. Realgemeinderechte, von J. Römer. — Ueber die Vermögensrechte d. überlebenden Ehegatten, von Kraut. — Das Näherrecht im Fürstenth. Wal-

(Zeitschrift f. deutsches Recht u. deutsche Rechtswissenschaft ꝛc.)

des. von Brumhard. — Ueber die Beschränkungen d. Eigenthümers eines der Nutzberechtigkeit unterworf. Grundstücks in Bezieh. auf die Kultur desselben, von B. W. Pfeiffer. — Ueber die Regalität des Torfes, von L. W. Pfeiffer. — Die Rechte d. Staats an d. Eisenbahnen, von Reyscher. — Ueber die Unschigkeit d. Geistesdranten zur Vornahme von Rechtsgeschäften, von Reyscher. — Ueber Regalien überh. u. d. Salzregal in Deutschland insbef., von H. A. Zachariä. — Ueber d. Verhältniss d. Aktionäre zu d. Gläubigern d. Aktiengesellschaft, von Reyscher.

14. Bd. Bemerkungen zum Sachsenspiegel, von Sachse. — Ueber die Civilehe, von Souchay. — Der Erlass d. Bischofs Arnolti zu Trier in Betr. d. gemischten Ehen, von Reyscher. — Ueber d. Alter d. Sachsenspiegels, von Sachse. — Ueber d. Brünner Schöffenbuch, von J. Weiske. — Von d. bäuerlichen Gutsanschlagen in Kurhessen u. d. Vorbehalte d. Herrschaft nach oberhess. Rechte insbef., von W. Kompe. — Der Schutz d. Eigenthums u. d. Besitzes nach älterem deutschen Rechte, von G. Delbrück. — Verfassung u. Recht auf Helgoland, von Fr. Oetker. — Zur Theorie d. Obligationen auf den Inhaber, von Renaud. — Das german. Strafrecht, von C. R. Köstlin.

15. Bd.: Die Erbverzichte d. adelichen Töchter u. die Versuche d. Reichsritterschaft zur Regelung derselben, von Reyscher. — Zur geschichtl. Erläuterung d. Art. 219 d. P. G.-O. Carls V. „von Missbrauchen u. bösen Gewohnheiten ꝛc.," von Abegg. (Forts. in 16. Bd.) — Die Gerichtsverfassung d. Sachsenspiegels, von C. Stobbe. — Die Uebernahme fremder Schulden nach lübischem u. hamburger Recht, von G. Delbrück. — Die Ehrvertretung nach deutschem Rechte, von Köstlin. — Von d. unecht gebornen Kindern, von Wilda. — Die Stände d. Sachsenspiegels, von O. Stobbe.

16. Bd.: Zur Staats- u. Rechtsgeschichte d. Wetterau, von C. Wippermann. — Beitrag zu d. deutschen Rechtssprüchwörtern, von Sachse. — Gemeindesachen u. Rechte d. Einzelnen, von Reyscher. — Ueber angelsächsische Markverfassung, von G. Maurer. — Die öffentliche Anklage in Deutschland mit besond. Berücksicht. d. Infinuaten, von H. Ortloff. — Zur Lehre von d. jurist. Personen, von Vögl. — Streitberechtigung d. Gemeinden bei Nutzungen d. Gemeindegenossen als solcher, von Reyscher.

17. Bd.: Die Klagbarkeit d. Nebenforderungen, von Reyscher. — Ueber die Haftbarkeit d. Ausgeber von Werth- u. Kreditpapieren gegen die Inhaber solcher, von Sachse. — Das eheliche Güterrecht im Kanton Wallis, von L. Heusler. — Das angelsächs. Vermögensrecht im Zusammenh. mit d. heutigen Recht, von J. Gundermann. — Genossenschaftsbildungen in pommerschen Städten, von Pape. — Etwas über die Confiscation nach deutschem Rechte, von W. U. v. Gonnenbach. — Ueber die Quellen d. solmser Landrechts, von L. — Die neuesten Vereinbarungen mit Rom, von Warnkönig. — Das alte Kulmer Recht, von Stobbe. — Der Nachschach, von E. Osenbrüggen.

18. Bd.: Ursprung u. weitere Ausbildung d. Austrägalinstanz in Deutschland, von O. v. Gohren. — Zur Lehre von d. rechtlichen Natur d. Kirchenlasten, von E. Herrmann. — Die Theilnahme am Verbrechen nach d. altdeutschen Rechte, von Osenbrüggen. — Ueber d. Studium d. german. Rechts in Frankreich, von Warnkönig. — Ueber die rechtliche Natur d. Realasten, von Haeberlin. — Der Talion im altdeutschen Rechte, von Osenbrüggen. — Die Wandelbarkeit d. ehel. Güterrechts nach Stand u. Wohnort, von J. Bremer. — Das Patronatrecht im Streite mit d. Forderungen d. obrrechts. Liberaloald, von Kompe. — Vom Volltransportvertrage, insbef. d. Uriagspflicht d. Postanstalten, von Kompe. — Beiträge zur Geschichte d. Strafrechtspflege in Schlesien, insbef. im 15. u. 16. Jahrh., von Abegg.

19. Bd.: Ueber die Geltung d. älteren evangel. Kirchenordnungen in d. Gegenwart, von Jacobson. — Zu Kap. 28 im Richtsteig Landrechts. Ein Beitrag zur Lehre vom Beweisrecht, von B. Delbrück. — Zur Lehre vom Connossement, von Laband. — Ueber Stammrecht, Territorialrecht, professiones juris, von E. Th. Gaupp. — Zur Geschichte u. Theorie d. Rentenkaufes, von Stobbe. — Das neue System d. Einschreibung u. Umschreibung d. Grundeigenthums u. d. dinglichen Rechte, insbef. d. Pfandrechts, in Frankreich u. Belgien, von Warnkönig. — Das Telegraphenrecht, insbef. die Haftpflicht d. unrichtiger oder verspät. Telegraphirung, von Reyscher. — Untersuch. über die Sendgerichte, von R. Dove. — Ueber d. Erforderniss d. Lebensfähigkeit bei d. Chatbestande d. Kindestödtung, von Abegg. — Urtheil d. Landgerichts zu Köln, die Haftpflicht bei telegraph. Briefen betr., mit Anmign. von Reyscher.

20. Bd.: Die Lehre von d. Mäklern, von Laband. — Das Ehescheidungsrecht nach d. angelsächs. u. fränkischen Busordnungen, von B. Hinschius. — Der Urhab oder Anlass, von Osenbrüggen. — Beiträge zur Geschichte d. Civilehe, von P. A. Siener. — Das vormal. Reichskammergericht u. seine Schicksale, von Fr. Thubichum. — Der Unw. e. Criminalordnung f. Württemberg von 1609, von Oehler.

— für Rechtsgeschichte. Herausg. von Rudorff, Bruns, Roth u. Böhlau. 1. Bd. (2 Hefte) u. 2—5. Bd. (à 8 Hefte) gr. 8. Weimar 861—66. Böhlau.
à Bd. n. 3. —

Inhalt: 1. Bd.: Die rechtsgeschichtl. Forschungen seit Eichhorn, von Roth. — Das constitutum debiti, von P. Bruns. — Der Juden im bayer. Volksrecht, von Joh. Merkel. — Ein d. Rechtsspruch d. Minucier, von Rudorff. — Ein westfränkisches Formelbuch, von Merkel. — Die eheliche Gütergemeinschaft in Ostfalen, von Alb. Hänel. — Plautinische Studien, von G. Demelius. (Forts. in 2. Bd.) — Uebersicht d. neubeutschen Strafrechts. I. Die Nothzucht. II. Die Grenzenverrückung, von E. Osenbrüggen.

2. Bd.: Fr. C. v. Savigny, von Rudorff. — Das Firmare d. bayer. Volksrechts, von Merkel. — Zur Lehre von d. in factum actiones, von A. Thon. — Ueber die revocatio in

Zeitschrift

(**Zeitschrift** für Rechtsgeschichte ꝛc.)
duplum, van A. Meyer. — Ueber d. Nutzen d. Basiliken, van Heimbach. — Die deutschen Kaiserurkunden als Rechtsquellen, von G. Beseler. — Zur Geschichte d. Armeneides, von Rent.

3. Bd.: Ueber die Julianische Übersetzerdaction, van Rudorff. — Zur Geschichte d. älteren einheim. Strafrechtspflege mit Rücksicht auf son. Malesizbücher, von Abegg. — Die Freiburger Schwabenspiegel-Handschrift, von Laband. — Zur Lehre von d. Beurtheil. b. ausserehel. Verwandtschaft nach deutschem Recht, van Ribe. — Die Injurienklagen auf Abbitte, Widerruf u. Ehrenerklärung ꝛc., von v. Wallenrodt. — Die röm. Popularklagen, von Brunn. — Ueber die leges locationis bei Cato de re rustica, von G. J. Bekler. — Zur Lehre van d. Ebenbürtigkeit nach dem Sachsenspiegel, von R. Schroeder.

4. Bd.: Die Prozesseröffnung nach d. Edict, van Rudorff. — Der Wiederlauf, van Platner. — Beiträge zur Geschichte d. sächs. Konstitutionen u. b. Sachsenspiegels, von Muther. — Miteigenthum u. gesammte Hand, van Stabbe. — Zur Lehre von der praedes, van Göppert. — Zur Quellengeschichte d. deutschen Rechts, van Ruler. — Ueber die Basiliken-Handschriften, von Heimbach. — Der strafrechtliche Inhalt d. Nürnberger Polizei-Ordnungen aus d. 13—15. Jahrh., van Abegg. (Fortf. in 5. Bd.)

5. Bd.: Die lex Sempronia judiciaria ꝛc., van Huschke. — Ueber Gajus Stellung u. Geltung, van G. R. Fischer. — Ueber die geschichtl. Entwickelung d. Armenrechts im Civilprocesse, van Juchs. — Ueber die Form d. Eheschliessung bei den Römern seit der lex Julia de adulteriis, von R. Schlesinger. — Ueber die Voraussetzungen u Grenzen d. Incapacität nach d. lex Julia et Papia, von G. Hartmann. — Ueberblick über die Geschichte d. altfranzös. Gerichtsverfassung, von Anschütz. — Die rechtliche Natur d. reynologie im langobard. Lehrrecht, von R. Schroeder. — Formeln d. Justinian. Prozesses, von R. Stinzing. — Der vegindaciumsprocess mit Formeln zur Zeit Cicero's, von Bekler. — Ueber die Entstehung d lex Ribuaria, van R. Sohm.

— kritische, f. Rechtswissenschaft u. Gesetzgebung d. Auslandes. Herausg. von Mittermaier, R. Mohl u. Warnkönig. 21—28. Bd. (à 3 Hefte.) gr. 8. Heidelberg 849—56. J. C. B. Mohr. à Bd. n. 2. 20.
1—29. Bd. herabges. u. 15 Thlr.; je 10 Bde. zusammen a Bd. n. 1 Thlr.

— kritische f. d. gesammte Rechtswissenschaft. 1. u. 2. Bd. (à 6 Hefte) rebig. von Brinckmeier, Ternburg, Kleinschrod, Marquardsen u. Bogenstecher, — 3—5. Bd. (à 4 Hefte) rebig. von Ternburg, Hillebrand, Marquardsen u. Stinzing. gr. 8. Heidelberg 852—57. Bangel u. S. 1. Bd.: n. 3. 10; 2—4.: à n. 3. 20; 5.: n. 4. —
Fortsetzung s. Vierteljahrsschrift, kritische, f. Gesetzgebung ꝛc

— f. geschichtliche Rechtswissenschaft, herausg. von F. C. v. Savigny, C. F. Eichhorn u. A. F. Rudorff. 15. Bd. (3 Hefte.) gr. 8. Berlin 848—50. Nicolai. à Heft — 25.
1—14. Bd. Ebend. 815—47.

— vereinte deutsche, für die Staatsarzneikunde. Unter Mitwirk. d. Mitglieder d. staatsärztlichen Vereine im Grossh. Baden u. Kgr. Sachsen herausg. von Schneider, Schürmayer, Hergt, Siebenhaar, Martini. Jahrg. 847—51. Neue Folge 1—10. Bd. (à 2 Hefte.) gr. 8. Freiburg i. Br., Wagner. à Jahrg. n. 4. —

— deutsche, für die Staatsarzneikunde, unter Mitwirk. d. in- u. ausländ. Mitglieder d. Vereins badischer Aerzte zur Förderung d. Staatsarzneikunde herausg. von P. J. Schneider u. H. J. Schürmayer. Jahrg. 1852. Neue Folge 11. u. 12. Bd. (à 2 Hefte.) gr. 8. Ebend. n. 4. —

— — mit vorzügl. Berücksicht. d. Strafrechtspflege in Deutschland u. Oesterreich, herausg. von P. J. Schneider, J. H. Schürmayer u. J. J. Knolz, unter Red. von Sigm. A. J. Schneider. Neue Folge 1—20. Bd. oder Jahrg. 1853—62. (à 4 Hefte.) gr. 8. Erlangen, Enke. à Jahrg. n. 4. —

— — Neue Folge. 21—23. Bd. (à 2 Hefte.) gr 8. Ebend 863—65. à Bd. n. 2. 24.

— — Alphabet. Inhalts- u. Namensverzeichniss über die von 1836 bis incl. 1855 erschien. Jahrgänge. gr. 8. Ebend. 855. n. — 6.

— für deutsches Staatsrecht u. deutsche Verfassungsgeschichte. Unter Mitwirk. von W. E. Albrecht, R. v. Mohl, G. Waitz u. H. A. Zachariä herausg. von L. K. Aegidi. 1—4. Heft. gr. 8. Berlin 865—67. G. Reimer. 1. u. 4. — 15; 3. u. — 25.
Inhalt: Ueber die Theilbarkeit deutscher Staatsgebiete, von C. J. v. Gerber. — Enthält d. Art 16. b. deutschen Bundesacte auch e. Garantie d freien u. öffentl. Religionsübung f. d. christl Religionsparteien?, von H. A. Zachariä. — Ueber die geschichtl. Entwickelung d. deutschen Thronfolgerechts, von J. Held. — Die Geschichte d. Entstehung d. Verfassung im Grossh.

(Zeitschrift für deutsches Staatsrecht u. deutsche Verfassungsgeschichte ꝛc.)
Hessen, von A Köllner. — Studien zum preuß. Staatsrecht, von O A. Obr. — Rechts-
gültigkeit u. Verbindlichkeit publicirter Gesetze u. Verordnungen nach d. Grundsätzen d. preuß.
Staatsrechts, von R. John. — Ueber d. Verhältniß von Justiz u. Verwaltung in England,
von G. Meier. — Bemerkgn. über d. neuesten Theorb. b. allgem. deutschen Staatsrechts, von
R. v. Mohl — Ueber d. richterliche Prüfungsrecht bezügl. d. Rechtsgültigkeit von Gesetzen u.
Verordnungen nach preuß Staatsrechte, von E. a. Nänne — Ueber Princip, Methode u.
System d. deutschen Staatsrechts, von H Schulze — Ueber d. Begriff d. Staatsrechts im
Allgem. u. den d. deutschen Staatsrechts inobes, von J. Held. — Zur Kenntniß d. polit.
Literatur in Bezieh. auf die Herzogth. Schleswig u. Holstein in ihrem Verhältniß zu einander u.
zu Dänemark, von H. Rathjen. — Die völkerrechtl Grundlage e neuen Gestaltung Deutsch-
lands, von Regist.

— — für die gesammten Staatswissenschaften. Herausg. von Schüz, Hoffmann, Weber, Schäffle, Fricker etc. 1—5. Jahrg. 1814—4ˢ. u. 6—23.
Jahrg. 1850—67. (à 4 Hefte.) gr. 8. Tübingen, Laupp. à Jahrg. n. 4. 20.

— — — — Repertorium über Bd. I—XII. u. über das Archiv f. polit. Oekonomie Bd. I—V. u. Neue Folge I—X, nebst alphabet. Register über die Verff. d.
einzelnen Aufsätze etc. Von Jos. Dall'armi. gr. 8. Ebend. 857.   n. — 15.

— — für Verfassung, Verwaltung u. Recht der Actien- u. Versicherungs-Gesell-
schaften. Herausg. von F. Wallmann. 1. Jahrg. 12 Hefte. gr. 8. Berlin 867.
Huber.   n. 6. —

— — für Versicherungsrecht. Herausg. von Conr. Malß. 1. Bd. (4 Hefte.) u. 2. Bd.
1. u. 2. Heft. gr. 8. Leipzig 866. 67.* B. Tauchnitz. à Heft n. — 20.
Inhalt: 1. Bd., Die Quellen d. nicht maritimen Versicherungsrechts, von Malß. — Dofür
hortet d. Versichert? Versicherungswerth. Ueber- u. Doppelversicherung. Concurrenz mehrerer
Versicherer, von Malß — Die Grundlagen d. Lebensversicherung, von R. J. Robemacher.
— Bemerkgn. zu v. Roo von d. Versicherung im Umrisse e. schweizer. Handelsgesetzes, von
Roth — Die rechtliche Stellung des Agenten sowohl zum Versicherungsnehmer wie zum Ver-
sicherungsgeber, von Wolff — Die Verhandlungen d. Dresdener Bundeskommission zur Aus-
arbeitung e. allgem. deutschen Obligationenrechts über d. Versicherungsvertrag, von Kübel.
(Fortletz. in 2. Bd.)
2. Bd.: Die Lebensversicherung, von Malß.
Fortlaufend: Rechtsfälle u. Rechtssprüche.

Baden:

Annalen d. großherzogl. badischen Gerichte. Red.: Bayer. 16. Jahrg. 1848. (52 Nrn.)
gr. 4. Karlsruhe, Groos.   n. 3. —

— — — — 17—25. Jahrg. 1849 58. (à 52 Nrn.) gr. 4. Mannheim, Bensheimer.   à Jahrg. n. 3. —

— — — — Red.: Stempf. 26—28. Jahrg. 1859—61. (à 52 Nrn.) gr. 4. Ebend.
  à Jahrg. n. 2. 10.

— — — — 29—33. Jahrg. 1862. 63, 65—67. (à 40 Nrn.) gr. 4. Ebend.
862 63. 65. u. 66.: à n. 3. —; 67.: n. 3. 15.
(Jahrg 1864 ist nicht erschienen.)
Vgl.: Behrer; olphobet. Repertorium dazu (in Abth. I.)

Centralblatt, badisches, für Staats- u. Gemeinde-Interessen. Red.: F. Bissing.
Jahrg. 1855/56. (52 Nrn.) 4. Heidelberg (E. Mohr).   n. 4. —

— — — Jahrg. 1857—65. (à 52 Nrn.) 4. Heidelberg, Emmerling.
à Jahrg. n. 3. —

Jahrbücher d. großherzogl. badischen Oberhofgerichts in Mannheim. 10. Jahrg.
1847-48. redig. von Stabel. — 11. Jahrg. 1849/50. (8 Hefte) u. 12. Jahrg. 1851/52.
(6 Hefte) redig. von Trefurt. — 13. Jahrg. 1852/53. (4 Hefte) redig. von Stabel.
(Der ganzen Sammlung 17—20. Jahrg.) gr. 8. Mannheim 848—53. Gö
  n. 10. —
10. 11. u. 13 Jahrg. à a. 2 Thlr. 20 Ngr.; 12. Jahrg. n. 2 Thlr.

— — für badisches Recht. Als erweiterte Fortsetz. d. oberhofgerichtlichen Jahrbücher herausg. von Stabel. 1. Bd. [Der oberhofgerichtl. Jahrb. 21. Jahrg.] 4 Hefte. gr. 8.
Mannheim 859—60. Bensheimer.   n. 2. 20.

Magazin für badische Rechtspflege u. Verwaltung. 1. u. 2. Bd. (à 3 Hefte) herausg.
von J. Zentner, A. Renaud u. L. Turban. — 3—5. Bd. (à 3 Hefte) herausg.
von J. Zentner, A. Renaud u. G. Spohn. gr. 8. Mannheim 851—61. (Geg-
niß.)   1—4. Bd.: à n. 2. 24; 5.: n. 8. 12.

298   (Baden: Wochenschrift — (Hamburg:) Gerichtszeitung.

Baden:
Wochenschrift für die Rechtspflege u. Verwaltung in Baden. Redig. von Dreyer.
Jahrg 1865. (52 Nrn.) gr. 4. Mannheim, Schneider.   n. 3. 22.
Bayern:
Blätter für administrative Praxis u. Polizeigerichtspflege. 1—11. Bd. Jahrg.
851—61. (à 26 Nrn.) herausg. von Karl Brater. — 12—16. Bd. Jahrg. 1862—66.
(à 26 Nrn.) herausg. von A. Luthardt. 8. Nördlingen, Beck.   à Bd. 2. —
—— ——   Hauptregister zum 1—4. Bde. 8. Ebend. 854.   n. — 10.
—— ——   zum 1—10. Bde. 8. Ebend. 861.   n. — 20.
—— ——   Beilageheft zu Bd. IV—XII: Sammlung von principiellen Erlassen b.
Staatsbehörden u. von Präjudizien auf d. Gebiete b. Verwaltung. Jahrg. 1854—62.
(Jahrg. 1857 u. 58 bearb. von J. Rau, 7. u. 8. von H. Schunck, 9. u. 10. von
H. Schunck u. K. Brater.) 8. Ebend.   9. 21.
   54.: 1 Thlr ; 55.: 20 Ngr.; 56.; 1 Thlr. 4½ Ngr.; 57.; 1 Thlr. 18 Ngr.; 58.: 1 Thlr.
   4½ Ngr.; 59.: 1 Thlr.; 60: 1 Thlr. 2 Ngr.; 61 : 21 Ngr.; 62.: 1 Thlr. 5 Ngr.
— für Rechtsanwendung zunächst in Bayern. 14—23. Bd. Jahrg. 1849—58.
herausg. von J. A. Seuffert. — 24—32. Bd. Jahrg. 1859—67. (à 26 Nrn.) herausg. von Steppes. 8. Erlangen, Palm u. E.   à Jahrg. n. 2. —
—— ——   Ergänzungsblätter zu Jahrg 1849, 1854—57, 60, 61 u. 64. (à 6 Nrn.)
8. Ebend.   49.; n. — 15.; 54.; n. —.21.; 55—57. 60. 61. 64.: à n. — 18.
—— ——   Ergänzungsband zum 31. u. 32. Bd. 8. Ebend. 867.   n. 2. —
—— ——   Alphabet. u. systemat. Register über Bd. XI—XX. 8. Ebend. 856.
                                                             n. 1. 2
—— ——   über Bd. XXI—XXV. (Neue Folge I—V.) 8. Ebend. 861.
                                                             n. — 20.
Zeitschrift des Anwaltsvereins für Bayern. Red.: Ribermaier. 1—3. Bd.
(à 24 Nrn.) gr. 8. Erlangen 861—63. Ente.   à Bd. n. 2. —
—— ——   4—6. Bd. (à 24 Nrn.) gr. 8. Nürnberg 864—66. Eolban.
                                                         à Bd. n. 2. —
— für die Gerichtspraxis u. Rechtswissenschaft in Bayern. Herausg. von M.
Stenglein. 1—5. Bd. Jahrg. 1862—66. (à 24 Nrn.) Lex.-8. München, Olden-
bourg.   à Jahrg. n. 2. 20.
   1. u. 2. Br. herabges. a. 2 Thlr 25 Ngr.
— für die Gesetzgebung u. Rechtspflege d. Kgr. Bayern. Unter Aufsicht u. Mitwirkung d. kgl. Justizministeriums herausg. 1—10. Bd. gr. 8. Erlangen 854—64.
Palm u. E.   n. 33. 2.
—— ——   Abth. für Privatrecht. 11—13. Bd. (à 3 Hefte.) — Abth. f. Strafrecht.
11—13. Bd. (à 6 Hefte.) gr. 8. Ebend. 864—67.   n. 13. 16.
   Privatrecht 11—13. Bd.: a n. 1 Thlr. 10 Ngr. — Strafrecht 11 St.: n. 2 Thlr. 18 Ngr.;
   12.: a 3 Thlr 8 Ngr.; 13. a. 3 Thlr 20 Ngr.
—— ——   Systemat. u alphabet. Register über Bd. I—V. gr. 8. Ebend. 859. n. 1. —
—— ——   über Bd. VI—X. gr. 8. Ebend. 864.   n. 1. 18.
   Es bildet diese Zeitschrift die Fortsetz der „Sitzungsberichte d. bayer. Strafgerichte."
— für Gesetzgebungs- u. Verwaltungsreform. Herausg. von K. Brater.
3 Hefte. Nördlingen 858, 59. Beck.   à n. 1. 19.
— für das Notariat u. die freiwill. Gerichtsbarkeit in Bayern diesseits u. jenseits des
Rheins. Herausg. von Ed. Graf. 1—4. Jahrg. 1864—67. (à 24 Nrn.) 4. Nördlingen, Beck.   à Jahrg. n. 2. —

Braunschweig:
Zeitschrift für Rechtspflege im Herzogth. Braunschweig. Redig. von Ed. Gotthard
u. E. Koch. 1—14. Jahrg 854—67. (à 12 Nrn.) gr. 8. Braunschweig, Leibrock.
                                                       à Jahrg. n. 1. 15.
—— ——   12. Jahrg. 1865. Ergänzungsheft. gr 8. Ebend. 866.   n. — 12.

Hamburg:
Gerichtszeitung, hamburgische. Red.: Jul. Rathan. 1. Jahrg. April—Decbr. 1861.
(39 Nrn.), — 2—7. Jahrg. 1862—67. (à 52 Nrn.) gr. 4. Hamburg, O. Meißner.
                                          1.: n. 3. —; 2—7.: à Jahrg. n. 4. —

Hamburg:

Gesetzsammlung d. freien u. Hansestadt Hamburg. Amtliche Ausg. 1. Bd. Jahrg. 1866.
4. Hamburg, J. A. Meißner. n 1. 18.

Hannover:

Annalen des Advocaten-Vereins zu Hannover. Red.: Ebhardt, Hantelmann II., Leonhardt. Neue Folge. 2. Bd. (4 Hefte.) gr. 8. Hannover 848. Helwing.
à Bd. n. 2. —

Archiv für Entscheidungen d. Collegial-Gerichte d. Kgr. Hannover auf d. Gebiete d. Civilrechts u. Civilprocesses. Herausg. van v. Clausbruch u. Stegemann. 1. u. 2. Heft. gr. 8 Göttingen 865, 66. Deuerlich. 1.: n. — 15; 2.: n. — 20.

— gerichtlich-medicinischer vor d. Assisen d. Kgr. Hannover verhandelter Fälle. Herausg. von Damasky u. Palad 1. Bd. gr. 8. Celle 851. Schulze. n. 2. —

Entscheidungen des Tribunals zu Celle, mitgetheilt van Wöltje, Walde, Gerding, Reuter, Raven ꝛc. 2. Aufl. d. Entscheidgn. vom 1. Septbr. 1855 bis 1. Septbr. 1857. 1. u. 2. Jahrg. nebst Inhaltsverzeichniß. 8. Celle 857. Schulze. n. — 15.

— — 3. Jahrg. 1857—58. gr. 8. Ebend. 859. n. — 11½.

— — 4. Jahrg. 1858—59 u. 5—7. Jahrg. 1860—66 gr. 8. Hannover, Helwing. n. 4. 22.
4.: n 20 Ngr.; 5.: n 1 Thlr.; 6.: n 1 Thlr. 20 Ngr.; 7.: n. 1 Thlr. 12 Ngr

Gerichtszeitung, hannoversche, für Schwurgerichte. Herausg. van G. Mühry. 1. Jahrg. 1850. 4 Hefte. gr. 8. Stade, Schaumburg. n. 1. 20.

Gesetzsammlung für d. Kgr. Hannover. Jahrg. 1859—65. gr. 4. Hannover, (Helwing.)
à Jahrg. 2. —

— — Sachregister. s. Tappen, Th. (in Abth. I.)

Magazin für hannoversches Recht. Herausg. van v. Klende. 1. u. 2. Bd. (à 3 Hefte.) gr. 8. Göttingen 851, 52. Dieterich.
à Bd. n. 2. —

— — 3. u. 4. Bd., herausg von v. Klende. — 5—9. Bd. (à 3 Hefte) herausg. von v. Düring u Wachsmuth. gr. 8. Hannover 853—59. Rümpler.
à Bd. n. 2. —

— — neues, ꝛc. Herausg. van v. Düring u. Wachsmuth. 1—8. Bd. Jahrg. 1860—67. (à 3 Hefte.) gr. 8. Ebend.
à Br. n. 2. —

— — Sachregister zu Bd. 1—9. des „Magazins" u. Bd. 1—6. des „Neuen Magazins". gr. 8. Ebend. 867. n. — 20.

Zeitschrift für Verfassung u. Verwaltung im Kgr. Hannover. Herausg. von E. L. v. Lenthe 1. Bd. (3 Hefte.) gr 8. Hannover 854, 65. Rümpler. n. 2. 20.

Zeitung, juristische, für das Kgr. Hannover. Herausg. von E. Schlüter. 24. Jahrg. 1849. (36 Nrn. oder 3 Hefte.) 8. Lüneburg, Herold u. W. n. 2, 7½.

— — 25. u. 26. Jahrg. 1850 u. 51. (à 36 Nrn.) u. 27—35. Jahrg. 1852—60. (à 24 Nrn) 8. Stade, Podwitz. 25. 26. Jahrg.: à n. 2. 7½; 27—35.: à n. 1. 20.

— — Alphabet. Sachregister über d. 1. bis incl. 21. Jahrg. 8. Lüneburg 847. Herold u W. n. — 22½.

Hessen-Cassel.

Annalen d. Justizpflege u. Verwaltung in Kurhessen. Herausg. van O. L. Heuser. 1. Jahrg. Nov. 1853 — Oct. 1854 (24 Nrn.) gr. 8. Cassel, Fischer. n. 4. —

— — 2—4. Jahrg. (à 12 Nrn.) gr. 8 Ebend. 854—57. à Jahrg. n. 4. —

— — 5—9 Jahrg. (à 12 Nrn.) gr. 8. Cassel 857—62. (Göttingen, Wigand.)
à Jahrg. n. 3. —

Entscheidungen, bemerkenswerthe, d. Crim.-Senates d. Ober-Appell.-Gerichts zu Cassel. Herausg. van O. L. Heuser. 3. Bd. 2. Heft u. 4—6. Bd. gr. 8. Cassel 849 —53. Fischer. n. 9. 20.

Hessen-Darmstadt:

Anwalt-Zeitung. Eine Wochenschrift. Redig. von Bopp. 5. Jahrg. 1848. (52 Nrn.) Lex.-8. Darmstadt, Jonghaus. n. 4. —

Hessen-Darmstadt:
Archiv für das Strafrecht u. das öffentliche Gerichtsverfahren in d. Großherzogth. Hessen, sowie für das Civilrecht in d. Provinz Rheinhessen; oder Darstellung wichtiger Rechtsfälle u. ihrer Entscheidungen im Gebiete d. großh. hessischen resp. rheinischen Straf- u. Civilrechts. Von J. Glaubrech u. Dernburg. 1. Bd. (5 Hefte) u. 2. Bd. 1. 2. Heft. gr. 8. Mainz 850–53. v. Zabern. à Heft n. — 15.

Mecklenburg:
Entscheidungen des Großherzogl. Mecklenburg. Oberappellationsgerichts zu Rostock. Herausg. von Herm. Buschka u. Joh. Frdr. Budde. 1–5. Bd. gr. 8. Wismar 855–65. Hinstorff. n. 7. 10.
  1. u. 2.: à n. 1 Thlr. 10 Ngr.; 3. u. 4.: à n. 1 Thlr. 15 Ngr.; 5.: n. 1 Thlr. 20 Ngr.

Nassau:
Archiv für die Praxis d. im Herzogth. Nassau geltenden Rechts. 1. u. 2. Bd. 8. Dillenburg 859–61. Jacobi. (Seel.) à Bd. n. 1. 20.
—— —— 3–7. Bd. gr. 8. Wiesbaden 862–66. Limbarth. à Bd. n. 1. 20.

Oldenburg:
Archiv für die Praxis des gesammten im Großherzogth. Oldenburg geltenden Rechts. 5. Bd. (3 Hefte) u. 6–10. Bd. (à 24 Nrn.) 8. Oldenburg 852–67. Schulze. à Bd. n. 1. 15.
—— —— Alphabet. Sachregister zum 1–4. Bd. 8. Ebend. 849. — 5.
—— —— —— zum 5–8. Bde. 8. Ebend. 863. — 7½.
Magazin für die Staats- u. Gemeinde-Verwaltung im Großherzogth. Oldenburg. Red.: Becker. 1–8. Bd. oder Jahrg. 860–67. (à 12 Hefte.) gr. 8. Oldenburg. Stalling. à Bd. n. 2. —

Oesterreich
Gerichtshalle. Redig. von Jgn. Pisko. 1–7. Jahrg. 1857–63. (à 52 Nrn.) gr. 4. Wien, Wallishausser. à Jahrg. n. 6. —
—— —— 8–10. Jahrg. 1864–66. (à 104 Nrn.) gr. 4. Ebend.
à Jahrg. n. 7. —
Gerichtszeitung, allgemeine österreichische. 15. 16. Jahrg. Neue Folge 1. 2. Jahrg. 1864 u. 65. (à 104 Nrn.) redig. von J. Glaser u. M. Stubenrauch. — 17. 18. Jahrg. Neue Folge 3. 4. Jahrg. 1866 u. 67. (à 104 Nrn.) redig. von J. Glaser u. R. Nowak. Fol. Wien, Manz. à Jahrg. n. 4. —
Jahrbuch für Gesetzkunde u. Statistik. Herausg. vom Centralarchiv f. Gesetzgebung, Verwaltung u. Statistik L. Stein, M. v. Stubenrauch u. H. Fr. Brachelli. 1. Jahrg. gr. 8. Wien 862. Manz. n. 2. —
Magazin für Rechts- u. Staatswissenschaft mit besond. Rücksicht auf d. österreich. Kaiserreich. 1–14. Bd. oder Jahrg. 1850–56 (à 6 Hefte.) Herausg. von Frz. Haimerl. gr. 8. Wien, Manz. à Jahrg. n. 4, —
—— —— 15. u. 16. Bd. oder Neue Folge 1. Jahrg. 1857. (12 Hefte.) Herausg. von von Frz. Haimerl u. Joh. Passy. gr. 8. Ebend. 6. —
—— —— Repertorium über Bd. 1–16. von Gust. Degen. gr. 8. Wien 861. Braumüller. — 10.
  Fortsetzung s.: Vierteljahresschrift, österreichische ꝛc.
Reichs-Gesetz-Blatt f. d. Kaiserthum Oesterreich. Sachregister dazu, s. Abth. H. (in Abth. L.)
Vierteljahresschrift, österreichische, für Rechts- u. Staatswissenschaft. Herausg. von Frz. Haimerl. 1–18. Bd. Jahrg. 1858–1866. (à 4 Hefte.) gr. 8. Wien, Braumüller. à Jahrg. n. 4. —
  Vgl.: Magazin f. Rechts- u. Staatswissenschaft ꝛc.
Zeitschrift für das österreichische Notariat. Red.: C. Edm. Langer. 1–4. Jahrg. 1859–62. (à 52 Nrn.) 4. Wien, Manz. à Jahrg. n. 5. 10.
—— österreichische, für innere Verwaltung. Red.: Mor. v. Stubenrauch. 1–5. Jahrg. 1856–60. (à 52 Nrn.) Mit Beilage: Verordnungsblatt. gr. 4. Wien, Manz.
à Jahrg. n. 4. —

Preußen:

Annalen für Rechtspflege u. Gesetzgebung in d. preuß. Rheinprovinzen. Sammlung intereff. Entscheidungen der rheinpreuß. Gerichte in Civil- u. Strafsachen u. Abhandlungen über wichtige Rechtsfragen. Herausg. von e. Vereine rhein. Rechtsgelehrten. 7—9. Bd. (à 4 Hefte.) gr. 8. Trier 851—59. Lintz. à Bd. n. 2. —

Anwalts-Zeitung, preußische. Wochenschrift für Rechtspflege u. für die Interessen d. Anwaltsstandes. Herausg. von Frz. Hinschius u. Paul Hinschius. 1—5. Jahrg. 1862—66. (à 52 Nrn.) gr. 4. Berlin, Guttentag. à Jahrg. n. 4. —

    1—4. Jahrg. herabges. a. 6 Thlr.
    Fortsetzung hiervon f.: Zeitschrift f.: Gesetzgebung ꝛc. in Preußen.

Archiv für das Civil- u. Criminalrecht d. kgl. preußischen Rheinprovinzen. 42—60. Bd. oder Neue Folge 35—53. Bd. (à 4 Hefte.) gr. 8. Cöln 848—66. D. Schmitz. à Bd. n. 2. 10.

—— —— General-Register über d. Gesammtinhalt d. bis Ende 1847 erschienenen Bände. gr. 8. Ebend. 853. n. 6. —

—— ——. General-Register über die von 1848—1857 erschienenen 10 Bde. (43—52.) gr. 8. Ebend. 858. n. 2. 10.

—— für Polizei-Gesetzkunde u. polizeiliches Strafverfahren. Herausg. von Alb. Ballhorn. 1. Jahrg. Juli 1855—Juni 1856. (12 Nrn.) gr. 4. Berlin, (J. Springer.) n. 1. 10.

—— neues, für preußisches Recht u. Verfahren, sowie f. deutsches Privatrecht. Herausg. von J. F. J. Sammer u. Fr. Th. Boele. 14—16. Jahrg. (à 4 Hefte.) gr. 8. Arnsberg 849—53. Ritter. à Jahrg. n. 2. 20.

—— —— Register zu den zweiten 5 Jahrgängen. gr. 8. Ebend. 848. — 12½.

—— für Rechtsfälle aus d. Praxis d. Rechtsanwälte d. kgl. Ober-Tribunals. Herausg. von Thdr. Striethorst. 1—6. Jahrg. oder 1—24 Bd. u. Neue Folge. 1—5. Jahrg. des Ganzen 25—48. Bd., — Zweite Folge 1—4. Jahrg. des Ganzen 49—64. Bd. 8. Berlin 851—67. Guttentag. à Jahrg. n. 4. 20; einzelne Bde. n. 1. 10.

—— —— Repertorium zu d. 4 Bdn. d. 1. Jahrg. u. d. T.: Rechtsgrundsätze d. neuesten Entscheidungen d. kgl. Ober-Tribunals. Geordnet nach d. System der Gesetzbücher u. herausg. von Thdr. Striethorst. 8. Ebend. 853. n. — 20.

    Vgl.: Striethorst (in Abth. I.)

—— schlesisches, für die practische Rechtswissenschaft, herausg. von C. F. Koch. 6. Bd. 3. Heft. gr. 8. Breslau 848. Aderholz. — 25.

    1—5. Bd. u. 6. Bd. 1. 2. Heft. Ebend. 837—847.

—— für preußisches Strafrecht. Herausg. von Goltdammer. 1. Bd. (5 Hefte.) — 2. Bd. (8 Hefte.) — 3. Bd. (à 6 Hefte.) — 9—15. Bd. (à 12 Hefte.) Lex.-8. Berlin 853—67. v. Decker. 1. u. 2.: n. 6. 20.; 3—15.: à n. 5. —

—— —— Generalregister zum 1—5. Bd. (Jahrg. 1853—57.) Lex.-8. Ebend. 858. n. — 12.

—— —— zum 6—12. Bd. Jahrg. 1858—64. Lex.-8. Ebend. 865. n. — 15.

Beiträge zur Erläuterung d. preußischen Rechts durch Theorie u. Praxis. Herausg. von J. A. Gruchot. 1—5. Jahrg. (à 3 Hefte.) — 6—11. Jahrg. (à 4 Hefte.) gr. 8. Hamm 857—67. Grote. 1—5.: à n. 2. —; 6—11.: à n. 2. 20.

Bureau-Blatt für gerichtliche Subalternbeamte. Redig. von R. Hälschau u. J. Fenner. 3—5. Jahrg. 1855—57. (à 24 Nrn.) 4. Berlin, Rauck u. Co. à Jahrg. n. 1. —

    1. u. 2. Jahrg. f.: Justiz-Bureaublatt ꝛc.

Central-Blatt der Abgaben-, Gewerbe- u. Handels-Gesetzgebung u. Verwaltung in d. kgl. Preußischen Staaten. Jahrg. 1848—67. (à 28 Nrn.) 4. Berlin, Jonas' Verlbhlg. à Jahrg. n. 2. —

—— —— Systemat.-chronolog. Repertorium u. alphabet. Sachregister zu d. Jahrgg. 1839 bis incl. 1852. 4. Berlin 854. Abelsdorff. n. 2. —

—— für gerichtliche Beamte. Red.: F. Wilke. 1—5. Jahrg. 1862—66. (à 24 Nrn.) 4. Freistadt. (Grünberg, Weiß.) à Jahrg. n. 1. 10.

—— für die Bureaubeamten der Justiz. 1—3. Jahrg. 1854—56. (à 24 Nrn.) Redig. von L. F. Schmidt. 4. Guben, (Berger.) à Jahrg. u. 1. 10.

Preußen:

Central-Blatt für die Bureaubeamten der Justiz. 4—6. Jahrg. 1857—59. (à 24 Nrn.) Redig. von R. Höingbaus u. J. Fenner. 4. Berlin, Geelhaar.
 4.: n. 1. 10, 5. u. 6.: à n. 1. —
—— —— 7. u. 8. Jahrg 1860 u. 61. (à 24 Nrn.) 4. Berlin, Hempel.
 à Jahrg n. 1. —
—— für die gesammte Unterrichtsverwaltung in Preußen. Im Auftrage d. Ministers d. geistlichen ꝛc. Angelegenheiten u. unter Benutzung d. amtlichen Quellen herausg. von Stiehl. Jahrg. 1859—67. (à 12 Hefte.) gr. 8 Berlin, Hertz.
 à Jahrg. n. 2. 10.

Entscheidungen d. kgl. Geh. Ober-Tribunals herausg. im amtlichen Auftrage. 15—18. Bd. (Neue Folge. 5—8. Bd.) von Selige, Kuhlmeyer u. Wille I. — 19—21. Bd. von Kuhlmeyer, Wille I. u. Decker. — 22—25. Bd. von Kuhlmeyer, Zettwach u. Decker. — 26—35 Bd. von Zettwach, Decker u. Heinsius. — 36—56. Bd. von Decker, Voswinckel u. Heinsius. (Neue Folge 5—10. Bd., — 2—4. Folge à 10 Bde. u. 5. Folge 1—5. Bd.) 8. Berlin 848—67. C. Heymann.
 15.: n. 3. —; 16.: n. 3. 6; 17. 18.: à n. 3. 15; 19—40: à n. 2. —; 41—56.: à n. 1. 22½.
—— —— Alphabet. Generalregister zu Bd. 1—30. 8. Ebend. 866. n. 1. 5.
—— —— Hauptregister zu den 10 Bdn. d. neuen Folge. (21—30.) 8. Ebend. 852. n. 1. —
—— —— —— zu den 10 Bdn. d. 3. Folge. (31—40.) 8. Ebend. 860. n. 1. —
—— —— —— zu den 10 Bdn. d. 4. Folge. (41—50.) 8. Ebend. 865. n. 1. —

Hieraus abgedruckt:

Entscheidungen d. Kgl. Ober-Tribunals in Strafsachen. 1. u. 2. Bd. 8. Berlin 859. 61. C. Heymann.
 1.: n. 2. —; 2: n. 1. 17½.

Gerichtszeitung, preußische. Organ für Rechtswissenschaft u. Rechtspflege. Red. C. E. C. Hiersemenzel. 1—3. Jahrg. 1859—61. (à 52 Nrn.) Fol. Berlin, Jansen. (Leipzig, Friese.)
 à Jahrg. 3. —

Fortsetzung s.: Gerichtszeitung, deutsche ꝛc.

Gesetz-Sammlung für die kgl. preußischen Staaten. Redig. im Auftrage des Staats-Ministeriums. Haupt-Register zu Jahrg. 1806—1863. 4. Berlin 864. (Geelhaar.)
 n. 2. —

Jahrbuch d. preuß. Gerichtsverfassung mit d. Anciennetätslisten d. Justizbeamten, redig. im Bureau d. Justiz-Ministeriums. 1—7. Jahrg. gr. 8. Berlin 851—65. v. Decker.
 1—6.: à n. 1. —; 7.: n. 1. 10.

Justiz-Bureau-Blatt für gerichtliche Subaltern-Beamte. Red. von Rich. Höingbaus, L. Liebgott u. J. Fenner. 1. Jahrg. April—Decbr. 1853. 18 Nrn. 4. Berlin, Rauck u. Co.
 n. — 22½.
—— —— 2. Jahrg. 1854. (24 Nrn.) 4. Ebend.
 n. 1. —

Fortsetzung s.: Bureau-Blatt ꝛc.

Justiz-Ministerial-Blatt für die preuß. Gesetzgebung u. Rechtspflege. Herausg. im Bureau d. Justiz-Ministeriums. 11—14. Jahrg. 1849—52. (à 52 Nrn.) 4. Berlin, C. Heymann.
 à Jahrg. n. 2. —
—— —— 15—29. Jahrg. 1853—67. (à 52 Nrn.) 4. Berlin, v. Decker.
 à Jahrg. n. 2. —
—— —— Haupt-Register zu d. Jahrg. 1844—48. gr. 4. Berlin 849. C. Heymann.
 n. — 25.
—— —— Sachregister dazu, umfassend die Jahrg. 1839—59. Von Rummelspacher. 4. Berlin 860. v. Decker.
 n. 1. —

Kreisblatt, allgemeines preußisches. Jahrbuch d. preuß. Kreisverwaltung. Red. von H. A. Mascher. 1. Jahrg. 1863. 8 Hefte. gr. 8. Merseburg. Stollberg. n. 1. 15.

Ministerial-Blatt für die gesammte innere Verwaltung in d. kgl. preußischen Staaten. Herausg. im Ministerium d. Innern. 10—28. Jahrg. 1849—67. (à 10—11 Nrn.) 4. Berlin, (Geelhaar.)
 à Jahrg. n. 3. —
—— —— 10jähr. Hauptregister f. d. J. 1850—1859 einschließl. 4. Ebend. 862.
 n. 1. 15.

Preußen:

Monatsschrift, juristische, für preußisches Recht u. dessen Praxis, sowie für die Interessen d. Richter- u. Anwaltstandes. 1. Jahrg. 1855. (12 Hefte.) gr. 8. Arnsberg. Ritter. n. 3. —

— für preußisches Städtewesen. Red. von B. Graefer. 1. Jahrg. Juli – Decbr. 1855. (6 Hefte) u. 2. Jahrg. 1856. (12 Hefte.) gr 8. Frankfurt a. O., Trowitzsch u. S.
1.: n. 2. 15.; 2.: n. 5. —

— für deutsches Städte- u. Gemeindewesen. 3. Jahrg. 1857 redig. von B. Graefer, u. 4—7. Jahrg. 1858—61. (à 12 Hefte) herausg. van A. Piper. gr. 8. Ebend. à Jahrg. n. 5. —

Zeitschrift für Gesetzgebung u. Rechtspflege in Preußen. Herausg. von Fr. Hinschius u. Paul Hinschius. 1. Bd. (8 Hefte.) gr. 8. Berlin 867. Guttentag. n. 4. —

Fortsetzung d. „preuß. Anwalts-Zeitung".

— für Handelsrecht mit Hinblick auf die Handelsrechtspraxis in Preußen u. auf die Grundsätze d. k. Obertribunals zu Berlin in Handelssachen. Von W. Gelpcke. 1—3. Heft. gr. 8. Berlin 852, 53. Nicolai. à Heft n. 1. —

— für Landeskultur-Gesetzgebung d. preuß. Staaten. Herausg. von d. kgl. Revisions-Collegium für Landeskultur-Sachen. 1—10. Bd. u. 11—18. Bd. oder Neue Folge 1—8. Bd (à 3 Hefte) gr. 8. Berlin 817—66. Gärtner. à Bd. n. 2. —
1—15. Bd. zusammen a. a. 1½ Thlr. pro Bant.

—— Supplem.-Bd.: Zusammenstellung d. wichtigsten Verwaltungs- u. Entscheidungsgrundsätze d. k. Ministerien u. Gerichtshöfe im Gebiete d. Landeskulturgesetzgebung als Hauptregister zu den ersten 7 Bänden. Herausg. von Fuß. gr. 8. Ebend. 855. n. — 25.

— für das Notariat. Herausg. von d. Verein f. d. Notariat in Rheinpreußen. 1—11. Jahrg. 1856—66. (à 12 Nrn.) 4. Cöln, (J. G. Schmitz's Buchh.) à Jahrg. n. 2. —

Rußland:

Erörterungen, theoret.-praktische, aus den in Liv-, Esth- u Curland geltenden Rechten. Herausg. van F. G Bunge. 3—5. Bd. gr. 8. Reval 842—52. Kluge. à Bd. n. 2. 20.

Sachsen (Königreich):

Annalen des kgl. sächs. O.-A.-G. zu Dresden. 1. u. 2. Bd. (à 6 Hefte.) Herausg. (I. 1. 2. von E. Cuno u. K. M. Pöschmann, I. 3. van Cant. Eichel u. K. M. Päschmann, I. 4—6. u II. 1—6) a. Fr. Alb. von Langenn, C. Eichel u. K. M. Päschmann. gr. 8. Leipzig 859, 60. Roßberg. à Bd. n. 3. —

—— 3—7. Bd. herausg. von F. A. v. Langenn, C. Eichel u. K. M. Pöschmann, — 8. Bd. u. Neue Folge 1. Bd., herausg. von F. A. v. Langenn, E. D. Schumann u. K. M. Päschmann. (à 12 Hefte.) gr. 8. Ebend. 861—65. à Bd. n. 3. —

—— Repertorium zum 1—8. Bde. Ebend. 866. n. — 15.

Blätter für Verwaltung. Herausg. van L. Richter. 2 Hefte gr. 8. Debeln 853, 54. Schlesinger. à Heft n. — 10.

—— Neue Folge. 1—5. Heft. gr. 8. Dresden 855—58. Dietze. à Heft n. — 10.

Gerichtshof, der. Zeitschrift f. d. öffentliche Strafverfahren. Eine Sammlung d. wichtigern u. interessantern Strafrechtsfälle aus d. sächsischen Landen. Unter Benutz. d. Acten herausg. von W. Th. Krug. 1. Bd. (4 Hefte.) gr. 8. Leipzig 857. Naßberg. n. 1. 10.

Gerichtszeitung, allgemeine, für d. Kgr. Sachsen u. die großherzogl. u. herzogl. sächsischen Länder. Herausg. von Fr. Osk. Schwarze. 1—10. Jahrg. 1857—66. (à 12 Hefte.) gr. 8. Leipzig. Günther. à Jahrg. n. 4. —

Inhalt: 1. Jahrg.: Die Vertheidigung in 2. Instanz, von Schwarze. — Beiträge zur Erläut. d. Strafproceßordnung, von Schwarze. — Beiträge zur Auslegg. d. Strafgesetzbuchs, von Krug. — Ueber die Abfass. d. Entscheidungsgründe im mündl. Strafverfahren, von Schwarze. — Die zu Gunsten d. Angeklagten von d. Staatsanwalte eingewend. Nichtigkeitsbeschwerden, von v. Reitzenstein. — Ueber die Rechtsmittel des Verletzten im Strafverfahren.

Sachsen:
(**Gerichtszeitung**, allgemeine 2c.)

von Schwarze. — Bemerkgn. zu Art 79 u 299 d. Strafgesetzbuches. von v. Reitzenstein. — Ueber die Befreiung u Vereidung der Zeugen in d. Hauptverhandlung, von Schwarze. — Ueber die Grenzen d Selbständigkeit d. untersuchungsrichterlichen Protokollführers als solchen, von O. Walther. — Die Rechtsmittel aus d. Delictsobligationen, von Klemm. — Zur Lehre von d. f. g. fortges Verbrechen, von Schwarze.

2. Jahrg.: Ist das in d. Hauptverhandlung erkennende Gericht u. die Staatsanwaltschaft an die rechtliche Beurtheilung d. Thatsachen, wie diese in d. Vermessungsurtenntniß ausgesprochen worden ist, gebunden? von Räpe. — Ueber die proseßual Stellung u. Thätigkeit d durch ein Verbrechen Verletzten 2c., nach thüring Rechte. von Heinze — Zur Lehre von d. Rechtsmittel d. Richtigkeitsbeschwerde, von Schwarze — Ueber die Verjährung beim Ehebruch, von Lode — Zur Lehre vom d. Verlegung d Ehrt. von v. Caith. — Das Recht d Reun-Einsicht u. die Acten-Vorlegung nach gem. u. insbes. thüring. Strafprozeßrecht, von O. Walther. — Zur Lehre von d. f. g. Reinigungs- u. Beschärungseide, von Lode. — Zu Art. 291 u. 299, 3. d. Strafgesetzbuches. von Grimm. — Die solidarische Haftung mehrerer Complicen für die gemeinschaftl. Kosten. — Beitrage zur Auslegg. d. Strafprozeßordnung, von Lamm. — Ueber die Wiederaufnahme zu Gunsten des Verurtheilten. von Schwarze — Die recht u fittl. Bedeutung d. Strafnoderklärungen 2c., von Abegg. — Ueber § 5. d. Executionsgesetzes vom 20. Febr 1838. von Coith.

3. Jahrg.: Ueber die Arbeitsbeschäftigung d. Gerichtsgefangenen, von Lucius — Von d. Richtigkeitsbeschwerde gegen bezirksgericht. Erkenntnisse, von Schwarze, zu b. 7. Cap. d. allgem. Theils d. Strafgesetzbuches. von Klemm. — Fragen a. d. Strafproceßrecht. von Bengler. — Zur Lehre vom Beweise beim Rückfalle, von Sied. — Zur Lehre vom Beweise d. Meineides. — Bemerkgn. zu Art 169 Abs. 2 b. Str.-G.-B., von Rumpelt. — Ueber Anmerkungen u. betrügerische Handlungen in Bezug auf persönl. Verhältnisse. Art. 247. d. thüring. Str.-G.-B., von v. Ogity. — Zur Lehre von b. Bräudigan u. d. commutator. Ladung. von Coith. — Krit. Zusammenstell. der bei Art 300 d. Str.-G.-B. enthalt. Controversen. von Krug. — Ueber die Contumaz d. Beklagten im f g. Paganrlegaleprozesse. von Körner.

4. Jahrg.: Beiträge zur Lehre von d. Theilnahme an e Verbrechen, von Mittermaier. (Forts. in d. Jahrg.) — Ueber d. Begriff d. Feld- u. Gartendiebstahls. von Lamm. — Ueber die Bezeichnung „Fälle von geringer Bedeutung", in Art 279 d. Str.-G.-B. von Löwe. — Ueber Rückfallstrafe u. Rückfallsverjährung bei Forst- 2c. Entwendungen über 1½ Thlr Werth, von Heinze. — Ueber die Grenzen zwischen Vorerörterung u Vorunterfuchung im engern Sinne, von A. Groß. — Zur Lehre von d. Verjährung bei d. Ehebruch. von Abegg. — Bemerkgn, zu Art 310 d. Str.-G.-B. (Hinterzieh b. Hülse-Abtretung). von Löwe. — Zur Lehre von d. Concurrenz d. Justiz- u. Verwaltungsstrafsachen, von Road. — Ist die ohne Vorwiffen d. Behörde erfolgte Beseitigung e. Leichnams im Kgr. Sachsen verboten?. von Rumpelt. — Des Zwangsverfahren im Quafidesertionsprozesse bei bekanntem Aufenthalte d. angeschuldigten Ehegatten. von J. Sied.

5. Jahrg.: Ueber die Verpflicht. d. Gastwirthe zur Aufnahme von Fremden, von Bengler. — Der doppelte Übedruß d. Strafantrags d. Verletzten. — Rechtsmittel d. Anklägers gegen e. Strafverfügung. Art 369 d. Str.-P.-O., von Lamm. — Zur Lehre vom f. g. generellen dolus, von Schwarze. — Die 2. Instanz in Strafsachen. von Bartizer zusetzen. — Ueber die Bedeut. d. Wortes „Gewahrsam" im Forst- u Strafgesetze von 1855, von Löwe. — Ueber die Rechtsmittel, welche dem Beschädigten nach dem Civilrecht gegen den Partizer zusteßen, von Coith. — Bedenken gegen die beschränkte Klagfreisprechung k. jeh. Strafproceßreds, von Rumpelt. — Die Ausübung d. Gerichtspolizei gegenüber d. Befugniffen d. Staatsanwalts. von Schwarze. — Zur Lehre vom Rückfall. von Road — Zur Lehre von d. mittelbaren Injurien, von Schwarze. — Ueber die Bestrafung d doppelten Ehebruchs, wenn nur ein Verletzter Strafantrag gestellt hat, von d. Weber.

6. Jahrg.: Zur Strafnovelle v. 25. Sept. 1861, von Krug — Ueber die Bedeutung d. Ausdrucks „Kauf- u. Handelsmann, Kaufmann, Geschäft," von Bengler. — Ueber die Form d. Bernhig. d. Untersuchung bei Zurücknahme d. Antrags d. Verletzten, von Löwe. — Fernerer Beitrag zur Lehre vom Ehebruche, von Abegg. — Zur Lehre von d. Injurien, von Schwarze. — Zur Lehre von d. Ehrentrantung u. Verleumdung, von Mittermaier. (Forts. in 7. Jahrg.) — Kann durch Vegehung e. formell gültigen, aber materiell unrichtigen Rechtseid ein Betrug verübt werden?, von Eirig. — Ueber die Competenz d. Handelsgerichte bei Schultforderungen gegen Handwerker, von Road. — Ueber Festsetzung d Betrages bei d. Eigenthumsverbrechen. von Heinze. — Zur Lehre vom Eide. vom Meineide u. von d. Relaxation d. Eides. von Merkel.

7. Jahrg.: Ueber Verlust d. bürgerl. Ehrenrechte u Wiederherstellung derselben, von Merkel. — Bemerkgn. zu d. coburg.-gotha u. weimar. Gesetz über Bildereinbrust b. Lebesstrafe, von Dietrich. — Ueber d. Begriff „Wohnung", von Rumpelt. — Gloffen zu einigen Bestimm. d. Str.-G.-P. u. d. Str.-G.-C. von Laube — Ueber die Behandlung d. legitimatio ad causam activa b. Klagsrte im Criminalprozesse, von Stoddra. — Ueber d. Verfahren bei Urteilsweisen betr. die rechtlichen Folgen in. Auslande gegen e. Inländer ertannten Strafe, von Abegg. — Die Beurlaubung von Strafgefangenen im Kgr. Sachsen. (Forts. in 8. Jahrg.) — Zur Lehre von d. Injurien, von Schwarze. — Bedenken gegen die Vorschrift, 6. Novelle zu Abs. 1. (Erläut.-Ges. v. 25 Sept. 1861), von Rumpelt. — Zur Auslgg. Erläut.-Ges. v. 25. Sept. 1861 unter 19. 3., von Stödel. — Ueber Storung d Hausfriedens. „Geschäftslocal", von u. Dieskau. — Die „thätige Reue" in i. jach. Str.-G.-B., von Schwarze. (Forts. in 8. 9. u. 10. Jahrg.)

b. Jahrg.: Zum Thatbestand d. Betruges, von Heinze. — Zu Art. 164. d. Str.-G.-B. (Medicafterei), von Rumpelt. — Die Trennung d. Justig von d. Verwaltung. — Zur Lehre vom Curatelverfahren in Bezug auf Staatspapiere. von Bartsch. — Die Frage über d. Zeitpunkt d. Vereidigung der Zeugen im Strafrecht. Verjahren, von Abegg. — Der animus injuriandi, von

Sachsen:
(Gerichtszeitung, allgemeine ꝛc.)
Schwarze. — Ein Beitrag zur Lehre vom Telegraphenrecht, von Gensel. — Zur Lehre vom Betrug. — Ueber d. Unterschied zwischen d. Verbrechen d. Raubes u. dem d. Erpressung, von Schwarze.

9. Jahrg.: Ueber das „Schuldig" im Schwurgericht, von Zante. — Die Bedeutung d. Geständnisses im Strafverfahren ꝛc., von Abegg. — Ueber d. Recht von Privatpersonen zur Verhaftung von Verbrechen bei Betretung auf frischer That, von Löwe. — Ueber Unterschlagung, von Siebdrat. (Forts. in 10. Jahrg.) — Bemerkn. über d. Besserungsprincip im Strafanstaltswesen, von Spranger. — Zur Lehre v. Miturheberschaft, von Glaser. — Ist bei Entscheid. d. Frage, ob Rückfall vorliege, e. Artikl d. früheren Erkenntnisse zulässig?, von v. Bose. — Aus d. Einzelrichterpraxis, von Täfsinger.

10. Jahrg.: Ueber die processual. Behandlung d. von Amtswegen u. resp. auf Antrag zu untersuch. Verbrechen, von Schwarze. — Ueber Schwangergeld, von Lamm. — Ueber d. Thatbestand d. Verbrechens d. Körperletzung ꝛc., von Schwarze. — Ueber die Täuschung durch Annahme e. der Person nicht zukomm. Namens ꝛc., von Abegg. — Zur Lehre vom Gerichtsstand d. begang. That, insbes. beim Betrug, von Löwe. — Vorschläge zur Abänderung d. Eidesformel in Civil- u. Strafsachen, von Schwarze. — Ueber Einlieferung in Strafanstalten, von Schilling.

Fortlaufend: Bemerkgn. aus d. Spruchpraxis, von Schwarze. — ferner: Entscheidgn. d. C. A. G. u. d. Justizministerii zu Dresden.

Gesetz- u. Verordnungsblatt für das Kgr. Sachsen. Jahrg. 849—67. (In zwanglosen Nrn.) 4. Dresden, Meinhold. à Jahrg. n. 1. —

—— Repertorium zu d. Jahrg. 1818 bis mit 1851 alphabet. geordnet. Nebst Anh. über die vom 1. Jan. bis Ende Juni 1852 erschienenen Gesetze. 1. u. 2. Aufl. 4. Ebend. 852. n. 15.

—— 1. Nachtrag, enth. die J. 1853 bis mit 1856. 4. Ebend. 857. n. — 12.

—— 2. Nachtrag, enth. die J. 1857 bis mit 1861. 4. Ebend. n. — 12.

Jahrbücher, neue, f. sächsisches Strafrecht. herausg. von G. F. Held, G. A. Siebdrat u. Fr. Oscar Schwarze. 5—8. Bd. (à 4 Hefte.) gr. 8. Leipzig 848—54. Arnold. à Bd. n. 2. 20.

—— 9. Bd. 4. Hefte u. Register über Bd. 1—9. gr. 8. Ebend. 855—57. n. 2. 26.

—— Register über die „Criminalist. Jahrbücher f. d. Kgr. Sachsen", die „Jahrbücher f. sächs. Strafrecht" u. die „Neuen Jahrbücher f. sächsisches Strafrecht" Bd. 1—6. gr. 8. Ebend. 851. n. — 4.

Justiz-Ministerialblatt, königl. sächsisches. Red.: Munz. 1. Jahrg. 1867. (In zwanglosen Nrn.) gr. 4. Dresden, Heinrich. n. 1. 10.

Wochenblatt für merkwürdige Rechtsfälle, in actenmäß. Darstellungen aus d. Gebiete d. Justizpflege u. Verwaltung zunächst f. d. Kgr. Sachsen. 9—12. Jahrg. 1849—52. u. (13—27. Jahrg.) Neue Folge 1—15. Jahrg. 1853—67. (à 64 Nrn.) Red.: Thdr. Tauchnitz. gr. 4. Leipzig, B. Tauchnitz. à Jahrg. n. 4. —

—— Vollständ. Wort- u. Sachregister zu d. Jahrg. 1841—55. (Von Ed. Siebenhaar.) gr. 8. Ebend. 856. n. — 16.

—— Repertorium zu d. Zeitschrift f. Rechtspflege u. Verwaltung Bd. 1—3. u. Neue Folge Bd. 1—23. u. zu d. Wochenblatt f. merkw. Rechtsfälle. Jahrg. 1841—62. gr. 8. Ebend. 863. n. 1. 10.

Zeitschrift für Rechtspflege u. Verwaltung zunächst f. d. Kgr. Sachsen. Neue Folge 7. u. 8. Bd. (à 6 Hefte), herausg. von Thdr. Tauchnitz u. C. J. Sperber. — 9—18. Bd. herausg. von Thdr. Tauchnitz. — 19—29. Bd. herausg. von Thdr. Tauchnitz u. Alfr. Du Chesne. gr. 8. Leipzig 849—67. B. Tauchnitz. à Bd. n. 3. —

—— Vollständ. Wort- u. Sachregister zu Bd. 1—8. u. Neue Folge Bd. 1—13. gr. 8. Ebend. 856. n. — 24.

—— Repertorium zu der Zeitschrift für Rechtspflege u. Verwaltung Bd. 1—3. u. Neue Folge Bd. 1—23., u. zu d. Wochenblatt f. merkw. Rechtsfälle. Jahrg. 1841—62. gr. 8. Ebend. 863. n. 1. 10.

—— für Verwaltungspraxis u. Gesetzgebung zunächst f. d. Kgr. Sachsen. Herausg. von Paul Herm. Krug. 1—4. Bd. (à 6 Hefte.) gr. 8. Leipzig 862—65. Roßberg. à Bd. n. 2. —

Schleswig-Holstein:
Jahrbücher der Gesetzgebung u. Verwaltung d. Herzogth. Schleswig, Holstein u. Lauenburg. Herausg. von Joh. Chr. Ravit. 3. u. 4. Jahrg. 1847 u. 48. (à 6 Hefte.) gr. 8. Kiel, Schröder u. Co. à Heft n. — 7½.

306 (Schlesw.-Holst.:) Jahrbücher. — (Württemberg:) Monatsschrift.

Schweiz:

Beiträge zur Kunde u. Fortbildung d. Zürcherischen Rechtspflege. Neue Folge d. Monatschronik ꝛc.) herausg. von Jos. Schauberg. 10—19. Bd. (à 3 Hefte.) gr. 8. Zürich 849—51. Schulthess. à Bd. n. 2. —

Fortsetzung f.: Zeitschrift f. Kunde ꝛc.

—— Alphabet. Register über Bd. 1—19., bearb. von J. H. Gwalter. gr. 8. Ebend. 864. n. 2, 6.

Gerichtsbote, der. St. Gallische Monatsschrift für Civil- u. Kriminalrechtspflege. 1. Jahrg. 1849. (12 Nrn.) gr. 8. St. Gallen, Scheitlin u. Z. n. 1. 26.

Zeitschrift der juristischen Gesellschaft d. Kantons Luzern. 3 Liefgn. gr. 8. Luzern 857—60. Bertschinger. n. 2. 2.

— des Bernischen Juristen-Vereins. Organ f. Rechtspflege u. Gesetzgebung d. Kantone Bern, Luzern u. Aargau. 1. u. 2. Bd. (à 12 Nrn.) gr. 8. Bern 865, 66. (Jent u. R.) à Bd. n. 2. 8.

— für schweizerisches Recht. 1—10. Bd. (à 2 Hfte) redig. von Fr. Ott, (Dav. Rahn,) J. Schnell u. Fr. v. Wyß. — 11—15. Bd. redig. von A. Heusler, A. v. Orelli, Fr. Ott, J. Schnell u. Fr. v. Wyß. gr. 8. Basel 852—67. Bahnmaier. à Bd. n. 2. 12.

— für Kunde u. Fortbildung d. Zürcherischen Rechtspflege. 1—8. Bd. (à 3 Hefte) herausg. von Jos. Schauberg, — 9—16. Bd. herausg. von J. H. Gwalter. gr. 8. Zürich 855—66. Schulthess. à Bd. n. 2. —

Thüringische Staaten:

Blätter für Rechtspflege in Thüringen u. Anhalt. 1. u. 2. Bd. Jahrg. 1854 u. 55. (à 12 Nrn.) herausg. von Rhld. Schmid. — 3—14. Bd. Jahrg. 1856—67. (à 6 Hefte) herausg. von J. Chr. Hopel. gr. 8. Jena, Frommann. à Jahrg. n. 2. 20.

—— Ergänzungsheft zum 9. Bde. gr. 8. Ebend. 862. — 15.

—— —— Alphabet. geordnetes Sachregister. I. (Bd. I—V. umfaff.). — II. (Bd. VI—X. umfaff.) gr. 8. Ebend. 859, 64. I. n. — 4; II.: n. — 8.

Gesetz-Sammlung für das Fürstenth. Schwarzburg-Sondershausen vom J. 1849—1865. 4. Sondershausen, (Eupel.)
1840.: 1¼ Thlr.; 50.: 2¼ Thlr; 51.: n. 1⅛ Thlr; 52: n. 1¾ Thlr.; 53.: n. 1¼ Thlr. 54.: n. 1½ Thlr.; 55.: n. 16 Ngr.; 56.: n. 1¾ Thlr.; 57.: 1¾ Thlr; 58.: n. 28 Ngr.; 59.: n. 1 Thlr.; 60.: n. 1 Thlr.; 61.: n. 1⅓ Thlr; 62: 1½ Thlr; 63: 18 Ngr.; 64: n. 28 Ngr.; 65: n. 2½ Thlr.

Im Jahrg. 1856 ein alphabet. Inhaltsverzeichnis zu d. Jahrg. 1847—55. — Vgl.: Walther, D., Taschen-Repertorium ꝛc. (in Abth. I.)

Regierungsblatt für das Großherzogth. Sachsen-Weimar-Eisenach. Jahrg. 1857—66. (In zwanglosen Nrn.) 4. Weimar, Böhlau. à Jahrg. n. — 25.

Wochenblatt für Strafrechtspflege in Thüringen. Herausg. von Rhld. Schmid. 1. Jahrg. Oct.—Decbr. 1851. (6 Nrn.) u. 2. Jahrg. 1852. (24 Nrn.) gr. 8. Weimar, Hoffmann. 1.: n. — 15; 2.: n. 2. —

Württemberg:

Archiv, württembergisches, für Recht u. Rechtsverwaltung mit Einschluß d. Administrativ-Justiz. (Neue Folge d. „Monatsschrift f. d. Justizpflege.") Begründet von Sarwey, fortgef. von Ph. F. Kübel u. C. D. Fr. Sarwey. 1—9. Bd. (à 3 Abthlgn.) gr. 8. Stuttgart 857—66. Lindemann. à Bd. n. 2. 4.

Monatsschrift für die willkührliche Gerichtsbarkeit u. das Notariat in Württemberg. Herausg. von G. Beutelspacher u. R. Dann. 1—3. Jahrg. 1859—61. (à 12 Nrn.) gr. 8. Stuttgart, Metzler. à Jahrg. n. 1. 20.

Fortsetz. hiervon (.: Zeitschrift f. d. freiwill. Gerichtsbarkeit.

Monatsschrift für die Justizpflege in Württemberg. Herausg. von A. Sarwey. 14—20. Bd. gr. 8. Ludwigsburg 848—54. Nast. (Basel, Balmer u. R.) à Bd. n. 1. 25.

Fortsetzung f.: Archiv, württemberg., f. Recht ꝛc.

—— General-Register zum 1—16. Bd. enth. 1) Alphabet. Inhaltsregister über b. abgehandelten Materien u. Fragen. 2) Systemat. geordnete Uebersicht über die einzelnen in d. Zeitschrift enth. Erörterungen u. Berichte. gr. 8. Ebend. 851. n. — 20.

Materien-Register. 307

Regierungsblatt, das, für das Kgr. Württemberg, im Auszuge. s. Sammlung d. Gesetze ꝛc. (in Abth. I.)
Zeitschrift für die freiwillige Gerichtsbarkeit u. die Gemeindeverwaltung. Herausg. von J. E. Ant. Boscher. 4—8. Jahrg. 862—66. (à 12 Rm.) gr. 8. Stuttgart, Metzler. à Jahrg. n. 2. —
  Fortseh. der „Monatschrift f. d. willkührliche Gerichtsbarkeit."
— für Rechtspflege in Württemberg. Herausg. von Reuffer. 2 Bde. (à 3 Hefte.) gr. 8. Reutlingen 859, 60. Enßlin u. L. à Bd. n. 1. 24.

Materien-Register.

Abbreviaturen für Zeitschriften,
auf welche in diesem Materien-Register hingewiesen ist.

Archiv f. rechtsw. Abhdlgn. v. Schering = Arch. v. Schering.
— f. civilist. Praxis — civ. Arch.
— f. Theorie u. Prax. d. Handelsrechts, von Busch = A. f. H.
— f. d. öffentl. Recht d. D. Bundes ꝛc. = A. d. D. B.
— f. deutsches Wechselrecht = A. f. D. W.
Gerichtszeitung f. d. Kgr. Sachsen = G.-Z.
Jahrbuch d. gemeinen deutschen Rechts = J. b. g. R.
Jahrbücher f. d. Dogmat. d. röm. u. d. Privatrechts, von Jhering = J. f. D.
Strafrechtspflege, die, in Dtschld., von v. Groß = Str. i. D.
Strafrechtszeitung, allg. deutsche, v. Holtzendorff = Str.-Ztg.
Zeitschrift f. Civilr. u. Prozeß = Z. f. C. u. Pr.
— f. deutsches Recht = Z. f. d. R.
— f. Rechtsgeschichte = Z. f. R.-G.
— f. deutsches Staatsrecht, von Aegidi = Z. f. d. St.
— f. Versicherungsrecht, von Malß = Z. f. V.

Aargau, Canton:
  Juden: Ueber.
Abwesende: Trotsche.
Accrescenzrecht: Helmolt.
Actiengesellschaften: A. Hermann. Renaud. R. Weinhagen. Zeitschrift ꝛc. v. Wallmann. Reyscher in J. f. d. R. 13.
Adel: Eisenhart. Michaelis.
  hoher: Zöpfl.
Adhaesionsproceß: H. Orloff.
Administration, Administrativjustiz: H. G. Mayer (2). Pöhlmann. Lor. Stein.
Adoption: v. Scheurl.
Advokatenstand: Alsberg. Mittermaier. Bescherner im civ. Arch. 31. u. 34.
Aequitas, Billigkeit: Bescherner.
Alimentation: v. Arnold. Friedensburg. Gett. Reinhard in J. f. G. u. R. 13. (s. auch Geschlechtsgemeinschaft.)
Alluvio: Hermanseder.
Ambitus: Rinkes.
Amerika:
  Bundesstaatsrecht: Rüttimann.
  Criminalproceß: Mittermaier.
  Finanzwesen: v. Hock.
  Patentwesen: Wehle.
  Sclaverei: Kapp.
  Verfassung: Chevalier.
Amtsentfernung: München.
Amtsvergehen: Schwenken.

Anhalt, Herzogthümer:
  Anhalt-Bernburg: Entwurf. Gemeinde- u. Kreis-Ordnung. Gesetz. Landesverfassungsgesetz. O. Th. Risch.
  Anhalt-Cöthen: Strafgesetzbuch.
  Anhalt-Dessau Entwurf. v. Morgenstern. O. Th. Risch. Separationsgesetz. Strafgesetzbuch.
Anlagebesserung: Eisling.
Anzeigepflicht: Blau.
Apothekenwesen: Jos. Müller. Pappenheim.
Appellation im Civilproceß: Leonhardt.
Arbeitslöhne: C. Fr. H. Rösler.
Archivwesen: Frz. Jung.
Arithmetica forensis f. Rechnungsrecht.
Armenwesen: Büff. v. Rottwell. Hartort. v. Kleinschrod. v. Schönberg. Trebesdorf. J. J. Vogt.
Arnsberg, preuß. Regierungsbezirk: Koffler. Kuhlmann. Webbige.
Arrest: Muther. Erxy.
Aerzte: Eisling.
Assecuranz: Malß. Eastl.
  Feuer-Assec.: Betrachtungen.
  Lebens-Assec.: Staudinger.
  See-Assec.: Benecke. Lazarus. Tecklenborg. J. H. Voigt.
  Zeitschriften: Arch. f. d. Versicherungswesen. Zeitschr. ꝛc. v. Wallmann. Zeitschrift ꝛc. v. Malß.

20*

Assoziationen: Miller. Ferd. Schreber. Schulze-Delitzsch (3). Koch im Arch. f. ö. R. 5. u. 6.
Asylrecht: Balmerincq.
Athen s. Griechisches Recht.
Auctoris nominatio: Birsing.
Zürich, Consistorialbezirk: H. Ulrichs.
Ausladung: Schütze in J. b. g. R. S.
Auslegung s. Hermeneutik.
Austrägalinstanz nach Bundesrecht, s. öffentl. Recht d. D. B.
Auszug s. Leibzucht.
Autonomie: Gerber im riv. Arch. 37.
Autorrecht s. Buchhandelsrecht.

Baden, Großherzogthum:
  Baurecht: Haffner.
  Bürgermeister: Rettig.
  Civilproceß: C. Brauer. v. Freydorf. Handbuch.
  Concordat: Uebereinkunft. Verhandlungen.
  Concurs: Ant. Mayer.
  Criminalproceß: Ammann. Ant. Mayer.
  Criminalrecht: Füeßlin.
  Gerichtsbarkeit, freiwillige: v. Seyfried.
  Gerichtsärzte: P. J. Schaetzler.
  Gerichtsbaten: Stempf.
  Gesetze, Verordnungen, auch Entwürfe u. Kritiken: Bürgerbuch. Civilgesetzgebung. Conscriptionsgesetz. Eller. Gesetz. Handelsgesetzbuch. Jagdgesetz. Processordnung (3). Sammlung (4). v. Seyfried. Spartel-Gesetzgebung. Steuergesetzgebung, Verordnung. Volksschulwesen. — Repertorien: H. Knauß. Wehrer (2). — insbesondere Civilproceß: v. Freydorf. Justizgesetze. Stempf.
  Criminalgesetzbuch: Jagemann. Jolly. Buchelt. Strafgesetzgebung. Karl Thila.
  Criminalproceß: Justizgesetze. Ruth.
  Gebühren-, Sporteln-, Stempel-Gesetze: Stempf (3). Schnorr.
  Gemeinde-Gesetze: J. Froehlich. Gemeindegesetze. K. L. Sanntag.
  Gewerbegesetze: Stempf. Turban.
  Grundbücher: Scheuermann.
  Jagd- u. Fischerei-Gesetze: Th. A. Barnsänig.
  Juden: Stempf. Wielandt.
  Justizstege: Uebersicht (4).
  Justizverfassung: Ammann. Eller. Feder. Justizgesetze.
  Kirchenrecht: Jolly. Samml. (2). v. Schauel. Schlatter. Up. Verfassung. Warnsänig.
  Kriegs- u. Militärwesen: Gesetz.
  Landrecht, bürgerliches Recht: Behaghel. Dreyer. Handbuch. Kah (2). Landrecht (2). Ant. Mayer. Roßhirt.
  Militärstrafrecht und -verfahren: W. Brauer.
  Patronat: Bon.
  Polizliche Reform: Form.
  Polizei u. Polizeistrafrecht: Jolly. Rettig. Stempf (2).
  Populäre Darstellungen: Advocat. Lahr. Rathgeber. Röß. Rettig. Jochmann.
  Real-Repertorium: Wehrer.
  Recht, Literatur: Kappler.
  Rechtsfälle: W. Beseler (2). Erkenntniß. Gallenstein. Proceß. Proceß. Schwurgerichtspraxis. Verhandlungen (2).
  Rechtsmittel: Zentner.
  Schulwesen: Zusammenstellung.
  Staatshaushalt: Regenauer.
  Stammgüter: Büdlin.
  Stiftungen: Steanerper.
  Subhastation: Instruction.
  Synoden: Verhandlungen.
  Taxwesen: Anwaltstaxordnung. Anwalts- u. Tax-Ordnung. Eubany.
  Vermögensübergaben: Scheuermann.
  Verwaltungsorganisation: Dep. Gesez. Weizel.
  Vormundschaft: Gageur.

Badens:
  Wasserrecht: Vogelmann.
  Zeitschriften f. S. 287.

Bamberg, Hochstift:
  Einsindschaft: Schüttinger.
  Synaben: Schmitt.

Banien: harm. Mar Cutsach. K. G. Schindler. V. Schübler. Sacthoor. Teistampf. A. Wagner.

Basel, Stadt u. Canton:
  Bischofsrecht: Wackernagel.
  Gesetze, auch Entwürfe u. deren Kritiken: Stadtgerichtsordnung. Statuts. — insbesondere Civilgesetzbuch: Bernoulli.
  Rechtsgeschichte: L. A. Burckhardt. Heusler. Rechtsquellen.
  Staatsrecht: Derabug. Ihering.

Bauern- und Dorf-Recht: Arnb. Curtius. Bernh. Meyer. Reichensperger.
  Freiheit des Bauernstandes: Ansichten.

Baulast: Permaneder.

Baurecht: Marthias (N). Reichardt.

Bayern, Königreich
  Ablösung: Anleitung. Baumgärtner. Gerstner. Gesez. Gesetzgebung (4). J. Bäst. Ueber. Hundert.
  Advokaten: v. Seybold.
  Ansässigmachung: Ansässigmachungswesen. Rattmann. Sammlung.
  Armenwesen: Redau.
  Arrondirung: Arrondirungswesen. L. Hauff.
  Afferturan: Gesetzgebung. L. Hauff. Mobiliar. Stall.
  Aus- u. Einwanderung: Rattmann.
  Bauerngüter: Gesetzgebung (2). Fr. Stein.
  Begnadigungsrecht: Flembach.
  Behörden: Verzeichniß.
  Civilproceß:
    Abhandlungen: Fr. Klee. Kleiner.
    Systeme: Balgiano. Rattmann.
    Summarische Praresse: Kleiner.
  Civilrecht, Präjudicien: L. W. Mayr. Sammlung (3).
  Conscription: Conscriptionswesen.
  Criminalproceß:
    Abhandlungen: Flembach. Kammerer. Liebhelind. Dizio. Rehm. Rattmann. v. Stengel.
    Sternfeld. Ban. Vorschriften.
    Lehr- u. Handbücher: Dallmann. Hurt. Arb. Walther.
    Criminal- u. Polizeistrafrecht: Dietschahl. Erdmannsdörfer. Friedreich. Gerstner. Dallmann. Rosenkranz. Samhaber. v. Schab. Stürzenbaum.
    Präjudicien: Präjudicien.
  Districts-Verwaltung: Rat (2). v. Pechmann.
  Theiliches Güter- u. Erbrecht: Jul. Rau. v. Balberndorff.
  Eherecht: Ch. C. Glück.
  Erbrecht: H. Hass.
  Execution: Wilh. Müller.
  Expropriation: Binderl.
  Finanzverwaltung: Etatsv. R.
  Forstrecht u. -gesetze: Brater. Jandebeur. A. Wöller. L. Reinhard. Fr. K. Roth.
  Gebühren: Notariatsgebühren (2). Notariatsaxen. Wehrer.
  Gefängnißwesen: Mees.
  Gemeinde-Verfassung u. Verwaltung: L. Hauff. Herderger. Regnet. Weigl. Humber (2).
  Gerichtsbarkeit, Patrimonial-: Gerstner. Gesetz (2).
  Geschäftsführung, Praxis, Registraturwesen: Anleitung (?). Bestimmungen. Raiß. Rehm. Hundert (2). G. Jinl.
  Gesetze u. Berathungen, auch Entwürfe u. deren Kritiken: Ablösungsgesetz. Baumgärtner. Bayernd (2). Bekanntmachung. Bemerkungen. Brater (?). Di

Bayern:
strafs. Edel. Einführungsgesetz (3). Forstgesetz (3). Gesetz (6). Gesetze (4). Hypothekengesetz. Landes-Verordnungen. Notariats-Gesetz (3). Notariatsgesetzgebung. Polizeistrafgesetzbuch (4). Pöjl. Preßgesetzgebung Sammlung (9). Social-Gesetzgebung. W. Etabmann. Tag-, Stempel- u. Depositenwesen. Vereinsgesetz. Wechsel- und Handelsgesetzgebung. Repertorien: Diem. Döllinger. L. Hauff. Jandebeur (5). Mähler.
Sammlungen: v. Haller. Zusammenstellung.
insbesondere über Apotheker: L. Hoffmann.
bürgerliches Gesetzbuch: Entwurf (2). Gesetze. Gesetzgebung (4). J. J. Lang.
Civilproceß: Aphorismen. Civilproceß-Gesetze. Goed. Bölderndorff-Barabein.
Criminal-Pr.-O.: Anträge. Entwurf (4). Gesetzgebung. Reform. Sammlung. v. Schenrl. Strafverfahren (2). Strafproceß (2).
Repertorium: Repertorium. v. Bölderndorff.
Criminal-G.-B.: Abegg. Barth (5). Entwurf (5). Erdmannsdörffer. Gesetz. Gesetze (2). Gesetzgebung (3). J. Hoffmann. Jandebeur. Mittermaier. Sundelin &c. v. Oswald (3). R. Otto. Specialgesetze. Staubinger Strafgesetzbuch (5). Strafgesetzbücher. Strafgesetzgebung. Strafrecht. Zenetti. Barth in Str. f. D. J. Sundelin daf. 4
Commentare zum Straf-Ges.-B.: Hocheder. Nair. Staudinger. M. Stenglein. Sud. Weis.
Repertorium: v. Bölderndorff.
Gemeinde-Ordnung: Brater. Gemeindebuch. Gemeinde-Edict. Sermacher. L. Hauff (2). Mais.
Gewerbesachen: Beleuchtung. Gewerbe-Gesetz. Gewerbewesen (2). Gewerbsgesetz (3). Grundbestimmungen (2). L. Hauff. v. Kleinschrod. Fr. I. Mayr. Sammlung. Schlichthörle. Schnell. R. Earl. Bunder.
Handels-Gel.-B.: Einführungsgesetz. Gesetzgebung. Handels- u. Wech. L. Hauff. Sammlung.
Landwirthschaft: Gesetze. Kultur-Gesetze. Gesetzgebung u. Verwaltung.
Polizei-Strafgesetzbuch: Edel. Einführungsgesetz. Entmooser. Entwurf (4). Gesetzgebung (3). L. Hauff. Haudmann. Hellmuth. Jandebeur. Sammlung. L. Schmid. Specialgesetze. Stadelmann. Staubinger. Strafrecht. Tausskirchen. Zusammenstellung (2)..
Commentar: Edel.
Preßgesetze: Gesetze. Gesetzgebung. Wiebking.
Steuergesetze: Baumgärtner. Geissner. Gesetz (2). Gesetze. Gesetzgebung (4). Gewerbsteuer-Gesetz (2). Jandebeur. J. J. Stenglein (3). Steuergesetze. Steuerwesen. Stalar. W. Bode.
Gesetzgebung: L. Hauff.
Hypothekenrecht: Statuten.
Hypothekenwesen: Hypothekenwesen. Jungermann. Wegweiser.
Jagdrecht. Brater. Gesetze. Gesetze, Verordnungen u. Entschließungen. Gesetzgebung, die bayer.
Juden: Gesetzgebung. Gotthelf. Metz.
Justizpflege: Bayern. Bombard. Reiß. Sitzungsberichte. Verhandlungen (2).
Justiz-Verfassung: Brater. Edel (2). Gerichts- u. Verwaltungs-Organisation. Gerichtsverfassung-Gesetzgebung (2). Guachia. L. Hauff (2). Hellmuth. Justizgesetze (3). Luithardt (2). v. Bechmann. Pöhlmann. Rehm. Verordnungen u. Instr. Bölderndorff-Barabein. Welzel. Wirtungskreis.

Bayern:
Competenz-Conflicte: G. R. L. Erusleri (3).
Kirchenrecht: Baive. Gesetzgebung. Henner. Kirchenvermögen. Permaneder. Recht. v. Schenkl. v. Schenrl. Schumann. Urkunden. Verhandlungen.
Kriegslasten: Bunder.
Landstände: v. Lerchenfeld.
Medizinalwesen: E. R. Hoffmann.
Medizin, gerichtliche: Instruction.
Miethe: Kitt.
Militärrecht: Fr. Meier. Wirthmann.
Nachdruck: Gesetzgebung. Kleffe.
Notariat: Bolja. Bombard. E. Brummer. Erbie. Formularbuch. Gesetzgebung. Ges. Instruction (3). Notariatswesen. Pröbst. Rödl (2). v. Seybold (3).
Polizei: L. Hauff (2). Mähler. J. Pöjl. Strafbestimmungen. Bunder (2).
Reallasten: v. Arnold. Gesetzgebung.
Rechnungswesen: Instruction (2). Stolar. W. Bode.
Recht, populäre Darstellungen: Ablösungsgesetz. Aufl. L. Hauff (2) Haudabvolat. Landrecht. Karl Mayer. Pyrit. Polizeistraßgesetzbuch. Rehm. Sekretair (2). Verjährungsfristen. Wegweiser.
Rechtsfälle, Criminal: Anhang-Acte.
Rechtsgeschichte. v. Lerchenfeld. Quitzmann.
Restitution: v. Stengel. Bidenmayer.
Schulwesen: Sammlung.
Staatsrecht: Klembach. Gesetzgebung. L. Hauff (2). Pözl. Verfassungsgesetze. Verfassungsurkunde.
Staatsvermögen: Sammlung (2).
Staatsverträge: Klette
Standesherrn: v. Arnold. Zachariae (2).
Tagwesen: Brügel. Gesetzgebung. Hankrahr. Pröbst (2). Schauber. Schwemmer. Tag-, Stempel- 2c. R. Bode (3). Vorschriften.
Vermittlungsamt: J. J. Raubach.
Verwaltungsrecht: Zrubel. Handbibliothek (2). L. Hauff. Luthardt. Pöhlmann. J. Pöjl. Prazis. Sammlung (4).
Veterinärwesen: Kreutzer.
Viehhandel: Gesetz. Gesetzgebung. Gewährleistung. Hierl. Kreutzer. v. Bälderndorff.
Vormundschaft: Rosenkrantz.
Wasserrecht: Gesetz. Gesetzgebung.
Wechselrecht: Einführungsgesetz. Gesetz. Gesetzgebung (2). Jandebeur. Klette (3). Wechselordnung.
Bunder: Joh. F. Merkel.
Würderung: Instruction.
Zeitschriften: f. S. 299.
Zoll- u. Steuersachen: Anleitung. Gesetze.

Bayreuth, Fürstenthum:
Erbrecht: Bayerlein.
Bedingung: Sitting im civ. Arch. 39.
Potestativ-: Windscheid im civ. Arch. 35.
Suspensiv-: Elsaß.
Begnadigungsrecht: v. Arnold. Klembach. Luder.
Beleidigung s. Injurien.
Belgien, Königreich:
Gefängnisse: Abelmann.
Gesetze: Bergwerks-.
Beneficialwesen: P. Roth.
Bentind, Reichsgraf: Boden. v. Gerber. Michaelis. J. Pözl. Rheinwald. Tabor. Zöpfl.
Beredtsamkeit: Scholl.
Bergrecht (s. auch Regalien):
Abhandlungen: G. R. Bauer. Aretner. G. E. Otto. Frdr. Reinhard. v. Schmidt. Schomburg.

Bergrecht:
  Handbücher: Hingenau. Krehner. Erg. I.
    Schneider. Zerrenner.
  Zeitschrift: Zeitschrift f. Bergrecht.
Berlin, Stadt: Bau-Polizei-Ordnung. Polizei-
  Verordnungen Polizeiverwaltung.
Bern, Stadt u. Canton:
  Armenwesen: C. Eheni.
  Civilproceß: Rheinwald.
  Civilrecht: Leuenberger.
  Criminalgesetzbuch: Trumpi.
  Criminalproceß: Höchst.
  Emmenthal: Berger.
  Kirchenrecht: C. Vyß.
  *Recht, populäre Darstellung desselben: Kurz.
  Rechtsfälle: Briefs. Lamart.
Beschlußfassung: Zacke.
Besitz:
  Begriff, Natur, Recht des Bes.: Bruns.
    Lenz. Randa. v. Savigny. D. v. Schmidt.
    v. Zielonacki.
  Erwerb u. Verlust: Sondrea. Baron in
    I. f. D. 7. Bremer in I. f. C. u. P. 20.
  Geschichte: Bruns.
  accessio possess.: Kartowa. Dernburg
    im civ. Arch. 34.
  quasi-possessio: Hedemann.
  Rechtsmittel (Interdicte): A. Bischoff.
    v. Theodori. Witte. v. Zielonacki.
Betrug: Freund (2). H. Ortloff. Köstlin in I.
  f. C. u. P. 14. 15.
Beweis, überhaupt: v. Bar. H. Brunner.
  Busch im civ. Arch. 37.
  insbes. im Civilproceß: Endemann, Fit-
    ting. Kleiner. Kroll. H. Langenbeck. Mayrn.
    I. W. Planck.
  Beurtheilung der Beweise: G. Schmidt
    im Arch. v. Schering II. Endemann im civ.
    Arch. 41. 42. 43. 46.
  Gew. zum ewigen Gedächtniß: Wirsing
    im Criminalproceß: v. Bar.
Beweislast: Helmolt. Römer. G. I. G. Wirth (2).
Beweisurtheil: I. W. Planck. Edül. Bescha-
  ner im civ. Arch. 33.
Beweisverfahren: Sachse. Rau im civ. Arch. 38.
Biethümer: Jab. Fr. Schulte.
Biethums-Synode: Klaus Schmid.
Blokade: v. Martenffet.
Bodmerei: Benede. C. Francé.
Böhmen, Königreich:
  Bergrecht: v. Schmidt.
  Criminalrecht: Jiracek.
  Gesetze: Landes-Gesetze. Provinzial-Gesetz-
    sammlung (2). Sammlung.
  Grundentlastung: Placet.
  Handelsrecht: Handelsgesetzbuch.
  Kranichen: Petrad.
  Lehnrecht: Haimerl.
  Recht, Rechtsgeschichte: Jireček.
Bonorum possessio: Hinger. B. W. Leist.
Brandenburg, Kurmart, Alt-, Mittel-, Neu-
  mart (s. auch Preussen):
  Criminalrecht: Hälschner.
  Gerichtsverfassung: Kühne.
  Gesetze u. Verordnungen, Provinzial-
    u. Statutarrecht: Amelung. Schmyer.
  Regulativ. v. Schulz.
  Kirchenrecht: Verordnungen.
  Landstände: Mulverstedt.
Brandstiftung: Osenbrüggen.
Brasilien, Kaiserthum:
  Eherecht: Tavares.
  Handelsrecht: Handelsrecht.
Braunschweig (-Wolfenbüttel), Herzog-
  thum:
  Gesetze u. Verordnungen, Justizorgani-
    sationsgesetze: Matthias. Rathschild(2). Samm-
    lung.
  Mahnverfahren: Magnus.

Braunschweig:
  Repertorium: Bege.
  Rittergüter: Crone.
  Staatsrecht: Andeutungen. Angelegenhei-
    ten. Bahlmann. Manede. Regierungsfolge.
    Bedefind. Zachariae.
  Strafrechtsfälle: Sammlung.
  Verjährung: Gaithard.
  Zeitschrift f. C. 299.
Bremen, Freie Stadt:
  Bauernrecht: v. Hassel. O. G. W. Schlüter.
  Civilrechtssprüche: Sammlung.
  Criminalproceß: Eitelung.
  Criminalrecht: L. Pauli.
  Eheliche Güter- u. Erbrecht: Ad. H.
    Post.
  Gesetze u. Verordnungen, Statuten,
    auch Entwürfe u. deren Kritken: O. Plant.
    Ad. H. Post. Sammlung.
  insbesondere:
  Criminalproceß: Abegg.
  Strafgesetzbuch: Entwurf.
  Rechtsfälle: Urtheile.
  Rechtsgeschichte: Schuhmacher.
  Staatsrecht: Verfassung. Verhandlungen.
Breslau, Stadt u. Regierungsbezirk: Nach-
  weisung. Polizei-Verordnung. Statut. Ver-
  ordnungen (2).
Buchhandel, Usancen: A. Schürmann, E. Wang-
  ler.
Buchhandelsrecht, Verlagsrecht, Recht
  der Schriftsteller (f. auch Nachdruck): Ca-
  rey. Eisenlohr (3). Kühne (2). M. Langa.
  Muquarde. Max Neumann (2). Praubhon.
  Schäffle. Schellwitz. A. Schürmann. M. Volz.
  Vesqua v. Püttlingan. Saltmann. Bächter (2.)
  v. Gerber in I. f. D. 3. Ortloff ebend. 5.
  Geschichte: Stobbe.
Bürgschaft: Dedekind. Gittanner. Grotefend.
  L. Rückert. Vorkampff-Laue. Dedefind im civ.
  Arch. 40. Girtanner ebendaf. 43.
Byzantinisches Recht: Harmenopull. Jus.
  Zacharias von Lingenthal (2).
Cameralrechnungswissenschaft: Fr. Rühl.
Cananisches Recht: Gottschalk. Raßhirt.
  (f. auch Kirchenrecht.)
Capital: Gerstner.
Capitel: Gehring. Huller.
Carolina f. Criminalrecht.
Casus: Frd. Mommsen. Fuchs im civ. Arch. 34.
Causa, Justa: Strempel.
Cautionen im Proceß: Schlayer in I. f. C.
  u. P. 9.
Censur f. Presse.
Centumviralgericht: D. A. Krug. Musstgar.
Cession der Forderungsrechte: Schliemann.
  Alb. Schmid. Hermann im civ. Arch. 31. Knorr
  ebendaf. 42. Bähr in I. f. D. 1. Muffet in
  I. f. C. u. P. 12.
Chemie, gerichtliche: Mann. F. C. Schnei-
  der.
China: J. H. Plath.
Civilehe f. Ehe.
Civilrecht:
  Abhandlungen: v. Arnold. Bernhard. C.
    Buchs. H. Gerber. Günther. Heinzerling.
    Helmolt (2). Höck. Köhne. J. E. W. Lan-
    genbeck (2). Leonhardt (2). Oesterloh.
    J. Ch. Planck. Rach. Komrt. Raßhirt. Ueber.
    Wieding. C. J. G. Wirth. C. Zinl.
  Geschichte: Angidius. v. Bar. Pascal. Ri-
    cardi. Rockinger.
  römischer Civilproceß: Bekker. Bü-
    low (2). Daniel. Fitting. D. G. Hartmann.
    Karlowa. v. Keller. D. A. Krug. Krüger.
    Ed. Platner. W. Rein. Elvias. v. Scheurl.
    Schirmer. F. A. Schmid. Gühl. Stinging.
    Wieding. E. Zimmermann.

Civilproceß:
kanonischer Proceß: Fehler. Kratzer. München.
Einleitungen, Grundrisse, Lehr- u. Handbücher: v. Bayer. Bethmann-Hollweg. Boeding. Colgiano. v. Linde. Martin (2). Osterloh. Renaud. J. A. Seuffert. Wetzell.
summarischer Proc. insbes.: v. Bayer H. Blaglob.
Examinatorien: J. Sender. Greiner.
Proceß-Praxis: C. Fuchs. W. Langenbeck. Temme.
Zeitschriften: Zeitschrift für Civilrecht u. Proceß (Inhalt f. S. 272 ff.).

Civilrecht (s. auch Römisches Recht):
Abhandlungen: Cochofen. Bähr. Baron. Bekker (2). Bobemeyer. Brinz. Danlwardt. Demelius. Dietzel. Günther. Koczorowski. C. W. Leist. F. Maassen. M. Neumann. Reuner. H. V. A. Pernice. Puchta. Reatz v. Savigny. Schaaf. v. Scheurl. Schultze. v. Zielonacki.
Controversen: Matthiae.
Einfluß des röm. Recht. auf das canon. Recht: Gottschalk.
Einleitungen: v. Helm. Thib. Schmid.
Dogmengeschichte. Roßhirt.
Examinatorien: J. Bender. Herzk. D. Mühler. Pandelten-Tosch. Im Nachtrag: Michaelson.
Grundrisse, Lehr- u. Handbücher:
1) civilistischer Cursus: Boeding. Demalius. Erzleben. Bachmann. L. A. Warntönig.
2) Institutionen: Arnes. Boeding. Deurer. Eltring. Carl Janssen. v. Keller (2). Maretoll. K. O. Müller. Puchta. v. Scheurl. Vering. L. A. Warntönig.
3) Pandekten: L. Arndts. Boeding (2). Brinz. G. Ch. Burchardi. Dmorzol. Esmarch. v. Glück. v. Keller. Madelberg. Varbs. Puchta (2). v. Savigny. J. A. Seuffert. Sintenis. v. Vangerow (2). Windscheid.
Pandelten-Tabellen: im Nachtrag: Michelsen.
Practicum: Eckert. Pagenstecher. Sarwen.
Rechtsfälle s. Rechtsfälle.
Rechtssprüche: Sammlung.
Sach- u. Quellenregister: Heuser (2).
Systematil: C. J. O. Birth.
Taschenbuch: Ch. A. Hesse.
Zeitschriften: Jahrbuch f. d. gem. Recht (Inhaltsangabe s. S. 288). Jahrbücher für die Dogmatik des heutigen röm. u. deutschen Privatrechts (Inhalt s. S. 290). Zeitschrift für Civilrecht u. Proceß (Inhalt s. S. 272 ff.).

Coburg, Herzogthum s. Sachsen-Coburg.
Coda Napoleon s. Frankreich.
Codicille: Fein. v. Krämel im civ. Arch. 43, 46. Chop ebendaf. 44. Windmüller ebendaf. 45.
Codification s. Gesetzgebung.
Cöln, Erzstift u. Stadt:
Geschichte: Walter.
Polizei: P. Burger.
Collisio legum: v. Bar. Gessnar. H. O. Krug. Leopold Pfeiffer. Püttor im civ. Arch. 37. Stobbe in J. f. d. R. 6.
Commissions-Geschäfte. Handel: Hirschmengel. Ackermann im Arch. f. H. G.
Communio: A Brinckmann.
Compensation: Brinz. Dernburg. Günther. Ubbelohde. Brinz in J. f. d. R. 1.
Complott: Ferd. Walther.
Concordate: Salve. Hübler. Ueber. Warntönig in J. f. d. R. 17.
Concurs:
Abhandlungen: Günther. Simon im civ. Arch. 42. Gradenhoest ebendaf. 43.
Lehrbücher: Günther. Ant. Meyer.

Concurs:
Kongordnung der Gläubiger: Martin. Schäffer im civ. Arch. 34. Matzen in J. f. G. u. P 22.
Concursproceß: Günther. Matzen.
Zeitschrift: Concurs-Zeitung. Gerichts- u. Concursztg.
Condictio s. Klage u. einzelne Klagen.
Confiscation: v. Gonzenbach in J. f. d. R. 17.
Constitutionen. Constitutionelle Verfassungen s. Staatsrecht der constitutionellen Monarchie.
Consularwesen: Jacobovitz. Jochmus. L. Neumann. K. B. Oppenheim. Ouchl.
Contracte s. Verträge.
Corpus juris canonici:
Einfluß des röm. Rechts: Gottschalk.
Erklärung einz. Stell.: Zöpfl.
Lexilon: Roßhirt.
Corpus juris civilis:
Ausgaben:
der Institutionen: Queist.
der Pandelten: Justiniani.
der Novellen: Authenticum.
Erläuterungen einzelner Stellen, Titel u. Bücher: W. Arnold. Büchel. Bulgari. W. Francke. Gnetst. Goldschmidt. Günther. Hosek. C. Kleinschrod. C. W. Leist. B. Ludero. M. S. Mayer. Ferd. Muther. F. Regert. Rommel. Fr. A. Schilling. Th. R. Schütze. Vering. Wieding. Francke im Arch. v. Schering 1. Brinckmann im civ. Arch. 36. Debelind ebendaf. 40. Derselbe ebendaf. 41. Jacoby in J. f. G. u. P. 16.
Nachweis der erläuterten Stellen: Schimmelpfeng.
Handschriften: C. Hänel.
Lexilon: Heumann.
Correalobligationen s. Obligationen.
Credit: Th. Günther. Kodyntsti. H. Rad. v. Eänger. W. Schäfer. A. Wagner.
Crefeld, Stadt: Zusammenstellung.
Criminalproceß:
Abhandlungen: Abegg. Filangieri. Hafenberg. Lob. Köstlin. Hugo Meyer. Mittermaier. Ottendorn. Ratoliška. Remeiš. Fr. Löl. Schwarze. Herm. Seuffert.
Geschichte: Biener. Bindlag. Eisenlohr. H. Ortloff.
Grundrisse, Lehr- u. Handbücher: A. Bauer. Martin. Ortloff. J. W. Planck. Temme. Weber. Zachariae.
Populäre Darstellung: Strupp.
Quellen: Sammlung. Sendella.
Zeitschriften: Gerichtssaal. Strafrechtspflege. (Inhaltsangabe s. S. 290.) Strafrechtszeitung (s. S. 290 ff.)
Criminalrecht:
Abhandlungen: Abegg. v. Bar. Berner. v. Haynau. Kärcher. Köstlin. Kramer. O. Krug. Mareez. Mittermaier. W. Möller (3). Oienbrüggen (3). Leop. Pfeiffer. Savio. H. Seeger. G. Trummer. Weber.
Geschichte: Biener. K. Fr. Herrmann. R. G. John. Köstlin. München. Oienbrüggen (2). Savio. Zumpt. Köstlin in J. f. G. u. P. 14.
Gesetzbuch, Gesetzgebung s. Gesetzgebung der einzelnen Staaten.
Grundbegriffe, Natur und Studium: Beccaria. Lamborth. Friedreich (2).
Grundrisse, Lehr- u. Handbücher: Bekker. Berner. Geib. F. W. Heffter. Köstlin. Marezoll. Morstadt.
Lexilon: Jagemann.
Philosophisches Criminalrecht: Beccaria. Löwenthal. Naumann. Strafrechtsphilosophie.
Practicum: Oienbrüggen.

Criminalrecht:
Praejudicien: Archiv v. Temme.
Psychologie, psychische Anthropologie: Eberh. Friedreich (2). Gibt. Idelar (2). Jessen. Im. Knoch. Loewenhardt. Rev. Rößner. Auf. Sanlius. I. A. Schilling. Schlager. Spitta. Verhandlungen. Wilbrand.
Zeitschrift: Blätter.
Quellen: Blahme. Boehlau. Osenbrüggen (2). Sammlung.
 insbesondere Carolina: Abegg Derß. in Z. f. d. R. 15. Schletter.
Rechtsfälle s. Rechtsfälle.
Zeitschriften: Archiv des Criminalrechts. Gerichtssaal. Strafrechtspflege. (Inhaltsangabe s. S. 290.) Strafrechtszeitung (Inhaltsangabe s. S. 290 ff.)

Culpa
im Civilrecht: Schaaf. v. Wyss. Brackenhoeft in Z. f. C. u. P. 15.
im Criminalrecht: A. D. Krug.

Cura, Curatel s. Vormundschaft.

Curland, Herzogthum:
Bürgschaft: Vorkampf-Laue.
Civilrecht Bläse. v. Bunge.
Civilproceß: v. Bunge.
Criminalrecht u. -proceß: v. Wolffeldt.
Erbrecht: A. v. Hahn. C. Aug. Neumann. Fr. Seraphim.
Stiftung: R. Ullmann.
Grund- und Hypotheken-Ordnung: v. Bunge.
Rechtsgeschichte: v. Bunge.

Dänemark, Königliches: Staatsgrundgesetz.

Danzig, Stadt: Max Neumann.

Darlehn: Dietzel. Suffrian.

Datio in solutum: Römer.

Defensionskunst: Barth. — Str. i. D. 1.

Delegation: Bernstein. Heim. Salpius.

Depositum: Joh. Philipsborn. Zöher in Z. f. C. u. P. 22.

Deutsches Recht überhaupt u. deutsches Privatrecht insbesondere:
Abhandlungen: E. Delbrück. Gaupp. v. Gerber. Burgold. L. Rückert (2). Sandhaas.
Alterthümer u. Geschichte:
Abhandlungen: Brie. H. Brunner. L. A. Burckhardt. Tahn. Dittmer. Dobbert. Eschanbarg. Gaupp. Gengler (2). Gemeiner (2). Geschichte. Gosen. Graets. J. Grimm. Homayer. Kanrau. Lambert. Marquardsen. K. Maurer. Osenbrüggen (3). Quitzmann. Kenner. L. Rückert. Schoena. A. J. Fr. Schulze. Stobba. Thadichum. Wasserschleben (2). Wigand (2). Wippermann. Zöpfl.
Formelbücher: Rockinger.
Grundrisse, Lehrbücher der deutschen Rechtsgesch.: v. Daniels. Gengler. Hilbrand. Philips. Schaler-Libloy. Joh. Fr. Schulte. K. Sternberg. Walter. Zöpfl.
Grundrisse u. Handbücher des deutschen Privatr.: G. Beseler. Bluntschli. Gengler (2). v. Gerber. Hildebrand. Kraut. Mauernbrecher. B. Plainer. Renaud. Thöl. Walter.
Methode, Natur, Studium: v. Gerber. Burgold. Köder. Rüdern.
Münzen: G. Weiß.
Quellen, auch Handschriften: Anschütz Beretius. Catalogus. Corpus. Gengler. Geschichte. Gesetze. Gosen. Haanel. Homeyer. Kronse. Laband (2). Meth. Michel. Monumenta. Parta. Rechtsdenkmals. Rechtsdenkmäler (2). Sammlung. C. W. C. Schletter. Staffenhagen. Tomaschef (2). Wackernagel. Wasserschleben.
Repertorium: Steiner.

Deutsches Recht:
Zeitschriften: Zeitschrift für deutsches Recht (Inhalt s. S. 294). Jahrbücher für die Dogmatik des heutigen röm. u. deutschen Privatrechts (Inhalt s. S. 289).
Diebstahl (auch furtum): s. Calw. Grabowsky. Hirt (2). Jucker. Fr. Oft. Schwarze. Weeber. Werth des Gestohlenen K. Temme (2).
Dienstbarkeiten s. Servituten.
Dingliche Rechte: Sell.
Diplomatie, Gesandtschaftsrecht, (s. auch Völkerrecht).
Abhandlungen: Gessner.
Lehr- u. Handbücher: v. Martens, im Nachtrag: Ghillany.
Quellen: Miruss, im Nachtrag: Ghillany.
Dolus im Criminalrecht: Th. Geßler. A. D. Krug. v. Orff. Schwarze in G. S. 5.
Domänen: A. L. Reyscher. Zöllerl. Zacharias (2).
Domcapitel s. Capitel.
Dorfrecht s. Bauernrecht.
Dorfverfassung: v. Maurer (2).
Dortmund, Stadt: Statutarrecht.
Dos s. ehelliches Güterrecht.
Dreibergen, Strafanstalt: v. Bid.

Ehe, Ehebund:
überhaupt: Ehe. Friedberg. Hundrich. G. A. Janke.
Civilehe: G. Rübli. K. F. Sad. Aug. Schröder. Sudlind. Souchay in Z. f. d. R. 14. Biener ebendas. 20.
gemischte Ehe: Ehe. Frenzel. Kleinerding. Roskoványi. Sermler. Thedwar.
Mißheirathen: Zoepfl.
römische Ehe: Aug. Roßbach.
eheliches Güterrecht: Rathmann. Sandhaas. Rich. Schröder. Gerber in Z. f. D. 1. Bremer in Z. f. d. R. 18.
 insbesondere Erbrecht der Ehegatten: Kroud in Z. f. d. R. 13.
Gütergemeinschaft: Gock. Scherle. Roth in Z. b. g. R. 3.
Römisches Dotalrecht: Bechmann. Schlog.
Eherecht: Bronkle. M. Kaiser. Thadichum.
jüdisches Eherecht: Duschak. Frankel.
katholisches Eherecht: Knopp. Kutzschker. Joh. Fr. Schulte. A. I. Uhrig.
der orientalischen Kirche: Zhishmann.
Ehescheidung: Bräunig. Ebert. Ehe. v. Hartich. herm. Huber. Hundrich. Hufsche. Jeßen. Herz. Oßwald. Rem. K. Richter. v. Seburt. Aug. Schröder. Strippelmann.
Eheschließung: Friedberg (2). Knopp. Thadichum.
Ehre, bürgerliche: Haken.
Eid: Enger v. A. Uh. L. Heffe. G. Kraußold. Majoric. P. J. Marx. Oreill. Pomsel. Strippelmann.
 insbesondere Glaubenseid: E. Zimmarmann. Renaud im rle. Arch. 43.
Judeneid: Rechtsirrthümer.
Manifestationseid: O. A. Walther.
Eigenthum: W. Arnold. F. W. Leist. Hagenstechner.
 insbesondere Grundeigenthum: Bradenhoeft.
Bedeutung für den Staat: v. Sparre.
Erwerb: Bürgers. Geran.
Freiheit L. J. G. A. Jahn.
Schutz: Samek.
Vertheilung, Veräußerlichkeit: A Vette. Diem. Reinsch. Ueber.
Miteigenthum: Boas.
Eigenthum, geistiges s. Buchhandelsrecht.
Einkindschaft: Weber.
Einquartierungslast: Th. Buche.
Einreden: Helmolt. Hagen.
 einzelne Einreden: Dedakind. L. Rückert.

Eisenbahnen:
Eisenbahn-Gesellschaften: Grunderwerbung. Handelsgesetzbuch. L. Jaeger. Jaques (2). A. Koch. Archiv. Kryscher in J. f. d. R. 13.
deren Ersatzpflicht: Beichorner im civ. Arch. 41. Roßhirt daf. 44.
Emphyteusis, Erbpacht, Erbzinsrecht: Franke im civ. Arch. 44.
Emtio bonorum: Dernburg.
Encyclopädien u. Einleitungen in die Rechtswissenschaft überhaupt: Ahrens. v. Arndts. W. Arnold (2). Blohme. Said. Friedlieb. Goldschmidt. H. Ortloff (2). Walter. L. A. Warnkönig.
England, Königreich:
Actiengesellschaften: Schwebemeyer.
Adel u. Ritterschaft: Gneist.
Armenwesen: v. Kleinschrod. Kries.
Assecuranz: Schwebemeyer.
Banken: Schwebemeyer. A Wagner.
Beweis: Best.
Civilehe: O. H. Oppenheim.
Civilproceß: Rüttmann.
Civilrecht: Gundermann.
Civilstand: von Daniels.
Colonien: v. Holtzendorff.
Communalverfassung: Gneist.
Criminalproceß: J. Glaser. Mittermaier.
Eheliches Güter- u. Erbrecht: Eolly.
Gefängnißwesen: Mittermaier.
Geschworenengerichte: Biener. J. Glaser. v. Groß. Heinze. v. Mauzer. Oreli. v. Tippelskirch. Tittmann.
Gesetze: Actiengesellschaftsgesetze. Navigations-Acte. Straderjau.
Grundsteuer: Gneist.
Kirchenrecht: O. Mejer.
Pactament: Gneist. Grey. Lb C. May.
Rechtsfälle: Marquardsen.
Rede- u. Preßfreiheit: Lorbeer.
Selfgovernment: Uebri.
Staatsprocesse: Kolb.
Staatsrecht: Gey. Ih. L E May. Mittermaier.
Steuern: W. Bode.
Verwaltungsrecht: Gneist. v. Sinde.
Bottswirthschaft: Roscher.
Entführung: M. Kaiser.
Entscheidungen, Sammlungen von: Archiv v. J. A. Seuffert.
Erbrecht: Bedhaus. Brater. Beetlacher. Güncher. Köppen (2). K. O. Müller. Schirmer. Tewes. Verlag. Northoff in J. f. C. u. P. 20. 21. 22.
insbesondere deutsches Erbrecht: Brandenhoest. Lewis. H. Siegel.
Erbvertrag: G. Hartmann. Scharnweber.
Erbverzicht: Repscher in J. f. d. R. 15.
Fideicommiß s. Fideicommiß. Vermächtniß.
Intestaterbrecht: Schirmer.
Klagen: Dernburg.
Legat s. Vermächtniß.
Rothedrenrecht, Pflichtteil, Enterbung: Günther. Abf. Schmidt.
Transmission: Wiedlag. Löhr in J. f. C. u. P. 7. Huschke daf. 9.
Erfurt, Stadt u. Gebiet: Tettau.
Erfurt, Regierungsbezirk:
Polizeigesetze: Entheimer. Rathgeber.
Erlaß: v. Holdendorff.
Ersitzung: Muther. Schirmer. Stimzing. Stephan in civ. Arch. 31. 32. 34.
Erstgeburt, Primogenitutrecht: H. J. Fr. Schulze.
Estland, Herzogthum: Winkelmann. v. Wolfseldt. v. Bunge (4).
Eviction: K. O. Müller. Keffer in J. b. g. R. 6.
Exceptionen s. Einreden.
Execution der Strafen s. Strafe.

Executions-Verfahren: Knorr.
Executiv-Proceß: H. Ortloff. Derselbe in J. f. C. u. P. 14.
Expropriation: Thiel. Häberlin im civ. Arch. 39. Burckhard in J. f. C. u. P. 6.
Fälschung: H. Ortloff.
Familienfideicommiß s. Fideicommiß.
Familiengesetze s. Hausgesetze.
Familienrath: J. Schenl.
Feudalität: P. Roth.
Fictiones: Demelius.
Fideicommiß: Vermächtniß.
Familienfideicommiß: Begründung. D. Costa. Filangieri. v. Gerber in J. f. D. 1. 2.
Fides, bona: Althenbrand im civ. Arch. 36. Burckhard in J. f. C. u. P. 21.
Finanzwissenschaft: Bergius. Hahn. v. Reichenbach. Vor. Stein. Umpfenbach.
Findelhäuser: Högel.
Finden: Delbrück in J. f. D. 3.
Forderungsrecht s. Obligationenrecht.
Frachtfuhrleute, Frachtgeschäft: Hillig W. Koch. Menfching. Moeser. Kuhn im Arch. f. H.
Fragerecht der Partheien: Mittermaier im civ. Arch. 39.
Fragmenta Vaticana s. Römisches Recht.
Franken, Herzogthum (f. auch Würzburg):
Gütergemeinschaft: L. Schwarz.
Repertorium: Sieger. Stängl.
Frankfurt am Main, Freie Stadt:
Civilproceß: H. Bender.
Gesetze: Handelsgesetzbuch (2).
Präjudicien: Neue Sammlung (3).
Privatrecht: J. H. Bender.
Rechtsgleichheit: Gleichberechtigung.
Rheinoctroi: Urtheil.
Stadtverfassung: Römer-Büchner.
Frankfurt (a./O.), Regierungsbezirk: Schimmelfennig.
Frankreich, Kaiserthum
Autorrecht: J. Schenl.
Civilproceß: v. Daniels. Dernburg. E Zink.
Civilrecht: Marraré. Mourion. Roßhirt. Zachariae von Liegenthal.
Erkenntnisse: Zusammenstellung.
Lexicon: Salmon.
Creditwesen: Horn.
Criminalproceß: v. Daniels. Höchst. Sternfeld.
Finanzverwaltung: v. Hod.
Fremdenrecht: H. Primler.
Gesetze u. Gesetzbücher (Codes): Cramer. Strafgesetzbuch.
Gesetzgebung: Pataquin.
Gütergemeinschaft: F. A. H. Schneider.
Grundbücher: Scheuermann.
Handelsrecht: Norstadt.
Jury: Oreli.
Justizverfassung: L. Frey. Schäffner.
Kirchenrecht: F. H. Gräff (2). de Cyo (2).
Kirchenrecht: Hüffer (2).
Parlamente: v. Tippelskirch.
Rechtsfälle: J. Lewita. Rechtsfälle (2).
Rechtspflege: Eug. Fischer.
Rechtszustände: v. Holtzendorff.
Servituten: Barde.
Solidar-Obligation: Vacano.
Staatsanwaltschaft: L. Frey.
Staats- u. Rechtsgeschichte: Carl Richter. Verfassungs-Geschichte. v. Sybenbrügl.
Steuerwesen: M. Hahn.
Vindicta publica: Sächellas.
Vormundschaft: J. Schenl.
Wechselrecht: Wafferburg.
Frauengenossenschaften: Scheid.

Freiheit, bürgerliche, persönliche: Bochlau. Lieber. Mid. H. Schröder. Sundelin.
Freistaedte: W. Arnold.
Friesland, Ostfriesland, (hannoversches Fürstenthum): Landrecht.
Fronhöfe: v. Maurer.
Fruchtrecht: H. Janke.
Fuldisches Lehnrecht: Böpff.

St. Gallen, Canton: J. Ch. Kühne. Meoser.
Gantproceß s. Concursproceß.
Gauerwesen: J. G. Anton.
Gefängnißvereine: Ueber.
Gefängnißwesen: d'Alinge. van der Brugghan. Herrn. G. Fr. Fischer. Götting. Hageke. Hänsl. Heine. v. Holtzendorff (5). R. E. John. C. W. Keil. v. Maltitz. Mees. Mittermaier (2). Otcil. H. Ortloff (2). K. A. D. Röder (2). Schöpffer. C. G. Sand. Trebdorf. v. Bid. v. Zahn.
  insbesondere Einzelhaft: Ahrlmann. Böhlau. Christiansen. Fürstin. v. Holtzendorff. Jagemann. Im. J. Ch. Kühne. Mittermaier. K. A. D. Röder. Schlatter. C. E. Schöck. v. Bid.
  Zeitschriften: Blätter. Strafrechtspflege. Strafrechtszeitung (Inhalt s. S. 290 ff.).
Geisteskrankheit: Nasse. (s. auch Zurechnung.)
Geistlichkeit:
  evangel. Geistl. deren Stellung zum Staat: Haushalter.
  Verfahren gegen Geistliche: W. Molitor. Frz. Roth (2).
Geld: Mac Culloch. Frz. Meyer. Sam. Oppenheim. H. Ran. Rabit. V. Schäbler (3). Soetbeer. v. Sölderndorff. A. Wagner.
Geldstrafen s. Strafe.
Gemeindegüter: Jul. Weleté. Revischer in Z. f. b. R. 16.
Gemeinde-Ordnung: Rüchler. F. F. Mayer. R. Wegener.
  Realgemeinden: Römer in Z. f. b. R. 13.
  Zeitschrift: Gemeinde-Zeitung.
Genossenschaften: Schmidt (m. civ. Arch. 36. v. Gerber in Z. f. C. u. P. 12.
Gerichte, Aemter:
  Fehmgerichte: Gaupp. Grisberg.
  Holzgerichte: Römer-Böhmer.
    Competenz: Brater.
    Organisation s. Justizverfassung.
Gerichtsbarkeit:
  akademische: Schell.
  Patrimonial-G. Aufhebung.
Gerichtsverfassung s. Justizverfassung.
Germanisches Recht s. deutsches Recht.
Gesammtrechtsverhältnisse: Carow.
Gesandtschaftsrecht s. Diplomatie.
Geschlechtsgemeinschaft, außereheliche: Friedensburg. Gett. Rechte.
Geschworne, Handbücher für: Hoy. Eibmann. Zentner.
Geschworengerichte: v. Bar. v. Blankensee. E. Brauer. Luchner. G. W. Burckhardt. v. Daniels. Dernburg. Elben. Filangieri. Gaerth. Geschworengericht. J. Glaser. Grohmann. Gumrosch. Gondermann. Hagens. H. Hase. Hertzle (2.). Hässel. Köstlin (2). Lewald. Mejer. Hugo Meyer. Mittermaier. Möhl. Poland. Schulzig. C. Schwarz. Fr. Döl. Schwarze (2). Schwurgerichtshof. Sundelin. Bosseli. Biarda. Zentner. Mittermaier in Str. Rtg. C.
  in Civilsachen: Mittermaier im civ. Arch. 31.
  Zeitschrift: Schwurgerichtszeitung.
Gesellschaftsvertrag: Ackermann im Arch. f. H. 1.
  Commanditgesellsch.: Maaßen im Arch. f. H. v. Krämel daf. 5.
  offene Handelsgesellschaft: Keyßner. v. Krämel im Arch. f. H. 4.

Gesellschaftswissenschaft: Carey. J. G. Glaser. J. Heid. Ideen. Lastner. Kiesselbach. Lavergne-Peguilhen. Will. Neumann. L. Ch. Pland. Planta. Riehl. Robbertus. Schulze-Delitzsch. v. Treitschke.
  Zeitschrift: Jahrbücher.
Gesetze: Gesetz-Tafeln.
  Auslegung s. Hermeneutik.
  Collision: s. Rechte.
  Rückwirkende Kraft: Lassalle. Schaaf. H. Seeger.
  Sammlung deutscher Ges.: Archiv f. d. neueste Gesetzgebung.
Gesetzgebung, Gesetzgebungswissenschaft:
  Abhandlungen, Beiträge zur Gesetzgebung u. Ges.: W. überhaupt: Christ. F. Fr. Held. Rödner. Burgold.
    insbes. zur Civil-G. u. G.-W.: Danz. Marschner. Eintenis.
  Criminalgesetzgebung: Trummer.
  deutsche Civil-Gesetzgebung: Heimbach. Mittermaier im Arch. 31.
  Anwalts-Ordnung: Hödner.
  Gerichtsordnung: Hörfner.
  Strafproceßrecht: Sundelin.
  Entwürfe, allgemeine, zu Gesetzbüchern:
  Civilgesetzbuch: Alb. H. Post. Preußisches G.
  Civilproceß-Ordnung, allgem. deutsche: Entwurf (4). o. Krawel. Weberburg. Risten. Osterloh. Schnitzer.
  Gerichts. u. Proceßordnung: Leue. Böhrendorff-Varadein.
  Obligationenrecht, allgem. deutsches: Entwurf. T. Frande.
  Strafgesetzbuch: v. Kräwel. K. D. Krug.
  Strafproceßordnung: Leue. Werber.
Gesinderecht: v. d. Heyde.
Geständniß:
  im Civilproceß: Böschmann. Untheilbarkeit. Supet im civ. Arch. 40. Bolziano in Z. f. C. u. P. 16. 22.
  im Criminalproceß: Abegg in G.-Z. 9.
Gewährleistung s. Eviction.
Gewalt (via): Schliemann.
Gewerbewesen, Gewerbefreiheit: Becher. Mascher. Pickford. Renzsch. Schmiecher. H. Schröder. Ed. Schübler. Verhandlungen.
Gewere: Gerber in Z. f. C. u. P. 11.
Gewissensvertretung: Muther. Rissen. Buch im civ. Arch. 42. Bolziano in Z. f. C. u. P. 19.
Gewohnheitsrecht: W. Lüders. Supet im civ. Arch. 35. Langened daselbst 40.
Gläub. Grafen u. Herren von: Hausgesetz. Lud. Pernice.
Glarus, Canton: Landsbuch.
Goldwährung: V. Schäbler.
Goslar, Stadt: Hasmal.
Gotha, Herzogthum, s. Sachsen-Gotha.
Graubünden, Canton: v. Mohr.
Griechenland, das alte: C. Ed. Otto.
  Colonien: Diesterweg.
  Erbrecht: Eug. Schneidar.
  Familienrecht: van Es.
  Recht überhaupt: H. Mayer.
Grundeigenthum s. Eigenthum.
Grundentlastung: Judeich.
Grundherrn s. Gutsherrschaft.
Grundrente: W. Funk.
Guben, Stadt: Saupe.
Güter, Rittergüter: v. Biedermann. Ed. lau. Th. A. Hesse.
Haft:
  Schuldhaft: H. Heinrich Heymannssohn. H. Lüders.

Haft:
   Untersuchungshaft. Heinze. K. R. Sonntag.
Halsgerichtsordnung s. Criminalrecht.
Hamburg, Freie Stadt:
   Civilrecht: Baumeister.
   Criminaljustiz: Klauhold.
   Criminalproceß: Hudtwalcker.
   Erbrecht: Trummer.
   Gemeindewesen: C. W. Schröder.
   Gesetze u. Verordnungen, auch Entwürfe: Hudtwalcker. Sammlung. Staatsverfassung. Trummer (2). Verfassung (2). Vormundschaftsordnung
   Handelsgericht: Cutor.
   Handelsrecht: Commissionsberichte.
   Hypothekenwesen: Coor. Lührsen.
   Justiz-Verfassung und Verwaltung: Actenstücke. Jacobj.
   Präjudiciensammlung: Gerichtspraxis. Jurisprudenz. Sammlung (3). Seebohm.
   Realgewerberechte: Lappenberg.
   Recht: Baumeister.
   Rechtsfälle: Strafproceß. Proceß
   Rechtsgeschichte: Jacobj. Jöser. Trummer.
   Recurs: Leuhard.
   Stadtrecht: Trummer.
   Zeitschriften: s. S. 29d.
Hanau, Landrathsbezirk: v. Stard.
Handelsbücher: Renßner im Arch. f. H. 2.
Handelsgerichte: Greizenach. Götting.
Handelsgesellschaft s. Gesellschaftsvertrag.
Handelsrecht:
   Abhandlungen: Goepke. L. Goldschmidt. Hansemann. Hungar. J. O. Schulz. v. Wittken.
   Gesetze u. Entwürfe, besonders d. Allg. D. Hand.-G.-B., u. Kritiken: Endemann. Entwurf (2). Gesetze. L. Goldschmidt. Handelsgesetzbuch (7). v. Kerstorf. W. Kompe. Kritik. Lindau. M. Mohl. Protocolle. Schiemann. Thöl. Diezel im Arch. f. d. H. 7.
   Commentare zum Allg. D. H.-G.-B.: Fr. v. Hahn. v. Krämel. Miller. B. Schiling. Endemann. Bad. Enfert. L. Goldschmidt. Goide. Heise. Morstadt. Thöl. Bücher.
   Populäre Darstellungen des H.-Rs.: R. Fischer (2). Gesetzsammlung. Menschwg (2).
   Präjudicien, gesammelte: Auswahl. Kleitz (3). Archiv für Handelsrecht. Archiv f. H.-Zeitschrift von Kleitz. Zeitschrift von Goldschmidt.
   Quellen: Sammlung. Verordnungen. Weinhagen.
   Repertorium: Repertorium.
   Zeitschriften: Archiv f. H. (Inhaltsverzeichniß s. S 283). Arch. f. D. W. (s. S. 284). Central-Organ. Central-Organ. Handels-Archiv. Handels-Archiv. Zeitschrift für das gesammte Handelsrecht.
Handelsregister: H. Sauli. Roloff. Schebel. Busch im Arch. f. H. 1.
Handelstag, deutscher: Verhandlungen.
Handhafte That: Eschenberg.
Handschriften, juristische: G. Haenel.
Hanefitische Juristen: Flügel.
Hannover, Königreich (Preußische Provinz):
   Ablösung: Gesetzgebung. W. Seelig.
   Anlagebesserung: Sielling
   Assecuranz: Gesetz. Oler. C. H. F. Mayr.
   Bauernrecht: Bening. v. Bothmer. Sachtmann. v. Hassel.
   Behörden: Verhältnis (4).
   Civilproceß: Ayrer. v. Bothmer. Gehler. Leonhardt (2). Menschwg. Meyerödburg. H. A. Oppermann
   Civilrecht: Grefe.
   Competenzconflicte: Nordmann.
   Concurs: Mühry. W. Schneider.

Hannover:
   Criminalproceß: Hasenbalg. Wittpenning. Zachariae.
   Criminalrecht: Griesebach
   Eherecht: Brüel.
   Einspruch: Zwele.
   Eisenbahn u. Telegraphen: C. Jacobi.
   Gesetze u. Verordnungen, auch Entwürfe u. deren Kritiken: Siester. Bödicker. Sojanga. Entwurf. Gesetz (3). Gesetzgebung, hannöv. L. Haase. Jagdgesetz. Jagd-Gesetzgebung. Landes-Oekonomie-Gesetzgebung. Landesverfassungsgesetz. Lodemann. Militairgesetz. Militair-Strafproceß-Ordnung. H. A. Oppermann. Polizeistrafgesetz. Postgesetz. Proceßordnung (2). Staatsdienergesetz. Städteordnung (3). Zwele. Wege-Gesetzgebung.
      Sammlungen u. Repertorien: Gesetze, Verordnungen u. Ausschreiben (4). K. Leist. Lappen.
      Insbesondere Civilproceß-Ordnung: Bojanga. Gesetz (2). Leonhardt. H. A. Oppermann. Fr. Schnell. Zwele. Oppermann im civ. Arch. 37.
         Commentar: C. W. G. Schlüter.
      Civilrecht: Gesetz (3).
      Criminalgesetzbuch: Brandis. Criminal-Gesetzbuch (4). Leonhardt (2). Strafgesetz.
      Criminalproceß-Ordnung: Bekanntmachung. Gesetz (3). Leonhardt. Fr. Schnell. Strafproceßordnung. Zachariae. Repertorium: Zwele.
      Gebühren-, Sportel-, Stempel-Taxen: Gebühren-Taxe. Gesetz (3). Nachtrag. Lappen.
      Gemeinde-Ordnung: Gesetz. Gesetzgebung, hann. (4). C. Jacobj. Ministerial-Entwurf. Lappen.
   Wasserbaugesetze: Sammlung.
   Gewerberecht: Erörterungen. Gewerbeordnung. Heinrich.
   Grundstückszusammenlegung: W. Seelig.
   Handelsgerichte: Leonhardt.
   Handelsrecht: Bening. Menschwg. Schowe.
   Heimathsrecht: G. Klemeyer.
   Hypothekenwesen: Mühry. W. Schäfer. Wilhelm.
   Jagdrecht: Bodemeyer. Gesetz (2). Gesetzgebung, hann. Wolf.
   Interessentenforsten: Geldenstider.
   Juden: Bodemeyer.
   Zu Klipsfsege: Ebhardt. Mittheilungen. Zwele.
   Justiz-Verfassung u. Verwaltung: Brüel. Gesetz (2). Justizgesetzgebung. v. Lenthe. Leonhardt. Kleper. v. Kössing. Zur.
   Kirchenrecht: Brüel. Gesetz. Gesetze, Verordnungen u. Ausschreiben. C. Herrmann (2). Sander Synodalverfassung.
   Landes-Oekonomie: Gesetze. Oyer.
   Landgemeinden: Sühr.
   Landstände, Provinzial-Stände. Gesetz. C. Herrmann. v. Lenthe (2). Lichtenberg. Provinzial-Landschaften. Rechtsregulachen.
   Mahnverfahren: Mahnverfahren.
   Medicinalwesen: Gesetzgebung, hannov. Grundzüge. Röddelen.
   Notariat: Ebhardt. G. A. Schrader.
   Polizei, P.-Strafrecht u. -Verfahren: Ebhardt (2). Gesetzgebung, hannöv. (2). Peteriseu.
   Recht, populäre Darstellungen: Ebhardt. K. Leist (2).
   Rechtsfälle u. Rechtssprüche: Dörrien. Entscheidungen. Rechtsfälle. Repertorium: C. W. G. Schlüter.
   Rechtsgeschichte: Bodemeyer.
   Rechtsmittel: Menschwg. Zwele.
   Schulwesen: Schulwesen.

Hannover:
    Seerecht: Hinke. Schow.
    Staatsanwaltschaft: Twele.
    Staatsdiener: Gesetzgebung, hannöv. (3).
    Staatshaushalt: Lebzen. Miquel.
    Staatsrecht: Bodemeyer. Ebhardt. Gesetzgebung, hann. H. A. Oppermann (2). Rechtswidrigkeit. Zachariae. Zusammenstellung (3).
    Staatsschulden: Grote. Lievenberg.
    Steuerwesen: Bleker. Gesetz (2). Gesetzgebung, hannov. (2).
    Viehhandel: Uhdelohde.
    Vormundschaft: C. Biedermann.
    Wasserrecht: Hoyer. Uhdelohde.
    Wechselrecht: Rudolphi. Wechselordnung (2).
    Zeitschriften: f. S. 290.
    Zoll- u. Steuer-Strafsachen: Köllner.
Hannover, Stadt: Vorschriften.
Hanse-Städte: Schiffsordnung. Krummer.
Hausfrieden: Dienbrüggen.
Hausfriedensbruch: Hirt.
Hausgesetze: v. Gerber. Hausgesetz. M. J. Fr. Schulze.
Hausmarke: Michelsen.
Havarie: v. Soden. J. Weiff.
Hebammen: v. Seedendorf.
Herrschild: Ficker.
Heimathsrecht: A. Müller. G. Schübler. Ueber.
Hermeneutik: Dirksen. A. D. Ring. J. J. Lang. F. C. Schmidt.
Hessen-Darmstadt, Großherzogthum (auch Rhein-Hessen):
    Ablösung: W. Maurer. Ueber.
    Civilproceß: Buff. Grundzüge.
    Civilrecht: F. Bopp.
    Executions-Verfahren: Knorr.
    Gemeinde-Ordnung u. Verwaltung: Küchler (2).
    Gesetze u. Verordnungen, auch Entwürfe u. deren Kritiken: Betrachtungen. F. Bopp. Entwurf. Gesetz. Gesetzes-Entwürfe. Sammlung.
    Repertorium: Repertorium.
    insbesondere Civilproceß-Ordnung: Entwurf.
    Civilgesetzbuch: Entwurf.
    Criminalgesetzgebung: F. Bopp. Hesse.
    Criminalproceßordnung: Entwurf. Strafproceß-Ordnung.
    Forststrafsachen: Handbuch.
    Grundbuchwesen: Wilh. Müller.
    Handelsrecht: Handels- u. Wechselgesetzb.
    Kirchen- u. Schulrecht: Hertsch. G. Reh. C. Seitz. Seniorenbüchlein. Verfassungsfrage. Werner.
    Landes-Oekonomie: Sammlung.
    Recht, populäre Darstellung: K. Zimmermann.
    Rechtsfälle: Proceß. Schwurgerichtsverhandlung. Verhandlungen.
    Staatsrath: v. Lepel.
    Staatsrecht: Trachten. Köllner in Z. f. C. u. P. 19. Derselbe in Z. f. d. St. 1.
    Standesherrn: Rechtsverhältnisse. Ueber.
    Verjährung: Wilh. Müller.
    Zeitschriften: f. S. 290.
Hessen-Kassel, Kurfürstenthum (Preußische Provinz):
    Anwaltstand: Kilberg.
    Civilproceß: Bähr. Gesetze.
    Civilrecht: P. Roth.
    Concurs: Harters.
    Criminalproceß: Gesetze.
    Criminalrecht: Heuser. Kersting (3). B. Koch. W. Möller.
    Ehescheidung: Strippelmann.
    Gehaltsrecht: Herquet.
    Gemeinde-Ordnung: Gemeinde-Ordnung. Verfassung u. Verw. Weidezahn.

Hessen-Kassel:
    Gesetze u. Verordnungen, auch Entwürfe: Bähr. W. Möller.
    Justizpflege, Richteramt: Gerichtsschöffe.
    Justiz-Verfassung u. Verwaltung: Besetzung. Gerichtsschöffe. Gesetze. J. G. Wagner.
    Kirchen- u. Schulrecht: Büff. Heldmann.
    Particularrechte: Kersting.
    Polizei: Heuser.
    Präjudicien: Strippelmann.
    Recht: Klaubold.
    Rechtsfälle: Schwarzenberg. Urtheil.
    Remotion der Pfarrer: A. F. C. Bilmar.
    Staatsanwaltschaft: Fr. W. Seelig.
    Staatsrecht: Bruch. H. Martin. Urkundenbuch. Verfassungsurkunde (3). Zachariae. Zur. Pfeiffer in Z. f. b. R. 13.
    Viehhandel: Schimmelpfeng.
    Zeitschriften: f. S. 290.
Hexenproceße: G. Hans. Lilienthal. Wilhelm.
Hildesheim, Stadt u. Landdrosteibezirk: Organisation. Sammlung.
Hochverrath u. Majestätsverbrechen: Faber. Ferd. Walther.
Hofrecht: Gengler. v. Maurer (2).
Hohenzollern'sche Lande:
    Gesetze u. Verordnungen: Baller. Mirus. Sammlung (4).
    Güterzusammenlegung: Ueber.
    Populäre Darstellung der Verf. u. Verwaltg: Jobow.
Hoya, hannov. Grafschaft: B. Niemeyer.
Hufe, altdeutsche: G. Waitz.
Hypothekenwesen: André. v. Arnold. Bekker. Germi. Hermanny. Knoblauch. A. König. Prinz. v. Bödderndorff. Weimann.
Jena, Oberappellations-Gericht: Andreae.
Recht der zu ihm vereinigten Länder: Heimbach (3).
Lehnrecht: Vermehren.
Statistik d. Rechtspflege: Hapel.
Iglauer Stadtrecht: Tomaschek.
Impensen: P. W. Zeitz.
Imputation s. Zurechnung.
Injurien: v. Arnold. Halen. Kammerer. Kuba. Schneid. Kostlin in Z. f. d. R. 15. Schwarze in G. J. S. 5. Mittermaier das. 6. 7.
Innungswesen: Schmieder.
Interessian: Hasenbalg. Windscheid im civ. Arch. 32.
Interdictenverfahren: K. A. Schmidt.
Interpretation, authentische: Bremer in J. d. g. R. 2.
Interusurium: D. H. Keil.
Intervention: Mayer. Derselbe in Z. f. C. u. P. 21.
Irland, Königreich: s. Kleinschrod.
Irrthum:
    im Civilrecht: Römer. Herrmann in Z. f. C. u. P. 6. 7. 8. Heil das. 12. 20.
    im Criminalrecht: Häberlein.
    im Eherecht: Daller.
Island: Maurer.
Juden, Recht der Juden, im Allgemeinen: Judenfrage. S. Mayer. J. Schnell. Stobbe.
    Civilrecht: Fassel.
    Eid: Rechtsirrthum.
    Eheliches Güterrecht: Schlag.
    Eherecht: Duschak. Frankel.
    Gerichtsverfahren: Fassel.
    Recht: Saalschütz.
Juristen: J. Gunther.
Juristentag, deutscher: Verhandlungen (5). Gerichtszeitung.
Jus naturale et gentium: Fr. A. Schilling. M. Voigt (2).

Justiz. Justizpflege. Justizverwaltung. Justizwesen: Bernh. Meyer. Köllner. H. A. M. Pape. J. J. Roßbach.
Civiljustizpflege insbesondere: Bopp. Fey. Höpfner (2).
Criminaljustizpflege: Bopp. Mehring. Probst. Sachenbacher. Triest.
Zeitschriften: Hitzig. Strafrechtspflege. Strafrechtszeitung.
Geschichte der Justizpflege: Bopp H. Siegel. Sohm.
Verbesserung des Justizwesens: Köllner. Schöpffer. Mittermaier im civ. Arch. 32.
Zeitschrift: Gerichtszeitung.
Justizverfassung: Bemerkungen. Betrachtungen. Feder. O. Hase. L. Hauff. Hauschtel. Häfner. C. F. Müller. H. A. M. Pape. L. W. Pfeiffer. Sandelin.
Competenzconflicte: Kadmann.
Einzelrichter: Genau im civ. Arch. 32. H. M. R. Pape.
Mündlichkeit u. Oeffentlichkeit: Dempstlin. Lippert. Schweiblex. Sternfeld.
im Civilprocesse: B. Delbrück. Genau im civ. Arch. 33.
im Criminalprocesse: Dempstlin. Sandelin.
Trennung der Justiz von d. Verwaltung: Kadmann. v. d. Planitz.
Jütland: Ch. L. v. Eltmann.
Kalchen, fried. Gericht: Thudichum.
Kammergüter s. Domänen.
Kaufcontract: Klemm. Leitschle. Regelsberger im civ. Arch. 49. Stern in Arch. s. d. W. 7. Ihering in J. f. D. 3.
Kauf auf Probe: Fitting im civ. Arch. 46. Goldtel im Arch. s. H. 6.
Kindesstättung: v. Klaist. Kunze.
Kirche: v. Radowitz.
Kirchenbann: Br. Schilling.
Kirchengewalt: Münchmeyer. v. Schearl.
Kirchengut: J. B. Braun. Joseph. Merz. V. Ch. Sternberg.
Kirchenprovinz, oberrheinische: L. A. Warntönig. Wiederherstellung.
Kirchenrecht, auch Canonisches Recht:
Abhandlungen: J. Peidul. Beiträge. Böninghausen. Boulz. H. Gerlach. Gottschalk. Hartile. Hummel. H. Kellner. Lenzen. P. J. Marx. Mendelssohn-Bartholdy. B. Molitor. München. Roßhirt (3). v. Scheurl (2). K. Stamm. Walter. Zur.
Geschichte: Fideß. Gitzler. Gottschalk. Hüffer. München. Reliquiae (2). Roßhirt.
Grundrisse, Lehr- u. Handbücher: Grendel. J. Helfert. D. Meyer. Pachmann. Philippé (2). Aem. L. Richter. Roßhirt (3). v. Schankl. Walter. Bieß. Winter.
insbesondere evangelisches Kirchenrecht: v. Moser.
katholisches Kirchenrecht: Abriß. Boulz. Cherrier. Eberl. J. Helfert. Andr. Müller. Permaneder. Porubszky. Schöpf. Joh. Fr. Schulte (2).
Quellen: Gitzler. Fr. Maaßen (2). Reliquiae (2). Roßhirt. Walter.
Pönitentialbücher: Hildenbrand. Wasserschleben.
Zeitschriften: Archiv f. K.-Geschichte u. K.-Recht. Archiv für kathol. K.-R. Zeitschrift für Kirchenrecht.
Kirchenstaatsrecht: E. Herrmann. v. Linde. Schlatter. C. Ullmann. Verhältniß. Arch. k. D. E. N. Zachariae in J. f. d. St. 1.
Insbes. evangelische Kirchenverfassung: K. Hase. E. Herrmann. Kliefoth. L. Kraupold. Redepenning. W. Schmidt. U. A. Schmid. E. Schrader. Schwerdt. P. H. Snell. Fr. J. Stahl. Steinacker. Stier.

Kirchenstaatsrecht:
Thomas. Wasserschleben. Werner. F. Zimmermann.
katholische Kirchenverfassung: D. Meyer. Münchmeyer. Roßhirt. Al. Schmid. Verhältniß. L. A. Warntönig.
Geschichte der Kirchenverfassung: Friedberg.
(Gesch. d. evangel. K.-Verf.: Aem. L. Richter. Wasserschleben.
Verhältniß zwischen Kirche u Staat: E. Herrmann. Jr. Hommel. Kliefoth. Münchmeyer. Roßhirt.
Verhältniß zwischen verschiedenen Religionsparteien: v. Linde. C. Ullmann.
Kirchenstrafen: Kober (4).
Klagen: Muther. Windscheid.
Bereicherungsklagen: Bitte. Derselbe in J. f. D. 5.
Collision: W. Martens.
Concurrenz: C. Kleinschrod. W. Martens.
Condictiones: Gryleben (2). Goats. Mandry im civ. Arch. 48. Kießelbach in J. f. D. 5. Jacobi das. 4.
Dingliche Klagen: Aufsätze. B. Delbrück. Heise in J. f. C. K.
Interdicte: K. Abl. Schmidt.
Geschichte des Klagrechts: Muther. Windscheid (2).
Kolonien: Roscher.
Kornhandel: Rascher.
Körperverletzung: Fluger.
Köslin, Reg.-Bezirk: Schimmelfennig.
Kriegsrecht: Bluntschli. Frierius. Marquardsen. Schwebemeyer.
Quellen: Sammlung (3).
Kulmbach, Stadt: Vorschriften.
Laesio enormis: Göppert.
Landeshoheit: Berthold.
Landstände, landständische Verfassung (s. auch Staatsrecht): v. Campe. C. Levita. Mill. Aug. Winter.
Landtagsabgeordnete: Unverletzlichkeit.
Landwirthschaftsrecht: Häberlein.
Landzwang: K. C. John.
Lauenburg, Herzogthum:
Gesetze u. Verordnungen: K. J. Burchardi. Richter.
Staatsrecht: Actenstücke. Denkschrift. Ravit. H. J. Fr. Schulze.
Lehnrecht:
Abhandlungen: Kraft (2). Semmel. Elcheree.
Repetitorium: Werth.
Lehnwesen: F. Roth.
Leibeigenschaft: Ansichten. Sugenheim.
Leibrente: L. Rückert.
Leibzucht: Preuß.
Leipzig, Stadt u. Bezirk: Kalm. Sammlung.
Liegnitz, Reg.-Bezirk: Hättig. Patrunty. Schönig.
Limburg, Bisthum: Joh. Fr. Schulte.
Lippe-Detmold, Fürstenthum:
Colonatrecht: Bernh. Meyer.
Lippstadt, Stadt: Eberle.
Literärgeschichte: Bluntschli. Etzinping (2). O. A. Walther.
Einzelne Biographien u. Beiträge: Bethmann-Hollweg. Fr. Maaßen. Ratjen. Ruderff. Etzinping (2). Muther in J. h. d. R. 6.
Literatur:
Sammlungen zur Bücherkunde: Bibliotheca (2.) Catalogus. Fr. Maaßen. O. A. Walther. Jahrbücher von Schletter.
Literatur des gemeinen Rechts: Etzinping.
des canonischen Rechts: Fr. Maaßen (3).
des Civilprocesses: Bal. O. A. Walther.
des Criminalrechts: Günther.

Literatur:
 der deutschen Rechtsgeschichte: K. H.
  Coste.
 des römischen Rechts. Fr. Maassen.
 kritische Schriften u. Journale: Jahr-
  bücher v. Schletter. Uebersichau. Vierteljahrs-
  schrift. Zeitschrift. kritische. Zeitschrift. kriti-
  sche.
Litigiosität: A Brinkmann. Friedenthal. Zim-
 mermann in civ. Arch. 35. Hartier in J. f.
 C. u. P. 12.
Litiscontestation: Bekker, Römer. Roßhirt.
Livland, Herzogthum
 Beweis: Salin.
 Capitulationen: Schirren.
 Civilproceß: v. Bunge. Darstellung.
 Civilrecht: a. Bunge. Erörterung.
 Criminalrecht- u. -proceß. v. Wolfeldt.
 Erbrecht: A. a. Hahn.
 Grund- u. Hypotheken-Ordnung: v.
  Bunge.
 Rechtsgeschichte: v. Bunge. O. v. Schmidt.
 Rechtszustand: ed.
 Stammgüter: Liesenhausen.
 Verfassung: Liesenhausen.
Londen, Stadt: Instructionsbuch.
Lübek, Ober-Appellations-Gericht: Jurisprudenz
 (2). Sammlung. That.
Lübek, freie Stadt:
 Gesetze u. Verordnungen: Sammlung.
 Lübisches Recht: Dittmer (3). C. W. Pauli.
 Rechtsfälle: Dittmer. Sammlung.
 Rechtsgeschichte: Fremsdorff.
 Reichsvogtei: Dittmer.
 Schaß: H. Brüss.
Lüneburg, Fürstenthum
 Kirchenrecht: a. Lenthe.
 Landschaftliche Verfassung: Jacobi.
 Meiergüter: H. Frank. Bederick.
 Provinzialrecht: Prenß. C. W. G. Schlü-
  ter.
Lüttich, Stadt: Vermächtniß.
Luzern, Canton. Krauser.
 Civilgesetzbuch: Pfyffer.
 Rechtsfälle. Kuenmord.
 Rechtsgeschichte: Segesser (2).
Magdeburg, Regierungsbezirk: J. Merz. Samm-
 lung (2).
Magdeburger Recht: F. Bischoff. Francklin.
 Laband. Roepell, Stussenhagen, Weichthümer.
Magdeburg, Stadt:
 Gewerberecht: Bolter.
 Polizei: Sammlung.
Mähren, Oesterr. Markgrafschaft. Demaschek
Manchpello. Deiters. C W. Leist.
Mandatum: Philipsborn.
Marburg, Bezirk: W. Roth.
Markenverfassung. v. Maurer (2). Thu-
 dichum.
Mecklenburg-Schwerin u. Mecklenburg-
 Strelitz, Großherzogthümer:
 Adwesende. Trotsche.
 Bauern. Zeitpachtbauern.
 Civilproceß: Varbé. Trotsche (2).
 Criminalproceß: Pohle.
 Criminalrecht: Brachen.
 Exekution u. Subhastation: Tschierpe.
 Gemeinden: Betrachtungen. Glaßen.
 Gesetze u. Verordnungen, auch Ent-
  würfe: Tschierpe.
 1) für Mecklenburg-Schwerin: Betrachtungen.
  Staatsgrundgesetz. Verfassung.
  Repertorium: C. A. Ackermann.
  Sammlung: Gesetzsammlung (2). Samm-
   lung
 2) für Mecklenburg-Strelitz: Genßler (2).
  Sammlung: Gesetzsammlung.
  Gesetzgebung: a. Lübbert.
  Gesinderecht: Tantwardt.
  Heimathrecht: Trotsche.

Mecklenburg-Schwerin u. Mecklenburg-
 Strelitz:
 Hypothekenwesen: Tschierpe.
 Justizpflege: Floerke. a. Schröter.
 Kirchenrecht: D. Meier. v. Oertzen. Big-
  gers.
 Lehnrecht: Tantwardt. F. Roth.
 Medicinalwesen: Vorschläge u. Motive.
 Rechtsmittel: Tschierpe.
 Recht, populäre Darstellung: Rechts-
  freund.
 Staatsrecht. Klage u. Bernehmlassung.
  Scharte. Urtheil. Verhandlungen. Wiggers.
  Zeitschrift: s. 300.
 Zoll- u. Steuerwesen: Steuer- u. Zollges.
  Steuer- u. Zollw. Ueber.
Mediatisirte s. Standesherren.
Medicin, gerichtliche:
 Abhandlungen: Böcker. Broch. Casper.
  Finger. Habermann. Jaf, Hofmann (2).
  Ideler. Jessen. Koekels. Komarus. A.
  Krauss. Neufville. Nasse. Kry. P. J.
  Schneider (2). Sigm. Schneider. Snakow.
  Taylor.
 Lehr- u. Handbücher: Bear. Broch. Cas-
  per. Friedreich (2). Güntner. Henke. Krah-
  mer. Lion. Frd. Müller. Orfila. Pichler.
  Schaurenstein. Schürmeyer. Wald.
 Rechtsfälle u. Gutachten: Auswahl. Ka-
  lisch. Kutter. Sammlung. A. J. Schäfer.
  J. A. Schmidt. Stockhausen.
 Sanitätspflege, öffentliche: Günther.
  Roth. Reichardt. Schraube.
 Zeitschriften: Central-Archiv. Friedrich.
  Henke. Monatsschrift. Vierteljahrsschrift.
  Zeitschrift f. gerichtliche Medicin. Zeitschrift
  für Psychiatrie. Zeitschrift für Staatsarznei-
  kunde (3).
Meierrecht: R. Bush. J. H. Pfeiffer. Weder-
 hab
Merseburg, Regierungsbezirk: L. Rothe.
Miethe u. Pacht: Kraft. M. Lehner. Galf.
 Richarth.
Militairrecht: Bräumer. Demienitsch. v. Ro-
 bier.
Mineraldenkfolge: Meyer-Altenburg.
Miscellanliteratur. Abele.
Mission, innere: Trummer.
Moldau, Fürstenthum: Kochanowski.
Montenegro, Fürstenthum: Gesetzbuch.
Mora s. Verzug.
Nord u. Todtschlag: Rommel. Jahn in Str.
 Ztg. 6.
Mosaisches Recht: Saalschütz.
Moslimisches Recht: v. Tornauw.
Mühlenrecht: Günther.
Mühlenzwang: Kiepen.
München, Stadt: Vorschriften.
Münster, Preußiches Fürstenthum, Stift:
 eheliches Güterrecht: Morgenstern. Nir-
  haut.
 Jesuitengüter: C. F. Krabbe.
 Provinzialrecht: Boehler. Bierke.
 Repertorium: Repertorium.
 Verfassung: v. Cleve.
Münsterbergisches Roland: R. Schröder.
Münzwesen: Waldner.
Mutterrecht: Bachofen.
Nachbarrecht: Th. A. Hoffe. v. Scheltheß. Jhe-
 ring in J. f. D. R. Heffe ebendas.
Nachdruck (s. auch Buchhandelsrecht): Friedlän-
 der. Gallbammer. Jolly. Max Neumann. H.
 Driese in J. f. D. R.
Nassau, Herzogthum (Preußische Provinz):
 Bürgermeister: Instructian (2).
 Capitalisationswesen: Dielmann.
 Gesetze u. Verordnungen: Bergordnung.
  Bürgerbuch (2). Gotz.
 Repertorium: Repertorium.
 Postvertrag: R. Ulrich. Arch. d. D. B. IV.

Materien-Register.

Nassau:
Rechtsfälle u. Rechtssprüche: Entscheidungen.
Schwurgerichte: Rob. Haas.
Weinkultur: Medicus.
Zeitschrift: s. S. 300.
Naturalis ratio: B. W. Leist.
Negotiorum gestio: Narond. U. Erinkmann.
Landwehr: Köllner. B. W. Leist. Rusßrat. Derf. im civ. Arch. 33.
Neuenburg, Canton: H. J. Fr. Schulze (2).
Nichtigkeitsbeschwerde: Struppelmann. Waldeck.
Niederlande, Königreich der: Grundgesetz. Niebuhr.
Niederlassung: E. Schübler.
Notar, Notariatskunst: Jul. Merkel. Notariat. Schimlowsky. v. Sybold. Trejan.
Notherbenrecht s. Erbrecht.
Nothstand: Wessely.
Nothwehr: Friedrich. A. Geyer. C. Levita. Wessely. Haager in Str. i. D. 3.
Nothzucht: P. J. Schneider.
Novation: Hein. Aniep. Römer. Kalfowski. Calpius. Grotefend in J. f. C. u. P. 12.
Nunciatio novi operis s. Operis n. nunc.
Obligationen au porteur s. Papiere au porteur.
Obligationenrecht: Chambon. Kunze. Fr. Mommsen (2). v. Savigny. Unterholzner. Ziebarth.
  insbesondere alternative Obligationen: Berwin. v. Thielmann.
  Correal-Obligat.: Caron, Fitting. Helmolt. Sambaber. Q. Eichenhaar. Rüdert in J. f. C. u. P. 12. Frib baf. 17 18. 19. 22.
  Geldschulden: Hufeland.
  Literalobligation: Bähr. Ginert. Pagenstecher. Schlesinger. Bähr in J. f. D. P. Unger daf. 8.
  Naturalobligation: Schultes. Schwanert. Goldschmidt im civ. Arch. 39. Better in J. d. g. R. 4. v. Keller daf. v. Scheurl in J. f. D. 7.
  Untheilbare Oblig.: Ubbelohde.
Obligationenrecht, allgem. deutsches: Entwurf. E. Brandts.
Oeffentliches Recht der Gegenwart: Quellen: Staatsarchiv.
Oeffentliches Recht des deutschen Bundes: Abhandlungen: Böls. Forchhammer. Fragen. E. Franck. Herquet. D. A. Pfizer. Schaffrath. Zachariae.
  Bundesgericht: R. Mohl. Stichling. Arch. d. D. B. I. v. Linde in J. f. C. u. P. 13 (2). Gohren in J. f. D. R. 19.
  Geschichte des Bundes: Attenstüde. G. Peseln. v. Daniels. Ilse. v. Kaltenborn. Laube. v. Weech. Zachariae.
  Grundrisse, Lehr- u. Handbücher: Sund. Grotefend. Zachariae. Zöpfl.
  Quellen: Abdruck. Bundesacte (2). Corpus (2). Grundgesetze. L. Hauff. Quellensammlung.
  Zeitschriften: Arch. d. D. B. (Inhaltsangabe s. S. 284).
Oeffentliches Recht Deutschlands 1848: Verfassung (4). Verhandlungen.
Oeffentliches Recht des norddeutschen Bundes: Verfassung (2). Wohlgelet.
Zeitschrift: Archiv d. norddeutsch. Bundes.
Oesterreich, Kaiserthum:
Ablösung: Masreda. Placet. K. U. Schindter. Schopf.
Adel: M. Hahn. Langer.
Advocaten: Nassakil. Schnerich.
Amortisirung: Schuster.
Apotheken: Macher. J. Müller. Schmeller.
Ausgleichsverfahren: R. Reich. Bergleichsverfahren.
Aviticitätsverhältnisse: Erläuterungen.
Baurecht: Mühlböt (2).

Oesterreich:
Bergrecht: Beiske, oesterr. Grünzenstein. Manger (2). Martins. Scheuchenstuel. H. Schmid. J. J. v. Schmidt. A. Schneider. F. Stemm. Wenzel.
Besitz: Randa.
Civilproceß, Abhandlungen: J.Glaische. Füger v. Füger-Wesely. Haimerl. Lamb.
  Formulare: Formularien. Formularienbuch.
  Geschichte: J. Schenl (2).
  Grundrisse, Lehr- u. Handbücher: E. Beldel. Herbst. Mitlacher. Wintse.
  Summarische Processe: J. Schenl. Schopf.
  Civilrecht: J. N. Berger. Damianitsch (2). J. Ellinger. A. Th. Michel.
Bräundien: J. Glaser. Frz. Peitler.
Studium: Unger.
System: Unger.
Concordat: Jacobson. Loberschiner. Reyscher. Lindau. Sturm.
Consulate: L. Neumann. Piskur.
Criminalproceß. Abhandlungen: Damianitsch. Frühwald. Lienbacher. Rep. Kaistotta. Reluet.
  Formulare: Formularien. G. Reßer.
  Grundrisse, Lehr- u. Handbücher: Damianitsch. Frühwald. Hestler. Hye-Glunet.
  Präjudicien: Herbst (2). Frz. Peitler.
Criminalrecht (auch Polizei- u. Gefälsübertretungen), Abhandlungen: Anleitung. Augusta. Damianitsch. Frühwald. J. Glaser. Aubier. Pilat. Schneid. Wessely.
  Grundrisse, Lehr- u. Handbücher: Damianitsch. Frühwald. Herbst. Hye-Glunet. Intermaier. Kunj.
  Präjudicien: Herbst (2). Frz. Peitler (2). Sammlung: Mander.
Depositenwesen: Wintse.
Eherecht: Dollner. Eherecht. J. Helfert. Horst Janssen. Instruction. Koriner. Kopas. Loberschiner. Nachtragsregister. Peza. Schbler. Schopf. Joh. Fr. Schulte.
Eid: Füger v. R.
Eisenbahnen: Jacques (2). A. Th. Michel (2).
Erbrecht: Füger v. R.
Finanzwesen: Conopásel.
Forstwesen: Schopf (3).
Frauenrecht: Schopf.
Gemeinde-Ordnung: Gemeinde-Gesetz. Gesetze, oesterr. Härtel. Patent. F. Stamm.
Gerichtsbarkeit, freiwillige (adliche Richteramt): Damianitsch (2). Gesetze, oesterr. Kalessa. Kihling. Mitlacher (2). Schuster.
Friedensgerichte: J. Glaser.
Ortsgerichte: Schimlowsky.
Geschäftsführung, juristische, Regislraturwesen: Frühwald. Cheatcant. F. Stamm. Wintse. E. G. Fellrt.
Gesetze u. Verordnungen, auch Entwürfe u. deren Kritiken: Azi (2). Blodig (2). Damianitsch. Entwurf. Franz. Landes-Gesetze. Macher. Notariats-Ordnung. v. Dürow. Patent. Krausel. Preßgeset (2). Reichsgesetze (6). Sammlung. Schaffer.
Staatsgrundgesetze.
Repertorien: Cochnat (2). Gfram. W. Kohn. Joh. Moser.
  insbesondere allgemeines bürgerliches Gesetzbuch: Code. J. Ellinger. Gesetze, oesterr. v. Sachsenheim. Sammlung. Unger. Wintwarter.
  Commentar: R. v. Stubenrauch (2).
  Criminalgesetzbuch: Damianitsch. Frühwald. Gesetze, oesterr. Herm. Koppel. Walt. Nauder. G. H. Rüßer. Retschi. Strafgesetz. Sundelin in Str. i. D. 3.

Oesterreich:
Criminalproceß-Ordnung: Gesetze, oesterr. Hein. Raucher. Kulf. Sollen. Strafproceßordnung.
Commentare: Kulf. v. Würth.
Forst- u. Jagdgesetze: Gesetze, oesterr. K. Schindler. Schopf (4).
Gebühren, Sportel-, Stempel-Taxen: Grzezina. Gojar. Ehrenfeld (2). Fontaine (2). Hormacher. Gebührengesetz. Gesetze, oesterr. Kalnus. Kulf. Knoll. Kunz. Libidl. Natter. Nachschlagebuch. Radenitschner (2). Referenten.
Gerichts- u. Concurs-Ordnung: Frühwald.
Münzgesetze: K. Th. Michel.
Polizei-Gesetze: Hämmerle (2). Zaleski (3).
Gesinderecht: Latner.
Gewährleistung: A. Th. Michel.
Gewerberecht: Ehrenfeld. Gesetze, oesterr. Gewerbe-Gesetz (3). Gewerbeordnung (2). Hornig. Frz. Kainer. N. v. Stubenrauch.
Grund- u. Hypothekenbücher: Jäger v. R. Gesetze, oesterr. Grundbuchmanipul v. Haan. Klepsch. Verordnungen.
Grundentlastung. Grundentlastung Placet.
Handelsrecht u. -Gerichte: Blodig. Brix. Ehrenfeld. Fischer-Colloger. Gesetze, oesterr. Herzog. Lehr. Nachschlageregister. G. Schilling. Sommaruga. M. a. Stubenrauch (2).
Heimathsrecht: Scheda. Zwiercan.
Juden: Jaques. Judenfrage.
Justizpflege: Haimerl. Rippel. Zur.
Justiz-Verwaltung: J. Plaschke. Civil-Jurisdictions-Norm. heil. Frühwald. Gesetze, oesterr. Haimerl. Hein (2). Justizgesetze. Kisling. Mayerhofer. Mitlacher. Lud. Ritt. Neumann. Rippel. Sammlung. Schimkowsky. Schipek. Sommaruga. v. Stubenrauch.
Kirchenrecht: Aichner. Bemerkungen. Ginzel (2). J. Helfert (2). Loderleitner. Pachmann. Rieber. Schöpf. Joh. Fr. Schulz. Vorschläge.
Medicin, gerichtliche u. Medicinalwesen: Plaseller (2). Schamanstein. Snetiwy.
Miethe u. Pacht: Latner.
Militairgerichte: Wimmer (3).
Militairrecht: Lamionitsch (7). Gesetze, oesterr. Hochnat. Heißenberger (2). Mayerhofer. v. Moliter (2). Schopf.
Musterschutz. v. Stubenrauch.
Notariat: Chiari. Formularienbuch. Gesetze, oesterr. Nasalski. Schnerich.
Polizei: Polizei.
Feld-P.: Kaheny.
Orts-P.: Hoschek.
Preßgesetzgebung: Harum. Ellenbacher. Preßfreiheit.
Privilegien: Gesetze, oesterr.
Recht überhaupt u. populäre Darstellungen. Reichssammlung, oesterr. Haidinger. Hexler. M. Kainer (2). Mally. Mayerhofer. W. Müller. Peza. Schimiowsky. Schopf. Sedivy.
 internationales R.: Vasque v. Püttlingen.
 Studien: Hüssen. Ueber.
Rechtsfälle:
 Civilrechtsfälle: Ehrenfeld.
 Criminalrechtsfälle: Brix.
Rechtsgeschichte: H. Brunner. Chabert. Hasenöhrl. Aint. Isenbrüggen. Tomaschek (2). Wattenbach.
Reichsrath: Verhandlungen.
Schulrecht: v. Helfert.
Staatsbeamte: Johanus. Schopf.
Staatsclassen: Schroll. Stolwer.
Staatsrecht: Andrian. Berchtold. Grundgesetze. Lustkandl (2). Majlath.

Oesterreich:
Staatsschuldenwesen: Schwabe v. W. A. Wagner.
Staatsverträge: Vasque v. Püttlingen.
Stadtrechte: F. Bischof. Maller.
Steuerwesen: Dessary (2). Glanz. M. hahn (3). Migotti. Mohl
Verlassenschaftsregulirung: Grzezina. Lamiantich. Schipek. Schopf (2). Unger.
Verwaltung: Schopf. v. Stubenrauch.
Völkerrecht: Rocwelt.
Vormundschaft: Mayerhofer.
Wechselrecht: J. R. Berger. J. Blaschke (3). Borchardt. Brojowsky. Litscheiner. Gesetze, oesterr. Puneich. Haimerl. Kalessa. Khull. Kitta. J. Petler. Szinovacz. Wechselordnung (2).
Präjudizien: Schuster (2). im Nachtrag: Bronowitzer.
Repertorium: Zbyczewski.
Zeitschriften: s. S. 300.
Zollwesen: Blodig. Gesetze, oesterr. Zauschner
Oldenburg. Großherzogthum:
Bauernrecht: Gesetz.
Erbrecht: Grundersrecht.
eheliches Güterrecht: Grundersrecht.
Gesetze u. Verordnungen, auch Entwürfe u. deren Motiven. Bemerkungen. Beweggründe. Commissions-Entwurf (12). Gewerbe-Gesetz. Handelsgesetzbuch. Militair-Strafgesetzbuch. Sammlung. Staatsgrundgesetz (2). Strafgesetzbuch. Strafproceßordnung u. Strafgesetzbuch. Ueber.
 insbesondere Civilproc.-O.: Beder.
Repertorium: Hollmann.
Staatsgrundgesetz: L. W. Fischer.
Grundlasten: C. Herrmann.
Justizpflege: Zur.
Kirchenrecht: Verfassungsgesetz (2). v. Wehderlop.
Schifffahrt: Fr. Ant. Stradetian.
Staatsrecht: J. J. Runde. Sammlung.
Steuern: Sanzen. Kreidemeyer.
Verwaltungsbehörden: Stelling.
Zeitschriften: s. S. 300.
Operta nova annotata: Ch. A. Hesse. Stölzel. Zimmermann im civ. Arch. 37. Schmidt in J. d. g. R. 4.
Oppeln, Regierungsbezirk: L. Sad.
Orden, geistliche: Bouix.
Osnabrück, Hannoversches Fürstenthum: eheliches Güterrecht: Petersen.
 Kirchenrecht: Jachmann.
Pachtvertrag: N. Jacobi. Kraft.
Paderborn, Bisth. Fürstenthum: H. Gerlach.
Pandekten s. Civilrecht u. corpus juris civilis.
Papiere au parteur: Kuntze. Ulrici. Jos. Unger. v. Völderndorff. Platner im civ. Arch. 42. Gröning ebendas. 44. Hoffmann im Arch. f. d. H. R. 5. Eigenbrodt in J. f. D. R. Renaud in J. f. d. R. 14. Sachse ebendas. 17.
Papiergeld s. Geld.
Parochialrecht: Schefold.
Patentwesen: Piper. Kleinschrod. G. Krug. Lenchs. Loasey. Philippson. Röbrich.
Patronatrecht: H. Gerlach. Hinschius. aum. V. W. Ner. Br. Schilling. Stachen. Jon. Kompe in J. f. d. R. 18.
Peculium: Tiepel in J. d. g. R. 2. 3. Zeller ebendas. 3.
Personen, juristische: Saltowski. R. J. althrig. Böll in J. f. d. R. 18.
Pertinenzen: Ol. Funke.
Pfandrecht:
 Abhandlungen: Dernburg. (im Nachtrag) Bremer. Jonteau im civ. Arch. 37. Stölzel ebendas. 35. Simon ebendas. 41.
 deutsches Pfandrecht: Meibom.
 Altersvorzug: Regelsberger.
 Anluchresis. Zimmermann im civ. Arch. 39.

Materien-Register.

Pfandrecht:
 an Forderungen: Berlin.
 jus afferendi: Mycielski. Thon.
 subpignus: Sohm.
 Succession: Dernburg im civ. Arch. 41.
 Verbandhypotheken: Dürrschmidt.
 Vertrag: Rainer im civ. Arch. 32.
Pfarramt: E. Sehl.
Pflichttheil s. Erbrecht.
Philosophie des Rechts s. Rechtsphilosophie.
Piltenisches Recht: Th. Seraphim.
Plagium: Mizerski.
Politik: Lassal. Friedrich II. (2). v. Mohl. Rödinger. J. J. . . . r. Schulze-Delitzsch. Fr. J. Stahl. v. Stangl. Walter.
 Geschichte: Bluntschli. v. Raumer.
 Hand- u. Lehrbücher: H. Fischer. Fröbel (2). Huhn. (A. Roller. Rüdiger G. Bay.
 Politik des Alterthums: Eisenberg.
 Populäre Darstellung: Handbuch.
Polizei:
 Abhandlungen: Helwing. Polhel.
 Lehr- u. Handbücher: Behr. v. Mohl. J. Pözl. (H. Zimmermann.
 Medicinal-Pol.: Hardermann. M. Langenbeck. Lion. Pappenheim. Schürmayer. H. Th. Stemm. C. Vagel.
Polizeiaufsicht: Hang.
Pommern, Preußisches Herzogthum:
 Bauernrecht: Warde.
 Criminalrecht: Dabis.
 Eheliches Güter- u. Erbrecht: Hed. Odel.
 Gesetze u. Verordnungen: Polizei-Gesetze. Reglement.
 Gewerbesteuer: Kruse.
 Jagdrecht: Küster.
 Kirchenrecht: Recht.
 Lehnrecht: Anschütz.
 Rechtsfälle: Royalowsky.
 Taxwesen: Taxprincipien.
 Union: Osten.
 Verfassung, ländliche: Barberg.
Posen, Preußisches Großherzogthum:
 Kredit: Kredit. Statut (2).
 Landeskultur-Gesetzgebg.: Klebs.
 Patilet: Kertich.
 Repertorium: Suder.
Postliminium: E. Fr. Hase.
Postwesen: Gesetze. Arch. d. D. B. II. III. IV.
 Haftung der Postanstalten: Gab. v. Linde. C. J. Lütter. Linde in J. f. C. u. V. 16. Kompe in J. f. b. R. 19.
Potsdam, Regierungsbezirk: v. Wickert (2).
Praesumtion s. Vermuthung.
Presse: Frommann. Leue.
Preußen, Provinz:
 Gesetze u. Verordnungen, auch Provinzialrechte: Gesch. Gesetze. Niederstetter. Reglement. Schrötter. Statut.
 Kalender: Marcinowski.
 Kirchenrecht: Zusammenstellung
 Rechtsgeschichte: Labaud.
 Schulordnung: Grisard.
Preußen, Königreich:
 Ablösung: Aischer. A. D. M. Frey. Krings. Gesetz (4). H. Müller. W. Pfeil. Schuhmann. Sprengel. Ueber.
 Actiengesellschaften: Bergarcht.
 Advokatur: Baath. Justij-Affessoren. Ditsch.
 Anfechtungsrecht d. Gläubiger: Melscheider.
 Armenwesen: v. Gottwell (2). Franz. Gesetze (2). Heckrt. b. d. Heyde. Kummer. Mascher. Pechau. Rachall. Rädler. Stelzer.
 Arrest: Every.
 Afsecuranz: Däbl. H. Gräff. Hugo Meyer. Schifmann.
 Rentenversicherg.: L. Jung.
Bauerecht: Döbl. Grein. Jäschke. v. Rönne (2).

Preußen:
 Bergrecht: Befugniß. Berggesetz (2). Bergrecht. v. Beughem (2). Brassert. Karl. A. D. M. Frey. Gesetz (2). v. Gräff (2). C. Hahn. Hupßen. Instruction. Normann (4) Martini. J. F. v. Schmidt. Sterzn. H. Beith. Wachter (2). Zerrenner.
 Civilunmündigkeiterklärung: v. Nümann. Burgschaft: Paul.
 Civilproceß: Caefer. Delius. Evelt. Förster. Kroll Liebhardt Proceß-Verfahren. Reinhard. Reuter. Balin. Schüß. Ueber.
 Decretiren: Verloh.
 Grundrisse, Lehr- u. Handbücher: Buddee. Franz. Grauer. A. W. Heffter. C. G. Koch. G. Schulß.
  Proceß-Prar. c.: C. F. Koch.
  Summarische Processe: Caefer. Ellegal. Gobbin. Heo. Schildt.
 Civilrecht:
  Abhandlungen: Dultzeuer. Göppert. Heilmann. L. Jacobi. D. Platzner.
  Lehr- u. Handbücher: v. Daniels (3). Dultzeuer. Evelt. Forster. Heydemann. C. F. Koch.
  Vergleichung mit andern R.: Hiersemenßel.
 Concurs: Gonebruch. Goltdammer. Güterbach. C. Hahn. Hambrool Hartmann. Hovinghaus. C. F. Koch. Kommentar. Konkurs-Ordnung (6). Th. Lesse. Nalower. Raich. H. Reinhardt. R. Eiman. Menzel.
 Consulate: Dienst-Instruction. W. W. König. Quebl.
 Credit: Walcher.
 Criminalproceß:
  Abhandlungen: Goethe. Köhne. Korblanz. Nalower. Obduction. Reuter. A. C. F. v. Schmidt. Fr. Th. L. Schued. Wollner. Zacke.
  Grundrisse, Lehr- u. Handbücher: Eselen. Forberg. Franz. Grauer. G. L. Hartmann. R. Jahn. Liman. A. Löwe. Raich. L. v. Siemann.
  Injurien-Proceß: Fliegel. Gobbin.
  Polizeistrafproceß: Walcher.
  Rechtsmittel: Ottendorff.
  Repetitorium: Mühler.
 Criminalrecht:
  Abhandlungen: Baba. Glossen. Herzog. H. E. John. Korb. v. Krömel. Lanz. Religionsfreiheit. Ruiter.
  Grundrisse, Lehr- u. Handbücher: Berner. G. Beseler. Hälschner. Klette. Paschke. Raich. Temme.
  Präjudicien: Rechtsprechung.
  Quellen: Soehlau.
  Polizeistrafrecht: J. Berger.
  Zoll- u. Steuerstrafrecht: W. Ollmar. Burg.
 Deichwesen: Löc. Hahn.
 Depofitalwesen: Reich. Offelen. Liebgott. Schaller. A. Seydel. Verordnung.
 Diebstahl, Haldiebstahl: Franz. Gesetz (6). C. Hahn. K. W. Hahn. G. A. Klette. G. P. Müller.
 Disciplinarverfahren: Bohnstedt. Gesetz (2). G. A. Klette. G. Thilo. Verordnungen.
 Dismembration: Patrunte.
 Districtsverleihung: Achenbach.
 Domänen: Automuth. v. Rönne.
 Darsschulzen: Walcher (2). Jonas.
 Edictalen: Uebersichten.
 Eherecht: Altmann. Eherecht. Ehescheidungs-Frage. Haushalter. Het. Hoyer. Jul. Hübner. Jessen. Korb. D. Platzner. v. Reichenbach. E. H. Selbler. Fr. J. Stahl. Ueber. Ueber. Verhandlungen (3). W. J. Bagt. Weil.
 Ehestiftungen: Mülverstedt.
 Eid: Edward. Frankel.

Bibliotheca juridica. 21

Preußen:

Eisenbahnen: Bensel. Tr. Aug. Müller. H. Veith.
Erbrecht: Gruchot. C. F. Koch.
ländliche Erbfolge: Ueber.
Execution: Etzry. Uede.
Familienfideicommisse. Arndts. Artikel 34. Bemerkungen.
Feldmesser: Klebs.
Gefängnißwesen: Breslau. v. Holtzendorff. C. S. Michel (2). Mittheilungen. H. Ortloff. W. Quistorp. W. Stieber.
Gerichtsbarkeit:
Dorfgerichte: Fritsch. Instruction (3).
freiwillige Ger.: Höingshaus. Wöller.
Patrimonial-Ger.: Schering. Verordnung.
Gerichtsordnung, allgem.,: Fürstenthal.
Gerichtsordnung. Reusch (2). Sammlung.
Gerichtsvollzieher: Strad.
Gerichtsführung, juristische, Registraturwesen: Aml. H. Berger. H. L. Broelich. **Gerichts-Erpedient:** Gühlein. Herrling. v. d. Heyde. Hildesheim. Höingshaus. Instruction (3). Liebgott (2). Lundberg (2). Marchand. Mascher. C. S. Michel Quandt. Reusch (2). Rumpf. Schaller. Schering (2). Sonnenburg. Trobel. Uede. J. G. Thies.
Geschlechtsgemeinschaft, aussereheliche,: Schienert. Vaterschaft.
Gesetze u. Verordnungen, auch Entwürfe u. deren Artikel: Berggesetz (3). Bergbauer. Bergwerks-Gesetze. Bleich (2). Brassert. Entwurf (3). Bled. Gemeinde-, Kreis-, Bezirks- u. Provinzial-Ordnung (7). Gesetz (2). Gesetzbuch. Geyer-Lobes (2). Jagdpolizei-Gesetz. Konkurs-Ordnung (6). Jul. Maaßen. B. Müller. Rüpell. Rischeldy. Parcellirungs-Gesetz. Post. Posthalter. Post-Handbuch. Viehseuch. Preß- u. Versamml. Provinzial-Gesetzsammlung (3). Rasch. Rauer. Rangordnungs. Reglement. v. Ronne. Sammlung (2). v. Sauden Schneider. H. Schulte. Schwängerungsgesetz. Stieber. Etzry. M. Vogel.
Repertorien: Brand. Döhl. Eggert. Gesetzsammlung (2). Klette (2). Rentschmidt. Richard U. H. Stamm.
Sammlung: Gesetzsammlung (2). Ritsch. Pegert. M. Vogel.
Insbesondere:
Agrarische Gesetzgeb.: Koch. Dönniges (2). Entwurf (2). J. Koch. Wulsten.
Apotheker-Ordnung: Locanus. Stade. Zuret.
Civilproceß: Bedenken. Civilprozeß-Verfahren. Eggert. Entwurf (2). Franz. C. F. Müller. Lindemann im civ. Arch, 49.
Civilrecht: H. Schneider.
Criminal-G.-B.: Abegg (3). Amedl. Entwürfe. Ergänzung (2). Gesetz (3). Goltdammer. H. Graff. L. Hahn (2). G. L. Hartmann. Hedert. v. d. Heyde (3). Höingshaus. Lossow. H. J. Maaßen. Malx. Motive. C. F. Müller (2). Oppenhoff. H. R. M. Pape. Rasch. H. Reinhardt. L. Rothe (3). Sammlung (2). Stopel. Strafgesetzbuch (16). Lemme. Verhandlungen (2). Zusammenstellung.
Commentare: G. Beseler. Wollmann.
Criminal-P.-O.: Abegg (3). Amedr. Criminal-Ordnung. Daide. Entwurf (4). H. C. Q. Fischer. Gesetz. L. Hahn. G. L. Hartmann. Klette. Koch. Materialien. C. J. Müller. Oppenhoff. Rasch. G. Th Schmidt. B. Schneider. Strafproceß. Verordnung (3).
Gebühren-, Sportel-, Stempel-Tagen: Effeln (3). SemVer. Franz. Geles (3). Geiste. Gistele. Höingshaus (2). Lehnd Kellermann. W. H. Klette. Lundberg. C. S. Michel. C. F. Müller. Provinzl. Reuter (3). J. Röber. Schimmel-

Preußen:

fennig. Schlegel. L. F. Schmidt (2). D. R. C. O. Schmidt. Stempelgesetze. Tarprincipien.
Gemeinde-Ordnung: Brausewetter. Entwurf (4). Entwurfe. F. Fischer. Gemeinde-Ordnung (3). Gemeinde-, Kreis-, Bezirks- u. Provinzial-Ordnung (7). Gesetz (2). v. Ronne. Wangermann. J. G. Weis. Wolter. Wülffing.
Landgemeinde-Ordnung: Geisler. Harthausen. v. d. Heyde. Mascher. v. Moltter.
Städte-Ordnung: Boed. Gesetzsammlung. H. Graff. Gutsmuths. F. A. Hubner. Kauriyeh. Mascher. C. F. Müller. Rump. Stadteordnung (11).
Gewerbe-Ordnung: Bergius. Eggert. Gewerbe-Gesetz (2). Gewerbeausche. Gewerbordnung (6). v. d. Heyde. Mascher. Moll. Rasch. Reichenheim. H. Reinhardt. Repertorium. Aug. Richter. Riedel Th. Rich (2). v. Ronne. Sammlung. Schüler. Schwebemeyer. Frz. Staube. Verhandlungen. Verordnung (3).
Kreisordnung: Gemeinde-, Kreis- 2c. Kreis-, Bezirks- 2c. Kreistag. v. Wöller.
Landrecht, allgem.: Ergänzungen (3). Diermengel. Höingshaus. H. J. Koch (2). Landrecht (3). Röber. L. F. Schmidt. E. W. Zimmermann.
Abänderungen: Zusammenstellung.
Polizeigesetze: Dennstedt (H). Denzin. Döhl. Kreis- 2c. Bezirks- 2c. Rauer. Sammlung. Eydow.
Preßgesetzgebung: Ch. J. Conrad. Gesetz (3). C. Hahn. G. L. Hartmann. O. Helm. Rechtsgutachten (2). v. Ronne. Schwarz. G. Thilo. Verordnung.
Gesinderecht: Dennstedt. Eggert. Gesinde-Ordnung. v. d. Heyde (2). J. J. Kuhn. Mascher. Mar Neumann. Redlich. C. Richter. Schlimm. Rhd. Stieler.
Gewicht: Schimmelfennig.
Grundsteuer: Anebel-Doberitz. Kries. Motive. v. Patow. Regelung. v. Struensee. Verhandlungen (3).
Gutsherrschaft: v. Wöller.
Handelsrecht: Dodhorn. Einführungsgesetz. Entwurf (2). Fischer. Gesetz. L. Goldschmidt. C. Hahn. Handelsgesetzbuch (7). Handelsrecht. Handelsgericht. Hartmenngel. Matower (3). Vischten. Rump. G. F. Schmidt. Staas. Verhandlung. Verhandlg. R. Steinhagen (2).
Handel in Werthpapieren: Voltmar.
Handelsüberkrag: H. Primker.
Heimathsrecht: Pechau.
Herrenhaus: Arnim-Boitzenburg. v. Bruden. Gutsmuths (2).
Hypothekenwesen: Achenbach. Bornstedt. E. Dittmar. Entwurf (2). Evelt. Förster. Gesetz. Goethe. W. Hartmann. Höingshaus. Joan. C. F. Koch. Kuribaum. C. W. Meyer. Motive. C. F. Pape. O. Plathner. Prinz. H. Wolff. Wollheim.
Jagdrecht, polizei: Daide. Henel. Klette. G. F. Müller. Oppermann. Fed. W. Theil (3). v. Ronne. Schreibweiler. Ant. Billmer.
Invaliden: v. Puttkammer.
Juden: Gleichstellung. Jolowicz. Kalisch.
Justizpflege, Richteramt: Lehrende. Sohnstein. Dienst-Instruction. Dienst-Reglement. Grundsätze. Hundrich. Justiz-Assessorin. H. R. M. Pape. Schering (2).
Justiz-Subalterndienst: Leuthold. L. F. Schmidt (2).
Justiz-Verfassung: D. Antrw. Evelt. Gicht. v. d. Heyde. Anebel-Doberitz. H. F. Koch. Oppenheim. V. C. Otto. H. R. M. Pape. Sammlung. Schering (2). Eydow. Uede. Verordnung (2).

Materien-Register.

Preußen:
Justiz-Verfassung:
Administratio-Justitz.: Goder.
Competenz-Conflicte: G. L. Hartmann (2). v. d. Heyde. Kaßmann. Primler. Eudorv. Ulrich.
Handelsgerichte: Bemerkungen. W. Kampf.
Kirchenrecht: Altmann. Beiträge. Boche. Delius. Ehrhardt. H. Gerlach. Gesetz. Haushalter. Jacobson. Kirchenrecht. Kleile. D. Krobbe A. L. Richter. Rintel. v. Scheurl. Ueber. P. J. Vogt. Vorschläge. Zusammenstellung.
Kommunal-Abgaben: Schimmelpfennig.
Kriegs- u. Militärrecht, auch Militärstrafrecht: Aled (3). Friedius Gesetz. Kabinets-. Moscher. Stribendorff. Militär-Gesetz. Gaber (2) Militär-Gesetz-Sammlung (2). Militär-Privatrecht. Militär-Strafrecht. Reinede. Zusammenstellung.
Landescultur: Greiff. Kleb. Lette. v. Rönne. A. H. Schilling.
Landtag: Gutsmuths. Landtag. Rower. Verhandlungen (5).
Legitimation: Ullv.
Medicinalwesen: W. Horn. Materialien (2). Protocolle. v. Rönne. Jlurel.
Miethe u. Pacht: Denzin. Döhl. R. Jacobi. Kleile. Rasch. R. F. Vogt. Buschod. Zierbarth.
Militär-Versorgung: A. Froelich. Gesetz. v. d. Heyde.
Mühlenrecht: v. Rönne.
Nachdruck: Dambach. Gesetz. Heydemann (2). H. Koiser (2). M Lange. Roll.
Nachlaßregulirung: Anweisung. Boath.
Kommentar. Mörder. Etrey. Uede.
Nichtigkeitsbeschwerde: Vollmar. Walbed.
Notariat: Delius. Guter. A. a bogen. G. F. Koch. J. F Kuhn. Uede.
Obligationenrecht: G. F. Koch.
Parcellirungen: Vorschläge.
Patronat: bellmar. Hinschius.
Polen: Roach.
Polizei, auch Polizeistrafrecht: J. Berger. Döbl (2). Gesetz (2). A. G. Herrmann. a. Heydemann. v d. Heyde (4). C. L. Hübner (2). Instruction. P. J. Maaßen. Mascher. Restel. J. Soul. Noelle. v. Rönne (2). A. R. A. Schmidt. F. Schneider. Schwenpfeil. Schued. Eticher. A. G. Wegener. v. Wimmer.
Feld-Polizei: Feldpolizei (2). G. Hohn. Mascher.
gutsherrliche: H. Gräff.
Ortspolizei: Wachler. J. G. Weis.
Post: Schildknecht.
Rechnungswesen: Instruction. Jonas. Liebgatt. Niedermeyer. Reinede (2). Schöfert.
Recht, Preußisches, überhaupt:
Abhandlungen: Baren. Bauermann.
Populäre Darstellungen: Amelung. Bürger. Delius. Angelberg. Gerichtsstand. Gesetzkunde. Gesetzkunde. Herbig. v. d. Heyde. Instruction. Jonas. Kern's (2). G. M. Kleile (2). A. F. Kuhne. Kuhner. Lundberg. Mascher. Mauerhoff. Naitle. v. Stösfeld. Pflichten. Rasch (2). Rathgeber. Rechtsanwalt. Rechtsbeistand. Rechtsfreund (2). H. Reinhardt. Rogon. Rump. R. Schlüter. Schmolz. G. J. Schmidt. Schöfert. Schubar. Etad (3). Barbereiter.
Praejudicien: Präjudicien (2). Etrierhorst.
Provinzialrecht: H. Schneider.
Repetitorium: Liebgott. Pleper.
Studium u. Prüfungen: Th. Conradi. Hälsauer. Huntrich. Kaumregister. Echering. L. H. Simon (2). Borberreiter. Zusammenstellung.

Preußen:
Rechtsfälle: Rechtsfälle.
insbes. Civilrechtsfälle: Kalisch. Bollmar. Windmüller.
Criminalrechtsfälle: Gerich. Boethau. Dorn (2). Hausbalter. Hochverrathsprozeß (2). R. A. John. Königsfeder. Rathshaus. Proceß. Prozeß (5). Prozeßverhandlungen. Steuerverweigerungsprozeß. Verhandlungen. Wrichsel.
Religionsproceß v. König.
Rechtsgeschichte: Eilbersclag.
Referiren: J. S. Thümmel.
Schiedsrichter: Fürst. Hortort. Echering.
Scharfsteinfeger: Kohn.
Schulrecht: Altmann. Angerstusen. Ribmeyer. Gesetz. G. John. G. F. Müller. Rudbode. v. Rönne. Echlenter (2). Unterrichts- u. Prüfungsordng. Verfassungsverletzungen. Verhandlungen. L. Wangemann.
Seerecht: C. K. Güterbock. Vorschriften.
Sequesation: Anleitung.
Servituten: Adler.
Staatsanwaltschaft: Basch.
Staatsbeamte: Bemerkungen. Döbl. Rascher. Pensions-. Schmiedide. Schäfert. Etoas. Ullrich. Verfassungseid.
Staatsrecht: Artikel 94. Beurtheilung. Dittmar. Döbl. Gesetz. Gesetz-Sammlung. Gesetzsammlung (4). J. G. Gloser. H. Gräff. Hagens. R. A. John. v. Kampf. Kerner. G. Müller. Protocolle. Rower (2). v. Rönne (3). C. Rössler. Sammlung. G. Eriz. Euffrian. Verfassung. Verfassungsurkunde (2). Verhandlungen (2). G. Welder. Zachoriae. Zur. Bergl. auch J. f. D. R. St. 1.
Staatsverträge: Nahrscheidt.
Staatsverwaltung: v. Wolzogen.
Stadtrecht: v. Möller.
Stände: Bethuty-huc.
Statistik: v. Reden.
Stempel-, Steuer- u. Zollwesen: Bamme (2). Bornemann (2). Donziger. W. Dittmar. Hörstemann. Framp. Gesetz (13). Gesetze. Gesetz-Gesetzentwürfe. Herold. Krieg (2). Kried. Mascher (3). Methner. Raffe. R. Neumonn (2). Abern (4). Rumpf. Schimmelpfennig (2). Echlegel. D. R. F. G. Schmidt. A. Echoth. Centrup. Verordnung. R. Begener. A. Weinhagen (2). Zimow.
Subhastation: Delius. Friedensburg. Fringe. Handbuch. W. Hortmann. G. G. L. Meyer. Rischelsty. P. Wolff. Zusammenstellung.
Taubstumme: Hill.
Testament: J. F. Kuhn. D. Thümmel. Borschriften.
Union: Thomas.
Verjährung: G. Hohn. J. D. Schulz.
Vereinswesen: G. Thilo. Verordnungen.
Verhaftung u. Haussuchung: Verhaftung.
Verträge: Rünbe. Poul.
Verwaltungsrecht: Döbl (6). v. d. Heyde. Koffler. Mascher. Oppenhoff. Schmold.
Veterinärwesen: Anadre. W. Horn (2).
Viehhandel: Gesetze.
Warmundschaft: Armbts. Leonhardt. Bergbauer. Delius. Queil. Kurelle. Warmundschaftsordnung.
Wasserrecht: Gesetze. Der. Hahn. G. König. Lette. Rieberding. Scheele.
Wechselrecht u. -proceß: Gesetz. Gesetzsammlung Heberi. M. Heinemann. Herold. Kleile (2). Rasch. Abend. Rogon. Rump (2). Wechselordnung (2).
Wegepolizei: v. Rönne.
Zeitschriften: Archiv v. Echering (E. 279). E. auch E. 301—303.
Zwangsverfahren: Gidner. Gad.
Primagenitur s. Erstgeburt.
Privatfürstenrecht: Adrnberg.

Privatrecht:
  Privatrecht überhaupt: H. H. Fischer (2).
  Populäre Darstellung: Amelung.
  Privatrecht, deutsches, s. Deutsches Recht.
Proceß s. Civilproceß, Criminalproceß.
Propaganda: O. Meyer.
Prostitution: Th. Röm. Bodner. Schultz. Senpke. Streubel.
Protonotarii: Micke.
Provocationsprocesse: Muther. Bopp im civ. Arch. 45. Witte ebendas. 47. Muther in J. d. g. R. 2.
Pupillen: R. S. Schultze. Tretter. Goldschmidt im civ. Arch. 39. v. Keller in J. d. g. R. 4.
Ratihabition: Beckhaus.
Raubes Haud: v. Holtzendorff (2). Oldenberg.
Reallasten: v. Arnold. Friedlieb. H. Orloff. C. W. Paull. Gerber in J. f. D. 2. Friedlieb ebendas. 3. Häberlin in J. f. d. R. 19.
Rechnungsrecht, Rechnungswesen, Mathesis forensis: Bestlin. Steibtreu. Al. Gröblich. Fror. Rühl.
Recht überhaupt, Rechtsbegriff, Rechtsprincip: W. Arnold (2). Götting. Großmann. R. Heinemann. A. Helferich. A. Gb. Pland. Pruner. Redomondty. C. Triepe. v. Bölderndorff. Windscheid.
Recht, gemeines,: Boeding. Gradenhöft. v. Glück. v. Savigny. A. Ch. J. Schmid.
  Examinatorium: J. Bender.
Rechte, wohlerworbene: Christiansen. Lassalle.
Rechtsbildung: Hocum. Kunze. Lenz. E. Meier. v. Raumer.
Rechtsbücher, deutsche,: Homeyer.
Rechtsfälle:
  insbes. Civil-Rechtsfälle: Bopp. H. O. Busch.
  Criminalrechtsfälle: Bopp. Feuerbach. Ilse. Krip. Lutter. C. Müller. Müller. Franz. Nachtseiten (2). Pflüger. Pitaval. Roderich. E. Schwarz.
  Nachdrucksfälle: Erkenntnisse. Schelwitz.
Rechtsgeschäfte, deren Form; v. Bölderndorff.
Rechtsgeschichte: E. M. Asher.
  Zeitschriften: Zeitschrift für Rechtsgeschichte (Inhalt s. S. 295.). Zeitschrift f. geschichtliche Rechtswissenschaft.
Rechtskraft: Endemann. Pfeiffer im civ. Arch. 37. 38. Schäffer in J. f. C. u. P. 12.
Rechtsmittel im Criminalproceß: Fror. Walther.
Rechtsordnung: C. J. G. Wirth.
Rechtspflege, s. Justizpflege.
Rechtsphilosophie, Philosophie des Rechts, Naturrecht (s. auch Staatsrecht, allgemeines,):
  Abhandlungen: Bescharner Oberty. Gülich. Otto Hahn. v. Helm. Löwenthal. v. Morgenstern. Roy de. Isld. Müller. R. Ch. Pland. Frond. Pruner. Rödmeyer. C. Rässler. Fr. A. Schilling. Ch. Al. Gb. Thilo. Trendelenburg Walter. R. Zimmermann.
  Geschichte: Hinrichs. v. Kaltenhorn. R. Zimmermann.
  Grundrisse, Lehr- u. Handbücher: Ahrens Ez Fischer. A. Geyer. v. Hessner. Hildenbrand. Knapp. Michelet. Moy de. Sedonanitz. H. B. Oppenheim. K. A. Röder. Fr. A. Schilling W. Encl. Fr. J. Stahl. Trendelenburg. L. R. Warnkönig (2).
  Verhältniß zum positiven Recht u. zu andern Wissenschaften: Dankwardt. Katzen. Trumner.
Rechtsregeln: Vollmar.
Rechtssprache: Gulich.
Rechtssprüchwörter: Ed. Graf. Hillebrand. Sachse in J. f. d. R. 16.
Rechtssymbolik: F. Wolf.

Rechtswissenschaft:
  Abhandlungen aus der gesammten Rechtswissenschaft: Büttner. Harder. Hundt von. Hürliman. Ludw. Aerz. Ortloff. Esenbrüggen. E. W. Pfeiffer. Robenau. Wasserschleben. Wehner.
  Examinatorien: Examinatorium.
  Lexika:
    Reallexikon: Rechtslexikon (2).
    Verbaltexika: Heumann. Muter.
  Populäre Darstellungen der Rechtsw.: Feuerbach's. C. W. Keil. R. Keil. Nordheim. Schmalz. Ferd. Schulz. A. J. Thiele.
  Schulen: Bluntschli.
  Studium: S. Hagen. Höflen.
  Theile der Röm.: Herzieb.
  Zeitschrift für die gesammte Rechtswissenschaft: Jos. Wessely.
Rechtswissenschaft, practische:
  Abhandlungen: v. Arnold. Goßmann. Ebeling. Cl. Junte. Hoepfner. Ortloff.
  Handbuch: v. Holtzschuher.
  Hülfsbuch: Schnaubert.
  Repertorium: Girtanner.
  Uebungs-Collegien, Prüfungen: J. Bender. A. Fritmann. Eckert. Girtanner. Rechtsfälle: Sarwey.
  Zeitschrift: Archiv v. Scherina (S. 270.). Archiv für civil. Praxis (Inhaltsverzeichnis S. 270 ff.). Archiv f. practische Rechtswissenschaft. Gerichtssaal.
Rechtswissenschaft, vergleichende: Ir. v. Hahn. R. v. D. Röder. R. Ad. Schmidt.
Rechtszustand u. Rechtsleben überhaupt: W. Arnold. Bornemann. Geib. Kunze. R. J. Erh. C. Triepe. C. J. ol. Wirth.
Referirkunst: C. Fuchs. Fr. Col. Schwarze. J. G. Thümmel.
Regalien: Strauch. Zacharias in J. f. d. R. 13.
Regierungsnachfolge: H. J. Fr. Schulze.
Reichshofgericht: Franklin (2).
Reichskammergericht: Ludichum in J. f. d. R. 20.
Reichsvogtei: Dittmer.
Rentenlauf: v. Oven. Stobbe in J. f. d. R. 19.
Repräsentativ-Verfassung s. Staatsrecht d. const. Mon.
Res judicata s. Rechtskraft.
Restitutio in integrum: Heinzerling. Alc. v. Stengel Rebell. Wittenmayer.
Retentionsrecht: Creotopf. Cramer im civ. Arch. 37.
Reuß-Schleiz, Fürstenthum: Alberti. Fuchs. Verjährungsfrist.
Rheinhessen (s. auchGroßherz. Hessen u. Rheinlande):
  Cassationshof: Grießer.
  Handelsrecht: Handels- u. Wechs.
  Kirchengut: W. Maurer. De Two. Ueber.
  Rechtsfälle u. Rechtssprüche: Entscheidungen. S. Heinemann.
Rheinlande:
  Forstwesen: Aug. Schwarz.
  Gesetzgebung u. Rechtspflege: Serini.
  Handelsgerichte: Kreijenach.
  Kirchenfabrik: Sandt.
  Kirchenrecht: W. Maurer. de Two. Ueber. Bornkönig.
  Landrechte: P. Bopp.
Rheinpreußen (s. auch Rheinlande):
  Baurecht: Raschdorff. Meyer.
  Civilproceß: Bessel. v. Daniels. Joersen. Rovellen.
  Civilstand: Philippi.
  Criminalproceß: v. Daniels.
  Eheliches Güterrecht: Welter.
  Erbfolge, ländliche: Ueber.
  Fallit: A. Heinhogen.
  Friedensrichter: Bocano.
  Gefängnißvereine: Ueber.

Materien-Register. 325

Rheinpreußen:
  Gerichtsvollzieher: Strad.
  Gesetze, Provinzial- u. Statutarrecht: Bluhme. H. J. Busch. Cramer (2). Grings. Sammlung.
    insbesondere Gemeinde-Ordnung: (Gemeinde-Ordnung (3). Hueppe. Mascher (2). Städteordnung (2). Städte- u. Landg. Zusammenstellung.
  Gemeinheitstheilung: Gemeinheitstheilungs-Ordnung (2).
  Polizeigesetze: Gräber. F. J. Maaßen. Maurmann.
  Grundsteuer: G. Wagner.
  Grundstückszusammenlegung: Wilhelmy.
  Handelsrecht: Handelsrecht. R. Weinhagen.
  Hypothekenwesen: v. Brughem. Gesetz-Handbuch. Houben. Philippi. Reichensperger. Reymann.
  Justiz-Verfassung (u. Verwaltung): A. Faber. Sammlung (4).
  Kirchenrecht: Hermens. Hüffer (3). Mootrn. Sandt. be Epo (2). Urtheil (2). Wolters.
  Miethrecht: Bessel.
  Provinzialsynode: Verhandlungen (2).
  Quellen: J. v. Gräff.
  Recht, populäre Darstellungen: Housadvolat. Kaufmann.
  Rechtsfälle: Criminal-Procedur.
  Subhastation: Bessel. Grings. Gesetze. Subhastationsordnung.
  Verwaltung: Illing.
  Vormundschaft: Bremer. Philippi.
Richterstand: Göhe. G. Riel.
Richtsteig: Homeyer.
Riga, Stadt: C. Schirren.
Römische Aemter u. Bürden: Notitia.
Römische Juristen: Fitting.
  Gajus: v. Aeen (2). Gaji (4). Gneist. Huschka. Poschmann. Rudorff (4). Mommsen in J. d. g. R. 2.
  Pomponius: Pomponti.
  Ulpianus: Bremer. X. A. D. Röder. Ulpiani (4).
Römisches Bürgerrecht: Zoeller.
Römisches Recht (s. auch Civilrecht):
überhaupt: Erxleben. Ihering (2). S. Mayer. v. Scheurl.
Geschichte:
  1) bis auf Justinian:
    Abhandlungen: Ballhorn-Rosen. Danz. Degenkolb. Dirksen (2). Fitting. Kirchhoff. Ludw. Lange. Menn. Rudorff (2). Sanio. v. Scheurl. Fr. A. Schilling.
    Alterthümer: Jul. Merkel.
    Grundrisse, Lehr- u. Handbücher: G. Th. Burchardi. Deuret. Esmarch. Carl Janssen. W. Reiu. Rudorff. Walter.
    Quellen: Bruns. Demelius. Gneist. Huschke.
      insbes. duodec. tabul.: L. Hoßmann Schoell.
      fragm. Dositheanum: Dirksen.
      fragm. Vaticana: Fragmenta.
      lex Acilia: Rudorff.
      l. Historica: Degenkolb.
      l. Licinia: Sunden.
      l. Maenia: M. Voigt.
      l. Rubria: Ritschl. Mommsen in J. d. g. R. 2.
      - l. Voconia: v. Vangerow.
      Theod. Cod.: G. Hänel.
  2) nach Justinian: C. Güterbock. Hüffer. Jus. Gr. Amssen (2). v. Savigny. Schläffner. Steffenhagen. Stinping.
Reception des R. R.: Franklin.
Repetitorien der röm. Rechtsgeschichte: Bedhaus. Gruiner.

Römisches Recht:
  Lexikon z. b. Quellen des R. R.: Heumann.
  Studium, wissenschaftl. Behandlung: Dirksen. G. Benz.
  Systeme: B. W. Leist.
Römisches Sacralrecht: Danz. Merckln.
Römische, städtische u. bürgerliche Verfassung: Em. Kuhn. Th. Mommsen.
Rostock, Stadt:
  Präjudicien: Sammlung (2).
  Rechtsfälle: Hochverrathsproceß. Türk. Biggers.
  Verfassung: Sammlung.
Rottenburg, Bisthum: Bolter.
Rückziehung: Jiting.
Rußland, Kaiserthum:
  Civ: Jos. Lang.
  Handelsrecht: Handelsgesetzbuch.
  Justizpflege: Reorganisation.
  Kolonien: Sammlung.
  Ländliche Verfassung: Haxthausen.
  Proceß: v. Richter.
  Verjährung: J. Engelmann.
  Zeitschrift: s. S. 303.
Sachsen, Ernestinisches Haus:
  Finanzwesen: Rius.
Sachsen, Königreich:
  Advokaten: Behrnauer. Entwürfe.
  Armenwesen: G. Lehmann. G. Lehmann. Sißmann. v. Schönberg (3). Vorschlag.
  Assecuranz: Oberländer.
  Baurecht: Nachtrag. v. Trautschen.
  Bergrecht: Bouchoten. v. Beuß. Oxcurle. Freiesleben. Gesetz. Kresner. Martins. C. L. Ublich.
  Cameralrecht: Jrische.
  Communalgarde: Hermsdorf. Sammlung.
  Civilproceß:
    Abhandlungen: Marschner. R. Wend.
    Handbuch: Osterloh (2).
  Civilrecht:
    Abhandlungen: Bedhaus. Poland.
    Handbuch: Curtius.
  Criminalproceß:
    Abhandlungen: Adermann. J. D. Schwarze.
    Grundrisse, Lehrbücher: Kriz. v. Mepich. W. Th. Richter. Schletter. G. D. Schwarze.
    Formulare: Formulare.
    Referiren: J. D. Schwarze.
  Criminalrecht:
    Abhandlungen: Andrich. Schaffrath.
    Handbuch: v. Wächter.
  Eherecht: Gedanken. Haan. Hering. Schubarth.
  Erbrecht: H. K. Hermann. B. Schmidt.
  Friedensrichter: Etelung.
  Gebühren u. Sporteln: Hincke. Cplz. Oxenzel.
  Gemeinden: Herm. v. Bose. Hirschberg.
  Gerichtsbarkeit, freiwillige: R. Wend.
  Geschäftsführung, jurist.: Kunz. Thierbach.
  Gesetze u. Verordnungen, auch Entwürfe u. deren Kritiken: Advokatenordnung. Ausführungs-Verordnung. Beschoren. Hugo v. Bose. Gober. Entwurf (4). Gesetz (7). Handelsgesetzbuch (2). Laubyermeterordnung. Militär-Strafgesetzbuch. Polizei-Gesetze. Postgesetz. Sammlung. O. B. Schmid. Strafgesetzbuch u. Strafproceßordnung. Verordnung. Verordnungen.
    Repertorien: Adermann. Gwff. W. Th. Richter (3).
    insbesondere bürgerliches Gesetzbuch: Bedhaus Bedenken. Danz. Entwurf (2). Geschbuch (2). O. Fr. Held (2). Motiven (2). Poland (2). Pöschmann (2). Jos. Unger (3). Verordnung. v. Wächter.

Sachsen, Königreich:
  Commentare: C. Siebenhaar. Einleitg.
  Register: F. A. Wengler.
  Concursordnung: Entwurf.
  Criminal-P.-O.: Groß. G. Haase. Boland. Quenzel. Schletter. J. D. Schwarze (2). Strafproceßordnung (3). C. M. Vogel. Zusammenstellung.
  Commentar: A. D. Krug (2). Fr. O. Schwarze.
  Criminal-(Straf-)G.-B.: Abegg. Baumgarten-Crusius. R. A. Beyer. Entwurf (2). Gesetz. Groß. Quenzel. Strafgesetzbuch. Studien. Wilhelmi. Sundelin in Str. L D. 2. Zusammenstellung.
  Commentar: A. D. Krug (3). Siebdrat. Chr. Weiß.
  Register: Quenzel.
  Gerichts-, Civilproceß-O.: Red. Beiträge. Entwurf (2). Genzel. Gesetz (3). Handelsgerichte Handschel. Osterloh Wend. Dreßgesetze. Dauch. U. Haase.
  Vereinswesen: U. Haase (2).
  Gewerberecht: Hugo v. Bose. Entwurf (2). Gewerbe-Gesetz (4). Königsheim. Loth. W. A. Meißner. Rentzsch.
  Handelsrecht: Handelsgerichte. Zusammenstellung.
  Heimathrecht: Herm. v. Bose. Rißmann.
  Hypothekenwesen: Siegmann. Vorschlag.
  Jagdrecht: Herm. v. Bose. Rißmann.
  Justizpflege: Fr. O. Schwarze.
  Justizverfassung: Ackermann. Bemerkungen. Führer. Gersdorf. Gesetze. Justiz- u. v. Thielau. Trennung. Verordnung.
  Kirchen- u. Schulrecht: Bierling. Haan (2). Landschreiber. Morlin. Scherzer (2). J. C. Siebenhaar. Wild. Zur.
  Kriegs- u. Militärrecht: Bestimmungen. Gesetz (2). Honn.
  Landesabschätzung: Runde.
  Landrentenbank: Judeich.
  Landtag: K. Biedermann. Martin.
  Repertorium: Gottwald.
  Notariat: L. A. Hermann.
  Postwesen: Hüttner.
  Präjudicien: Rechtssätze (4).
  Recht überhaupt u. populäre Darstellungen: Dietsch. Gl. Funk. Handbuch. Rathgeber. C. M. Vogel. Volksadvocat.
  Rechtsfälle: Vitzval. Schaffrath.
  Rechtsgeschichte: Schletter.
  Staatsrecht: K. Biedermann. Herm. v. Bose. Rittel. Verfassungs- u. Wahlgesetze.
  Staatsverträge: A. D. Krug.
  Steuerwesen: Bemerkungen. Gewerbe- u. P. (2). Judeich. Revision. Steuerwesen.
  Superficies: v. Wächter.
  Verwaltung: Bemerkungen. G. v. Bose (3). Hugo v. Bose. Gersdorf. Gesetze u. v. Thielau.
  Wasserrecht: Zumpe.
  Wechselrecht: Gesetz (2). Klette. Leske. F. Schent. Wechselordnung (2).
  Zeitschriften: Gerichts-Zeitung (Inhalt f. S. 304) f. auch Z. 305.
  Zollwesen: O. A. Wahl.
  Zusammenlegung d. Grundstücke: Instruction.

Sachsen-Altenburg, Herzogthum:
  Ablösung: Ch. A. Hesse.
  Criminal-P.-O.: v. Groß.
  Domänen: Domänenfrage.
  Hypothekenwesen: Ch. A. Hesse.
  Justizverfassung: Ch. A. Hesse.
  Rittergüter: Ch. A. Hesse. Prüfung.

Sachsen-Coburg, Herzogthum:
  Gesetze: Gesetz (2).
  Rechtsfälle: Jachorlae.
  Staatsrecht: Einführungsgesetz.

Sachsen-Gotha, Herzogthum:
  Gesetze: Brückner. Entwurf. Gewerbe-Gesetz.
  Handelloblum: M. Briegleb. Versuch.
  Staatsrecht: Bretschneider. Darlegung. Einführungsgesetz.

Sachsen-Meiningen, Herzogthum:
  Domänen: A. K. Reyscher. Bollert Jachariae.
  Kirchenrecht: Schaubach.
  Oeffentliches Recht: Rümpel.

Sachsen-Weimar, Großherzogthum:
  Ablösung: Baselius Sachse.
  Bauwesen: Köblitz.
  Civilrecht: Völler.
  Domänen: Bollert. Zur.
  Einkommensteuer: Frz. Meyer.
  Gemeindewesen: Gemeinde-Ordnung (7). Rudloff. Sachse.
  Gesetze u. Verordnungen: Berggesetz. (Besetz). Gewerbe-Ordnung (2). Handelsgesetzbuch. G. F. Müller (3). Sammlung. Strafgesetzbuch. Strafproceß-Ordnung. Verordnung.
  Repertorium: Zrep.
  Justizpflege: Statistik.
  Lehnrecht: Kraft (2).
  Medicinatordnung: Sackey.
  Rechtsfälle: Graeser. v. Groß. Hopel. Bollert.
  Separationsverfahren: Städel.
  Staatsleben: W. Schütz.
  Staatsrecht: Th. Martin.

Sachsen, Preußische Provinz:
  Geschosse: Gräfer.
  Gesetz u. Provinzialrecht: Anutung. L. Rothe (2).
  Kirchenrecht: Ebrhardt.
  Lehnrecht: Ch. F. Hoffmann.
  Repertorium: Hauptregister.

Sachsenrecht, gemeines: Ortloff. insbesondere Civilrecht: Emminghaus. Heimbach (2).
  Civilproceß: Heimbach (2).
  Lehnrecht: Kraft (2).

Sachsenspiegel: Homeyer (3). Samson. insbesondere Alter u. Ursprung: v. Daniels (2). Pickar.
  Ausgaben: Homeyer. Landrecht. Rechtsdenkmäler. Sachsenspiegel.
  Gewelbßumen: A. Hänel.
  Handschriften: Homeyer.
  Verhältniß z. and. Quellen: v. Daniels. Samson.

Sächsisches Weichbild: (Weichbildrecht).
Sachverständige: Strippelmann.
Salz. Regal u. Steuer: Kerst. H. Schröder. Zachariae in Z. f. d. R. 13
Schaben, Schabenersatz: Kutschkar. Erbr. Mommsen. Nußbaumer.
Schädenproceß: G. Lehmann.
Schäfereigerechtigkeit: Püff.
Schaffhausen, Stadt u. Canton: Gesetzbuch. Ihs. Meyer. Sammlung.
Schiedsgerichte: Andre. Bulmertuq.
Schifffahrt: Elbzölle. Handels-Archiv. Harder. Schiffahrts-Uebereintunft.
Schiffsregister: Roloff. Arch. f. H. R.

Schlesien, Preußisches Herzogthum:
  Daurecht: Schöing.
  Bergrecht: A. D. M. Frey. H. Gräff. Wachler. Zerrenner.
  Gesetze, Provinzialrecht: Anutung Bergordnung. Angemann. v. Möller. Pohl. Laubenten: Robe.

Schleswig u. Holstein, Herzogthümer:
  1) Beide zusammen: Lovergne-Peguilhen.
  Erbrecht: Fischer-Benzon.
  Gesetze u. Verordnungen, auch Entwürfe: Entwurf (4). Expropriations- v. Schlrach. Staatsgrundgesetz (2). Stoedteordnung. Ch. v. Stemann. Verordnungen u. Verfügg.

Schleswig u. Holstein:
  Justizverfassung u. Verwaltung: N. Brinkmann (2). C. v. Stemann.
  Kirchenstaatsrecht: Katholikenfrage. L. Schrader.
  Landtage: Jpsen.
  Leibeigenschaft: Hansen.
  Staatsblatt: Noodt.
  Staatsrecht: N. Lüders a. Maad. G. Zimmermann.
  Steuerwesen: Horst.
  Successionsstreit: Actenstücke. Begründung. G. Beseler (2). B. Beseler (4). Erbansprüche. Erbfolgerecht (3). Erbfolgestreit. Ramarck. Falck. Hälschner. A. Hänel. Helwing. Raim. D. Meyer. Michalsen (2). Nachweisung. H. V. A. Pernice. H. P. A. Pernice (2). u. d. Pforten (2). Preußend. Rechtsgutachten. Urkunden u. D. Dähn. v. Warnstedt (4). Wieding. Zachariae. Zöpfl. Zur. Zeitschrift: s. S. 308.
  2) **Holstein allein:**
    Expropriation: Verfügungen.
    Gesetze: R. J. Burchardi. Wechselordnung.
    Grundsteuer. Kühl.
    Münsterdorfisches Kaland: M. Schröder.
    Staatsrecht: Franßen.
  3) **Schleswig allein:**
    Gesetze: R. J. Burchardi.
    Privatrecht: Friedlieb.
    Rechtsgeschichte: Ch. v Stemann.
  Schmerzensgeld: R. J. Griz.
  Schönburg, fürstliches u. gräfliches Haus: Beleuchtung. Raim. Michaelis. Ueber. Arch. d. D. B. IV.
  Schristlichkeit: G. A. L. Meyer. H. Syber.
  Schwabenspiegel: Gengler. Laband. Rechtsdenkmäler.
  Handschriften: Ficker.
  Schwarzburg-Sondershausen, Fürstenthum:
    Gesetze u. Verordnungen: Grieß (3). Gemeinde-Ordnung. Gewerbeordnung. Handelsgesetzbuch. Landgemeindeordnung. Sammlung Staatordnung. Strafprozeß-Ordnung (2). Verfassungsgesetz.
    Repertorium: D. Walther.
    Rechtsfälle: a. Holleuffer.
  Schweden, Königreich: Nordensycht. Wechselgesetz.
  Schweiz, Eidgenossenschaft:
    Civilgesetzbuch: Planta.
    Criminalrecht: Temme.
    Eisenbahn: Rechte.
    Geburt, außerehel.: Weber.
    Gemeindebürgerrecht: Rüttimann.
    Gesetze: Bundesverfassung (3). J. Burger. E. Kaiser. Sammlung.
      Register: Streuli.
    Handelsrecht: Handelsrecht. Munzinger. im Nachtrag: Sid.
    Justizpflege: E. Meyer.
    Kirchenrecht: Winkler.
    Politik: A. Kaiser.
    Rechtsgeschichte: Blumer Bluntschli (2). Eindrüggen.
    Staatshaushalt: v. Tour
    Staatsrecht: Blumer. Hermann. Hadler. E. Kaiser. Rüttimann. L. Snell. Ullmer. G. Vogt.
    Wechselrecht: Burkhardt-Fürstenberger. Renaud. Schwarztopf. im Nachtrag: Sid. Zeitschriften: s. S. 308.
  Schwyz, Canton: Ithing. Landbuch. Rechtsquellen.
  Secularisation: Longard.
  Seerecht (s. auch Schiffahrt, Völkerrecht): Aegidi. G. W. Albert (3). Benedict. Caratheodory. Darstellung. Gessner. C. E. Goetzboeck. Hartdet (2). v. Kaltenborn. Rüge. Womberg. Seerecht. Goelbeer.

Seerecht:
  Präjudicien: Alette (3).
  Quellen: Tecklenborg.
  Selbstmord: Salomon.
  Sequestration: Muther.
  Serbien, Fürstenthum:
    Handelsrecht: Handelsgesetzbuch.
    Rechtsgeschichte: Lex.
    Staatsrecht: v. Thaler.
  Servituten: Ulvers. Hedemann. Heinzelmann. Muther. Schönemann. v. Bidonodi.
  Sicilisches Recht: Ihs. Merkel.
  Siebenbürgen, Großfürstenthum:
    Bergrecht. H. Schmidt.
    Civilproceß: Civil-Proceß-Ordnung. Schuster (2). Senz
    Civilrecht: a. Sachsenheim.
    Gesetze: Landes Gesetze.
    Kirchenrecht: Nannicher. Teotsch.
    Miethe u. Pacht: Miethe- u. Pachtvertrag.
    Rechtsgeschichte: Materialien. Schaler. Libloy.
    Urbarialwesen: J. A. Grimm. Senz.
    Verwaltung: J. A. Grimm.
  Spanien, Königreich: L Brauchitsch.
  Sparkassen: Consk. Schmid.
  Specification: Rechmann im civ. Arch. IL. Sitting ebendai. 13.
  Spedition: Fr. A Stengler. Ackermann im Arch. s. H. J. Koch ebend. 2.
  Speyer, Bisthum: W. Maillor.
  Spiegel deutscher Leute: a. Daniels. Ficker (2). Spiegel.
  Staat: Bähr. U. Bischof. Hellmann v. Radowiß. v. Raumer.
  Staatsanwaltschaft überhaupt: L. Frey. G. Keller. C. F. Müler. Herm. Seuffert. Sundello. Gerau im civ. Arch. 32.
    im Civilproceß: Berninger.
    im Strafproceß: v. Holzendorff (2). Ju-sendorf. Fr. W. Zettig.
  Staatsbeamte, Staatsdiener: Bemerkungen. Recht.
  Staatshaushalt. H. Pfeiffer. v. Reichenbach.
  Staatsrecht, allgemeines u. Staatsrecht überhaupt (s. auch Rechtsphilosophie, Staatsverfassung. Staatswissenschaft):
    Abhandlungen: Bähr. Beechorner. Christiansen. Erhauer. Frz. Fischer. Fricker. Friedrich II. Gengel. v. Gerber. Greiner. v. Humboldt. Laßalle. Marschind. Ind. Müller. Dew. Pfeil. L. Ch. Pfand. Planta. v. Rabowiß. Rennede J. J. Rosbach. Abhd. Schmid. v. Eyblold. Stuhr. v. Wydenbrug.
    Geschichte: Bluntschli.
    Grundrisse, Lehr- u. Handbücher: Bloutzchli. J. Held. Hooier. Huhn. Reichlen. G. Rössler.
  Staatsrecht des Alterthums: K. Fr. Hermens.
  Staatsrecht der constitutionellen Monarchie: A. Arnold. v. Parante's (2). Beurtheilung. A. Biedermann. Bucher. Considerations. Cushing. Csörsig. J. Held Hundivon. v. Aaltenborn. C. Levita. Will. v. Mohl. Rauner. v. Pfeil. Princip. Nabuß. Fr. J. Stahl. Vollgraf.
  Quellen s. Staatsverfassungen.
  Staatsrecht, deutsches, (Bundes- und Landes-Staatsrecht):
    Abhandlungen: Aegidi. Beechoroer. Brie. Christiansen. Cyprim. Csörsig. Edenberg (2). v. Gerber. Gneist. Grundrechte. v. Kaltenborn. v. Kampz. Lassalle. v. Martin (2). v. Mohl. Rauner. H. V. A. Pernice. Schaffrath. Abhd. Schmid. Justimmungsrecht. Bischof in J. f. G. u. P. 16. 17.
  Geschichte: G. Waiz (2).

Staatsrecht:
  Grundrisse, Lehrb. u. Handbücher:
    v. Gerber. J. Held. Huhn. v. Kaltenborn.
    O. Mejer. Riehlen. H. J. Fr. Schulze. Zachariae. Zöpfl.
  Quellen f. Staatsverfassungen.
  Zeitschrift: Zeitschrift f. deutsch. Staatsr. v. Aegidi.
Staatsschulden: v. Hod. Leuchs. Fr. Meyer.
Staatsverfassungen: A. Arnold. Schubert.
Staatsverfassungen. Taschenbuch (2). Zachariae (2).
Staats-Verfassung u. -Verwaltung: Arnd. Gerstner. Vassolle. Rot. Stein.
  Geschichte: G. Kaiß (2).
Staatswissenschaften:
  Abhandlungen: H. Richer. J. C. Glaser. Fr. A. Lange. Riese, C. Roller. O. Rasmer. Fr. J. Stahl. Lor. Stein. Struve. Stubr.
  Encyklopädie: Bülau. v. Mohl.
  Geschichte u. Literatur: v. Mohl.
  Lexika: Staats-Lexikon. Staats- u. Gesellschaftslexikon. Staats-Wörterbuch.
  Populäre Darstellungen: Handbuch. Huhn. Staar. Staats-Lexikon.
  Studium: G. Fischer. Gerstner. Ueber.
  Zeitschriften: Jahrbücher ec. von Glaser. Zeitschrift f. d. gesammten Staatswissenschaften.
Stadtrechte: Gaupp. Gengler (2). Homeyer. Mosler. Rechtsdenkmäler. Sammlung. Senkhaus. Saute. Stadtrechts. Frz. Stark. Statutarrecht. Tomaschet.
Städteverfassung, deutsche,: Lambert (?). v. Maurer.
Stammgüter: Zimmerle.
Stände: G. Bezeler.
Standesherrn: Zachariae. Zöpfl.
Statistik: O. Hübner. W. Kollner (2). v. Reden.
Stellvertretung: Bitter. Bucha. Kuhstrat. L. Wyss. Wengler im Arch. f. H. R. 2. Ihering in J. f. D. L. v. Scheurl ebendal. 2.
Stettin, Stadt u. Bezirk: J. Primer (3). Schimmelpfennig. Zusammenstellung.
Steuerfreiheit: Th. A. Heffe. Prüfung.
Steuerrecht, Steuerwesen: Arnd. Bierfad. M. Mahr. v. Hod. Kruse. v. Sparre (2).
  Einkommensteuer: Grafenried. Robit.
Stiftungen, milde,: J. H. Haaß.
Stipulatio: Oertanner.
Strafänderung: Lippmann.
Strafe: Christiansen.
  insbef. Deportation: v. Holtzendorff (2).
  Ehrenstrafen: Wahlberg. v. Wick. Mittermaier in Str. Ztg. L.
  Freiheitsstrafen: v. Holtzendorff.
  Geldstrafen. Korb.
  Brügelstrafe: H. R. N. Pape. Rang.
  Todesstrafe: Garibaldi. J. R. Berger. Berner. Cambe. Diesel. Dönderosci. Göllingerin. Mittermaier. Müller-Jochmus. Reubig. Rördinger. Vlatenhauer. Schatter (2). Steinhagen. Vortrag. Trieft in Str. Ztg. L. Mittermaier ebendal. 1, 4, 5, 9.
Stralsund, Reg.-Bezirk: Schimmelpfennig.
Substitutio, quasi-pupillar.: Vogelmann.
  tacita: Fuchs im civ. Arch. 38.
  vulgar.: Zóltowsky.
Successio f. Regierungsnachfolge.
Successionsstreitigkeiten: Zöpfl.
Sühneversuch: Rachmann.
Superficies: L. Wächter. Frantz im civ. Arch. 41. Emmerich in Z. f. C. u. P. 17, 20.
Telegraphen: Bachmann im Arch. v. Schering U. Mittermaier im civ. Arch. 12, 44, 47. Buchs ebendal. 41. Buch ebendal. 45. Wolff im Arch. f. H. R. L. Zeigermann im Arch. f. d. H. R. 2. Register in Z. f. H. R. 12.
Testamente, testamentarische Erbfolge: Bechaus. Munzinger. Reuner. Scharnwebel.
Theilnahme f. Verbrechen.

Theilung: Barth.
  Einrede der Theilg.: Grotefend.
Thurgau, Canton: Gesetzsammlung.
Thüringische Staaten: Rechtsdenkmale.
  Criminalrecht: Jaselius Uebersicht. v. Wächter.
  Geschlechtsgemeinschaft: G. L. Müller.
  Gesetze: Gräser.
  Gesetze u. Entwürfe:
    Gewerbewesen: Entwurf.
    Straf-G.-B.: Entwurf. G. J. Müller (2). Straf-P.-O.: Entwurf. Regier. G. J. Müller.
    Landgemeinde-O.: v. d. Planiß.
    Privatanllage: v. Groß in Str. L. D. 2.
  Zeitschriften: s. S. 108.
Trient, Stadt u. Bisthum: Tomaschel.
Trier: Reg.-Bezirk.
  Gebörerschaften: Hansen.
Türkei: Jacabovitz. L. Toronew.
Tyrol: Gemeinde-Ordnung.
Uebernahme fremder Schulden: L. Delbrüd. Derselbe in Z. f. H. R. 12.
Ulm, Stadt: Sillenberger.
Ungarn, Königreich:
  Civilpracen: Civil-Proceß-Ordnung. Kukuljevich v. Schuster.
  Civilrecht: Dauscher. Züger v. (2). Thöth.
  Concurs: Bit (?).
  Criminalrecht: Dauscher.
  Evangelische Kirche: Irinpi.
  Gesetze: Codex. Narum. Máth. Alg. Ritter (2). Schuster. Verordnungen. Wechselgesetz. Wechsel- und Concurs-Gesetzbuch.
  Grundbuch: Schuster.
  Justizverfassung: Schuster.
  Recht, populäre Darstellung: Szalajay.
  Rechtsgeschichte: Kraues.
  Staatsrecht: Czerkay. L. Deák. Zustand. Majláth. Virozsil.
  Wechselrecht: Hübner-Mathstein.
Unmündige: Waldtschmidt im civ. Arch. 39. v. Keller in J. s. D. N. 1.
Unterwalden, Canton: Sammlung.
Urheberrecht s. Buchhandelsrecht.
Urkundenbeweis: Struppelmann.
Usus: Bachmann.
Väterliche Gewalt: Hürlimann (2).
Veräußerungsverbote: C. Aug. Seuffert (2). Fitting im civ. Arch. 47.
Verbrechen:
  Concurrenz: A. C. John. A. D. Krug. fortgesetzte Verbrechen: A. C. John. A. D. Krug. Merkel. Fr. D. Schwarze. Derselbe in G. S. L.
  politische Verbrechen: Schtrach.
  Subject d. Verbr.: Ziegler.
  Thatbestand: R. Gever.
  Theilnahme a. Verbr.: v. Buri. G. Kleinschrod. Mittermaier in G. S. L. D. Versuch u. Vorbereitung: Glop. N. D. Krug. G. G. Otto.
Verfassungen f. Staatsverfassungen.
Verfassungswesen: Lassalle.
Vergilung: Geiker.
Vergleich: Carl Kloch.
Verjährung: Unterholzner.
  insbef. im Civilrecht: Ahrens. Dahn. Günther. Ed. Lüberß. A. Schmidt. Beffer im Z. f. d. R. J.
  im Criminalrecht: Abegg. Dambach. Hirzel. Schod. F. D. Schwarze.
  von Einreden: Pollak.
  von Servituten: C. G. J. Wirth.
Verkoppelung: Eudemann.
Vermächtnis (Fideicommiß, Legat): Badzioszki. Suchetz. Gerstlacher. L. Gröving. Matejal. M. S. Mayer. Seemroro-Paoly.
Vermuthung: Burchard. Belgiano in Z. f. C. u. P. 10.
Verschollenheit: Grund in Z. f. d. R. L. Harder in Z. f. C. u. P. 12.

Verschwender: Günther.
Verulo in rem: Scheurl.
Vertrag, Vertragsrecht: Karlowa.
 Vertr. zu Gunsten Dritter: F. E. Busch.
 Röhr in J. f. D. R.
 Literalvertr. s. Literalobligat.
 Realcontr.: Demelius in J. f. D R. Unger daf. R.
Verwandtschaft, Berechnung der: Sauter.
Verzug: Frdr. Mommsen. Bradenbeek in J. f. C. u. R. 15.
Veterinärwesen: Falck. Kreutzer (2.) Lion. O. F. W. Müderl. J. L. Veith.
Viehhandel: J. Ancke. C. A. Gerloch. Kreutzer. Sachsenhäuser. Schimmelpfeng.
Viehprocesse: Erdt.
Vitalität: v. Wächter.
Völkerrecht:
 Abhandlungen: Bluntschli. A. Geyer. v. Kaltenborn. Marquardsen. v. Mohl.
 Geschichte: Hinrichs. Hagendorp. v. Kaltenborn. Trendelenburg. Wheaton.
 Grundrisse, Lehr- u. Handbücher: Bulmerincq. Cussy. A. W Heffter (?). Klüber. H. B. Oppenheim. Bootheer. Wheaton.
 Natur d. V. R.'s: Bulmerincq.
 Populäre Darstellung: Hubn.
 Quellen: Recueil (4). Ghillany.
 Rechtsfälle: Cussy. v. Martens.
Volksrechte: Gfrörer.
 Lex Alamannorum: Johs. Merkel.
 L. rom. Utinensis: Stobbe.
 L. Francorum Chamavorum: Gaupp. Zöpfl.
 L. Friesorum: Richthofen.
 Longobardenrecht: Boretius. Joh. Merkel Siegel.
 L. Salica: Jul. Grimm Sohm.
 L. Saxonum: Lex. Usinger
 L. Visigothorum: A. Helfferich. Lex
Volksschulen: Kirsch. Schraube. Treber: s. Dornbaum.
Volkswirthschaft:
 Abhandlungen: Arnd. Bastiat. Becher. Eiger. Gonyen. Clepel. G. Heinrich. Kehlo. A. Kette. Liese. Lippe-Weißenfeld. v. Mangoldt, A. Marx. H. Rau. v. Reichenrath. Mengich. Miebl. Rinne. Röhrich. Reicher. Müths. Schäfle. Schiegr. Schüren. Tellkampf. Ueber.
 Grundrisse, Lehr- u. Handbücher: Blanqui A. Burckhardt. Caray (2). Gonyen. Dühring. J. G. Maser. Baxner. Hubn. Kauh. Kleinschrod. Knies. Rosegarten. Kutler. Lintrum v. Manoltt. Marlo. Mill Mischler. Pichler. A. H. Rau. Rodolbe Roscher. Roßler. Schäfle (2). Schober Ar Ghio Schulze. A. Smith. Lor. Stein. Volkswirthschaftslehre. Bockenhusen, M. Wirth (2).
 Geschichte: Entemann. Roscher. Winkemann.
 Handwörterbuch: Rentzsch.
 Zeitschriften: Archiv der politischen Oekonomie u. s. w. Germania. Jahrbücher (Monatschrift). Vierteljahrsschrift. Wochenschrift. Zeitschrift von Moser.
Volkswirthschaftlicher Congreß: Verhandlungen (2).
Voraussetzung: Windscheid.
Vormundschaft: v. Arnold. Kraut. Kurelin. Nebeln. Rive.
Vorschuß- u. Credit-Vereine: Miller. Schulze-Delitzsch.
Wahlrecht u. Wahlverfahren: Bülow.
Waldeck (u. Pyrmont), Fürstenth.:
 Gesetze u. Entwürfe: Brumhard. Curtze (2). Entwurf. Strafgesetzbuch. Verfassungsurkunde. Verzeichniß.
Wales, englische Grafschaft: Walter.

Wasserrecht: Andrè. Entemann. Glay. G. Scherl. Zumpe. Berner im civ. Arch. 34. Heffe in J. f. D. 7.
Wechselrecht:
 Abhandlungen: v. Arnold. B. Arnold M. Beseler. Biener. Bleibtreu. Gelphe. h Gräff. Günther. Hasenpflug. Hecken. Kühne. Ladenburg Rannhardt. W. Neumann. Rothschildt. Eisterer. Thöcher. Weßli Zeigermann. Wittermater im civ. Arch. 31. 32. Renaud daf. 46.
 Commentare zur allgem. deutschen Ordnung: Borchardt (2). W. Brauer. Braune. Brentano. C. Christoph. Dittichner. Heinemann. Heinrich Km. Hoffmann. Kaymann. Lindau Wellmar.
 Grundrisse, Lehr- u. Handbücher: R. Fischer. J. Georg Halmerl. Hartung. Sm. Hoffmann D. Hover. Kalesha. Kitzinger. Nleiße. Knnze. J. G. Meyener. Renaud. Schereü. G. G Schmidt. Louis Schmitt. Schwartzopf (2). Skriwan. Stern. Strub. v Zinkernaub Wächter.
 Populäre Darstellung: M. H. Müller.
 Präjudicien: Aleiße (4).
 Quellen: Gesetze, allg. deutsche. Gesetz-Sammlung v. Kaltenborn. Aleiße. Wechselordnung (3).
 Zeitschriften: Arch f. d W. (Inhaltsverzeichniß s. Z. 3-4 fl). Centralorgan. Zeitschrift v. Aleiße.
Weidethümer: O. Franklin. Math. Michel. A. Rein. Weidethümer.
Westphalen, Preußische Provinz:
 Eheliches Güterrecht: Goelt. Ged. Eutro Welter.
 Gesetze u. Verordnungen: Landgemeindeordnung (2). Städteordnung (2). Städte- u Landgemeinde-Ordnung.
 Grundsteuer: W. Wagner.
 Kirchenrecht: K. W. Arndts. Kampfschulte.
 Provinzialsynode: Verhandlungen (3).
 Rechtsgeschichte: Seiberz. Wigand.
 Staatsschuld: Jacobson.
Wien, Stadt: Prochazka Landbeck. Schön. Sommaruga. Frz Stark. Tomaschek.
Wildbiebstahl: v. Grunned im civ Arch. 54. Schüße in J d. g. R. 6.
Wittenberg, Universität: Slatnia.
Wucher: Lernht. A Braun, Entemann. Joh. B. Merkel. W. Neumann. Karl Pfeifer. Weichenspeicher. Alps. Straß Arco in Str. i. T. 3.
Wurderungskunde: Anleitung (2).
Württemberg, Königreich:
 Ablösung: Entwurf (3). Gesetz (2). Handausgabe. M. E. M. Hauber. Schesold. Schwarz (3). Steinheil. Vollwarth-c.
 Amtskörperschaften: R. Pfelser. G. Schüßler.
 Armenwesen: Südlind.
 Asseruranz: Alumpp. Vol.
 Baurecht: Rominger.
 Civilproceß: J. Berner. Gecht. Michaelis. Rordlinger. Schmöllin.
 Civilrecht: Binzer. v. Hufnagel. Michaelis. v. Mayer.
 Concordat: D. Meier. Probst Regisler.
 Earwey Verhandlungen. Wächter (2).
 Concurs: Doßing. Jecht.
 Criminalproceß: Lebel. Michaelis.
 Eherecht u. -proceß: Jecht. F. A. Hauber. Südlind.
 Einquartierung: Neudörffer.
 Finanzrecht: G. H. L. Hoffmann.
 Gebühren: Dirzeichniß.
 Gemeinde-Güter- u. Servituten-Bücher: G. W. A. Hauber (2).
 Gesetze u. Verordnungen, auch Entwürfe: Bürgerhandbuch. Demud (2). Entwurf (3). Gecht (2). Fluß Ordnung Polizeistrafgesetz Reichelen. Reuß. G. Schüßler.

21**

Württemberg:
Gesetze ꝛc.:
insbesondere Criminal-G.-B.: Kappler. Reuß. Schwab. Strafgesetzbuch.
Criminal-P.-O.: Entwurf. Gesetz (2). Mittermaier.
Gemeinde-Ordnung: Entwurf. Gesetz. Gesetzes-Entwurf. J.E. Jäger. J.J. Mayer. C. Schübler (2). Zeller.
Preßgesetze: Zusammenstellung.
Gewerberecht: Bilich. Bullinger. Entwurf. Gewerbe-Ordnung vl. J. Keller.
Handelsrecht: Bierer. Entscheidungen Fechl. Gesetzes-Entwürfe. Handelsgesetzbuch. G. Schübler.
Judeneid: E. Clinger.
Justizverfassung u. Verwaltung: Entwurf (2). Erörterungen Maier. Nördlinger. Reform. Verwaltungsedict.
Kirchenrecht: J.A. Hauber. Hummel. Gültig. Wächter.
Kriegs- u. Militärrecht: Gesetz. Lehret. Schall (2).
Medicinalwesen: Riede. Steubel.
Notariat: Kappler.
Pfandrecht: H. Knapp.
Polizeirecht: G. Koller.
Präjudicien: Zahl.
Rechnungswesen: Vaterländ.
Recht, populäre Darstellungen: Pautenschlager. H. Repscher Schlechner.
Rechtsfälle: Abf. Arnold.
Rechtsgeschichte: C. Faber.
Ruggerichte: Rambacher.
Staatsrath: Verhandlungen.
Staatsrecht: Fricker. C. Pfeifer. v. Pfister. Repscher (2).
Steuerwesen: Kränzle. Sammet. Schwarz.

Württemberg:
Stiftungen: Südlind. Verwaltungsedict.
Strafanstalten: Zeller.
Verjährung: Sammtramm.
Verlauf v. Liegenschaften: Fecht.
Zeitschriften: S. 306. 307.
Würzburg, Bayerisches Fürstenth.: v. Schetzhaß.
Zahlungszwang: Bad.
Zeit, unvordenkliche: Reinhard im civ. Arch. 39.
Zeugen, im Criminalproceß: Abegg.
Zoll- u. Steuerwesen: G. Schröder.
Zollverein, deutscher: Resultate. Rothenböfer. Gesetze u. Verträge: G. Dirmar. Southu-Weber. J Primler. Sammlung. Jahrbücher.
Zunftwesen: C. Bickard.
Zurechnung: Ebers. Knade. J.B. May. J. H. Schilling. Zum.
Zürich, Stadt u. Canton:
Assecuranz: K. Meyer.
Civilproceß: Gwalter. Treichler. Ullmer.
Concurs: Usinger.
Erbrecht: Hirzel.
Gesetze, auch Entwürfe: Gesetz. Gesetze. Sammlung. Vormundschaftsordnung. insbes. bürgerliches Gesetzbuch: Gesetzbuch (2).
Strafgesetzbuch: Denz. Dubs.
Grundbücher: Gwalter.
Irrenpflege: Zinn.
Justizpflege: Nüttimann.
Kirchenrath: Verhandlungen.
Rechtsgeschichte: Bluntschli.
Staatsrecht: B. Fischer.
Strafanstalt: Widmer.
Zeugenbeweis: Ctuter.
Zuständigkeit: K. Graser.